DESCRIPTION DES ANTIQUES DU MUSÉE ROYAL,

COMMENCÉE PAR FEU M. LE CH.R VISCONTI;

CONTINUÉE ET AUGMENTÉE DE PLUSIEURS TABLES,

PAR M. LE CTE DE CLARAC,

CONSERVATEUR DES ANTIQUES DUDIT MUSÉE.

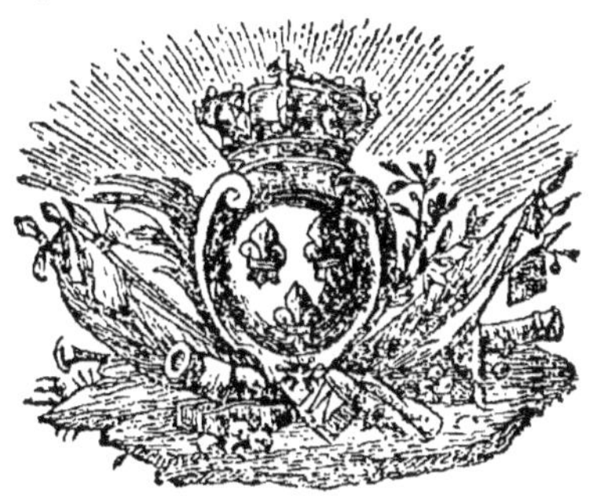

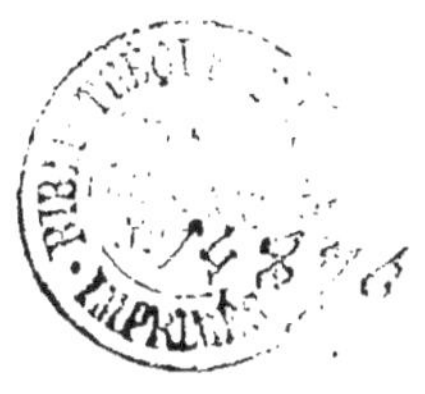

PARIS,

DE L'IMPRIMERIE DE MADAME HÉRISSANT LE DOUX,

IMPRIMEUR ORDINAIRE DU ROI ET DES MUSÉES ROYAUX,

RUE SAINTE-ANNE, N° 20.

1820.

Prix, 2 francs 50 centimes.

AVERTISSEMENT.

La Collection des antiques du Musée Royal ayant été augmentée de plus de 300 morceaux depuis la dernière édition de la Description, soit par les statues et les bas-reliefs qui forment les quatre nouvelles salles, soit par les monumens provenant du cabinet de M. le Comte de Choiseul-Gouffier, dont Sa Majesté a enrichi la *Salle des Caryatides*, il est devenu indispensable de changer tout le numérotage du Musée des antiques, et de rédiger un nouveau Catalogue. En conservant, avec le respect dû aux lumières et à la mémoire de M. Visconti, tout ce qu'il avait fait paraître sur les antiques du Musée, et en suivant pour guides, dans l'explication des différens monumens, ses ouvrages et ceux d'antiquaires éclairés, on a cru qu'il pourrait être agréable et même utile aux artistes et aux amateurs, de voir ajouter à ce travail plusieurs tables qui, ayant rapport aux arts, aux artistes, aux inscriptions et aux grands hommes de l'antiquité, pourront offrir plus d'intérêt à l'étude des monumens antiques, et en faire retirer plus de fruit.

FAUTES ÉCHAPPÉES A L'IMPRESSION.

Page 17, n° 26; *lisez* 26 *bis*.
Page 19, au bas, triangulaire; *lisez* carré.
Page 42, ligne 13, et dans d'autres numéros, chlamide; *lisez* chlamyde.
Page 75, ligne 26, après *Vil. Borg.*; ajoutez *Mon. Gab.* p. 30.
Page 111, ligne 19, Boétiens; *lisez* Béotiens.
id. *id.* 21, pettes; *lisez* peltes.
Page 116, n° 256, à la fin; *lisez Vil. Borg.* st. 9, n° 18.
Page 188, ligne 9, Eole; *lisez* Iole.
Page 209, ligne 27, née (N); *lisez* N (née).
Page 211, CARIATIDES; *lisez* CARYATIDES.
Page 221, ligne 34, Aglaophanes; *lisez* Agaophanes.
Page 222, lignes 24 et 25, primile; *lisez* primipile.
Page 223, ligne 5, d'Aëlops; *lisez* Aëlops.
Page 232, ligne 9, *ajoutez Mus. Roy.* M. Granger, dess. M. Girardet, grav.
Page 240, ligne 1, Xipeté; *lisez* Xypeté.
Page 242, ligne 29, Deubulide; *lisez* d'Eubulide.
Page 247, ligne 2, fastis atticis; *lisez* fasti attici.
Page 249, ligne 11, sout; *lisez* sont.
Page 255, ligne 11, d'Anatolius; *lisez* Anatolius.
Page 299, ligne 6, Azemia; *lisez* Azenia.
Page 324, ligne 26, Voy. Claude; *lisez* Voy. Valérie Messaline.
Page 325, ligne 8, Appien; *lisez* Appion.
Page 329, ligne 34, Appius; *lisez* Appianus ou Appien.
Page 352, ligne 8, Clad.; *lisez* Claud.
Page 365, ligne dernière, torenticien; *lisez* toreuticien.
Page 369, ligne 26, *Carlo Dati*; *lisez* CARLO DATI.
Page 388, ligne 20, Cithnos; *lisez* Cythnos.
Page 394, note, ligne 2, *Zénocrate*; *lisez* Xénocrate.
Page 397, ligne dernière, Polybe, etc. à supprimer.
Page 401, note, ligne 9, après hist.; *ajoutez* né 200.
Page 424, ligne 5, à droite? *lisez* II.
Page 430, Ophélion, sc. ? *lisez Ophélion*, sc. I. *Voy.* sur ce sculpteur, p. 433.

Par inadvertence le nom de *Pompei* a été écrit de différentes manières, la véritable orthographe est *Pompei*, qu'on doit prononcer *Pompéi*.

NOTICE

Sur les différentes matières employées par les anciens pour les statues et sur quelques marbres (1).

Il est peu de substances susceptibles d'être travaillées et de recevoir une forme dont on ne se soit servi dans l'antiquité pour faire des statues; le bois et l'argile, par la facilité qu'ils offraient au travail, durent être les premières matières employées dans les commencemens de la sculpture, qui ne s'exerça sur les métaux et sur les pierres que lorsqu'elle eut déjà fait de grands progrès dans ses différens procédés. Pour donner une apparence de vérité aux premiers essais informes de l'imitation, on dut les revêtir d'étoffes véritables, jusqu'à ce que l'on pût exécuter les draperies avec le ciseau; et comme il est naturel de trouver que la couleur propre des objets ajoute à la fidélité de leur représentation, il l'est aussi de croire que lorsqu'on employa les métaux et les pierres, on chercha parmi les couleurs qu'ils offraient celles qui se rapprochaient le plus des objets que l'on voulait imiter, et de là vinrent la sculpture *polychrome* ou celle qui réunissait plusieurs substances de couleurs diverses, et les statues *polylithes* composées de différentes pierres. Ce genre de sculpture, que le goût moderne réprouve, fut très-répandu chez les anciens, même dans les plus beaux temps de l'art, surtout pour les statues colossales, dont nous ne pouvons avoir qu'une idée imparfaite, et il fut même alors plus en honneur que la sculpture *monochrome* ou exécutée en matières d'une seule couleur. Comme l'on ignore les époques où ont été employées la plupart des substances propres à la sculpture, nous suivrons, autant que possible, l'ordre alphabétique dans leur énumération, en les rangeant dans leurs classes respectives.

Argile. Elle servit aux premiers essais de l'art de modeler. (Voy. *Dibutade*, p. 368). Il existait encore en Grèce, du

(1) On peut consulter sur ce sujet Pline, *Hist. Nat.* li. 36; Junius (François Dujon) de *Pictura veterum*, p. 276-296; Blasius Caryophilus (Blaise Garofalo), de *Marmoribus antiquis*; Ferber, *Lettres minéralogiques sur l'Italie*; le *Voyage de Toscane* par le docteur Gio Targioni Tozzeti; M. Quatremère de Quincy, *Jupiter Olympien*. p. 24 et suiv., 152-163; *Traité des pierres précieuses*, par E. Prosper Brard, vol. 2; le *Nouveau dict. d'hist. nat.*, etc., 1818, articles *albâtre*, *brèche*, *brocatelle*, *granit*, *lumachelle*, *marbre*, *porphyre*, *serpentin*, etc.; l'*Histoire de l'art* de Winckelmann, et le *Dict. de l'antiquité de l'Encyclopédie*, par M. Mongès.

temps de Pausanias, beaucoup de statues et de bas-reliefs en argile cuite très-anciens.

Bois dont il est question dans les auteurs anciens.

Buis. On en fit des statues; mais il est aussi à remarquer qu'il est question de celles d'hommes et d'animaux que l'on faisait en taillant et émondant les branches du buis et de l'if; et d'après les peintures antiques, on voit que ces buis taillés et disposés en compartimens, servaient d'ornemens aux jardins romains comme aux nôtres autrefois. Le buis en tablette et enduit de cire était employé pour le dessin du temps d'Apelle. — *Cèdre*, regardé comme incorruptible. On en tirait aussi une résine dont on enduisait les bois et les objets que l'on voulait conserver. Il servait souvent d'*âme* ou de *noyau* aux statues d'or et d'ivoire. Selon quelques auteurs, la Diane d'Ephèse était de ce bois. — *Chêne.* — *Citre;* celui-ci était du genre des cèdres. On en faisait aussi les tables les plus précieuses et d'une grande dimension. — *Cyprès* — *Ebène ;* il était très-estimé. Dipoene et Scyllis d'Egine en firent plusieurs statues, et comme on attachait quelque idée religieuse à sa couleur pour certains sujets, il est probable que ce fut pour le remplacer qu'on se servit du marbre noir. — *Erable* — *Figuier*, facile à travailler et blanc, fut aussi adopté pour quelques divinités. — *Hêtre.* — *If* — *Liége ;* son écorce fut une des premières substances dont on se servit pour de petites figures. — *Lotus.* — *Myrte.* — *Olivier.* — *Osier* et *Saule.* On citait un Esculape de Sparte et une Junon de Samos faite d'osier. C'était avec les branches de ces deux arbres qu'on faisait ces statues colossales nommées Argées, qu'on jetait tous les ans dans le Tibre. Les immenses colosses dans lesquels les Germains brûlaient leurs prisonniers en honneur de Teutatès, étaient aussi tressés en osier. — *Palmier;* il remplaça le liége, et cependant ne devait pas, à raison de ses fibres, être favorable à la sculpture. — *Pêcher.* — *Peuplier.* — *Pin.* — *Poirier sauvage.* Il y avait une Junon de Samos faite de ce dernier bois. — *Sapin ;* il avait servi à fabriquer la charpente du cheval de Troie. — *Tilleul.* — *Vigne*, surtout la vigne sauvage et celle de Chypre. Selon quelques auteurs, la Diane d'Ephèse était de ce bois.

Métaux et autres matières.

Argent. On trouve dans les auteurs plusieurs statues de ce métal ; il fut cependant moins employé que l'*or*, dont on connaissait plusieurs qualités. — *Obrizum* était l'or le plus pur, et qui, après avoir passé plusieurs fois au feu, acquérait une couleur plus vive. On fit quelques statues d'or massif, mais en général elles étaient repoussées au marteau (*sphurélaton*), et la matière avait peu d'épaisseur; c'était ainsi qu'on employait l'or dans les statues, où il était uni à l'ivoire; souvent aussi les statues en métal ou en bois n'étaient que dorées ou plaquées. On se servait d'or de plusieurs couleurs, et on y ajoutait souvent des ornemens peints ou en pierres précieuses. — L'*Electrum*, dont il est question dans Homère, était ou naturel ou artificiel. On le faisait en mêlant un cinquième d'argent à quatre 5mes d'or. Cet alliage était très-estimé, parce qu'on trouvait qu'il brillait aux lumières plus que l'or et que l'argent. Pline dit que les vases qui en étaient faits prenaient les couleurs de l'iris, ou arc-en-ciel. On donna aussi le nom d'*électrum* à l'ambre jaune. — *Etain*. Homère le cite parmi les métaux du bouclier d'Achille. — *Plomb*. La statue de Mammurius, qui avait fait les anciles ou boucliers sacrés du temps de Numa, était de ce métal. — *Fer*. On cite plusieurs statues de ce métal ou fondues ou repoussées au marteau. — *Aimant*. On parle d'une statue de Vénus en aimant qui attirait un Mars fait en fer. — *Cuivre* ou *Bronze*. La manière dont nous employons ce métal, soit en le dorant, soit en le couvrant d'une couleur qu'il devrait ne tenir que du temps, nous empêche de rechercher les mêlanges qui lui donneraient plus d'éclat et de beauté. Les anciens, qui exécutaient une immense quantité de statues et d'ouvrages en bronze, en variaient les alliages à l'infini. — L'*airain*, le *bronze* ou le *cuivre* les plus célèbres, étaient ceux de *Chypre* (*kupros*), d'où vint le mot de *cuivre* — de *Corinthe*; on en attribuait l'alliage au hasard, à la fusion et au mélange de plusieurs métaux, lors de l'embrasement de de cette ville, mais il paraît que ce bronze était plus ancien. Du temps de Pline, on l'imitait par un alliage de cuivre, d'or et d'argent. — L'*airain* de *Délos* et d'*Egine* étaient très-estimés, ainsi que celui de *Tartessus* dans la Bétique. — Ceux de *Cordoue* ou de *Marius* — de *Salluste*, qu'on trouvait dans les Alpes — de *Livius*, qu'on tirait des Gaules, étaient aussi fort recherchés; ils devaient leurs noms aux propriétaires des mines qui les exploitaient du temps de César. Il y avait aussi un *airain noir*, et celui auquel sa couleur foncée, tirant sur celle du foie, avait fait donner le nom d'*hépatizon* (*hépar*, foie.) — *Aurichalcum* ou *Orichalcum*, était un alliage de cuivre et d'or, estimé pour son brillant et sa dureté. Pour empêcher le bronze de s'altérer, et pour lui donner une belle couleur, on le frottait avec du marc d'olive (*amurca*) ou avec du bitume.

Ivoire. On l'employa en grande quantité, et très-anciennement, en statues, ou seul, ou en l'unissant avec l'or. Il paraît, d'après les auteurs, qu'on avait trouvé le moyen de l'amollir et de le mouler; en sciant dans la longueur d'un côté, et en développant des cylindres creux d'ivoire, on pouvait alors en obtenir des plaques assez grandes et assez épaisses pour être employées même à des statues colossales, dont le noyau était en bois. On préservait ces statues de l'humidité au moyen d'huile, soit intérieurement, soit à l'extérieur. On trouve aussi qu'on employa la *dent d'hippopotame*, au lieu d'ivoire sans doute, pour de petites statues. Les *os*, entr'autres ceux de chameau, servaient au même usage. Le palladium passait pour être fait avec les *os* de Pelops.

Cire. Elle dut être employée, ainsi que le *plâtre*, pour les modèles et les moules. On en faisait aussi des statues ou des figures; et c'était en cire qu'on moulait chez les Romains, les bustes des ancêtres (*cerae*), qu'on revêtait de leurs habits et de leurs ornemens dans les jours de cérémonie.

Poix. On cite une statue d'Hercule faite en poix par Dédale.

Ambre jaune ou *succin*, nommé aussi *electrum*; on en consacra une statue à Auguste. *Encens* et *aromates*. On en fit une statue de Sylla, qu'on brûla à ses funérailles. Empédocle, pythagoricien et vainqueur olympique, distribua au peuple un bœuf fait de *myrrhe*. Il est même question dans les auteurs anciens de grandes figures faites en pâte de *farine*, en *foin* et en *laine*. On sait que ces espèces de poupées servaient dans les sortiléges. Celles qu'on appelait *neuropastes* et *oscilles*, se remuaient par le moyen de fils comme nos marionnettes; on les mettait aussi en mouvement avec du vif argent.

Marbres ou pierres dont il est question dans les auteurs anciens.

On comprenait sous la même dénomination de Marmor, Marbre, dont l'étimologie grecque indique l'éclat et le brillant, toutes les pierres, plus ou moins dures, susceptibles de recevoir un beau poli, et propres ou à la sculpture ou à la décoration de l'architecture, telles que le marbre, l'albâtre, le porphyre, les granits et d'autres pierres qui, cependant, sont de natures très-différentes. Comme il n'est pas de notre ressort d'en détailler tous les caractères minéralogiques, nous

nous bornerons à indiquer ce qui peut aider les amateurs à distinguer à la simple inspection le genre de ces pierres.

Le PORPHYRE, dont le nom indique que les premières de ces pierres à qui on le donna étaient d'un fond pourpre ou rouge amaranthe foncé, est très-dur, ne se laisse pas rayer par le fer, n'est pas attaqué par l'acide nitrique (eau forte) fait feu au briquet et est semé de petites taches claires, anguleuses, dans une pâte ou ciment ordinairement d'une couleur foncée uniforme, et qui, leur servant de fond, décide celle du porphyre.

Le GRANIT, aussi dur que le porphyre et résistant aux acides, est composé de grains plus ou moins grands, à contours irréguliers, souvent arrondis, de natures différentes, agglomérés l'un contre l'autre sans intermédiaire, et dont une partie offre un aspect cristallin, lamelleux ou chatoyant, que n'ont pas les taches du porphyre.

Le MARBRE fait effervescence avec les acides, est rayé par le fer, fait rarement feu avec le briquet; sa contexture est moins serrée que celle du porphyre et du granit, sans mélange de pierres d'une autre nature; il n'est translucide qu'en feuilles très-minces, et se distingue souvent par la variété de ses nuances et leur irrégularité.

L'ALBATRE a souvent assez de rapport avec le marbre, pour qu'on puisse les confondre; cependant le véritable albâtre oriental ou albâtre calcaire de quelque pays qu'il soit, est plus dur que le marbre blanc, le raye, est translucide, même en grande masse; sa cassure est cristalline. Il offre, soit blanc ou coloré, des rubans, des festons, des tourbillons, plus suivis et plus réguliers que ceux du marbre. — L'*albâtre gypseux*, tel que celui de Volterra, est très-tendre, d'un blanc laiteux, transparent, ne fait pas effervescence avec l'acide nitrique; sa cassure est grenue. — Les *brèches* sont composées de fragmens de marbres ou de pierres dures, anguleux, plus ou moins grands, liées par un ciment qui forme des veines. — Les *brocatelles* sont des brèches dont les taches ressemblent aux étoffes nommées autrefois *brocards*; elles renferment souvent des coquilles. — Les *poudingues* diffèrent des brèches en ce que leurs fragmens, soit en marbre, soit en pierres dures, sont arrondis; ce sont souvent des cailloux ou *silex* de diverses espèces réunis par un ciment de même nature. — Les *lumachelles* sont formées par un amas de coquilles. — Les *marbres coquilliers*, tels que les brocatelles, ne les offrent qu'éparses. — Les *marbres madréporiques* renferment des débris de madrépores.

— Les *marbres cipolins* sont d'un blanc sale rayé de veines et d'ondulations de talc verdâtre : ces bandes dépendent beaucoup de la manière dont les marbres sont sciés ou débités; on les appelle sciés *en passe* lorsqu'ils le sont dans le sens de ces bandes, et en *contre passe* lorsque c'est perpendiculairement ou obliquement à ces ondulations.

La manière peu précise dont les auteurs anciens décrivent les marbres et les pierres, ne permet que rarement de les reconnaître parmi ceux que nous offrent les monumens ; pour plus de facilité nous les rangerons d'après les couleurs qu'on semble avoir indiquées, tout en reconnaissant que cette méthode est sujette à bien des méprises.

Marbres blancs cités par les auteurs anciens.

Marbre, blanc d'ivoire, sans doute très-compacte. — Du *Bosphore*, blanc grisâtre. — *Conchyte* de Mégare, près du promontoire Amphialê, blanc, tendre et mêlé de coquilles; il paraît qu'on en faisait des statues. — *Coralitique*, il se trouvait peut-être en Phrygie, auprès du fleuve *Coralius;* blanc d'ivoire mat; les morceaux qu'on en exploitait n'excédaient pas deux coudées (environ trois pieds) ; il paraît qu'on l'a nommé aussi *Sangarius Lapis* , pierre du Sangare , fleuve de Phrygie. — D'*Ephèse*, très-blanc. (Voyez Pyxodore , p. 372). — Du mont *Hymette*, près d'Athènes, d'un blanc grisâtre; il était célèbre du temps de Xénophon ; l'orateur L. Crassus fut le premier romain qui, l'an de Rome 662 (92 ans av. J. C.), orna sa maison du mont Palatin de six colonnes de ce marbre, hautes de douze pieds; ce qui le fit surnommer la Vénus Palatine par M. Brutus. — De *Lesbos*, d'un blanc jaunâtre; il y en avait aussi de noir. — De *Luni*, blanc tirant sur le bleu, d'un grain très-fin : les carrières en furent découvertes près de Carrare, vers le temps de Jules-César, et firent tort à celles de Paros et du mont Pentélès. — De *Mylassa*, en Carie, d'un très-beau blanc. — *Onyx* ou *Onychites*, trouvé en Cappadoce du temps de Marc Antoine, paraît avoir été une espèce d'albâtre oriental, et avait du rapport avec le Phengite. — De *Paros*, l'une des îles Cyclades, marbre blanc le plus célèbre chez les anciens ; Hérodote en parle, et il paraît que c'est le *lygdinos* d'Anacréon; on le nommait *lychnite* parce qu'on en exploitait les carrières à la lueur de la lampe (*lychnos*) ; c'est peut-être aussi la pierre de *Marpesse* célébrée par Virgile. — *Pentélique*, tiré du mont Pentélès, près d'Athènes (voy. Byzès, p. 572), blanc, très-estimé : Pline n'en parle pas. Il paraît que le marbre du mont *Phellius* en Attique était du même genre. — *Phengite*, trouvé en Cappadoce sous Néron; il paraît que c'était un albâtre blanc, veiné de jaune, presque aussi transparent que la pierre spéculaire. D'après un passage de Suétone dans la vie de Néron, il semble qu'en appliquant le phengite sur les murailles on en faisait des espèces de miroirs ou de glaces. On fit avec cette pierre des temples où la lumière pénétrait à travers les murailles. — *Poros*, ainsi nommé à cause de sa légèreté et de sa *porosité*; il ressemblait au Paros. Le temple de Delphes et celui de Jupiter à Olympie étaient de ce marbre : le Paros et le Poros sont les seuls marbres grecs dont parle Hérodote. — *Synnadique*, de Synnas ou de Docimium en Phrygie ; on le nommait aussi marbre de Phrygie ou de Mygdonie; le blanc ressemblait à l'albâtre ou à l'alabastrite, il était très-estimé; il y en avait aussi de blanc et pourpre; c'est peut-être la brèche violette. — De *Thasos*, blanc. — De *Tyr* ou du Liban, très-blanc.

Marbres jaunes. *Alabastrite*; une ville d'Egypte, entre Antinopolis et Cynopolis, avait reçu son nom de la grande quantité de ce marbre qu'on y trouvait. Il était blanc jaunâtre veiné, et tirant sur la couleur du miel. Il fut d'abord, selon Pline, nommé *onyx*; c'est notre albâtre calcaire oriental. On en faisait des statues, des colonnes, des vases pour les parfums. On trouve souvent dans les tombeaux des vases de cette belle matière; mais il y a aussi de très-petits vases à parfums en véritables onyx ou en sardoine.—De *Corinthe*, jaune.—De *Jérusalem*. On trouva près de cette ville, du temps de Justinien, un marbre qu'on dit être couleur de feu, sans doute jaune rouge éclatant. — De *Macédoine*. Il paraît que c'est notre jaune antique.—De *Mélos* ou d'*Acythos*, jaune. — De *Numidie*. Il était d'un rouge vif et jaune. On voit que, du temps de Sénèque et de Pline, on cherchait à imiter ce marbre par des incrustations ou en peignant d'autres marbres. — *Schistos*, marbre jaune d'Espagne, et qui, probablement comme les schistes, se divisait facilement en feuilles.

Marbres noirs. D'*Alabanda* et de *Milet* en Carie, noir, tirant sur le pourpre. — De *Lucullus*, très-beau noir, apporté à Rome par L. Lucullus. Scaurus orna l'atrium de sa maison de 360 colonnes de ce marbre hautes de 38 pieds.—De *Lydie*. On nommait marbre ou pierre de Lydie la pierre de touche;

elle était aussi appelée *Basanites*, d'un mot grec qui signifie *éprouver;* cette pierre n'est pas un marbre, mais un basalte.

Obsidienne, pierre ou verre volcanique d'un noir brun, translucide, très-dure. On l'employa en statues sous Auguste; on s'en servait aussi pour imiter les pierres précieuses, et pour travailler les moins dures.

Marbres rouges. On ne reconnaît pas bien le rouge antique parmi les descriptions de marbres données par les auteurs anciens. — Un marbre de *Lydie* était rouge et blanc.

Marbres verts. — D'*Auguste*, vert ondé et par taches; peut-être le vert de mer ou d'Egypte. — De *Caryste*, tiré du mont Ocha, près de cette ville d'Œubée. Il était vert ou mélangé de cette couleur; c'était peut-être le cipolin vert. Mamurra fut le premier romain qui, du temps de J. César, fit venir des colonnes de ce marbre. — *Emeraudes.* Il paraît que les émeraudes ou *smaragdes*, dont les anciens faisaient des statues et des colonnes, n'étaient que du spath fluor vert, de même que du spath fluor jaune a passé pour de la topaze; il se peut aussi que se fût du *verre coloré.* On sait que les anciens étaient très-habiles dans l'art de faire le verre, et qu'ils l'employaient même en grandes masses, telles que les colonnes dont Scaurus orna son théâtre. — Du *Taygète*, montagne de Laconie; on l'appelait aussi marbre de *Lacédémone;* il était vert; d'après ce que disent les auteurs, il a plus de rapport avec le vert poreau qu'avec le vert antique, c'était peut-être le *prasinum;* ce marbre était exploité du temps de Strabon. — De *Ténare* en Laconie; d'après le même auteur, il avait été employé plus tard que celui du Taygète; il paraît qu'il était vert foncé, presque noir. — De *Tibère*, découvert sous cet Empereur; il était vert, veiné de raies déliées et très-mêlées; il ressemblait au marbre d'Auguste. Le marbre de *thessalonique* semble avoir été vert, et c'est vraisemblablement notre vert antique.

Marbres *de diverses couleurs.* — Du mont *Atrax*, sur le Pénée, en Thessalie; il paraît qu'il y en avait de plusieurs couleurs, entr'autres de blanc et noir; du vert couleur de poireau; il fut employé dans l'église de Sainte-Sophie. — *Celtique*, noir veiné de blanc. — De *Chios.* Théophraste est le premier auteur qui en parle; il était noir, nuancé de plusieurs couleurs. Une autre espèce semble avoir eu du rapport avec le marbre de Caryste. — De *Jassos*, île de Carie, veiné de rouge et de blanc, tirant sur le jaune; on le nommait aussi marbre de *Carie.* — De *Proconèse*, l'une des îles Sporades, dans la mer de Marmara, qui a dû son nom à la grande quantité de marbres (*Marmora*) que renferment ses îles. Ce marbre était aussi nommé marbre de *Cyzique*, parce qu'on l'y avait beaucoup employé; beau blanc, veiné de noir, devait être dans le genre du *grand antique*; il était très-estimé. Le palais de Mausole, à Halicarnasse, bâti en briques, était revêtu avec ce marbre. — De *Rhodes*, semé de taches d'or ou de pyrites; c'était peut-être une espèce de *portor*.

Marbres *sans indications de couleurs*. — D'*Albano* — du mont *Cybèle* en Phrygie. — D'*Egine*. — De *Gabies*. — D'*Héraclée* en Carie — d'*Hiéropolis*; c'était peut-être un porphyre ou un granit, ainsi que la pierre de *Memphis*. — De *Milet*. — Des *Molosses* en Epire, veiné de différentes couleurs. — De *Scyros* de même. — De *Syracuse*; on le tirait des latomies, qui étaient des carrières avant que Denys en eût fait des prisons. Il paraît que ce marbre ou cette pierre renfermait des empreintes de poissons. — de *Tauromenium* en Sicile, de plusieurs couleurs. — De *Tibur* ou Tivoli. — De *Tragurium* ou Salone en Dalmatie.

Basaltes, Granits, Porphyres, etc.

Basalte. D'après quelques auteurs le nom de cette pierre devrait être *barzaltes*, d'un mot hébreu qui signifie *fer*, dont elle a la couleur et la dureté. Selon Pline, on le tirait de l'Arabie et de l'Ethiopie; Pausanias dit qu'on faisait en basalte les statues du Nil, parce que ce fleuve venait de l'Ethiopie; il y avait aussi un porphyre que les anciens ont pu prendre pour du basalte. — *Leucostictos* ou *Leptopsephos*, porphyre où le blanc dominait; on le tirait de l'Arabie ou de la Thébaïde. — *Ophite* ou *serpentin*; on donnait le premier nom chez les anciens aux porphyres verts, à cause de leur couleur et de leurs taches, qui ont du rapport avec la peau de quelques serpens (*ophis*). — L'ophite d'*Eléphantine* se nommait *tephria*, parce que sa couleur était cendrée (*tephra*, cendre); il y en avait de presque noire, d'autre semée de taches blanches; on n'en faisait que de petites colonnes; il se trouve beaucoup d'ophites dans le pavé de Rome et à Ostie. — *Psaron*, porphyre de Lycie, ainsi nommé, parce que ses taches ressemblaient à celles de l'étourneau (*psar*). — *Syénite*, porphyre rose, nommé *pyrrhopoecile*, à cause de sa couleur (*pyr*, feu, *poikilos*, varié); on le nommait aussi *psaronion*. — *Porphyre de Thèbes*; il était noir, à taches jaunes.

Pierres antiques que l'on trouve dans les ruines des monumens.

On appelle *antiques* les pierres dont les carrières sont épuisées ou perdues, et que l'on ne trouve plus que dans les monumens des anciens. Parmi ce grand nombre de marbres et d'autres pierres, il y en a très-peu que l'on puisse rapporter d'une manière positive aux descriptions données par les auteurs anciens. La plupart de ces pierres ne se rencontrant que dans les monumens d'Italie, on est souvent obligé de leur laisser leurs noms italiens; les marchands de marbres antiques ont beaucoup augmenté cette nomenclature, en vendant comme pierres de différentes espèces, des échantillons qui ne sont que des variétés qu'offre souvent le même bloc de marbre. Les édifices d'Italie les plus riches en marbres et en autres pierres antiques, sont les églises et les palais de Rome, la cathédrale de Pise; Saint-Marc et quelques églises de Venise; la cathédrale de Ravenne; celle de Florence, ainsi que les églises de Santa-Croce et de Saint-Laurent, dans la même ville; le palais de Caserte, le Musée royal de Naples et la Favorite, sont ornés d'une grande variété de marbres antiques tirés des fouilles de Pompéi, d'Herculanum et de Capri. Notre Musée royal renferme aussi un grand nombre de colonnes de marbres antiques les plus rares et les plus beaux.

Marbres. *Africain*, pourpre, blanc et noir. — *Africain fleuri*, blanc, pourpre et jaune, chiné. — *Bleu turquin* antique, de gris d'ardoise, à grains fins et brillans. — *Bleu antique*, à bandes blanches et bleu ardoise ondulées. — Le petit *Bleu antique* est à grains très-fins et à bandes plus étroites. — *Brocatelle dorée*, taches jaunes, veinées de rouge, et semées de coquilles blanches. — *Canelle*, jaune, approchant de cette couleur. — De *Carrare*; ses carrières furent exploitées vers le temps de Jules César, et on y a trouvé des restes de bas-reliefs antiques ébauchés; son marbre blanc statuaire est d'un blanc tirant un peu sur le bleu, d'un grain fin et serré, ressemblant à de beau sucre; mais il s'y trouve souvent des cristaux qui repoussent le ciseau, des taches et des bandes grisâtres ou verdâtres; on le nomme alors *Cipolinaccio*; celui qui est d'un grain plus gros, plus dur, ayant l'aspect du sel, est appelé *Saligno*. Le Carrare ne prend pas un si beau poli que le Paros. C'est de ce marbre que se font aujourd'hui la plupart des statues, quoiqu'il y ait en Italie et en France des marbres blancs qui approchent de la beauté du Carrare, et qui pourraient être employés à la sculpture. Outre le marbre blanc, il y en a à Carrare de plusieurs couleurs et qui occupent les parties supérieures des carrières; celles du *Polvaccio* presque épuisées et de *Seravezza* sont les plus célèbres.

Marbre *Cervelas,* fond rouge, blanc et vert, à veines blanches très-fines et enlacées. — *Cipolin,* blanc sale, strié de larges bandes, onduleuses, d'un vert plus ou moins foncé, dû à du talc; il s'altère facilement à l'air; c'est, à ce qu'il paraît, le marbre de Caryste des anciens; le cipolin statuaire, tel que le pentélique, a des veines étroites, très-légèrement teintées de verdâtre.—*Cipolazzo,* strié de blanc et de violet. — *Cotonello,* blanc et rouge vif de minium. — *Fleuri* (marbre), blanc et rouge, à taches tortueuses. — *Marbre grec* ou *grechetto,* d'un beau blanc, d'un grain très-serré, plus dur que les autres marbres blancs; le marbre *coralitique* était peut-être de la même qualité que le grechetto. — Marbre du mont *Hymette,* blanc grisâtre, strié, très-dur.—*Gris antique* (*bigio*), d'un beau gris de perle bleuâtre; il paraît qu'il y en avait à Lesbos. — *Jaune antique,* d'un beau jaune, d'une couleur égale, avec quelques légères veines violettes; il y en a de clair; celui qu'on nomme de *carnation* tire sur le rose. Le jaune antique est un des marbres les plus rares; on croit qu'il venait de Macédoine ou de Numidie; il offre plusieurs variétés. — *Jaune breché,* d'une couleur claire, tacheté de jaune foncé. — *Jaune paille* (*pagliocco*) très-clair. — *Jaune anellé,* cercles jaunes et noirs. — *Jaune* et *noir,* à plus grandes taches. — *Jaune,* à filets blancs (*rezziato*). —*Jaune* à veines rouges, semé de blanc, espèce de brocatelle. — Marbre de *Luni;* ce beau marbre statuaire, dont nous avons déjà parlé, est d'un blanc laiteux, d'un grain très-fin, d'une pâte plus compacte que celle du Carrare ordinaire; il prend le plus beau poli.—*Noir antique,* du plus beau noir, sans mélange; c'était probablement le marbre de Lucullus; il paraît qu'on en trouve encore à Bergame, à Carrare, à Prato en Toscane et près de Spa. Les Italiens le nomment souvent *paragone,* quoique le paragone ou pierre de touche véritable soit un basalte. — *Palombino,* d'un blanc de lait, pâte très-fine, ressemblant à du lait caillé ou à de l'ivoire, sans transparence; c'est peut-être le *coralitique* des anciens. — *Paragone,* voy. *noir antique.*— *Paros,* d'un blanc laiteux, quelquefois grisâtre, opaque; son tissu est par grains plus ou moins gros, ce qui en établit deux ou trois variétés; sa cassure est très-brillante; il prend un très-beau poli; sa contexture le rend plus difficile et moins moëlleux à travailler que le beau Carrare. — *Pavonazzo*, blanc à taches et à veines violettes; c'est peut-être le synnadique des anciens. — *Pecorello*, taches rouges et blanches, mêlées de cercles blancs. — *Pentélique*, d'un blanc jaunâtre, à grains serrés, ayant souvent des stries ou couches verdâtres qui le font se déliter à l'air; les anciens l'ont beaucoup employé. — *Pietra Santa* est d'un jaune blanchâtre et rosée, à très-petites veines blanches, grain très-compacte. — *Porte Sainte*, marbre brèche, ainsi nommé parce qu'il a servi à une porte de Saint-Pierre à Rome. — Le *Porte Sainte fleuri* est blanc ou gris, bleuâtre, à taches pourprées et chinées. — Le *Porte Sainte* non fleuri est rouge clair et blanc. — *Porto venere* ou *portor antique*, noir, veiné de jaune; les couleurs doivent être très-nettes. — *Purichiello* et *Venturino*, rouge et blanc. — *Rouge antique*; pour être beau, il doit être d'un rouge foncé, sang de bœuf, uni, sans veines blanches ou noires; le grain en est très-fin, très-serré, prend un beau poli. On aperçoit dans sa pâte des points blancs d'une extrême petitesse; lorsqu'ils sont plus gros, et comme du sable, ils nuisent au rouge antique, et le rendent plus difficile à travailler; ce marbre, qui n'est pas très-dur, use les outils comme une pierre à aiguiser; les anciens s'en servaient aussi à cet usage; il est très-rare en grands morceaux; il paraît qu'on le tirait d'Egypte. — *Rouge annellé*, rouge tacheté de blanc. — *Rouge antique breché*, rouge foncé à taches claires. — *Sette basi*, blanc veiné de rouge et mêlé de plusieurs autres couleurs. — *Marbre statuaire* antique des Italiens, ressemble au Paros, mais il est translucide, et a quelque rapport avec le *phengite* des anciens. — *Serpentelo*, *serpeticlo* et *serparello*, blanc, à petites raies rouges tortueuses. — *Vert poreau* antique, d'un vert foncé, nuancé de petites veines vert clair et noir; il a un aspect soyeux et chatoyant; c'est peut-être le *prasinum* des anciens.

Brèches. D'*Afrique*, fond noir à taches, violet foncé ou rouge vif, et blanches, veinées de noir; très-belle et très-rare. — *Brèche d'Alep*, fond vert jaunâtre, à taches violettes, vertes, blanches, jaunes, mêlées de rouge, veinées de blanc terne; très-rare. — *Brèche jaune* antique ou *brèche dorée*, fond rouge, taches jaune clair et foncé, veinée de rouge et de blanc. — *Fleur de pêcher* ou *persechino*, très-belle brèche, à grandes taches blanches, rouges et roses; il y en a aussi à petites taches. — *Grand antique*, noir et blanc très-purs, à grandes taches très-découpées et avec des lignes en zigzags; extrêmement rare. — Le *petit antique* a des taches moins grandes, et le noir tire sur le gris. — *Œil de paon*, brèche rouge, blanche et jaune. — *Œil de perdrix*, noir et rouge, tacheté de blanc. — *Brèche rose* antique, fond rouge clair, à petites taches roses et noires, d'autres blanches; très-rare. — *Seme santo* ou brèche vierge, à très-petits fragmens anguleux, rouges, chocolat, bruns, bleuâtres, blancs et jaunâtres; elle est extrêmement rare; on en trouve de petits morceaux à Pompéi. — *Seme santo de sette basi*, formée de fragmens de sept couleurs. — L'*Arlechino* ou *tracagnina*, ressemble à ces brèches, mais les couleurs en sont plus sombres. — *Vert antique*; ce marbre est une vraie brèche, d'un beau vert foncé, avec des taches d'un vert plus clair, d'un blanc pur et d'un beau noir; il faut que les couleurs soient bien tranchées; si le vert tire sur le gris, cette brèche est moins belle : quelquefois le bord des taches blanches est teinté de vert. Cette superbe brèche venait de la *Laconie* et de *Thessalonique*. Plusieurs colonnes du Musée royal d'assez fortes dimensions, sont de ce marbre et de la plus grande beauté. La *Polzeverra* ou vert de Suze, sans être aussi belle, ressemble au vert antique; il y a de ce dernier marbre dont les couleurs sont tellement fondues, qu'il ne ressemble plus à une brèche; il est moins estimé. — *Verde pagliocco* ou vert paille, est à taches verdâtres et jaunes. — *Vert sanguin* antique, gris verdâtre à taches blanches, rouges et noires. — *Brèche violette*; il y en a de plusieurs espèces; 1° à fond violet foncé et à grandes taches lilas et blanches. On voit une belle table de cette superbe brèche dans la salle d'Apollon; 2° mêmes couleurs à petites taches; 3° à taches roses, très-rare; la fleur de pêcher est peut-être une brèche violette.

Brèches siliceuses. *Brèche universelle* ou d'Égypte, mélange de cailloux, de porphyre et de granit de toutes les couleurs, surtout vert, jaune et rougeâtre; cette belle brèche est d'une grande rareté. — *Pietra fruticulosa*, poudingue à cailloux ronds, jaunes et rouges, semés de dentrites noires.

Lumachelles. D'un brun gris, veiné de blanc transparent; une autre à veines roses; — *Castracane*, brun foncé, rose, et à petites coquilles circulaires d'un jaune vif; très-rare; — *Lumachelle* d'un beau jaune, à petites coquilles noires très-serrées. — *Drap mortuaire*, très-belle brèche d'un noir pur, semé irrégulièrement de coquilles blanches d'un pouce et plus de longueur, très-rare.

Albatre oriental, blanc transparent, rayé de bandes laiteuses et ondulées; — blanc laiteux sans transparence; — brun veiné, ondulé, demi-transparent, nommé en Italie *pietra perruchina*, et *allabastro tartarucato*, ou couleur d'écaille. — *Albâtre fleuri*, blanc et brun rouge, rubanné, festonné. — *Albâtre cotognino*, ou jaune couleur de coing cuit.

Basaltes. — Très-noir, à petites taches noires brillantes. — Noir avec de grands cristaux blancs, en forme de grenats, ressemble à une lave du mont Albano. — Noir à bandes granitiques rouges. — Gris noir mêlé de petits cristaux de grenats et de petites taches noires. — Gris noirâtre, à petites écailles et veines blanches. — Noir fleuri, marbré de blanc, ondé irrégulièrement. — Gris noir à petits points blancs, nommé *occidental*, parce qu'il est plus tendre que ceux appelés *orientaux*. — Vert d'un grain très-serré. — Basalte pouilleux, vert, à petits cristaux blancs; très-rare.

Granits orientaux. — Rose; à petites taches roses, blanches et noires; il paraît que c'est la *syénite* des anciens ou peut-être leur *pyrrhopoecile*, et leur marbre *thébaïque*. — Rouge; à taches rouges ou roses, blanches ou noires, plus ou moins grandes; c'est le granit de la colonne de Pompée. — Gris à taches noires blanches transparentes, d'autres laiteuses et opaques. — Gris à petites taches noires. — A taches noires et rayons blancs. — Noir et blanc, fond blanc transparent avec peu de taches blanches opaques; c'est peut-être le *psaronion* des anciens. — A taches noires longues et en rayons. — Vert, fond blanc transparent coloré de vert, grandes taches noires oblongues. — *Granitelle* ou granit à petits grains; il paraît que beaucoup de ces granits qui passent pour orientaux, étaient tirés de l'île d'Elbe, dont les carrières ont été exploitées très-anciennement.

Porphyres. — A fond rouge semé de taches noires et blanches petites et oblongues, c'est peut-être le *leptopsephe* des anciens. — De la Thébaïde, fond rouge, à taches jaunes. — D'*Alabanda*, rouge brun foncé couleur de foie, taches verdâtres oblongues. — A fond brun noirâtre, taches verdâtres. — Vert, fond verdâtre mêlé de blanc et de noir. — Fond vert foncé, taches oblongues, vert clair. — Vert foncé, taches blanches. — Fond vert foncé à taches noires. — Fond vert clair à petites taches blanches, détachées, mêlées de noir. — Fond vert clair jaunâtre à taches noires. — Porphyre vert proprement dit, à fond vert foncé noirâtre, quelquefois assez clair, à taches blanches, oblongues, irrégulières. Les anciens nommaient *ophites* une partie de ces porphyres à fond vert ou noir. — Noir, fond noir à taches blanches. — Noir, *serpentino nero antico*, fond noir, grandes taches noires oblongues. — Vert très-foncé, de la nature du jaspe, taches blanches oblongues plus grandes que celles du porphyre noir, et plus petites que celles du serpentin noir. — Fond vert foncé de nature du jaspe, à taches blanches rondes ou longues. — Fond vert très-foncé à grandes taches blanches irrégulières. — Vert fleuri, vert foncé, à petites taches blanches irrégulières, entrelacées en manière de vers. — *Porphyre bréché*; ce porphyre très-rare en réunit presque toutes les espèces, éparses dans un fond rouge brun. — *Serpentin* ou ophite, fond vert, à petites taches jaunes ou jaunâtres en carré long et en croix; il y en a dont le fond est brun noir et les taches blanches. Le pavé du Musée royal, surtout ceux des nouvelles salles, offrent un grand nombre des différentes espèces de porphyre.

Pour terminer ce que nous avons à dire sur les pierres, nous ajouterons quelques-uns des marbres modernes, et en partie français, que l'on voit au Musée royal, ou qui sont le plus employés à Paris. — *Bleu turquin*, gris clair bleuâtre, à zones blanches ou d'un gris foncé; ce marbre vient de Gênes. — *Brèche d'Alep*, ou plutôt d'Alet, près d'Aix en Provence, jaune, brun, rouge et taches grises. — *Brèche de Memphis*, exploitée en Provence, d'un rouge violet, à petits fragmens, gris ou blancs. — *Brocatelle d'Espagne*, à taches d'un beau jaune, bien tranché, entourées de rouge et de violet, veiné de blanc, et qui renferme quelques coquilles. — *Campan*; ce beau marbre vient de la vallée de Campan, dans les Pyrénées. — Le Campan *Isabelle* est à fond rosé, avec quelques bandes rouges, couvert de veines vertes à réseaux, très-mêlées, et de quelques-unes blanches; — le *rouge* a le fond de cette couleur assez claire, veiné de rouge foncé et de blanc. — Le *Campan vert*, fond clair, veines en réseau, d'un vert foncé, quelques veines blanches qui coupent les autres. — Le *Campan*, proprement dit, réunit ces trois variétés par bandes très-grandes; ces marbres s'altèrent facilement à l'air. — *Marbre de Dinan*, noir, sert à faire des pavés. — Les *Marbres de Flandre*, tels que le *Sainte-Anne*, gris et blanc, madréporique; — Le *Malplaquet*, fouetté de rouge pâle vineux et de gris ondulé, sont ceux qu'on emploie le plus à Paris. — *Granit des Vosges*, mêlé de rose, de gris et de noir, ressemble au granit rose d'Egypte.

— Le vert est à grains vert foncé, blanc verdâtre et noir, fort beau. — *Griotte*; ce beau marbre vient du Languedoc; le fond est rouge foncé, mêlé de spirales noires et blanches dues à des coquilles. — La plus belle, qui se nomme *griotte d'Italie*, quoiqu'elle n'en vienne pas, est d'un rouge de sang égal et sans veines; il y a des parties qui ressemblent au rouge antique, mais qui n'offrent point les petits points blancs de ce marbre. — Une autre *griotte* est veinée de vert. — Marbre de *Languedoc* ou de *Sainte-Baume*, d'un rouge de feu, rayé de blanc et de gris, madréporique, à bandes régulières et contournées; les colonnes de l'arc du Carrousel sont de ce marbre. — *Noir*. Il en vient de très-beau de Spa et de Bergame. — *Portor*, noir veiné de jaune et d'un peu de blanc; on en tire de très-beau de Carrare et de Saint-Maximin, près de Toulon. — *Sérancolin*, qu'on tire des Pyrénées; marbre brèche, à bandes droites et à grands fragmens, gris bleuâtre, rosés, rouge foncé et jaunâtres; le même bloc de ce beau marbre offre souvent de grandes variétés. — *Vert d'Egypte*, qui vient de la côte de Gênes; est à fond vert, veiné de vert plus sombre et de blanc. — *Vert de mer*, est de la même espèce, mais avec des taches d'un rouge sombre; dans la *Polzevera*, il y a plus de blanc, et les veines vertes sont plus fines et plus mêlées. Ces trois marbres sont très-beaux.

Pesanteur spécifique en pied cube des principaux granits, porphyres, marbres et albâtres, tirée de l'ouvrage de M. Brard.

	livres.		livres.
1. Basalte volcanique. . . .	210	10. Granit gris antique. . .	189
2. Porphyre vert antique. .	203	11. Marbre noir de Dinan. .	189
3. Marbre brèche de la Tarentaise.	200	12. Brocatelle d'Espagne. . .	189
4. Porphyre rouge antique d'Egypte.	196	13. Marbre blanc de Carrare.	189
5. Marbre blanc de Paros. .	196	14. Marbre griotte.	189
6. Marbre de Sainte Anne. .	195	15. Marbre cipolin antique. .	189
7. Marbre jaune antique. . .	191	16. Marbre bleu turquin. . .	188
8. Marbre Campan.	190	17. Marbre de Sainte-Beaume.	185
9. Granit rouge d'Egypte ou de la colonne de Pompée.	189	18. Marbre noir antique. . .	182
		19. Albâtres calcaires. . . .	181
		20. Albâtres gypseux. . . .	154

Ces différentes pesanteurs donnent 197,4 pour poids moyen du pied cube du porphyre, du granit et du basalte; et 189,33 pour celui des marbres.

DESCRIPTION
DES ANTIQUES.

VESTIBULE.

Le médaillon en bas-relief, exécuté sur la voûte de l'arcade qui ouvre l'entrée du Musée royal, est un ouvrage de M. *Chaudet,* et représente le Génie des Arts.

Le sujet du plafond, peint à l'huile par M. *Berthélemy,* fait allusion à l'origine de la Sculpture, on y voit l'homme formé par Prométhée et animé par Minerve.

Les quatre médaillons exécutés en bas-relief sur les pendentifs, ont pour sujet les quatre écoles de l'art Statuaire. La France montrant le Milon du Pujet, l'Italie le Moïse de Michel-Ange, ont été exécutés par M. *Lorta:* l'Egypte indiquant la statue colossale de Memnon, et la Grèce l'Apollon Pythien, sont des ouvrages de M. *Lange.*

Deux colonnes de marbre de *Caryste,* le cipollin vert des modernes, sont placées aux deux côtés de la porte, et ont pour amortissement deux petites statues de Cybèle assise, dont le *tympanum* et les lions sont les attributs.

1 PROVINCE VAINCUE, *buste colossal; marbre grec.*

Haut. 0,850 m. — 2 pieds 7 pouces 5 lignes. (1)

L'air triste et le désordre de la chevelure font retrouver dans ce buste le caractère que les Romains donnaient aux images des provinces conquises. *Villa Borghèse.*

---

(1) La mesure des statues est prise à partir du dessus de la plinthe; celle des bustes à partir du dessus du piédouche.

2 GORDIEN PIE, *en habit de guerrier; demi-figure; marbre de Luni.*

Haut. 0,769 m. — 2 p. 4 p. 5 l.

Ce n'est pas un fragment de statue, comme pourraient le faire supposer les bras qu'on ne voit pas ordinairement dans les bustes antiques. Le marbre est fouillé par derrière, ainsi qu'on le pratiquait dans ce genre d'ouvrages, pour les rendre moins lourds.

Ce monument a été trouvé dans les ruines de Gabies, ville très-ancienne du Latium, à quatre lieues de Rome. Il a été publié dans l'ouvrage italien intitulé, *Monumenti Gabini*, nº 14 (1).

3 AUTEL *en marbre grec*, consacré à Isis par *Astràgalus*, *œditimus* ou gardien de son temple. Sur l'un des côtés la déesse est représentée avec de longues tresses de cheveux et ses attributs, le sistre, un vase, la fleur du lotus. Le costume n'a rien d'égyptien et ressemble à celui des prêtresses isiaques des peintures de Pompéi. Le côté opposé de l'autel montre *Astragalus* offrant une colombe sur l'autel d'Isis. Dans un bas-relief, des tombeaux de Pompéi, un enfant offre aussi un oiseau sur un autel.

Les vases isiaques que l'on voit dans les peintures antiques ont toujours, ou la forme d'une goutte d'eau, ou celle du sein d'une femme; ce qui devait avoir rapport au titre de *Mère de la Nature*, qu'on donnait à Isis. Il sera question du sistre et du lotus dans la description des statues égyptiennes.

Haut. 0,868 m. — 2 p. 8 p. 1 l.; larg. 0,453 — 1 p. 4 p. 9 l.

---

(1) Cet excellent ouvrage est de M. E. Q. Visconti, et forme le troisième volume de l'ouvrage in-8º intitulé: *Sculture del palazzo della Villa Borghese detta pinciana*, qui offre la description de la belle collection de la *Villa Borghèse*. Les conseils de M. Visconti ont été très-utiles à l'auteur des deux premiers volumes. Nous indiquerons cet ouvrage de cette manière, *Vil. Borg., S.... Nº.... (Stanza ou Salle Nº....) et Mon. Gab.*

4 BACCHUS ET ARIADNE, *bas-relief; marbre grec.*
Haut. 0,859 m. — 2 p. 7 p. 9 l.; larg. 2,150 m. — 6 p. 7 p. 5 l.

Bacchus et son épouse, couronnés de pampres et de bandelettes et tenant des thyrses dans leurs mains, sont portés sur deux chars attelés de centaures couronnés de branches de pin. Le bout du timon a pour ornement une tête de lion. Ariadne est vêtue de la *nébride*, petit manteau de peau de cerf ou de faon que l'on voit souvent aux bacchantes. La *pardalis* était plus grande et faite de peau de panthère. On doit remarquer au bas des reins du corps humain du centaure de gauche, une touffe de poils ainsi que l'on en donne quelquefois aux faunes; de même que ceux-ci et que les satyres, les centaures ont les oreilles pointues, et elles tiennent de celles du cheval. Ces centaures sont attelés avec des jougs. Parmi les figures accessoires exécutées avec un travail exquis, on distingue le petit faune monté sur la croupe d'un centaure qui lui verse à boire d'une corne ou *rhyton* dans un *canthare*, vase peu profond à deux anses, consacré à Bacchus, et dont la forme ressemble à celle du beau vase d'onix de la Bibliothèque royale, connu sous le nom de vase de Ptolémée. *Vil. Borg.* (pour le rhyton voyez le n° 39).

Le médaillon du milieu renferme les bustes de deux Romains dont les cendres reposaient dans ce tombeau. La coiffure de la femme est dans le costume du troisième siècle de l'ère chrétienne. La plupart des sarcophages étaient faits en fabrique; c'était plutôt de la sculpture de commerce que des ouvrages soignés; il y en avait cependant d'exécutés par des mains habiles. On peut observer dans ce bas-relief la symétrie qu'on croyait convenir à la sculpture monumentale; de chaque côté du médaillon, il y a le même nombre de figures, et dans des poses à-peu-près semblables. Cette observation peut se vérifier sur plusieurs sarcophages. La composition de ce bas-relief est fort jolie. Les peintures d'Herculanum offrent des scènes entre un satyre et une chèvre qui combattent, pareilles à celle-ci. Ici les deux antagonistes se disputent la possession d'un *pedum*, ou bâton pastoral recourbé. Le vieux Silène fait l'office de *gymnaste* ou professeur de gymnastique; il paraît les animer et les menacer d'une verge, ainsi que cela se pratiquait dans les palestres. Les deux enfans portent des palmes comme les *agonothètes* ou juges des jeux; la *ciste* et les serpens mystiques, la *syringe* ou flûte de Pan ou de Marsyas à sept tuyaux, ont rapport au culte de Bacchus. La partie inférieure du bas-relief est traitée avec plus d'esprit que le haut.

La lyre que tient le centaure est d'une forme très-ancienne; Mercure la fit d'une écaille de tortue qu'il surmonta de cornes d'Antélope, ce qui la fit nommer *chelys* (*chéloné* tortue.) Cette lyre se nommait aussi *cithara*: on la jouait ordinairement avec les doigts. Ici cependant le centaure la touche avec le *plectrum*, instrument recourbé de bois ou d'ivoire. Le *barbitos* était une grande lyre qu'on voit ordinairement entre les mains d'Apollon et des Muses, et qu'on touchait avec le plectrum. Le bas, large et creux, se nommait *magade*, et servait à renfler le son. Il y avait des lyres, qui, comme le *pectis*, n'avaient que deux ou trois cordes; d'autres en avaient jusqu'à vingt et davantage. Une des bacchantes fait résonner les *cymbales*. Cet instrument, inventé, disait-on par Cybèle, était d'airain, en forme de coupe, à-peu-près comme nos cymbales; il y en avait qu'on tenait avec des manches; d'autres étaient garnies d'anneaux ou de courroies. Les peintures antiques en offrent souvent. D'autres cymbales telles que le *tympanum*, ressemblaient, en petit, à nos timbales par leur forme et la peau qui les couvrait. Un des génies de la suite de Bacchus joue de la diaule ou double flûte; elles étaient égales ou inégales, selon qu'elles étaient montées sur le même ton ou sur des tons différens.

5 DOMITIEN, *buste colossal; marbre pentélique.*

Haut. 0,866 m. — 2 p. 8 p.

L'Empereur en cuirasse est couronné de laurier. Les portraits de Domitien sont très-rares, le sénat ayant proscrit sa mémoire et fait abattre ses statues.

Ce buste, qui appartenait autrefois à la collection *Albani*, a été acquis par ordre du Roi. Voy. *Monumens du Musée*, t. 3, pl. 28 (1).

---

(1) Tout ce que le Musée royal possède de la collection du car-

6 ALEXANDRE SÉVÈRE, *buste colossal; marbre de Luni.*

Haut. 0,852 m. — 2 p. 7 p. 6 l.

On reconnaît dans ce buste quelques traits de la

---

dinal Albani, a été acheté par ordre du Roi. Pour éviter la répétition de cette phrase, ces morceaux seront indiqués par *Vil. Alb.*

L'ouvrage intitulé MONUMENS ANTIQUES DU MUSÉE, a été dessiné et gravé avec soin au trait, en quatre volumes in-4°, par M. Thomas Piroli, sous la direction de M. Visconti. Les explications sont de M. Schweighaeuser jusqu'à la planche 40. Les autres sont de M. Louis Petit-Radel, de l'Académie des Inscriptions et Belles-lettres. Cet ouvrage savant et intéressant a été publié par MM. Piranesi.

Le MUSÉE FRANÇAIS, grand in-folio, qui contient les tableaux et les antiques les plus remarquables du Musée, et que nous aurons souvent occasion de citer, a été commencé en 1791 par M. Pierre Laurent, graveur du Roi. Ce magnifique ouvrage, continué depuis par lui, fut publié en quatre-vingts livraisons, par MM. Robillard-Péronville et Laurent; en 1806 on leur décerna une médaille d'or. Les explications des antiques sont de M. Croze-Magnan et de feu M. Visconti. Les planches et les pages du texte du Musée Français n'étant pas numérotées, on ne peut citer que les volumes.

Le MUSÉE ROYAL fait suite au Musée Français; il aura quarante livraisons. M. Henri Laurent, en entreprenant cet ouvrage, a suivi le plan de son père avec le même luxe de gravure et de typographie. Les explications des antiques jusques y compris la dix-septième planche, sont de M. Visconti; les suivantes sont de son successeur au Musée royal. Nous indiquerons les dessinateurs et les graveurs qui ont concouru à élever ces beaux Monumens à la gloire des arts en France. Le Musée des antiques a aussi été dessiné et gravé, grand in-folio, par M. Bouillon, avec beaucoup de talent. Le texte est de M. de Saint-Victor. Cette collection sera indiquée par *Musée Bou.....* Il faut joindre à ces grands ouvrages le Musée publié en dix volumes in-4° long, par M. Filhol, et exécuté avec beaucoup de soins par les dessinateurs et les graveurs les plus distingués; et les Annales du Musée publiées au trait, par M. Landon, conservateur des tableaux du Musée royal.

physionomie du fils de Mammée. Il porte la couronne civique tissue de feuilles de chêne. La draperie qui couvre sa cuirasse, et qui s'appelait *paludamentum*, est d'un style excellent. *Palais Braschi à Rome. Mon. du Musée*, t. 3, pl. 72.

Le *paludamentum* était un manteau militaire, et principalement celui des Empereurs et des Généraux romains. Il a beaucoup d'analogie avec la *chlamyde* des Grecs; et dans les auteurs on les nomme souvent l'un pour l'autre. Il n'était pas permis, même aux triomphateurs, de le porter dans Rome. Ce manteau s'attachait sur l'épaule droite avec une agraffe ou *fibule*. Souvent elles étaient ornées de pierres gravées; et l'on en accordait en or comme récompense militaire : quelquefois le paludamentum était noué comme on le voit à la statue équestre de Marc-Aurèle. Ce manteau était ordinairement blanc ou pourpre. Lorsqu'il était d'une autre couleur et d'une laine grossière, ce n'était plus qu'un *sagum* que portaient les soldats, ou un *sagulum* s'il était moins ample. Il ressemblait ainsi à la *lacerne*. Celle-ci cependant était d'une étoffe plus forte pour résister à la pluie. On finit par en faire de tissus plus légers, et on s'en servit à la ville; et même, malgré les édits d'Auguste et d'Adrien, la lacerne remplaça la toge. On sait qu'Alexandre Sévère en portait une de pourpre. Le vêtement épais qu'il porte ici peut être une lacerne. Le *birrus* était un petit paludamentum ou une lacerne d'une couleur roussâtre, tissue de laine avec sa couleur naturelle. Il paraît que les manteaux à longs poils et à franges, *fimbria*, prenaient le nom générique de *gausâpe*, et qu'ils étaient faits d'une laine très-belle ou de *gossipium*, qu'on croit être la même chose que le *byssus* et que notre coton, dont le nom se retrouve chez les anciens dans le mot *othonia*, prononcé avec une aspiration; les gausâpes étaient ordinairement d'une étoffe très-fine.

On a confondu souvent la *trabée* avec la *toge*; mais il paraît positif qu'elle en différait essentiellement, et qu'elle ressemblait au paludamentum et à la chlamyde. C'était aussi un vêtement militaire, et qui s'attachait avec une fibule. On montait à cheval avec la trabée, ce qui n'avait pas lieu avec la toge. Quoique la trabée fût le vêtement propre aux Chevaliers romains, elle servait aussi aux Dieux, aux Rois, aux Empereurs, aux Augures et aux Consuls. Ce qui la distinguait principalement du paludamentum, c'était la manière dont la pourpre était combinée avec le blanc; ainsi cette distinction est perdue dans la sculpture. La trabée des Dieux toute de pourpre marine tirée du *murex*, était d'un amaranthe plus ou moins foncée; elle était mêlée d'un peu de blanc dans celle des Rois; et la pourpre des Augures, mêlée de blanc, était de pourpre végétale ou *coccus*, et tirait sur l'écarlate. *Voy.* le n° 111.

7 PRISONNIER BARBARE, *statue; porphyre.*

Haut. 2,399 m. — 7 p. 4 p. 7 l.

On voit, par le costume de cette figure colossale, qu'elle représente un Prince barbare qui avait orné le triomphe de quelque Empereur romain du troisième siècle ; car le style de l'art la place à cette époque. Les têtes et les mains de marbre blanc, sont des restaurations exécutées dans le dix-septième siècle. *Vil. Borg.*

La tunique à manches courtes que porte ce personnage barbare, était un des vêtemens les plus usités dans les villes romaines; il se nommait *colobium*. Mais celle de ce prisonnier a cela de particulier, qu'elle est ouverte par-devant depuis le haut jusqu'à la ceinture, et qu'elle est garnie de boutons; ce qui n'était pas dans le costume romain ni dans le grec. La ceinture de ce personnage est aussi nouée d'une manière qu'on ne voit pas dans les figures romaines ou grecques. Les chausses longues et larges, serrées par le bas, *anaxirides* ou *braccæ*, étaient propres aux barbares. Chez les Grecs il n'y avait que les athlètes qui portassent une espèce d'écharpe, *zôma*, qui descendait jusqu'au milieu des cuisses; les premiers Romains ne se servaient pas de cette espèce de vêtement; pendant long-temps on ne le voyait que sur le théâtre; on le nommait *subligaculum*. On porta ensuite des chausses qui tombaient au-dessous du genou, et les chausses longues ne furent en usage que du temps des Empereurs. La chaussure de ce barbare peut être ce qu'on nommait *aluta laxior*, chaussure large ou qui ne prend pas juste la forme du pied. A travers les bandelettes qui se croisent sur le coude-pied, on croit voir que le pied est enveloppé de linge, comme le pratiquent encore certains peuples descendans des races Sarmates.

8 BAS-RELIEF, *en marbre de Paros,* qui ornait le tombeau de P. Boitenus hermès, fabricant de lits (*clinopégos*); on y a représenté plusieurs outils de menuiserie, entre autres un compas, une équerre, et une espèce de hache.

Haut. 0,579 m. — 1 p. 9 p. 5 l.; larg. 0,279 m. — 10 p. 4 l.

9 LUCIUS VERUS, *buste colossal; marbre de Paros.*

Haut. 0,896 m. — 2 p. 9 p. 2 l.

La tête de l'Empereur est couverte d'un des pans de la toge (1), et couronnée d'épis de blé, suivant le costume des *Frères Arvales* dans les rites des sacrifices. On donnait ce nom à une corporation sacerdotale dont on attribuait l'institution à Romulus, et dont les douze membres étaient choisis parmi les premiers personnages de l'état. L'abbé Marini a écrit un ouvrage d'une grande érudition sur ce sujet. Ce buste vient du château d'Ecouen. *Mon. du Musée,* t. 3, pl. 55.

10 ANTONIN PIE, *buste colossal; marbre de Paros.*

Haut. 0,852 m. — 2 p. 7 p. 6 l.

Cet Empereur est dans le même costume que son fils par adoption : le buste est moderne. (Voy. le n° 9), château d'Ecouen. *Mon. du Musée,* t. 3, pl. 50.

11 PRISONNIER BARBARE, *statue; porphyre.*

Haut. 2,399 m. — 7 p. 4 p. 7 l.

Voyez le n° 7.

12 BAS-RELIEF, *en marbre de Paros,* qui offre un enfant ayant sur l'épaule une petite chlamyde, et qui joue avec un chien. Le même sujet est peint sur un vase antique des *Studj,* ou Musée royal de Naples.

Haut. 0,541 m. — 1 p. 8 p.; larg. 0,341 m. — 1 pi. 7 l.

---

(1) Voyez sur la toge la statue de Tibère, n° 111.

13 JUPITER-SÉRAPIS, *tête colossale; marbre de Paros.*

Haut. 0,906 m. — 2 p. 9 p. 6 l.

Le paganisme confondait cette divinité tantôt avec le Soleil, tantôt avec Pluton. L'air de la tête est celui de Jupiter, avec quelque chose de plus sombre dans l'expression; le *modius* ou boisseau qui la surmonte, symbole de richesse et de bienfaisance, est un attribut de Sérapis, dont le culte ne fut reçu à Rome que sous le règne d'Adrien, qui est l'époque la plus reculée des monumens romains de ce genre.

14 TRAJAN, *tête colossale; marbre pentélique.*

Haut. 0,841 m. — 2 p. 7. p. 1 l.

Son front est orné de la couronne civique.

15 ESCULAPE, *buste colossal; marbre pentélique.*

Haut. 0,812 m. — 2 p. 6 p.

Le dieu de la médecine est coîffé d'une espèce de turban formé d'une bande d'étoffe roulée autour de sa tête; coîffure singulière qu'on voit dans plusieurs images antiques de ce dieu, et dans quelques portraits d'anciens médecins, et qui ressemble à celle qu'on appelait *infula*, que portaient les prêtres et les poètes. Les traits, ainsi que la barbe et la chevelure d'Esculape, quoique ressemblans à ceux de Jupiter, sont cependant bien éloignés de cette majesté imposante qui distingue le plus puissant des Dieux. *Mon. du Musée*, t. 1, pl. 47.

Ce buste, qui semble avoir fait partie d'une statue plus grande que nature, est posé sur un cippe sépulcral qui porte le nom de *Calpurnia Grapté. Trésor de Muratori*, pag. 1650, n° 4.

Haut. 0,650 m. — 2 p.; larg. 0,579 m. — 1 p. 9 p. 5 l.

16 PHÈDRE ET HIPPOLYTE, *bas-relief; marbre de Paros.*

H. 0,889 m. — 2 p. 8 p. 10 l.; larg. 2,062 m. — 6 p. 4 p. 2 l.

Ce bas-relief ornait autrefois le devant d'un tombeau.

La fable d'Hippolyte est représentée en trois actes dans cette belle composition, où, suivant la liberté que se donnaient les anciens, le même personnage reparaît plusieurs fois. A gauche, Phèdre dans son palais, indiqué par une draperie, la tête ornée du bandeau royal et couverte de son pallium en signe de tristesse, paraît occupée de sa malheureuse passion. Auprès d'elle des femmes y prennent part. Une d'elle est peut-être Vénus, qui pour se venger d'Hippolyte cherche à ranimer l'espoir de Phèdre et à la rendre criminelle. L'Amour est près de la reine. Dans la seconde scène il la conduit vers Hippolyte qui rejette ses séductions et celles de sa nourrice. Le temple de Diane, sculpté dans le fond, fait allusion à l'amour d'Hippolyte pour la chasse et à la pureté de ses mœurs. On aperçoit la statue de la Déesse.

Une porte qui conduit dans la campagne, indique le lieu de la dernière scène. Le héros est à la chasse du sanglier de *Phlius*, dont Sénèque le tragique fait mention. La figure couchée sur des rochers dans le haut du bas-relief à droite, est sans doute le génie du lieu où se passe l'action.

Ce bas-relief offre plusieurs choses remarquables pour le costume. La chlamyde d'Hippolyte est ajustée d'une manière particulière. Il n'est pas ordinaire qu'elle se termine ainsi en pointe. La tunique d'un vieillard n'a qu'une manche; elle est ouverte et elle découvre aussi la cuisse gauche. Le *pétase* d'un autre personnage est d'une forme différente de ceux qu'on voit dans plusieurs bas-reliefs. Deux des figures ont de belles chaussures lacées sur le devant et qui montent très-haut. Ce sont des espèces de *perones* ou brodequins faits en peau. Nous en trouverons plusieurs exemples. Celles-ci laissent les doigts découverts. On voit aussi la manière dont les peaux de lion ou de panthère qui recouvrent les chevaux sont fixées sur le devant par un poitrail. Le trône ou siége élevé, à dossier et à bras légers, et qui paraissent faits au tour, est garni d'un coussin à franges et de son marchepied. Une quenouille et une corbeille, *calathiscus*, où les femmes renfermaient leurs ouvrages, paraît remplie de laine. Elle est renversée à terre, et semble indiquer que la passion de Phèdre lui a fait oublier sa vie paisible et les soins de sa famille.

17 BACCHUS POGON OU A LONGUE BARBE, *buste colossal; marbre grechetto.*

Haut. 0,918 m. — 2 p. 9 p. 11 l.

On représentait sous ces formes le conquérant mythologique des Indes.

18 VASE *de marbre de Paros*, en forme de cratère, orné de masques de silènes et de faunes, de cymbales, de nebrides, et d'autres emblêmes bachiques d'une exécution excellente. Il est gravé parmi les *Vases* du Chevalier Piranesi, pl. 24. *Vil. Borg.* st. 3, n° 13.

Haut. 0,798 m. — 2 p. 5 p. 6 l.

L'autel en marbre pentélique qui le supporte a six faces, trois plus grandes qui sont concaves, et trois plus petites qui alternent avec les premières, et sont décorées d'ornemens dans le genre de l'arabesque. L'une offre un prêtre couronné et en costume grec; il fait des offrandes sur un petit autel orné de masques et de guirlandes, et placé au milieu de deux lauriers. C'est probablement un *quindecimvir* : on donnait ce nom chez les Romains à un collége de quinze prêtres qui conservaient les oracles de la Sybille, et étaient attachés au culte d'Apollon. Ils étaient habillés à la grecque. Le bras droit de ce prêtre est dégagé de la tunique qui n'est pas retenue par une ceinture; c'était sans doute un rite de quelque sacrifice que l'on offrait, le bras droit hors de la tunique (*bracchio exserto*). Le trépied d'Apollon, surmonté de son couvercle, *cortina*, sur lequel pose un corbeau, était un des attributs du même sacerdoce. La couronne d'épis de blé est un symbole de celui des *Frères Arvales*. Ces deux prêtrises étaient probablement réunies dans le même personnage. Ce morceau est remarquable par la finesse et la richesse des sculptures autant que par une parfaite conservation. *Vil. Borg.* st. 3, n° 14.

Arcade par laquelle on entre dans la salle des Empereurs.

Le Médaillon sculpté en bas-relief sur la voûte, et représentant le groupe des trois Arts du dessin, sous la figure allégorique de trois femmes, est un ouvrage de M. *Chaudet.*

Quatre colonnes ioniques de granit rose oriental sont placées aux deux côtés de l'arcade.

19 Le SAUROCTONE, *statue; marbre de Paros.*

Haut. 1,493 m. — 4 p. 7 p. 2 l.

Praxitèle avait exécuté en bronze un Apollon jeune, lançant de près une flèche contre un lézard rampant. Le nom de *Sauroctone* ou de *tueur de lézards* qu'on donna, suivant Pline, à la statue, en exprimait l'action. Plusieurs imitations de cet ouvrage célèbre sont parvenues jusqu'à nous; aucune ne surpasse celle-ci pour l'intégrité. *Vil. Borg.* st. 2, n° 5. Voyez Winkelmann, *Monumenti inediti,* pl. 40.

Le bas-relief encastré dans le piédestal représente une Bacchante jouant des cymbales.

Haut. 0,433 m. — 1 p. 4 p.; larg. 0,278 m. — 10 p. 4 l.

20 Les DANSEUSES, *bas-relief; marbre pentélique.*

Haut. 0,719 m. — 2 p. 2 p. 7 l.; larg. 1,876 m. — 5 p. 9 p. 4 l.

Cinq jeunes femmes, se tenant par la main, dansent autour d'un temple d'architecture corinthienne. Elles donnent une idée de ces chœurs où le chant des hymnes et la danse s'unissaient pour embellir les fêtes du paganisme. *Vil. Borg.* st. 11, n° 14.

Leurs robes sont d'une étoffe légère. La tunique de l'une des danseuses est ouverte par le bas à la manière des filles spartiates;

des *peplus* recouvrent une partie de leurs tuniques. Il y avait deux sortes de peplus; l'un grand et en carré long qui, s'ajustant sans agraffe et recouvrant tous les autres vêtemens, faisait à-peu-près le même effet que le *pallium* ou que la *palla* des dames romaines. C'était comme un grand voile dont on s'enveloppait. Ce mot se prend aussi pour des tapis ou pour de grandes pièces carrées d'étoffes. L'autre *peplus*, plus court que la tunique, s'attachait sur l'épaule avec une agraffe, ou avec deux lorsqu'il était de deux pièces; celle de derrière était plus longue que celle de devant; et alors c'était une espèce de grand *ricinium* ou de *cyclade*, qu'on a dû souvent confondre avec le peplus, d'autant plus que la partie postérieure de ce vêtement se relevait aussi sur la tête comme le peplus, et servait de voile. Il était ordinairement blanc et d'étoffes très-fines; il y en avait cependant, même au temps d'Homère, de plusieurs couleurs, richement brodés, tissus d'or et de pourpre, et quelquefois garnis de franges, surtout ceux des barbares. Voyez le bas-relief d'Antiope

21 OFFRANDES, *bas-relief; marbre.*

Haut. 0,694 m. — 2 p. 0 p. 10 l.; larg. 1,868 m. — 5 p. 9 p.

Deux figures de femmes, du même style de sculpture, mais d'une moins bonne exécution que celles du n° 20, sont représentées dans l'action d'orner de guirlandes un autel en forme de candélabre, qui brûle devant un temple, tandis qu'une troisième y apporte les premiers fruits de la campagne. Les satyres sculptés sur la base du candélabre doivent faire conclure que ces offrandes sont consacrées à Bacchus. Ce bas-relief, ainsi que son pendant, a été gravé dans l'*Admiranda. Vil. Borg.* st. 1, n° 10.

22 GÉNIE DU REPOS ÉTERNEL, *statue; marbre pentélique.*

Haut. 1,760 m. — 5 p. 5 p.

Debout, couronné de fleurs, les bras élevés et posés sur sa tête, le dos appuyé contre un pin, ce Génie semble exprimer par son attitude le repos des morts ou le sommeil éternel. Les bas-reliefs des tombeaux offrent souvent des figures semblables; mais celle-ci est la seule de ronde-bosse qui nous soit parvenue. Elle est remarquable par la grâce et le naturel de sa pose, la beauté simple et tranquille de ses contours; l'attitude des jambes croisées, caractérisait le repos chez les anciens; on représentait ainsi le sommeil et la mort. *Chât. d'Ecouen. Mon. du Musée*, t. 1, pl. 42.

Le bas-relief encastré dans le piédestal représente Bacchus et une panthère.

Haut. 0,475 m. — 1 p. 5 p. 9 l.; larg. 0,351 m. — 1 p. 0 p. 11 l.

SALLE DES EMPEREURS ROMAINS.

La peinture du plafond, exécutée par M. *Meynier*, représente la Terre, recevant des Empereurs Adrien et Justinien le code des lois romaines, dictées par la Nature, la Justice et la Sagesse.

Les deux grisailles, imitant le bronze, sont du même auteur; elles représentent Trajan faisant bâtir des aquéducs; et la voie appienne rétablie qui prit le nom de *Via Trajana*.

Le bas-relief représentant Marc-Aurèle qui donne la paix aux Marcomans, est de M. *Roland*.

Quatre des principaux fleuves de l'empire romain ont été exécutés par les artistes dont les noms suivent : l'Éridan, par M. *Gois* fils; le Tibre, par M. *Blaise*; le Nil, par M. *Bridan* fils; et le Rhin, par M. *Le Sueur*.

Deux colonnes sont placées à l'entrée de la salle : l'une est *fleur de pêcher;* l'autre est d'albâtre à veines. Deux bustes de bronze les surmontent. Dans l'embrasure de la croisée principale on voit deux colonnes cannelées de porphyre, remarquables par leurs bases et leurs chapiteaux d'ordre ionique, pris dans le bloc; l'une supporte la statue d'Esculape, l'autre celle de Junon.

23 DEMI-DIEU BACHIQUE, *buste de bronze.*

Haut. 0,854 m. — 2 p. 7 p. 6 l.

On croit reconnaître dans ce buste un personnage mythologique du genre des Silènes; il a une barbe crépue, et une espèce de diadème orné de pierres précieuses serre sa chevelure. *Fontainebleau.*

24 CIPPE de *marbre pentélique*, placé autrefois sur le tombeau de *Titus Flavius Cerialis*, affranchi de l'empereur Vespasien ou d'un de ses fils, et archiviste de la province du *Picenum*. L'inscription se trouve dans le *Trésor* de *Gruter*, page 591, n° 8.

Haut. 0,939 m. — 2 p. 10 p. 8 l.; larg. 0,622 m. — 1 p. 11 p.

25 FEMME ASSISE, *bas-relief; marbre grec.*

Haut. 0,650 m. — 2 p.; larg. 0,352 m. — 1 p. 1 p.

Elle prépare des guirlandes. Auprès d'elle sont placées deux petites figures qui représentent des statues: l'une, fort remarquable, est un squelette humain. La corruption du paganisme avait introduit, surtout chez les Égyptiens, l'usage de ces figures, souvent à ressorts, dans les repas, pour exciter à la jouissance des plaisirs de la vie, par la pensée de sa brièveté. Il est très-rare de voir des squelettes dans les bas-reliefs antiques. Un de ceux des tombeaux de Cumes, près de Naples, en offrent trois qui dansent; il y en avait aussi un, qu'une femme ornait de bandelettes, sur un pilastre des tombeaux de Pompéi. Les guirlandes faisaient un des ornemens des festins. On les croyait propres par leur parfum à préserver de l'ivresse ou à la rendre plus douce.

26 MARC-AURÈLE, *statue; marbre pentélique.*

Haut. 2,103 m. — 6 p. 5 p. 8 l.

Ce Prince est représenté en habit militaire, vêtu du paludamentum et de la cuirasse. Elle est remarquable par la beauté du travail. *Mon. Gab.* nº 19.

Les anciens portaient des cuirasses de toile de lin en plusieurs doubles. Celles des Égyptiens en ce genre étaient renommées; il y en avait aussi d'une étoffe de laine feutrée, ou de cuir garni de bandes, d'écailles, ou de chaînes de métal. Les Romains nommaient le feutre *subcoactum*, et *coactilia* les étoffes qui en étaient faites. Il paraît qu'il entrait du vinaigre dans la préparation de la laine. D'autres cuirasses étaient entièrement de métal, à charnières sur les côtés, et prenant la forme du corps; on en trouve de cette espèce dans les tombeaux antiques. Celles des chefs étaient très-ornées et souvent de plusieurs métaux. On appelait *plumatae* celles dont les écailles ressemblaient à des plumes. La cuirasse des soldats romains n'était souvent qu'une espèce de tunique de cuir garnie de bandes de fer. Sous cette armure on portait le *subarmale*, espèce de tunique à manches courtes qui descendait jusqu'aux genoux, et qui différait du *campestre* en ce qu'on portait celui-ci sans cuirasse, et que, s'attachant sur les hanches, il ressemblait au vêtement de nos boulangers et des Écossais. L'*armilausa* ou *armiclausa*, se mettait par-dessus la cuirasse; c'était une tunique courte ouverte par-devant et par-derrière de la ceinture en bas, et fermée sur les hanches. La cuirasse avait quelquefois des espèces d'épaulettes pour garantir les épaules. Les bandelettes qui la terminent étaient en cuir, quelquefois couleur pourpre et chargées d'ornemens. On voit, d'après celles des statues de Marc-Aurèle, de Titus, nº 29, de Caligula, nº 37, que le cuir en était travaillé, et peut-être doré. Les ouvriers qui damasquinaient les cuirasses avec différens métaux, se nommaient *barbaricarii*. La chaussure de Marc-Aurèle, très-ornée et garnie de fourrures, est une espèce de *campagus*, chaussure des Empereurs et des Généraux; elle laissait les doigts à découvert, et la semelle était bordée d'une empeigne qui couvrait le coude-pied et le talon. Les Romains mettaient beaucoup de luxe dans leur chaussure; le *campagus* était souvent de couleur pourpre et chargé d'ornemens en or, et même en pierres précieuses. On appelait en général *lorum* ou *ansæ* les cordons des chaussures.

Dans le piédestal est encastré un bas-relief d'un travail grossier qui offre une victoire et un génie.

Haut. o,310 m. — 11 p. 6 l.; larg. o,449 m. — 1 p. 4 p. 7 l.

26 PRISONNIER BARBARE, *statue; brèche universelle.*

Haut. o,632 m. — 5 p. o p. 3 l.

Les anciens avaient l'usage de relever par la richesse de la matière les statues qu'ils plaçaient dans les monumens des triomphateurs. Celle-ci n'a de marbre statuaire que la tête et les mains. *Vil. Alb.*

La tunique d'hommes à manches longues, *cheiridoton*, était un costume barbare, surtout des Phrygiens et des Parthes; dans la comédie, les valets, qui étaient presque toujours des barbares, la portaient aussi chez les Romains, quelquefois même par-dessous une tunique à manches courtes. On l'adopta assez tard sous les Empereurs. Le bonnet est un caractère distinctif du costume des barbares. Celui-ci est phrygien; il était ordinairement de feutre. La pointe du bonnet se recourbait en avant. Deux pendans de chaque côté, pointus ou garnis de boutons ou de cordons, servaient à le fixer sous le menton, ou retombaient sur les épaules; on les relevait aussi derrière la tête ou sur le bonnet, qui a beaucoup de rapport avec la *cidaris*, coîffure ordinaire des Rois et des Princes persans. Il y a quelquefois jusqu'à quatre fanons ou pendans chargés d'ornemens. Ce bonnet ressemble, à de légères différences près, à celui des Dioscures, d'Ulysse, de Vulcain et de la Liberté; ce n'était qu'un vrai bonnet de laine épaisse comme ceux d'aujourd'hui; entre les mains des artistes grecs, il est devenu une coîffure pleine de grâce; on le donne aux figures de Pâris, d'Attis, de Mithras, et l'on retrouve sa forme dans celle des casques des plus belles médailles de la grande Grèce.

Le piédestal est orné de trois bas-reliefs représentant chacun trois Génies. La panthère, la tortue, la ciste et la corne d'abondance semblent indiquer que ces génies appartiennent à Bacchus, à Mercure et à Cérès. Le bas-relief de gauche est le mieux.

27 CLAUDIUS DRUSUS, *tête de bronze.*

Haut. o,440 m. — 1 p. 4 p. 3 l.

Les médailles nous font reconnaître dans ce bronze, ainsi que dans celui du n° 30, Néron Claudius Drusus.

fils de Livie, adopté par Auguste, et père de Germanicus et de Claude. *Mon. du Musée*, t. 3, pl. 14.

28 VESPASIEN, *tête de bronze.*

Haut. 0,459 m. — 1 p. 5 p. 4 l.

Cette belle tête a été trouvée près de Rome. *Mon. du Mus.* t. 3, p. 26.

La fonte de cette tête est très-légère, les yeux sont en argent, la couronne, délicatement travaillée, n'a pas été coulée avec la tête, et n'y a été qu'ajustée; elle est retreinte ou faite au marteau, genre de travail nommé *sphurelaton* par les Grecs. Les premières couronnes ne furent que de simples bandelettes; on les orna depuis de branches d'arbres, de plantes ou de fleurs; quelquefois de lames de métal; on en réunissait les extrémités par des *lemnisques* ou rubans, qui quelquefois s'enlaçant dans la couronne retombaient sur les épaules. Les villes de l'empire faisaient hommage aux Empereurs ou aux Généraux romains de couronnes d'or d'un poids très-considérable. Elles faisaient un des ornemens des triomphes.

29 TITUS, *statue; marbre de Paros.*

Haut. 2,004 m. — 6 p. 2 p.

L'Empereur, tout armé, semble représenté dans le moment de haranguer les soldats *(adlocutio)*. Cette statue était placée dans les jardins de Versailles; il ne lui manquait que le bras droit et une partie du *parazonium*. Les *ocreæ* ou jambarts sont très-remarquables.

Les *cnémides* des Grecs ou les *ocreæ* des Romains, étaient ou de métal ou de cuir fort; elles s'attachaient avec des courroies; les unes montaient du coude-pied jusqu'au-dessous du genou; d'autres le dépassaient, et il y en avait qui n'allaient que jusqu'au mollet. Les héros du temps d'Homère portaient deux cnémides; dans la suite, souvent on n'en avait qu'une à la jambe gauche, la plus exposée en combattant. C'était ainsi qu'étaient armés les gladiateurs, et en particulier ceux qu'on nommait *samnites*. Des combats de gladiateurs en bas-relief sur un tombeau de Pompéi, publié par MM. Mazois, Millin et par nous, offrent de beaux modèles de cnémides placées de différentes manières. Quelques monumens montrent de petites cnémides couvrant le mollet, et laissant le reste de la jambe nu; armure qui devait convenir aux conducteurs des chars qu'on pouvait attaquer par-derrière, et dont le bas de la jambe jusqu'au mollet était protégé par le rebord du char. On voit dans le Musée de Naples de belles cnémides en bronze trouvées dans un tombeau de Pestum.

On peut remarquer des charnières aux bandes disposées en écailles qui terminent la cuirasse. Ces bandes devaient être en métal et se prêtaient aux mouvemens du corps. Elles paraissent garnies et bordées en cuir.

Le *parazonium* ou *paramerium*, était une espèce d'épée large et courte, un poignard, qu'on portait ordinairement attaché à la ceinture, ce qu'indique le premier nom; le second marque que cette arme tombait le long de la cuisse. Il paraît que le parazonium différait de l'épée en ce qu'il était beaucoup plus court, et qu'on le portait ordinairement à droite; cependant cet usage a varié. On voit à gauche, dans les statues des Empereurs, l'arme qu'on est convenu d'appeler parazonium; c'est une marque de commandement; il fait partie du costume héroïque. Celui des héros homériques est placé très-haut sous l'épaule gauche, et presque horizontalement. Titus le porte suspendu à un baudrier très-étroit; il y en avait de fort larges. Dans les temps reculés, un des bouts du baudrier, *balteus* ou *télamon*, était fixé par plusieurs tours de la courroie au haut du fourreau, et l'autre vers la pointe, nommée par les Grecs *mykès* ou champignon. Les baudriers étaient souvent très-ornés; on les confond quelquefois dans les auteurs avec le ceinturon *zoma* ou *cingulum*. Il ne faut pas mettre d'anneaux ou de bélières aux fourreaux d'épées des temps héroïques.

Les bas-reliefs encastrés dans le piédestal de cette statue représentent un génie et une victoire. C'est un ouvrage du quatrième siècle, de même que celui sous le n° 26; ce que fait croire le travail grossier, et ce que prouverait l'étendart ou *labarum*, s'il était positif que cet étendart, d'origine barbare, n'eût été adopté par les Romains que du temps de Constantin, comme le croient quelques savans.

Haut. 0,310 m. — 11 p. 6 l.; larg. 0,449 m. — 1 p. 4 p. 7 l.

30 CLAUDIUS DRUSUS, *buste de bronze.*

Haut. 0,785 m. — 2 p. 5 p.

Ce buste, d'un très-beau travail et tiré du château de Fontainebleau, a pour piédestal un autel triangulaire élevé au culte de Cybèle sous le cinquième consulat de Constance Chlore et de Maximien Hercule l'an de l'ère chrétienne 305, à l'occasion des cérémonies d'un sacrifice superstitieux qu'on appelait *taurobole*. Les cymbales, la syringe, le pin, le bucrane, le pedum sur les côtés de l'autel, font allusion à ce sacrifice. Les cymbales, du genre des nôtres, sont attachées à une courroie, ainsi qu'on le voit dans plusieurs peintures antiques. L'inscription a été publiée dans le *Trésor* de *Muratori*, p. 371, nº 2.

Haut. 1,078 m. — 3 p. 3 p. 10 l.; larg. 0,588 m. — 1 p. 9 p. 9 l.

Le *taurobole* est souvent joint dans les inscriptions au *criobole*, sacrifice d'un bélier. Les auteurs profanes n'en parlent pas; mais Prudence en donne de grands détails dans le martyr de S. Romain. Ce sacrifice purificatoire fut établi à Rome sous Antonin Pie, l'an 913 de Rome, 160 de J. C. Une des cérémonies consistait à immoler un taureau avec une épée d'une forme particulière, et à en faire découler le sang sur un prêtre vêtu d'une robe de soie, et qui, placé dans une fosse recouverte de planches percées d'un grand nombre de trous, n'en perdait pas une goutte. Outre les cornes de la victime on consacrait sous les noms de *vires tauri* les forces du taureau, ce qui le distingue du bœuf. Ce sacrifice dégoûtant purifiait pour vingt ans l'Empereur, la ville ou le particulier qui l'avaient fait offrir. Il paraît qu'une des cérémonies se nommait *mesonyctium*, et se célébrait la nuit. Parmi les ornemens du prêtre qui recevait le sang du taureau ou du bélier, on cite l'*occabus* qui devait être une espèce de collier ou de bracelet. L'épée taurobolique avait au-dessous de la pointe un crochet qui la faisait ressembler à la *harpé* de Persée et de Saturne.

Au-dessous de la croisée est encastré un bas-relief sépulcral sur lequel est sculptée la demi-figure d'une femme grecque.

Haut. 0,608 m. — 1 p. 10 p. 6 l.; larg. 0,428 m. — 1 p. 3 p. 10 l.

31 NÉRON EN VAINQUEUR DES JEUX DE LA GRÈCE, *statue; marbre pentélique.*

Haut. 2,247 m. — 6 p. 11 p.

Cette figure, presque nue, suivant le costume héroïque, est très-remarquable, parce qu'elle nous offre les traits de Néron, quoiqu'ennoblis par l'artiste. Ses cheveux sont serrés par un bandeau appelé proprement *diadême*, qui servait autrefois d'ornement à la tête des Rois, et qui était en même temps le signe distinctif des vainqueurs dans les jeux sacrés de la Grèce. Néron, qui avait remporté des prix dans ces jeux, soit dans les concours des *citharèdes*, soit à la course des chars, oubliait le rang de maître du monde, au point d'être vain de ces honneurs de théâtre.

Le diadême ou cette bandelette des athlètes vainqueurs était ordinairement de laine blanche ou rouge. Elle diffère du bandeau royal, dont les extrémités retombent sur les épaules. On ne doit pas donner de bandeau royal aux premiers Empereurs romains. Cet ornement, particulier aux Rois, était en horreur à Rome; les Empereurs les plus absolus n'osèrent pas le porter, et ce fut Aurélien qui le premier en para sa tête. Il ne fut en usage que depuis Constantin. *Collection d'Orsay. Mon. du Musée*, t. 3, pl. 21.

32 BAS-RELIEF qui représente Cupidon monté sur un char auquel sont attelés deux dromadaires; ce qui peut avoir rapport à des jeux du cirque, où l'on introduisit des courses de ces animaux. Il en est question dans la vie de Néron et d'Élégabale. Ce bas-relief a dû faire partie de ceux de la salle d'Hercule et de Télephe, qui ont rapport aux jeux du cirque.

Haut. 0,250 m. — 0 p. 9 p. 3 l.; larg. 0,541 m. — 1 p. 8 p.

33 TRAJAN, *statue; marbre pentélique.*

Haut. 2,112 m. — 6 p. 6 p.

L'Empereur porte une cuirasse finement décorée de sculptures. Le buste d'Isis sculpté sur la poitrine y tient lieu de la tête de Méduse. Une longue draperie, ou le paludamentum plié, tombe du bras gauche de la figure, et enveloppe les hanches. La tête est antique, mais rapportée. *Mon. Gab.* n° 3.

En représentant Trajan pieds nuds dans ses deux

statues, on a peut-être voulu indiquer que cet Empereur marchait presque toujours à pied à la tête de ses troupes, et qu'il traversait ainsi les rivières.

Le bas-relief du piédestal représente deux époux couchés sur un lit de repas, et servis par d'autres personnages, parmi lesquels on distingue une femme portant une guirlande pareille à celle du bas-relief, nº 25.

Haut. 0,622 m. — 1 p. 11 p. 0 l.; larg. 0,541 m. — 1 p. 8 p.

34 CLAUDE, *buste de bronze.*

Haut. 0,73 m. — 2 p. 3 p.

Le frère de Germanicus, successeur de Caligula, est couronné du laurier des Césars. *Château d'Ecouen. Mon. du Musée,* t. 3, pl. 17.

35 CIPPE DE C. CORUNCANIUS ORICULA, de la tribu *pollia*, et tribun de la légion vingt-unième, surnommée la *rapace.* Il avait la direction d'ouvriers attachés à ce corps. Sur les côtés du cippe sont sculptés un préféricule et une patère. *Trés. Grut.* p. 398, nº 10.

Haut. 1,018 m. — 3 p. 1 p. 7 l.; larg. 0,759 m. — 2 p. 3 p. 8 l.

36 STÈLE, ou monument sépulcral de *Moschus,* fils de *Moschus*, ainsi que nous l'apprend l'inscription grecque qu'on y lit.

Haut. 0,731 m. — 2 p. 3 p.; larg. 0,449 m. — 1 p. 4 p. 7 l.

Le travail est grossier, mais il y a une jolie intention dans la pose du jeune homme et dans les draperies.

37 CALIGULA, *statue; marbre pentélique.*

Haut. 1,95 m. — 5 p. 11 p. 10 l.

L'Empereur est revêtu de la cuirasse. *Musée royal,* vol. 2; M. Granger, dess.; M. J. J. Avril, grav. *Mus. Bou.* vol. 2.

La tête est rapportée et un peu petite, mais ce défaut rend cette statue plus conforme au portrait de Caligula dans Suétone.

La chaussure qu'il porte n'est pas la *caliga*, chaussure militaire qui, composée d'une simple semelle attachée avec des courroies, laissait le pied à découvert et ne montait que jusqu'à la cheville. Cette chaussure-ci serait plutôt l'*aluta*, qui était faite en peau de chèvre ordinairement noire; les femmes les portaient en blanc et plus légères. Au reste, malgré les monumens et tous les ouvrages écrits sur les chaussures antiques, il règne encore beaucoup d'incertitudes dans cette partie du costume des anciens.

38 BAS-RELIEF, sur lequel on voit figuré, en hermès, Bacchus indien ou barbu, en compagnie de plusieurs génies qui semblent préparer une cuve pour les vendanges. La composition de ce bas-relief est très-jolie, un beau cratère sert de cuve, un génie goûte le vin en y trempant sa main, un autre veut s'y plonger, et les deux autres éprouvent déjà les effets de la liqueur bachique.

39 DEUX RHYTONS, ou CORNES A BOIRE, *en marbre pentélique*, se terminant par le bas en têtes de taureaux, et s'évasant avec élégance vers le haut, sont ornés de branches et de feuilles de lierre. Parfaitement évidés en dedans, ils étaient destinés à l'usage d'une fontaine. L'arrangement qu'on a donné à ces deux morceaux de sculpture semble indiquer le même usage; et la cuve antique de marbre de Luni placée au milieu, comme si elle allait recevoir les eaux qui vont couler des *rhytons*, est ornée de cannelures et de quatre muffles de lions.

Elle a de hauteur 1,067 m. — 3 p. 3 p. 5 l.; de long. 2,360 m. — 7 p. 3 p. 2 l.; et de larg. 1,126 m. — 3 p. 5 p. 7 l.

Les premiers vases furent faits avec des cornes de bœufs ou d'autres animaux auxquelles depuis on ajouta des têtes en guise d'ornement. Cette forme s'est conservée dans des vases de terre qui rappelaient leur origine à une époque où l'on n'en faisait plus en corne. On voit dans des peintures antiques que la partie inférieure du vase était percée d'un trou, et qu'on buvait sans l'approcher des lèvres, et en faisant tomber la liqueur de très-haut; comme cela se pratique encore dans plusieurs pays parmi le peuple. Les différentes collections de vases antiques offrent beaucoup de rhytons de formes très-variées en terre, ornés de peintures. On en faisait même en verre, et l'on en porta un d'or et de trente coudées de longueur à la pompe bachique de Ptolémée Philadelphe; ce que l'on prend souvent pour des cornes d'abondance pourrait n'être que des rhytons remplis de fleurs et de fruits, l'allégorie n'en serait pas moins ingénieuse. *Vil. Borg.*

Chaque rhyton a de hauteur 1,543 m. — 4 p. 9 p.

40 L'ESPAGNE, *bas-relief; marbre pentélique.*

Haut. 0,850 m. — 2 p. 7 p. 5 l.; larg. 0,731 m. — 2 p. 3 p.

Cette tête colossale d'une grande manière et d'une belle exécution, couronnée de raisins et de branches d'olivier, semble indiquer cette région si fertile en vins et en huiles. Un lapin qu'on voit à gauche rappellerait que ce gibier y abondait. Cependant cette tête peut aussi représenter l'automne et les plaisirs de la chasse. *Vil. Borg.* st. 6, n° 14.

41 GRAND BAS-RELIEF tiré de quelque monument public des Romains; il représente une cérémonie religieuse célébrée devant le temple de Jupiter Capitolin, dont les trois portes indiquent les trois nefs consacrées à trois divinités associées, Jupiter, Minerve et Junon. *Vil. Borg.*

Haut. 1,968 m. — 6 p. 0 p. 8 l.; larg. 2,478 m. — 7 p. 7 p. 2 l.

La manière dont les toges de ces personnages sont ajustées, est différente de celle qu'offre ce vêtement dans les statues. On ne voit pas ici la masse de plis nommés *umbo* (voyez le n° 111). Il est possible que ceci tînt aux rites particuliers de quelque sacrifice, où on laissait la toge traînante, comme dans d'autres on la relevait.

Le haut de ce trumeau est orné de plusieurs morceaux de sculpture d'ornement. On y distingue, dans un très-petit bas-relief, une pompe bachique et le fragment d'une frise qui représente deux griffons, entre lesquels est un vase.

42 TRAJAN, STATUE; *marbre de Paros.*

Haut. 2,004 m. — 6 p. 2 p.

La cuirasse de l'empereur est d'un travail excellent. Le masque de Triton, qui tient lieu de la tête de Méduse, peut faire allusion aux flottes romaines qui parurent sous Trajan dans la mer des Indes; et le trophée a rapport à la guerre des Daces. *Mon. Gab.* nº 3.

Le bas-relief du piédestal représente les génies de la chasse.

Haut. 0,329 m. — 1 p. 0 p. 2 l.; larg. 0,534 m. — 1 p. 7 p. 9 l.

43 TITUS, *buste de bronze.*

Haut. 0,720 m. — 2 p. 2 p. 7 l.

Ce buste, qui fait le pendant de celui de Claude, nº 34, a probablement été découvert dans la même fouille; ils avaient sans doute orné, l'un et l'autre, la basilique de quelque colonie romaine. *Chât. de Richel. Mon. du Musée*, t. 3, pl. 27. *Musée Bou.* vol. 1er.

44 CIPPE, ou tombeau de la femme et des enfans d'*Aulus Fabius Pothinus.* Cette inscription a été publiée par le Marquis Maffei, dans le *Museum Veronense*, p. 253, nº 7.

Haut. 1,065 m. — 3 p. 3 p. 4 l.; larg. 0,697 m. — 2 p. 1 p. 9 l.

45 BAS-RELIEF qui représente un homme couché sur un lit de repas. Devant lui est préparée une table ronde à trois pieds (*mensa tripus*), suivant l'usage le plus général des Grecs et des Romains.

On voit auprès de la table un *pocillator* ou *pincerna*, jeune homme qui servait à table, vêtu d'une simple tunique, mais avec soin. Les bas-reliefs des monumens funèbres en offrent souvent, et ils sont toujours d'une très-petite proportion, comme personnages accessoires.

Haut. 0,758 m. — 2 p. 4 p.; larg. 0,356 m. — 1 p. 1 p. 2 l.

SALLE DES SAISONS.

Les peintures de cette salle et des trois qui suivent, sont de J.-F. Romanelli, artiste italien qui vint en

France sous la minorité de Louis XIV; les sculptures et les autres ornemens des plafonds ont été exécutés sous sa direction et d'après ses dessins.

Les Quatre Saisons sont peintes aux quatre angles de la salle ; les autres sujets, tirés de la mythologie, ont rapport à Diane et à Apollon, divinités dont les allégories sont relatives aux saisons de l'année.

46 VÉNUS GENITRIX, *statue; marbre de Paros.*

Haut. 1,645 m. — 5 p. o p. 9 l.

Les images de Vénus avec le surnom de *Genitrix*, que nous voyons gravées sur les médailles impériales, nous présentent cette déesse, regardée par les Romains comme la mère de leurs ancêtres, précisément dans la même attitude que cette charmante statue. Elle y paraît habillée d'une tunique transparente qui se détache à peine des contours gracieux de ses membres, et elle a dans sa main la pomme de Pâris. L'attitude de relever ainsi son manteau et un des seins découverts, caractérisent Vénus. Ses oreilles sont percées. Les anciens étaient dans l'usage de suspendre des boucles précieuses aux oreilles des statues qui représentaient des déesses. Cette Vénus, l'une des plus gracieuses que l'on connaisse, ornait les jardins de Versailles. *Mus. Fr.* v. 2; M. Bartolini, dess.; M. V. Massard, grav. *Mus. Bou.* v. 1er.

Les statues n'ont pas conservé de boucles d'oreilles, mais les peintures et les médailles en offrent de formes variées ; les unes à trois pendeloques ; d'autres en triangle, la pointe en bas ; il y en a aussi de très-grosses faites d'une feuille d'or très-mince : on en a trouvé à Pompéi en forme de balance dont des perles remplacent les bassins. On peut en voir de ces deux espèces à la bibliothèque royale. On portait aussi aux oreilles des perles d'une grosseur démesurée, et celles qui étaient demi-sphériques se nommaient *tympana*, à cause de leur ressemblance avec le *tympanum*.

La tunique était un vêtement commun aux deux sexes chez les

Grecs et chez les Romains; les premiers la nommaient en général *chitón;* on la mettait immédiatement sur le corps. La tunique des femmes grecques, ordinairement de laine ou de lin, était formée de deux pièces d'étoffe en carré long qui se réunissaient sur les épaules par des agraffes. Le tour du col était échancré; en général les tuniques étaient sans manches avec deux ouvertures pour les bras. La tunique dorienne et spartiate était de cette espèce; le reste de ce vêtement était cousu des deux côtés jusqu'en bas; on en voit cependant, comme à la Minerve au Collier, qui sont cousues du côté gauche et ouvertes du côté droit. La tunique ionienne et athénienne avait des manches longues et étroites; c'était la stola des Romaines, les robes de femmes d'aujourd'hui. On la nommait *cheiridoton;* elle était proprement barbare. La tunique des jeunes filles de Sparte, ouverte des deux côtés depuis le bas jusqu'au milieu des cuisses, ne descendait que jusqu'aux genoux; les amazones la portaient aussi de cette manière. Il y a des tuniques extrêmement amples avec des ouvertures très-larges pour les bras, recouverts jusqu'au coude par la partie supérieure de ce vêtement, garnie de boutons assez éloignés l'un de l'autre pour qu'on voie le nu. Elle forme alors beaucoup de plis par-dessus la ceinture, qui la relève et la soutient; quelquefois on détachait une des agraffes de la tunique, ordinairement celle de l'épaule droite, pour la laisser à découvert, ainsi que le sein. Lorsqu'elle était très-ample, elle pouvait découvrir l'épaule sans qu'on détachât l'agraffe. On bordait souvent le bas de la tunique avec une bande de couleur; c'était le *limbus* qui formait les ornemens que nous nommons des *grecques*, et auxquels leurs sinuosités avaient fait donner le nom de *méandres*. Il se pourrait que la bordure froncée qu'on voit à une partie de la draperie de la Vénus Genitrix fût ce que les Grecs nommaient *craspedon*. On en trouve de semblables aux plus anciennes statues, et en l'indiquant ainsi on a probablement voulu faire mieux distinguer le bord de la draperie.

La tunique était fixée au corps par une ou deux ceintures; celle qu'on plaçait sous le sein pour le contenir, se nommait *strophium*. On donnait aussi ce nom aux bandelettes dont les prêtres et les femmes se ceignaient la tête, et qui souvent sont ornées de petites boules à leurs extrémités. Ce sont ces bandelettes ou des ceintures qu'on voit ou suspendues, ou entre les mains de femmes et de génies dans des bas-reliefs et sur les vases peints. Le *stro-*

phium ou ceinture du sein servait aussi à renfermer de l'argent, des bijoux. Les Romains appelaient *fasciæ mamillares* les bandelettes destinées à empêcher que le sein des jeunes filles ne prît trop de volume. La ceinture sur les hanches se nommait *zōna ;* c'était celle que les nouvelles mariées consacraient à Diane *lochia* ou *solvizona*, *qui délie la ceinture ;* le nœud, fait d'une manière particulière, se nommait *herculien ;* le ceste de Vénus était une espèce de *zōna*. Le *redimiculum* et le *bracile* étaient des ceintures qui, passant par-dessus le col et dessous les bras, se croisaient sur le dos et servaient à serrer les tuniques très-amples.

Parmi les tuniques des Grecs on distinguait la *tunique royale* ou des Rois en temps de paix ; elle était à manches longues, serrée avec une large ceinture, et descendait jusqu'aux pieds ; Créon en porte une dans le bas-relief de la vengeance de Médée. L'*orthostade* était très-ample, à manches longues ; elle descendait jusqu'à terre, et on la portait avec ou sans ceinture. Souvent dans des figures d'Apollon Musagète ou Citharède, ou d'acteurs tragiques, la ceinture qu'on voit aux orthostades n'y est que comme ornement ; elle est cousue sur la robe, et ne servait pas à la serrer à la taille. Cette tunique devait ressembler à la *dalmatique*, qui était aussi à manches longues, et qu'on reprochait à Commode et à Elagabale. La *syrma*, dont nous avons fait notre symarre, était une tunique étroite et très-longue, ainsi que la tunique royale, et que portaient les acteurs tragiques qui jouaient des rôles de Rois, pour cacher la hauteur de leurs cothurnes.

Le *chitonisque*, l'*hypocamisium* et l'*esophorium* étaient des tuniques très-courtes et étroites, des espèces de chemises ; celles des femmes, chez les Romains, se nommoient en général *intusium ; interula* celle qui était sur la peau ; *subucula* la seconde. On portait quelquefois jusqu'à quatre tuniques. La *subucula* fut remplacée par la *castula*, qui prenait au-dessous du sein ; cette espèce de jupon ressemblait au *limus* des sacrificateurs ; on le trouve à quelques figures antiques.

Le *colobium*, la tunique des hommes, chez les Romains, descendait jusqu'aux genoux ; elle était souvent plus longue par-derrière que par-devant ; celle des centurions était très-courte, sans doute pour pouvoir être placée sous la cuirasse, comme le subarmale ; le colobium avait des manches courtes et larges qui devinrent longues vers la fin de l'Empire. On serrait la ceinture sur les hanches; elle était de rigueur en public; il n'y avait que les libertins qui la portassent lâche; mais dans l'intérieur des familles on prenait cette liberté. On nommait *cincticulum* la tunique courte des jeunes gens; le *cinctum* ressemblait au campestre et ne montait pas jusqu'aux épaules.

La tunique des sénateurs, des consuls, des édiles, des préteurs et des triomphateurs, était distinguée de la tunique simple, *tunica recta*, des particuliers par des bandes de pourpre nommées *clavi*, et qui prennent le nom de *laticlave*, d'*angusticlave*, selon leur plus ou moins de largeur. Elles étaient cousues sur la tunique, et descendaient de la poitrine jusqu'au bas de la robe; il y en avait deux; on en voit à plusieurs figures dans les peintures antiques. Jusqu'à Auguste, les fils de sénateurs ne purent porter le laticlave qu'à vingt-cinq ans. Les Empereurs accordaient cette distinction à des chevaliers, aux magistrats des colonies, des villes municipales qui n'avaient que le droit d'angusticlave; on donna même le laticlave à des femmes. On peut croire que les Grecs donnent le nom de *séméion*, *signe* (distinctif) aux clavi des Romains. On voit aussi dans les peintures antiques des morceaux de différentes couleurs sur les tuniques; c'était sans doute ce qu'on nommait *tesseres* (*tesserae in vestimentis*). Il paraît que le laticlave était plus long que la tunique ordinaire, et qu'on le portait sans ceinture; des espèces de bandes horizontales qu'on voit au bas des bandelettes qui ornent la partie inférieure des cuirasses, indiquent peut-être la manière de porter le laticlave dans le costume militaire. Il y avait quelquefois sur les tuniques d'autres bandes d'une couleur différente qui servaient de distinction, et dont on ne connaît pas positivement la place; on croit que c'était autour du col.

La *cyclas* était une tunique très-courte qui souvent ne descend guère plus bas que le sein, et qui n'était pas retenue par une ceinture. Il paraît que son nom lui était venu de la bordure (*cyclos*, *cercle*), dont elle était souvent ornée dans le bas; ramenée sur la tête, la cyclade servait de voile.

La *syndonè* était une sorte de tunique dont on ne connaît pas bien la forme; il paraît que les prêtres et les femmes s'en couvraient les épaules comme d'un mantelet; elle venait de Phénicie, et était ou en toile de lin ou en byssus. On reconnaît la toile dans les draperies de beaucoup de statues et dans des peintures antiques. Les plis transversaux qu'on voit à plusieurs draperies proviennent des presses sous lesquelles on mettait les vêtemens. On peut croire qu'il entrait de la soie dans l'étoffe des tuniques, auxquelles leur transparence avait fait donner les noms de *togæ vitræ*, robes de verre, de *ventus textilis*, vent tissu, de *nebula linea*, nuage de lin. On les nommait *holoserica*, *holovera* lorsqu'elles étaient entièrement de soie, et *subsericum* lorsque la trame était de coton; le commerce des Indes les avait fait connaître aux Grecs à une époque assez reculée; mais elles n'étaient pas en usage; celles de l'île de Cos étaient célèbres, on les teignait ordinairement en pourpre. Du temps d'Elagabale, ces étoffes étaient encore d'un grand prix; elles ne devinrent communes que sous Justinien; en 420, elles l'étaient dans les Gaules. On voit aussi des étoffes très-légères et gauffrées, à petits plis, à de très-belles et très-anciennes statues; et il y en a même dont le tissu de la tunique est contenu dans le bas par une coulisse. La *crocote*, robe très-légère et ordinairement jaune et brodée, devait être une de ces robes transparentes; peut-être était-elle de soie écrue. Bacchus et les bacchantes étaient souvent vêtus de la crocote. On voit aussi dans les peintures antiques des étoffes de couleur changeantes. La *synthèse* était une tunique légère que l'on portait dans les repas domestiques; il est probable qu'elle était souvent brodée, et sans ceinture; il était inconvenant de s'en servir en public, et on le reprochait à Néron.

Vénus *Genitrix* n'a pour chaussure qu'une semelle sans aucune bandelette qui la fixe, ce qui ne peut être admis que dans le costume d'une divinité. On en voit d'autres où il n'y a qu'une seule attache qui, partant du milieu du pied de chaque côté, passe derrière le talon. La chaussure la plus simple, après celle-ci, était la *solea*, qui ne consistait aussi qu'en une semelle attachée par des bandelettes souvent très-ornées; c'était une chaussure grecque que les femmes romaines adoptèrent. Elle n'était cependant réservée que pour l'intérieur des maisons, et ne se portait qu'avec la *penula;* il n'eût pas été convenable de paraître au théâtre avec la solea; on les quittait en se mettant à table. La *sandale* ressemblait à la solea; mais le talon y était enfermé; il y en avait de très-riches. On ne connaît pas bien la différence de la *gallica*, de la *crepida*, de la *sicyonia*, du *soccus* que portoient les comédiens, d'avec la solea. On sait seulement que ces chaussures étaient légères, ouvertes, et plus ou moins garnies de bandelettes.

L'inscription encastrée dans le piédestal de la Vénus *Genitrix* est tirée du cippe sépulcral élevé à Mindius Evhodianus par sa fille Mindia Regina.

Haut. 0,359 m. — 1 p. 1 p. 3 l.; larg. 0,250 m. 9 po. 3 l.

47 COMMODE, *buste; marbre pentélique.*

Haut. 0,740. — 2 p. 3 p. 4 l.

La physionomie effarée de cet indigne fils de Marc-Aurèle semble annoncer l'égarement d'esprit où ses vices et ses flatteurs l'avaient fait tomber; le corps est moderne.

On fait remarquer dans les *Mon. du Musée*, t. 3, p. 134, la forme particulière de la tête de Commode, qui est serrée par le haut et très-large aux mâchoires. Pour faire disparaître une écaille du marbre, on a rendu le nez trop pointu.

48 BAS-RELIEF qui formait autrefois le devant d'un sarcophage; on y voit sculptés des génies, des guirlandes et des masques; et au milieu, dans un médaillon, le buste d'une femme coiffée suivant la mode du troisième siècle.

Haut. 0,530 m. — 1 p. 7 p. 7 l.; larg. 1,977 m. — 6 p. 1 p.

49 ANTINOÜS, *buste; marbre du mont Hymette.*

Haut. 0,422 m. — 1 p. 3 p. 7 l.

La couronne de lierre qui ceint la tête d'Antinoüs lui donne le caractère de Bacchus et d'Osiris.

50 COMBATTANT BLESSÉ, *statue; marbre de Paros.*

Haut. 0,839 m. — 2 p. 7 p.

La pose de cette figure est remarquable; le héros blessé, un genou en terre, ne semble pas encore vaincu. *Vil. Borg.* st. 7, nº 11.

On voit le parazonium et le bouclier, dont l'*umbo* ou la partie saillante est d'une forme particulière. On sait quel prix les anciens, surtout les Spartiates, attachaient à la conservation de leur bouclier; ce héros-ci paraît vouloir mourir sur le sien. Il y a à Naples plusieurs statues d'amazones combattant contre des Grecs, et de la même proportion que celle-ci. Il se pourrait que ce héros blessé eût fait partie de cette suite de sujets, et que ce fût un grec blessé par une amazone. On ne voit pas bien pourquoi en restaurant cette figure on lui a mis une épée à la main, et pourquoi elle est censée tenir unbouclier; à moins qu'on ait voulu indiquer que ce n'était ni son bouclier ni son parazonium que ce combattant défendait, mais des armes enlevées à un ennemi qu'il avait tué.

51 HERCULE JEUNE, *buste; marbre de Paros.*

Haut. 0,471 m. — 1 p. 5 p. 5 l.

Le fils d'Alcmène est représenté sans barbe. Le bandeau qui lui ceint la tête est celui que les Grecs ont souvent donné aux images des héros déifiés et aux athlètes vainqueurs, ce qui, sous ces deux rapports, convient à Hercule. *Château de Richelieu. Mon. du Mus.* t. 2, pl. 32. *Mus. Bou.* vol. 1er.

52 PLAUTILLE, *buste; marbre de Luni.*

Haut. 0,663 m. — 2 p. 0 p. 6 l.

Ce portrait certain de la femme de Caracalla est d'une exécution et d'une conservation également parfaites. *Vil. Borg.* st. 3, nº 21. Ce buste y est décrit par erreur sous le nom de *Julia Pia.*

La coiffure lourde et sans grâce de cette tête est une perruque, *galerus*, qui laisse voir des mèches de cheveux qui sortent de dessous. Matidie et Sabine portaient des coiffures artificielles formées d'une quantité de tresses postiches qu'on ne voit pas aux têtes coiffées de leurs cheveux. Il y avait des statues faites de manière à pouvoir en changer la coiffure à volonté. Telle est une Plautille du Capitole en marbre blanc, et dont la perruque est de marbre noir. En général, les Romaines faisaient grand cas des cheveux d'un blond éclatant. Elles employaient des pommades pour leur donner cette couleur. Les femmes, riches, quelquefois même les hommes efféminés les couvraient de poudre d'or. Ceux-ci poudraient ainsi leur barbe. On appelait *cinislo*, qui souffle la poudre, et *cinerarius* l'esclave perruquier et barbier chargé de préparer ces poudres et ces pommades, et de friser les cheveux avec le *calamistrum.* La Germanie et le nord de l'Europe fournissaient aux Romaines des cheveux blonds pour leurs perruques. Les sourcils de Plautille se joignent, ce qui donne un caractère de dureté, et nuit à la beauté, aussi n'en trouve-t-on pas de semblables dans les têtes idéales.

53 BACCHANTE ou Prêtresse de Bacchus, *statue; marbre de Paros.*

Haut. 1,760 m. — 5 p. 5 p.

Elle est couronnée de pampres et vêtue de deux tuniques sans manches, d'inégale longueur, par-dessus lesquelles est une peau de chèvre (*nebride*) jetée négligemment. Le reste de ses attributs a été ajouté par le restaurateur. *Mon. du Mus.* t. 2, pl. 21.

Un reste de tenon qu'on voit à la cuisse droite, fait croire que la main et les accessoires étaient autrement disposés. La tunique légère de cette bacchante est peut-être le *supparum* des Romaines, retenu par une fibule sur une épaule, il laissait l'autre à découvert.

L'inscription encastrée dans le piédestal appartenait à un autel qu'un officier romain, Scythe de nation, avait consacré à Jupiter sous la dénomination inconnue et barbare de *Jovi Baimarcodi. Château de Lucienne. Mus. Fr.* t. 2; M. Ingre, dess.; M. Morel, graveur.

Haut. 0,372 m. — 1 p. 1 p. 9 l.; larg. 0,379 — 1 p. 2 p.

54 HÉROS GREC, *buste; marbre de Paros.*

Haut. 0,740 m. — 2 p. 3 p. 4 l.

Ce guerrier, dont la tête est couverte d'un casque, et qui semble tourner vers le ciel ses tristes regards, a été pris pour Diomède blessé, implorant la protection de Minerve, ou pour Enée, invoquant Vénus sa mère; mais rien n'appuie cette opinion, et le casque étant moderne, sa forme ne peut servir à donner une dénomination positive à ce héros inconnu. *Vil. Borg.* st. 5, n° 22.

55 DIEU égyptien, *statue d'albâtre oriental.*

Haut. 1,814. — 5 p. 7 p.

Les monumens égyptiens sculptés en albâtre sont d'une grande rareté. Cette figure assise, d'une très-forte dimension et de travail égyptien, est, par sa matière et

3

par son antiquité, extrêmement précieuse. Le siége est couvert d'hiéroglyphes. Il est à croire que cette statue faisait l'ornement d'un temple d'Orus dans quelque ville de l'Egypte, peut-être dans celle que les anciens géographes ont nommée la *Ville des Albâtres*. On sait que les Egyptiens avaient l'usage de sculpter les images de ce Dieu de la lumière sur des pierres blanches. La moitié supérieure de la figure est une restauration. *Vil. Alb.*

56 GÉNIES DE LA LUTTE, *bas-relief.*

Haut. 0,352 m. — 1. p. 1 p.; larg. 0,352 m. — 1 p. 1 p.

Ces génies paraissent essayer la force de leurs poignets. Cet exercice, qui servait de prélude à la lutte, se nommait *acrocheirismos*. *Mon. du Mus.* t. 4, pl. 31.

57 DÉMÉNAGEMENT DE VILLAGEOIS, *bas-relief.*

Haut. 0,352 m. — 1 p. 1 p.; larg. 0,650 m. — 2 p.

On peut remarquer la manière dont un jeune homme emporte ses bagages, et le joug ou le collier des mules. Ce qu'elles traînent paraît une charrue plutôt qu'un char.

58 SUJET SÉPULCRAL, *bas-relief.*

Haut. 0,329 m. — 1 p. 0 p. 2 l.; larg. 0,621 m. — 1 p. 11 p. 4 l.

Dans cette jolie composition on voit le sommeil portant des pavots, emblême du sommeil éternel. Ce bas-relief ornait le tombeau de Claudia Fabulla. *Gruter*, p. 865, nº 12.

59 VÉNUS DE GNIDE, *buste; marbre de Luni.*

Haut. 0,740 m. — 2 p. 3 p. 4 l.

La tête antique de la déesse est d'une beauté divine, et elle appartenait à une répétition de la Vénus de Gnide, chef-d'œuvre de Praxitèle. Le buste drapé est un ouvrage du dix-septième siècle. *Vil. Borg.* st. 5, nº 26.

60 AUTEL consacré à Sylvain par *Puteolanus*, esclave d'un Empereur.

Haut. 0,749 m. — 2 p. 3 p. 8 l.; larg. 0,441 m. — 1 p. 4 p. 8 l.

Au-dessus de l'autel est posée l'urne cinéraire de *Flavia Sabina*, élégamment ornée de masques tragiques.

Outre que les masques tragiques ou comiques dont on ornait les tombeaux pouvaient avoir rapport aux mystères de Bacchus, à qui l'on devait l'invention de la comédie et de la tragédie, ne pouvaient-ils pas aussi signifier que la vie, ainsi que les pièces de théâtre, n'était qu'un mélange de peines et de plaisir.

Haut. 0,608 m. — 1 p. 10 p. 6 l.; larg. 0,379. — 1 p. 2 p.

61 EUTERPE, *statue*; *marbre grec*.

Haut. 1,665 m. — 5 p. 1 p. 6 l.

Cette figure, à laquelle les deux flûtes, dues à une restauration, donnent le caractère de la Muse qui préside aux musiciens, est remarquable par le jet et l'ajustement peu communs de son *pallium*. *Vil. Borg.*

Ce vêtement très-ample, propre aux deux sexes, était pour les Grecs ce que la toge était pour les Romains. Ce ne fut que sous Auguste qu'il fut permis aux Grecs de porter la toge, et aux Romains de se servir du pallium; il était ordinairement blanc. Les peintures antiques en offrent de différentes couleurs, et doublés d'étoffe d'une autre couleur; c'était un carré long qui s'ajustait comme la toge, et sans agraffes. Il paraît qu'un des grands côtés du carré formait quelquefois une légère courbe, ou que les angles en étaient arrondis. Le pallium des hommes était plus ample, et d'une étoffe plus forte que celui des femmes, et traînait quelquefois jusqu'à terre. La décence exigeait qu'au moins une des deux mains fût cachée par le pallium. Placé ordinairement sur l'épaule gauche, ce manteau couvrait le dos, revenait par-dessous le bras droit, et rejeté ensuite sur l'épaule gauche, il formait comme la toge au-dessous de la poitrine, des plis nommés *baltei*. On ajustait encore le pallium de différentes manières, qui sont plus variées que celles d'arranger la toge. Il servait aussi à se garantir la tête de la pluie ou du froid. Des glands de métal ou des houpes aux angles du pallium en faisaient tomber les pans, et en les maintenant y formaient des plis; souvent les philosophes, surtout les cyniques, affectaient de porter leur pallium en mauvais état, et d'une couleur sombre ; on l'appelait alors *tribonium* ; ainsi que ceux du peuple. Pour marcher avec plus de facilité, on pliait le pallium, et on le mettait sur une seule épaule.

L'inscription sépulcrale du piédestal appartenait à Fonteïus Eutychianus. *Gruter*, p. 684, n° 7.

62 BACCHANTE, *buste ; marbre de Luni.*

Haut. 0,720 m. — 2 p. 2 p. 7 l.

L'arrangement de la chevelure fait ressembler la tête de ce buste à celles de quelques statues de bacchantes qui décoraient la niche du Bacchus dit le Sardanapale. Cette tête paraît être un portrait. *Vil. Borg.* st. 5, n° 14.

63 BAS-RELIEF qui faisait autrefois le devant du sarcophage d'un jeune romain, dont le buste est sculpté dans un médaillon supporté par deux génies. L'enlèvement de Ganymède, représenté au-dessous du médaillon, fait allusion à la mort prématurée du personnage. Le flambeau renversé et le serpent qui l'entoure, étaient des emblèmes de la vie et de la mort. Les deux fleuves personnifiés sont le Scamandre et le Simoïs.

Haut. 0,561 m. — 1 p. 8 p. 9 l. ; larg. 1,895 m. — 5 p. 10 p.

64 MUSE, *buste ; marbre de Paros.*

Haut. 0,650 m. — 2 p.

Des plumes arrachées aux Sirènes ornent la tête de cette Muse, dont la bouche semble s'ouvrir pour chanter sa victoire. Le corps et les plumes sont modernes. *Mon. du Musée*, t. 1, pl. 39.

65 EURIPIDE, *statue ; marbre grec dur.*

Haut. 0,550 m. — 1 p. 8 p. 4 l.

La table de marbre adossée au siége sur lequel le poète est assis, augmente le prix de ce monument. On y a gravé le catalogue de ses pièces. Ce catalogue, quoique mutilé, intéresse l'histoire de la littérature grecque. Il contient trente-six des soixante et quinze pièces qu'il avait composées. Celle d'Epeus n'est connue que par ce marbre. La plinthe offre le nom d'*Euripide*, et on a pu heureusement rétablir d'après d'autres monumens la tête et les symboles de la figure qui étaient perdus. D'après une indication de la plinthe et un reste de tenon dans le montant de gauche du siége, il paraît que le poète tenait à la main une haste pure ou sans fer, ou un sceptre, ainsi qu'on en donnait à quelques divinités; le masque tragique et le thyrse, attributs de Bacchus, inventeur de la tragédie, conviendraient aussi à Euripide. La manière dont il est vêtu ressemble à celle des statues de Jupiter. *Vil. Alb.* Winkelm. *Mon. inediti*, nº 168. *Mon. du Mus.* t. 2, p. 68.

66 PORTRAIT INCONNU DE FEMME, *buste; marbre de Paros.*

Haut. 0,608 m. — 1 p. 10 p. 6 l.

Quoiqu'aucun renseignement ne nous indique positivement le sujet de ce beau portrait, désigné autrefois, peut-être trop légèrement, par le nom de Plautille, il se pourrait cependant que ce fût celui de cette Princesse, embellie, et avant qu'elle eût adopté la lourde coiffure qu'on voit à ses têtes. Les sourcils ont à-peu-près la même conformation que ceux du nº 52; mais ici elle est moins prononcée. *Ancien Garde-meuble de la Couronne. Mon. du Mus.* t. 3, p. 38.

67 DÉESSE, *buste; marbre grec.*

Haut. 0,794 m. — 2 p. 5 p. 4 l.

Ce buste, d'un style grandiose, semble avoir été exécuté pour représenter une déesse qu'aucun attribut ne caractérise. *Vil. Borg.*

68 CARACALLA, *buste; marbre pentélique.*

Haut. 0,487 m. — 1 p. 6 p.

Le regard farouche et le mouvement de la tête vers le côté gauche font ressembler parfaitement ce portrait à celui que nous présentent les médailles de Caracalla, qui avait la folle ambition de paraître terrible, et voulait imiter Alexandre-le-Grand dans sa manière de porter la tête. Ce buste, très-beau, a beaucoup souffert des injures du temps. *Mus. Bou.* v. 2.

Quoique à cette époque les arts fussent déjà en décadence, comme le témoignent les bas-reliefs de l'arc de Septime-Sévère, cependant la grande quantité de bustes que l'on faisait faire exerçait les artistes. On en trouve de très-beaux de cette époque, et dignes des meilleurs temps; mais on faisait beaucoup moins de statues.

69 SIÉGE DE BAIN, *rouge antique.*

Haut. 0,819 m. — 2 p. 6 p. 3 l.; larg. 0,622 m. — 1 p. 11 p.

Ce siége, exécuté en rouge antique de la plus belle qualité, et décoré de quelques ornemens en sculpture d'un goût excellent, était destiné pour l'usage des bains, comme on le voit par les cavités pratiquées au milieu de la foulée. *Mus. du Vat. Mon. du Mus.* t. 4, pl. 33.

70 BAS-RELIEF GREC, représentant probablement Achille assis avec Patrocle, son ami, et Automédon qui conduisait son char de guerre. Ce n'est qu'un fragment d'un bas-relief plus considérable. Patrocle tient à la main un parazonium, et l'on pourrait croire, à l'air pensif d'Achille, que c'est le moment où il prête ses armes à son ami, et qu'Automédon va tristement préparer le char du fils de Thétis que Patrocle ne pourra pas remplacer. *Vil. Borg.*

Haut. 0,758 m. — 2 p. 4 p.; larg. 0,898 m. — 2 p. 5 p. 6 l.

71 DÉDALE ET PASIPHAÉ, *bas-relief.*

Haut. 0,897 m. — 2 p. 9 p. 2 l.; larg. 2,428 m. — 7 p. 7 p. 8 l.

Le délire de la fille du Soleil, éprise d'un taureau, fait le sujet de cette composition, ainsi que d'un morceau inimitable de la sixième églogue de Virgile. La fable est distribuée en trois actes. On voit à la gauche du spectateur Pasiphaé assise et triste; Cupidon est à ses genoux. L'héroïne semble s'entretenir de sa passion fatale avec un des pâtres de Minos son mari. Une vache de bois, mobile sur des roulettes, est construite par Dédale et par ses ouvriers dans le second acte. Dans le troisième, l'amante égarée est conduite par Cupidon, ministre de la colère de Vénus, vers la vache de bois, déjà achevée, dont l'intérieur est accessible par une espèce de marche-pied à plusieurs degrés. Les deux génies debout, aux deux côtés du bas-relief, ne font pas partie de la composition. Winckelmann a publié le premier ce monument, *Monumenti inediti*, nº 93. *Vil. Borg.*

Des fragmens de frises antiques sont placés au-dessus du bas-relief; une autre frise, exécutée dans le quinzième siècle, est encastrée au-dessous. Des génies, des guirlandes, un masque de Méduse et des mufles de lions en font l'ornement. *Vil. Borg.*

72 VITELLIUS, *buste ; marbre de Paros gris.*

Haut. 0,437 m. — 1 p. 4 p. 2 l.

Ce beau portrait est celui du rival d'Othon, et semble annoncer, par l'embonpoint que l'artiste lui a donné, la vie crapuleuse de ce Prince. Il est encore douteux si ce buste, exécuté d'ailleurs dans une belle et grande manière, n'est pas dû à quelque excellent ciseau du seizième siècle. *Mon. du Musée*, t. 3, pl. 25.

Une légère particularité pourrait donner beaucoup de force à ces soupçons. La draperie est attachée par une fibule sur chaque épaule, ce qui n'est pas dans le costume des hommes chez les Romains, et décèle un ouvrage moderne.

73 NYMPHE, *statue ; marbre de Paros dur.*

Haut. 1,663 m. — 5 p. 1 p. 6 l.

Elle est dans l'attitude de s'approcher d'une source pour y puiser de l'eau; de la main droite elle relève son pallium pour ne pas le mouiller, tandis que son pied, s'avançant vers l'extrémité du bord, paraît s'appuyer sur une boule ; le bras gauche levé soutient l'urne qu'elle s'apprête à remplir.

De pareilles statues existent dans plusieurs collections, et prouvent la célébrité de leur commun original. Il y en avait une à la *Villa d'Este*, à Tivoli, qui portait écrit sur la plinthe le nom de la nymphe *Anchirroë*. La boule est dans celle-ci quelque chose de singulier. On peut croire que cet accessoire n'est qu'une allusion aux jeux des nymphes, que la poésie grecque peint toujours folâtrant sur les bords des rivières et des fontaines. Ne pourrait-on pas soupçonner cette figure de représenter Nausicaa, la fille d'Alcinoüs, telle qu'Ulysse la vit près d'une fontaine, et jouant à la *sphaera*, espèce de ballon, avec ses compagnes. Cette opinion est d'autant plus plausible, que, suivant Athénée, liv. 1er, Agallis, grammairienne de Corcyre, attribuait l'invention de ce jeu à Nausicaa, et qu'elle est la seule des héroïnes qu'Homère y fasse jouer. Sa tunique, beaucoup plus longue qu'on ne le voit ordinairement, et qui est à peine retenue par la seconde ceinture, feroit penser que la jeune princesse se dispose à se baigner. *Jardins de Versailles. Mus. Fr.* v. 2; M. Granger, dess.; M. Avril fils, grav. *Mus. Bou.* v. 1er. *Mon. du Mus.* t. 2, pl. 42.

L'inscription sépulcrale de *Claudius Honoratus*, encastrée dans le piédestal, a été publiée par *Fabretti*, c. 1, n° 264.

Haut. 0,40 m. — 1 p. 4 p. 3 l.

74 BACCHUS, *statue; marbre de Luni.*

Haut. 0,866 m. — 2 p. 8 p.; larg. 1,999 m. — 6 p. 1 p. 10 l.

Le Dieu de l'automne à demi-couché sur la dépouille d'une panthère, et caractérisé par sa couronne de pampres et par la corne remplie de raisins qu'il tient dans sa main gauche, semble caresser un enfant, probablement un de ses génies, s'il ne figure pas plutôt l'âme de la personne dont le tombeau avait ce groupe pour couronnement. *Vil. Borg.* st. 3, n° 1.

75 LES NÉRÉIDES, *sarcophage; marbre pentélique.*

H. 0,613. — 1 p. 10 p. 8 l.; larg. 2,38 m. — 7 p. 3 p. 10 l.

Les bas-reliefs d'excellente sculpture qui ornent la

face de ce sarcophage, représentent un chœur de quatre Néréïdes couronnées de lierre, portées sur des Tritons et sur des monstres marins, et escortant, à travers les flots de l'Océan, des Génies, symboles des âmes humaines, qui font route vers les îles Fortunées, séjour des bienheureux. Les Néréïdes sont remarquables par la grâce de leur pose et l'élégance de leurs contours.

Couronnées de lierre et au milieu des flots, ces nymphes tenaient à la terre et à la mer; elles eurent, suivant Orphée, une grande part à la propagation des mystères. La ciste que porte un Triton, le taureau dont le nom se retrouve parmi plusieurs épithètes de Bacchus, peuvent avoir rapport aux mystères de cette divinité. Les autres accessoires tels que le cheval et l'ancre; la lyre et un griffon qu'on aperçoit difficilement; et le bouc rappelaient Neptune, Apollon et Vénus : *Epitragia* (portée sur un bouc) est un des surnoms de cette déesse. Ce que l'on a pris pour des pattes de langouste n'est qu'une partie d'une peau d'animal qui flotte sur l'épaule d'un triton. Sur l'un des côtés du sarcophage, des tritons sonnent du buccin et tiennent une ancre et une rame. *Mus. Fr.* v. 4; M. Hariette, dess.; M. F. Massard, grav. *Mon. du Musée*, t. 2, pl. 43 et 44. *Mus. Bou.* v. 1er.

Le sarcophage est posé sur deux supports de porphyre qui ont formé autrefois les pieds de la cuve précieuse placée maintenant à Rome sous le maître-autel de Sainte-Marie-Majeure.

76 MITHRAS, *bas-relief.*

Haut. 2,545 m. — 7 p. 10 p.; larg. 2,758 m. — 8 p. 5 p. 6 l.

Ce bas-relief mithriaque est le plus considérable de tous les monumens qui nous restent de ces superstitions venues de l'Orient. Le *speleum*, ou antre de Mithras, s'ouvre dans le milieu de la composition : on y voit ce Génie du soleil en habit persan accomplir le sacrifice mystique du taureau. Suivant l'opinion de plusieurs savans, c'est une allégorie cosmologique : le taureau immolé est le symbole de la lune; sa blessure, d'où le sang s'écoule, signifie les influences de cette planète; le serpent est l'emblème de *Sabazius*, divinité que le paganisme confondait avec Bacchus, et qui était censée présider à ce qu'on appelait l'élément humide. Ce serpent semble vouloir lécher la blessure du taureau. Le chien est le symbole de la canicule, le scorpion de l'automne; la chouette, au haut de la grotte, est consacrée à Minerve, divinité dont l'air le plus pur était le domaine. Les deux figures dans le même costume, dont l'une soulève, l'autre renverse un flambeau, sont les génies du Jour et de la Nuit. Au-dessus de l'antre, on voit la terre revêtue de ses productions, et éclairée par le Soleil et la Lune courant sur leurs chars opposés.

Le manteau que Mithras porte par-dessus sa tunique paraît être la *candys*, qui, de même que la *chlamide* et le *paludamentum*, s'attachait avec une agraffe. La *candys* des Rois persans était ordinairement blanche ou pourpre. Les bas-reliefs persépolitains offrent des figures ainsi vêtues. Les têtes de celui-ci ont été restaurées d'après celles d'autres monumens.

Ce bas-relief, que des inscriptions antiques, dont une partie n'a pas pu être expliquée, rendent plus remarquable, et qu'on voit gravé dans plusieurs ouvrages, avait été consacré à Rome dans le chemin souterrain qui ouvrait le passage du champ de Mars au Forum à travers la montagne du Capitole. *Vil. Borg.*

77 JULIE, FILLE D'AUGUSTE, EN CÉRÈS, *statue; marbre de Paros.*

Haut. 1,679 m. — 5. p. 2 p.

La Déesse de l'agriculture, ayant sur la tête une couronne et dans la main un bouquet de ces précieux épis dont elle fit présent au genre humain, est ici représentée couverte d'un ample pallium d'une étoffe légère, *gausapé*, orné de longues franges, qui l'enveloppe entièrement. La tête paraît être le portrait de Julie, fille unique d'Auguste, et qui, douée d'une beauté et d'un esprit remarquables, fut mariée au jeune Marcellus, à Agrippa et à Tibère, et mourut de misère en exil après avoir donné l'exemple de tous les désordres. La main gauche, très-jolie, est antique. On sait qu'il est rare qu'elles se soient conservées dans les statues antiques, et qu'elles leur ajoutent beaucoup de prix. *Ancienne collection de la Couronne. Mon. du Mus.* t. 3, pl. 13.

L'inscription de *Claudia Hedoné*, encastrée dans le piédestal, se fait remarquer par les expressions qui annoncent le désespoir de cette mère malheureuse. *Gruter*, p. 676, nº 11.

78 INSCRIPTION sur une table de marbre de Luni, qui se lisait autrefois à Gabies sur la façade d'un temple de Vénus, élevé l'an 168 de l'ère vulgaire, sous les consuls *L. Venuleius Apronianus* et *L. Sergius Paullus* par *A. Plutius Epaphroditus*, marchand de soieries, et qui avait en outre la charge d'*Accensus Velatus*, dont on ne connaît pas les fonctions. Il consacre à la déesse une statue en bronze qui la représente; un autel et quatre autres statues de bronze, placées dans des niches fermées de portes de même métal. L'épithète de *Vera*, donnée à Vénus, vient sans doute du nom de la fille de Plutius, et celui d'*Epaphrodite*, qu'il porte, devait lui faire honorer d'un culte particulier la déesse de la beauté, nommée *Aphroditê* par les Grecs. Pour célébrer la dédicace de ce temple, Plutius distribua une somme entre les sévirs augustaux, les décurions et les marchands de la ville de Gabies, et donna dix mille sesterces à cette république, sous la condition que, tous les ans, le 4 des calendes d'octobre (27 sept.) anniversaire de la naissance de sa fille Plutia Vera, les décurions et les *sévirs* (magistrats des villes municipales, au nombre de six) se réuniroient à un repas public payé avec les intérêts de cette somme. Si ses intentions ne sont pas exécutées sur ce point, la somme de dix mille sesterces est aussitôt dévolue à la ville de Tusculum. Cette inscription offre plusieurs choses à remarquer pour

l'orthographe, des B pour des V, une N pour un X, exprimant les deniers ; un D pour un T ; XS pour X. Elle a servi à assurer les noms de deux consuls. M. Visconti l'a savamment expliqué. *Mon. Gab.* p. 185.

Haut. 0,731 m. — 2 p. 3 p. ; larg. 1,625 m. — 5 p.

79 PUPIEN, *buste ; marbre de Luni.*

Haut. 0,370 m. — 1 p. 1 p. 8 l.

Le collègue de Balbin est représenté dans ce buste d'une manière parfaitement conforme à son effigie empreinte sur les médailles impériales. *Chât. de Richelieu. Mon. du Mus.* t. 3, pl. 74.

Ce buste et une statue de Pupien prouvent qu'il y avait encore à cette époque (l'an 238) quelques artistes de mérite ; mais ce sont pour ainsi dire les derniers.

80 URNE DE PORPHYRE.

Haut. 1 m. — 3 p. 0 p. 11 l. ; larg. 1,130 m. — 3 p. 5 p. 9 l.

Le corps de cette urne est arrondi, et le couvercle est taillé en pyramide tronquée, à pans échancrés. Les pieds formés en consoles, sont ornés de chimères. Ce monument, qui avait appartenu au cabinet du comte de Caylus, était employé à la décoration de son tombeau dans l'église de Saint-Germain-l'Auxerrois.

81 FRAGMENT DE BAS-RELIEF représentant une femme romaine appuyée sur un cippe auprès d'un édifice orné de colonnes.

Haut. 0,740 m. — 2 p. 3 p. 4 l. ; larg. 0,668 m. — 2 p. 0 p. 8 l.

82 PANATHÉNÉES, *bas-relief ; marbre pentélique.*

Haut. 0,622 m. — 1 p. 11 p. ; larg. 2,076 m. — 6 p. 4 p. 8 l.

Fragment de la frise qui couronnait à environ quarante pieds d'élévation les murs extérieurs de la *Cella* du temple de Minerve à Athènes. Plusieurs vierges athéniennes qui ont paru dans la *pompe* ou procession solemnelle des Panathénées, sont sur le point d'entrer dans le temple, et de remettre aux *archithéores* et aux *nomophylaces*, directeurs de la cérémonie, les instrumens ou ustensiles des sacrifices qu'elles avaient portés dans leur marche religieuse. *Mus. Bou.* v. 1. *Mon. du Mus.* t. 4, pl. 5. L'article de ce dernier ouvrage est très-intéressant.

Établies (en 1496, avant J. C.) par Erichthonius, renouvellées par Thésée (en 1313, avant J. C.), les panathénées étaient les plus grandes fêtes d'Athènes, et réunissaient tous les peuples de l'Attique. Il y en avait de petites et de grandes; les petites se célébraient tous les trois ans pendant trois jours par des jeux gymniques, des courses, des concours de musique, des pièces de théâtre et des naumachies au cap Sunium : une simple couronne d'olivier de la citadelle, et une cruche d'huile, étaient les prix des vainqueurs. Les jeunes gens étaient vêtus de noir jusqu'au temps d'Hérode Atticus, qui leur fit prendre des tuniques blanches. Les grandes panathénées n'avaient lieu que tous les quatre ans auprès du temple d'Éleusis, et on y déployait plus de pompe que dans les petites. On y chantait les poésies d'Homère. Les étrangers, vêtus de rouge, y portaient des vases remplis d'eau et de miel, et leurs femmes se tenaient près des Athéniennes avec des parasols et des siéges. La principale cérémonie consistait à consacrer à Minerve un immense *peplus* où de jeunes athéniennes avaient brodé les exploits de la déesse et ceux des grands hommes d'Athènes. Il était porté en pompe sur un vaisseau qui marchait sur terre par le moyen de machines cachées.

Ce bas-relief précieux, composé par Phidias, et exécuté sous sa direction, faisait partie de la frise qui surmontait le *pronaos* ou l'entrée principale du temple du côté de l'orient, à la droite du spectateur et vers le coin du nord. Détaché depuis long-temps de l'édifice, ce morceau a été apporté en France par M. le comte de Choiseul-Gouffier. On peut remarquer, dans ce bas-relief, la sévérité de style qui convient aux monumens. Les poses sont régulières, et la jambe droite en avant, dans toutes les figures de femmes, indique la marche réglée d'une cérémonie. Les draperies offrent même un agencement uniforme de plis. D'amples péplus recouvrent en partie les longues tuniques dont sont vêtues ces jeunes athéniennes. La tunique était ordinairement à manches longues à Athènes; mais des bras nus, d'une forme élégante, devaient ajouter à la beauté des cérémonies. Les péplus sont garnis de cette espèce de froncé que nous avons déjà remarqué, et que l'on trouve dans plusieurs draperies de grand style. La figure de droite porte une espèce de cyclas ou de ricinium sur sa tunique. (Voyez le bas-relief d'*Antiope.*) Des trous, en différens endroits du bas-relief, sont des traces certaines d'ornemens et d'instrumens en bronze doré. On sait que les anciens aimaient à réunir au marbre différens métaux. Les cheveux de la Vénus de Médicis étaient dorés, ainsi que ceux d'une petite Vénus de marbre trouvée dans le temple d'Isis à Pompéi. Ceux des filles de Balbus d'Herculanum étaient coloriés en rouge; on en voit encore des traces. Le fond du bas-relief des panathénées était autrefois peint en bleu de ciel, et c'était peut-être moins un reste d'un usage qui tenait à l'enfance de l'art, que par suite d'un système particulier, et pour faire valoir les reliefs par la différence des couleurs. Les anciens associaient volontiers et souvent la peinture ou les couleurs à la sculpture; et ce pouvait être, comme le pense M. Quatremère de Quincy dans son *Jupiter Olympien*, au sujet de ce bas-relief-ci, une manière de faire remarquer certains vêtemens qui, d'après les rites religieux, devaient être d'une couleur déterminée, et se distinguer des autres par leur richesse. La plupart des ornemens en bas-reliefs des petites corniches des chambres de Pompéi sont sur un fond bleu ou rouge.

Des fragmens de frises antiques et une autre frise du quinzième siècle ornent le renfoncement où ce bas-relief est placé. *Vil. Bor.*

83 ÉLAGABALE, *buste; marbre de Paros.*

Haut. 0,440 m. — 1 p. 4 p. 3. l.

Ce portrait, prouvé par les médailles, appartient au dernier des Antonins. Ses vices honteux firent détester aux Romains ce nom que les meilleurs Princes leur avaient rendu si cher. *Mon. du Mus.* t. 3, pl. 70.

84 HYGIE, *statue; marbre de Paros.*

Haut. 1,695 m. — 5. p. 2 p. 7 l.

La fille d'Esculape est figurée debout, présentant dans une coupe la nourriture au serpent mystérieux qui est entortillé à son bras gauche, et qui est l'emblême de la santé et de la vie. *Mon. du Mus.* t. 1, pl. 50.

La déesse, dont la pose annonce la douceur et la tranquillité, est vêtue d'une ample tunique sans manches et sans ceinture; le manteau qui l'enveloppe offre un beau parti de draperie.

L'inscription encastrée dans le piédestal ornait autrefois le tombeau d'un *Ælius Abascantus.*

Haut. 0,379 m. — 1 p. 2 p.; larg. 0,252 m. — 9 po. 4 l.

SALLE DE LA PAIX.

Les fresques du plafond représentent Minerve entourée des Figures allégoriques des sciences, des arts et du commerce; la Paix mettant le feu à un monceau d'armes; et la Déesse de l'agriculture encourageant les travaux de la campagne.

Huit colonnes de granit gris d'ordre composite, accouplées l'une devant l'autre, soutiennent l'entablement de deux côtés de la salle.

85 CANDÉLABRE, *marbre pentélique.*

Haut. 2,107 m. — 6 p. 5 p. 10 l.

L'élégance de la forme et le travail des feuilles qui forment l'entourage, recommandent ce candélabre, dont la base triangulaire est ornée de têtes et de pieds de taureaux. *Musée du Vatican.*

Les candélabres et les lampes formaient de riches ornemens des temples et des maisons des anciens. Ils en faisaient en métaux précieux, mais surtout en marbre, en bois, en bronze, quelquefois incrusté d'argent. Ceux en marbre étaient établis à demeure. Ils supportaient de grandes lampes ou des vases pour brûler des parfums et des bois odorifians. On suspendait aussi les lampes avec des chaînes à des candélabres à plusieurs bras : on en voit qui ont jusqu'à douze mèches et plus. Herculanum et Pompéi ont fait connaître une grande quantité de candélabres et de lampes de bronze et de terre de formes très-variées, élégantes et d'un beau travail. Les candélabres étrusques et ceux d'Egine et de

Tarente étaient très-célèbres. Dans les temps héroïques et même homériques, on ne connaissait pas l'usage des candélabres, et on ne s'éclairait qu'avec des torches tenues par des esclaves ou allumées sur un foyer; cependant deux passages de la Batrachomiomachie, si elle est d'Homère, feraient croire qu'on se servait déjà de lampes, alimentées avec de l'huile. Les artistes doivent éviter de mettre des candélabres dans les compositions de sujets héroïques.

86 JUPITER, *statue; marbre de Paros.*

Haut. 1,466 m. — 4 p. 5 p. 5 l.

L'air de la tête et le jet de la draperie font reconnaître facilement le Roi des dieux dans cette figure assise.

87 HERCULE, *hermès; marbre pentélique.*

Haut. 0,518 m. — 1 p. 7 p. 2 l.

Le vainqueur des monstres s'est abandonné à la joie et à l'ivresse des bacchanales : sa tête est couronnée de lierre; tel devait être Hercule Philopotis, ou qui aime à boire. *Vil. Borg.*

88 BACCHUS INDIEN, *hermès; marbre pentélique.*

Haut. 0,541 m. — 1 p. 8 p.

Le Dieu de la joie a une longue barbe et une chevelure artistement arrangée : il était ainsi représenté dans les monumens de l'art primitif qu'on se plaisait à imiter dans les hermès qui servaient d'ornement aux jardins. *Ancienne salle des antiques du Louvre. Mon. du Mus.* t. 2, pl. 6.

89 POSIDONIUS, *statue; marbre pentélique.*

Haut. 1,164 m. — 3 p. 7 p.

Ce philosophe assis, n'ayant d'autre draperie qu'un petit *pallium* ou un *tribonium*, est dans l'attitude de parler. On sait combien ce stoïcien célèbre était ingénieux et éloquent dans la conversation. Il se pourrait aussi que ce fût Chrysippe de Soles, dont la statue était, selon Pausanias, au Céramique à Athènes.

La chaussure est une espèce de *sandale*. On nommait *ligula*, languette, le morceau de cuir qui retombe sur le coude-pied.

Si cette figure représentait une Galle ou prêtre de Cybèle, demandant l'aumône, ainsi que le pensait Winkelmann, on lui eût donné l'air efféminé ou quelques-uns des attributs qui distinguent les prêtres de cette déesse.

Le vulgaire croyait reconnaître dans cette statue Bélisaire, réduit à la mendicité; mais Bélisaire a vécu dans le sixième siècle de l'ère chrétienne; et ce monument appartient évidemment, pour le style, à une époque bien antérieure. *Vil. Borg.* st. 4, n° 4. *Mus. Bou.* v. 2.

90 CANDÉLABRE, *marbre pentélique.*

Haut. 2,27 m. — 6 p. 11 p. 10 l.

Les bustes du Soleil et de la Lune personnifiés, et le taureau, emblême de cette planète, sont sculptés sur les trois pans du petit autel triangulaire qui sert de base à ce candélabre.

91 CANDÉLABRE, *marbre pentélique.*

Haut. 1,87 m. — 5 p. 8 p. 10 l.

Les trois faces de l'autel triangulaire qui en forme la base sont ornés de bas-reliefs représentant divers emblêmes des sacrifices, une couronne, un vase, une patère et des lyres.

92 DEMOSTHÈNE, *statue; marbre pentélique.*

Haut. 1,37 m, — 4 p. 2 p. 4 l.

Assis et couvert d'un simple manteau, il développe sur ses genoux un volume et paraît méditer attentivement; la tête est rapportée. Cette statue, tirée des jardins de Sixte-Quint à Rome, a été publiée dans le *Museo Pio Clementino*, t. 3, *tav.* 14. *Mon. du Mus.* t. 2, pl. 77.

93 MERCURE ENAGÔNIOS, *hermès; marbre pentél.*

Haut. 0,52 m. — 1 p. 7 p. 2 l.

La physionomie de cette tête offre les traits qui caractérisent quelques images de *Mercure*. Les oreilles, sillonnées par des cicatrices horizontales, ainsi que Winkelmann l'a observé le premier, conviennent à l'inventeur du pugilat et de la gymnastique qu'indique le surnom d'*Enagônios*. *Mon. du Mus.* t. 4, pl. 70.

94 ALCIBIADE, *hermès; marbre pentélique.*
Haut. 0,32 m. — 1 p. 7 p. 2 l.

Quoique cette tête non achevée soit seulement mise aux points, elle montre assez de ressemblance avec les portraits avérés d'*Alcibiade*, pour qu'on puisse l'y reconnaître. (*Voy.* la pl. 16 de l'*Iconographie grecque*). Cet hermès est recommandable par les traces qu'il nous conserve de la méthode usitée par les anciens pour mettre la sculpture aux points. Ces points saillans, réservés au-dessus de la tête et au menton, servent au sculpteur à s'assurer de la justesse de ses mesures. *Ancienne salle des antiques du Louvre. Mon. du Mus.* t. 4, pl. 71.

95 TRAJAN, *statue; marbre pentélique.*
Haut. 1,54 m. — 4 p. 8 p. 8 l.

Vêtu en philosophe plutôt qu'en Empereur, Trajan assis porte un globe dans sa main gauche. La tête, qui est antique, offre évidemment le portrait de ce prince; mais il est nécessaire d'observer qu'elle n'appartenait pas originairement à cette statue, et que la restauration des mains a été faite en conséquence de cette tête rapportée. *Mus. du Vatican. Mon. du Mus.* t. 3, pl. 32.

96 CANDÉLABRE, *marbre pentélique.*
Haut. 1,99 m. — 6 p. 1 p. 5 l.

Un petit autel hexagone forme la base du candélabre. Des figures d'*Atlantes* ou *Télamons* à genoux, dans l'action de soutenir une corniche, ornent bizarrement trois des pans de cet autel. *Musée du Vatican.*

SALLE DES ROMAINS.

Les peintures du plafond représentent la Poësie et l'Histoire célébrant à l'envi les exploits de Rome guerrière. Les sujets des tableaux des quatre côtés de la voûte, sont tirés de l'histoire romaine. On y voit :

1° Les députés du sénat apportant à Cincinnatus la pourpre des dictateurs;

2° L'enlèvement des Sabines;

3° L'action courageuse de Mutius-Scévola;

4° La continence de Scipion.

97 GÉTA, *buste; marbre coralitique.*

0,66 m. — 2 p. 0 p. 5 l.

Ce buste, d'une conservation parfaite, représente Géta, frère cadet de Caracalla et son collègue sur le trône; il est vêtu du *paludamentum*. Les bustes de cet Empereur sont fort rares. Caracalla s'efforça d'effacer la mémoire d'un frère qui fut sa victime, et qui, du reste, ne valait guère mieux que lui. *Mon. Gab.* n° 4. *Mus. Bou.* v. 2.

98 INOPUS, *fragment; marbre de Paros.*

Haut. 0,95 m. — 2 p. 11 p.

Ce fragment appartenait à une statue à demi-couchée dont il ne reste que la tête et une partie du torse. Ce morceau d'un travail excellent a été recueilli dans les ruines de Délos; il ressemble pour le style à la belle figure du Thésée qui faisait partie du fronton du Parthénon, et qui est à présent dans le Musée britannique. La pose de la figure peut donner lieu à conjecturer qu'on y avait représenté le fleuve Inopus qui arrose l'île sacrée de Délos. Souvent les dieux des petites rivières ont été représentés sans barbe. Ce fragment précieux, apporté à Marseille par un bâtiment auquel il servait de lest, fut acquis par un artiste (M. Gibelin) qui le céda au Musée.

Le cippe sépulcral donné pour piédestal au fragment, appartenait au tombeau d'un affranchi, *Turpilius Bioticus. Inscr. Gruter*, p. 998, n° 3.

Haut. 0,79 m. — 2 p. 5 p. 1 l.; larg. 0,66 m. — 2 p. 4 p.

Les colonnes à cannelures en spirales qui ornent ce cippe ne sont pas d'un bon style. On en voit de pareilles à un petit temple près de Foligno, à la source du Clitumne. Les peintures antiques et les bas-reliefs d'ornemens offrent souvent des griffons qui jouent avec des canthares. Ceux des côtés du cippe sont d'un grand caractère. Ces animaux fabuleux étaient consacrés à Némésis, et c'était peut-être en son honneur et comme une sauve-garde qu'on les plaçait sur les tombeaux.

99 SEPTIME-SÉVÈRE, *buste; marbre de Luni.*

Haut. 0,74 m. — 2 p. 3 p. 4 l.

Ce buste trouvé à Gabies avec celui de Géta, n° 97, ne lui cède ni en finesse de travail, ni en conservation. La draperie qui couvre les épaules de Septime-Sévère, est celle que les Romains appelaient *læna. Mus. Bou.* vol. 2.

La *læna* des Romains ou la *chlaine* des Grecs était un vêtement très-ancien et qui remonte aux temps héroïques. Homère en parle souvent, tandis qu'il ne nomme pas la chlamide. On le voit à Oreste sur un vase d'argent cité par Winkelmann. *Mon. ined.* n° 151, v. 2, p. 203; et Hercule, surnommé *Mélanchlæne*, portait une chlaine noire; c'était une espèce de manteau carré très-ample, mais plus court que la chlamide; on s'en servait contre le froid ou la pluie, et il était ordinairement d'une étoffe épaisse et souvent velue, ainsi que le sagum ou la lacerne; on le mettait par-dessus la toge. (Voy. n° 111). Lorsqu'on ne s'en enveloppait pas le corps, on le pliait régulièrement en plusieurs doubles, et on le portait ou sur une épaule comme Oreste, ou sur les deux, comme on le voit au buste de Septime-Sévère. Il fait l'effet d'une étole, et des antiquaires, en le regardant comme une simple bande, l'ont pris à tort pour le laticlave. L'an 622 de Rome, 132 avant

J. C., la *læna* était encore chez les Romains un habit de campagne, et l'on fut si étonné de le voir à Rome au consul Popilius qui accourut ainsi vêtu à la hâte pour apaiser une émeute, qu'il en reçut depuis le surnom de *lænas*. Dans la suite la læna finit par remplacer la toge, et M. Visconti, *Mon. Gab.* n° 57, croit qu'il devint un des vêtemens distinctifs des consuls. De là peut-être vint le *lorum*, qui ne fut en usage que vers le temps de Constantin, et qui, consistant en une longue et large bande placée du côté gauche, montait sur l'épaule gauche, et passant derrière le dos et sous le bras droit, revenait se croiser vers la partie gauche, et retombait sur le dos comme le faisait la toge.

100 AUGUSTE, *statue; marbre grec.*

Haut. 1,97 m. — 6 p. 0 p. 4 l.

L'Empereur est revêtu d'une tunique très-ample et de la toge, (voy. n° 111); la plaque de marbre que l'on voit à ses pieds fait allusion au décret de la colonie ou de la corporation qui avait élevé cette statue en l'honneur du prince. *Musée du Vatican. Mus. Bou.* v. 1.

Il est chaussé du *calceus*, qui renfermait tout le pied, et qu'on portait en ville et avec la toge. Le calceus était ordinairement noir; quelquefois les attaches étaient blanches. Les empereurs et les triomphateurs le portaient souvent rouge. Dans les commencemens de la république, les Romains, même les sénateurs, étaient pieds nus. Cependant Romulus leur donna des chaussures garnies de quatre courroies, et distingua celle des sénateurs et des patriciens par un C ou une lunule, et par un P. Ceux qui avaient exercé des charges curules adoptèrent aussi le *calceus mulleus* qui venait des Rois d'Albe, ou même des Etrusques; il était rouge, et avait la semelle très-épaisse, dans le genre du cothurne. Le bout en était pointu et relevé, ce qui faisait nommer ce soulier *uncinatus*, recourbé. César portait le *mulleus;* les femmes l'adoptèrent; il était souvent richement brodé. La manière dont la toge de cette statue est relevée, laisse voir la disposition du dessous. On doit remarquer le gland à l'extrémité du pan du devant de la toge; nous en verrons l'usage au n° 111.

L'inscription de *Piotia Victoria* qui orne le piédestal, a été publiée par *Fabretti*, ch. 4, n° 379; et par *Muratori*, p. 1388, n° 10.

Haut. 0,40 m. — 1 p. 2 p. 9 l.; larg. 0,36 m. — 1 p. 1 p. 4 l.

101 PERSONNAGE ROMAIN INCONNU, *buste.*

Haut. 0,663 m. — 2 p. 0 p. 6 l.

L'habit militaire qu'on remarque dans ce buste nous le fait envisager comme le portrait de quelque personnage romain qui a commandé des armées ou des provinces, au second siècle de l'ère chrétienne; la coupe de la barbe semble annoncer cette époque. *Vil. Borg.* st. 3, n° 17.

102 ROME, *statue; porphyre.*

Haut. 1,475 m. — 4 p. 6 p. 6 l.

La ville éternelle personnifiée est armée de l'égide et assise sur un rocher, symbole de la roche Tarpéïenne. Cette statue avait perdu les bras et la tête qui étaient d'une autre matière, suivant l'usage de la sculpture *polychrôme*, ou exécutée en matières de différentes couleurs; ces parties ont été restituées en bronze doré. *Jardins de Trianon.*

103 TROIS BAS-RELIEFS.

1° Deux génies d'Hercule portant la massue de ce demi-dieu.

H. 0,419 m. — 1 p. 3 p. 6 l.; larg. 0,559 m. — 1 p. 8 p. 8 l.

On trouve ce sujet dans des peintures antiques et sur des pierres gravées.

2° Deux autres génies autour d'un cadran solaire, auquel ils suspendent des tablettes.

H. 0,329 m. — 1 p. 0 p. 2 l.; larg. 0,309 m. — 11 po. 1 l.

3° Un Romain vêtu de la tunique et du pallium, et précédé par la Valeur, *Virtus*, personnifiée.

Haut. 0,352 m. — 1 p. 1 p.; larg. 0,265 m. — 9 po. 10 l.

104 URNE CINÉRAIRE d'un jeune homme nommé SPERATUS.

H. 0,471 m. — 1 p. 5 p. 5 l.; larg. 0,379 m. — 1 p. 2 p.

Aux deux côtés de ce monument sépulcral on voit deux sphinx. Ces animaux fabuleux étaient l'emblême des mystères; ils peuvent signifier ou que celui dont ils gardent le tombeau y avait été initié, ou bien ils font allusion à ce que nous cache la mort, et qu'elle nous doit révéler un jour. *Trésor de Muratori*, p. 1217, n° 7.

105 CIPPE SÉPULCRAL de SULPICIUS BASSUS, posé par son ami *Nonius Asprénas*, membre du collége sacerdotal des *Sept Epulons*, qui présidaient aux repas publics. *Caïus Sextius*, dont on voit à Rome la pyramide sépulcrale, était septemvir des Epulons. Le préféricule et la patère sculptés sur les cippes, indiquent les libations qu'on faisait sur les tombeaux. *Insc. Grut.* p. 307, n° 4.

Haut. 0,749 m. — 2 p. 3 p. 8 l.; larg. 0,568 m. — 1 p. 9 p.

106 PERSONNAGE ROMAIN INCONNU, *buste*.

Haut. 0,677 m. — 2 p. 1 p.

Ce Romain, dont le buste annonce l'époque des Antonins, est représenté dans le costume civil. On y remarque la *læna* posée par-dessus la toge, et formant par ses replis réguliers une espèce de large bande, dont l'agencement diffère beaucoup de celui de la *læna* du buste de Septime-Sévère, et a quelque rapport avec cette écharpe nommée *lorum*, dont nous avons parlé, et qui est cependant d'une époque postérieure à celle qu'indique le travail de ce buste. (Voy. le n° 99). Les chairs et les draperies sont d'une exécution parfaite.

107 CANINIUS, *statue; marbre grechetto*.

Haut. 1,773 m. — 5 p. 5 p. 6 l.

Cette figure en toge porte, gravé sur la plinthe, le nom d'un magistrat romain de la province d'Afrique; la tête est antique, mais rapportée.

La chaussure de cette statue est un *calceus* un peu différent de celui du n° 100; il n'a d'attache que dans le haut, et le coude-pied est renfermé par un double cuir. La cassette, ou *scrinium*, qu'on voit derrière Caninius, servait à renfermer des livres en rouleaux, *volumina*, et d'autres écrits. On voit dans les peintures antiques ces scrinia garnis d'une serrure et d'un couvercle fixé par une courroie.

L'inscription encastrée dans le piédestal appartenait au tombeau d'une *Maria Rufina*, enfant de quatre mois et d'une haute extraction.

108 SEPTIME-SÉVÈRE, *buste; marbre grechetto.*

Haut. 0,708 m. — 2 p. 2 p. 2 l.

L'Empereur est en habit militaire. *Vil. Borg.* st. 5, n° 24.

109 STATUE IMPÉRIALE, *fragment; marbre grec.*

Haut. 0,893 m. — 2 p. 9 p.

Ce torse en cuirasse, d'un travail exquis, est probablement le reste de quelque statue impériale. *Mon. Gab.* n° 42.

On peut y observer des charnières aux bandes disposées par écailles au bas de la cuirasse, ce qui montre qu'elles étaient en métal, et qu'elles se prêtaient au mouvement du corps. Celles-ci paraissent bordées en cuir. Les épaulettes sont en étoffes brodées, et sans doute les torsades étaient en or.

Ce fragment est placé sur le cippe sépulcral de deux frères, *Attius Venustus* et *Abudius Seleucus*. *Muratori*, p. 1305, n° 13.

H. 1,140 m.—3 p. 9 p. 10 l.; larg. 0,617 m.—1 p. 10 p. 10 l.

110 SEPTIME-SÉVÈRE, *buste; marbre coralitique.*

Haut. 0,690 m. — 2 p. 1 p. 6 l.

Ce portrait est supérieur à celui du n° 108. *Vil. Borg.* st. 5, n° 23.

111 TIBÈRE, *statue; marbre de Paros.*

Haut, 2,085 m. — 6 p. 5 p.

Le successeur d'Auguste est vêtu de la toge romaine, et tient dans sa main gauche le sceptre ou *scipion* des Empereurs et des triomphateurs. L'exécution de la draperie est admirable par le goût, par la finesse et la hardiesse du travail.

Cette statue avait été trouvée dans l'île de *Capri*,

séjour favori de ce prince : la tête, d'une parfaite ressemblance avec les portraits de Tibère, est antique. A la vérité elle remplace celle qui manquait à la statue, qui probablement n'offrait pas un autre portrait. *Musée du Vat. Mon. du Mus.* t. 3, pl. 12. *Mus. Bou.* v. 1.

La toge, ce vêtement le plus majestueux qui ait existé, était propre aux citoyens romains, et leur venait peut-être des Etrusques. Il paraît qu'on désigna par ce nom, dans les premiers temps, tous les vêtemens qu'on mettait sur les autres, et le nom de *toga* peut dériver de *tego*, je couvre. Les Grecs nommaient *tébennos* et *tembnis* la toge romaine, ou des habits qui lui ressemblaient. La toge était un vêtement entièrement civil ; on ne la portait qu'à la ville, et il était interdit aux militaires en fonction ; ordinairement même on n'était pas vêtu de la toge dans l'intérieur des maisons, et on la remplaçait par la lacerne ou le sagum ; elle fut portée d'abord sans tunique, et immédiatement sur le corps, et dans les commencemens elle fut plus courte et moins ample qu'elle ne le devint dans la suite. Pendant long-temps elle fut commune aux deux sexes ; mais les femmes libres la quittèrent et l'abandonnèrent aux courtisannes. On avait cependant conservé la coutume de couvrir le lit nuptial avec une toge. Les affranchis eurent la permission de la porter, ce qui était défendu aux esclaves ; et dans les saturnales, où tous les rangs étaient confondus, personne ne la portait. Les supplians la rejetaient sur l'épaule ; les condamnés et les bannis la quittaient. Il y avait plusieurs espèces de toges, ou plutôt, avec la même forme, elle prenait différens noms, selon les étoffes et les couleurs. La toge d'été, *toga rasa*, était d'une étoffe légère ; il y en avait même de transparentes, *togæ vitreæ*, ce qui se prend aussi pour tous les vêtemens transparens. Celle d'hiver, *toga pexa*, était à longs poils. La *toga pura* était de laine qui avait conservé sa blancheur naturelle ; c'était celle de tous les citoyens romains aisés. La *toga candida* dont se revêtaient ceux qui briguaient des places auprès du peuple, et à qui l'on donnait le nom de *candidati*, devait son éclat et sa blancheur à une préparation de craie ; celle des nouveaux mariés et des jeunes avocats était de même. La *toga arcta* et *pulla*, étroite et d'une couleur sombre, était celle des pauvres.

La *prétexte*, toge blanche bordée de pourpre, était le vêtement des augures, des pontifes, des magistrats et des jeunes gens. Lorsque ceux-ci la prenaient en entrant dans l'adolescence, c'était une fête de famille; ils la quittaient à dix-sept ans pour prendre la robe virile ou toge pure. Quelquefois les jeunes filles la portaient jusqu'à leur mariage. Les édiles, les censeurs, les sénateurs, les préteurs, les dictateurs, les décemvirs, les tribuns du peuple se revêtaient de la pretexte dans certaines cérémonies. Le préteur, avant de condamner à mort, quittait la pretexte et prenait le laticlave. Les magistrats de village avaient le droit de la porter.

La toge triomphale était de pourpre ornée de palmes brodées. Néron en portait une de pourpre parsemée d'étoiles d'or. Les différentes nuances de la pourpre faisaient donner différens noms aux toges de cette couleur, qui, en général, avaient celui de *togæ pictæ* ou teintes. La *toga coccinæa* devait sa pourpre pâle à une substance végétale, au *coccus*, peut-être à la garance ou au kermès du chêne vert. La *toga conchyliata* d'une pourpre plus foncée, entre le violet et la laque, était plus estimée, et on la tirait de deux coquillages, le *murex* et la *purpura*. La pourpre Sarrane ou de Tyr (de Sarra, ancien nom de cette ville) avait le plus de célébrité; celle de Tarente était aussi fort belle. La pourpre deux fois teinte, ou *dibaphe* était la plus recherchée, et devait être d'un ton plus solide. En Asie, la pourpre était réservée aux Rois ou aux Princes, et à Rome aux robes dont on revêtait les statues des Dieux; aux Rois, aux Empereurs et aux grands magistrats. Depuis Gallien, cette couleur fut exclusivement affectée aux Empereurs. Un particulier qui eût osé en porter eût été puni de mort comme pour crime de lèze-majesté, et on a vu dans des séditions que, ne trouvant de la pourpre nulle part, on arrachait l'étoffe pourpre dont étaient faites les enseignes, ou que l'on enlevait les robes des dieux pour en couvrir celui qu'on voulait élever à l'Empire. La *toga undulata* était peut-être d'une pourpre moirée. Les Gaulois appelaient la pourpre *virga*, et on donnait le nom de *sagulum virgatum* à leurs sagums rayés de cette couleur.

D'après des recherches sur les statues vêtues de la toge, il paraît positif que, dans sa longueur, sa forme était une ligne droite qui sous-tendait une courbe qui n'était pas tout-à-fait circulaire, mais un peu elliptique. La longueur de la toge était de trois fois la hauteur de l'homme, prise des épaules jusqu'à terre. La largeur, à l'endroit le plus saillant de la courbe, n'avait qu'une hauteur. Pour se vêtir de la toge, on plaçait la partie droite sur l'épaule gauche, de manière qu'il tombât un tiers de la longueur en avant entre les jambes. La ligne droite se tournait vers le cou. La toge passait ensuite obliquement sur le dos par-dessous le bras droit, et le dernier tiers de la longueur, ou un peu moins, se rejetait par-dessus l'épaule gauche, et retombait en arrière. Celui qui était sur le devant eût gêné par sa longueur; on le relevait par le haut, et il formait des plis sur le devant de la poitrine. Cette masse de plis se nommait *umbo*. Ceux qu'ils recouvraient et qui traversaient obliquement sur la poitrine, formaient les *baltei* (baudriers), et on donnait le nom de *sinus* à ceux qui couvraient le milieu du corps. Les Romains étaient très-recherchés dans l'agencement de leur toge, pour qu'elle formât de beaux plis; ou les assujettissait, de peur qu'ils ne se dérangeassent. Les statues en toge offrent presque toujours, à de très-légères différences près, les mêmes dispositions et les mêmes masses de plis. Nous avons choisi la statue de Tibère, comme l'une des plus belles; celle d'Auguste, sous le n° 100, est curieuse, en ce qu'on peut voir, par la manière dont il relève sa toge, la disposition du dessous. Lorsqu'on ceignait sa toge à la Gabienne, le pan de derrière, repassé par-dessous le bras droit, venait envelopper le corps au-dessous de la poitrine, et on le nouait avec le pan de devant; on était alors moins embarrassé dans sa marche, et c'était ainsi que les anciens Romains allaient au combat. Dans plusieurs sacrifices on se ceignait à la Gabienne. M. Petit-Radel, *Mon. du Musée*, v. 3, pl. 12, a observé un lacet ou une œillère qu'on voit sur la plinthe au bout du pan de devant de la toge à la statue de Tibère. Il est à croire qu'elle servait à relever cette partie de la toge, et à la fixer par le moyen d'une olive ou d'une houpe attachée à l'autre pan, telle qu'on en voit une à la statue d'Auguste. Peu importait que l'œillère ou l'olive fût d'un côté ou de l'autre, et il est très-probable qu'on pouvait les employer pour se ceindre à la Gabienne, ce qui était plus commode que le nœud. Voyez sur ce lacet le n° 113 En général, on se couvrait la tête en développant les plis de l'umbo et de l'épaule gauche. Dans les sacrifices à Saturne on avait la tête découverte. Comme les Romains avaient ordinairement la tête nue, la toge servait aussi à les garantir de la pluie et du soleil. Vers le commencement de l'Empire, la toge perdit de sa faveur, et, malgré les édits des Empereurs, ce magnifique vêtement, qui avait fait donner aux Romains le nom de *gens togata*, la nation en toge, fut peu à peu remplacé par la lacerne et par d'autres costumes.

La toge de la statue de Tibère est d'une étoffe très-fine et très-souple qui ne cache rien de la beauté des formes; outre la grande manière du jet des draperies, le travail en est remarquable, les plis en sont fouillés à une grande profondeur. Dans des endroits ils sont si minces, que le marbre laisse passer la lumière, et les parties renfoncées entre les plis sont beaucoup plus larges dans le fond qu'à l'entrée, ce que les statuaires appellent *fouillés en cloche*. On donne souvent le nom de statues municipales aux statues en toge dont les têtes ne sont pas connues. Elles ont été élevées par la reconnaissance des villes *municipales*, ou qui avaient obtenu le droit de bourgeoisie romaine, à des décurions ou à d'autres magistrats de ces municipes, et à ceux qui leur servaient de patrons auprès du peuple romain.

112 INSCRIPTION tirée du cippe consacré à Tibérius Claudius Félix par son fils, son petit-fils et son affranchi, et remarquable par les abréviations P. A. P. B. M. *patri, avo, patrono bene merenti;* elle a été publiée par *Reinésius,* cl. 13, nº 61.

Haut. 0,501 m. — 1 p. 6 p. 6 l.; larg. 0,301 m. — 11 p. 2 l.

113 AUGUSTE, *statue.*

Haut. 2,074 m. — 6 p. 4 p. 7 l.

L'Empereur est debout : le style large de sa toge rappelle le goût des écoles grecques; la tête est antique, mais rapportée; on l'a trouvée près de *Velletri,* patrie d'Auguste. Cette belle statue, qu'on voyait autrefois à Venise dans le palais Giustiniani, passa de là au Vatican. On peut remarquer au bas de la toge le lacet dont il est question au nº 111, et qui se voit beaucoup mieux dans cette statue-ci. *Museo Pio Clementino,* v. 2, pl. 45. *Mon. du Mus.* t. 3, pl. 45.

114 INSCRIPTION qui désignait un monument élevé par *Julius Hermès;* elle offre des détails d'érudition. *Gruter,* p. 194, nº 9.

H. 0,442 m. — 1 p. 4 p. 4 l.; larg. 0,310 m. — 11 p. 6 l.

Il paraît que cet hermès avait affermé pour un certain nombre d'années des greniers publics établis par Séjan. TER-TI est pour *tertii.* Ces irrégularités d'orthographe sont fréquentes dans les inscriptions latines, que le grand nombre d'abréviations rend plus difficiles à lire et à expliquer que les grecques.

115 FAUSTINE LA MÈRE, *buste ; marbre de Luni.*

Haut. 0,617 m. — 1 p. 10 p. 10 l.

Ce buste, d'un beau travail et d'une parfaite conservation, représente l'Impératrice Faustine, femme d'Antonin Pie. *Palais Braschi à Rome. Mon. du Mus.* t. 3, pl. 51.

Elle paraît être coiffée d'une perruque dont les tresses, surtout par-derrière, offrent un agencement particulier. On a dû remarquer que les coiffures de femmes, du temps des Antonins, sont très-compliquées et bizarres; on s'éloignait de l'antique simplicité. Il est possible que les mèches de cheveux repliées qu'on voit de chaque côté servissent à suspendre des boucles d'oreilles très-lourdes, ainsi qu'on voit en Pologne les juives les attacher à leur bonnet au lieu de les mettre aux oreilles.

Le bas-relief placé dans l'enfoncement, au-dessus de la porte, est en plâtre, et moulé sur un des métopes du Parthénon; il a été mis pour servir de pendant à celui du n° 128.

116 ROME, *buste colossal ; marbre pentélique.*

Haut. 0,893 m. — 2 p. 9 p.

La louve allaitant les fondateurs de Rome, sculptée sur les deux côtés du casque, annonce le sujet de ce buste, qu'à la noblesse et à la pureté des formes on pourrait prendre pour une image de Minerve. *Vil. Borg.* st. 5, n° 27.

Les bas-reliefs sculptés autour du petit autel cylindrique qui sert de piédestal à ce buste représentent une bacchanale.

Le masque comique sur un autel est trop grand, vu la proportion des figures, pour leur appartenir; il est là comme objet de culte, et doit indiquer, ainsi que la ciste, les mystères de Bacchus, auquel on vient d'offrir le sacrifice d'un bélier. On doit remarquer sur le tympanum d'une des bacchantes une figure en relief, ce qui ne pourrait pas être si cet instrument était garni de peau, ainsi qu'il l'était ordinairement, comme notre tambour de basque. Il est probable que ce tympanum était entièrement de métal, et que la feuille très-mince qui le couvrait était orné de dessins de peu de saillie, et repoussés au marteau, ce qui n'empêchait pas le tympanum d'être très-sonore.

117 FAUSTINE LA JEUNE, *buste ; marbre de Luni.*

Haut. 0,559 m. — 1 p. 8 p. 8 l.

Ce buste de l'épouse de Marc-Aurèle, fille d'Antonin Pie, la représente dans le costume de la *Pudicité*, la tête recouverte de sa *palla*. Aucun caractère ne convenait moins que celui de la Pudicité à Faustine, dont les désordres et l'impudeur surpassèrent ceux de Messaline.

118 JULIE, FEMME DE SEPTIME-SÉVÈRE, *statue ; marbre pentélique.*

Haut. 1,814 m. — 5 p. 7 p.

Il paraît que c'est le portrait de *Julia Pia*, femme de l'Empereur Septime-Sévère, et mère de Caracalla et de Géta. Vêtue d'une tunique d'une étoffe très-fine, elle a sur la tête sa *palla*, qui descend ensuite jusqu'au dessous des genoux; sa coîffure de cheveux naturels et ondulés, sans être d'une belle exécution, est cependant de meilleur goût que d'autres de cette époque; le reste de son costume est le même à-peu-près que celui de la déesse de la *Pudicité*.

Les mains de cette statue sont antiques; elle fut trouvée, vers le milieu du siècle dernier, à *Bengazzi*, dans le golfe de *Sydra*, à l'orient de Tripoli. Septime-Sévère était né dans cette province d'Afrique. *Galerie de Versailles. Mus. Fr.* t. 3; M. Bouillon, dess.; M. Châtillon, grav. *Mon. du Mus.* t. 4, pl. 44. *Mus. Bou.* v. 2.

La palla ou manteau carré long des dames romaines recouvrait tous les autres habillemens sans s'agraffer; c'était le pallium des Grecques, il ressemblait à la toge avec moins d'ampleur, et l'avait remplacée. La *palla* était souvent brodée et chargée d'ornemens en or, ce qui n'avait pas lieu pour la toge; en la relevant sur la tête, elle servait de voile. Les joueurs de lyre et les acteurs tragiques portaient aussi la palla.

Dans le piédestal est encastrée l'inscription sépulcrale de *Sempronius Vitalis*, publiée par *Fabretti*, c. 4, n° 40.

H. 0,451 m. — 1 p. 4 p. 8 l.; larg. 0,399 m. — 1 p. 2 p. 9 l.

119 PLAUTILLE, *buste; marbre pentélique.*

Haut. 0,440 m. — 1 p. 4 p. 3 l.

La physionomie de la femme de Caracalla, constatée par les médailles impériales, se reconnaît dans ce portrait. *Mon. Gab.* n° 22.

120 THÉTIS ou VÉNUS, *groupe.*

Haut. 2 p. 10 p. — 6 p. 5 p. 5 l.

Winckelmann a cru reconnaître Thétis dans cette Déesse presque nue, placée sur le pont d'un navire, et ayant sous ses pieds un cheval marin. Mais les Anciens, qui avec Horace regardaient Vénus comme la divinité protectrice des navigateurs, l'avaient probablement représentée par cette figure. Les accessoires semblent imaginés pour caractériser Vénus *Euplœa*, la déesse des *navigations heureuses*; elle avait un petit temple à Naples dans la petite île Euplæa, aujourd'hui la Gaiola à la pointe de Pausilype. Quoique cette statue doive beaucoup à la restauration, une partie des accessoires est antique. *Col. Albani. Mus. Bou.* v. 2.

121 BAS-RELIEF représentant Bacchus dans son caractère de *Dionysius Pogon* ou à longue barbe avec une robe traînante, accompagné de Bacchantes et de Faunes, et prêt à s'asseoir au banquet qu'Icarius et sa fille lui ont préparé. Le festin est servi dans une maison de campagne dont l'architecture est remarquable. Plusieurs bas-reliefs semblables sont parvenus jusqu'à nous, et ils ont été désignés avec peu de critique par le nom de *Festin de Trimalcion*, comme s'il n'y avait pas dans

le bas-relief assez de détails pour y faire reconnaître un sujet mythologique. La conformité qu'on vient d'indiquer prouve la célébrité d'un original commun. La même composition se retrouve dans l'œuvre de *Marc Antonio*. *Vil. Alb. Mon. du Mus.* t. 2 p. 3.

H. 0,796 m. — 2 p. 5 p. 5 l.; larg. 1,361 m. — 4 p. 2 p. 3 l.

122 MITHRAS, *bas-relief.*

Le sacrifice du taureau mystérieux, célébré dans un antre, annonce le sujet mithriaque de ce bas-relief qui n'est pas si riche d'accessoires et de symboles que celui du n° 76. Les bustes du Soleil et de la Lune sont sculptés dans le haut. *Vil. Borg.* n° 10.

123 LUCILLA, *buste; marbre gréchetto.*

Haut. 0,509 m. — 1 p. 6 p. 10 l.

Cette Impératrice était fille de Marc-Aurèle, qui la donna à Lucius Vérus son collègue. Ce portrait est d'une excellente sculpture. *Mon. Gab.* n° 26.

124 LA PUDICITÉ, *statue; marbre de Paros.*

Haut. 1,96 m. — 6 p.

La dénomination de *Vestale* qu'on avait donnée à cette statue, était fondée sur la restauration faite par Girardon, qui y avait ajouté un petit autel. Maintenant qu'on l'a débarrassée de cet accessoire, elle n'offre d'autre caractère que celui de la déesse de la Pudicité (*Pudicitia*). *Galerie de Versailles. Mon. du Mus.* t. 4, pl. 3.

La frange de la palla gausapê est remarquable par sa longueur. La chaussure est une espèce de cothurne dont on a omis les attaches en restituant le pied gauche.

L'inscription qui se lit sur le piédestal avec le nom d'*Aurélius Anatellon*, appartenait au même tombeau que l'inscription n° 130. Les pierres sépulcrales offrent quelquefois de ces doubles inscriptions pareilles. *Voyez Gruter*, p. 608, n° 3.

Haut. 0,422 m. — 1 p. 3 p. 7 l.; larg. 0,411 m. — 1 p. 3 p. 2 l.

125 JULIA MAMMÉA, *buste; marbre pentélique.*

Haut. 0,509 m. — 1 p. 6 p. 10 l.

La mère d'Alexandre Sévère, reconnaissable par ses médailles et par les rapports de sa physionomie avec celle de son fils, est l'original de ce buste. Elle paraît coiffée d'une perruque. *Villa Albani. Mon. du Mus.* t. 3, pl. 73. *Mus. Bou.* v. 1er.

126 ANTINOÜS, *buste colossal; marbre coralitique.*

Haut. 0,947 m. — 2 p. 11 p.

Cette tête antique du favori d'Adrien, d'une exécution admirable et d'une parfaite conservation, semble le représenter sous les formes d'Osiris. Le trou qu'on remarque au sommet de la tête, ne pouvait porter que la fleur de *lotus*, symbole des divinités de l'Egypte, où le jeune Bithynien avait perdu la vie. Les cavités des yeux devaient recevoir probablement des pierres précieuses enchâssées dans des lames de métal dont on aperçoit des traces le long des paupières inférieures. On trouve dans Spon, Miscell. sect. 6, p. 232, l'inscription sépulcrale d'un M. Rapilius Sérapio, dont le métier était de mettre des yeux aux statues. Les draperies et les accessoires étaient sans doute de bronze doré, suivant la méthode adoptée par les anciens dans les ouvrages colossaux de la sculpture *polychrôme*. Les cheveux sont bien refouillés, et offrent de belles masses d'ombre et de lumière. Ce buste précieux, tiré de la *Villa Mondragone, près Frescati,* appartenant à la maison Borghèse, a été gravé, mais mal, dans les *Monumens inédits* de Winckelmann, n° 179. *Mus. Bou.* v. 1er.

127 PETIT AUTEL cylindrique orné d'une néréïde portée par un triton, de belles chimères, de feuillages et d'autres emblêmes bachiques et qui avait été placé sur le tom-

beau de *Lucius Vestiarius Trophimus*, par ses héritiers et par ses affranchis. *Trésor de Gruter*, p. 1153, n° 2.

Haut. 0,697 m. — 2 p. 1 p. 9 l.

128 MÉTOPE DE LA FRISE EXTÉRIEURE DU PARTHÉNON A ATHÈNES; *marbre pentélique.*

Haut. 1,356 m.; larg. 1,417 m.

Ce bas-relief important par la manière large et facile dont il est traité, et pour avoir fait partie d'un des temples les plus célèbres de la Grèce, représente un centaure qui veut arrêter une femme qui cherche à échapper à sa poursuite. Les centaures entraient dans la composition de la plupart des métopes de la frise extérieure du Parthénon. Celui-ci était entre le dixième et le onzième triglyphe de la partie sud du temple. Cet ouvrage, exécuté dans l'École de Phidias et probablement d'après ses dessins, montre la manière dont ces grands maîtres traitaient la sculpture architecturale, suivant les endroits qu'elle devait orner. Celle-ci en plein air, et devant être vue de loin, est de haut relief et presque de ronde-bosse, et la lumière devait y produire des effets prononcés. Les détails y sont vigoureusement accusés. Ce métope, ainsi que ceux qui sont en Angleterre, a beaucoup souffert de la manière maladroite et barbare dont ils ont été arrachés de la frise et précipités sans précaution. Les têtes et quelques parties ont été restaurées avec intelligence et le sentiment de l'antique, par M. *Lange*, et en partie d'après un dessin que M. le Marquis de Nointel avait fait faire en 1674, lorsque ce métope existait encore presque en entier. Ce beau morceau provient de la collection de M. le Comte de Choiseul - Gouffier, dont une partie a été acquise en 1818 au compte du Roi.

129 MATIDIE, *buste; marbre de Luni.*

Haut. 0,599 m. — 1 p. 10 p. 2 l.

Ce portrait, d'une exécution exquise, représente

Matidie, nièce de Trajan et belle-mère d'Adrien. La partie antérieure de la coiffure est de tresses rapportées qui forment un bandeau et un double diadême. *Ancienne Collection de la Couronne. Mon. du Mus.* t. 3, pl. 33. *Mus. Bou.* v. 3.

SALLE DU CENTAURE.

Les fresques du plafond exécutées par Romanelli, représentent des Vertus et leurs Génies; et comme cet appartement était destiné pour la reine Anne d'Autriche, le même artiste a peint, sur les tympans, des héroïnes de l'Histoire Sainte, Esther et Judith.

Cette salle ayant de nos jours été agrandie, on y a ajouté d'autres peintures. L'Hercule Français, symbole de la force, est un ouvrage de M. Hennequin; l'Etude et la Renommée sont de M. Peyron; la Victoire et le Génie des arts, de M. le Thière. Deux génies, dont l'un tient la couronne de l'immortalité ont été exécutés par M. Guérin; deux autres génies dans le compartiment opposé, par M. Prudhon.

Quatre colonnes de granit, hautes de onze pieds, et portant des bustes, sont placées devant les pieds droits qui séparent les différens trumeaux de la salle.

130 PERSONNAGE ROMAIN, *statue; marbre grechetto.*
Haut. 2,175 m. — 6 p. 8 p. 4 l.

Cette belle statue est un personnage romain sans aucun vêtement, à la manière des figures héroïques. La coiffure, disposée en étages, *gradus*, et parfaitement semblable à celle des portraits d'Othon, a fait penser qu'on y pourrait bien reconnaître cet Empereur. Cependant la physionomie ne répond pas tout-à-fait à celle d'Othon qui nous est connue par ses médailles; et d'ailleurs la courte durée de son règne, qui ne fut que de quatre-vingt-dix jours, n'a pu suffire pour l'exécution d'un ouvrage si soigné. Mais cet Empereur ayant laissé des regrets à beaucoup d'officiers de son armée, on pourrait croire que cette statue fut terminée après sa mort, et en partie de souvenir. Si elle ne représente pas Othon c'est celle d'un romain qui a vécu à la même époque. Elle est d'une grande intégrité, et a été trouvée près de Terracine pendant les travaux entrepris pour le dessèchement des marais Pontins. *Mus. Bou.* v. 2. *Mon. du Mus.* t. 3, p. 24.

On lit dans le piédestal l'inscription sépulcrale d'*Aurélius Anatellon*, affranchi d'un Empereur. Voyez le nº 124. *Gruter*, p. 608, nº 3. Elle n'y est pas exacte.

Haut. 0,422 m. — 1 p. 3 p. 7 l.; larg. 0,451 m. — 1 p. 4 p. 8 l.

131 HÉROÏNE, *buste; marbre de Paros.*

Haut. 0,631 m. — 1 p. 11 p. 4 l.

Cette tête d'un grand style semble représenter une héroïne affligée qui lève tristement ses regards vers le ciel. L'absence de tout symbole nous laisse dans l'incertitude si c'est Niobé, Danaé, Andromaque, Déjanire, ou quelqu'autre héroïne de la mythologie, dont Hésiode avait décrit les aventures et les désastres, et Simonide composé les complaintes. *Mus. Bou.* v. 3.

132 ALEXANDRE-LE-GRAND, *hermès; marbre pentél.*

Haut. 0,681 m. — 2 p. 1 p. 2 l.

L'inscription grecque gravée au haut de la gaine, présente le nom d'*Alexandre-le-Macédonien, fils de Philippe*. Cet hermès, dont le temps a corrodé la superficie, est le seul portrait authentique d'Alexandre-le-Grand qui nous soit parvenu. Le cou est tant soit peu penché vers l'épaule gauche : cette attitude était familière à ce héros; ses biographes l'ont remarqué. On doit aussi faire observer que la disposition des cheveux d'Alexandre, ressemble à celle des têtes de Jupiter dont il se disait fils.

Ce monument, trouvé à Tivoli (l'ancien *Tibur*) en 1779, fut donné au Musée par feu le chevalier Azara, ministre du Roi d'Espagne. Il a été gravé dans l'*Iconographie grecque*, pl. 39. *Mon. du Mus.* t. 3, pl. 2 et 3. *Mus. Bou.* v. 1er.

133 APOLLON, *buste; marbre pentélique.*

Haut. 0,740 m. — 2 p. 3 p. 4 l.

Cette tête colossale d'Apollon nous présente le fils de Latone avec une coiffure que nous retrouvons dans les images les plus anciennes de ce dieu. C'est probablement une imitation antique d'un ouvrage de cette époque reculée.

134 CENTAURE, *groupe; marbre grechetto.*

Haut. 1,475 m. — 4 p. 6 p. 6 l.

Le Génie qui est porté sur la croupe du monstre est un génie de Bacchus et un emblème de l'ivresse : les feuilles de lierre dont il est couronné le font reconnaître. Le petit dieu a vaincu le centaure et lui a attaché les mains derrière le dos. La tête et le mouvement du torse rappellent le Laocoon. Cet ouvrage du temps d'Adrien est une répétition antique d'un des centaures sculptés par Aristéas et Papias, natifs d'*Aphrodisias* en Carie. Ces artistes ont marqué leurs noms et leur patrie sur deux centaures d'une plus petite dimension, qu'on voit à Rome dans le Musée du Capitole, et cette répétition est due probablement à leur propre ciseau. *Vil. Borg.* st. 9, n° 1. *Mus. Bou.* v. 2.

La ceinture qu'on voit autour des reins nuds de l'Amour, est sans doute le *cingulum* dont se servaient les cavaliers. Il est rare dans les monumens. Les panneaux du piédestal sont en très-belle brocatelle d'Espagne.

135 APOLLON, *tête colossale; marbre de Luni.*

Haut. 0,751 m. — 2 p. 3 p. 9 l.

La physionomie de convention que les anciens statuaires ont donnée aux têtes d'Apollon, fait reconnaître le fils de Latone dans cet excellent ouvrage.

136 DIANE, *buste colossal; marbre de Paros.*

Haut. 0,830 m. — 2 p. 6 p. 8 l.

L'arrangement de la chevelure, qui se réunit en un seul nœud au sommet de la tête, et que Winkelmann croit être le *corymbe*, à cause d'une espèce de ressemblance avec les grappes des corymbes du lierre, a été souvent donné par les artistes anciens aux images de la sœur d'Apollon, et contribue à nous la faire reconnaître dans ce buste, dont les parties antiques sont d'un très-beau style. *Vil. Borg.* st. 5, n° 28.

137 CIPPE SÉPULCRAL DE BAEBIUS FÉLIX, *Insc. Gruter*, pag. 763, n° 3.

H. 0,690 m. — 2 p. 1 p. 6 l.; larg. 0,410 m. — 1 p. 3 p. 2 l.

Ce cippe est surmonté par l'urne cinéraire de *Lorania Cyparé*, ornée de sculptures.

H. 0,561 m. — 1 p. 8 p. 9 l.; larg. 0,352 m. — 1 p. 1 p.

On voit, sur un lit qui a du rapport avec nos canapés, une femme dont la coiffure ressemble à celle de Julie, fille de Titus, sur la belle aigue marine de la bibliothèque royale. Auprès d'elle un amour tient un vase, sans doute de parfums, et deux *pocillatores*, à la tête et aux pieds de leur maîtresse, paraissent veiller sur elle. Dans le bas, deux génies tiennent par des courroies la tablette de l'inscription. La cigogne et la colombe, sur les côtés de l'urne, sont des symboles de piété et de tendresse. Le mari de Lorania Cyparé était *adjutor* ou adjoint à quelque place qui n'est pas indiquée.

138 MARC-AURÈLE, *tête colossale; marbre de Luni.*

Haut. 0,893 m. — 2 p. 9 p. 0 l.

Le buste désigné sous ce numéro a toujours fait le pendant de celui de Lucius Vérus, n° 140, et a été trouvé dans la même fouille. L'exécution de cet ouvrage de sculpture est belle, mais toutefois au-dessous de celle du pendant. Le corps est moderne. *Vil. Borg.* st. 5, nº 21. *Mus. Bou.* vol. 1.

139 ÉPICURE ET MÉTRODORE, *hermès; marbre pentél.*

Haut. 0,620 m. — 1 p. 10 p. 11 l.

Cet hermès à deux têtes offre les portraits d'Epicure et de son ami Métrodore de Lampsaque. Les Epicuriens célébraient, le 20 de chaque lune, une fête à la mémoire d'Epicure, qui était né ce jour là. *Mon. du Mus.* t. 2, p. 75. *Mus. Bou.* v. 3.

Cette fête se nommait *Icades* (*d'eikas*, vingtaine). On portait dans toute la maison le buste de ce philosophe, orné de fleurs. Les hermès et les bustes avaient ordinairement, de chaque côté, des parties saillantes pour pouvoir les transporter et pour y suspendre des couronnes; on en voit souvent avec ces anses dans les peintures antiques. Un pareil hermès trouvé à Rome, avec les noms, a fait connaître ces deux portraits.

140 LUCIUS VÉRUS, *tête colossale; marbre coralitique ou de Luni.*

Haut. 0,839 m. — 2 p. 7 p. 0 l.

Le Portrait de ce Prince, qui tirait vanité de la noblesse de sa figure, est un chef-d'œuvre de goût et de finesse d'exécution. Il a été découvert, avec plusieurs autres bustes du même Empereur et de Marc-Aurèle qui l'avait adopté pour frère, à une lieue de Rome sur la voie Cassienne, dans la ferme d'*Acqua Traversa*, où Lucius Vérus avait une maison de plaisance. *Vil. Borg.* st. 5, nº 10. *Mus. Bou.* vol. 1.

Les cheveux et la barbe de cette belle tête sont refouillés avec une telle délicatesse, qu'on ne peut s'en faire une idée qu'en la voyant, et qu'on ne pourrait pas la reproduire en la moulant en plâtre.

141 GERMANICUS, *statue; marbre de Paros.*

Haut. 1,890 m. — 5 p. 9 p. 10 l.

Le neveu de Tibère, que son caractère noble et doux

fit tant regretter des Romains, est représenté par cette statue : ses médailles nous le font reconnaître; et la statue de l'Empereur Claude son frère, trouvée en même temps, et qui en fait le pendant, met cette découverte hors de doute. Germanicus est presque nu, à la manière héroïque. Les deux statues avaient été élevées dans la Basilique de Gabies, et furent retrouvées en 1792 parmi les ruines de cet édifice. *Mon. Gab.* n°s 7 et 5. *Mus. Bou.* v. 2.

Dans le piédestal du Germanicus on a encastré l'inscription sépulcrale de *Calaïs*, affranchi d'*Aponus*, et dispensateur ou l'un des intendans d'une maison impériale. L'ouvrier a mis un D pour un O dans le mot *dispensator*. *Spon*, *Miscel.* sect. 6, p. 213.

H. 0,500 m. — 1 p. 6 p. 6 l.; larg. 0,410 m. — 1 p. 3 p. 2 l.

142 CLAUDE, *statue; marbre de Luni.*

Haut. 1,940 m. — 5 p. 11 p. 8 l.

Cette statue, du faible successeur de Caligula, trouvée dans les ruines de Gabies, voy. le n° 141, se reconnaît facilement par la comparaison des médailles frappées sous son règne et avec son effigie. Le costume est le même dans les deux statues; mais l'exécution de l'autre a été mieux soignée. On croirait retrouver dans cette statue l'hésitation et la gaucherie que Suétone reproche à Claude. *Mon. Gab.* n° 5. *Mus. Roy.* v. 1; M. Vanderwat, dess.; M. Avril, grav. *Mus. Bou.* v. 2.

On a encastré dans le piédestal l'inscription sépulcrale de *Ungonius Diadumenus.*

H. 0,518 m. — 1 p. 7 p. 2 l.; larg. 0,410 m. — 1 p. 3 p. 2 l.

143 SEPTIME-SÉVÈRE, *buste; marbre pentélique.*

Haut. 0,801 m. — 2 p. 5 p. 7 l.

L'Empereur est revêtu de la chlamyde impériale et militaire, appelée *paludamentum*. *Vil. Alb. Mon. du Mus.* t. 3, pl. 64.

144 ACHILLE, *statue; marbre de Paros.*

Haut. 2,112 m. — 6 p. 6 p,

Le jeune héros, sans aucun vêtement, a la tête couverte d'un casque; ses cheveux sont longs, comme il les porte ordinairement dans les monumens. Il les conservait pour les offrir au fleuve Sperchius, et il les coupa sur le corps de Patrocle. On voit un anneau *periscelide* ou *episphyrion* au-dessus de la malléole de la jambe droite. On conjecture que cet accessoire a été placé comme une défense sur cette partie du corps d'Achille, qui seule, suivant une tradition mythologique, que n'a pas adoptée Homère, ou qui lui est postérieure, n'était pas invulnérable : d'ailleurs la beauté de la tête et l'air guerrier de la figure, conviennent particulièrement au fils indomptable de Thétis, et on peut croire que cette statue est une imitation antique de l'Achille en bronze d'Alcamène, élève et émule de Phidias. Le style large de cette belle statue a beaucoup de rapport avec celui des ouvrages de l'école de Phidias. Winkelmann. *Mon. ined.* t. 2, p. 33, donne cette statue comme une figure de Mars; mais il n'était pas satisfait de cette explication. *Vil. Borg.* st. 1, n° 9. *Mus. Bou.* vol. 2.

145 LUCIUS VÉRUS, *buste; marbre de Luni.*

Haut. 0,825 m. — 2 p. 6 p. 6 l.

L'Empereur est représenté en habit militaire : la parfaite conservation de ce morceau répond à la beauté de l'exécution. *Palais ducal de Modène. Mon. du Mus.* t. 3, p. 55.

146 FAUNES, *statues; marbre de Paros.*

L'une a de h. 1,254 m. — 3 p. 10 p. 4 l.

L'autre, h. 1,245 m. — 3 p. 10 p.

Ces jeunes demi-dieux jouent de la flûte : ils sont représentés dans le moment où ils prennent haleine. C'est ce qu'exprimait l'épithète d'*Anapauomenos*, donnée par l'antiquité au faune que Protogène avait peint dans la même action, et qui probablement a été le modèle de ces deux statues. Le faune appuyé sur un pilastre est plus parfait que l'autre. On l'a gravé dans plusieurs ouvrages d'antiquité. Selon Winkelmann, les jambes croisées étaient une attitude qui avait peu de dignité, et qui était propre aux faunes et aux personnages de ce genre. *Musée Royal*, vol. 1; M. Granger, dess.; M. Richomme, grav. *Vil. Borg.* st. 5, n° 8.

La manière dont ces flûtes sont placées pourrait faire croire que ce sont des flûtes traversières; mais ce n'est que l'indication du repos. Les anciens n'avaient pas de flûtes de ce genre; les leurs étaient à bec ou plutôt garnies d'anches ou en dehors ou en dedans; quelquefois, comme on le voit dans les peintures antiques, elles étaient munies de plusieurs chevilles ou clefs, sans doute pour en changer le ton suivant le mode dans lequel on voulait jouer. Ces jeunes faunes ont les cheveux hérissés et recourbés à l'extrémité et approchant des poils des chèvres; on voit que leurs cornes commencent à poindre.

147 MARC-AURÈLE, *buste; marbre pentélique*.

Haut. 0,825 m. — 2 p. 6 p. 6 l.

Le Portrait de cet Empereur philosophe est de la même finesse et de la même conservation que celui du n° 145. *Vil. Borg.* st. 5, n° 19.

148 BACCHUS EN REPOS, *statue; marbre pentélique*.

Haut. 2,193 m. — 6 p. 9 p.

Le Dieu des vendanges paraît ici debout et sans vêtemens, à l'exception d'une *nébride* ou peau de chevreuil qui descend en écharpe de son épaule gauche: son front, ceint du diadème dont il fut l'inventeur, est couronné de lierre chargé de ses corymbes. Cette plante avait paru pour la première fois, selon Pausanias, à Acharné en Attique, et on lui attribuait la propriété de dissiper l'ivresse. Bacchus avait plusieurs surnoms qu'il devait à la couronne de lierre dont il couvrait sa brillante chevelure; elle tombe en boucles sur sa poitrine;

Bacchus et Apollon sont les seuls dieux dont les cheveux tombent ainsi sur les épaules. Il appuie le bras gauche sur un tronc d'orme autour duquel serpente une vigne, et son bras droit est nonchalamment ployé sur sa tête, attitude consacrée par les anciens pour exprimer la mollesse et le repos : ses formes arrondies, mais vigoureuses, caractérisent parfaitement un dieu qui était à-la-fois voluptueux et guerrier.

Cette statue, tirée de la galerie de Versailles, a été gravée par Mellan, et dans le *Mus. Bou.* v. 2.

149 LUCIUS VÉRUS, *buste; marbre coralitique.*

Haut. 0,740 m. — 2 p. 3 p. 4 l.

Ce portrait, aussi admirable que les deux bustes indiqués sous les nos 140 et 145, a été trouvé dans les mêmes fouilles. *Vil. Borg.* st. 5, no 25.

150 SEXTUS POMPÉIUS, *statue; marbre de Paros.*

Haut. 2,085 m. — 6 p. 5 p.

La disposition de la chevelure fait reconnaître dans cette figure héroïque un personnage romain; il semble que les traits de la physionomie offrent quelque ressemblance avec ceux de Sextus Pompée, tels qu'on les voit gravés sur ses médailles. Cette statue trouvée près de *Monte Porzio*, non loin de *Tusculum*, a été exécutée par l'artiste grec *Ophélion*, fils d'*Aristonidas* : son nom est sur le derrière de la cuirasse qui sert de soutien à la figure. *Vil. Borg. Mus. Bou.* v. 3.

L'inscription sépulcrale consacrée par Volusia à son frère de lait (*Conlactaneus*) *AElius Pastor*, est encastrée dans le piédestal de la statue. *Gruter*, p. 1119, no 6.

H. 0,518 m. — 1 p. 7 p. 2 larg.; l. 0,442 m. — 1 p. 4 p. 4 l.

151 CANDÉLABRE, *marbre pentélique.*

Haut. 3,130 m. — 9 p. 7 p. 7 l.

Ce grand candélabre est orné de feuillages, de cannelures et de bas-reliefs disposés alternativement par bandes horizontales. Il se termine par le bas en forme de balustre ou de colonne égyptienne, et il pose sur une base quadrangulaire. Il soutenait probablement une grande lampe dans l'avenue de quelque lieu sacré. Trouvé dans les environs de Naples, il a été publié dans le *Musée Français*; M. Troquet, dess.; M. Texier, grav.; et dans le *Museo Pio Clementino*, vol. 7.

Arcade qui donne l'entrée dans la Salle de la Diane.

152 BACCHUS, *statue; marbre pentélique.*

Haut. 1,489 m. — 4 p. 7 p.

Sa main droite est appuyée sur un tronc d'arbre autour duquel serpente un cep de vigne : le jeune Dieu, couronné de pampres, tient une coupe dans la main gauche. *Ancienne Salle des Antiques du Louvre. Mon. du Mus.* t. 1, pl. 70.

153 VÉNUS SORTANT DU BAIN, *statue; marbre grec.*

Haut. 1,261 m. — 3 p. 10 p. 7 l.

La déesse, à moitié enveloppée d'une large draperie qu'elle retient de la main gauche, lève la main droite vers sa tête, comme pour relever et nouer sa chevelure. *Vil. Borg.* st. 6, nº 8.

SALLE DE LA DIANE.

Quatre colonnes de granit rose oriental, hautes de douze pieds, ornent la niche de la Diane et l'arcade de l'entrée.

Les cippes et les piédestaux de cette salle sont en serancolin et en vert campan.

154 BACCHUS, *statue; marbre grec dur.*

Haut. 1,940 m. — 5 p. 11 p. 8 l.

Le fils de *Sémélé*, debout et absolument nu, s'appuie du bras gauche sur un tronc d'orme auquel se marie un cep de vigne. Sa tête, parfaitement conservée, est couronnée de feuilles de lierres, et ceinte du bandeau bachique ou *credemnon;* ses cheveux descendent en longs anneaux sur sa poitrine; la douceur de son regard, la grâce de ses traits, ses formes délicates et arrondies, tout, dans cette figure, concourt à exprimer cette langueur voluptueuse dont les anciens avaient fait le caractère distinctif de Bacchus. Cette statue est l'une des plus belles que nous ayons de cette divinité. *Château de Richelieu. Mus. Fr.* v. 1er; M. Bouillon, dess.; M. Urb. Massard, grav. *Mon. du Mus.* t. 1, pl. 77. *Mus. Bou.* v. 2.

155 BAS-RELIEF qui rappelait une victoire remportée par une tribu athénienne dans le concours solennel des chœurs de musique qui avaient lieu dans les fêtes d'Apollon et de Bacchus à Athènes. La Victoire verse le vin de la libation dans une patère que lui présente un des personnages du chœur déguisé en Apollon. On doit remarquer la forme de la grande lyre attachée avec une courroie qui laissait aux bras toute leur liberté. On aperçoit un reste de *spinther* ou bracelet au bras gauche de la Victoire. Celui qui faisait la dépense de ces fêtes s'appelait *Chorege*, de là les noms de victoires et de monumens *choragiques*.

Ces bas-reliefs tiennent beaucoup de l'ancien style, connu sous le nom d'*Ecole d'Egine*. Le costume en est remarquable, et diffère ordinairement de celui des statues. Les tuniques sont en général très-larges par le haut, et assez serrées à la taille. Les ouvertures pour les bras sont très-grandes. Les étoffes fines et à très-petits plis paraissent gaufrées. Les peplus ou les manteaux sont moins amples qu'à des époques plus rapprochées ; ils forment des plis réguliers presque droits, et dont les bords en tombant offrent une suite de triangles et se terminent par une ou deux pointes. On peut observer aussi qu'en général les figures y ont peu de saillie, qu'elles offrent moins de nu, et que les coiffures, d'un caractère particulier, sont divisées en grosses tresses, dont deux ou trois coniques tombent sur les épaules. Le reste des cheveux se relève en arrière sur le sommet de la tête. Les poses de ces figures sont ordinairement droites et simples ; les tailles très-sveltes, et malgré une certaine rectitude de lignes dans leur contour, elles ont beaucoup de grâce et de naïveté. La plupart des têtes sont de profil. On croit reconnaître dans ces bas-reliefs des imitations de la sculpture en bois. Une chose qui mérite d'être observée, c'est qu'on ne trouve aucune figure de ce style dans les peintures antiques de Pompéi et d'Herculanum : mais les vases peints en offrent souvent. Au reste, les peintures antiques sont beaucoup moins anciennes que les vases peints, et l'on pourrait prouver que toutes celles d'Herculanum, de Pompéi et de Stabies, ne remontent peut-être pas au-delà de notre ère, et qu'elles sont l'ouvrage d'une dixaine de peintres dont on reconnaît la main. On ne saurait trop recommander aux artistes, et surtout aux peintres, de consulter les peintures antiques ; ils y trouveront une foule de costumes et d'accessoires que n'offrent ni les statues ni même les bas-reliefs, et qui sont plus propres à la peinture que ne peuvent l'être ceux conservés par la sculpture, dont la matière et les procédés, le génie, se refusent souvent à rendre ce qui convient à la peinture et à la variété de ses moyens. Le Musée du Roi possède plusieurs bas-reliefs choragiques, tous exécutés dans la Grèce, et que l'on doit en grande partie à une acquisition de monumens de la villa Albani faite par le Roi. Celui-ci a été publié dans le Musée Français, vol. 3 ; M. Molinchon, dess. ; M. Dequevauvilliers, graveur.

H. 0,471 m. — 1 p. 5 p. 5 l. ; larg. 0,471 m. — 1 p. 5 p. 5 l.

156 LE TRONE DE SATURNE, *bas-relief; marbre pentélique.*

H. 0,778 m. — 2 p. 4 p. 9 l. ; larg. 2,026 m. — 6 p. 2 p. 10 l.

Sur un fond d'architecture, et au centre du bas-relief, s'élève une espèce de trône couvert en partie d'une draperie ; sur le marche-pied, *suppedaneum*, est posé le globe céleste parsemé d'étoiles et entouré du zodiaque, emblême du temps, dont Saturne est la divinité. A gauche, deux génies ailés portent la faucille ou l'épée recourbée du dieu, nommée *harpé*; et du côté opposé, deux autres génies semblent se disputer son sceptre, dont les fragmens s'observent en deux endroits. *Ancienne Salle des Antiques du Louvre. Mon. du Mus.* t. 1, pl. 1.

Dans l'embrasure de la croisée on a placé une tête de Rome, exécutée en porphyre, ouvrage estimable de quelque artiste du seizième siècle.

Haut. 0,947 m. — 2 p. 11 p.

157 COMMODE, *buste; marbre pentélique.*

Haut. 0,595 m. — 1 p. 10 p.

Cet Empereur est représenté avec la barbe, comme sur la plupart de ses médailles *Vil. Borg.*

158 THALIE, *statue; marbre de Paros.*

Haut. 1,760 m. — 5 p. 5 p.

La couronne de laurier qui ceint la tête de cette figure, convient à une Muse : d'après cette autorité, le masque comique et le volume, attributs de la Muse de la comédie, ont été ajoutés par le sculpteur moderne. *Versailles. Mon. du Mus.* t. 1, pl. 28.

Cette Muse est vêtue d'une tunique, d'un petit peplus recouvert d'un grand manteau d'une étoffe légère qui laisse voir les plis de dessous. Elle est chaussée du cothurne. La courroie repliée qu'on voit près de l'orteil et du petit doigt, ainsi qu'à d'autres chaussures de cette espèce, servait, en la passant sur le pied, à chausser le cothurne sans bandelettes.

159 BAS-RELIEF représentant un sacrifice à Ariadne, épouse déifiée de Bacchus.

Une jeune femme vient d'offrir une libation ; elle adresse ses prières à une déesse élevée sur un piédestal ; probablement pour un enfant dont une femme âgée, qui la suit, tient le berceau, si ce n'est une corbeille ou un van mystique. Le cercle qui paraît garni de grelots et que tient la statue, ferait supposer quelque opération magique : au reste, la plus grande partie de ce bas-relief n'est pas antique.

H. 0,608 m. — 1 p. 10 p. 6 l.; larg. 0,619 m. — 1 p. 10 p. 11 l.

160 ÇARACALLA, *buste ; marbre pentélique.*

Haut. 0,518 m. — 1 p. 7 p. 2 l.

C'est une répétition antique du buste indiqué sous le n° 68. Celui-ci paraît avoir été exposé à l'action de l'eau. *Vil. Alb.*

Dans l'embrasure de la croisée on voit sur une petite table triangulaire, dont les pieds sont de rouge antique, une urne cinéraire ornée de feuillages de lierre.

161 PHILIPPE LE PÈRE, *buste ; marbre de Luni.*

Haut. 0,640 m. — 1 p. 11 p. 8 l.

Les traits de cet Empereur, connus par ses médailles, semblent se retrouver sur ce buste. *Vil. Alb.*

162 MINERVE, *statue ; marbre pentélique.*

Haut. 2,103 m. — 6 p. 5 p. 8 l.

La fille de Jupiter est ici représentée le casque en tête, vêtue d'une ample tunique d'une étoffe très-fine, et couverte d'une large et double chlamyde, appelée *diplax*, qui passe sur sa tunique et va, suivant l'usage, se rattacher sur l'épaule droite. *Salle des antiq. du Louvre. Mon. du Mus.* t. 1, pl. 11. *Mus. Bou.* v. 1.

163 BAS-RELIEF représentant un sacrifice rustique. Un Silène, couronné de lierre et ayant son manteau retenu par un nœud, présente à Cérès debout près d'un autel les prémices des champs, que porte un enfant dans une corbeille ou un van d'une forme particulière. Les angles de l'autel sont ornés de parties saillantes qu'on nommait les cornes, et dans le fond s'élève un *ædicule* ou petite

niche pour placer une statue qui paraît avoir été celle de Pan. Derrière la draperie du fond, qui cache aux yeux profanes cette cérémonie faite en plein champ, on voit des tablettes suspendues aux branches d'un platane au-dessus d'une colonne; à droite un lapin est tapis au pied d'un arbre. *Mon. du Musée*, t. 2, p. 12.

H. 0,559 m. — 1 p. 8 p. 8 l.; larg. 0,599 m. — 1 p. 10 p. 2 l.

164 PERSONNAGE ROMAIN INCONNU, *buste*.

Haut. 0,595 m. — 1 p. 10 p.

La barbe qui couvre le menton de ce personnage inconnu, représenté en habit civil, le place au siècle des Antonins. Sa *lœna* est à plus petits plis que celles que nous avons vues à d'autres bustes.

Les premiers Romains portaient la barbe longue. Ce fut l'an 454 de Rome que les premiers barbiers parurent à Rome; ils venaient de Sicile; et Scipion l'Africain le jeune fut le premier qui se fit raser; et, en général, on ne porta plus la barbe longue que dans le deuil. Les philosophes la conservèrent, et les soldats l'avaient courte et frisée Les jeunes gens consacraient aux dieux leur première barbe dans de petites boîtes quelquefois en or. Celui qui présidait à cette cérémonie de famille et qui faisait couper la barbe à un jeune homme pour la première fois, en devenait comme le parrain. Auguste ne se rasa pas avant l'âge de vingt-cinq ans. Ses successeurs l'imitèrent. Mais vers le temps de Néron il y eut une mode d'une barbe courte et en désordre, d'un mauvais effet. Hadrien et les Antonins qui affectaient les mœurs des philosophes, laissèrent croître leur barbe et en eurent grand soin. Celle de Caracalla est plus courte que celle des autres Antonins. Après les Antonins les barbes devinrent plus courtes. Julien voulut rétablir l'usage de la barbe longue; il ne fut pas adopté; mais Justinien et ses successeurs la reprirent.

165 LES NYMPHES, *groupe; marbre grechetto*.

Haut. 0,751 m. — 2 p. 3 p. 9 l.

Trois Nymphes sont dans l'action de suspendre leurs vêtemens humides autour d'une colonne comme pour les sécher. Ce petit groupe, d'une invention pleine de grâce, a produit un nombre infini d'imitations : il semble avoir été imaginé pour supporter un vase ou pour faire l'ornement d'une fontaine; il a été en conséquence placé dans le bassin d'une fontaine de marbre. Le chevalier *Piranesi* l'a gravé dans son recueil de *Vases*, pl. 81. *Vil. Borg.* st. 3, n° 6.

166 JEUNE ROMAIN INCONNU, *buste.*

Haut. 0,559 m. — 1 p. 8 p. 8 l.

La chevelure, dans le costume romain, indique la nation à laquelle appartenait le jeune homme représenté par ce buste, remarquable par sa grande conservation aussi bien que par la manière dont il tient au piédouche ; il sort d'un fleuron.

167 THALIE, *statue ; marbre grec.*

Haut. 1,895 m. — 5 p. 10 p.

Il existe plusieurs répétitions antiques de cette figure, remarquable par l'ample draperie qui l'enveloppe. *Vil. Borg.* st. 9, n° 4.

168 BAS-RELIEF de l'ancienne école grecque, et représentant le combat d'Apollon contre Hercule qui vient d'enlever le trépied de Delphes. *Mus. Français*, v. 3; M. Molinchon, dess.; M. Mougeot, grav. *Mon. du Mus.* t. 2, p. 35.

H. 0,579 m. — 1 p. 9 p. 5 l.; larg. 0,588 m. — 1 p. 9 p. 9 l.

Ce bas-relief offre le style qu'on a observé dans les monumens choragiques, quant à la disposition de la draperie, des cheveux, à la largeur des épaules et à la finesse de la taille ; la peau de lion est fixée au corps d'Hercule par une ceinture comme dans une mosaïque de la collection Albani. (Winkelm. *Mon. ined.* pl. 66). et la massue du héros a la forme d'un *pedum*. Le trépied est garni d'anses en anneaux, ainsi qu'on le voit sur les plus anciennes médailles de Crotone. *Vil. Alb.*

169 COMMODE JEUNE, *buste; marbre pentélique.*

Haut. 0,550 m. — 1 p. 8 p. 4 l.

Malgré l'âge tendre du fils de Marc-Aurèle représenté par ce buste, la physionomie a assez de caractère pour être reconnaissable : les cheveux et la draperie qui couvre l'épaule gauche sont exécutés avec un goût exquis.

Dans l'embrasure est placé un trépied moderne d'un dessin très-élégant, exécuté en marbre rouge antique avec la plus grande finesse.

Haut. 0,839 m. — 2 p. 7 p.

170 ROME, *buste; marbre de Paros.*

Haut. 0,608 m. — 1 p. 10 p. 6 l.

La capitale du monde ancien, personnifiée en Amazone, montre à découvert le sein droit, à l'imitation de ces femmes guerrières. Son casque, d'où sortent par-derrière ses cheveux noués comme ceux des têtes de Minerve, est orné d'une double représentation de la louve de Mars, allaitant *Romulus* et *Remus;* on y voit ces deux jumeaux sculptés, un de chaque côté. *Vil. Borg.* st. 5, n° 29.

171 VÉNUS, *statue; marbre de Luni.*

Haut. 1,780 m. — 5 p. 5 p. 9 l.

La déesse représentée dans le moment où elle vient de sortir du bain, est dans la même pose que la statue célèbre connue sous la dénomination de *la Vénus du Capitole*. Le vase et la draperie qui sont à ses pieds, et lui servent de support, se voient également auprès de l'autre Vénus. *Vil. Borg.* st. 5, n° 5.

172 BAS-RELIEF représentant une victoire *choragique*, ainsi que celui du n° 155 : mais on voit ici deux personnages du chœur, l'un déguisé en Apollon et portant la lyre; l'autre en Diane, portant un flambeau.

H. 0,557 m. — 1 p. 8 p. 7 l.; larg. 0,617 m. — 1 p. 10 p. 10 l.

La manière dont les cheveux d'Apollon et de Diane sont relevés par-derrière, est remarquable, ainsi que la grandeur de la lyre et le baudrier qui la soutient. La torche est de l'espèce que les Grecs nommaient *daïs*, *das*, et les Romains *taeda*; elle était faite de morceaux de bois résineux, tels que le pin, réunis par des liens. On y mettait quelquefois de l'encens pour leur donner une odeur agréable. *Vil. Alb. Mon. du Mus.* v. 4, p. 9.

173 JULIA PAULLA, *buste; marbre de Paros.*

Haut. 0,568 m. — 1 p. 9 p. 0 l.

Les traits de la première femme d'*Antonin Elagabale*, connus par les médailles, se retrouvent sur ce buste, qui est d'une belle conservation. La partie de derrière de sa coîffure est postiche, et le diadème en cache la réunion avec les cheveux de devant, qui sont naturels. *Vil. Borg.*

La petite statue de porphyre placée dans l'embrasure de la croisée, est un ouvrage du seizième siècle.

Haut. 0,956 m. — 2 p. 11 p. 5 l.

174 VENUS MARINE, *groupe; marbre de Paros.*

Haut. 1,809 m. — 5 p. 6 p. 10 l.

La déesse, sans aucun vêtement, et à-peu-près dans la même attitude que la *Vénus de Médicis* et celle du *Capitole*, paraît être sortie de la mer; un dauphin qui en est le symbole est à ses pieds : l'Amour, debout sur ce dauphin, semble regarder Vénus avec admiration. *Vil. Borg.* st. 5, n° 9.

175 BAS-RELIEF grec où Winckelmann a cru voir Philoctete (*Mon. ined.* n° 120). Il est plus probable, selon M. Visconti, que le guerrier est Thémistocle ou Cimon, puisque la figure qui est vis-à-vis est celle de la Victoire; et l'aigrette de vaisseau qu'elle a dans sa main est le symbole d'une victoire navale. La figure de Minerve, élevée sur une colonne à laquelle un serpent s'entortille, représente la statue de Minerve Poliade, à la garde de laquelle, suivant l'opinion superstitieuse

des Athéniens, veillait toujours un grand serpent invisible. Au reste, ce que tient la Victoire est presque effacé, et il se peut que ce soit une palme, et il est difficile de se décider entre Winkelmann et M. Visconti. Ce bas-relief charmant, mais en mauvais état, tient du style des monumens choragiques. *Mon. du Mus.* t. 4, p. 11.

H. 0,419 m. — 1 p. 3 p. 6 l.; larg. 0,457 m. — 1 p. 4 p. 2 l.

176 SUOVETAURILIA, *bas-relief; marbre pentelique.*

Haut. 2 m. — 6 p. 1 p. 10 l.

Les *Suovetaurilia* étaient des sacrifices solennels célébrés ordinairement tous les cinq ans, et dans lesquels on immolait un porc, *sus*, une brebis, *ovis*, et un taureau, *taurus*: il paraît que de ces trois mots on avait formé celui de *suovetaurilia*. Ce bas-relief nous présente une cérémonie de ce genre.

Les deux lauriers qu'on aperçoit dans le fond à droite, sont ceux qui étaient plantés devant le palais d'Auguste, et les deux autels ornés de guirlandes étaient probablement dédiés, l'un aux dieux Lares, et l'autre au Génie de ce Prince. Devant ces autels, le magistrat du quartier, debout, la tête voilée, remplit les fonctions de *sacrificateur*, près de lui sont deux ministres ou *camilli* portant, l'un la cassolette aux parfums, *acerra*, et le vase des libations, *guttus*; derrière sont les deux *licteurs* de ce magistrat avec leurs faisceaux; viennent ensuite les *victimaires* couronnés de lauriers, conduisant les victimes ou s'apprêtant à les frapper: enfin, sur le second plan, on voit quelques assistans à la cérémonie.

Ce bas-relief, tiré de la bibliothèque de Saint-Marc à Venise, a été publié en 1553 par *Antoine Lafreri*; et il paraît qu'à cette époque il existait à Rome dans le palais de Paul II. *Mus. Fr.* t. 1 ; M. Granger, dess. ; M. Chatillon, grav. *Mon. du Mus.* t. 4, pl. 6. *Mus. Bou.* t. 3.

177 BAS-RELIEF représentant le Conseil des Grecs, décrit dans l'Iliade, et la querelle d'Agamemnon et d'Achille. On voit au milieu de la composition ce héros qui s'est levé pour se retirer dans sa tente ; derrière lui est Minerve par qui sa colère vient d'être calmée. Ce bas-relief faisait partie du même sarcophage que celui sous le nº 206. *Vil. Borg.* Winkel. *Mon. ined.* 124.

H. 1,204 m. — 3 p. 8 p. 6 l. ; larg. 2,953 m. — 9 p. 1 p. 5 l.

178 DIANE A LA BICHE, *statue ; marbre de Paros.*

Haut. 2 m. — 6 p. 1 p. 10 l.

Diane, en habit de chasseresse, tient l'arc dans sa main gauche abaissée, tandis que de la droite elle cherche une flèche dans le carquois suspendu sur son épaule par une courroie : ses jambes sont nues ; elle a aux pieds de riches sandales. Une biche court à sa gauche, et paraît se réfugier sous la protection de son arc. La sœur d'Apollon, dans un mouvement vif, tourne la tête du côté opposé ; la colère anime ses regards ; sa chevelure, surmontée sur le devant d'un petit diadême, et nouée sur le derrière de la tête, laisse paraître à découvert un front élevé et sévère.

Le bois dont la tête de la biche est fournie, nous instruit assez qu'on n'a pas voulu représenter ici une biche naturelle et un simple symbole de la chasse ; les femelles des cerfs n'ayant pas de bois : on peut reconnaître à cette marque la biche de Cerynée. Cette biche prodigieuse, qui avait le bois d'or et les pieds d'airain, était consacrée à Diane. Hercule, forcé par les destinées d'obéir à Eurysthée, avait reçu de son tyran l'ordre de lui apporter à Mycènes cet animal vivant. Le demi-dieu, après l'avoir poursuivi à travers vingt contrées différentes, le rejoignit enfin en Arcadie, au passage du *Ladon ;* à peine l'avait-il en son pouvoir, que Diane, descendant du mont *Artemisium*, lui enleva cette proie, qu'elle revendiquait comme sa propriété, et le menaça de ses traits. Mais enfin appaisée par les prières du héros, elle lui accorda cette biche fatale.

Il est très-probable que ce trait de mythologie a fourni le sujet de la statue que nous admirons, et qu'on peut regarder non-seulement comme la plus belle de toutes les images de Diane qui nous soient parvenues de l'antiquité, mais même comme une des plus belles statues antiques, et qui ne le cède qu'à très-peu d'autres chefs-d'œuvre. Le style et le travail de ce grand ouvrage ont beaucoup de rapport avec ce qu'on admire dans l'Apollon du Belvédère ; les deux têtes ont la même noblesse et un air de famille qui pourrait les faire croire de la même main. Le costume est de la plus grande élégance. Sa tunique spartiate, d'une étoffe très-légère à petits plis, et telle que nous l'avons fait observer à plusieurs figures, ne cache rien de la beauté des formes de la Déesse, et son manteau, noué en manière de ceinture, sert même à faire ressortir l'élégance de ses contours. Sa riche chaussure est une espèce de sandale ou la *crepida* qu'on donnait à cette déesse et à Apollon. Ses cheveux relevés par-derrière, et noués en *corymbe*, conviennent à une chasseresse, et le diadême à la déesse des forêts. Il paraît que cette Diane est en France depuis le règne de Henri IV; on la voyait autrefois dans la galerie de Versailles. Il est à propos de faire remarquer qu'une grande partie des plus belles statues du Musée Royal sont en France depuis très-long-temps. François Ier, protecteur éclairé des beaux-arts, envoya en Italie François Primatice, élève de Jules Romain, qu'il s'était attaché, avec ordre d'acheter des statues antiques. Il lui en envoya 184, et un grand nombre de bustes, dont une partie fut placée à Fontainebleau. Henri IV augmenta cette collection. Le cardinal de Richelieu et le connétable de Montmorency firent aussi venir un grand nombre de beaux morceaux antiques d'Italie. *Mus. Fr.* v. 1 ; M. Bouillon, dess. ; M. Baquoy, gra. *Mus. Bou.* v. 1. *Mon. du Mus.* t. 1, p. 51.

Une partie des mosaïques du pavé aux pieds de la Diane est antique. Ces sujets se trouvent souvent dans les peintures antiques. On doit faire observer qu'en général les mosaïques antiques sont en marbre, et quelquefois même en pierres dures, tandis que les nôtres sont en émaux. Il est vrai aussi que, dans les nôtres, les tons sont plus justes, et les dégradations mieux observées.

179 TROIS BAS-RELIEFS; celui de la façade représente trois Villes personnifiées, portant sur leurs têtes des couronnes crénelées; les vases de sacrifice et les branches d'arbre qu'elles tiennent dans leurs mains, font croire qu'elles vont à la rencontre d'un triomphateur. Ce bas-relief, d'un travail excellent, a été trouvé près de la voie Appienne; il a beaucoup de rapport avec un très-beau bas-relief de Pouzzoles, et qui représente aussi des villes personnifiées; celui-ci a été gravé par P. S. Bartoli; dans l'A. E. de Montfaucon et dans d'autres ouvrages. *Mus. Bou.* v. 2. *Vil. Borg.* st. 2, n° 17.

H. 0,888 m. — 2 p. 8 p. 10 l.; larg. 0,850 m. — 2 p. 7 p. 5 l.

Du côté de la croisée, un fragment de bas-relief représente deux jeunes femmes, dont l'une a dans ses mains un instrument à cordes qui ressemble beaucoup à une guitare moderne. *Vil. Borg.*

H. 0,858 m. — 2 p. 7 p. 9 l.; larg. 0,588 m. — 1 p. 9 p. 9 l.

Le fragment qui orne le côté opposé représente une Victoire à genoux portant un candélabre, comme si elle assistait à un sacrifice triomphal.

H. 0,776 m. — 2 p. 4 p. 8 l.; larg. 0,588 m. — 1 p. 9 p. 9 l.

180 VÉNUS VICTORIEUSE, *groupe; marbre de Paros.*

Haut. 1,904 m. — 5 p. 10 p. 4 l.

Cythérée qui, par ses charmes a captivé le Dieu de la guerre, a dans ses mains l'épée de son amant, tandis que Cupidon, à côté d'elle, semble essayer le casque du dieu vaincu. *Vil. Borg.* st. 5, n° 7. *Mus. Bou.* v. 3.

Cette statue est peut-être le seul monument qui offre Vénus s'armant ainsi de l'épée de Mars. Le *spinther* ou bracelet que porte la déesse au bras gauche, a la forme d'un anneau. Ces ornemens étaient souvent, ainsi que les colliers, en forme de serpens, ce qui a fait prendre pour Cléopâtre une nymphe endormie ou Ariadne abandonnée. Les bracelets placés au haut du bras étaient nommés *spinther* par les Grecs et *armillæ* par les Romains; les *épicarpes* étaient ceux qu'on mettait autour du poignet. Les bracelets étaient souvent en métaux précieux, ornés de pierreries. Ceux en tresse de métal étaient nommés *streptoi;* on en avait aussi en ivoire. Le *spathalium* et la *spellia* étaient aussi des espèces de bracelets. Le premier était fait de graines de l'île des Troglodites, qui, rouges sur l'arbre, noircissaient après avoir été cueillies. Les bracelets que, d'après un usage venu des Sabins, on accordait chez les Romains comme récompense militaire, étaient en métal, quelquefois en or, et très-forts; on les appelait *armillæ*, *viriæ*, *viriolæ*, *calbei*. Il en est question dans les inscriptions.

181 BAS-RELIEF représentant Bacchus *pogon* ou *barbu*, menant, comme divinité de l'année, la danse des Saisons. Elles sont trois, suivant la mythologie la plus ancienne; le style de ce morceau de sculpture tient de l'étrusque ou de l'ancien style grec des monumens choragiques. On a déjà fait remarquer ces manteaux légers et plissés qui se terminent par deux pointes. *Vil. Alb.*

H. 0,329 m. — 1 p. 0 p. 2 l.; larg. 0,449 m. — 1 p. 4 p. 7 l.

182 CONCLAMATION, *bas-relief; marbre de Luni.*

H. 0,920 m. — 2 p. 10 p; larg. 2 m. — 6 p. 1 p. 10 l.

La *conclamation*, chez les Romains, était une cérémonie qui se pratiquait aux funérailles, et qui consistait à appeler plusieurs fois le mort à haute voix et au bruit de quelques instrumens, pour s'assurer s'il était véritablement mort. Ce bas-relief nous offre une cérémonie de cette espèce.

Des deux trompettes qu'embouchent deux des personnages, la droite se nommait *tuba* chez les Romains, *salpinx* chez les Grecs. Celle qui est courbe est le *lituus*. La première était propre à l'infanterie, la seconde à la cavalerie; les Romains avaient reçu des Etrusques l'usage de la trompette; elle n'était pas connue dans les temps héroïques chez les Grecs; mais il paraît que les Egyptiens et les Hébreux s'en servaient très-anciennement. Ce bas-relief est tiré de la Salle des antiques du Louvre. C'est là que l'ont vu le marquis de Maffei et dom Martin, qui n'ont pas douté qu'il fût authentique. Aujourd'hui on le regarde comme une imitation de l'antique, exécutée au commencement du seizième siècle.

183 MESSALINE, *groupe; marbre pentélique.*

Haut. 1,950 m. — 6 p.

L'Impératrice *Messaline* tient dans ses bras le jeune *Britannicus* son fils, qui était né la première année du règne de *Claude,* son époux. La disposition de la draperie dans la petite figure du César, est la même que dans les figures de *Jupiter. Britannicus,* par une allusion à ses hautes destinées, est représenté ici sous les traits de *Jupiter enfant.* Ce groupe, trouvé aux environs de Rome et transporté en France dans le courant du dix-septième siècle, ornait les jardins de Versailles. *Mus. Bou.* v. 2.

Messaline est vêtue de la *stola.* Cette tunique, commune aux deux sexes, mais plus particulièrement aux dames romaines, descendait jusqu'aux pieds, et les manches venaient jusqu'aux poignets; quelquefois cependant les manches étaient courtes ou ouvertes, et attachées par des boutons. La stola n'était autre chose que la tunique ionienne, et la tunique royale ou celle des orientaux. Les dames romaines ornaient souvent leurs stoles de broderies, et elles étaient bordées par le bas de bandes d'or, nommées *instita.* On donnait aussi ce nom aux bandelettes des chaussures qui se croisaient sur la jambe. La stole était ordinairement de pourpre. Ce qu'on appelait *stolides* n'était pas seulement les plis de la stole, mais tous ceux qu'on ajustait avec art, et qu'on fixait avec la ceinture. La palla qui recouvre la stole de Messaline offre un beau parti de draperies.

184 TÊTE INCONNUE, *marbre de Luni ou de Carrare.*

Haut. 0,471 m. — 1 p. 5 p. 5 l.

Une certaine analogie dans la disposition des cheveux et de la barbe, a fait prendre cette tête pour celle d'Antonin Pie. Il est plus probable que c'est le portrait de quelque personnage romain de la même époque.

185 VÉNUS DRAPÉE, *groupe; marbre de Paros.*

Haut. 1,746 m. — 5 p. 4 p. 6 l.

Ce groupe qui représente la mère de l'Amour avec son fils, intéresse les artistes et les antiquaires, par l'inscription grecque qui était gravée sur la plinthe, et qui présentait le nom de Praxitèle. D'après cette autorité, on est fondé à croire que ce morceau de sculpture est une imitation de la Vénus drapée de Praxitèle, que les Pariens de l'Hellespont préférèrent dans leur choix à la Vénus de Gnide du même maître. L'Amour est presqu'entièrement antique. La tête et le buste de Vénus antique, mais rapportés, sont d'une proportion un peu forte pour le reste du corps; la couronne est intacte. *Château de Richelieu. Mon. du Mus.* t. 1, pl. 62.

186 BAS-RELIEF représentant une déesse tenant dans sa main un long sceptre, exécutée dans le style des monumens *choragiques.*

H. 0,410 m. — 1 p. 6 p. 2 l.; larg. 0,281 m. — 10 p. 5 l.

C'est une des figures de ce genre de bas-reliefs les mieux conservées; elle offre une grande partie des détails que nous avons déjà fait observer. *Vil. Alb.*

187 PERSÉE, FILS DE PHILIPPE, *buste; marbre pentél.*

Haut. 0,521 m. — 1 p. 7 p. 3 l.

Cette tête, d'un travail exquis, a beaucoup de ressemblance avec le portrait de Persée, dernier roi de Macédoine, tel que nous le présentent ses médaillons. *Vil. Borg. Mus. Bou.* v. 3.

188 APOLLON LYCIEN, *statue; marbre grec dur.*

Haut. 2,146 m. — 6 p. 7 p. 3 l.

Apollon avait à Athènes un temple célèbre, où il était honoré sous le nom d'Apollon Lycien, et dont la statue, au rapport des Anciens, avait le bras levé et ployé sur la tête : ici le dieu est figuré dans la même attitude, qui est celle du repos, et son bras gauche s'appuie sur un tronc de laurier, autour duquel rampe le serpent qui accompagne souvent les images d'Apollon, ou comme symbole de sa victoire sur Python, ou comme emblême de la santé et de la médecine, dont l'invention était attribuée à ce dieu, ainsi qu'à son fils Esculape. *Jardins de Versailles. Mon. du Mus.* t. 1, p. 16. *Mus. Bou.* v. 2.

189 BACCHUS INDIEN, *buste; marbre de Paros.*

Haut. 0,460 m. — 1 p. 5 p. 0 l.

Cette tête majestueuse de *Bacchus indien* barbu est remarquable par le *credemnon* ou large bandeau qui enveloppe sa longue chevelure, comme dans quelques bronzes d'*Herculanum*, et qui, développé, pouvait servir de voile; Homère le donne à la néréïde *Leucothée*. *Versailles*, t. 1, pl. 16. *Mon. du Mus.* t. 2, p. 7.

190 VÉNUS DE TROAS, *statue; marbre de Paros.*

Haut. 1,841 m. — 5 p. 8 p.

Quoique la pose de cette figure de Vénus soit à-peu-près la même que celle de la Vénus de Gnide, ce qui la distingue particulièrement, c'est le petit coffre ou *pixis* sur lequel tombe la draperie que la déesse retient de la main gauche. On y renfermait des bijoux. Les peintures d'Herculanum en offrent plusieurs. Il existe à Rome une statue toute pareille, sur laquelle on lit une inscription grecque qui nous apprend que le statuaire Ménophante l'avait imitée de la Vénus d'*Alexandria Troas*. Cette ressemblance nous assure que la statue que nous examinons est aussi une imitation du même original, exécuté probablement par quelqu'élève de Praxitèle sous Alexandre-le-Grand, qui rétablit cette ville antique. Le bras et la main gauche sont antiques. *Galerie de Versailles. Mon. du Mus.* t. 1, pl. 57.

Le bas-relief du piédestal représente un faune dansant.

H. 0,491 m. — 1 p. 6 p. 2 l.; larg. 0,301 m. — 11 po. 2 l.

La manière dont il jette la tête en arrière caractérisait l'ivresse ou la fureur bachique des bacchants.

191 PÂRIS, *buste; marbre pentélique.*

Haut. 0,559 m. — 1 p. 8 p. 8 l.

L'amant d'Hélène est coiffé du bonnet phrygien, dont les fanons sont relevés; ses beaux cheveux sont arrangés en boucles, presque à la manière des femmes; vaine et frivole recherche que son frère Hector lui reproche dans l'Iliade. *Vil. Alb.*

192 MINERVE AU COLLIER, *statue; marbre de Paros.*

Haut. 2,092 m. — 6 p. 5 p 3 l.

La beauté majestueuse de la tête, l'agencement des draperies, où la vérité et la variété s'allient à un style noble et sévère, distinguent cette statue de la déesse d'Athènes, imitée probablement de quelqu'original de Phidias, peut-être de la Minerve de bronze qu'on avait surnommée *la Belle*. Dans la statue de Phidias, la déesse armée, avait la lance et le bouclier, ainsi que celle que nous examinons. Le collier de perles qui orne son cou s'accorde bien avec l'épithète qu'on avait donnée à la statue dont on peut croire la nôtre une imitation.

Nous avons fait observer dans le Musée Royal que les colliers de perles étaient très-rares dans les anciens monumens; il était plus particulier à Vénus qu'aux autres déesses, et cette recherche de parure, presque étrangère à la fille guerrière de Jupiter, peut avoir fait donner le nom de *la Belle* à la statue de Phidias. La tête antique, mais rapportée, est en marbre pentélique. Les deux tuniques doriennes ou sans manches, sont ouvertes sur le côté droit, et fermées dans la partie gauche, ce qui n'est pas la forme ordinaire de ces vêtemens, qui sont fermés des deux côtés. Ce costume devait tenir à l'ancien style, et on le remarque à quelques statues de Minerve. Le bord froncé des draperies indique aussi une imitation d'un ancien ouvrage. *Vil. Borg. Mus. Royal*, vol. 2; M. Granger, dess.; M. Avril, graveur. *Mus. Bou.* v. 3.

193 OMPHALE, *buste; marbre pentélique.*

Haut. 0,471 m. — 1 p. 5 p. 5 l.

Plusieurs monumens de l'antiquité nous autorisent à reconnaître dans cette jeune héroïne, coîffée d'une peau de lion, la reine de Lydie, Omphale, que les faiblesses d'Hercule ont rendue célèbre. *Vil. Alb. Mus. Bou.* v. 1. *Mon. du Mus.* v. 3, p. 39.

194 VÉNUS ou NYMPHE, *statue; marbre grec.*

Haut. 1,827 m. — 5 p. 7 p. 6 l.

La disposition de la draperie dans cette figure de Vénus demi-nue, est à-peu-près la même que celle d'une autre statue indiquée sous le nº 153; mais le bras droit et la tête ont moins de mouvement.

195 BAS-RELIEF représentant un faune dansant accompagné d'une panthère.

H. 0,491 m. — 1 p. 6 p. 2 l.; larg. 0,379 m. — 1 p. 2 p.

196 AGRIPPA, *buste; marbre grechetto.*

Haut. 0,460 m. — 1 p. 5 p.

C'est aux fouilles de Gabies qu'on doit ce portrait admirable de Marcus Agrippa, gendre d'Auguste, célèbre par sa victoire navale d'*Actium*, par la protection qu'il accorda aux arts, et par le Panthéon et les superbes monumens qu'il fit élever à Rome. Les têtes d'Agrippa sur les médailles portent ordinairement une couronne rostrale qu'on lui avait décernée. Agrippa avait un regard sombre et qui annonçait une sévérité qui n'était pas dans son caractère. *Mon. Gab.* nº 2. *Mus. Bou.* v. 3.

197 APOLLON LYCIEN, *statue; marbre de Paros.*

Haut. 2,188 m. — 6 p. 8 p. 10 l.

La pose de cette figure, semblable à celle de la statue décrite sous le nº 188, nous fait reconnaître encore Apollon lycien. L'emblême du serpent s'y retrouve aussi. *Jardins de Versailles.*

198 ALEXANDRE SÉVÈRE, *buste; marbre de Luni.*

Haut. 0,500 m. — 1 p. 6 p. 6 l.

Cette tête d'Alexandre Sévère, qui offre une ressemblance frappante avec les portraits authentiques de cet Empereur gravés sur les médailles, est aussi recommandable du côté de l'art, que rare à cause du sujet. *Palais Braschi. Mus. Bou.* v. 1.

199 DIANE, *statue; marbre pentélique.*

Haut. 1,706 m. — 5 p. 3 p.

Le mouvement de cette figure, et les vestiges du carquois qui restent encore sur l'épaule droite, ne laissent pas de doute sur le sujet. C'est la fille de Latone, prête à frapper de ses flèches divines quelque objet de sa colère; car sa longue tunique ne convient pas au costume d'une chasseresse. Un grand nombre de figures de Diane, avec la même pose, existent dans plusieurs collections, et prouvent que cette statue est l'imitation de quelque original célèbre. *Ancienne Collection de la Couronne.*

La draperie de cette statue est refouillée par-derrière à une grande profondeur, ce qui paraît inutile; le travail n'annonçant pas qu'elle dût être isolée.

200 BAS-RELIEF représentant une Ménade ou Bacchante en fureur, la tête en arrière, et ayant entre ses mains un des objets des mystères dionysiaques. *Mus. Bou.* v. 3.

H. 0,480 m. — 1 p. 5 p. 9 l.; larg. 0,301 m. — 11 po. 2 l.

201 DÉMOSTHÈNE, *buste; marbre pentélique.*

Haut. 0,440 m. — 1 p. 4 p. 3 l.

La physionomie de l'orateur athénien se reconnaît dans ce buste, tout aussi bien que dans la statue décrite sous le n° 92; et dans un buste de bronze trouvé à Pompéi, et portant sur la poitrine le nom de Démosthène; mais la tête que nous considérons a été exécutée avec plus d'art que celle de la statue; elle peut passer pour un des plus beaux portraits de Démosthène. On la voit gravée dans l'*Iconographie grecque*, pl. 29. *Vil. Alb. Mus. Bou.* v. 1. *Mon. du Mus.* t. 2, p. 76.

202 TRANQUILLINA EN CÉRÈS, *marbre de Paros.*

Haut. 2,049 m. — 6 p. 3 p. 8 l.

L'épouse de Gordien Pie, fille de Mysithéus, est représentée vêtue de la *stola* et la tête coiffée d'un voile. Ce costume a servi d'autorité à l'artiste moderne pour lui donner les attributs de Cérès. Souvent les Impératrices ont été représentées par les statuaires anciens avec les emblêmes de cette divinité, et il convenait à la belle et vertueuse Tranquilline. *Mus. du Capitole. Mus. Bou.* v. 3.

203 BACCHUS, *statue ; marbre de Paros.*

Haut. 1,881 m. — 5. p. 9 p. 6 l.

L'attitude que nous avons fait remarquer dans la statue de ce dieu, n° 148, exprime également en celle-ci la mollesse et le repos. La pose de la figure ne diffère pas beaucoup de l'autre ; mais dans celle-ci les proportions sont plus sveltes, et la tête semble tourner des regards propices vers le spectateur.

204 BAS-RELIEF de quelque tombeau grec représentant un guerrier, et une femme qui semble lui présenter à boire. C'était une des cérémonies nuptiales de l'antiquité ; et la manière dont la femme relève son voile se retrouve dans plusieurs bas-reliefs. *Mon. du Musée,* t. 4, p. 76.

H. 0,478 m. — 1 p. 5 p. 9 l. ; larg. 0,530 m. — 1 p. 7 p. 7 l.

205 LES DANSEUSES, *bas-relief.*

Moulé sur celui du n° 18.

206 BAS-RELIEF représentant la rançon d'Hector : prosterné aux genoux d'Achille, le malheureux Priam embrasse ces mains meurtrières qui se sont baignées dans le sang de ses fils, et qui viennent de le priver de

celui qui était le soutien de son trône et de sa patrie. *Vil. Borg.* Winkelm. *Mon. ined.* 134.

H. 1.164 m. — 3 p. 7 p.; larg. 2,816 m. — 8 p. 8 p.

Ce bas-relief et celui qui lui fait face à l'autre extrémité de la salle, faisaient partie du même sarcophage. Les chevaux, ainsi que dans la plupart des bas-reliefs antiques, sont très-petits en comparaison des personnages.

207 FONTAINE ANTIQUE EN FORME DE TRÉPIED; *marbre pentélique.*

H. 1,435 m. — 4 p. 5 p.; larg. 1,354 m. — 4 p. 2 p.

Ce grand trépied, destiné à servir de fontaine, était d'un seul bloc. La coupe cannelée est décorée de muffles de lions : des néréïdes, des monstres marins et des rinceaux de vigne ornent les montans. Le tuyau qui conduisait les eaux se cachait dans le balustre à cannelures spirales qui supporte le fond de la coupe.

Les chapiteaux sont ornés de figures de Scylla. Les anciens variaient beaucoup les chapiteaux dans le genre du corinthien; un même monument, tel que la basilique de Pompéi et des peintures antiques, offrent, dans les colonnes d'un seul ordre, des chapiteaux qui diffèrent l'un de l'autre par la composition. Ce monument, tiré de la *Villa Adriana*, était placé à l'entrée du Capitole. *Musée Français*, vol. 4; M. Troquet, dess.; M. Texier, grav. *Mon. du Mus.* v. 4, p. 14.

SALLE DU CANDÉLABRE.

Le sujet du tableau qui tient le milieu du plafond, et qui a été exécuté par M. Prudhon, est tiré d'un hymne de Callimaque. Diane prie Jupiter son père de ne pas l'assujétir aux lois de l'hymen.

Les ornemens et les bas-reliefs qui entourent le tableau font allusion à la même divinité. On y voit sculptés Oreste et Iphigénie enlevant la statue de Diane taurique, les vierges lacédémoniennes menant des danses en l'honneur de Diane; la déesse et ses nymphes qui demandent à Vulcain leurs armes de chasse; les Amazones célébrant par leurs danses la fondation du temple de Diane à Éphèse. Le premier de ces bas-reliefs est de M. Petitot, le second de M. Cartellier, le troisième de M. Espercieux, et le quatrième de M. Foucau. Les tableaux en demi-cercle des deux tympans représentent Hercule qui obtient de Diane la biche aux cornes d'or, et cette déesse rendant à Aricie Hippolyte ressuscité par Esculape. Le premier est l'ouvrage de M. Garnier, le second de M. Mérimé.

Quatre colonnes de porphyre de huit pieds de haut, surmontées de bustes de bronze coulés sur l'antique, ajoutent à la décoration de cette salle.

208 CANDÉLABRE *de différens marbres.*

Haut. 3,579 m. — 11 p. 0 p. 2 l.

Ce Candélabre serait le plus grand qui nous reste de l'antiquité, et un des plus remarquables, tant par la singularité de sa forme que par l'excellence et la variété des sculptures qui en font l'ornement, s'il avait toujours existé ainsi; mais il a été formé de différens fragmens d'autels, de candélabres et de trépieds antiques en grande partie, par J. B. Piranesi, architecte et graveur célèbre qui l'avait destiné à la décoration de son tombeau, et qui l'a gravé en deux planches. La plupart des emblèmes ont rapport à Bacchus, et les quatre masques sont des Silènes et des Faunes. Trois figures de Harpies, monstres ailés à têtes de femmes, ornent les coins du pied triangulaire. Voy. *J. B. Piranesi. Vasi,* nos 102 et 103.

209 HERCULE, *hermès; marbre de Paros.*

Haut. 1,067 m. — 3 p. 3 p. 5 l.

C'est un hermès demi-figure. Le héros est tout enveloppé dans la peau du lion de Némée. Ces hermès faisaient l'ornement des gymnases et des jardins. *Château de Richelieu. Mon. du Mus.* t. 2, pl. 38.

210 VÉNUS, *buste; marbre de Paros.*

Haut. 0,440 m. — 1 p. 4 p. 3 l.

Cette tête, d'une grande beauté et parfaitement conservée, appartenait à une répétition antique de la Vénus du Capitole. *Vil. Borg. Mus. Bon.* v. 3.

211 INSCRIPTIONS TRIOPÉENNES; *marbre pentélique.*

Haut. 1,225 m. — 3 p. 9 p. 3 l.

Ces deux inscriptions en vers grecs avaient été placées par *Hérode Atticus*, personnage célèbre du temps des Antonins, dans sa campagne à trois milles de Rome, sur la voie Appienne, appelée le *Triopium* : de là les antiquaires ont donné à ces marbres le nom d'*Inscriptions triopéennes.* Le sujet de ces poëmes est la dédicace du *Triopium* aux grandes déesses, et la consécration d'un monument à *Regilla*, dame romaine, dont *Hérode* était veuf. *Vil. Borg.*

La première de ces inscriptions a été trouvée en 1607, l'autre dix ans plus tard. Dans la première inscription, Hérode Atticus, en mettant le Triopium sous la protection de Minerve et de Némésis, dévoue à leur vengeance ceux qui oseraient causer le moindre dommage à cette terre sacrée. La seconde contient un éloge de la beauté et des vertus de Regilla, issue des rois de Troie, comme Hérode Atticus l'était de ceux d'Athènes. On lui décerne les honneurs héroïques qu'aimeront à lui voir accorder Cérès, et Faustine la jeune adorée sous le titre de nouvelle Cérès. Hérode Atticus exprime ses regrets sur la mort de ses enfans et rend grâces à Marc-Aurèle d'avoir, pour adoucir la douleur de leur perte, accordé à un de ceux qui restent les distinctions patriciennes, entre autres la lunule sur la chaussure, ornement que les Romains devaient à Mercure. D'après quelques passages de cette inscription, il paraît que cette lunule en ivoire était placée au talon du calceus. Ces inscriptions ont exercé la sagacité de Joseph Scaliger, de Gruter, de Saumaise, de Casaubon, de Spon, et de plusieurs autres savans. On en a donné quatorze éditions. Elles ont été savamment expliquées par M. Visconti dans l'ouvrage intitulé, *Iscrizioni Triopee*. Il paraît qu'elles sont de Marcellus de Sydê en Pamphylie, poète célèbre du temps de Marc-Aurèle.

212 ANTIOPE ET SES FILS, *bas-relief*.

Haut. 1,137 m. — 3 p. 6 p.

La réconciliation de Zéthus avec Amphion son frère, faite par l'entremise d'Antiope leur mère, qui les avait eus de Jupiter, a été le sujet de plusieurs anciennes tragédies; et c'est aussi celui de cet excellent bas-relief de style grec, auquel les Romains, sans doute pour que le sujet ne demeurât pas incertain, ont ajouté les trois noms, ZETHUS, ANTIOPA, AMPHION. *Vil. Borghèse.* Winkelm. *Mon. incd.* pl. 85. *Mus. Bou.* v. 3.

Ce bas-relief est très-remarquable pour le costume, et a souvent été cité; Zéthus et Amphion sont vêtus de courtes chlamides, et leur tunique, relevée par deux ceintures, était un costume propre à des voyageurs. Zéthus porte derrière le dos et attaché à une courroie un *pétase* thessalien à bords plus larges que ceux du pétase de Mercure; le bonnet d'Amphion ressemble à celui des Spartiates, des Dioscures et d'Ulysse. C'est un *pilos* fait de feutre, et d'où vint le *pileus* des Romains. Les chaussures des deux héros enveloppent la jambe, et ne sont pas à bandelettes; celle de Zéthus est courte et laisse les doigts à découvert; celle d'Amphion, lacée par-devant, couvre le pied, monte jusqu'au genou, et pourrait être une espèce de *phæcasia*, qui était faite de toile ou de cuir, et dont on ne connaît pas la forme. Antiope par-dessus sa tunique longue, sans manches, et relevée par deux ceintures, porte le cyclas ou *anabeladion*, nommé par les Romains *ricinium* et *amiculum*; car il paraît que ces dénominations diverses désignaient un même vêtement très-ancien commun aux femmes grecques et romaines, et qu'on voit souvent aux prêtresses; il était formé de deux pièces carrées réunies par le bas, dont les angles supérieurs, quelquefois arrondis, s'attachaient avec des agraffes sur les épaules, laissaient passer les bras et couvraient le dos et la poitrine, ne descendant que jusqu'au-dessous du sein. Il y en avait cependant qui descendaient jusqu'aux hanches. On en voit qui sont très-longs sur les côtés et dont on pouvait s'envelopper comme de la palla. Le *theristron* était peut-être plus particulièrement une pièce d'étoffe transparente et souvent rouge dont on se couvrait la tête, et qui retombait sur les épaules. Ce qui couvre la tête d'Antiope est probablement un de ces voiles ou la *calyptra* (de *calyptô*, je cache), dont la forme est incertaine; c'était la *rica* des prêtresses ou le *flammeum* des nouvelles mariées chez les Romains. Cependant, ce qu'on prend pour le flammeum dans plusieurs figures antiques, n'est peut-être qu'un pan de la palla qui se plaçait alors sur la tête, comme le mezzaro de Gênes et le voile de Florence. Le *suffibulum*, voile léger et blanc des Vestales, s'attachait avec une agraffe ou *fibule*, d'où lui vient son nom. Au reste, on est fort peu au fait de la manière dont s'ajustait les voiles des anciens; il paraît qu'ils n'étaient pas détachés du vêtement et qu'ils en faisaient partie; comme ces petits mantelets ou *cuculli*, que les dames romaines cousaient à leurs robes.

La *chlamide* ou *ephestride*, manteau ordinairement assez court des Grecs, s'attachait sur l'épaule droite ou sur l'estomac avec une agraffe; quelquefois on la nouait. Ce vêtement n'était pas en usage du temps d'Homère; ou, s'il y était, il portait un autre nom: peut-être était-ce alors le *pharos* ou la *chlaine* qui se mettaient aussi avec des agraffes (*peronê* et *porpê*); car il paraît que l'*eanos* d'Homère est le peplus. Il y avait de grandes et de petites chlamides; celle-ci n'allait que jusqu'au genou, l'autre descendait jusqu'à terre. On voit la petite aux divinités jeunes et imberbes telles qu'Apollon, Mercure, Castor et Pollux, et aux héros. C'était un habit de combat. La grande chlamide ressemblait au paludamentum des généraux romains. Ce vêtement avait ordinairement en hauteur le double de sa largeur; un des petits côtés, celui d'en haut, était droit; les trois autres formaient une espèce d'ovale. Les agraffes ne s'attachaient pas aux angles; mais à quelque distance dans la partie droite, suivant la grandeur de la chlamide, et ces angles retombaient en plis devant et derrière; quelquefois ils ne dépassaient pas la poitrine, d'autres fois ils tombaient jusqu'aux genoux. On voit par la forme des fibules antiques qu'elles ne se cousaient pas sur les vêtemens, et qu'on pouvait les changer de place à volonté. Lorsqu'on rejetait la chlamide sur le bras gauche ou qu'il en était enveloppé, elle servait de bouclier. La chlamide des femmes et des enfans se nommait *chlamidion* et *chlamidula*. Souvent les chlamides étaient garnies de fourrures et de franges, et on voit par Homère et par des monumens qu'elles étaient adaptées à cet usage dans les temps héroïques.

Les Spartiates portaient des chlamides et des tuniques rouges, afin qu'on s'aperçut moins du sang dans les combats. Celles des jeunes Athéniens furent noires jusqu'au temps d'Adrien. Hérode Atticus leur en fit prendre alors de blanches. Il paraît que le *diplax* ou *diploïde* était un manteau mis en double qui convenait aux vieillards et aux philosophes.

213 DIANE CHASSERESSE, *statue; marbre grec.*

Haut. 1,525 m. — 4 p. 8 p. 4 l.

Cette statue, un peu moindre que nature, représente Diane en habit de chasse, ou la *xystis* relevée au-dessus du genou, et les pieds chaussés de cothurnes : la déesse est dans l'attitude de lancer ses flèches. On connaît plusieurs Dianes semblables à celle-ci. *Vil Borg.* st. 8, nº 11.

214 AUTEL *de marbre de Paros* consacré à Diane *Lucifera* ou à la Lune; les bas-reliefs d'un beau caractère qui l'ornent en sont la preuve : le buste de la Lune est sculpté des deux côtés; au bas on voit la tête colossale de l'Océan caractérisé par les *chelæ* ou pattes de crabes qui sortent de son front. Le buste de *Phosphorus*, emblême de l'étoile du matin, et celui d'*Hesperus*, allégorie du soir, ont pour symbole deux flambeaux; celui du premier est élevé; le flambeau de l'autre est renversé, et semble s'éteindre dans l'Océan. *Vil. Borg.* Winkelmann, *Mon. ined.* pl. 21.

H. 1,354 m. — 4 p. 2 p.; larg. 0,979 m. — 3 p o. p. 2 l.

215 ISIS GRECQUE, *buste; marbre de Paros.*

Haut. 0,419 m. 1 p. 3 p. 6 l.

Plusieurs attributs font reconnaître Isis dans cette belle tête de marbre de Paros. Les petites cornes qui sortent de son front sont celles d'Io, qui, suivant les Grecs, après sa métamorphose, était devenue la déesse de l'Egypte : les pavots de Cérès caractérisent également Isis, que le paganisme confondait avec elle : le petit serpent applati qui orne le diadème était un emblème des divinités égyptiennes, et le croissant désigne la lune que cette antique contrée révéroit dans sa déesse. La grace de la physionomie, ainsi que l'exécution et l'arrangement de la chevelure, qui ressemble à celle d'autres têtes d'Isis, se réunissent à une parfaite conservation pour augmenter l'intérêt de ce monument. Il était dans le cabinet du marquis de Drée, et on l'a acheté par ordre du Roi. *Mus. Bou.* v. 3.

216 CHIEN, *statue; marbre de Luni.*

H. 0,480 m. — 1 p. 5 p. 9 l.; l. 0,699 m. — 2 p. 1 p. 10 l.

Ce chien a été trouvé dans les ruines de Gabies. Les chiens en le voyant à la *villa Borghese* ont souvent aboyé. *Monumenti. Gabini*, n° 43.

Lysippe et Euthycratès son fils excellaient à représenter des chiens et des chasseurs.

217 PANDORE, *bas-relief.*

H. 1,128 m. — 3 p. 5 p. 7 l.; larg. 1,076 m. — 3 p. 3 p. 9 l.

Pour donner une compagne à l'homme pétri par Prométhée, Vulcain, par ordre des dieux, a fabriqué *Pandore* la première femme; tous les dieux la comblent de leurs dons. On voit sur ce bas-relief Junon, la déesse des mariages, et Vénus accompagnée par la Persuasion ou par l'une des Grâces, s'approcher de l'artiste divin qui travaille à cet important ouvrage.

Ce bas-relief, d'une exécution médiocre, est unique pour le sujet. *Winckelm. Mon. ined.* n° 82. *Vil. Borg.*

218 POLLUX, *statue; marbre pentélique.*

Haut. 1,834 m. — 5 p. 7 p. 9 l.

Le fils de Léda, que l'exercice du pugilat avait rendu invincible, les avant-bras et les poings armés de *cestes*, semble menacer de ses coups un adversaire qui, d'après les fables argonautiques, doit être Amycus, roi des Bébryces. *Vil. Borg.* st. 4, n° 5. *Mus. Bou.* v. 3.

Il y avait plusieurs espèces de cestes. Les *meiliques* étaient fort anciens; ce n'était qu'un réseau de cuir dont on s'enveloppait la main. Les *imantes* indiquent des courroies de cuir de bœuf cru et dur, garnies de métal, dont on se couvrait le bras jusqu'au coude: il paraît que les cestes de Pollux sont de cette espèce. Le nom de *myrmekes* (fourmis) donné à d'autres cestes marquait peut-être que leurs coups causaient de violentes cuissons. Les *spheræ* ne devaient être que des espèces de pelottes qu'on tenait à la main pour s'exercer dans les gymnases. Une autre espèce de ceste était en forme de gant long garni au coude de peau de mouton avec la laine, et autour de la main d'une forte courroie. On a trouvé à Herculanum un bras en bronze armé de ce ceste. L'usage des cestes fait aisément supposer celui des gants, et les *cheirides* dont Laërte, dans Homère, s'enveloppe les mains pour se préserver du froid, pouvaient être des gants ou des mitaines. Les monumens n'en offrent pas.

Le bas-relief du piédestal représente la déesse de la Concorde.

H. 0,597 m. — 1 p. 10 p. 1 l.; larg. 0,283 m. — 10 po. 6 l.

219 IPHIGÉNIE en Tauride, *bas-relief*.

H. 0,796 m. — 2 p. 5 p. 5 l.; larg. 1,442 m. — 4 p. 5 p. 6 l.

La fille d'Agamemnon a déjà reconnu son frère; elle a dans ses mains la statue de Diane Taurique, qu'elle emporte après l'avoir enveloppée d'un voile. En même temps, Oreste, près de s'embarquer, se bat contre Thoas : de l'autre côté on voit une des Furies de Clytemnestre qui n'ont pas oublié ce fils parricide. Oreste évanoui tombe entre les bras de son ami Pylade. *Vil. Borg.* Vinckelm. *Mon. ined.* p. 149.

220 TREPIED remarquable par la composition autant que par la finesse de l'exécution. Les feuilles d'acanthe qui forment la figure de trois lyres, le serpent et le laurier qui couronne la coupe sont des symboles d'Apollon; les dauphins et les griffons sculptés sur le bord circulaire désignent plus particulièrement Apollon Delphique.

Ce trépied, trouvé à *Ostie*, a été gravé dans le *Mus. Français*, v. 4, M. Troquet, dess.; M. Texier, grav.; et dans le 7e vol. du *Mus. P. Clem. Mon. du Mus.* t. 4, p. 13.

221 VÉNUS EUSTÉPHANOS, *buste; marbre de Paros.*
Haut. 0,451 m. — 1 p. 4 p. 8 l.

Cette épithète homérique, tirée de la *belle couronne* en forme de diadême que Vénus porte sur sa tête, convient parfaitement à la déesse de la beauté, telle que ce buste la représente. *Vil. Borg.* st. 5, n° 17. *Mus. Bou.* vol. 3.

222 INSCRIPTIONS ATHÉNIENNES.
H. 1,471 m. — 4 p. 6 p. 4 l.; larg 0,785 m. — 2 p. 5 p.

Ces deux grandes tables de marbre pentélique contiennent les noms des officiers et des soldats athéniens morts à la guerre, en *Égypte*, en *Chypre*, en *Phénicie*, à *Halies* de l'*Argolide*, à *Égine* et à *Mégares*, tous dans la même année, 457 ans avant l'ère chrétienne. Les noms des guerriers sont distribués sur trois colonnes, et rangés suivant les tribus qui formaient la division de la population de l'Attique. Ces précieux monumens historiques sont célèbres dans la paléographie grecque, ou dans la connaissance des anciens caractères grecs. On leur a donné le nom de *marbres de Nointel*, parce que le marquis de Nointel, ambassadeur de France à Constantinople, les avait fait transporter d'Athènes à Paris, vers la fin du dix-septième siècle; ils étaient placés dans la salle de l'Académie royale des Inscriptions et Belles-Lettres.

Ces Inscriptions ont été publiées plusieurs fois : la copie la moins fautive est celle qui a été insérée dans le *Museum Veronense* de Maffei, pag. 407; elles attendent encore une édition plus correcte.

Ces monumens sont très-curieux par rapport à l'alphabet, à l'orthographe et à la forme des lettres grecques de cette époque. On y voit Λ pour Γ : L pour Λ; l'R et l'S ont presque la forme des nôtres, excepté que les contours en sont anguleux. OI y est mis pour l'Ω souscrit. Il n'y a pas d'Ω; et l'H n'y est que comme aspiration. EI y est pour l'i long, et l'O pour OΥ, XS pour Ξ, et ΦS pour ϟ. Dans la seconde inscription, le Σ et le P y ont leur forme ordinaire ainsi que le φ, qui, dans la première, a la barre très-courte. On lit dans la seconde les noms des tribus Léontide, Acamantide, Oenéide, Cécropide, Hippothoontide, et ceux d'un stratège ou général, d'un phrourarque commandant de garnison, d'un phylarque, l'un des chefs de la cavalerie sous l'Hipparque, et d'un devin.

223 VICTOIRE, *bas-relief; marbre pentélique.*

H. 0,938 m. — 2 p. 10 p. 8 l.; larg. 1,090 m. — 3 p. 4 p. 3 l.

Les moulures qu'on remarque au bas de ce beau marbre, prouvent qu'il faisait autrefois partie d'un monument d'architecture : la Victoire qu'on y voit représentée, est dans l'action d'immoler un taureau, victime solennelle dans les triomphes romains. Le taureau est d'un très-grand style. *Vil. Borg.*

224 SANGLIER, *statue; marbre gris antique.*

H. 0,909 m. — 2 p. 10 p. 4 l.; long. 1,933 m. — 5 p. 11 p. 5 l.

Ce sanglier est une répétition antique du fameux sanglier qu'on voit à Florence, et dont une copie moderne est dans le jardin des Tuileries. *Vil. Borg.* st. 7, nº 8.

225 TROIS BAS-RELIEFS; *marbre pentélique.*

Celui du devant représente des génies à la chasse aux lions. Cupidon est sculpté sur les deux autres : sur l'un il a attelé des sangliers à son char, qui est traîné sur l'autre par des gazelles.

Ces bas-reliefs, dont les figures sont d'un bon mouvement, et les animaux d'un beau style, faisaient sans doute partie de ceux décrits sous le nº 32. On voit dans le premier de ces bas-reliefs la borne autour de laquelle tournaient les chars, et les dauphins qui servaient à marquer le nombre des courses; ils étaient consacrés à Neptune, à qui on attribuait l'invention de l'équitation, et qui, sous le nom de *consus* et de Neptune équestre, présidait aux courses du cirque. L'obélisque chargé d'hiéroglyphes peut rappeler celui qu'Auguste fit transporter d'Héliopolis et placer dans le grand cirque. Il est aujourd'hui à Rome près de la porte du Peuple. La boule qui le surmonte dans le bas-relief fut ajoutée sous Auguste; il paraît que les Egyptiens n'y en mettaient pas. *Vil. Borg. Mon. du Mus.* t. 1, pl. 57 et 58.

226 URNES CINÉRAIRES.

N° 1. Sur cette urne, dont l'inscription est entièrement effacée, on voit des colonnes cannelées en spirales, la porte d'un monument, des lauriers et des trophées qui indiquent qu'elle renfermait les cendres d'un guerrier.

Haut. 0,325 m. — 1 p.; larg. 0,473 m. — 1 p. 5 p. 6 l.

N° 2. Ornée de têtes d'Ammon, d'aigles et de guirlandes, cette urne avait été consacrée à Julia Eroïs par son mari Claudius Alysus, qui avait vécu avec elle pendant trente-un ans sans avoir à s'en plaindre; deux génies portent dans une coquille le buste de Julia.

Haut. 0,301 m. — 11 p. 2 l.; larg. 0,442 m. — 1 p. 4 p. 4 l.

N° 3. Cette urne de Picatia Sabina, morte enfant, est ornée de guirlandes et d'oiseaux; elle était destinée à renfermer les cendres de deux personnes; l'un des deux cartels est resté sans inscription. On n'en voit pas non plus sur l'urne cinéraire ronde placée sur ces monumens.

Haut. 0,332 m. — 1 p. 3 l.; larg. 0,586 m. — 1 p. 9 p. 8 l.

227 BACCHUS, *buste; marbre grec.*

Haut. 0,451 m. — 1 p. 4 p. 8 l.

Malgré l'absence de tout symbole, on peut reconnaître Bacchus à l'arrangement recherché de sa chevelure, et plus encore à la rondeur de ses formes et au caractère de mollesse qui marque ses traits, et les distingue de ceux d'Apollon.

228 MARCHE DE VICTIMES, *bas-relief.*

H. 0,828 m. — 2 p. 6 p. 7 l.; larg. 1,076 m. — 3 p. 3 p. 9 l.

Un taureau accompagné d'un bélier, est conduit par deux ministres des sacrifices : il a le dos orné de cette draperie dont les Romains avaient l'usage de parer les victimes, et qu'on nommait *dorsalis*. La tête des victimes était ordinairement ornée de guirlandes et leurs cornes dorées. On y ajoutait aussi des bandelettes qui paraissent avoir été faites de cordes, et servaient à retenir la victime. *Vil. Borg.*

229 TRÉPIED dont les supports sont ornés de têtes et de pattes de panthère, et dont la coupe a la forme d'une coquille. *Mag. Gab.* n° 10.

Haut. 0,798 m. — 2 p. 5. p. 6 l.

230 MARSYAS, *statue; marbre pentélique.*

Haut. 2,561 m. — 8 p. 2 p. 3 l.

Le Satyre téméraire, qui, orgueilleux de son habileté dans le jeu de la flûte, avait osé défier Apollon et sa lyre, vaincu et attaché à un pin, attend le moment de son supplice. Du temps d'Hérodote on voyait à Célènes, ville de la Phrygie, une peau humaine empaillée, qu'on disait être celle de Marsyas.

Le grand nombre de répétitions antiques de cette belle figure, soit en ronde bosse, soit en bas-relief, qu'on voit dans plusieurs collections, donnent lieu de conjecturer qu'elles sont toutes des imitations du *Marsyas attaché*, peinture célèbre de Zeuxis, que Pline avait vue à Rome dans le temple de la Concorde. L'exécution de cette statue est de la plus grande perfection. *Vil. Borg. Mus. Bou.* v. 3.

231 STÈLE ou monument sépulcral de deux époux grecs, *Zénodora* et *Antiochus* : on les voit représentés avec leurs enfans.

H. 0,500 m. — 1 p. 6 p. 6 l.; larg. 0,315 m. — 11 po. 8 l.

232 JUPITER, *bas-relief.*

H. 0,897 m. — 2 p. 9 p. 2 l.; larg. 1,401 m. — 4 p. 3 p. 9 l.

Les fragmens de moulures qu'on voit dans la partie inférieure de ce bas-relief, et qui ont beaucoup d'analogie avec celles qu'on a remarquées sous le bas-relief n° 223, font conjecturer qu'ils appartenaient l'un et l'autre au même monument d'architecture. Les ravages du temps ont privé de leurs symboles les deux figures de femmes qui sont vis-à-vis de celle de Jupiter assis. La saillie et la belle exécution des figures sont également remarquables dans les deux bas-reliefs. *Vil. Borg.*

SALLE DU TIBRE.

Cette salle est décorée de huit superbes colonnes de marbre vert d'Italie, connu sous le nom de vert de mer et de vert d'Egypte, hautes de dix à onze pieds, et surmontées de bustes antiques.

233 ESCULAPE, *statue; marbre pentélique.*

Haut. 2,297 m. — 7 p. 0 p. 10 l.

Le fils d'Apollon et de Coronis est représenté avec son serpent, emblême de la santé et de la vie. Un large manteau l'enveloppe jusqu'à mi-corps. Sa tête majestueuse est ceinte de cette espèce de turban qu'on a décrit au nº 15, et qui n'est qu'un theristrion ou bandeau roulé. *Vil. Alb. Mon. du Mus.* t. 1, pl. 46. *Mus. Bou.* v. 1.

234 ANTINOÜS en Hercule, *statue; marbre de Luni.*

Haut. 2,329 m. — 7 p. 2 p.

Le favori d'Hadrien est représenté en Hercule. Il s'appuie sur sa massue, qu'enveloppe une peau de lion.

Cette statue a été trouvée près de *Tivoli*. La tête est antique, mais a été rapportée : celle que le temps a détruite était probablement un portrait de Commode. *Vil. Alb. Mus. Royal*, vol. 1; M. Valois, dess.; M. Laugier, grav. *Mus. Bou.* v. 2. *Mon. du Mus.* t. 3, p. 41.

235 CÉRÈS, *statue; marbre de Paros.*

Haut. 1,733 m. — 5 p. 4 p.

La couronne d'épis de blé qui ceint la tête de la déesse

la fait reconnaître pour Cérès. Le sculpteur qui l'a restaurée lui a donné des attributs relatifs à ce symbole. *Vil. Borg.* st. 9; nº 10. *Mus. Bou.* v. 2.

La déesse est vêtue de deux tuniques d'une étoffe très-fine à petits plis, et recouverte d'un pallium à longues franges.

236 BAS-RELIEF représentant la Lune et Endymion. On y voit la chouette, symbole de la Nuit; Morphée, que ses ailes de papillon font reconnaître, verse sur Endymion les douceurs du sommeil. Le manteau déployé de Diane convient à la déesse de la nuit, et la figure d'homme couchée est le génie du mont Latmus.

H. 0,650 m. — 2 p.; larg. 1,087 m. — 3 p. 4 p. 2 l.

237 CIPPE sépulcral de *Vallius Alypus*, orné de son buste en costume grec. *Gruter*, page 712, nº 12.

H. 0,965 m. — 2 p. 11 p. 8 l.; larg. 0,541 m. — 1 p. 7 p.

238 FLORE, *statue; marbre de Paros.*

Haut. 1,480 m. — 4 p. 6 p. 8 l.

Les fleurs qui la couronnent caractérisent cette déesse des Romains, appelée *Chloris* par les Grecs. *Vil. Borg.* st. 5, nº 5. *Mus. Bou.* v. 2.

239 BAS-RELIEF représentant les forges de Vulcain. Le dieu paraît achever le bouclier d'Énée qu'un cyclope lui présente; l'épée et la cuirasse sont déjà suspendues dans l'atelier: d'autres cyclopes, auxquels l'artiste a donné comme au premier des physionomies de silènes ou de faunes, sont occupés à terminer les moules qui doivent servir aux *cnémides* ou jambarts. Cupidon, qui surveille l'ouvrage qu'on exécute pour son frère, se cache derrière une porte et s'amuse à enlever le bonnet du plus vieux des cyclopes. *Vil. Borg.*

H. 0,650 m. — 2 p.; larg. 1,087 m. — 3 p. 4 p. 2 l.

On voit dans ce bas-relief Vulcain attacher l'anse d'un bouclier. Il paraît que ces anses, invention des Cariens, et dont la plus grande servait à passer le bras, et l'autre à tenir le bouclier, n'étaient pas connues dans les temps héroïques. Cette arme était alors suspendue au col par une courroie (*porpax* et *telamon*) attachée aux deux bouts du bouclier, et qui servait à le porter sur le dos. En temps de paix, surtout chez les Spartiates, on ôtait les anses des boucliers pour qu'on ne pût pas s'en servir dans des séditions. Les boucliers, nommés en général *aspis* par les Grecs, étaient d'abord d'osier, ensuite de planches de bois léger, recouvertes de cuir et garnis de métal. Le milieu, relevé et plus fort, était ordinairement chargé d'ornemens et d'emblêmes. La forme des boucliers, dans les monumens, sert à faire reconnaître les peuples et les héros. Celui des Argiens était rond et très-grand, c'est le *clypeus* des Romains; le *thyreos* des Grecs, bouclier carré très-long qui couvrait l'homme presque en entier, devint le *scutum* de l'infanterie romaine; il était en forme de tuile creuse et quelquefois plat. La *parma* de la cavalerie était ronde, petite, et en cuir; c'était la *cetra* des Espagnols et des Africains. Le bouclier des Celtes était du genre du scutum, ainsi que ceux des Égyptiens. Les Boétiens en avaient d'ovales, échancrés des deux côtés en demi-cercle; et ceux des Amazones, nommés *peltes*, sont ordinairement en forme de croissant alongé et à pointes arrondies.

240 CIPPE sépulcral de *M. Ulpius Erasmus*, qui était, probablement sous Trajan, sous-intendant du palais de l'Empereur.

H. 0,929 m. — 2 p. 10 p. 4 l.; larg. 0,487 m. — 1 p. 6 p.

241 SIÉGE consacré a Bacchus, *marbre pentélique*.

H. 1,516 m. — 4 p. 8 p.; larg. 1,065 m. — 3 p. 3 p. 4 l.

Les arts des anciens nous offrent souvent des monstres qui ont le corps d'un lion, les ailes d'un aigle, et dont la tête est un mélange de celles du lion et de la chèvre. C'est du nom grec de la chèvre qu'ils ont pris le nom de *Chimères*. Leur rapport avec les satyres les a fait regarder comme des monstres consacrés à Bacchus. On a donc pu convenablement orner de symboles bachiques, de masques, de cistes, ce grand siége de marbre, dont deux *chimères* antiques forment les bras.

Il est gravé dans le septième volume du *Museo Pio Clementino*. *Mon. du Mus.* t. 4, pl. 20.

242 CÉRÈS, *statue ; marbre de Paros.*

Haut. 2,342 m. — 7 p. 2 p. 6 l.

La déesse élève de sa main droite la torche qu'elle alluma dans les feux de l'Etna pour aller à la recherche de sa fille. Les attributs de cette figure sont dus à une restauration. *Vil. Borg.* st. 7, nº 5. *Mus. Bou.* v. 2.

243 TÊTE IDÉALE DE FEMME *de marbre grechetto*, d'un beau style, et qu'aucun attribut ne caractérise ; elle a quelque rapport avec celle de Niobé.

244 BACCHANTE, *statue ; marbre pentélique.*

H. 2,220 m. — 6 p. 10 p.

Le cep de vigne sur lequel cette figure s'appuie, ainsi que les grappes de raisin qu'elle porte dans les replis de son péplus, la font reconnaître pour une Bacchante, si pourtant ce n'est pas la figure allégorique de la saison de l'automne. La pose de cette statue est fort remarquable. *Vil. Borg.*

Bacchus s'était métamorphosé en grappe de raisin pour séduire Erigone, fille d'Icarius. Le cep de vigne dont paraît se rapprocher cette nymphe, et la grappe de raisin qu'elle vient de cueillir, pourraient la faire regarder comme une Erigone. On célébrait en son honneur, à Athènes, des fêtes nommées *Aletides* ou *Eories.*

245 SIÉGE CONSACRÉ A CÉRÈS, *marbre de Luni.*

H. 1,683 m. — 5 p. 2 p. 2 l. ; larg. 1,056 m. — 3 p. 3 p.

Les sphinx antiques qui en soutiennent les bras ont été regardés par les anciens comme l'emblème des mystères. C'est de là qu'on a pris l'occasion de restaurer ce siége, en l'ornant des flambeaux, du panier, des serpens et des autres symboles de *Cérès*, à laquelle on attribuait l'institution des mystères d'*Eleusis*, les plus révérés des mystères du paganisme. *Mon. du Mus.* t. 4, p. 19.

Ce siége a été gravé dans le 7e vol. du *Museo Pio Clementino*, pl. 45. *Mon. du Mus.* t. 4, no 19.

246 DIANE DE GABIES, *statue; marbre de Paros.*

Haut. 1,650 m. — 5 p. 0 p. 11 l.

Le mouvement de cette charmante figure est plein de grâce; la déesse semble attacher sa chlamyde de chasse.

Elle est vêtue de la tunique d'étoffe légère relevée au-dessus du genou, qui convenait à la déesse de la chasse et aux amazones. Sa coiffure, qui est très simple, n'est pas celle que l'on voit ordinairement aux têtes de Diane. Les répétitions que l'on connaît de cette statue font foi de la célébrité de l'original. *Mon. Gab.* no 32. *Mus. Royal;* M. Chatillon, dess. et grav. *Mus. Bou.* v. 2.

247 BAS-RELIEF CHORAGIQUE.

H. 0,650 m. — 2 p.; larg. 1,087 m. — 3 p. 4 p. 2 l.

On y voit le Temple consacré à Apollon Pythien dans la ville d'Athènes, où l'on célébrait les concours des chœurs. *Voyez* le no 155. Des personnages du chœur paraissent sous les attributs d'Apollon, de Diane et de Latone. La Victoire verse une libation pour le sacrifice d'action de grâces, et le trépied, prix de cette victoire, est élevé au sommet d'une colonne près de l'enceinte extérieure du temple, sur la frise duquel on distingue des courses de char. Ce bas-relief *choragique* est très-beau. *Mon. du Mus.* t. 4, no 7.

248 CIPPE sépulcral de *Précilia Aphroditê,* orné de son portrait : sa coiffure annonce la fin du premier siècle de l'ère vulgaire.

H. 0,8 5 m. — 2 p. 6 p. 6 l.; larg. 0,460 m. — 1 p. 5 p.

249 LE TIBRE, *groupe colossal; marbre pentélique.*

H. 1,634 m. — 5 p. 0 p. 4 l.; long. 5,172 m. — 9 p. 9 p. 2 l.

La figure principale est à demi-couchée : le dieu du fleuve, couronné de lauriers, appuie son bras droit sur l'urne auprès de laquelle repose la louve de *Mars* avec ses nourrissons, les fondateurs de Rome. L'aviron que le Tibre a dans sa main gauche, est un symbole des rivières navigables : les bas-reliefs à peine visibles qui ornent trois côtés de la plinthe, prise dans le bloc, représentent l'arrivée d'Énée aux bouches du Tibre, le dieu du fleuve et peut-être celui du Numicus, qui lui annoncent ses hautes destinées; la truie avec ses petits, désignée par l'oracle dont parle *Virgile*, et la navigation de ce fleuve, qui arrosait et approvisionnait la capitale de l'ancien monde. La ville qu'on aperçoit peut être Lavinium.

La corne d'abondance d'un très-beau travail que tient le Tibre, est un emblème de la fertilité qu'il répandait; elle est remplie de raisins, de têtes de pavots, de pommes de pin et d'un soc de charrue, propres à indiquer une grande population due aux bienfaits de l'agriculture. On peut regarder la statue du Tibre comme un des plus beaux ouvrages qui restent de l'antiquité.

Ce groupe et celui du Nil, qui est au Vatican, furent découverts, à la fin du quinzième siècle, dans l'endroit où était jadis le temple d'Isis et de Sérapis, près de la *Via Lata;* ils faisaient l'ornement de deux fontaines qui embellissaient l'avenue de ce temple. On les voit gravés dans le premier volume du *Museo Pio Clementino*. *Mon. du Mus.* t. 4, pl. 60. *Mus. Bou.* vol. 2.

250 INSCRIPTION gravée sur un entablement de marbre de Luni qui surmontait, dans le municipe de Gabies, la porte d'un temple consacré à la mémoire de l'Impératrice Domitia, fille de Corbulon, et à l'honneur de ses ancêtres.

H. 0,780 m. — 2 p. 4 p. 10 l.; larg. 3,540 m. — 10 p. 10 p. 9. l.

Ce monument, orné de statues, fut consacré l'an 140 de J. C., sous Antonin Pie, par Polycarpe et sa femme Europe, affranchis de Domitia. S'ils ne nomment pas le mari de cette Impératrice, c'est que le nom de Domitien fut proscrit par le sénat; elle-même se souilla de tous les crimes. Ils donnent à la ville de Gabies, qu'ils décorent du titre fastueux de république éternelle, une somme de 10,000 sesterces (environ 1,750 f.) dont l'intérêt doit être employé à donner tous les ans aux décurions et aux sévirs un repas public le jour anniversaire de la naissance de Domitia. Si cette condition n'est pas remplie, le capital passe à la ville de Tusculum. Après que cette donation eut été approuvée par le Sénat de Gabies, on publia pendant trois jours de marché le décret. Cette inscription offre des choses curieuses dans la manière dont elle est écrite : des T pour des D; PUBLICO.LA pour PUBLICOLA; AD.FECTU pour ADFECTU; ET.IAM pour ETIAM; EX-EMPLUM pour EXEMPLUM; S.VIR pour SEVIR; CONDICIO pour CONDITIO, QUIAMPRIDEM pour QUI JAM PRIDEM; FEBRAR pour FEBRUAR. Voyez la savante explication de M. Visconti. *Mon. Gab.* p. 107.

251 QUATRE STATUES du genre des cariatides, et qui représentent des faunes porteurs; ces sculptures d'ornement, exécutées dans un style grandiose, supportaient une vasque ou coupe de fontaine à la *Villa Albani.*

Haut. 2,058 m. — 6 p. 4 p.

252 ENTABLEMENT orné d'une frise sur laquelle on voit représentés des emblèmes de sacerdoces et de sacrifices.

H. 0,650 m. — 2 p.; larg. 3,737 m. — 11 p. 6 p.

On y distingue, en partant de la gauche, 1° un autel pour brûler des parfums ou des branches de laurier : 2° un *bucrane* orné de bandelettes; 3° un *préféricule*, ou plutôt un *guttus* ou *coturnium*, vase des libations, qui ne laissait couler la liqueur que goutte à goutte; 4° l'*étui* qui renferme les coûteaux de sacrifice; 5° une *patère* ou un disque pour recevoir le sang et les entrailles des victimes, et une hache; 6° le *sympule*, petit vase à manche qui servait à puiser le vin; le *malleus* ou la masse pour assommer les victimes; 7° un grand *couteau* de sacrifice. Ces instrumens étaient ordinairement d'airain. La *secespite* servait à égorger la victime; le *culter excoriatorius* à l'écorcher, et la *dolabra* à la découper; 8° l'*aspergillum*, goupillon pour l'eau lustrale; le manche était en métal, et garni de crins; 9° l'*acerra*, boîte à parfum; 10° l'*apex*, bonnet des pontifes. L'*apex* était proprement une pointe de branche d'olivier garnie de laine blanche qui terminait l'*albogalerus* du *flamen dialis* ou de Jupiter. Il ne pouvait le quitter que dans l'intérieur de sa maison. Ce bonnet ressemblait à la *cidarre* des Perses, et les Grecs l'appelaient *cyrbasie*; 11° une *peau* de victime. Ces dépouilles servaient dans quelques rites, et souvent on couchait dessus pour obtenir des dieux, dans des songes, la connaissance de l'avenir.

253 DEUX SPHINX ÉGYPTIENS *en basalte.*

H. 1,018 m. — 3 p. 1 p. 7 l.; long. 2,351 m. — 7 p. 2 p. 10 l.

254 BAS-RELIEF représentant Esculape et Hygie, divinités de la Médecine et de la Santé, avec deux grands serpens à leurs pieds. Ce monument avait été consacré par un *Firminus. Vil. Borg.*

H. 1,099 m. — 3 p. 4 p. 7 l.; larg. 0,704 m. — 2 p. 2 p.

255 JULIA MAMMÉA, *statue; marbre pentélique.*

Haut. 1,638 m. — 5 p. 0 p. 6 l.

La mère d'Alexandre Sévère est représentée sous le caractère de Vénus Pudique. Cette statue est remarquable par la beauté des draperies. La coîffure a plus de grâce que n'en ont ordinairement celles de cette époque. Les attributs de Cérès qu'elle tient dans la main droite sont modernes. *Vil. Borg.* st. 9, nº 5.

256 BAS-RELIEF représentant Méléagre mourant. Auprès de lui sont ses sœurs, et Atalante qui pleure, et dont la pose est pleine d'expression. Cette jeune chasseresse a le costume de la déesse de la chasse. Dans le casque placé sur la tête du sanglier, on distingue bien les *généiastères* qui se rabattaient sur les joues.

H. 0,650 m. — 2 p.; larg. 1,087 m. — 3 p. 4 p. 2 l.

257 CIPPE sépulcral d'une *Cornelia Eutychia.* On y voit sculptée une brebis, emblême de son caractère doux et modeste.

H. 0,839 m. — 2 p. 7 p.; larg. 0,460 m. — 1 p. 5 p.

ARCADE

Qui mène à la Salle du Héros combattant.

Quatre colonnes, hautes d'environ onze pieds, supportent des bustes antiques : celles de gauche sont de très-bel albâtre oriental fleuri; les deux autres, à droite, sont d'une brèche orientale que les marbriers, à cause de la variété des couleurs, appellent brèche arlequine.

258 ANTINOÜS, *statue ; marbre de Paros.*

Haut. 1,915 m. — 5 p. 10 p. 9 l.

Le jeune Bithynien déifié reçoit sur les médailles et les marbres les caractères et les attributs de différentes divinités. Cette statue le représente sous les emblêmes d'Aristée, héros thessalien, mis au rang des demi-dieux, et qui présidait à la culture des oliviers, au soin des abeilles et des troupeaux. Virgile l'invoque au commencement de ses Géorgiques. Le chapeau, ou pétase, la tunique qui laisse nus l'épaule et le bras du côté droit *(brachio exserto)*, la houe, et les bottes appelées *perones*, faites de cuir sans apprêt, et qui étaient une des chaussures des gens du commun, donnent à cette figure le costume d'un paysan, ou plutôt d'une divinité des champs. *Château de Richelieu. Mon. du Mus.* t. 3, pl. 40. *Mus. Bou.* v. 1.

259 BAS-RELIEF *de marbre de Paros* fort curieux qui représente la naissance de Bacchus. La Terre, au sein de laquelle Jupiter avait confié son fils tiré du flanc de Sémélé, se voit ici personnifiée et couronnée de créneaux : elle remet l'enfant qu'elle a conduit à maturité aux deux nymphes de Nysa que Jupiter lui a destinées pour nourrices. Ce dieu semble tourner la tête vers son fils. *Vil. Alb. Mon. du Mus.* t. 1, p. 75.

H. 0,650 m. — 2 p.; larg. 1,110 m. — 3 p. 5 p.

260 MARS vainqueur, *statue; marbre pentélique.*

Haut. 1,863 m. — 5 p. 8 p. 10 l.

La comparaison d'autres monumens fait reconnaître dans cette statue le dieu Mars : ses joues sont revêtues d'une barbe naissante. *Bibliothèque des quatre Nations. Mon. du Mus.* t. 1, pl. 72.

Ce dieu est ordinairement représenté avec un casque, et souvent tenant une victoire à la main. On le trouve cependant sans casque dans des monumens et sur des médailles. Il passait pour être originaire de la Thrace.

261 BAS-RELIEF grec. On y voit une procession de supplians, précédée de quelques magistrats, s'acheminer vers une déesse qu'aucun symbole ne distingue, mais qui pourrait être Junon Acræa, à qui l'on immolait des chèvres, et l'on va en sacrifier une à cette déesse. Tous ces personnages sont vêtus du pallium. Suivant un usage assez suivi par les sculpteurs grecs, la déesse, les magistrats et le peuple, sont représentés dans des dimensions différentes, suivant la dignité de leur nature et celle de leurs fonctions.

H. 0,661 m. — 2 p. 0 p. 5 l.; larg. 1,110 m. — 3 p. 5 p.

SALLE DU HÉROS COMBATTANT DIT LE GLADIATEUR.

262 HÉROS, dit le Gladiateur combattant, *statue; marbre grechetto.*

Longueur de la tête au talon, 1,990 m. — 6 p. 1 p. 6 *l.*

Le héros est nu et dans l'action de combattre contre un ennemi qui serait à cheval. De son bras gauche il lève le bouclier pour parer le coup qui le menace, tandis que de sa main droite armée, et étendue en arrière, il va blesser son adversaire de toute sa force. La pose de cette statue est admirablement calculée pour cette double action ; et chaque partie des membres, chaque articulation, chaque muscle porte l'empreinte du mouvement et de la vie plus peut-être que dans aucune autre statue qui soit sortie de la main d'un artiste grec. L'auteur de ce chef-d'œuvre est *Agasias* d'Ephèse, fils de *Dosithéus*. Il a gravé son nom sur le tronc qui sert de support à la figure. Winkelmann croit que c'est la statue la plus ancienne avec le nom du sculpteur.

Cette statue fut trouvée au commencement du dix-septième siècle à *Antium (Capo d'Anzo)*, où était un palais des Empereurs romains. L'Apollon du *Belvédère* avait été découvert plus d'un siècle auparavant dans les mêmes ruines.

Dans les temps où la critique prenait peu de part aux recherches des antiquaires, on a donné à cette statue la dénomination vulgaire de *Gladiateur Borghèse*, malgré l'énorme différence qu'on trouve entre le caractère de la figure et le caractère et les accessoires d'un grand nombre d'images certaines de gladiateurs qui, d'ailleurs, ne sont jamais représentés nus. On la voit gravée dans les *statue di Roma* de P. A. *Maffei;* dans le second volume de l'*Histoire de l'art*, par Winkelmann, édition de Rome, et ailleurs. *Vil. Borg.* st. 7, n° 10. *Mus. Bou.* vol. 3.

Les bas-reliefs du piédestal représentent des exercices de gymnastique, et sont du cavalier Bernin.

263 MERCURE, *statue; marbre de Paros.*

Haut. 2 m. — 6 p. 1 p. 10 l.

Le Dieu du Commerce est caractérisé par la bourse, attribut qui s'est conservé intact dans la main droite de cette statue. La tête est moderne. *Vil. Borg.* st. 1, n° 2.

264 BAS-RELIEF représentant deux époux qui se donnent la main. Leur costume est grec.

H. 0,608 m. — 1 p. 10 p. 6 l.; larg. 0,629 m. — 1 p. 11 p. 3 l.

265 CUPIDON EN HERCULE, *statue.*

Haut. 0,975 m. — 3 p.

Le Vainqueur des hommes et des dieux paraît ici

dans le costume d'Hercule, auquel il a enlevé la massue et la dépouille du lion de Némée. Sa pose ressemble à celle de l'Hercule Farnèse.

266 CIPPE sépulcral d'*Hostilia Atthis*, orné d'une couronne et d'un aigle d'un très-beau style.

H. 0,880 m. — 2 p. 8 p. 9 l.; larg. 0.498 m. — 1 p. 6 p. 5 l.

267 CLODIUS ALBINUS, *buste; marbre pentélique.*

Haut. 0,641 m. — 1 p. 11 p. 8 l.

Ce buste, vêtu du paludamentum et d'un travail excellent, est le portrait de Clodius Albinus, collègue et ensuite ennemi de Septime-Sévère. Il perdit la vie dans une bataille décisive donnée près de Lyon. La grande blancheur de son teint lui avait fait donner le surnom d'*Albinus*. *Vil. Alb. Mus. Bou.* v. 2. *Mon. du Mus.* vol. 3, p. 66.

268 ÉLIUS VÉRUS, *statue; marbre grec.*

Haut. 2,017 m. — 6 p. 2 p. 6 l.

Le César qu'Adrien avait choisi pour son successeur est représenté ici presque nu, dans ce costume héroïque, dont on a fait souvent usage pour les statues des Empereurs romains. *Vil. Borg.* st. 1, nº 4.

Le bas-relief, de marbre de Paros, encastré dans le piédestal, représente Esculape et Hygie.

H. 0,595 m. — 1 p. 10 p.; larg. 0,559 m. — 1 p. 8 p. 8 l.

La pose de cette déesse est remplie de grâce, et son costume est élégant. Il n'y a d'antique dans ce bas-relief qu'une partie d'Hygie et une main d'Esculape.

269 MARC-AURÈLE, *buste; marbre coralitique.*

Haut. 0,722 m. — 2 p. 2 p. 8 l.

Cet excellent portrait a été découvert avec d'autres bustes du même Empereur dans la ferme d'*Acqua Traversa*. Le piédouche est du même bloc que le buste. Voyez le nº 138. *Vil. Borg.* st. 5, nº 16.

270 MORT DE MÉLÉAGRE, *sarcophage; m. de Paros gris.*

H. 0,749 m. — 2 p. 3 p. 8 l.; larg. 2,065 m. — 6 p. 4 p. 3 l.

Les bas-reliefs qui ornent la façade de ce sarcophage ont pour sujet la mort de Méléagre. A la droite du spectateur on voit le combat de ce chasseur contre ses oncles, les fils de Thestius, pour recouvrer la dépouille du sanglier de Calydon qu'ils lui avaient enlevée : un des Thestiades est déjà blessé à mort; la scène se passe à la campagne indiquée par un arbre ; les deux autres scènes ont lieu dans l'intérieur d'un palais. A la gauche, Althée, mère de Méléagre, pour venger ses frères, fait brûler le tison auquel les Parques avaient attaché la durée de la vie de son fils. Une d'elles, le pied appuyé sur une roue comme Némésis et la Fortune, écrit sur un rouleau l'heure fatale de Méléagre; une furie, les cheveux épars, une torche à la main, excite Althée à la vengeance; cette divinité infernale a des ailes sur la tête comme Méduse. Au milieu le héros, près d'expirer, est couché sur un lit; ses sœurs, les cheveux dénoués et les vêtemens en désordre, Œnée son père, sa maîtresse Atalante pleurent la perte prématurée du héros; cette héroïne est chaussée de cothurnes de chasse, et sa coiffure est du genre du *crobylus*. Une des sœurs veut placer dans la bouche du mourant la pièce de monnaie qu'il doit payer à Caron pour son passage, à moins que ce ne soit une tête de pavot pour assoupir ses douleurs et lui procurer une mort plus douce. Des sphinx, gardiens du tombeau, sont sculptés sur les côtés. *Vil. Borg.* st. 3, nº 12. *Mus. Français*, v. 1; M. Granger, dess.; M. Guérin, grav.

La pose d'Atalante est à peu-près la même que celle de l'Atalante nº 256, mais moins bien. Parmi les accessoires de ce bas-relief qui sont très-bien traités, on peut voir que le baudrier est attaché au parazonium, comme nous l'avons déjà fait observer.

271 PLANISPHÈRE DE BIANCHINI.

Ce savant astronome italien l'a publié le premier; ce qui lui a fait donner son nom. On y voit différens zodiaques tracés sur des cercles concentriques, et les figures égyptiennes des Décans, divinités subalternes à chacune desquelles les superstitions astrologiques de l'Égypte avaient attribuée la présidence de dix jours de chaque mois, en plaçant trois Décans sous l'influence de chacun des douze signes.

272 PERSONNAGES ROMAINS DANS LE COSTUME DE VÉNUS ET DE MARS, *groupe; marbre grec.*

Haut. 1,809 m. — 5 p. 6 p. 10 l.

Les antiquaires du dix-septième siècle, qui aimaient à voir dans les monumens des sujets de l'histoire romaine, prétendaient reconnaître dans ce groupe Coriolan, appaisé par Volumnia sa femme.

La coiffure de la femme et la barbe du mari annoncent le siècle des Antonins, mais ce n'est pas d'un bon maître; le travail des chairs et surtout celui du casque et des cheveux est soigné, mais sec. Les payens de ce temps, et particulièrement les Romains, conservaient encore l'usage introduit depuis quelques siècles de se faire représenter sous les formes des divinités; on voit à Rome et à Florence d'autres groupes semblables à celui-ci. On peut remarquer que la cuirasse qui est auprès du guerrier est en étoffe. *Vil. Borg.* st. 6, n° 3.

273 BAS-RELIEF qui représente la saison de l'Automne, personnifiée en figure de femme à demi-couchée, ayant à ses pieds un génie qui lui présente un panier de fruits.

H. 0,200 m. — 7 p. 5 l.; larg. 0,440 m. — 1 p. 4 p. 3 l.

274 BOUCLIER de marbre sculpté en arabesques, et ayant au centre un portrait qui a beaucoup de ressemblance avec ceux de Claudius Drusus. Les portraits qu'on plaçait ainsi étaient nommés *imagines clypeatæ;* il y en avait en bronze et en métaux précieux; on les consacraït

dans les temples, dans les endroits publics et dans les maisons des particuliers. Ce fut Appius Claudius qui le premier, l'an 259 de Rome, introduisit cet usage.

H. 0,897 m. — 2 p. 9 p. 2 l.; larg. 1,897 m. — 2 p. 9 p. 2 l.

275 GALBA, *buste; marbre pentélique.*

Haut. 0,708 m. — 2 p. 2 p. 2 l.

Cet Empereur est revêtu de la cuirasse et du *paludamentum*. La courte durée de son règne est cause que les bustes de Galba sont fort rares. *Vil. Alb.*

276 ADRIEN, *statue; marbre grec.*

Haut. 2,029 m. — 6 p. 2 p. 11 l.

L'Empereur est nu à la manière héroïque. Cette statue fut découverte dans les ruines de Gabies. La tête est rapportée. *Mon. Gab.* n° 1.

277 BAS-RELIEF *de marbre de Paros* représentant deux héros combattant.

H. 0,622 m. — 1 p. 11 p.; larg. 0,550 m. — 1 p. 8 p. 4 l.

M. Visconti (*Mus. Pio Clem.*) croit que ces deux héros, que l'on retrouve dans la composition d'autres bas-reliefs, représentent Idas et Lyncée, fils d'Apharée, auxquels Castor et Pollux avaient enlevé leurs femmes Ilaïre et Phœbé. Un des deux héros vient attaquer les Dioscures, l'autre le retient, et l'engage à n'avoir à faire qu'à un seul. *Mon. du Mus.* t. 2, p. 55.

278 AUGUSTE, *buste; marbre de Paros.*

Haut. 0,677 m. — 2 p. 1 p.

Une couronne tissue de feuilles de chêne orne le front d'Octave. Cette couronne, appelée *civique*, lui fut déférée quand il eut mis fin aux guerres civiles. *Maison Bevilaqua à Vérone. Mus. Bou.* v. 1.

279 CUPIDON EN HERCULE, *statue, marbre de Paros.*

Haut. 0,927 m. — 2 p. 10 p. 3 l.

Le motif de cette figure et les attributs qui la caractérisent rappellent l'Hercule Farnèse, ainsi que la petite statue, nº 265; mais celle-ci a beaucoup plus de finesse et de grâce; la tête paraît être un portrait. *Monumenti Gabini*, nº 13.

280 CIPPE d'un *Trausius Luchrio*, parfaitement semblable à celui d'*Hostilia Atthis*, nº 266. *Grut.* p. 744, nº 3.
H. 0,886 m. — 2 p. 8 p. 9 l.; larg. 0,568 m. — 1 p. 9 p.

281 AMAZONE BLESSÉE, *statue; marbre pentélique.*
Haut. 1,881 m. — 5 p. 9 p. 6 l.

La partie supérieure de cette belle figure est sans doute une imitation antique de l'Amazone blessée de Ctésilas, et représente peut-être, ainsi que le pense M. Petit Radel, Antiope blessée par Molpadie. Le sculpteur qui l'a restaurée dans le seizième siècle aurait dû conserver dans la partie moderne, le costume que les artistes anciens ont donné à ces guerrières; mais faute d'avoir bien saisi le sujet de la statue, il a substitué une robe longue à la tunique relevée jusqu'au-dessus du genou, costume que nous retrouvons sur d'autres statues pareilles à celle-ci. *Chât. de Richelieu. Mon. du Mus.* t. 2, pl. 54. Cette statue y est dessinée sans la restauration. *Mus. Bou.* v. 2.

Le Héros debout devant un trophée, qu'on voit dans le bas-relief du piédestal, est probablement un ouvrage exécuté depuis la renaissance des arts.

282 VÉNUS D'ARLES, *statue; marbre du mont Hymette.*
Haut. 1,963 m. — 6 p. 0 p. 6 l.

Cette statue, ainsi nommée, parce qu'elle a été trouvée dans la ville d'*Arles* en Provence, est nue jusqu'à mi-corps. Sa tête est un modèle de grâce et de beauté. La déesse semble attachée à considérer ce qu'elle tient de la main gauche; Girardon, qui en a restauré les bras, a placé dans cette main un miroir et dans la droite la pomme, signe du triomphe de Vénus sur ses rivales;

mais il est plus probable que c'est le casque de Mars ou d'Énée que la déesse devait tenir de la main gauche, et qu'elle s'appuyait de la main droite sur une pique, ainsi qu'elle est figurée sur les médailles : alors la statue représenterait *Vénus victorieuse*, que César avait prise pour devise.

La draperie de cette Vénus est belle. Le bord est froncé comme nous l'avons déjà fait remarquer de plusieurs statues. Le bras gauche est orné du *spinther*. La bandelette qui serre la chevelure accompagne bien la tête et tombe avec grâce sur les épaules : il est rare de voir ces ornemens aussi bien conservés.

Cette statue, trouvée en 1651, faisait l'un des principaux ornemens de la galerie de Versailles, d'où elle a été tirée. *Mus. Fr.* v. 1; M. Granger, dess.; M. Muller fils, grav. *Mon. du Mus.* t. 1, p. 60. *Mus. Bou.* v. 1.

283 BAS-RELIEF représentant une Bacchante ou Ménade, la tête jetée en arrière, ayant un thyrse dans la main droite, et emportant dans la gauche la moitié d'un chevreuil qu'elle vient de déchirer dans sa fureur bachique. *Vil. Borg.* st. 2, nº 14. *Mus. Bou.* v. 3.

H. 0,659 m. — 2 p. 0 p. 4 l.; larg. 0,451 m. 1 p. 4 p. 8 l.

Ce bas-relief est un des plus beaux de ceux que possède le Musée royal. La pose est remplie de grâce et de mouvement; les draperies légères et transparentes laissent voir toute la beauté des formes. Il paraît que le petit manteau qui couvre les épaules de la Bacchante est l'*épomide*. Les cheveux épars et flottant ainsi, sont un des caractères des Bacchantes : on ne les voit pas à d'autres personnages.

284 MERCURE ENFANT, *statue; marbre de Paros.*

Haut. 0,866 m. — 2 p. 8 p.

La ressemblance de cette figure avec une autre qui est au Vatican, et dont les attributs sont mieux conservés, prouve que cet enfant est le fils de Maïa, qui, à peine débarrassé de ses langes, vola les troupeaux d'Apollon. *Vil. Borg. Portiq.* nº 7.

Cet enfant est vêtu d'une petite tunique que les Romains nommaient *cincticulum*.

285 AUTEL consacré à Bacchus et orné de bas-reliefs sur trois côtés. Le Dieu et Ariadne y sont sculptés avec plusieurs accessoires. Ariadne verse d'un rhyton dans un grand vase à deux anses, *diota*. A gauche on voit Hercule un vase à la main; peut-être est-ce Hercule *Philopotis*, ou qui aime à boire; le vase indique aussi la déification de ce héros. Sur la droite, Mercure tient une bourse et son caducée. Au-dessous de ce bas-relief, deux serpens sacrés, ou génies, s'approchent d'un autel. Ce sujet se trouve fréquemment dans les peintures de Pompéi. Sur la face droite de l'autel, Silène, couronné de lierre, tenant à la main un canthare, s'appuie sur une massue. L'autre face offre un bacchant qui cueille des raisins.

Le quatrième côté présente une longue inscription d'*Ammius Anicius Paulinus*, consul l'an 325 de l'ère chrétienne, et préfet de Rome l'an 331. Le P. Corsini l'a publiée, mais avec peu d'exactitude (*de Præfectis Urbis*, pag. 182). Dans la décadence du paganisme on avait employé cet autel pour servir de piédestal à la statue que le corps des corroyeurs (*coriarii*, écrit *corarii*) avait élevée en l'honneur du préfet de Rome, en mémoire des services qu'il avait rendus, ainsi que son père Anicius Julianus, au corps des corroyeurs. *Grut. inscr.* pag. 1090, n° 19.

H. 1,049 m. — 3 p. 2 p. 9 l.; larg. 0,731 m. — 2 p. 3 p.

286 PERSONNAGE INCONNU, *buste; marbre grec dur.*

Haut. 0,699 m. — 2 p. 1 p. 10 l.

La chevelure de ce portrait semble appartenir plutôt au costume des Grecs qu'à celui des Romains; les Grecs portaient leurs cheveux plus longs que les Romains; les habillemens dont la draperie est composée étaient communs aux deux nations. On découvre dans les traits de la figure quelque analogie avec ceux de Philippe, Roi de Macédoine, et père de Persée. On a trouvé à Herculanum un buste de bronze semblable à celui-ci, et que les académiciens d'Herculanum croient être un Démocrite *Vil. Borg. portiq.* 19.

287 ÉLIUS CÉSAR JEUNE, *statue; marbre de Paros.*

Haut. 2 m. — 6 p. 1 p. 10 l.

Nous devons aux ruines de Gabies cette statue dont la tête semble représenter Lucius Elius César encore jeune. *Mon. Gab.* n° 40.

288 BAS-RELIEF, *marbre grechetto*, représentant Ajax, fils d'Oïlée, qui, dans la nuit fatale de la prise de Troye, arrache Cassandre des autels de Minerve. La vie de ce héros n'a pas servi de sujet aux poètes tragiques; mais les artistes en ont représenté plusieurs traits. La tête d'Ajax est ceinte du bandeau royal. Winkelm. *Mon. ined.* n° 141. *Mon. du Mus.* t. 2, p. 63.

H. 0,478 m. — 1 p. 5 p. 8 l.; larg. 0,487 m. — 1 p. 6 p.

289 NÉRON, *buste; marbre pentélique.*

Haut. 0,699 m. — 2 p. 1 p. 10 l.

Les joues de Néron sont revêtues sur ce portrait d'une barbe courte, suivant la mode introduite plus d'un siècle auparavant parmi la jeunesse romaine. *Villa Borg.* st. 5, n° 19.

290 FAUNE ET SATYRE, *groupe; marbre de Paros.*

Haut. 0,650 m. — 2 p.

Un Satyre tire une épine du pied d'un Faune. L'invention de ce groupe est heureuse, et l'expression a une grande vérité. Ce sujet a souvent été traité par les anciens. *Vil. Borg.* st. 4, n° 12.

La cavité intérieure du piédestal cylindrique prouve qu'il a servi d'ornemens à un puits, et les têtes ont sans doute souffert du mouvement des seaux. Ces ornemens de puits étaient connus sous le nom de *puteal;* ils décoraient ceux des jardins, des places publiques et des temples. On en voit de très-élégans à Pompei. On donnait aussi le nom de *puteal* à l'espèce d'autel creux en manière de mardelle de puits dont on entourait un lieu frappé de la foudre; celui de Libon à Rome, près du temple de la Fortune, était célèbre. Il y en a un très-curieux à Pompéi, entouré d'une rotonde, auprès des ruines du grand temple d'ancien dorique.

Les bas-reliefs qui enrichissent le pourtour de notre puteal représentent un chœur de bacchantes et de faunes. Plusieurs de ces figures sont très-belles, d'un bon mouvement, et offrent de belles draperies, entr'autres Apollon, vêtu de l'orthostade et d'une grande chlamide; et deux figures de femmes entièrement enveloppées dans leur pallium d'une étoffe légère. La flûte dont joue un des bacchans paraît être une flûte traversière. Il se peut cependant qu'elle ne soit placée ainsi qu'au moment du repos, ou parce que le sculpteur n'a pas voulu la représenter de face. *Mon. du Mus.* t. 2, p. 25.

H. 0,561 m. — 1 p. 8 p. 9 l.; larg. 0,579 m. — 1 p. 9 p. 5 l.

291 COMMODE, *buste; marbre pentélique.*

Haut. 0,663 m. — 2 p. 0 p. 6 l.

Le fils de Marc-Aurèle et de Faustine paraît avoir sur ce buste à-peu-près l'âge où il remplaça son père sur le trône des Césars. *Palais ducal de Modène.*

292 BONUS EVENTUS, *statue; marbre de Paros.*

Haut. 2 m. — 6 p. 1 p. 10 l.

Quoique des figures pareilles présentent les symboles d'Apollon, on a donné à celle-ci, par la restauration, les attributs du dieu qui présidait à la récolte, et que les Romains honoraient sous le nom de *Bonus Eventus* ou de dieu de la bonne année, les Grecs sous celui d'*Agathon.* La coiffure est remarquable à cause de deux grosses tresses qui entourent la tête par derrière, et que l'on retrouve à d'autres figures de ce dieu. *Château de Richelieu. Mon. du Mus.* t. 4, pl. 61.

293 BAS-RELIEF représentant trois divinités : Diane chasseresse est au millieu ; Aristée porte un petit agneau, et tient un pedum d'une main, et de l'autre un instrument, sans doute d'agriculture ; Hercule est à sa gauche, ayant dans sa main les pommes des Hespérides.

Le costume de Diane mérite d'être observé ; son peplus est ouvert par-devant, de la ceinture en bas ; les deux côtés, relevés sur les épaules, se terminent en pointe. Cette déesse, ainsi qu'Aristée, porte des cothurnes de chasse, peut-être l'*endromide*.

H. 0,500 m. — 1 p. 6 p. 6 l. ; larg. 0,588 m. — 1 p. 9 p. 9 l.

294 GALLIEN, *buste ; marbre pentélique.*

Haut. 0,731 m. — 2 p. 3 p.

La décadence des arts qui devenait tous les jours plus sensible sous le règne de ce Prince, rend plus curieux et plus rare ce portrait, qui est d'un bon dessin et d'une exécution fort soignée. L'Empereur est vêtu du *paludamentum*. Le piédouche fait partie du buste. *Vil. Alb. Mon. du Mus.* t. 3, p. 79.

295 ENFANT, *statue; marbre de Luni.*

Haut. 0,861 m. — 2 p. 7 p. 10 l.

Cet enfant qui relève sa petite tunique, servait à l'ornement d'une fontaine. Des artistes du seizième siècle ont suivi cette idée dans une fontaine qu'on voit encore à Rome dans le *Borgo-Vecchio*, près du Vatican ; le Neptune de Jean de Bologne, à Bologne, offrait aussi autrefois une fontaine du même genre.

296 CIPPE sépulcral d'une jeune fille romaine qui s'appelait *Attia Quintilla ;* il est orné de sculptures, qui paraissent avoir été détruites ou changées à dessein ; on reconnaît des têtes et des masques dans ce qui ressemble à présent à des coquilles. Sur les faces latérales on voit des colombes, des cigognes et deux lauriers. *Gruter*, p. 671, nº 6.

Haut. 0,906 m. — 2 p. 9 p. 6 l. ; larg. 0,731 m. — 2 p. 3 p.

297 MERCURE, *statue; marbre de Paros.*

Haut. 1,915 m. — 5 p. 10 p. 9 l.

Les attributs qui font reconnaître Mercure dans cette figure, sont, outre le caractère de la tête, les ailes, qui étaient indiquées par deux trous sur le devant de la chevelure, et une portion du caducée dans la main gauche. La pose de la statue, dont le torse est beau, a beaucoup de rapport avec celle du Mercure du Vatican, dit le *Lantin*. *Antiques de Richelieu. Mon. du Mus.* t. 1, pl. 53. *Mus. Bou.* v. 2.

298 BAS-RELIEF *de marbre grec*, remarquable par le sujet qui est tiré de l'Odyssée. Ulysse, ayant à la main l'épée dont il s'est servi pour éloigner les autres ombres, consulte celle de Tirésias, qui tient son sceptre d'or à la main, et dont la tête est en partie voilée. Ce sujet avait été peint à Delphes par Polygnote, et à Athènes par Nicias. On ne voit point ici l'*agrenon*, espèce de manteau en forme de filet qu'on donnait à Tirésias et aux autres devins, sans doute pour marquer le sens captieux de leurs réponses. *Vil. Alb.* Winckelm. *Mon. ined.* n° 157. *Mon. du Mus.* t. 2, p. 64.

H. 0,597 m. — 1 p. 10 p. 1 l.; larg. 0,629 m. — 1 p. 11 p. 3 l.

SALLE DE LA PALLAS.

Douze colonnes orientales, ayant onze pieds ou plus de haut, surmontées de bustes antiques, dont la plupart sont des personnages inconnus, font la décoration de la salle. Les quatre colonnes qui sont placées au-dessous des arcades sont d'ordre ionique et de granit rose : les huit autres, sans chapiteaux, sont de *vert antique*, que les anciens appelaient marbre de Thessalonique.

299 ADORANTE RESTAURÉE EN EUTERPE; *marbre grec.*

Haut. 2,011 m. — 6 p. 2 p. 3 l.

Des artistes grecs avaient exécuté plusieurs statues de femmes dans l'action de prier les dieux, en levant leurs mains vers le ciel; on les désignait par la dénomination d'*Adorantes*. La comparaison de quelques figures pareilles doit faire placer celle-ci dans la même catégorie; mais ces observations avaient échappé au sculpteur qui a restauré les mains. En lui donnant deux flûtes à tenir, il en a fait la muse Euterpe. Le travail de la draperie est très-remarquable, elle suit bien le mouvement du corps; et quoique double en certains endroits, elle ne cache pas la beauté des contours. *Vil. Borg.* st. 1, nº 8. *Mus. Royal*, v. 2; M. Granger, dess.; M. Girardet, grav. *Mus. Bou.* v. 2.

Cette draperie était sans doute consacrée pour les figures de ce genre, et elles offrent à-peu-près la même disposition dans plusieurs statues d'Adorantes.

300 BAS-RELIEF *choragique*, *marbre grec.*

La figure qui accompagne Diane a été restaurée en Bacchus. *Vil. Alb.* Winckelm. *Mon. ined.* nº 23.

H. 0,579 m. — 1 p. 9 p. 5 l.; larg. 0,633 m. — 1 p. 11 p. 5 l.

Diane porte une robe longue et un manteau, costume qui, dans les figures moins anciennes de cette divinité, peut caractériser la déesse de la nuit. Sa longue torche qui se retrouve sur d'autres monumens choragiques, la représente sous le costume d'Hécate; sa coiffure est du genre du *crobylus;* le chien est l'attribut de la déesse de la chasse. L'espèce d'écharpe qu'on voit à la Victoire servait probablement à fixer les ailes du personnage choragique. Cette figure est plus petite que Diane, parce qu'elle représente une divinité d'un ordre inférieur; elle porte les deux genres de bracelets au bras et au poignet.

301 CÉRÈS, *statue.*

Haut. 1,959 m. — 6 p. 0 p. 4 l.

La couronne d'épis fait reconnaître dans cette statue la déesse d'Éleusis. *Vil. Borg. Mus. Bou.* v. 3.

302 GÉNIE DE BACCHUS, *statue; marbre de Paros.*

Haut. 0,460 m. — 1 p. 5 p.

L'outre sur laquelle cet enfant s'appuie le caractérise pour un génie de Bacchus. Il décorait probablement une fontaine. *Vil. Borg.*

303 CIPPE richement orné de sculptures d'un très-beau travail; on y remarque des masques d'Ammon, celui de Méduse entre deux cygnes. *Vil. Borg.* st. 2, n° 13.

Cet ajustement est très-singulier; on pourrait croire que les ailes du cygne figurent en même temps celles de Méduse; mais elle en a deux petites sur le front qui n'ont pas été aperçues, car on avait pris cette tête pour celle d'une Nymphe. Les aigles qui tiennent des lapins entre leurs serres et les guirlandes, sont d'un beau style et d'un travail exquis. Dans le bas on voit des masques comiques, un rhyton, un tympanum et un pedum. Il est difficile de voir une plus jolie composition que celle de cette Néréïde et de trois Génies fendant les flots sur un cheval marin, et se jouant en voguant vers les Iles Fortunées. Le cheval marin, dont la tête est fine, a des nageoires aux machoires; ce qui ne se voit pas ordinairement. Sur les petits côtés du cippe sont sculptés des têtes de béliers, des sphinx et des oiseaux qui mangent des serpens. Le cartel qui devait renfermer l'inscription sépulcrale est resté vide.

H. 0,947 m. — 2 p. 11 p.; larg. 0,650 m. — 2 p.

304 TRAJAN, *buste; marbre de Luni.*

Haut. 0,559 m. — 1 p. 8 p. 8 l.

Ce buste nu, d'une belle conservation, est un portrait certain de cet Empereur, qui mérita le titre du *meilleur des Princes. Vil. Alb. Mus. Bou.* v. 2.

305 NERVA, *buste; marbre de Luni.*

Haut. 0,559 m. — 1 p. 8 p. 8 l.

Ce vénérable vieillard qui, en adoptant Trajan, pourvut au bonheur de l'empire Romain, est représenté nu comme les Augustes déifiés. *Vil. Alb. Mus. Bou.* vol. 2.

306 POLYMNIE, *statue; marbre grec.*

Haut. 1,861 m. — 5 p. 8 p. 9 l.

La pose de cette figure qui s'enveloppe dans sa draperie et s'appuie sur un rocher de l'antre Corycium, est la même que celle de la Muse Polymnie dans plusieurs bas-reliefs : ses draperies sont traitées avec le goût et la finesse le plus exquis. Pour faire valoir ce qui restait de la statue antique, on a restauré toute la partie supérieure. C'est un ouvrage de l'artiste romain *Augustin Penna*. *Vil. Borg.* st. 7, n° 12. *Musée Royal,* v. 2; M. Crignier, dess.; M. J. J. Avril, grav.

307 LES MUSES, *sarcophage; marbre pentélique.*

H. 0,920 m. — 2 p. 10 p.; larg. 2,056 m. — 6 p. 3 p. 11 l.

Ce sarcophage, d'une parfaite conservation, est décoré de bas-reliefs sur trois faces et sur les bords du couvercle. Le principal de ces bas-reliefs représente les neuf Muses, et chacune d'elles y paraît caractérisée par ses attributs distinctifs.

En partant de la gauche, Clio, muse de l'histoire, tient un rouleau. Thalie, muse de la comédie, un masque comique et le pédum pastoral; sa tunique, plus courte que celle des autres muses, découvre les jambes, ce qui ne se voit pas ordinairement, et pourrait indiquer la liberté des compositions comiques. On peut aussi remarquer que cette muse, et celle qui vient ensuite, ont des manches courtes par-dessus les manches longues; ce qui n'est pas dans le costume grec, ou n'appartient qu'aux acteurs comiques. Erato présidait aux chants amoureux, aux plaisirs de l'esprit et de la philosophie; ici elle n'a pas d'attributs : on lui donne ordinairement une lyre. Ses cheveux sont enveloppés d'une espèce de filet, qu'on nommait *cécryphale*. Euterpe, qui présidait à la musique, tient les deux flûtes *(tibiæ)* qu'elle avait inventées; elle est couronnée du laurier d'Apollon, et vêtue de l'orthostade, robe des chanteurs, retenue par une large ceinture. Polymnie, muse de la mythologie et de la pantomime, est toujours représentée ainsi enveloppée d'un grand manteau, et méditant; sa coiffure est du genre du *crobylus* (*Voy.* n° 318). Calliope, muse des chants héroïques, est prête à écrire ses vers sur des tablettes, qui, comme le remarque M. Visconti, sont plus propres que les rouleaux à des compositions qui doivent être soignées et souvent retouchées. Terpsichore, muse de la poésie lyrique, de la danse et des chœurs, couronnée de laurier et vêtue comme Euterpe, joue de la lyre, dont les accords animaient la danse. Uranie, muse de l'astronomie, trace avec un *radius* sur un globe les mouvemens des astres; et Melpomène, muse de la tragédie, ayant son masque tragique relevé sur la tête, médite ses grandes conceptions; sa tunique royale est contenue par une ceinture d'une largeur extraordinaire, et ses cothurnes sont très-élevés. Des monumens représentent cette muse ayant sur la tête une peau de lion, et à la main une massue, emblêmes de la vigueur des compositions de la tragédie. Ces muses diffèrent pour le costume et pour les accessoires, de celles trouvées à Tivoli, dont les originaux pouvaient être de Lysippe, et de celles des peintures d'Herculanum. Calliope, la muse du poëme épique, tenant son sceptre et en compagnie d'Homère; et Erato, la muse de la philosophie, en conversation avec Socrate, sont les sujets des deux bas-reliefs qui ornent les faces latérales. Homère, en montrant deux doigts de sa main à Calliope, semble indiquer qu'il n'a composé que deux poëmes épiques.

Des Bacchantes, des Silènes et des Faunes, dans l'ivresse d'un festin, sont sculptés sur le front du couvercle. Cette composition est jolie et animée. Un des bacchants paraît avoir enlevé à une bacchante un collier qu'elle lui redemande. Le couvercle est terminé par deux grands masques. Dans le haut des petits côtés on voit un griffon jouant avec une tête de chèvre, et deux louves.

Ce tombeau fut découvert au commencement du siècle dernier, à une lieue de Rome, dans un monument bâti sur le grand chemin d'Ostie, et appartenant à la famille des *Atius.* Il était placé au Musée du Capitole. *Mon. du Musée*, t. 1, pl. 22 et 23. *Musée Bou.* v. 5.

308 ATHLÈTE, *buste; marbre pentélique.*

Haut. 0,650 m. — 2 p.

La tête de ce buste nu qui est d'un fini parfait, offre cette physionomie idéale que les artistes grecs ont donnée aux statues athlétiques, et parfois à celles de Mercure. *Vil. Borg. portiq.* n° 27.

La tête est ceinte de cette bandelette que nous avons fait observer plusieurs fois. Les cheveux redressés sur le devant de la tête, comme à celle d'Hercule, sont un des caractères de la force.

309 TIBÈRE, *buste; marbre pentélique.*

Haut. 0,699 m. — 2 p. 1 p. 10 l.

Ce buste nu est remarquable par le mouvement de la tête. *Vil. Alb.*

310 MINERVE, DITE LA PALLAS DE VELLETRI, *statue colossale; marbre de Paros.*

Haut. 3,044 m. — 9 p. 4 p. 5 l.

La fille de Jupiter est représentée avec la beauté majestueuse qui convient au caractère de la sagesse, au génie des talens et des arts; rien de plus noble que sa pose sévère, ni de mieux imaginé que l'ample *peplum* qui, formant une riche draperie autour de ses membres, retombe jusqu'à ses pieds, et dont les plis, artistement variés, sont distribués tout-à-fait dans le goût de l'ancienne école grecque. La déesse est coîffée de son casque, armée de son égide, et elle devait avoir une lance à la main; mais son air doux et son regard tranquille semblent indiquer que les études et les ornemens de la paix ne lui sont pas moins chers que les combats.

Les draperies de cette belle statue sont travaillées avec une grande recherche; la partie de la tunique qui couvre le sein et retombe sur la ceinture, est d'une souplesse admirable, et sans nuire à l'ensemble, est très-riche de détails. Toute la partie gauche offre une belle chûte de plis bien combinés. C'est sans doute pour l'exactitude du costume que l'artiste a marqué la couture qui unit les deux parties de la tunique, et qu'on voit au-dessus de la petite houpe du bas de ce vêtement. On remarque au bord du peplum ce froncé qu'on ne trouve qu'aux draperies des statues du meilleur temps de la Grèce. L'égide ajustée avec élégance au haut de la tunique lui sert de bordure, et n'a pas la forme de manteau qu'on lui voit ordinairement. La chaussure très-simple, composée d'une triple semelle attachée avec deux bandelettes, est du genre de la *solea*. Les semelles étaient souvent, comme dans les chaussures thyrrhéniennes, faites de plusieurs morceaux de liége, et elles avaient jusqu'à deux pouces et demi de haut; telles étaient celles de la Minerve du Parthénon. (Voyez le Jupiter Olympien de M. Quatremère de Quincy, p. 244.) Les cheveux de la déesse sont traités avec goût, bien refouillés, et accompagnent la tête avec grâce. Le casque sans ornemens convient à la simplicité du reste du costume. Cette armure des Grecs, surtout dans les anciens monumens, diffère du casque des Romains par sa forme alongée et ovale, par les trous du *métopon* ou de la visière, et par la fente qui y est pratiquée. Ces casques se plaçaient sur le derrière de la tête; lorsqu'on voulait se servir de la visière, qui n'était pas mobile, on ramenait le casque en avant et on le rabattait sur les yeux. Plusieurs bas-reliefs, et surtout des peintures de vases très-anciens offrent des héros ayant la visière baissée de cette manière. Le casque de cette Pallas n'est pas muni de *genéiastères* qui se rabattaient sur les joues et servaient de mentonnière; il est aussi dépourvu de cimier. On en voit qui portent jusqu'à quatre aigrettes, et qui, ornés de sphinx, de chevaux ailés, sont surmontés de panaches en plumes ou en crins. Une peinture tirée d'un tombeau de Pestum, et conservée au Musée de Naples, offre des casques très-curieux, ornés de plusieurs aigrettes. Il y en a aussi de très-beaux dans les peintures des vases. M. le Comte de Forbin a rapporté de Milo, pour le Musée Royal, un casque en bronze doré; il est bien conservé. Ces monumens sont très-rares. On y voit les trous qui servaient à fixer la doublure ou bonnet de feutre dont le casque était garni. Les artistes trouveront une grande variété de casques grecs des plus belles formes dans les médailles de la grande Grèce. Il paraît que quelques parties de la Pallas de Velletri avaient été coloriées.

Cette statue fut trouvée en 1797, à dix lieues de Rome, dans le territoire de Velletri, parmi les débris d'une maison de Plaisance romaine. *Mus. Fr.* v. 2; M. Granger, dess.; M. Morace, grav. *Mus. Bou.* v. 1. *Mon. du Mus.* t. 1, pl. 7.

311 BAS-RELIEF rapporté sur un fond de marbre noir : ce sont des fragmens qu'on a réunis dans le même cadre pour mieux les conserver. Une des deux figures se fait reconnaître à sa pose pour la Muse Polymnie. Le volume

qu'elle tient dans la main droite a rapport aux ouvrages de mythologie ou de rhétorique. *Vil. Borg.* st. 2, n° 16.

H. 0,661 m. — 2 p. 0 p. 5 l.; larg. 0,500 m. — 1 p. 6 p. 6 l.

312 ANTINOÜS EN DIVINITÉ ÉGYPTIENNE, *buste; marbre grec dur.*

H. 0,740 m. — 2 p. 3 p. 4 l.

Quoique la coîffure de ce portrait soit propre aux figures égyptiennes, le style est grec, et la physionomie est celle d'Antinoüs, que tant de monumens nous ont rendue familière. Le costume de l'Égypte lui convient très-bien; il termina ses jours dans cette contrée, où la ville d'*Antinoopolis* perpétua son nom. *Musée du Vatican.* Trouvé à la Villa Adriana.

313 ANTINOÜS, *buste; marbre de Luni.*

Haut. 0,740 m. — 2 p. 3 p. 4 l.

C'est le même portrait que le précédent; mais celui-ci est encore plus remarquable par sa parfaite conservation et par l'excellence du ciseau. Voy. le n° 126. *Château d'Ecouen.*

Le travail des cheveux a quelque chose de ceux du buste de la *Villa Mondragone.*

314 JOUEUSE DE LYRE, *statue.*

Haut. 1,929 m. — 5 p. 11 p. 3 l.

La coîffure de cette femme jouant de la lyre annonce l'époque de Trajan et d'Adrien. La statue est donc le portrait d'une musicienne alors célèbre, dont le nom ne nous est pas parvenu. *Vil. Borg. portico*, n° 2.

315 ACTÉON, *sarcophage; marbre de Luni.*

H. 1 m. — 3 p. 0 p. 11 l.; larg. 3,042 m. — 9 p. 4 p. 4 l.

L'histoire mythologique du malheureux fils d'Aristée et d'Autonoé forme quatre compositions distinctes. Trois Nymphes, d'une proportion plus forte que le reste des figures, et deux griffons, soutiennent des guirlandes qui encadrent et séparent les deux compositions exécutées sur la face du monument. Le petit côté à gauche offre les préparatifs de la chasse; deux chasseurs vêtus de tuniques courtes, et portant des *cibises*, espèce de gibecières, donnent à manger à des chiens, et vont les découpler. Une gibecière, suspendue à un arbre, est peut-être une offrande au dieu Pan, dont la statue, tenant le pedum et une corbeille, est élevée sur un piédestal. Sur la face du sarcophage, on voit à la droite du spectateur Diane qui se baigne à la fontaine de Gargaphie, près de Platée, représentée par une figure couchée, et tenant une urne; deux génies répandent de l'eau sur la déesse; le chasseur Thébain, en la regardant, est changé en cerf. A la gauche, le héros imprudent devient la proie de ses chiens; un de ses amis veut en vain le secourir. Actéon, comme sur le théâtre grec, n'a de cerf que le bois. Des arbres, un hermès de Priape, marquent que la scène se passe à la campagne, et le mont Cythéron est indiqué par un homme couché sur des rochers. Le petit côté de droite offre Autonoé et la nourrice d'Actéon qui se lamentent de sa fin cruelle. Les Néréïdes, les Tritons et les animaux marins fantastiques qui ornent la partie supérieure du sarcophage se trouvent souvent sur les monumens de ce genre. Winckelmann regardait ce sarcophage comme un des plus beaux de Rome. Une des peintures les plus considérables de Pompéi offre la mort d'Actéon; on la voit aussi représentée sur des vases peints. *Vil. Borg.* st. 7, n°s 16 et 17.

316 ÉPICURE, *buste; marbre pentélique.*

Haut. 0,640 m. — 1 p. 11 p. 8 l.

Les succès de la secte épicurienne, à Rome, furent sans doute une des causes de la multiplicité des portraits qui nous restent de ce philosophe. *Vil. Borg. Mon. du Mus.* t. 2, p. 74.

317 ADRIEN, *buste; marbre pentélique.*

Haut. 0,595 m. — 1 p. 10 p.

Ce buste héroïque d'un Empereur, ami des arts et de la paix, a été trouvé dans les ruines de Gabies. *Mon. Gab.* n° 29.

318 NÉMÉSIS, *statue; marbre de Paros.*

Haut. 1,753 m. — 5 p. 4 p. 9 l.

La déesse de la Justice distributive se distingue dans ses images par l'attitude caractéristique du bras droit ainsi plié. Il présente la coudée, mesure la plus usitée dans l'antiquité, et prise allégoriquement pour la proportion du mérite et de la récompense. La plus grande partie de ce bras et antique et très-jolie. La corne d'abondance désigne dans la main de Némésis les biens que les dieux distribuent aux mortels qui sont l'objet de leur bienveillance; cependant ce n'est pas un des attributs ordinaires de cette déesse, à qui ont fait tenir à la main un frein ou une branche de frêne ou de pommier sauvage, dont le bois servait à faire des lances. La tête est antique et rapportée, et convient bien à la statue, quoiqu'on puisse lui désirer plus de sévérité et de caractère. *Mon. Gab.* n° 31. *Mus. Roy.* v. 1; M. David, dess.; M. Girardet, grav. *Mus. Bou.* v. 2.

La chevelure ainsi relevée par-derrière et nouée en masse alongée, se nommait *crobylus :* elle est très-fréquente dans les peintures des vases antiques. Il paraît qu'on appelait *scorpion* la coîffure dans ce genre des enfans et des jeunes filles. Phidias et son élève Agoracrite avaient fait pour Rhamnus, près d'Athènes, deux célèbres Némésis. Celle de Phidias avait une couronne ornée de Victoires et de cerfs.

319 HERCULE ENFANT, *statue; marbre de Paros.*

Haut. 0,500 m. — 1 p. 6 p. 6 l.

Le fils de Jupiter étrangle les serpens que Junon, sa marâtre, avait envoyés vers son berceau. *Vil. Borg.* st. 3, n° 5.

320 CIPPE sépulcral d'*Antonius Antéros* et de *Cassia Mélitène* sa sœur; il est orné de têtes de méduses et de béliers, de griffons, de guirlandes et d'autres sculptures. Le Dauphin, ainsi que la Néréïde de l'autre cippe, n° 303, a rapport au séjour des bienheureux dans les îles de l'Océan. *Gruter,* qui a publié l'inscription de ce tombeau, page 652, n° 7, la donne avec deux lignes de plus, que *Reinesius* avait justement regardées comme une imposture. *Vil. Borg.* st. 2, n° 12.

H. 0,904 m. — 2 p. 9 p. 5 l.; larg. 0,638 m. — 1 p. 11 p. 7 l.

321 URANIE ou L'ESPÉRANCE, *statue; marbre pentél.*

Haut. 2,056 m. — 6 p. 3 p. 11 l.

Le nom d'Uranie donné jusqu'ici à cette statue, n'est guères fondé que sur la couronne étoilée qui orne sa tête, et sur le volume qu'elle tient de la main droite; additions qui ont été faites par Girardon lorsqu'il restaura cette figure. Sa pose et le mouvement qu'elle fait en relevant de la main gauche le pan de sa tunique, pourraient faire conjecturer qu'elle représentait l'Espérance, que les anciens ont constamment figurée dans cette attitude. Le mouvement du bras gauche est assez indiqué par les plis de la draperie, qui est traitée avec beaucoup de goût. *Versailles. Mon. du Mus.* t. 1, pl. 40. *Mus. Bou.* v. 2. *Mus. Roy.* t. 2.

322 BAS-RELIEF *en marbre de Paros,* qui représente Prométhée formant les hommes : Minerve leur donne la vie sous l'emblême d'un pavillon. On voit sur la sellette du sculpteur un reste de la terre qui servit à modeler l'homme. *Vil Alb. Mon. du Mus.* t. 1, p. 14.

H. 0,550 m. — 1 p. 8 p. 4 l.; larg. 0,568 m. — 1 p. 9 p.

323 LA PROVIDENCE, *statue; marbre pentélique.*

Haut. 1,988 m. — 6 p. 1 p. 5 l.

Cette figure de femme tenant un globe de la main droite a un air plus majestueux et plus sévère qu'il ne conviendrait à une des filles de Mémoire. Des figures pareilles sur les médailles impériales sont désignées par les légendes comme des images de la Providence. Les draperies de cette statue sont très-belles. M. Visconti croit que le diadême dont sa tête est ornée est la *stlengis* dont parle Athénée. *Ancienne salle des antiques du Louvre. Mus. Roy.* v. 1; M. Granger, dess.; M. Avril, grav. *Mon. du Mus.* t. 4, pl. 62. *Mus. Bou.* v. 2.

324 BAS-RELIEF qui porte le nom latin de l'ancien artiste *Diaduménus*. On y voit Jupiter assis qui, s'entretenant avec Thétis, est surpris par Junon. Le travail de ce bas-relief est remarquable par sa finesse et par sa grâce.

Il tient beaucoup, surtout dans la figure de gauche, des monumens choragiques; cependant il est d'un travail plus large. Les poses des figures ont plus de mouvement, et les monumens choragiques n'offrent pas de figures de femmes aussi nues que l'est Thétis. Ce bas-relief est un des plus beaux du Musée Royal. *Mus. Fr.* v. 2; M. Molinchon, dess.; M. Avril fils, grav. *Mon. du Mus.* t. 1, p. 4.

H. 0,518 m. — 1 p. 7 p. 2 l.; larg. 0,568 m. — 1 p. 9 p.

325 CIPPE D'AMEMPTUS; *marbre pentélique.*

H. 0,954 m. — 2 p. 11 p. 3 l.; larg. 0,785 m. — 2 p. 5 p. épaiss. 0,480 m. — 1 p. 5 p. 9 l.

Cet autel sépulcral qui a couvert autrefois les cendres d'Amemptus, affranchi de Livie, est d'un excellent travail.

On doit y remarquer le joli masque de Silène dans le haut; un aigle qui a les ailes éployées; et dans le bas un concours de musique entre un centaure, une centauresse et deux enfans ou génies. Les poses en sont gracieuses. A leurs pieds on voit un rhyton et un vase. Les ornemens de ce beau cippe sont très-soignés; aux torches qui forment les angles sont suspendues des bandelettes de laine crue, nouées à des distances égales. Sur les côtés au-dessous des massacres de chevreuil, des oiseaux boivent dans de grands cratères. Sur le quatrième côté est une *anclabris*, table de sacrifice qui souvent était en bronze ou en métaux plus précieux : elle supporte un préféricule, une patère et un cou'eau de sacrifice. On trouve quelquefois dans les monumens antiques de petites terres cuites qui représentent de pareilles tables chargées de jolis vases. *Mon. du Mus.* t. 4, p. 40.

326 BACCHUS ET SILENE, *groupe.*

Haut. 0,758 m. — 2 p. 4 p.

Cette réunion de deux petites figures antiques est due à un artiste moderne qui a cru par ce moyen en augmenter l'importance. *Vil. Borg.* st. 6, n° 8.

327 CARACALLA, *bustes; marbre pentélique.*

Chacun a de hauteur 0,595 m. — 1 p. 10 p.

L'un de ces bustes est un portrait de cet Empereur dans son costume civil; l'autre le représente dans son costume militaire. *Vil. Borg.* st. 3, nos 27 et 28.

328 CINÉRAIRE DE CLODIUS.

Haut. 0,747 m. — 2 p. 3 p. 7 l.

Ce vase d'albâtre d'Égypte, couleur de miel, avait servi aux usages funéraires dans cette antique contrée, comme le témoigne l'inscription hiéroglyphique qu'on voit gravée sur l'une des faces. Le luxe des Romains l'employa pour y déposer les cendres d'un magistrat de la famille *Clodia*, qui probablement était le fils de Clodius, l'ennemi de Cicéron : l'inscription latine qu'on lit sur la face opposée en est la preuve. *Vil. Borg.*

329 TIBÈRE, *buste; marbre grechetto.*

Haut. 0,595 m. — 1 p. 10 p.

Le successeur d'Auguste est représenté avec la cuirasse et le *paludamentum.*

330 GORDIEN PIE, *buste; marbre de Luni.*

Haut. 0,552 m. — 1 p. 8 p. 5 l.

Il est dans le même costume que le buste précédent; la ressemblance est bien prouvée par la comparaison des médailles. Les bretelles qui soutiennent la cuirasse sont remarquables par leur grandeur et par les franges qui les ornent. *Vil. Borg.*

331 AUTEL TRIANGULAIRE, *orné de bas-reliefs astrologiques; marbre de Paros.*

H. 1,011 m. — 3 p. 1 p. 4 l.; larg. 0,720 m. — 2 p. 2 p. 7 l.

Ce monument curieux et rare, dont l'une des faces a été gravée dans les *Monumenti inediti* de Winckelmann, nº 11, et toutes les trois dans les *Monumenti Gabini,* page 223, représente trois signes du zodiaque personnifiés, la Vierge, le Scorpion et le Sagittaire avec les trois divinités, Cérès, Mars et Jupiter, qui, suivant l'opinion des payens, avaient leur domicile dans ces astres. Ce bas-relief a beaucoup souffert; mais tout ce qui est antique est d'un beau caractère et d'un très-bon travail.

L'autre autel, de marbre pentélique, plus petit et de la même forme, placé au-dessus, était consacré à Mars, dont les trois génies qui y sont sculptés portent les armes : on voit le long des angles de l'autel ces bandelettes de laine dont il a été question au nº 325. Cet autel, qui vient de Venise, a été gravé dans le *Musée Français*, vol. 4; M. Troquet, dess.; M. Texier, grav. *Mon. du Mus.* t. 4, p. 15.

Les têtes de bélier et tous les ornemens de cet autel, sont de très-bon goût; et le dessin, l'ajustement de ces génies tiennent à une très-bonne école.

H. 0,720 m. — 2 p. 2 p. 7 l.; larg. 0,597 m. — 1 p. 10 p. 1 l.

332 VASE GREC; *marbre de Paros.*

Haut. 0,677 m. — 2 p. 1 p.

Ce vase, ayant des anses décorées de quatre têtes d'oies et de quatre masques, est parfaitement de la même forme et orné de la même façon que plusieurs vases grecs en terre cuite, du genre de ceux qu'on appelle vulgairement *vases étrusques*. Huit figures sont sculptées autour du corps du vase : ce sont des personnages du cortége de Bacchus; un d'eux est habillé en Mercure, un autre en Diane, un troisième en Corybante. Ils préparent un sacrifice; et sur la base de l'autel on lit le nom du sculpteur athénien *Sosibius*, qui a exécuté le vase. Ce sculpteur n'est pas connu dans l'histoire des arts. *Vil. Borg.*

Le style de ce charmant bas-relief tient beaucoup de celui des monumens choragiques, sans être d'un caractère aussi ancien; et les poses de la plupart des figures sont très-gracieuses.

333 JAMBE droite d'une statue antique, en marbre grec, que quelque artiste du seizième siècle a fait ingénieusement servir de gaîne à une tête antique idéale.

Haut. 0,927 m. — 2 p. 10 p. 3 l.
La tête, 0,460 m. — 1 p. 5 p. de haut.

334 NÉRON, *buste; marbre de Paros.*

Haut. 0,622 m. — 1 p. 11 p.

Le dernier des Césars, de la race d'Auguste, a sur la tête la couronne radiée (*radiata*) dont il faisait usage, comme ses médailles nous l'attestent : au bas des rayons de cette couronne on remarque de petites cavités, ovales et carrées alternativement, où l'on avait sans doute enchâssé autrefois des pierreries. La manière dont les cheveux sont disposés sur le front est assez singulière, et ils forment une espèce de diadème. Le portrait de ce monstre n'est pas flatté comme dans la statue dont il est parlé ci-dessus, n° 30. Le buste, en marbre pentélique, est dû à une ancienne restauration. *Petit Trianon. Mus. Bou.* v. 2. *Mon. du Mus.* t. 3, p. 20.

335 ÉLIUS CÉSAR, *buste; marbre pentélique.*

Haut. 0,661 m. — 2 p. 0 p. 5 l.

Une certaine ressemblance de cette tête avec les portraits assurés du fils adoptif d'Adrien peut le faire reconnaître dans ce buste, qui est bien certainement le portrait d'un personnage romain de la même époque. *Vil. Borg.*

336 VASE D'ALBATRE.

Haut. 0,650 m. — 2 p.

Il est de la même matière et de la même conservation que le vase du nº 311, quoique la forme en soit différente; mais il n'offre pas d'inscription. *Vil. Borg.*

337 BUSTE ATTRIBUÉ A MACRIN; *marbre de Paros.*

Haut. 0,633 m. — 1 p. 11 p. 5 l.

L'envie qu'on a de rehausser le mérite des portraits antiques par des dénominations qui les assignent à des personnages connus, avait fait donner à ce buste celle de Macrin; mais la vérité est qu'il ne ressemble aux portraits de cet Empereur que par la coupe de la barbe. *Vil. Alb.*

338 ALEXANDRE-SÉVÈRE, *buste.*

Haut. 0,518 m. — 1 p. 7 p. 2 l.

La ressemblance de ce portrait avec ceux d'Alexandre-Sévère a plus de réalité; cependant on ne peut pas dire qu'il soit aussi certain que celui qui a été marqué du nº 198. *Vil. Borg.*

339 CIPPE DE FUNDANIUS VELINUS; *marbre pentélique.*

H. 1,146 m. — 3 p. 6 p. 4 l.; larg. 0,684 m. — 2 p. 1 p. 3 l.

Ce beau cippe ou autel sépulcral, orné de masques, de sphinx, de têtes de béliers, de festons et d'oiseaux, contenait les cendres de *P. Fundanius Velinus* de la tribu *Terentia*. Il était au Vatican et auparavant à la *Villa Mattei.*

Il est difficile de voir de la sculpture d'ornemens mieux traitée; elle est très-refouillée, et le travail du trépan lui donne beaucoup de légèreté et d'effet. Parmi les ornemens on distingue des sphinx, une belle tête de bélier, un aigle tenant un lièvre entre ses serres, et attaqué par un serpent. A la manière dont est détachée et évidée une couronne que tient un aigle, on pourrait croire qu'elle servait, comme des trous qu'on voit devant des tombeaux de Pompéi, à y placer des branches ou des fleurs dont on honorait les mânes.

340 ÉCORCHEUR RUSTIQUE, *groupe; marbre pentélique.*

Haut. 1 m. — 3 p. 0 p. 11 l.

Un rustre, vêtu d'une peau de brebis, s'applique à éventrer un chevreuil qu'il vient d'écorcher, et qu'il a suspendu par les pieds de derrière au tronc d'un arbre. La vérité et la naïveté de l'expression sont remarquables dans ce petit groupe que M. Visconti comparait à une idylle grecque. *Vil. Albani Mon. du Mus.* t. 4, pl. 34.

L'espèce de tunique de peau avec la laine dont est vêtu ce pâtre, peut être la *sisyra*, vêtement de cette espèce. Le temps et les restaurations ont fait disparaître en grande partie une large bande ou *sudarium*, dont est entourée la cuisse droite de ce personnage, et qui est nouée sur le devant. Des figures de gladiateurs d'un beau tombeau de Pompéi portent aussi à la cuisse droite des bandelettes qui pouvaient servir à plusieurs usages.

341 EUTERPE, *statue; marbre grec.*

Haut. 1,950 m. — 6 p.

Cette figure de Muse se fait remarquer par la simplicité de la pose et par le beau jet des draperies, surtout dans la partie supérieure du corps; car celles au-dessous de la ceinture sont d'un mauvais effet, et ne laissent rien soupçonner de la beauté des formes. Les flûtes qui lui donnent le caractère d'Euterpe sont modernes. *Vil. Borg.* st. 1, nº 5.

342 BAS-RELIEF choragique. Les trois choristes sont déguisés en Apollon, Diane et Latone.

H. 0,588 m. — 1 p. 9 p. 9 l.; larg. 0,588 m. — 1 p. 9 p. 9 l.

Ce bas-relief par sa conservation, la simplicité des poses et par les costumes, est un des plus précieux monumens choragiques du Musée Royal. Plusieurs de ces bas-reliefs appartenaient à la même composition. La figure d'Apollon est pleine d'élégance, et sa grande chlamide lui donne beaucoup de noblesse. Ces personnages portent des bracelets aux bras et aux deux poignets. On a dû remarquer que, dans la plupart de ces bas-reliefs, les doigts des mains ouvertes sont recourbés en arrière; était-ce faute de savoir mieux faire, ou y trouvait-on une certaine grâce, l'indication d'une main délicate? Les étoffes à petits plis en travers et à larges bandes en long, ont déjà été observées.

343 CUVE *de porphyre brêché.*

H. 0,699 m. — 2 p. 1 p. 10 l.; long. 2,302 m. — 7 p. 1 p.; larg. 1,126 —. 3 p.-5 p. 7 l.

Les taches vertes qui varient la teinte pourpre du fond rendent la matière de cette cuve plus rare et plus précieuse. On n'y voit d'autres ornemens que quatre anneaux sculptés sur les deux faces. Ces cuves, destinées primitivement au luxe des thermes romains, étaient employées quelquefois à l'usage de cercueils. *Vil. Borg.*

SALLE DE LA MELPOMÈNE.

Le pavé de cette salle est orné de mosaïques. Les principales ont été exécutées à Paris par M. Belloni, qui y a employé une grande variété de marbres, comme dans les mosaïques antiques. On y voit représenté un tableau allégorique. Minerve, la déesse de la Valeur et de la Sagesse, est montée sur son char. La Paix et l'Abondance la suivent; des figures de Fleuves et d'autres accessoires enrichissent les encadremens. Les mosaïques qui sont devant le piédestal de la Melpomène, sont antiques. Les petits piédestaux sont en marbre noir et blanc, nommé grand antique, en granit rose et gris; les grands sont de brocatelle.

344 ISIS, *buste; basalte des antiquaires.*

Haut. 0,798 m. — 2 p. 5 p. 6 l.

On distingue la déesse de l'Égypte à sa coiffure distribuée en boucles parallèles. Cet ouvrage de marbre noir antique n'appartient pas aux arts primitifs de cette contrée célèbre; le style de la sculpture se ressent de l'Ecole grecque. *Ancienne Collection de la Couronne. Mon. du Mus.* t. 4, p. 55.

345 ADORANTE, *statue, en porphyre.*

Haut. 2,044 m. — 6 p. 3 p. 6 l.

Cette figure, exécutée avec un art et une finesse qui étonneraient, même dans le marbre ou dans une matière moins dure que le porphyre, avait, suivant l'usage de la sculpture *polychrôme,* la tête et les extrémités d'une autre matière. On les a restituées en marbre statuaire; la tête qu'on a rapportée est antique. Les anciens, dans l'acte de l'adoration, tournaient plusieurs fois sur eux-mêmes. La pose de cette figure, le mouvement de ses draperies, pourraient faire penser que l'artiste a voulu exprimer le moment où l'Adorante cesse de tourner. La draperie de pourpre indiquée par le porphyre peut faire conjecturer que cette statue était originairement le portrait d'une Impératrice. Les épouses des Césars aimaient à se faire représenter sous les emblêmes de la Piété. Voyez ci-dessus n° 298. *Vil. Borg.* st. 8, n° 6.

346 BAS-RELIEF représentant un sacrifice bachique, célébré par un Faune et par un silène.

H. 0,509 m. — 1 p. 6 p. 10 l.; larg. 0,509 m. — 1 p. 6 p. 10 l.

347 LE NIL, *buste; granit noir.*

Haut. 0,893 m. — 2 p. 9 p.

Des épis de blé entrelacés avec des fleurs de lotus et d'autres plantes marécageuses forment la couronne du Fleuve; et des dauphins demi-cachés dans sa barbe ondoyante, le caractérisent pour le Nil que ces poissons remontent, et que les anciens avaient l'usage de représenter en sculpture avec des marbres et des pierres de couleur brune. La tête qui est seule antique, est en effet d'un granit noir d'Egypte; mais le style est grec.

348 MELPOMÈNE, *statue colossale; marbre pentélique.*

Haut. 3,927 m. — 12 p. 1 p.

Cette figure de douze pieds, une des plus fortes de toutes celles que les siècles ont respectées, représente la Muse de la Tragédie, vêtue de la même tunique à longues manches, et ceinte de la même ceinture, mais moins large, que la Melpomène sculptée sur le bas-relief des neuf Muses, n° 306. Elle a de plus une chlamide rejetée sur le dos et rattachée à la ceinture d'une manière tout-à-fait pittoresque. Plus on examine ce colosse, plus on est étonné de la grâce que l'habile artiste a su donner à la physionomie de cette fille de Mémoire. Vue du côté gauche, elle offre un très-beau mouvement de draperies. Le masque d'Hercule est moderne.

Cette statue avait orné probablement le théâtre de Pompée : elle était restée dans la cour du palais du cardinal *Riario*, bâti sur les dessins du *Bramante*, dans l'emplacement de ce théâtre, et devenu ensuite l'hôtel de la Chancellerie apostolique. *Mus. Fr.* v. 4; dess. et grav. par M. Châtillon. *Mus. Bou.* v. 1. *Museo Pio Clem.* v. 1. *Mon. du Mus.* t. 1, pl. 30.

349 FRAGMENT DE BAS-RELIEF *en marbre de Paros*, et qui semble avoir appartenu à un arc de triomphe élevé en l'honneur de Trajan. Le barbare qui se bat est entièrement dans le costume des Daces sculptés sur les bas-reliefs de la colonne Trajane. *Mon. du Mus.* t. 4, p. 77.

H. 0,848 m. — 2 p. 7 p. 4 l.; larg. 0,888 m. — 2 p. 8 p. 10 l.

Les détails du casque sont très-beaux et très-soignés; on y distingue bien les charnières des gardes-joues et les plumes courtes.

du cimier. Les deux tuniques à manches longues et à manches courtes caractérisaient les barbares, comme nous l'avons vu, et les hutes coniques couvertes en roseaux servaient d'habitations aux Germains et à d'autres peuples peu civilisés. Ce bas-relief est d'un beau caractère.

350 DEUX SPHINX *de basalte,* dont les plinthes offrent des lignes d'hiéroglyphes, sont placés aux deux côtés de la grande niche. *Vil. Borg.*

Chacun a de h. 0,785 m. — 2 p. 5 p.; long. 1,516 m. — 4 p. 8 p.; larg. 0,442 m. — 1 p. 4 p. 4 l.

351 SÉRAPIS, *buste; marbre noir antique.*

Haut. 1,040 m. — 3 p. 2 p. 5 l.

Les images de ce dieu d'Alexandrie que l'on confondait avec Jupiter et avec Pluton, étaient exécutées en matières de couleurs brunes. Nous savons que le *modius* ou boisseau était un attribut de Sérapis et un symbole de richesse. Le nom grec de Pluton dérive de celles que ce dieu souterrein cache dans les entrailles de la terre.

352 ISIS, *statue de marbre noir.*

Haut. 1,412 m. — 4 p. 4. 2 l.

Cette figure, du style de l'Ecole grecque, a été exécutée en marbre noir pour les draperies; la tête, les bras et les bouts des pieds qui étaient perdus, ont été restaurés en marbre statuaire : dans l'antique ces parties étaient probablement de la même matière. Les draperies noires étaient propres à Isis; mais ce qui caractérise encore mieux cette déesse, suivant une remarque de Winckelmann, c'est le nœud qui réunit sur la poitrine les bouts du manteau égyptien à franges, appelé *calasiris;* et il paraît que le nœud se nommait *calassis.* Le mantelet qui sert de voile à cette figure est détaché de la robe; ce qui est rare.

353 AUTEL consacré à Diane. *Maffei* a publié l'inscription, *Museum Veronense*, page 266. Cet autel, et celui du n° 356, découverts probablement en même temps, ornaient autrefois les jardins de Sixte-Quint.

H. 0,900 m. — 2 p. 9 p. 3 l.; larg. 0,507 m. — 1 p. 6 p. 9 l.

354 NÈGRE, *statue; marbre noir antique, et albâtre oriental fleuri.*

Haut. 1,663 m. — 5 p. 1 p. 6 l.

Les esclaves nègres faisaient partie du luxe des Romains, et ont été représentés par les anciens statuaires. On ne peut que louer le sculpteur moderne qui, en restaurant ce fragment précieux d'albâtre fleuri, appartenant à une statue du genre de la sculpture *polychrôme*, en a fait par la restauration un nègre richement habillé. Les cheveux bouclés sont imités de ceux d'une statue antique qui était jadis dans les jardins de Sixte-Quint à Rome. *Vil. Borg.* st. 8, n° 7.

Les étoffes rayées de plusieurs couleurs étaient du costume des barbares. La statue du Nègre rappelle les robes de couleurs changeantes que l'on voit dans les peintures antiques; chez les Grecs et les Romains il n'y avait que les hommes et les femmes d'une vie déréglée qui portassent des étoffes à fleurs. On en revêtait cependant les statues des dieux.

Dans le piédestal on voit un bas-relief en marbre grechetto représentant trois Nymphes. *Mon. du Mus.* t. 2, p. 41.

H. 0,570 m. — 1 p. 1 p. 8 l.; larg. 0,361 m. — 1 p. 1 p. 4 l.

355 DIEU ÉGYPTIEN, *demi-figure; basalte.*

Haut. 0,769 m. — 2 p. 4 p. 5 l.

Le petit serpent qu'on remarque sur la coiffure de cette figure, était en Egypte un symbole des divinités, et fait voir que le sujet de ce beau fragment de basalte noir n'est pas un prêtre, mais un dieu de cette contrée, vraisemblablement Osiris.

Ce fragment offre les caractères de l'ancien style égyptien; les yeux à fleur de tête et applatis, fendus, peu cuverts, et n'étant pas tout-à-fait en droite ligne; le nez est déprimé; les coins de la bouche sont relevés, et les lèvres saillantes, fermées, sont bordées d'une ligne marquée; les oreilles sont placées très-haut, ce qui rend l'angle facial assez aigu; le menton a peu de saillie, et est ravalé; les bras sont attachés au corps, et les contours se rapprochent de la ligne droite; la poitrine est plate. Le travail de cette figure, exécutée dans une matière très-dure, est remarquable. Les Égyptiens ne portèrent jamais à un haut degré l'imitation des belles formes, ce qui tint à des idées religieuses et à l'écriture hiéroglyphique; mais on trouve dans leurs ouvrages beaucoup d'adresse et de finesse d'exécution jointes à une grande pratique.

356 AUTEL dont les côtés sont ornés de bas-reliefs relatifs à la chasse. D'un côté on voit un cerf poursuivi par un chien, de l'autre un chasseur qui a entortillé sa chlamide autour de son bras, et qui, un épieu à la main, attend un sanglier. L'inscription qu'on lit sur le devant porte que cet autel était consacré aux Forces (*Viribus.*) *Gruter*, p. 89, nº 9. Voy. le nº 353.

Haut. 1,029 m. — 3 p. 2 p.

357 ISIS NEÏTH, *buste; gris antique.*

Haut. 0,690 m. — 2 p. 1 p. 6 l.

Cette déesse adorée à Saïs, sous le nom de *Neïth*, était confondue par les Grecs avec leur Minerve. C'est ce rapport que le sculpteur grec a voulu faire sentir en plaçant une chouette, symbole de Minerve, sur le piédouche d'un buste de marbre noir que la coiffure et la draperie ou *calasiris* égyptienne devaient faire reconnaître pour Isis. La figure de l'idole, détruite autrefois, probablement par haine pour les superstitions des payens, a été restaurée. Le voile est détaché de la robe, comme nous l'avons déjà fait observer. *Vil. Borg.* st. 8, nº 12. *Mon. du Mus.* t. 4, p. 55.

SALLE DE L'ISIS
OU
DES MONUMENS ÉGYPTIENS.

Quatre colonnes de brocatelle d'Espagne sont placées aux quatre coins de la salle, et supportent de petites statues égyptiennes, dont la plus remarquable est une ISIS à tête de lionne en basalte noir.

Haut. 0,460 m. — 1 p. 5 p.

Un disque, emblème de la lune, surmonte sa coiffure. La déesse tient à la main le *tau* ou croix ansée, emblème que l'on a pris pour un indice des crues du Nil, pour un instrument d'agriculture, pour le signe de la régénération des êtres et de la nature; pour la division de l'année en trois saisons, et que M. de Caylus et d'autres antiquaires croient être une clef qui avait été donnée à Osiris et à Isis, comme on en donnait chez les Grecs à plusieurs divinités, pour indiquer que celles de l'Egypte avaient la garde du Nil, et que c'était elles qui, en réglant les inondations de ce fleuve, ouvraient et fermaient, pour ainsi dire, les sources de la fertilité de l'Egypte. Les statues de divinités égyptiennes avec des têtes d'animaux sont très-rares. Montfaucon a publié ce monument. *Vil. Borg.* st. 8, n° 8. *Mon. du Mus.* t. 4, p. 100 et suivantes.

358 FIGURE ÉGYPTIENNE DEBOUT, *statue; marb. grec.*

Haut. 0,297 m. — 11 p.

Cette petite figure de femme, dont la draperie ornée d'hiéroglyphes forme une espèce de tablier, appartient par le style à l'ancienne école égyptienne, et est remarquable par la finesse de l'exécution. Elle est placée sur une gaîne antique d'albâtre fleuri, formée d'une tête et d'une patte de panthère.

359 ISIS, *statue; noir antique.*

Haut. 2,410 m. — 7 p. 5 p.

Cette figure presque colossale, d'une parfaite conservation, et dans le style grec, fut trouvée à la *villa*

Adriana dans le siècle dernier ; on l'a vue autrefois dans le Musée du Capitole, où cependant elle n'avait pas la tête antique, que l'on a dernièrement restituée. *Mon. du Mus.* t. 4, p. 51.

Les artistes grecs établis en Egypte sous les Ptolémées, en conservant aux figures égyptiennes une partie de leurs formes et de leurs poses, y firent pourtant de grands changemens, et donnèrent aux têtes un caractère mêlé de grec et d'égyptien ; ils firent aussi des changemens aux draperies qui, dans les statues d'ancien style sont à petits plis ou rayées dans certaines parties, et dans d'autres si justes au corps et si minces, qu'elles en suivent toutes les formes, et que souvent ce n'est qu'au bas des jambes que l'on s'aperçoit que les figures sont vêtues. Du temps d'Adrien on imita beaucoup les statues égyptiennes d'ancien style, mais avec quelques altérations, en rectifiant le dessin et en leur donnant plus de mouvement. La poitrine des hommes est plus relevée que dans les figures d'ancien style ; la taille est moins svelte vers les hanches, et les articulations sont plus prononcées; les yeux sont enchâssés ; les pieds ont bien à-peu-près la même position que dans les anciennes figures, mais ils sont, ainsi que les mains, d'un bon dessin.

Dans le piédestal de l'Isis on a encastré un bas-relief de grès très-dur, offrant deux figures qui semblent être les portraits de deux personnages égyptiens. Ce bas-relief tient à l'ancien style; les oreilles sont très-élevées. Le costume se retrouve sur plusieurs caisses de momies. L'écriture hiéroglyphique qui accompagne ces figures est très-nette. Ce bas-relief a été acquis à Aix avec la statue du n° 360.

H. 0,839 m. — 2 p. 7 p. ; larg. 0,559 m. — 1 p. 8 p. 8 l.

360 FIGURE ÉGYPTIENNE A GENOUX, *statue en basalte noir*, dont la plinthe est chargée d'hiéroglyphes, et placée sur une gaîne pareille à la précédente, dont une partie est en marbre, et le haut en granit rose.

Ces deux gaînes ont de h. 1,394 m. — 4 p. 3 p. 6 l.

361 PRÊTRE ÉGYPTIEN, *statue*.

Haut. 1,394 m. — 4 p. 3 p. 6 l.

Ce personnage est à genoux assis sur ses talons, les

mains posées sur les cuisses, position qui se retrouve souvent dans les figures égyptiennes. Cet ouvrage, d'une parfaite conservation, est exécuté dans une pierre jaunâtre fort dure qui est le *saxum arenaceum* de M. Wad (*Fossilia Ægyptiaca*, n° 398). Il nous donne une idée du plus haut point où l'art statuaire se soit élevé chez les Égyptiens; on y retrouve tous les caractères de l'ancien style. La coiffure lourde et qui enveloppe les cheveux, appartient à cette époque. Les proportions des parties de cette figure sont exactes, les indications des os et les articulations sont justes. Dans les figures de ce style, les pieds sont larges et écrasés; les articulations des doigts ne sont marqués ni aux pieds ni aux mains, et les ongles ne sont indiqués que par un trait. Le caractère national se montre particulièrement dans le visage et dans l'élévation des oreilles. Les hiéroglyphes qui couvrent la plinthe et le pilastre contre lequel est appuyée la figure, sont faites avec assez de finesse pour une pierre aussi dure et d'un grain très-grossier. Ce monument, qui faisait partie du cabinet de M. Sallier à Aix en Provence, a été acquis pour le Roi par les soins de M. le comte de Forbin. On a encastré dans le piédestal un bas-relief égyptien tiré des fragmens d'un obélisque qui fut trouvé jadis à Rome dans les environs du même temple d'Isis et de Sérapis, dont on a fait mention au n° 249. On y voit l'épervier sacré, symbole d'Osiris et du Soleil; le globe et les serpens qui sont fréquens dans les hiéroglyphes.

H. 0,749 m. — 2 p. 3 p. 8 l.; larg. 0,500 m. — 1 p. 6 p. 6 l.

362 BAS-RELIEF grec représentant les combats de Bacchus contre les Indiens, que l'on reconnaît à leurs éléphans de guerre. *Vil. Borg.*

H. 1,451 m. — 4 p. 4 p. 8 l.; larg. 1,561 m. — 4 p. 9 p. 8 l.

363 STATUE ÉGYPTIENNE *en basalte vert*, qui paraît

représenter un prêtre. Elle tient au style d'imitation, et une partie est moderne. La gaîne à tête de griffon est en granit gris. *Vil. Borg.* st. 8, nº 4.

Haut. 0,530 m. — 1 p. 7 p. 7 l.

364 STATUE ÉGYPTIENNE *en basalte noir.* Cette pose est très-fréquente dans les statues égyptiennes.

Haut. 0,451 m. — 1 p. 4 p. 7 l.

365 THALAMÉPHORE, *statue; granit noir.*

Haut. 1,449 m. — 4 p. 7 p. 2 l.

Une femme consacrée au culte égyptien est le sujet de cette statue de granit noir à taches blanches et d'un très-beau style; elle porte un de ces petits temples (*thalamos*) usités dans les pompes ou processions, dans l'intérieur duquel on voit une idole de Sérapis debout. Le pilier qui sert d'appui à la statue est couvert d'hiéroglyphes sur deux côtés. Ce monument a été déterré, ainsi que le nº 372, à Saint-Eustache, où le pilastre de la statue formait une marche. Le piédestal est orné d'un autre fragment du même obélisque, dont on a fait mention au nº 361, et qui offre un épervier et deux poissons.

366 BAS-RELIEF grec représentant l'enlèvement de Proserpine. *Vil. Borg.*

H. 0,440 m. — 1 p. 4 p. 5 l.; larg. 1,446 m. — 4 p. 5 p. 5 l.

367 THALAMÉPHORE A GENOUX, *statue; basalte noir.*

Haut. 1,674 m. — 5 p. 1 p. 10 l.

Cette figure à genoux porte dans ses mains un petit trône sur lequel trois idoles sont assises. Ce monument fut trouvé dans le siècle dernier le long de la voie flaminienne, à environ dix lieues de Rome. Parmi les hiéroglyphes dont est chargé ce monument, on distingue des animaux gravés avec une grande délicatesse. *Vil. Alb.*

368 ÉPERVIER *en marbre noir.*

Haut. 0,530 m. — 1 p. 7 p. 7 l.

Cet oiseau qu'on trouve représenté sur beaucoup de monumens égyptiens, était un emblême d'Osiris et du Soleil. La gaîne qui supporte cet épervier est en marbre grec veiné.

369 ISIS, *statue ; basalte.*

Haut. 2,491 m. — 7 p. 8 p.

Cette figure, de dimensions encore plus fortes que celle du n° 359, est loin d'être aussi bien conservée. On l'a tirée des jardins de Versailles; le style se ressent des écoles grecques.

Trois inscriptions hiéroglyphiques sont encastrées dans le piédestal.

370 CYNOCÉPHALE *en basalte vert.*

Haut. 0,480 m. — 1 p. 5 p. 9 l.

Cette espèce de singe ou de babouin à longue queue et à tête de chien, d'où lui est venu son nom, était consacré à la Lune. On croyait qu'il se revêtait des peaux des animaux qu'il tuait, et dont il enlevait le poil. C'est cette espèce de manteau qu'on lui voit, et que Martial comparait au *bardocucullus* des Gaulois. *Vil. Alb.* Winckelm. *Hist. de l'art,* édition de Carlo Fea, v. 1, p. 88. La gaîne sur laquelle est placé ce cynocéphale est en marbre grec veiné.

371 FIGURES ÉGYPTIENNES, *groupe ; granit rose.*

Haut. 0,879 m. — 2 p. 8 p. 6 l.

Ces deux statues, moindres que nature, sculptées dans le même bloc, représentent un homme et une femme. Les hiéroglyphes qui sont grossièrement gravés sur différentes parties du groupe, apprenaient sans doute à ceux qui savaient lire l'écriture sacrée, les noms de ces deux personnages. Il semble par le style du monument qu'ils ont vécu à une époque où l'art statuaire des Egyptiens était dans la décadence. L'un des deux tient un sistre ; ils sont vêtus de ces étoffes rayées que nous avons déjà fait observer.

372 FIGURE ÉGYPTIENNE DEBOUT, *statue; basalte.*

Haut. 1,340 m. — 4 p. 1 p. 6 l.

Cette figure est toute antique, quoique la tête soit rapportée, et elle a les caractères de l'ancien style égyptien. Quant au sujet, il n'est pas plus aisé de le déterminer que celui du nº 374. Voy. le nº 375.

Un fragment d'obélisque découvert à Rome, dans l'île du Tibre, orne le piédestal.

Cette figure tient un sistre. Cet instrument, qu'on voit sur les monumens égyptiens, était ordinairement en bronze de sept à huit pouces de long ; il était de forme éliptique dans le haut, resserré vers le milieu, et terminé carrément dans le bas, où était un manche pour le tenir. Quatre ou cinq petites tringles de métal le traversaient dans sa partie inférieure ; elles étaient terminées par un crochet, et pouvaient se mouvoir ; en agitant le sistre, elles produisaient un son aigu qui, dans les cérémonies, se mêlait à celui de la flûte, nommé *chnoue*, et du *tibuni*, tambour de basque. Le sistre, à ce qu'il paraît, était un des emblêmes du système du monde ; il était consacré à Isis, et ordinairement surmonté de sa figure, de celle du dieu Ælurus ou du dieu Chat, et de Nephthys, femme de Typhon et mère d'Anubis. Ce bas-relief, d'ancien style égyptien, prouverait que Winckelmann s'est trompé en avançant que l'on ne trouvait de sistre que dans les monumens égyptiens de la dernière époque, telle que la table isiaque. Les peintures isiaques de Pompéi offrent plusieurs sistres, mais elles sont modernes auprès de ce bas-relief.

373 BAS-RELIEF grec représentant Jason qui dompte les taureaux de Colchos, et épouse Médée. *Vil. Borg.*

H. 0,661 m. — 2 p. 0 p. 5 l.; larg. 1,809 m. — 5 p. 6 p. 10 l.

374 FIGURE ÉGYPTIENNE ACCROUPIE, *statue; granit noir.*

Haut. 0,879 m. — 2 p. 8 p. 6 l.

Cette statue, de grandeur naturelle, d'ancien style

égyptien, est d'une grande intégrité et la tête d'un assez beau caractère. On ne peut déterminer avec certitude si les figures représentées dans cette pose sont des portraits de personnes réelles, ou des images de ces génies qui étaient censés accompagner les grandes divinités de l'Egypte. On a donné pour piédestal à cette statue un autel en marbre de Paros, orné de guirlandes et de bucranes d'ancien style grec, et qui paraît avoir été consacré à Bacchus. Il a été apporté de l'île de Délos, et acquis pour le Roi avec les morceaux des nos 359 et 361.

Haut. 0,975 m. — 3 p.

375 DEUX SPHINX *de basalte noir* sont élevés des deux côtés de la porte, ainsi que deux autres statues égyptiennes, ouvrages modernes. L'une en parangon représente Osiris. *Vil. Borg.* st. 8, nº 2; l'autre qui représente Isis, enveloppée des ailes qu'on donnait aux divinités égyptiennes, est du même marbre, à l'exception des chairs, qui sont exécutées en albâtre. *Vil. Borg.* st. 8, nº 10.

Hauteur des statues 1,632 m. — 5 p. 0 p. 3 l.
H. des sphinx 0,579 m. — 1 p. 9 p. 5 l.; long. 1,146 m. — 3 p. 6 p. 4 l.

Les sphinx égyptiens diffèrent de ceux des Grecs en ce que ceux-ci ont ordinairement des ailes : on en trouve aussi avec des têtes d'hommes barbus. Les sphinx d'Égypte, surtout ceux d'ancien style, ont quelquefois des mains d'homme; la partie de derrière est mâle; et ils ont le sein de la femme. Ils sont aussi en général coiffés comme les statues des divinités égyptiennes à formes humaines.

376 ISIS, *statue; granit gris de l'île d'Elbe.*

Haut. 1,489 m. — 4 p. 7 p.

Cette figure est une imitation moderne des statues égyptiennes d'Isis. Dans les figures égyptiennes d'ancien style, les femmes ont la taille très-fine vers les hanches, et les seins très-saillans. *Vil. Borg.* st. 8, nº 1.

Un second fragment de l'obélisque dont on a fait mention au nº 365, orne le piédestal.

377 BAS-RELIEF représentant Bacchus et sa suite, trouvant dans l'île de Naxos Ariadne abandonnée par Thésée. *Vil. Borg.*

H. 0,617 m. — 1 p. 10 p. 10 l.; larg. 1,699 m. — 5 p. 2 p. 9 l.

378 GRAND AUTEL DES DOUZE DIEUX, *marbre pentél.*

Haut. 2,089 m. — 6 p. 5 p. 2 l.

Ce bel ouvrage de l'ancienne école attique ou éginétique, pris par erreur pour travail étrusque, est entièrement dans le style des monumens choragiques. Les bas-reliefs qui ornent chacune des trois faces sont distribués sur deux bandes.

Les figures qui remplissent la bande supérieure sont les douze grands dieux de la religion grecque, quatre sur chaque pan de l'autel; on voit d'abord Jupiter, Junon, Neptune, Cérès et Vesta; ces cinq grandes divinités étaient enfans de Saturne; celles qui suivent avaient Jupiter pour père. Mercure, remarquable par la longue barbe qu'on lui donnait dans les monumens d'ancien style, et par ses grandes talonnières. Vénus se reconnaît à la colombe qu'elle tient à la main; elle est entièrement vêtue ainsi qu'on l'a représentait dans les premiers temps de l'art; elle est auprès de Mars. Viennent ensuite Apollon, vêtu de la robe longue, comme nous l'avons déjà vu; la partie supérieure, restaurée autrefois, n'est pas dans le caractère que nous offre des monumens choragiques; Diane, à qui on ne donnait pas encore la tunique courte des chasseurs, est près d'Apollon. A côté d'elle on voit Vulcain qui tient des tenailles; il présidait aux arts, ainsi que Minerve, avec qui il paraît s'entretenir. Les figures de la bande inférieure sont plus grandes, au nombre de neuf seulement, trois de chaque côté. Sur la première face, ce sont les trois Grâces qui dansent ; elles sont vêtues comme on les représentait encore du temps de Socrate. Ici elles n'ont aucun attribut ; on leur faisait tenir ordinairement à la main un dé, une rose et une branche de myrte ; ces figures sont très-belles. Sur la seconde bande, les trois Heures ou Saisons de l'année, dont l'une a dans la main des feuilles, l'autre une fleur, la troisième des fruits. Ces trois saisons, nommées par les anciens Grecs *Eunomie, Irène* et *Dicé*, étaient le Printemps, l'Automne et l'Hiver. Celle qui tient une feuille, et qui est la dernière à gauche de cette bande, est d'une grande beauté, et peut-être la plus remarquable des figures de ces bas-reliefs. Enfin sur la dernière bande on voit trois déesses sans autres symboles que des sceptres dans leurs mains droites, et leurs mains gauches ouvertes. Ce sont probablement les *Illythies*, déesses qui présidaient à la naissance des humains, et que l'on confondait quelquefois avec les trois Parques.

Tout est curieux dans ce beau monument ; les draperies y sont d'une grande richesse, et elles offrent dans leurs plis les particularités que nous avons fait observer dans les monumens choragiques ; les coiffures élevées sont du même genre que celles de ces monumens. On doit aussi remarquer que ces bas-reliefs, ainsi que ceux de la cella du Parthénon, n'ont que peu de saillie, on n'a pas même cherché à indiquer les plans par la dégradation des reliefs ; il y avait peu d'ombres portées, ou elles étaient très-douces, ce qui donnait à ces bas-reliefs un effet très-harmonieux, et en faisait des espèces de tableaux ou de camées qui restaient bien à leur place, et ne l'emportaient pas en vigueur de lumière et d'ombre sur les parties d'architecture dont ils faisaient l'ornement. Ce monument a été gravé et expliqué dans le sixième volume du *Museo Pio Clem.* pl. B, et dans les *Mon. Gab.* p. 209, pl. A, B, C. Winckel. dans ses *Mon. inéd.* fig. 15, donne un des côtés de cet autel, mais d'une manière très-inexacte.

Le grand vase en forme de cratère qui surmonte l'autel, est de marbre *pavonazetto* (le marbre *phrygien* ou *synnadique* des anciens) ; le bord est décoré de masques bachiques ; la manière dont plusieurs ont les cheveux relevés sur le devant, se nommait *onckos*. Les masques des jeunes gens avaient des cheveux blonds; ceux des personnages affligés des cheveux épars.

Haut. 1,579 m. — 4 p. 10 p. 4 l.

379 VÉNUS, *statue; marbre pentélique.*

Haut. 1,852 m. — 5 p. 8 p. 5 l.

Cette Vénus a beaucoup de rapport avec celle d'Arles. La déesse paraît arranger sa chevelure et se disposer à entrer au bain; elle porte au bras et au poignet gauches le *spinther* et l'*épicarpe*.

380 VÉNUS, *statue; marbre de Paros.*

Haut. 1,857 m. — 5 p. 8 p. 7 l.

Cette Vénus, par sa pose et ses accessoires, ressemble à celle du Capitole, et en est une imitation antique. *Vil. Borg.* st. 5, n° 5.

SALLE DE LA PSYCHÉ.

Les panneaux des piédestaux de cette salle sont en très-beau porphyre rouge; les cippes des bustes et des petites statues sont en marbre serancolin.

381 AUTEL DES DOUZE DIEUX, *marbre pentélique.*

Sur un autel antique de forme cylindrique, orné de bas-reliefs qui représentent des Bacchantes, est placée la partie supérieure d'un autel rond, découvert à Gabies, et consacré aux douze divinités principales de la religion des Grecs et des Romains. Leurs bustes sont sculptés en bas-relief sur le bord horizontal. Voici l'ordre dans lequel ils se trouvent: 1° Jupiter, distingué par la foudre; 2° Minerve; des chouettes ornent son casque; 3° Apollon; 4° Junon avec son sceptre; 5° Neptune avec son trident; 6° Vulcain: on le reconnaît à son bonnet; 7° Mercure avec son caducée; 8° et 9° Vesta et Cérès sans aucun symbole; 10° Diane : le carquois est son attribut; 11° et 12° Mars et Vénus que l'Amour réunit.

La surface verticale du même bord est ornée des douze signes du zodiaque, et des symboles des divinités qui étaient censées avoir, pour ainsi dire, le domaine du mois que chaque signe indique (*tutela mensis*); ainsi : 1° la colombe de Vénus répond au bélier pour le mois d'avril; 2° le trépied d'Apollon est près du taureau pour le mois de mai; 3° la tortue de Mercure suit les gémeaux pour le mois de juin; 4° l'aigle de Jupiter répond au cancer pour le mois de juillet; 5° le panier (*calathus*) de Cérès répond au lion (août); 6° le bonnet de Vulcain entouré d'un serpent, à la Vierge (septembre); 7° la louve de Mars à la balance (octobre); 8° le chien de Diane au scorpion (novembre); 9° la lampe de Vesta au sagittaire (décembre); 10° le paon de Junon au capricorne (janvier); 11° les dauphins de Neptune au verseau (février); 12° la chouette de Minerve aux poissons (mars.)

Ce monument, rare et curieux pour l'érudition, est gravé dans les *Mon. Gab.* nos 16 et 17.

382 PERSONNAGE ROMAIN INCONNU, *buste; m. grec.*

Haut. 0,469 m. — 1 p. 5 p. 4 l.

Cette tête paraît appartenir à la fin de la république ou au commencement des Empereurs.

383 FAUNE DANSANT, *statue; marbre de Paros.*

Haut. 1,354 m. — 4 p. 2 p.

Il tient sous le pied gauche la *crupezia* ou le *scabillium*, espèce d'instrument creux en forme de sandale, entre les semelles de laquelle il y avait des crotales ou castagnettes qui servaient à marquer la mesure. Les statues antiques nous offrent plusieurs faunes dans cette attitude. Une des plus belles est celle de la tribune dans la galerie de Florence. Il y a aussi en Russie un faune dansant trouvé à Rome sur le mont Viminale. Ce faune-ci a des formes plus jeunes que celui de Florence; la tête est rapportée; le bras droit et la main gauche sont restaurés. *Vil. Borg.* st. 2, n° 8.

384 NAISSANCE DE VÉNUS, *bas-relief.*

H. 0,525 m. — 1 p. 7 p. 5 l.; larg. 2,071 m. — 6 p. 4 p. 6 l.

Vénus, entourée d'amours ou de génies, vient de naître au milieu des ondes, ce qui lui fit donner le nom d'*Aphrodite* (d'*Aphros*, écume de mer.) Des Tritons et des Néréïdes la font voguer sur les flots dans une coquille. Les peintures d'Herculanum offrent un très-grand tableau où l'on voit Vénus couchée dans une coquille avec un amour à ses pieds. On a trouvé aussi à Naples une jolie petite terre cuite représentant Vénus entr'ouvrant deux coquilles d'où elle sort. Ce bas-relief-ci, d'une composition agréable, mais d'une exécution médiocre, ornait un tombeau. C'est peut-être la copie d'un bon original; Apelles avait traité ce sujet. *Vil. Borg.*

Une petite statue de Génie funèbre surmonte la colonne; sa torche est renversée en signe de tristesse. *marbre de Paros. Vil. Borg.*

Haut. 0,731 m. — 2 p. 3 p.

385 SEPTIME-SÉVÈRE, *buste; marbre grec.*

Haut. 0,724 m. — 2 p. 2 p. 9 l.

Il n'y a que la tête d'antique, et le travail en est moins bon que celui des n°s 108 et 110.

386 MINERVE, *statue; marbre grec.*

Haut. 1,117 m. — 3 p. 5 p. 3 l.

La déesse est armée de sa redoutable égide, et elle devait tenir une lance à la main.

387 PSYCHÉ, *statue; marbre de Carrare.*

Haut. 1,300 m. — 4 p.

Persécutée par Vénus, elle implore la pitié de cette

déesse, ou peut-être invoque-t-elle Cupidon pour qu'il calme le courroux de sa mère. La tête antique est rapportée, et sa ressemblance avec celle d'une des filles de Niobé, aurait pu faire restaurer cette figure en Niobide, si des indications d'ailes ne l'eussent pas fait reconnaître pour une Psyché. Les draperies sont d'un beau mouvement et d'une belle exécution. *Vil. Borg.* st. 3, nº 4.

Le piédestal est orné de bas-reliefs dont celui de la face offre un berger qui tient à la main le pedum, et garde cinq chèvres. Ce bas-relief ornait autrefois le piédestal du chien nº 216. Les biches qu'on voit sur les faces latérales de ce piédestal sont en partie modernes. La tête de celle de droite est d'un joli caractère.

·388 ORESTE ET PYLADE, *bas-relief.*

H. 0,839 m. — 2 p. 7 p.; larg. 1,780 m. — 5 p. 5 p. 9 l.

Les crimes et les malheurs de la famille des Atrides ont exercé le génie des artistes de l'antiquité. On voit dans ce bas-relief, qui faisait partie d'une composition plus considérable, Oreste et Pylade vengeant la mort d'Agamemnon par celle de Clytemnestre. Les draperies indiquent que cette scène horrible se passe dans l'intérieur d'un palais. Le serpent qui ronge le sein de Clytemnestre peut indiquer les remords qui la poursuivaient; la torche et le serpent entre les mains d'une autre femme endormie, caractérisent une furie; Oreste paraît craindre de la réveiller. La femme qui suit un des deux meurtriers doit être Electre, sœur d'Oreste, et qui prit part à son forfait. Un vieillard et un jeune homme paraissent s'intéresser au sort de Clytemnestre. Winckelmann, dans ses *Mon. ined.* vol. 2, pag. 193, a publié deux sujets dont la composition a beaucoup de rapport avec celle-ci, dont il parle aussi. *Vil. Borg.*

389 EUTERPE, *statue; marbre de Paros.*

Haut. 0,882 m. — 2 p. 8 p. 7 l.

La muse de la musique, vêtue d'une tunique sans manches et d'un peplus, tient à la main gauche un rouleau, et de la droite une flûte. Ces attributs sont dus à une restauration moderne, ainsi que les bras. *Mon. du Mus.* t. 1, p. 26.

La jolie petite statue en marbre de Paros, placée sur la colonne, est un Cupidon qui tend son arc. On connaît plusieurs figures de l'Amour dans la même attitude; ce qui fait croire que ce sont des répétitions ou des imitations d'un original célèbre. Voyez le n° 399. *Vil. Borg.* st. 6, n° 4.

Haut. 0,670 m. — 2 p. 0 p. 9 l.

390 PERSONNAGE ROMAIN INCONNU, *buste; m. grec.*

Haut. 0,670 m. — 2 p. 0 p. 9 l.

Le travail de cette tête, surtout celui des oreilles, est très-beau. Elle paraît être du premier siècle de l'empire; le nez est restauré; mais il y a dans la figures des traits qui se rapprochent de ceux de Galba.

391 JEUNE ATHLÈTE VAINQUEUR, *statue; marbre grec.*

Haut. 1,489 m. — 4 p. 7 p.

La pose de cette figure, la jeunesse du torse, ont donné l'idée d'en faire un jeune athlète; la couronne et la palme sont des signes de ses victoires. On sait qu'il y avait dans les jeux de la Grèce des jeux et des prix destinés aux jeunes gens. On leur élevait aussi des statues dans les bois de l'Altis, sur les bords de l'Alphée à Olympie. La tête rapportée a le caractère d'un portrait; les jambes et les bras sont modernes. *Vil. Borg.* st. 7, n° 1.

392 BAS-RELIEF SÉPULCRAL.

H. 0,521 m. — 1 p 7 p. 3 l.; larg. 2,125 m. — 6 p. 6 p. 6 l.

Deux génies supportent un médaillon qui offrait le portrait de la personne à qui était destiné le tombeau;

deux autres génies font combattre des coqs; ces jeux étaient fort en usage en Grèce, ainsi que les combats de cailles, et faisaient partie des fêtes publiques. Plusieurs autres génies brûlent des parfums sur un autel orné de guirlandes; leurs armes baissées, leurs carquois à leurs pieds, leurs attitudes annoncent leur douleur. Ce bas-relief, d'une exécution médiocre, offre de jolies poses, surtout celles des génies de gauche, dont le groupe est bien composé. Les draperies indiquent que la cérémonie a lieu dans l'intérieur d'un édifice. *Vil. Borg.*

393 FEMME VOILÉE, *tête; marbre de Paros.*

Haut. 0,462 m. — 1 p. 5 p. 1 l.

Elle est représentée dans le costume de la Pudicité, la tête couverte de sa palla. Le haut de la figure est d'un joli caractère.

394 TÊTE IDÉALE DE FEMME, *marbre de Paros gris.*

Rien ne caractérise cette tête, qui d'ailleurs est très-médiocre.

Haut. 0,410 m. — 1 p. 3 p. 2 l.

395 JEUNE ATHLÈTE SE FROTTANT D'HUILE, *statue; marbre grec.*

Haut. 1,451 m. — 4 p. 5 p. 7 l.

Avant de lutter, les athlètes, pour assouplir leurs membres et donner moins de prise à leur adversaire, se frottaient d'huile et se roulaient dans la poussière. La disposition de la main gauche bien conservée de cette jolie figure la caractérisait assez pour qu'on pût la restaurer comme on l'a fait. L'expression de la tête est agréable, et le jeune lutteur paraît penser au combat qu'il va livrer. Les jambes et le bras droit sont modernes. *Vil. Borg.* st. 7, nº 3.

396 BAS-RELIEF SÉPULCRAL.

H. 0,568 m. — 1 p. 9 p.; larg. 2,112 m. — 6 p. 6 p.

Deux génies portent un médaillon orné d'un aigle;

deux autres tiennent des flambeaux renversés, emblême de la mort; les panthères couchées près de canthares, d'où sortent des fruits, pourraient indiquer que ce tombeau était celui d'un guerrier caractérisé par l'aigle des cohortes romaines, et qu'il était initié aux mystères de Bacchus. *Vil. Borg.*

Les vases renversés que l'on voit sur les tombeaux, et d'où sortent des fruits ou quelque liqueur, peuvent être aussi des emblêmes de la vie qui s'écoule et nous échappe.

Au haut de la colonne on voit une statue de Vertumne couronnée de feuilles de pin, et tenant des fruits dans le pan de son manteau. Les différentes figures de cette divinité champêtre la représentent de la même manière, et elles sont assez rares. *Vil. Borg. Mon. du Mus.* t. 2, pl. 40.

Haut. 0,866 m. — 2 p. 8 p.

397 PERSONNAGE ROMAIN INCONNU, *buste; m. grec.*

Haut. 0,644 m. — 1 p. 11 p. 10 l.

Le travail, la coiffure et la barbe de ce buste, peuvent le faire placer au troisième siècle, vers le temps de Philippe.

398 MINERVE D'ANCIEN STYLE GREC, *statue; marbre pentélique.*

Haut. 0,868 m. — 2 p. 8 p. 1 l.

Le costume de cette Minerve ressemble à celui des statues d'Egine; son égide, qui forme une espèce de grand manteau garni d'écailles, couvre ses épaules, et retombe jusqu'aux jarrets. Il rappelle ces vêtemens de peau de chèvre que, selon Hérodote, portaient les femmes d'Ethiopie. La tunique à manches larges, rattachée par des boutons, descend jusque sur les pieds, et est recouverte d'un peplum très-ample à plis droits, serrés et symétriques. Outre que ces plis paraissent avoir été faits d'après des étoffes gommées et plissées au fer, et remontent à l'époque où les statues étaient revêtues de robes d'étoffe ; ils peuvent aussi indiquer que les statues de marbre, ainsi drapées, sont des copies des anciennes statues de bois. Il est naturel de penser que les premiers sculpteurs, peu habiles, en faisant des statues en bois, suivaient ordinairement le fil du bois, ce qui devait donner aux formes du corps et aux plis des draperies du sec et de la roideur, que l'on a conservés par respect pour les anciennes idoles dans leurs copies en marbre. Le casque de la déesse est orné d'une couronne, dont les fleurs ressemblent à celles du myrte. On sait par Pindare et par Athénée qu'il y avait à Corinthe des courses aux flambeaux et des fêtes nommées *Helloties* en l'honneur de Minerve Hellotis, à qui l'on offrait des couronnes de myrte. La tête de cette statue, qui est rapportée, a pu appartenir à une figure de Minerve Hellotis, et convient au reste du corps, qui peut être une copie de quelque ouvrage de Callon d'Egine, dont on avait à Corinthe une Minerve en bois. *Mon. du Mus.* t. 1, p. 9.

399 CUPIDON ESSAYANT SON ARC, *statue ; marbre grec.*

Haut. 1,195 m. — 3 p. 8 p. 2 l.

La tête de cette jolie statue est pleine d'expression, et le torse en est fort beau. On la trouve répétée plusieurs fois, et ce doit être la copie d'un Cupidon célèbre, peut-être de celui de Lysippe en bronze, qui attirait les curieux à Thespies. Il paraît que le Cupidon que Praxitèle regardait comme un de ses chefs-d'œuvre, et qu'on voyait aussi à Thespies, était vêtu. Il y en avait un à Paros du même statuaire, qui était nu ; les auteurs n'indiquent ni le caractère ni la pose de ces Cupidons. *Vil Borg.* st. 6, nº 4.

Le bas-relief de la face du piédestal offre un génie bachique sur un bouc. Ce bas-relief faisait partie de celui sous le n° 387. Ces sujets sont très-fréquens dans les sculptures des sarcophages et dans les peintures antiques. Les animaux des faces latérales du piédestal sont d'après l'antique.

400 SACRIFICE, *bas-relief.*

H. 0,947 m. — 2 p. 11 p.; larg. 1,213 m. — 3 p. 8 p. 10 l.

Diane, la Victoire et l'Abondance assistent à un sacrifice; le personnage que l'on aperçoit derrière la Victoire, et dont le costume n'est pas celui d'une divinité, pourrait être la personne qui offrait, ou pour qui l'on offrait le sacrifice. Toutes les têtes sont rapportées, et ce bas-relief, d'un travail et d'un style assez médiocres, a beaucoup souffert. *Vil. Borg.*

401 APOLLON PYTHIEN, *statue; marbre pentélique.*

Haut. 0,789 m. — 2 p. 5 p. 2 l.

La lyre, le laurier et le serpent font reconnaître Apollon Pythien dans cette petite statue. La tête est moderne. *Vil. Borg.* st. 6, n° 11.

402 PERSONNAGE ROMAIN INCONNU, *buste; marbre de Paros.*

Haut. 0,672 m. — 2 p. 0 p. 10 l.

Cette belle tête, en mauvais état, offrait probablement le portrait de quelque personnage romain du premier siècle de notre ère. La partie antique est d'un beau travail; le buste est moderne.

On a placé sur le haut de la colonne une jolie statue représentant un suivant de Bacchus : il tient d'une main un vase, de l'autre une grappe de raisin. *Vil. Borg. portico,* n° 8.

Haut. 0,947 m. — 2 p. 11 p.

403 FAUNE DANSANT, *statue; marbre de Paros.*

Haut. 1,320 m. — 4 p. 0 p. 9 l.

Toute la partie antique de cette statue peut se comparer, pour la vérité du travail et le moelleux des chairs, aux plus belles figures de cette nature fortement prononcée. Les bras, les jambes, une partie des cuisses sont modernes, et la tête antique a été mal rapportée. (1).

404 BAS-RELIEF SÉPUCRAL, *marbre de Luni.*

H. 0,554 m. — 1 p. 8 p. 6 l.; larg. 2,152 m. — 6 p. 7 p. 6 l.

Deux tritons, couronnés de branches de corail, soutiennent une coquille où l'on voit le buste d'une femme dont on comparait sans doute la beauté à celle de Vénus sortant du sein des ondes. Des néréïdes jouent sur les flots avec des monstres marins; deux amours égaient et dirigent le cortége au son de la flûte et de la lyre. Au-dessous de la coquille on voit une divinité marine. Tels durent être le triomphe de Vénus et celui de Thétis. Les panthères, le bélier et le taureau transformés en animaux marins, et portant des néréïdes, se trouvent souvent dans les plus jolies peintures de Pompéi et d'Herculanum. On peut remarquer dans la disposition de ce bas-relief la symétrie qu'offrent la plupart des compositions dont on ornait les sarcophages; celle-ci ne manque pas de grâce dans l'ensemble; mais l'exécution en est faible; il y a cependant des parties bien travaillées. Parmi les sculpteurs de l'antiquité, Pline, liv. 36, ne cite que Scopas comme ayant excellé dans de pareils sujets. Peut-être ceux qui nous restent sont-ils des imitations des chefs-d'œuvre de ce grand-maître. *Vil. Borg.*

405 CLAUDE, *tête colossale; marbre de Paros.*

Haut. 0,521 m. — 1 p. 7 p. 3 l.

On trouve dans la figure cet air incertain et embar-

(1) Le torse de cette statue, ainsi que la belle Polymnie, viennent d'être moulés dans les ateliers de moulage du Musée Royal, où l'on trouve les plâtres très-bien faits d'une grande quantité des plus belles statues antiques.

rassé qu'offre la statue de cet Empereur nº 142, et qui jetait du ridicule sur toutes ses actions. *Mus. Bou.* v. 2.

Arcade qui mène à la salle de l'Haruspice.

406 LE SOLEIL, *statue; marbre de Carrare.*

Haut. 1,755 m. — 5 p. 4 p. 10 l.

Le dieu du jour, vêtu d'une tunique courte et d'une chlamide, est couronné de sept rayons, ainsi que la statue colossale du soleil, faite à Rhodes par Charès de Linde, élève de Lysippe. On donnait aussi à la couronne du soleil douze rayons qui marquaient les douze mois. Sa tête se trouve sur un vase et dans des peintures antiques, entourée d'un cercle nommé *limbus;* Winckelmann, *Mon. ined.* t. 2, pl. 25. Deux des chevaux du Soleil, Eton et Piroïs, sont près de lui; le globe et la corne d'abondance, restaurations modernes, conviennent au dieu qui éclaire et vivifie le monde; il est ainsi représenté dans un bas-relief de la chûte de Phaéton. Cette statue, ouvrage du troisième siècle, est d'une assez belle conservation. *Vil. Borg.* st. 3, nº 2.

407 MATRONE ROMAINE, *bas-relief.*

H. 1,744 m. — 5 p. 4 p. 5 l.; larg. 0,758 m. — 2 p. 4 p.

Cette matrone, vêtue de la *stola* et la tête recouverte de la *palla*, est dans le costume de la Pudicité. Le travail de ce bas-relief, qui faisait partie de quelque grand monument, est médiocre; mais la pose et l'intention de la draperie sont bien. *Vil. Borg.*

408 CIPPE SÉPULCRAL, *marbre pentélique.*

H. 0,341 m. — 1 p. 0 p. 7 l.; larg. 0,401 m. — 1 p. 2 p. 10 l.

Il est orné de guirlandes et de bucrânes. On voit sur les

côtés une patère, une cesespita, un préféricule, des bandelettes et un aspergillum.

409 CIPPE SÉPULCRAL, aux angles duquel on voit des trépieds avec leur *cortina*. Il est orné de génies, de guirlandes et d'une tête de Méduse.

H. 0,650 m. — 2 p.; larg. 0,446 m. — 1 p. 4 p. 6 l.

410 NÉRON JEUNE, *statue; marbre pentélique.*

Haut. 1,830 m. — 5 p. 7 p. 7 l.

Un fragment de marbre sur lequel on lisait TI.AVG, et qui paraîtrait avoir appartenu au tronc de palmier, peut faire croire que cette statue représentait Tibère. La tête étant perdue, on en a rapporté une de Néron jeune; elles sont très-rares. *Mon. Gab.* nº 36.

411 MARS, *statue; marbre pentélique.*

Haut. 1,913 m. — 5 p. 10 p. 8 l.

En restaurant cette statue, dont le torse était dans le costume héroïque, on lui a donné une tête idéale dont le caractère convient à celle du dieu de la guerre, et on en a fait un Mars. Cette tête aurait aussi quelque rapport avec celle d'Achille, si elle était plus jeune et que les cheveux fussent plus longs. Le casque a la même forme que celle de la statue nº 144, à l'exception que celui-ci est garni de *genéiastères* ou gardes-joues. La partie relevée au-dessus du front, en forme de couronne, se nommait *stephané*. Les casques de cette espèce diffèrent de ceux qu'on voit ordinairement aux Grecs, et se rapprochent des casques romains. Cette statue est très-curieuse, en ce qu'elle offre sur le tronc d'arbre les noms de deux sculpteurs, Harmatius et Héraclides. Le dernier était fils d'Agasias d'Ephèse, que M. Visconti est porté à croire le même que l'Agasias, auteur de la statue du Héros combattant. *Mon. du Mus.* t. 4, p. 66.

412 PSYLLE, *bas-relief.*

H. 1,764 m. — 5 p. 5 p. 2 l.; larg. 0,731 m. — 2 p. 3 p.

Cet homme nu, entouré d'un serpent, peut représenter un de ces psylles ophiophages, ou mangeurs de serpens, de la Cyrénaïque, qui ne craignaient pas le venin de ces reptiles, les combattaient et les mangeaient. On avait recours à eux pour guérir les morsures de vipères. Il existe encore en Égypte, suivant Savari, un grand nombre de ces psylles qui exercent le même métier que ceux dont parlent les anciens. On attribuait la même faculté aux Marses, peuples d'Italie. Ce bas-relief pourrait aussi figurer grossièrement le Serpentaire (*Ophiucus*), l'une des constellations. *Vil. Borg.*

413 CIPPE SÉPULCRAL de M. Pontilius Cerialis, orné d'oiseaux et de branches de lierre.

H. 0,383 m. — 1 p. 2 p. 2 l.; larg. 0,332 m. — 1 p. 0 p. 3 l.

414 CIPPE SÉPULCRAL, *de marbre pentélique,* consacré à Esculape par *Aurelius Venustus,* vétéran de la neuvième cohorte; il était peut-être du corps des neuf cohortes prétoriennes établi par Auguste, et qui se rendit si redoutable aux Empereurs. L'aigle et la foudre qu'on voit parmi les ornemens servaient d'enseignes. La foudre distinguait la douzième légion, surnommée la *fulminante.* Il se pourrait que cette cohorte prétorienne fût la neuvième cohorte de cette légion.

H. 0,523 m. — 1 p. 7 p. 4 l.; larg. 0,392 m. — 1 p. 2 p. 6 l.

415 JUPITER, *statue; marbre grec.*

Haut. 1,749 m. — 5 p. 4 p. 7 l.

Le dieu paraît prêt à lancer sa foudre, et son aigle à ses pieds semble attendre ses ordres. La figure ne manque pas de dignité; et la draperie est belle. *Vil. Borg. portiq.* n° 4.

SALLE DE L'HARUSPICE.

Deux des quatre colonnes de cette salle sont en marbre vert antique clair ; les deux autres sont en brèche universelle d'Egypte. Les panneaux des piédestaux sont en brocatelle.

416 VÉNUS, *tête ; marbre grec.*

Haut. 0,446 m. — 1 p. 4 p. 6 l.

L'agencement de la chevelure, l'air de la tête et les paupières inférieures, légèrement relevées, font reconnaître dans la partie antique de cette tête le caractère de la déesse de la beauté.

417 CUPIDON, *statue ; marbre grec dur.*

Haut. 1,713 m. — 5 p. 3 p. 3 l.

La tête, le torse et toute la partie antique de cette charmante statue sont pleins de grâce et de cette *morbidezza* de l'âge tendre qui convient au plus jeune et au plus aimable des dieux. Ce serait l'Amour céleste tel que le dépeint Sapho, s'il était vêtu de la chlamide qu'il vient de déposer sur le cippe qui lui sert d'appui. Ce Cupidon peut être une copie de celui que Praxitèle avait fait pour Paros. Voyez le nº 399. *Vil. Borg.* st. 9, nº 11. Winckelm. *Mon. ined.* t. 1, p. 44, regarde la tête de ce Cupidon ou de ce génie comme le type de la beauté.

418 FUNERAILLES D'HECTOR, *bas-relief.*

H. 0,500 m. — 1 p. 6 p. 6 l. ; larg. 1,839 m. — 5 p. 7 p. 11 l.

Sur la gauche de ce beau bas-relief, composé de vingt-six figures, Priam, aux genoux d'Achille, dont on ne voit qu'une jambe, implore sa pitié et lui offre les présens que portent les Troyens de sa suite ; d'autres enlèvent le corps d'Hector ; et des héros grecs, entr'autres

Ulysse, qu'on reconnaît à son bonnet, le *pilidion*, paraissent le livrer à regret. Andromaque, Astyanax, Hécube et des Troyennes éplorées, sans ceintures en signe de deuil, l'accompagnent et le mènent à Troie, dont on voit les portes dans le fond. Cette belle composition gagnait beaucoup à être vue de près sur le sarcophage qu'elle ornait. Quoique ce bas-relief ait beaucoup souffert, on voit que le travail en est très-recherché ; les doigts des mains, détachés du fond, sont soutenus par de petits tenons pris dans la masse ; les vases sont creusés et ornés de bas-reliefs et de masques d'une grande finesse. Priam est d'une proportion trop forte pour le reste des figures ; mais c'est une observation que l'on peut faire dans les bas-reliefs antiques sur les figures assises ou à genoux. *Vil. Borg.* st. 1, n° 15. Winckel. *Mon. ined.* 135 ; la gravure qu'il en donne est inexacte.

La petite statue placée sur une colonne est une Minerve.

Haut. 0,819 m. — 2 p. 6 p. 3 l.

419 DIANE, *statue ; marbre pentélique.*

Haut. 1,031 m. — 3 p. 2 p. 1 l.

La tunique courte et légère, l'ajustement des draperies, le baudrier qui retenait le carquois, ont fait reconnaître dans le torse de cette jolie statue la déesse de la chasse ou l'une de ses nymphes. Cette figure a beaucoup de grâce et de mouvement, et les draperies, qui cèdent à l'action de l'air, sont d'une grande finesse. Pour être plus libre dans sa marche, la déesse a passé sa chlamide autour de son bras gauche.

420 VENUS AU BAIN, *statue ; marbre pentélique.*

Haut. 1,020 m. — 3 p. 1 p. 8 l.

La Déesse de la beauté s'appuie sur un vase de parfums. Elle vient de détacher sa ceinture divine et son peplus, et paraît se disposer à entrer dans le bain; les bras et le vase sont modernes. *Vil. Borg.* st. 4, n° 1.

Cette Vénus a le pied posé sur un marchepied; ce qui, en offrant l'emblême de la vie sédentaire, pourrait donner à cette Déesse le caractère de Vénus Pudique, en opposition avec celui de Vénus Vulgaire.

421 BACCHUS ET ARIADNE, *sarcophage; m. de Paros.* H. 0,984 m. — 3 p. 0 p. 4 l.; larg. 2,071 m. — 6 p. 4 p. 6 l.; prof. 0,604 m. — 1 p. 10 p. 4 l.

Le vainqueur de l'Inde, accompagné d'une nombreuse suite de silènes, de bacchantes, de satyres et de faunes, descend de son char attelé de centaures, et approche d'Ariadne qui, abandonnée par Thésée sur le rivage de Naxos, est plongée dans le sommeil.

La composition de ce bas-relief, qui paraît être du troisième siècle, est très-animée, et offre de jolies scènes. Sur la gauche, auprès d'un autel où l'on a sacrifié un bouc, un faune, un enfant et un silène, couronnés de feuilles de pin et de lierre, jouent de la syringe, de la flûte et de la lyre. Une bacchante se repose; une autre bacchante fait remarquer à un faune qui paraît occupé d'autres soins, une centauresse qui joue avec son enfant. Les cheveux longs de cette centauresse ont quelque chose de sauvage, et ils ressemblent à une crinière de cheval. La belle figure de femme couronnée de lierre qui est à côté de Bacchus peut être Erigone qui l'avait suivi; et l'enfant monté sur une chèvre serait Staphylus, fils de Bacchus et d'Erigone, et à qui une chèvre avait fait découvrir la vigne. Le faune sur lequel Bacchus s'appuie paraît flatté de cette faveur; un satyre se montre aussi sensible que Bacchus à la beauté d'Ariadne. A droite une ménade termine la composition, et semble vouloir réveiller Ariadne par le bruit des cymbales. Les lyres d'Erigone, du Centaure et de Silène, sont du genre de la *chelys*, faite d'une écaille de tortue surmontée de cornes d'Antilope. On peut remarquer que la *nebride* et la *pardalis* d'un satyre et du faune qui porte un enfant et un chevreau, ont conservé en entier les têtes des animaux dont les peaux ont servi à les faire. La frise offre d'un côté Bacchus sur son char traîné par des lions, que conduit un satyre, et qu'accompagnent en dansant et en jouant de la double flûte et des cymbales, un jeune faune et deux bacchantes : de l'autre côté on voit un génie bachique et un satyre. Les masques de Bacchus et d'Ariadne ornent les coins du sarcophage. Sur le petit côté à gauche, un satyre danse et joue de la flûte en l'honneur du Dieu des Jardins ; une ciste, d'où sort un serpent, est à ses pieds. A droite un faune joue avec un enfant dont il a attaché les mains. La tête d'Ariadne qui devait sans doute être le portrait d'un des deux personnages à qui était destiné ce tombeau, n'a pas été terminée : il est probable qu'il n'a pas servi aux personnes pour qui il avait été fait ; la tête du mari que l'on voit dans la frise n'est qu'ébauchée. La *laena* dont il est vêtu, les deux femmes tenant des sceptres et qui tendent une draperie au-dessus de son buste, font croire qu'il avait rempli de grandes dignités. Ce sarcophage renferme un squelette, et MM. Lacour et Cayla de Bordeaux, croient que ce sont les restes de quelqu'un de la famille des Léonces-Paulin puissante à cette époque dans le pays. L'exécution des sculptures de ce sarcophage surpasse en finesse celles du sarcophage décrit sous le n° 436, et qui sert de pendant à celui-ci. Ils ont été trouvés l'un et l'autre en 1805, à Saint-Médard d'Eyran, près de Bordeaux. M. le comte de Forbin les a acquis pour le compte du Roi. Ils ont été gravés et publiés avec beaucoup de soin par MM. Lacour, père et fils, et M. Cayla.

422 URNE CINÉRAIRE ronde, de *Servilia Sympherusa*, consacrée par son mari *Servilius Tyrannus*. Elle est ornée de deux génies funèbres qui, leurs torches renversées, déplorent la perte de cette femme *incomparable* (*incomparavili* pour *incomparabili*). On a placé sur cette urne un *gnomon*, ou cadran solaire supporté par des pattes de lion. Ce cadran, semblable à celui du monument de Thrasyllus à Athènes, a été trouvé par M. Fauvel, et vient de la collection de M. le comte de Choiseul-Gouffier.

Haut. de l'urne, 0,336 m. — 1 p. 0 p. 5 l.

H. du cadran, 0,315 m. — 11 po. 8 l.; larg. 0,297 m. — 11 p.

423 CHASSE AUX LIONS, *bas-relief; marbre pentélique*.

H. 1,029 m. — 3 p. 2 p.; larg. 2,193 m. — 6 p. 9 p.

Un Empereur ou un Général romain vêtu du *paludamentum*, est prêt à monter à cheval et à partir pour la chasse aux lions. Plus loin il a déjà tué un de ces terribles animaux; un autre l'attaque et va tomber sous ses coups. Quelques personnes effrayées prennent la fuite. La figure derrière le principal personnage à cheval, d'après son costume, paraît être allégorique, et peut représenter la Valeur. Plusieurs têtes sont rapportées, et le travail médiocre de ce bas-relief tient aux temps de la décadence de l'art. *Vil. Borg.*

424 MORT D'ADONIS, *bas-relief.*

H. 0,595 m. — 1 p. 10 p.; larg. 2,258 m. — 6 p. 11 p. 5 l.

Le sujet de ce beau bas-relief, qui au premier coup-d'œil paraît être la chasse de Calydon, est très-difficile à expliquer, ainsi que d'autres où les sculpteurs n'ont pas suivi les traditions reçues, ou en ont adopté que ous ne connaissons pas. On pourrait croire que Méléagre retenu par sa femme Cléopâtre et par l'Amour, sollicité par les habitans de Calydon, part pour la chasse; mais son histoire ne dit pas qu'il fut renversé par le sanglier, quoiqu'on y ait remarqué qu'il tua Aura, une des chiennes d'Atalante; et si l'on admet que ce n'est pas Méléagre, mais Ancée que l'on voit à terre, et qui est secouru par Télamon, alors Méléagre n'est plus présent à cette chasse, et la partie droite du bas-relief ne peut plus s'expliquer. Il me semble que cette composition pourrait offrir trois scènes de la vie d'Adonis, si on retrouvait ici la coiffure phrygienne que l'on donne ordinairement à ce héros. Vénus et l'Amour veulent l'empêcher de partir; il cède aux prières des habitans qui demandent son secours : il est renversé par le sanglier. Sur la droite on le voit auprès de Vénus et de l'Amour, et le jeune homme qui dans l'autre partie du bas-relief avait imploré son secours, lui rend les honneurs divins. Ce que l'Amour et Vénus tiennent à la main paraît être un *flabellum*, ou éventail qu'on voit souvent dans la main de cette Déesse.

425 TRIOMPHE DE BACCHUS ENFANT, *bas-relief*.

H. 0,906 m. — 2 p. 9 p. 6 l.; larg. 2,233 m. — 6 p. 10 p. 6 l.

Deux génies ailés portent en triomphe le jeune dieu et l'entourent de guirlandes : il est soutenu par un satyre. A ses côtés sont les génies des saisons : un bacchant et une bacchante, assis aux pieds de Bacchus, semblent se réjouir de son triomphe. S'ils sont d'une plus petite proportion, c'est que n'entrant que comme accessoires dans cette composition d'enfans, ils lui eussent nui par leur taille; et d'ailleurs ce sont des personnages d'un rang inférieur, ce qui est indiqué, comme nous l'avons vu dans les bas-reliefs, par la différence de la taille. Celui-ci offre la symétrie de la plupart de ceux des sarcophages. *Vil. Borg.*

426 MUSE, *statue; marbre pentélique.*

Haut. 0,904 m. — 2 p. 9 p. 5 l.

En restaurant cette statue, on en a fait une Clio; la draperie est largement traitée.

427 VÉNUS VULGAIRE, *statue; marbre grec.*

Haut. 1,137 m. — 3 p. 6 p.

Le sujet de cette petite statue est très-curieux. Ici Vénus est la déesse du libertinage qui nuit aux progrès de la population. Elle foule aux pieds un fœtus pour l'empêcher de naître. L'Amour et le bras droit de Vénus sont modernes. *Vil. Borg.* st. 4, nº 13.

La petite statue placée sur une colonne est une Vénus; la déesse de la beauté relève sa chevelure; le cygne, son oiseau favori, est à ses pieds.

Haut. 0,751 m. — 2 p. 3 p. 9 l.

428 BACCHUS, *statue; marbre de Luni.*

Haut. 1,516 m. — 4 p. 8 p.

Le dieu est couronné de lierre chargé de ses corymbes.

Le tenon qui sert d'appui au bras gauche est antique et travaillé d'une manière particulière. *Vil. Borg.* st. 2, n° 1.

429 GÉNIES DES JEUX DU STADE, *bas-relief.*

H. 0,406 m. — 1 p. 3 p.; larg. 1,390 m. — 4 p. 3 p. 4 l.

Plusieurs génies rapportent avec tous les signes de la tristesse un de leurs compagnons qui a été sans doute renversé de son char. Une Psyché du même âge que les génies, vient au-devant de lui pour le consoler de sa chûte. Ces sujets ainsi traités, et dont les héros étaient des enfans, pouvaient être des espèces de parodies gracieuses de compositions plus graves, et celle-ci peut représenter la parodie des funérailles de Méléagre, avec laquelle elle a les plus grands rapports. *Vil. Borg.* Voy. Winckelmann, *Mon. ined.* pl. 88.

430 GUERRIER INCONNU, *tête; marbre paonazzetto.*

Haut. 0,711 m. — 2 p. 2 p. 3 l.

Rien ne caractérise cette tête, dont l'antiquité n'est pas certaine, et qui est exécutée dans un marbre dont l'effet n'est pas agréable, et que les anciens ont peu employé en sculpture.

431 MINERVE, *tête; marbre de Paros.*

Haut. 0,482 m. — 1 p. 5 p. 10 l.

Le casque de la déesse est orné de têtes de béliers, qui rappelaient qu'elle avait inventé les machines de guerre de ce nom.

432 HERCULE EN REPOS, *statue; marbre grec.*

Haut. 1,502 m. — 4 p. 7 p. 6 l.

Le héros, appuyé sur sa massue recouverte de la peau du lion de Némée, et que soutient la tête du taureau de Crête, se repose de ses travaux, et paraît en méditer de nouveaux. Sa couronne d'olivier rappelle qu'il fonda les jeux olympiques, et planta le premier des oliviers et des peupliers pour ombrager la stade où il remporta le premier le prix du Pancrace. Cette statue est une imitation en petit de celle de Glycon, connue sous le nom d'Hercule Farnèse. La tête antique est rapportée. *Vil. Borg.* st. 3, n° 9.

433 PROMÉTHÉE FORME L'HOMME, *bas-relief.*

H. 0,460 m. — 1 p. 5 p.; larg. 1,625 m. — 5 p.

Ce bas-relief, d'une exécution très-médiocre, mais qui doit avoir été fait d'après un original meilleur, est curieux par le sujet. Prométhée forme l'homme, Minerve va l'animer; Mercure conduit sous la forme de Psyché ou d'une jeune fille ailée, l'âme qui doit s'unir au corps que termine Prométhée. Les trois parques, dont une, Lachesis, tient un globe, et une autre, Clotho un rouleau, annoncent ses destinées. Le vieillard étendu à terre pourrait indiquer la mort de l'homme. Il est aussi probable, cependant, que c'est Prométhée qui avait encouru la colère de Jupiter pour avoir formé l'homme et dérobé le feu du ciel, et cette opinion est d'autant plus plausible, que dans la dernière partie du bas-relief qui n'existe plus, on voyait Hercule délivrant Prométhée, et tuant l'aigle qui lui rongeait le foie. Vulcain et ses cyclopes, dont la forge est dans le fond, forgent des chaînes pour attacher Prométhée sur les rochers du Caucase; et plus loin les hommes à qui il a appris l'usage du feu, paraissent se féliciter de ce présent. La fable de la formation de l'homme par Prométhée n'est pas ancienne, et ne se trouve que dans des bas-reliefs de sarcophages du quatrième siècle. *Vil. Borg.* st. 1, n° 17.

434 ENFANT, *statue.*

Haut. 0,870 m. — 2 p. 8 p. 2 l.

Il paraît que la tête de cet enfant, placé sur le haut d'une colonne, est un portrait.

435 VICTOIRE, *statue; marbre grec.*
Haut. 0,846 m. — 2 p. 7 p. 3 l.

En se couronnant de lauriers, tandis qu'elle en tient une couronne dans la main, la déesse paraît célébrer deux triomphes; elle foule aux pieds des trophées, et semble voler à de nouveaux succès.

436 ISIS, *statue; marbre grec.*
Haut. 0,927 m. — 2 p. 10 p. 3 l.

Le genre de la draperie nouée sur la poitrine et à franges, fait reconnaître Isis dans cette petite statue.

437 LA LUNE ET ENDYMION, *sarcophage; m. de Paros.*
H. 0,969 m. — 2 p. 11 p. 10 l.; larg. 2,105 m. — 6 p. 5 p. 9 l.

Couché au milieu de ses troupeaux, le bel Endymion repose dans une grotte du mont Latmus; on voit auprès de lui deux nymphes que leurs couronnes de pin et les branches d'arbres qu'elles tiennent peuvent faire regarder comme des Hamadriades. Le Sommeil, conduit par un Amour, et que l'on reconnaît aux ailes qu'il porte sur le front et aux épaules, verse avec une corne sur le berger un sommeil profond. Le génie des songes est près d'Endymion. La petite figure assise désigne probablement le génie du lieu; l'Amour, sa torche à la main, guide, vers le berger, Diane qui vient de descendre de son char, dont une des heures et deux amours retiennent les chevaux. La torche que porte la déesse et son voile, lui donnent le caractère de la déesse de la nuit. La terre personnifiée tient une corne d'abondance; et à la gauche un vieillard, que sa gibecière et ses *perones*, ou bottines font reconnaître pour un des bergers sous les ordres d'Endymion, termine la composition. La petite figure qu'on voit dans le fond peut être une divinité champêtre. Les têtes de Diane et de son amant, qui devaient être des portraits, ne sont qu'ébauchées. On peut remarquer la manière dont les crins sont relevés sur le front des chevaux. Cette bande que l'on nommait *ampyx* était souvent en or. Les poitrails sont ornés de demi-lunes, et on voit le joug auquel les chevaux sont attelés.

La partie supérieure du sarcophage à gauche représente le Jugement de Pâris. Minerve a quitté son égide, et ne veut devoir la victoire qu'à elle-même. Junon est sur son trône, et tient une torche, comme déesse qui présidait au mariage; Vénus, son sceptre à la main, va recevoir la pomme de la main du berger, que l'Amour paraît enflammer, et que Mercure regarde avec envie. Deux génies qui ne font pas partie des deux compositions, soutiennent le cartel, qui est resté sans inscription. De l'autre côté, deux génies tirent hors de paniers des filets; un autre emporte des paniers vides, et le quatrième, appuyé sur son *lagobolion*, bâton recourbé qui servait à la chasse du lièvre, attend le moment du départ. Les masques du Soleil et de la Lune ornent les coins de ce sarcophage, qui a été trouvé avec celui sous le n° 421, et qui lui est inférieur pour l'exécution. La partie supérieure est moins bien traitée que le grand bas-relief.

438 DIANE ET ENDYMION, *bas-relief.*

H 0,595 m. — 1 p. 10 p.; larg. 2,015 m. — 6 p. 2 p. 5 l.

Trois amours conduisent la déesse vers Endymion, sur lequel Morphée, sous la figure d'un jeune homme, et un autre génie ailé, sans doute Icélus, qui présidait aux songes, répandent les douceurs du sommeil. La tête du héros, en mauvais état, paraît avoir été très-belle. La robe longue de la déesse, et qui cache ses pieds, convient à la déesse de la nuit. Au-dessous des chevaux, on voit la Terre personnifiée, et la figure qui est dans le haut est l'Oréade, ou nymphe du mont Latmus. Une des Heures, ayant des ailes, et une tunique très-courte, arrête les chevaux. Dans la seconde partie de la composition, Diane quitte Endymion et remonte sur son char, que conduit une des Heures. Le vieillard couché et appuyé sur une urne, est l'emblême du fleuve Latmus. Le berger et les animaux indiquent le lieu de la scène. Ce bas-relief mutilé, mais d'un beau style, est sans doute la copie d'un bon ouvrage. Les chevaux, ainsi que dans d'autres bas-reliefs, sont très-petits. *Vil. Borg.*

439 HARUSPICE, *bas-relief; marbre pentélique.*

H. 1,665 m. — 5 p. 1 p. 6 l.; larg. 2,015 m. — 6 p. 2 p. 5 l.

Un prêtre haruspice consulte les entrailles et le foie d'un bœuf qu'on vient d'immoler, et paraît rendre compte de ce qu'ils présagent à celui pour qui l'on a offert le sacrifice; d'après la contenance des différens personnages, on pourrait croire qu'il n'est pas favorable. Cette cérémonie se nommait *extispice*. Le pope ou victimaire tient à la main droite la hache (*malleus*) dont il a frappé la victime, et le vase où il a reçu son sang; il n'a pour vêtement qu'une espèce de jupon, nommé *limus* par les Romains, plus long que le *campestre*, et qui était retenu par une ceinture à plusieurs tours, nommée *licium*. Le limus était quelquefois bordé de pourpre. Ce bas-relief, qui a appartenu à quelque grand monument, est peut-être le seul qui offre cette cérémonie. *Vil. Borg.* Winckelm. *Mon. ined.* pl. 183.

On a placé sur le sarcophage une urne cinéraire circulaire en forme de corbeille, garnie de son couvercle et richement ornée de feuillages.

440 CÉRÈS, *statue; marbre grec.*

Haut. 1,045 m. — 3 p. 2 p. 7 l.

Cette petite statue est remarquable par l'ampleur et la noblesse de ses draperies. La déesse est vêtue d'une grande tunique relevée sur les hanches par une ceinture, et recouverte d'un *peplus* et du *pallium*. En la restaurant, on lui a donné les attributs de Cérès, mais il se pourrait qu'autrefois c'eût été une Junon. L'inscription qu'on lit sur la plinthe est moderne, et fait de cette statue une Livie. *J-ulia. AVG-usta. D-ivi. A-ugusti. V-idua. T-iberii. IMP-eratoris. M-ater. Vil. Borg.* st. 4, nº 6.

441 NIOBIDE, *statue; marbre grec.*

Haut. 0,933 m. — 2 p. 10 p. 6 l.

La pose de cette petite figure, ses rapports avec des statues de la famille de Niobé, lui donnent le caractère d'une de ses filles victimes de la vanité de leur mère et de la vengeance de Diane.

Sur la colonne qui est dans l'angle, on a placé un génie bachique; il tient d'une main une grappe de raisin, et de l'autre une coupe.

Haut. 0,902 m. — 2 p. 9 p. 4 l.

442 COMMODE JEUNE, *statue; marbre de Luni.*

Haut. 1,604 m. — 4 p. 11 p. 3 l.

La toge et la chaussure sénatoriale de cette statue de jeune homme indiquaient un Empereur dans sa jeunesse, et l'on a adapté à cette figure une tête de l'Empereur Commode, trouvée dans la même fouille, et qui lui convient par ses proportions. La toge, d'une grande souplesse et d'un beau travail, offre un bon modèle de draperies. *Mon. Gab.* nº 11.

443 NAISSANCE DE VÉNUS, *bas-relief; m. de Luni.*

H. 0,514 m. — 1 p. 7 p.; larg. 1,827 m. — 5 p. 7 p. 6 l.

Le sujet qu'offre ce beau bas-relief avait été traité par Apelle. On y voit Vénus qui vient de naître au milieu des flots, et que des tritons, des néréïdes portent en triomphe; des génies ajoutent à la grâce de cette composition, et l'Amour, qu'on reconnaît à son arc, se joint au cortége de la déesse de la beauté. Plusieurs des groupes sont remarquables par leur élégance et par le contraste bien combiné des formes vigoureuses des tritons et des contours pleins de charmes des néréïdes. Celle de gauche, quoique nue, a une ceinture au-dessous du sein, ce qu'offrent d'autres figures de néréïdes. Ce bas-relief est d'une bonne exécution. *Vil. Borg.* st. 1, nº 12.

444 ROME, *buste.*

Haut. 0,406 m. — 1 p. 3 p.

La forme du casque peut faire croire que l'on a voulu représenter Rome dans cette tête, qui pourrait avoir été un portrait.

445 PUPIEN, *statue; marbre grec.*

Haut. 2.193 m. — 6 p. 9 p.

Cet Empereur, collègue de Balbin, et que les auteurs nomment aussi Maxime, est représenté nu à la manière héroïque; il tient à la main le parazonium; une corne d'abondance à ses pieds est l'emblème du bonheur dont on jouissait sous son règne, qui ne dura qu'un an. Ce Prince, doué de grandes qualités, fut indignement massacré par les gardes prétoriennes l'an 238 de J. C. Son pied gauche et une partie des bras sont modernes; le corps est beau, mais un peu jeune pour la tête. On doit remarquer que le soc de charrue fait presque toujours partie de la corne d'abondance. *Mus. Bou.* v. 2.

446 TIRIDATE, ROI D'ARMÉNIE, *statue; marbre de Luni.*

Haut. 2,004 m. — 6 p. 2 p.

Le costume de cette figure la fait reconnaître pour un Prince asiatique; nous avons vu que ces longs pantalons se nommaient *anaxirides*, et l'épée paraît être la *sampherа* des Parthes; la tunique courte, ordinairement blanche, est recouverte de la *candys*, qui souvent était de pourpre. Le costume de Mithras a du rapport avec celui-ci; la tête antique est rapportée. On croit que c'est celle de Tiridate, frère de Voologèse, premier roi des Parthes, à qui Néron donna ou assura le royaume d'Arménie. *Vil. Borg.* st. 1, n° 3.

SALLE D'HERCULE ET TÉLÈPHE.

Les deux colonnes près de la fenêtre sont en vert d'Égypte; les deux autres en brèche violette et blanche. Parmi les têtes qu'on y a placées, on peut remarquer une jolie tête de femme, et une autre que la coiffure, faite d'une peau d'animal, pourrait faire prendre pour Omphale ou Éole, si ce n'est une des divinités pénates qu'on coiffait avec une peau de chien.

Les panneaux des petits piédestaux de cette salle sont en petit antique.

447 ATHLÈTE, *buste; marbre de Paros.*

Haut. 0,392 m. — 1 p. 2 p. 6 l.

Le caractère de cette tête, la bandelette qui ceint son front, y font reconnaître un athlète vainqueur à quelque grand jeu de la Grèce. La plus grande partie du visage bien conservée, et la seule antique, est d'un très-beau style.

448 MINERVE, *statue; marbre de Paros.*

Haut. 1,583 m. — 4 p. 10 p. 6 l.

Le bras gauche de la déesse est armé de l'égide, qui, par sa petitesse, conviendrait à la Minerve *colocasia*, adorée par les Sicyoniens, et dont le nom paraît indiquer un petit manteau très-court en feutre, qu'on donnait à quelques divinités. L'égide placée sur le bras, donne à cette statue le caractère de Minerve pacifique. Voy. Winckelm. *Mon. ined.* v. 3, p. 207. *Mus. Bou.* v. 2.

449 GENIES DES COURSES DE CHARS, *bas-relief.*

Haut. 0,352 m. — 1 p. 1 p.; larg. 1,634 m. 5 p. 0 p. 4 l.

Ce bas-relief offre un sujet du même genre que celui du n° 452. On voit la borne, les dauphins, la statue de Diane et les œufs qui faisaient partie du cirque, et servaient à marquer les courses. Les œufs de bois et les dauphins étaient particuliers aux cirques romains, et avaient même été inventés par Agrippa, selon Dion Cassius; c'est une preuve que ce bas-relief est un ouvrage romain; les scènes qu'il offre sont animées et variées. *Vil. Borg.*

450 HERCULE ET TÉLÈPHE, *groupe colossal; m. grec.*

Haut. 2,437 m. — 7 p. 6 p.

Le héros tient dans ses bras Télèphe, qu'il avait eu d'Augé, fille d'Aléus. La biche regarde avec affection l'enfant qu'elle nourrissait. La plus grande partie de ce groupe est antique; et quoique d'un dessin et d'une exécution lourds, il offre de belles choses. Une des plus belles peintures d'Herculanum représente l'éducation de Télèphe; on y voit aussi la biche. *Vil. Borg.*

451 ULYSSE CHEZ POLYPHÊME, *bas-relief.*

H. 0,670 m. — 2 p. 0 p. 9 l.; larg. 0,457 m. — 1 p. 4 p. 10 l.

Le cyclope, assis dans son antre, est près de dévorer un des compagnons d'Ulysse qui, pour endormir le monstre, lui offre à boire du vin de Maronée, qu'un de ses compagnons a versé d'une outre. Dans la restauration, l'on a donné à Polyphême une tête d'Hercule. La petite figure dont on voit des traces au haut du bas-relief, était peut-être Minerve. Elle rappelait que la déesse inspira à Ulysse son généreux dessein, et qu'elle veillait sur lui. Ce bas-relief ornait une fontaine dont la vasque subsiste en partie. *Vil. Borg.*

452 ACTEUR COMIQUE, *bas-relief; marbre grechetto.*

H. 0,581 m. — 1 p. 9 p. 6 l.; larg. 0,480 m. — 1 p. 5 p. 9 l.

Cet acteur joue un rôle d'esclave, et paraît avoir tenu une bourse; il est vêtu d'une tunique à manches courtes par-dessus une tunique à manches longues, et il a un masque comique. Les peintures antiques de Pompéi et d'Herculanum, ainsi que celles du Térence du Vatican, offrent des figures semblables à celle-ci. *Vil. Alb. Mon. du Mus.* t. 4, p. 30.

Un reste de draperie peut faire croire que c'était la toile, le *siparium* du théâtre, et que cet acteur jouait un prologue. Dans les théâtres anciens la toile était fixée au-dessous de l'avant-scène, et pour fermer le théâtre on levait la toile. Dans les théâtres de Pompéi et d'Herculanum il n'y a pas de place entre la toile et le bord de l'avant-scène, et on jouait peut-être le prologue dans la partie nommée *orchestra*, où s'exécutaient les danses et d'autres parties des pièces : on y descendait du théâtre par des escaliers.

453 VERTUMNE, *bas-relief.*

H. 0,749 m. — 2 p. 3 p. 8 l.; larg. 0,575 m. — 1 p. 9 p. 3 l.

Couronné de feuilles de pin, ce dieu, dont le nom indique le changement des saisons, tient à la main gauche une branche de pin, et dans le pan de son manteau les différens fruits dont il va enrichir la terre; il a dans la main droite une serpe, et ses jambes sont chaussées des *perones* que nous avons vus à Aristée, et qu'on donnait aux divinités champêtres. *Vil. Borg.* Voy. le n° 402.

454 APOLLON, *statue.*

Haut. 1,516 m. — 4 p. 8 p.

Le dieu se livre aux doux charmes de la musique; la figure de femme terminée en gaîne, sur laquelle il appuie sa lyre, est une addition moderne. *Vil. Borg.*

455 GÉNIES DES JEUX, *bas-relief.*

Haut. 0,379 m. — 1 p. 2 p.; larg. 1,634 m. — 5 p. 0 p. 4 l.

Ce joli bas-relief, plein de grâce et de mouvement,

offre une de ces compositions dont nous avons parlé, et où des génies ou de jeunes enfans remplacent des hommes faits.

Sur la gauche du bas-relief on voit un hermès de Mercure Enagonios qui présidait aux exercices gymnastiques. Un jeune *alytarque* ou *paidotribe*, qui veillait aux exercices des jeunes gens, la tête ceinte d'une bandelette, et une verge à la main, assiste aux jeux de ces enfans; il paraît exciter celui qui lance le disque à le porter plus loin que celui de son adversaire, qui regarde où le sien va tomber. Deux autres enfans, les cheveux relevés et noués en *scorpion* comme les deux premiers, luttent; l'un est renversé; un autre, inspecteur de la palestre, les dirige. Ceux qui suivent, d'après leurs costumes, et la palme que tient l'un d'eux, doivent être des vainqueurs qui ont reçu le prix, et l'un d'eux a revêtu la robe olympique. On pourrait croire que c'est le prix de la course, c'était le plus estimé, et cette scène occupe le milieu de la composition. Un jeune athlète met sur sa tête la couronne qu'il a gagnée. Celui qui a perdu la victoire paraît adresser quelque réclamation; deux autres athlètes combattent à coups de poing sans cestes; ceux qui viennent ensuite ont les bras garnis de peau de mouton avec la laine; un des deux combattans, en mettant la main sur la tête de celui qui est à terre, proclame sa victoire. La torche renversée que tient le dernier personnage pourrait faire supposer qu'il y aura dans ces jeux des lampadodromies ou courses aux flambeaux, qu'on se passait de l'un à l'autre, en ayant soin de ne pas les éteindre. *Vil. Borg.*

456 ÉLAGABALE, *marbre de Carrare.*

Haut. 0,431 m. — 1 p. 3 p. 11 l.

Cette tête nous offre les traits de cet Empereur tels que le représentent les médailles et d'autres bustes.

457 PERSONNAGE ROMAIN INCONNU, *buste*, qui paraît être du premier siècle des Empereurs. *Marbre grec.*

Haut. 0,370 m. — 1 p. 1 p. 8 l.

458 MINERVE, *statue; marbre grec.*

Haut. 1,570 m. — 4 p. 10 p.

La déesse est armée de son égide et de son bouclier. Ses cheveux sont noués par-derrière comme on les voit sur plusieurs médailles de la grande Grèce. Le bouclier de la déesse a la forme de ceux des Argiens, et elle peut rappeler la Minerve *oxiderkès* ou aux yeux perçans, à qui Diomède avait consacré une statue à Argos, en reconnaissance de la protection qu'elle lui avait accordée. La tête antique, mais rapportée, est en marbre de Paros, et moins bien que le reste de la statue. *Vil. Borg.* st. 2, n° 3. *Mus. Roy.* v. 1; M. Châtillon, dess.; M. J. J. Avril, graveur.

459 CONCLAMATION, *bas-relief.*

Haut. 0,379 m. — 1 p. 2 p.; larg. 1 632 m. — 5 p. 0 p. 3 l.

Une femme vient de mourir; exposée sur un lit, elle est entourée de ses parens, qui d plorent sa perte, et appellent à trois fois la défunte pour s'assurer de sa mort. Cette cérémonie se nommait *conclamation.* Voy. le n° 182. Parmi les personnes qui se livrent à la douleur, il pourrait y avoir aussi quelques-unes de ces *præficæ,* pleureuses à gages, dont les cris et les lamentations ajoutaient à la tristesse de cette lugubre cérémonie. *Vil. Borg.*

460 SARCOPHAGE, *marbre grec.*

Haut. 0,523 m. — 1 p. 7 p. 4 l.; larg. 1,796 m. — 5 p. 6 p. 4 l.

Le bas-relief représente un buste d'homme dans une coquille tenue par des tritons, dont la tête est surmontée de pattes de crabes, *chelae.* Des néréïdes portées par des tritons, des génies montés sur des dauphins, forment le cortége qui vogue vers les Iles Fortunées.

Ce bas-relief, dont l'exécution médiocre paraît être du troisième siècle, offre plus que tous les autres cette symétrie que nous avons fait remarquer. La composition et la disposition d'un des côtés paraît être la contrepartie de celles de l'autre côté. Sur les faces latérales on voit des panthères marines. *Vil. Borg.*

461 HERMAPHRODITE, *statue; marbre de Paros.*

Long. 1,489 m. — 4 p. 7 p.

Cette statue hermaprodite antique, très-jolie, est plutôt une imitation qu'une répétition de l'hermaphrodite de la salle des Cariatides. Elle offre plusieurs différences remarquables dans la pose des bras, des jambes, dans l'ajustement de la tête et dans les draperies. Les mains sont en grande partie antiques, et il y a peu de moderne dans toute la statue. Le matelas est antique. Voy. l'autre hermaphrodite. *Vil. Borg.*

462 ZINGARELLA ou DIANE, *statue; marbre pentéliq.*

Haut. 1,581 m. — 4 p. 10 p. 5 l.

Cette jolie statue, long-temps connue sous le nom de *Zingarella* (la bohémienne), et à qui, en la restaurant, on a donné une tête sans caractère, paraît être une Diane, et des trous aux épaules indiquent qu'elle portait un carquois. Son costume, très-rare, est remarquable, et ressemble à celui de la Flore du Capitole. Sa longue tunique à manches courtes est recouverte de la *pœnula*.

Ce vêtement, adopté par les Romains, venait des Lacédémoniens; c'était leur *phainolé;* on le trouve aussi nommé *phailonê* et *mandyé*. La *pœnula* était large et longue. Il n'y eut d'abord d'ouverture que pour le col; on en fit ensuite pour les bras; la partie supérieure à l'ouverture était souvent retenue par des boutons jusque près de l'épaule; l'inférieure était cousue jusque dans le bas. La *pœnula* se mettait comme un manteau, par-dessus la tunique, et était moins ample que la lacerne, dont on couvrait la toge. Ce n'était qu'un vêtement de voyage ou pour la pluie; les soldats s'en servaient. Il n'était permis aux femmes de le porter que pendant le froid. Jamais les Empereurs n'en faisaient usage. La *pœnula*, faite de gossipium, prenait la surnom de *gausapé;* elle était d'une grande blancheur. Il y en avait à poils longs et à franges pour le froid; celles pour la pluie étaient de peau, et surnommées *scorteæ*. Les pieds et les mains de cette statue sont modernes. *Vil. Borg.* st. 8, n° 5.

463 GÉNIES DES COURSES DU CIRQUE, *bas-relief.*

Haut. 0,35 m. — 1 p. 1 p.; larg. 1,63 m. — 5 p. 0 p. 41.

Plusieurs génies s'exercent à la course des chars, trois d'entr'eux sont à cheval. Les courses de chevaux de selle n'étaient pas en usage dans les grands jeux de la Grèce, quoique du temps d'Homère on connût déjà l'art de voltiger sur deux et même quatre chevaux. Les voltigeurs se nommaient *parabates* et *apobates*. *Vil. Borg.*

464 TÊTE INCONNUE.

Haut. 0,352 m. — 1 p. 1 p.

Cette tête, qui ne manque pas de caractère, paraît appartenir au premier siècle de notre ère.

465 JULES CÉSAR, *statue; marbre de Paros.*

Haut. 2,004 m. — 6 p. 2 p.

Cette statue d'un personnage romain dans le style héroïque, le parazonium à la main et le paludamentum rejeté sur l'épaule gauche, paraît offrir le portrait de Jules César; la tête a du rapport avec celles des médailles de cet Empereur, et avec sa statue du Capitole. *Mon. Gab.* st. 1, n° 7.

466 PERTINAX, *statue; marbre pentélique.*

Haut. 2,017 m. — 6 p. 2 p. 61.

Les médailles et les bustes de cet Empereur le font reconnaître dans cette belle statue, dont le modèle, dans le style héroïque, le représente admis au rang des dieux.

SALLE DE LA MÉDÉE.

467 FEMME VICTORIEUSE, *buste; marbre de Paros.*

Haut. 0,487 m. — 1 p. 6 p.

La Victoire, tenant une palme et une couronne que l'on voit sur la tunique de cette femme, fait croire qu'elle avait remporté le prix dans des concours, probablement de musique, de quelque grand jeu. Sa coiffure la place au temps des Antonins. *Chât. de Richelieu. Mon. du Mus.* t. 1, p. 28.

468 SILÈNE, *statue; marbre de Paros.*

Haut. 1,397 m. — 4 p. 3 p. 7 l.

Couronné de lierre, une coupe à la main, ce demi-dieu paraît s'abandonner aux douceurs de la liqueur bachique, et ne plus marcher que d'un pied chancelant. La tête et le torse sont d'une bonne exécution, et ont de la vérité. La barbe a quelque rapport avec celle du Bacchus indien. *Mon. du Mus.* t. 2, p. 10.

469 TRAVAUX D'HERCULE, *bas-relief.*

Haut. 0,650 m. — 2 p.; larg. 1,249 m. — 3 p. 10 p. 2 l.

Le héros enlève la ceinture de l'amazone Hippolyte; il tue Diomède, roi de Thrace, et ses chevaux qu'il nourrissait de chair humaine. La dernière partie du bas-relief, peu distincte, peut représenter le combat d'Hercule contre le triple Geryon. *Vil. Borg. portiq.* nº 16.

470 LES TROIS GRACES, *groupe; marbre de Paros.*

Haut. 1,056 m. — 3 p. 3 p.

Dans les premiers temps, ces déesses étaient représentées vêtues. Telles étaient celles de Socrate, qui fut statuaire avant de se consacrer à la philosophie. Depuis on les dépouilla de tout ornement étranger, et on ne leur conserva que le bracelet ou *spinther* au bras gauche, pour marquer que les Grâces doivent plaire par elles-mêmes. Les fleurs qu'elles tiennent à la main, et l'agréable enlacement de leurs bras, sont des emblêmes des charmes que l'union, la douceur et la grâce répandent sur la vie. Les têtes de ces trois Grâces sont modernes; celles du groupe du palais Ruspoli sont antiques. *Vil. Borg.* st. 4, nº 14.

471 URNE CINÉRAIRE de *Lusinia Primigenia*, ornée de feuilles de chêne et de lierre.

H. 0,277 m. — 10 po. 3 l.; larg. 0,368 m. — 1 p. 1 p. 7 l.

472 SARCOPHAGE.

H. 0,650 m. — 2 p.; long. 1,755 m. — 5 p. 4 p. 10 l.

Des centaures, des faunes, des bacchantes et des satyres se livrent à la joie au son des flûtes, de la lyre et des cymbales. Une jeune centauresse joue avec son enfant, auquel un faune semble faire des agaceries. Deux génies de la musique, montés sur le dos d'un centaure et d'une centauresse, jouent de la lyre et de la double flûte. Sur la droite, un faune présente un enfant au dieu des jardins, figuré en hermès. Au pied de l'hermès est un autel. Toutes ces scènes sont très-animées, et le groupe de la centauresse, du petit centaure et du faune, est rempli de grâce. Ce bas-relief, d'une exécution médiocre, doit être la copie d'un original meilleur; les flûtes recourbées étaient souvent garnies d'une corne de bœuf qui formait un pavillon et augmentait le son. *Vil. Borg.*

473 URNE CINÉRAIRE de M. *Flavius Docimus*, ornée de feuilles de lierre et d'oiseaux.

H. 0,283 m. — 10 po. 6 l.; larg. 0,494 m. — 1 p. 6 p. 3 l.

Cette urne arrondie se plaçait dans une des petites niches des tombeaux auxquels le grand nombre de ces niches, disposées comme les trous d'un colombier, avait fait donner le nom de *columbaria*. Les ornemens en palmettes qui surmontent deux angles de cette urne, avaient sans doute quelque rapport aux rites funèbres, et quoiqu'on trouve de ces palmettes dans les ornemens des autres monumens, peut-être originairement n'étaient-elles destinées qu'aux tombeaux. M. Petit Radel croit que ces palmettes représentent la silique du caroubier, et que la féve qu'elle renferme était consacrée aux morts.

474 MARS, *statue; marbre grec.*

Haut. 0,753 m. — 2 p. 3 p. 10 l.

Le dieu de la guerre, le casque en tête, et tenant à la main un parazonium, a près de lui sa cuirasse.

475 ESCULAPE ET TÉLESPHORE, *groupe; m. de Paros.*

Haut. 0,753 m. — 2 p. 3 p. 10 l.

Le dieu de la médecine s'appuie sur un bâton entouré d'un serpent, et il est, ainsi que Télesphore, dans le costume qu'on leur voit ordinairement; sa draperie est très-belle. *Mon. du Mus.* t. 1, p. 48. *Mus. Fr.* t. 3; M. Laguiche, dess.; M. Bellefonds, grav.

Le fils d'Esculape est enveloppé d'un grand manteau à capuchon, et qui paraît être le *bardocucullus*; on donnait le nom de *diphtera* à un vêtement de peau à capuchon que les esclaves mettaient par-dessus leur *exomide*, tunique sans manches, et qui laissait à découvert une partie des épaules. Derrière Télesphore sont placés ou deux *scrinia* ou des rouleaux qui indiquent peut-être les deux parties de la médecine, l'hygiène et la thérapeutique, l'art de conserver la santé et celui de la rétablir, et le lien qui unit les deux rouleaux, désignerait l'accord de ces deux arts. Une tablette jointe aux rouleaux a sans doute rapport aux écrits et aux préceptes des médecins. Souvent on consacrait dans les temples des tablettes votives où étaient inscrits les maladies dont on avait été guéri par le secours d'Esculape, et le traitement qu'on avait suivi. Cette tablette peut faire allusion à la médecine empirique fondée sur l'expérience. Ce que l'on voit d'une forme circulaire et bombée à terre, entre Esculape et Télesphore, est peut-être le *clypeus* ou *clibanus*, espèce de bouclier ou de couvercle d'airain qui, dans les bains de vapeur, servait à modifier la chaleur qui venait de l'*hypocaustum* ou fourneau placé sous la salle de bain. On sait que les bains faisaient une des principales parties de la médecine des anciens. Un bas-relief curieux, avec trois inscriptions grecques, de la collection de M. le comte de Choiseul, (voyez le Catalogue de cette collection très-bien fait par MM. Dubois et Haas, n° 158), paraît aussi offrir un *clypeus*.

Ce bas-relief fait partie du cabinet de M. le comte James de Pourtalès.

476 SILÈNE AVEC L'OUTRE, *marbre pentélique.*

Haut. 0,704 m. — 2 p. 2 p.

Cette jolie statue représente le compagnon des conquêtes et des plaisirs de Bacchus. Vêtu de la nébride et tenant l'outre dont il a bu avec excès, il est bien décidé à se mettre en état de la finir. *Mon. du Mus.* t. 2, p. 11.

477 FAUNE CHASSEUR, *bas-relief; marbre de Carrare.*

H. 1,787 m. — 5 p. 6 p.; larg. 1,177 m. — 3 p. 7 p. 6 l.

Dans ce bas-relief d'un beau style et d'une bonne exécution, un faune assis au pied d'un rocher joue avec une panthère ou un once qu'on dressait à la chasse, et lui présente un lièvre; il est vêtu de la *pardalis* ou vêtement de peau de panthère. Sa chlamide et un autre lièvre sont suspendus aux anses d'un hermès. Ce peut être une offrande à quelque divinité des forêts; on voit aussi le *legobolium*, espèce de bâton recourbé comme le pedum, et qui servait à la chasse du lièvre. L'animal avec lequel joue le faune a été restauré. *Vil. Alb. Mon. du Mus.* t. 2, p. 17. *Mus. Fr.* t. 2, M. Bouillon, dess.; M. J. B. R. Massard; grav. *Mus. Bou.* vol. 1.

478 VENGEANCE DE MÉDÉE, *bas-relief.*

H. 1,428 m. — 1 p. 3 p. 10 l.; larg. 2,329 m. — 7 p. 2 p.

Ce beau bas-relief offre quatre scènes. Créuse ou Glaucé, qu'avait épousée Jason après avoir abandonné Médée, reçoit la robe empoisonnée et les présens que sa rivale lui envoie par ses enfans, Mermerus et Pherès. — Elle ressent les effets du poison; Créon, son père, est au désespoir, non-seulement des douleurs de sa fille, mais de celles qu'il éprouve, étant consumé avec elle. Médée est sur le point de massacrer les enfans qu'elle a eus de Jason. — Cette magicienne part après sa vengeance dans un char traîné par des dragons. Le costume n'offre rien de particulier. Créon est vêtu de la tunique royale, longue et à manches. La nourrice de Créon a pour coîffure un *cecryphale;* et la tête d'un jeune homme est ceinte d'une espèce d'*infula* terminée par des bandeletes.

Ce sujet, traité par Euripide, est représenté dans plusieurs bas-reliefs; on distingue, mais à peine, dans celui-ci, un reste de figure au-dessus de l'épaule gauche de Médée, qui a l'air de l'emporter; c'est une particularité que n'offrent pas les autres bas-reliefs, et que, faute de notions plus positives sur l'histoire de Médée, nous nous contentons d'indiquer. Il y a d'ailleurs dans les bas-reliefs antiques une foule de choses qu'on ne peut se flatter d'expliquer, et qui souvent doivent avoir rapport ou à des traditions locales que nous ne connaissons pas, ou à des idées particulières et à des allusions du sculpteur *Vil. Borg.* Voyez Winckelmann, *Mon. ined.* t. 2, p. 121, pl. 90 et 91.

On voit dans la partie supérieure du sarcophage des bas-reliefs qui n'en faisaient pas partie; plusieurs hommes sont occupés des travaux de la vendange. Ceux qui foulent le raisin ont les reins et une partie des cuisses vêtus de chausses très-courtes, le *perizoma* ou *subligaculum*. De l'autre côté un *gnomon* ou cadran solaire élevé sur une colonne, sert à régler les heures du travail. Le petit côté du sarcophage à droite offre une biche marine et une panthère mangeant les fruits d'un panier renversé. Le petit côté de gauche présente un lapin qui tâche de grimper sur un panier de fruits, et une cigogne tenant un papillon dans son bec; ce sujet et celui de la panthère sont modernes, mais dans le goût des anciens. Dans le bas, au milieu d'une couronne d'olivier, on lit l'inscription d'*Epaphrodite*, fils d'*Astectus*, auquel on donne le titre de héros, et à qui le sénat et le peuple ont décerné une couronne d'or. Cette inscription n'appartenait pas à ce tombeau.

479 URNE CINÉRAIRE de *Sex. Nerianus,* terminée par des enroulemens, comme on en voit souvent aux grands tombeaux, et qui leur donnent la forme de ces lectisternes, ou autels où l'on plaçait les statues des dieux sur des coussins.

H. 0,487 m. — 1 p. 6 p.; larg. 0,392 m. — 1 p. 2 p. 6 l.

480 VÉNUS MARINE ET CUPIDON, *groupe; marbre pentélique.*

Haut. 1,381 m. — 4 p. 3 p.

La déesse de la beauté vient de naître au sein des ondes indiquées par le monstre marin qui paraît se soumettre au pouvoir de Vénus et de l'Amour. Elle relève sa draperie pour voiler ses charmes, et son fils semble lui montrer que c'est parmi les habitans des cieux qu'elle trouvera dès triomphes dignes d'elle. *Vil. Borg.* st. 6, n° 9.

A côté de cette Vénus est placée une urne cinéraire sans inscription, et ornée de feuillages et d'un cratère.

H. 0,372 m. — 1 p. 1 p. 9 l.; long. 0,372 m. — 1 p. 1 p. 9 l.

Le sarcophage à cannelures sur lequel est posé le groupe, n'offre rien de remarquable.

H. 0,487 m. — 1 p. 6 p.; long. 0,455 m. — 5 p. 4 p. 10 l.

481 JEUNE FILLE, *statue; marbre pentélique.*

Haut. 1,755 m. — 4 p. 2 p.

Aucun caractère particulier ne fait reconnaître la jeune romaine que représente cette jolie statue, dont la pose est très-gracieuse; les draperies sont remarquables par leur agencement et par leur travail. Il paraît, d'après la coiffure, que cette figure est des premiers temps des Empereurs. *Mon. du Mus.* t. 4, p. 45.

482 NÉRÉIDES ET TRITONS, *bas-relief.*

H. 0,731 m. — 2 p. 3 p.; long. 1 m. — 3 p. 0 p. 11 l.

Ces sujets gracieux sont très-fréquens dans les bas-reliefs et dans les peintures antiques. La néréïde de gauche a au-dessous du sein la ceinture que nous avons déjà fait remarquer. *Vil. Borg.*

483 ROMAINE INCONNUE, *buste.*

Haut. 0,485 m. — 1 p. 5 p. 11 l.

La coiffure postiche singulière et très-chargée de

tresses que porte cette tête, donne à croire que c'est un portrait du temps des Antonins.

484 ROMAINE INCONNUE, *buste.*

Haut. 0,523 m. — 1 p. 7 p. 4 l.

Le genre de coiffure postiche qui couvre la tête de cette femme, la place vers le temps des Antonins.

485 SUIVANT DE BACCHUS, *statue; marbre de Paros.*

Haut. 1,347 m. — 4 p. 1 p. 9 l.

Les formes et la pose de ce jeune homme n'annoncent pas un dieu, et l'on ne peut le placer que parmi les personnages de la suite de Bacchus, dont il porte la couronne.

486 TRITONS ET NÉRÉIDES, *bas-relief.*

H. 0,731 m. — 2 p. 3 p.; larg. 1.272 m. — 3 p. 11 p.

Ce sujet est dans le même genre que celui du nº 482, et il est traité de la même manière. *Vil. Borg.*

487 URNE CINÉRAIRE de *C. Julius Cornelius Fortunatus,* arrondie par-derrière comme celle du nº 473, et ornée de sphinx, de guirlandes, d'oiseaux et de têtes de béliers, ainsi que la plupart de ces monumens.

H. 0,397 m. — 1 p. 2 p. 8 l.; larg. 0,467 m. — 1 p. 5 p. 3 l.

488 MERCURE ET VULCAIN, *groupe; m. de Paros.*

Haut. 1,457 m. — 4 p. 5 p. 10 l.

Ce beau groupe a été pris pour Castor et Pollux ou pour Oreste et Pilade. C'est dans cette dernière supposition qu'en le restaurant, on a mis à la main d'une des deux figures la lettre qu'Oreste porta en Tauride à sa sœur Iphigénie; mais les restes d'un caducée et la bipenne sculptés sur le tronc d'arbre, font reconnaître Mercure et Vulcain, divinités qui présidaient aux arts. Ce dernier dieu n'était pas toujours représenté difforme; les monumens l'offrent sous la figure d'un jeune homme. Le beau groupe de Saint-Ildephonse, que dans l'ouvrage sur la Villa Borghèse on regarde comme une répétition de celui-ci, est tout-à-fait différent ; c'est Oreste et Pilade. Winckel. *Mon. ined.* p. 21. *Vil. Borg.* st. 6, n° 6.

489 URNE CINÉRAIRE de CLAUDIUS HÉRACLAS, *marbre de Luni.*

H. 0,406 m. m. — 1 p. 3 p. ; larg. 0,487 m. — 1 p. 6 p.

Deux génies supportent des guirlandes que becquètent des oiseaux. Cette urne est arrondie comme celle du n° 487, et elle est surmontée des palmettes dont il a été question au n° 473.

490 SARCOPHAGE orné de cannelures et de pilastres.

H. 0,697 m. — 2 p. 1 p. 9 l. ; long. 2,105 m. — 6 p. 5 p. 9 l.

491 NYMPHE ENDORMIE, *marbre pentélique.*

Haut. 1,500 m. — 4 p. 7 p. 5 l.

On plaçait souvent sur les tombeaux des figures de femmes endormies qui devenaient des emblêmes du sommeil de la mort. La pose de celle-ci est gracieuse, et ses draperies sont bien. *Vil. Borg.*

492 MARIAGE ROMAIN, *bas-relief.*

H. 1,760 m. — 5 p. 5 p. ; larg. 1,814 m. — 5 p. 7 p.

Dans cette cérémonie la femme se voile avec sa palla en guise de *flammeum*. La *læna* du mari peut le faire regarder comme un personnage consulaire, et les manches longues de sa tunique prouvent, ainsi que le travail du bas-relief, qu'il n'appartient pas aux premiers temps des Empereurs. L'enfant qui offre des grappes de raisin peut être placé comme emblême d'un bon augure. *Vil. Borg.*

Au-dessous de ce bas-relief on a placé des fragmens de frise qui offrent des guirlandes et un amour à cheval sur un griffon marin. Ce petit sujet est traité avec esprit. *Vil. Borg.*

493 SARCOPHAGE.

H. 0,670 m. — 2 p. 0 p. 9 l. ; long. 1,706 m. — 5 p. 3 p.

Ce sarcophage est composé de bas-reliefs tirés de différens monumens. Dans le bas, deux génies soutiennent un médaillon orné d'une tête de Méduse. La partie supérieure, divisée en arcades, dont des amours en hermès forment les pilastres, présente plusieurs génies. En partant de la gauche, celui du sommeil, qu'il répand avec une corne; le génie sur un bouc peut être le génie de Bacchus ou des plaisirs. La double flûte que joue celui qui suit, le fait reconnaître pour le génie de la musique; les cymbales d'un autre et l'autel indiquent la danse qui se mêlait aux cérémonies religieuses. Le vieillard qui terrasse un satyre peut signifier que la vieillesse dompte l'amour des plaisirs. Le dernier groupe offre l'Amour et Psyché ou l'union de l'âme et du corps. Sur les petits côtés du sarcophage on voit des masques de Neptune. Le travail de ces bas-reliefs les place au troisième siècle. *Vil. Borg.*

494 SARCOPHAGE orné de cannelures. On trouve de ces sarcophages ainsi décorés parmi ceux du bon temps de l'art.

H. 0,532 m. — 1 p. 7 p. 8 l.; long. 2,159 m. — 6 p. 7 p. 9 l.

495 URNE CINÉRAIRE de *Tib. Claudius Dius*, probablement affranchi de l'empereur Claude. Ce petit monument, d'une jolie composition, orné d'oiseaux, de palmettes, de guirlandes et de masques d'Ammon, offre aussi une chimère qui joue avec une tête de chèvre. *Mon. du Mus.* t. 4, p. 43.

H. 0 363 m. — 1 p. 1 p. 5 l.; larg. 0,334 m. — 1 p. 0 p. 4 l.

496 AMOUR ET PSYCHÉ, *groupe; marbre grec.*

Haut. 1,493 m. — 4 p. 7 p. 2 l.

Psyché suppliante implore la pitié de l'Amour, dont le regard caressant paraît lui accorder son pardon. Ce groupe, qui offre de bonnes parties, est d'une belle conservation; il n'y a de moderne que la main droite de l'Amour. *Vil. Borg.* st. 9, n° 9.

497 URNE CINÉRAIRE de *Claudius Argyrus*. On trouve sur ce monument les mêmes emblêmes que sur la plupart de ceux de ce genre; des têtes de bélier, un panier renversé, une cigogne qui mange un serpent.

H. 0,379 m. — 1 p. 2 p.; larg. 0,570 m. — 1 p. 1 p. 8 l.

498 MUSE, *statue; marbre pentélique.*

Haut. 1,356 m. — 4 p. 2 p. 1 l.

Les deux flûtes que tient cette muse lui donnent le caractère d'Euterpe. Ses draperies sont très-belles et d'un grand caractère. Le pilastre qui lui sert d'appui est élégamment orné de branches d'olivier; la tête est rapportée. *Vil. Borg.* st. 6, nº 1.

499 TRAVAUX D'HERCULE, *bas-relief.*

H. 0,704 m. — 2 p. 2 p.; larg. 0,995 m. — 3 p. 0 p. 9 l.

Quatre des travaux commandés à Hercule par Eurysthée, sont représentés dans ce bas-relief. Le lion de Némée; l'hydre de Lerne, l'une de ses têtes, était celle d'une femme; elle était immortelle, et Iolas, ami d'Hercule, l'enterra sous un rocher. Hercule porte à Eurysthée le taureau de Crète, et sur la droite on le voit arrêter la biche d'Énoé aux pieds d'airain. Comme ce sont les premières entreprises de la jeunesse du héros, il est représenté sans barbe. *Vil. Borg.* portiq. nº 13.

500 FEMME ROMAINE INCONNUE, *buste; m. de Paros.*

Haut. 0,424 m. — 1 p. 3 p. 8 l.

Elle est coîffée d'une perruque très-lourde, et paraît être du troisième siècle.

CORRIDOR OU SALLE DE PAN.

Cette galerie qui sert de passage pour aller à la salle du Candélabre, communique par une porte à droite à la salle des Cariatides, et par les arcades à gauche dans la salle du Héros combattant et dans celle du Tibre. Douze colonnes en forment la décoration : huit de granit rose oriental et d'ordre ionique ; quatre autres de porior.

501 PRÊTRESSE D'ISIS, *statue; marbre de Paros.*

Haut. 1,902 m. — 5 p. 10 p. 3 l.

Cette statue est caractérisée par la *palla* repliée en forme d'étole, ornement des prêtresses isiaques décrit par Apulée, et que nous avons vu sur quelques autres monumens. C'est le portrait d'une femme grecque qui vivait à la fin du deuxième siècle de l'ère chrétienne, ainsi que sa coiffure l'indique ; elle a cependant du rapport avec celle de Plautille ; on en trouve même dans ses traits avec ceux de cette Princesse, qui a pu, ainsi que d'autres, se faire initier aux mystères isiaques.

Ce monument, transporté d'Athènes à Marseille, a été acquis pour le Roi par les soins de M. le comte de Forbin.

502 GRAND VASE orné de cannelures, et dont les anses sont formées par des serpens, *marbre pentélique.*

Haut. 1,022 m. — 3 p. 1 p. 9 l.

Il est placé sur un autel sépulcral décoré de sculptures, et portant l'inscription de *M. Antonius Tyrannus.* Cette inscription n'a pas été publiée exactement dans le *Trésor* de *Gruter*, p. 1035, n.° 14, qui a lu *Trai* pour *Tyrannus.* Ce monument a été élevé par *M. Antonius* à *Antonia Areté*, qu'il avait épousée lorsqu'ils étaient tous les deux esclaves, ce qu'indique le titre de *contubernalis* qu'il lui donne; elle était nourrice de *M. Antonius Florus*, maître de ces deux esclaves, qui portaient son nom (*nutricii* pour *nutrici.*)

503 CIPPE *de marbre de Luni*, appartenant au tombeau d'un *Chresimus*, et élevé par sa femme et son frère.

H. 0,758 m. — 2 p. 4 p.; larg. 0,370 m. — 1 p. 1 p. 8 l.

Dans le haut on voit le buste de *Chresimus*; il est supporté par un petit autel orné de cornes d'abondance et de trophées.

Haut. 0,473 m. — 1 p. 4 p.; larg. *idem.*

504 JEUNE FAUNE, *statue; marbre grec.*

Haut. 0,886 m. — 2 p. 8 p. 9 p.

Cette jolie figure, qui tient à la main et dans un pan de sa chlamide plusieurs fruits, peut représenter un faunisque ou un jeune suivant de Bacchus. *Vil. Borg. portico* nº 6.

Au-dessus sont encastrés dans le mur deux bas-reliefs; l'un représente un combat d'Amazones; l'autre, qui faisait partie d'une frise, offre un griffon et un génie en arabesques. *Vil. Borg.*

1er bas-relief. H. 0,595 m.— 1 p. 10 p.; larg. 1 m. — 3 p. 0 p. 11 l.
2e bas-relief. H. 0,536 m. — 1 p. 7 p. 10 l.; larg. 1 m.—3 p. 0 p. 11 l.

505 HERCULE JEUNE, *statue; marbre grec.*

Haut. 0,886 m. — 2 p. 8 p. 9 l.

La peau de lion et la massue font reconnaître ce héros, qui, dans sa jeunesse, tua le lion du mont Cythéron. *Vil. Borg. portico* nº 11.

506 PAN, *statue; marbre grec.*

Haut. 1,786 m. — 4 p. 10 p. 8 l.

Le dieu de l'Arcadie, dont les formes humaines sont mêlées avec celles du bouc, est assis sur les rochers du Ménale. *Vil. Borg. portico* nº 1.

Le piédestal est orné de trois bas-reliefs; celui de la face, en marbre grec dur, représente le Jugement de Paris; la composition en est bien, et le travail, très-médiocre, indique que c'est une copie d'un meilleur original. Le sujet est pris au moment où l'Amour donne à Vénus la pomme que Paris vient de lui adjuger; le berger n'a pu résister aux charmes que lui découvre la déesse de la beauté. Mercure semble applaudir à son choix; Junon sur son trône, son sceptre à la main, et Minerve, paraissent mécontentes du jugement. *Vil. Borg. Mon. du Mus.* t. 2, p. 58.

H. 0,359 m. — 1 p. 1 p. 3 l.; larg. 0,650 m. — 2 p.

A gauche ce jeune homme, dont le costume est le même que celui de Mithras, et qui tient sa torche renversée, peut représenter le génie de la nuit ou le soleil couchant.

Le bas-relief de droite offre la même figure avec la torche élevée, qui indique le génie du jour ou le soleil levant.

H. 0,359 m. — 1 p. 1 p. 3 l.; larg. 0,202 m. — 7 po. 6 l.

507 BAS-RELIEF tiré du tombeau qu'un *Julius Secundus* avait élevé à sa femme *Cornelia Tyché* et à sa fille *Julia Secunda*. On y voit sculptés le buste de la mère en Cérès, et celui de la fille en Diane; et parmi les ornemens on reconnaît un arc, un carquois, un rhyton, une roue. Les noms des deux femmes s'y lisent encore; mais l'inscription en vers acrostiches qui était gravée sur le côté du tombeau, a été sciée et enlevée, et n'est plus conservée que dans les recueils d'*Inscriptions* et dans l'*Anthologie latine* de *Burmann* (lib. IV, n° 230). On y apprenait le sort de ces deux personnes, qui avaient péri dans le golfe de Léon par une fortune de mer. L'inscription qui est au-dessous des bustes fait l'éloge de la beauté et de la douceur de celles qu'ils représentent.

H. 1,164 m. — 3 p. 7 p.; larg. 0,929 m. — 2 p. 10 p. 4 l.

508 ENFANT, *statue; marbre grec.*

Haut. 0,886 m. — 2 p. 8 p. 9 l.

Cet enfant, qui donne à manger du raisin à un jeune animal, qui paraît une petite panthère, faisait partie de la suite de Bacchus. On voit une tête de lion sculptée sur le pilastre contre lequel il s'appuie; elle peut indiquer une fontaine.

509 PETIT TOMBEAU que *Julia Isias* avait élevé à la mémoire d'un de ses parens, dont le buste est sculpté en bas-relief.

H. 0,704 m. — 2 p. 2 p.; larg. 0,399 m. — 1 p. 2 p. 9 l.

Le cippe qui le supporte appartenait à un *Flavius Saturninus*, de la tribu *Aniensis*, dans le territoire de Tivoli. *Fabretti* a publié l'inscription, ch. 3, n° 151.

Il paraît que ce cippe a été élevé à *Saturninus*, mort jeune, par son père *Flavius* et par *Ph.ebus*, son père nourricier (*tata.*) Ce cippe est orné de guirlandes supportées par des génies et des panthères d'un très-beau style. On y distingue aussi un très-joli groupe de trois génies qui volent.

H. 0,631 m. — 1 p. 11 p. 4 l.; larg. 0,500 m. — 1 p. 6 p. 6 l.

Au-dessus, deux autres bas-reliefs représentant des combats d'Amazones, sont encastrés dans le mur. *Vil. Borg.*

L'un, h. 0,825 m. — 2 p. 6 p. 6 l.; larg. 0,920 m. — 2 p. 10 p.
L'autre, h. 0,559 m. — 1 p. 8 p. 8 l.; larg. 0,920 m. — 2 p. 10 p.

510 TÉLESPHORE, *statue; marbre grec.*

Haut. 0,828 m. — 2 p. 6 p. 7 l.

Le manteau dont est enveloppée cette jolie figure, et son air de gaieté, y font reconnaître le fils d'Esculape et le dieu de la santé. *Vil. Borg.* st. 6, n° 1.

511 FEMME INCONNUE, *statue; marbre de Carrare.*

Haut. 1,935 m. — 5 p. 11 p. 6 l.

512 MERCURE, *hermès* à demi-figure, plus grand que nature, *marbre pentélique.*

Haut. 2,410 m. — 7 p. 5 p.

513 HERMÈS pareil au précédent.

Haut. 2,565 m. — 7 p. 3 p. 4 l.

514 PRÊTRE ÉGYPTIEN, *buste; rouge antique.*

Haut. 0,550 m. — 1 p. 8 p. 4 l.

Ce buste est le reste d'une statue exécutée dans le genre de la sculpture *polychrôme*. Le prêtre tout rasé que cet ouvrage représente appartenait au culte de l'Egypte : il est couronné de feuilles d'olivier; les yeux qui manquaient ont été remis en argent. Plusieurs fragmens de figures pareilles ont été trouvés à la *villa Adriana*. Le cippe qui le supporte est d'un beau marbre connu en Italie sous le nom de *Pietra Santa*.

515 HERCULE, *hermès*, demi-figure.

Haut. 2,302 m. — 7 p. 1 p.

Le demi-dieu s'enveloppe de son manteau.

516 HERMÈS pareil au précédent.

Haut. 2,324 m. — 7 p. 1 p. 10 l.

Ces quatre hermès ou termes à demi-figure, dont les gaînes aussi sont antiques, ont orné probablement des jardins romains.

517 BACCHUS INDIEN, *hermès; rouge antique.*

Haut. 0,500 m. — 1 p. 6 p. 6 l.

Le dieu vainqueur de l'Orient a une longue barbe frisée, et de longs cheveux entrelacés d'un bandeau; les yeux étaient d'argent.

Cet hermès fut déterré à Rome en 1791, dans le quartier appelé *Merulana*, entre le mont Cœlius et l'Esquilin; la gaîne est en griotte.

518 FEMME INCONNUE, *statue; marbre de Paros.*

Haut. 1,908 m. — 5 p. 10 p. 6 l.

Le costume de la déesse de la Pudicité qu'on a donné à cette statue de portrait, était fort en usage pour les portraits des matrones romaines.

519 URNE CINÉRAIRE de *Plotius Maximus*, soldat de la flotte romaine stationnée à *Misène*. *Marbre de Luni.*

Il paraît que l'abréviation II qu'offre cette inscription, signifie que ce soldat, qui avait vécu 51 ans, était *iteratus*, ou qu'il avait doublé, *réitéré* son temps de service, en servant trente ans; son nom est joint à celui de sa femme *Fortuna*, née (N) en Egypte. Ce nom propre de *Fortuna* répond à celui de *Tyché*, commun chez les femmes, et surtout chez les affranchies grecques. Ce monument a été élevé par l'héritier de ces deux personnes. Sur les côtés de cette urne il y a de belles palmettes.

H. 0,460 m. — 1 p. 5 p.; larg. 0,451 — 1 p. 4 p. 8 l.

Cette urne est supportée par un cippe sépulcral enrichi de sculptures, dont l'inscription a presqu'entièrement disparu. On y voyait un repas funèbre.

H. 0 690 m. — 2 p. 1 p. 6 l.; larg. 0,4?7 m. — 1 p. 6 p.

Au-dessus on voit un bas-relief représentant un Romain en toge.

H. 1,516 m. — 4 p. 8 p.; larg. 0,975 m. — 3 pi.

520 COUPE et tronçon de colonne de marbre numidique, de cette espèce que les marbriers appellent *jaune antique en carnation.*

Haut. 1,101 m. — 3 p. 4 p. 8 l.

Le bas-relief encastré dans le mur représente Silène.

H. 1,290 m. — 3 p. 11 p. 8 l.; larg. 0,722 m. — 2 p. 2 p. 8 l.

On voit au-dessous un masque tragique dont les cheveux s'élèvent en *onchos.*

H. 0,379 m. — 1 p. 2 p.; larg. 0,279 m. — 10 po. 4 l.

521 URNE CINÉRAIRE placée sur un cippe orné de sculptures appartenant à deux affranchis de la famille *Licinia. Gruter*, p. 982, n° 4. On voit deux personnes sur un lit, et ayant une table auprès d'elles. La femme, *Licinia Hygia*, tresse des guirlandes. Sur les côtés du cippe sont sculptés un bouclier et une flèche, ce qui peut indiquer que le mari avait servi.

Haut. 0,704 m. 2 p. 2 p.; larg. 0,419 m. — 1 p. 3 p. 6 l.

Le bas-relief encastré dans le mur représente une mère accompagnée d'une jeune personne; elles portent l'une et l'autre dans leurs bras un petit enfant dans ses langes. Ce marbre, qui vient de la Troade, est d'un beau caractère et d'un beau travail. Les mains, en grande partie antiques, sont très-jolies.

Haut. 1,665 m. — 5 p. 1 p. 6 l.; larg. 0,893 m. — 2 p. 9 p.

522 URANIE, *statue; marbre de Paros.*

Haut. 2,062 m. — 6 p. 4 p. 2 l.

Le costume de cette belle figure pouvait faire croire

que c'était une muse, et a autorisé à lui donner le caractère d'Uranie, dont plusieurs statues offrent le même genre de draperies. On peut remarquer au bas de sa longue tunique d'étoffe très-fine, cette coulisse qui la resserre, et dont nous avons parlé. Cette statue, trouvée dans l'île de Santorin par M. Fauvel, vient de la collection de M le comte de Choiseul. La restauration en est due à M. Lange.

Cette statue a remplacé celle de *Julien l'Apostat*, le dernier des Césars de la race de Constantin. Elle doit être placée dans les thermes de cet Empereur, seul monument romain qui existe à Paris, et de la restauration duquel on s'occupe. La ressemblance de la tête du Julien avec son portrait constaté par les médailles est frappante. Il est habillé en manteau grec, et porte sur sa tête un diadême relevé par des pierreries, et où le laurier se voit entrelacé avec des cordons. La barbe pointue de Julien lui avait fait donner le surnom de *Capella, la Chèvre*. Cette statue a été, à ce qu'il paraît, trouvée à Paris, où elle est restée long-temps chez un marbrier.

Haut. 1,787 m. — 5 p. 6 p.

SALLE DES CARIATIDES.

Cette Salle a été bâtie pendant le règne de Henri II, sur les dessins de Pierre Lescot, architecte, et de Jean Goujon, sculpteur, pour servir de salle des gardes dans le palais du Louvre. Elle a cent quarante pieds de longueur sur quarante-un pieds de largeur. La voûte de cette grande Salle, ornée de sculptures, est soutenue par des colonnes cannelées, d'un ordre composite qui tient du dorique et du corinthien. A l'un des bouts elle est décorée d'une tribune supportée par quatre cariatides de ronde bosse, ouvrage de Jean Goujon, et l'une des plus belles productions de l'art chez les modernes. Le grand bas-relief de bronze en demi-cercle, qui a été placé au-dessus de la tribune, a été exécuté sous François Ier, par *Benvenuto Cellini,* artiste florentin; il l'avait destiné, comme il le dit lui-même dans sa vie, à l'ornement d'une grande porte dans le château de Fontainebleau. La nymphe de la fontaine y est représentée, la main gauche appuyée sur l'urne qui verse les eaux, et la droite passée sur le cou d'un cerf. Des animaux de chasse et des chiens remplissent le champ du bas-relief, et font allusion à la forêt de Fontainebleau.

Les deux statues de Bacchus et de Cérès, adossées au mur de la cheminée, à l'autre bout de la salle, sont encore des ouvrages de Jean Goujon.

Outre les statues, les têtes antiques et les autres monumens qui sont placés dans cette salle, et qu'on trouve décrits sous les numéros qui les désignent, on y remarque dix colonnes de porphyre de neuf pieds de haut, dont huit supportent des bustes antiques, et deux présentent au-dessus de la moitié du fût les bustes des deux Philippes, pris dans le bloc et presque détachés. Ces deux colonnes étaient autrefois à Rome, dans le palais *Altamps.*

523 AUTEL TRIANGULAIRE, *marbre pentélique.*

Haut. 1,011 m. — 3 p. 1 p. 4 l.

Les bas-reliefs des trois pans représentent des vierges lacédémoniennes la tête couronnée de feuilles de palmiers, et dansant dans les fêtes de Diane Thyréatique. *Vil. Borg.* st. 4, nos 21, 22 et 23.

Deux de ces charmantes figures ont la tunique courte et légère des jeunes filles spartiates, qui laissait les cuisses en partie à découvert, ce qui leur avait fait donner le nom de *phainomérides* (qui montre sa cuisse); l'une de ces danseuses tient un tympanum. Winckelm. *Mon. ined.* v. 2, p. 57, croyait reconnaître dans ce bas-relief les trois saisons. Les angles de l'autel sont ornés de ces bandelettes de laine crue nouées avec de la pourpre que nous avons déjà vues. Parmi les ornemens de la base de l'autel on remarque des cymbales, un tympanum, une feuille ou une espèce d'éventail, *flabellum*, et un parasol qui rappelle que dans les Sciéries d'Arcadie on portait la statue de Bacchus sous un parasol (*skiron*) et que dans les Scirophories d'Athènes on portait en pompe à la citadelle un grand parasol blanc.

Le vase de serpentin placé sur l'autel est un ouvrage moderne.

Haut. 0,568 m. — 1 p. 9 p.

524 HIPPOCRATE, *hermès; marbre pentélique.*

Haut. 0,360 m. — 1 p. 5 p.

Le portrait de l'oracle des médecins se reconnaît dans cet hermès par la comparaison d'une médaille unique frappée à Cos en son honneur, et appartenant au cabinet de la bibliothèque du Roi. Voyez l'*Iconographie grecque*, pl. 32. *Mus. Bou.* v. 3.

525 CUPIDON, *statue; marbre de Paros.*

Haut. 1,040 m. — 3 p. 2 p. 5 l.

Le jeune dieu est couronné de lierre. Deux carquois sont à ses pieds; l'un cache ses flèches inévitables; l'autre est probablement un trophée d'Apollon vaincu, ou peut-être renferme-t-il les flèches qui rendaient insensible. La couronne de Cupidon, tissue de feuilles de lierre, est un emblême de ses triomphes sur Bacchus. *Vil. Borg.* st. 9, n° 3.

526 SOCRATE, *hermès; marbre pentélique.*

H. 0,530 m. — 1 p. 7 p. 7 l.

Le Sage d'Athènes, aussi célèbre par ses vertus que par sa fin tragique, se reconnaît dans cet hermès. Les preuves de l'authenticité de ce portrait sont exposées dans l'*Iconographie grecque*, pl. 18. *Ancienne salle des antiques du Louvre. Mus. Bou.* vol. 3.

527 HERMAPHRODITE Borghèse, *statue; m. de Luni.*

Long. 1,484 m. — 4 p. 6 p. 10 l.

Cette figure couchée, dont il existe plusieurs répétitions antiques, est la plus belle de toutes les statues semblables, et offre réunies toutes les grâces de la jeunesse des deux sexes. La tête tient de celle de Vénus; la coîffure est remarquable par son agencement. Une espèce d'ornement ovale avec un rebord que l'on voit sur le haut de la tête, a pu servir à enchâsser une pierre précieuse. On est fondé à croire que cet hermaphrodite et ses répétitions sont des imitations de l'hermaphrodite en bronze, ouvrage célèbre de Polyclès; cependant ces statues n'ont pas tout-à-fait la même pose ni les mêmes accessoires. Voy. le n° 461. Cette statue fut découverte au commencement du 17e siècle, près des thermes de Dioclétien; on la voit gravée dans les *Statues* de *P. A. Maffei*, dans le *Musée Français;* M. Bouillon, dess.; M. Bourgeois, graveur. *Mus. Bou.* v. 1.

Le matelas sur lequel l'hermaphrodite est couché, a été sculpté par le Bernin dans sa jeunesse; il a aussi restauré le pied gauche; les mains sont en grande partie antiques. *Vil. Borg.* st. 6, n° 7.

Un vase cinéraire, orné de masques et de feuillages, est placé sur un autel sépulcral de forme cylindrique, en paros gris, resté sans inscription, et dont les bas-reliefs offrent deux figures d'un assez joli style. Le piédestal est en jaune de Sienne.

Haut. du vase 0,568 m. — 1 p. 9 p.
Haut. de l'autel 0,500 m. — 1 p. 6 p. 6 l.

528 HOMÈRE, *hermès; marbre pentélique.*

Haut. 0,559 m. — 1 p. 8 p. 8 l.

Cet hermès est tiré du Musée du Capitole. Il avait été autrefois employé, en guise de pierre, dans les murs du jardin du palais *Caëtani,* près de *Sainte-Marie-Ma-*

jeure. Quoique le véritable portrait d'Homère ait été regardé comme incertain, même du temps des anciens, on ne peut douter que des têtes pareilles à celle-ci n'aient passé chez les Grecs pour le portrait du prince des poëtes; sa tête est ceinte d'une bandelette. Voyez l'*Iconographie grecque*, pl. 1. *Mus. Bou.* vol. 1. *Mon. du Mus.* t. 2, p. 66.

529 CUPIDON DANS L'ATTITUDE D'UN JOUEUR DE BALLON, *statue; marbre de Paros.*

Haut. 1,020 m. — 3 p. 1 p. 8 l.

Le mouvement de cette statue nous représente celui des *Sphœristes* ou joueurs de ballon de l'antiquité. Les lois du jeu portaient qu'ils repousseraient le ballon en sautant. Un papillon, symbole de l'âme, sert de jouet sur plusieurs pierres gravées au malin enfant de Vénus. *Vil. Borg.* st. 9, n° 12.

530 DIOGÈNE, *hermès; marbre grechetto.*

Haut. 0,541 m. — 1 p. 8 p.

Une certaine ressemblance qu'on découvre entre cet hermès et le portrait de Diogène, constaté dans l'*Iconographie grecque*, pl. 22, autorise à lui donner le nom du cynique de *Sinope*. *Palais de Fontainebleau. Mon. du Mus.* t. 2, p. 73.

Deux bas-reliefs antiques, représentant des masques de Méduse, avec des ailes et des serpens, ornent le dessus des deux portes qui s'ouvrent dans ce coin de la grande salle. *Château de Richelieu. Mon. du Mus.* t. 2 p. 50.

Haut. et larg. 0,442 m. — 1 p. 4 p. 4 l.

531 AUTEL TRIANGULAIRE, *marbre pentélique.*

Haut. 1 m. — 3 p. 0 p. 11 l.

Il fait pendant à celui du n° 523, et il est surmonté d'un vase en jaspe, ouvrage moderne. Les bas-reliefs qui en ornent les trois pans représentent Pan vêtu de la *pardalis*, et ayant à la main une syringe et le pedum. Des deux faunes, vêtus de même, l'un tient un thyrse et danse, l'autre porte un grand vase. Ces deux autels ont pu servir aussi de bases à des candélabres. Le pied de celui-ci est orné de belles chimères; on y voit aussi les bandelettes dont nous avons parlé. *Vil. Borg.* st. 4, nos 19, 20 et 21.

Haut. du vase 0,708 m. — 2 p. 2 p. 2 l.

532 TÊTE INCONNUE, *hermès; marbre de Paros.*

Haut. 0,518 m. — 1 p. 7 p. 2 l.

533 LION, *statue; basalte vert;* la boule de *jaune antique.*

H 0,812 m. — 2 p. 6 p.; long. 1,245 m. — 3 p. 10 p.

Ce symbole de la force est exécuté en basalte, pierre égyptienne, que les anciens appelaient ainsi à cause de sa dureté et de sa couleur, qui la fait quelquefois ressembler à du fer. Le basalte vert, comme celui-ci, ressemble plutôt au bronze, et il est plus estimé que le noir. Collection *Albani.*

534 SOCRATE, *hermès; marbre pentélique.*

Haut. 0,500 m. — 1 p. 6 p. 2 l.

On retrouve dans cet hermès les mêmes traits que dans celui sous le no 526, mais avec une moins bonne exécution. *Ancienne salle des antiques du Louvre. Mon. du Mus.* t. 2, pl. 71. *Iconographie grecque*, pl. 18.

535 BANQUET FUNÈBRE, *bas-relief* composé de trois personnes, et provenant du monument de *Ménestrate*, fils de *Ménécrate. Col. Choiseul*, cat. 148. (1)

H. 0,622 m. — 1 p. 11 p.; larg. 0,406 m. — 1 p. 3 p.

---

(1) La plus grande partie des statues, des bas-reliefs et des inscriptions que M. le comte de Choiseul-Gouffier avait rapportés ou fait venir de Grèce, et qui ont été vendus après sa mort, a été acheté pour le compte du Roi. Le catalogue de cette

536 BAS-RELIEF FUNÈBRE consacré par une femme à son mari et à son fils, dont on voit les bustes, ainsi que le sien. L'enfant porte au col la *bulla*. Dans l'inscription plusieurs lettres sont réunies comme dans des monogrammes. *Col. Ch.* cat. 176.

H. 0,325 m. — 1 p.; larg. 0,460 m. 1 p. 5 p.

537 INSCRIPTION à la louange de *Pub. Herennius Dexippe*, historien distingué du troisième siècle de notre ère, de qui on avait un abrégé de l'histoire universelle, une histoire depuis Alexandre-le-Grand, et celle des guerres des Romains contre les Scythes. Il ne reste que quelques fragmens de ces ouvrages, cités avec éloge par *Photius*. *Dexippe* avait aussi servi, et l'an 269 il chassa les Goths de l'Attique. Voy. *Hist. Aug.* vol. 2, p. 159-61.

L'inscription porte que d'après la permission de l'aréopage, du sénat des 750 et du peuple d'Athènes, les enfans de Dexippe avaient élevé une statue de marbre à cet historien de race sacerdotale, qui avait exercé les charges d'Archonte-roi, d'Archonte-éponyme, et avait présidé les panégyries ou assemblées générales, et les jeux des grandes Panathénées. Cette partie de l'inscription a été publiée par Spon. Voy. t. 3, p. 129. Il est à remarquer qu'il y est question du sénat de 750, ΨΝ, et cependant on ne voit pas dans l'histoire que depuis Adrien on eût ajouté deux tribus aux treize des Athéniens, qui, en fournissant chacune cinquante prytanes, ne pouvaient former qu'un sénat de 650, et qui ne fut même porté qu'à 600. Au quatrième siècle il fut réduit à 300. Il se pourrait que le ΨΝ fût une faute de l'ouvrier, et qu'il dût y avoir ΦΝ-650. Spon a omis ces deux lettres et les deux mots entre lesquels elles sont placées.

---

vente est très-bien fait, et forme un vol. in-8° de 163 pag. On y a imprimé une partie des inscriptions grecques, travail dont s'est chargé M. Hase. On doit le catalogue aux soins de M. Dubois, qui, dans ses voyages en Grèce, a recueilli quelques-uns des monumens de la collection de M. le comte de Choiseul.

Les vers qui suivent cette première partie de l'inscription font un pompeux éloge des vertus et de la véracité de Dexippe dans son histoire, qui embrassait tous les siècles, et sa gloire était célébrée dans toute la Grèce. Le marbre qui servait de base à sa statue en marbre a été employé depuis à faire une auge. *Col. Ch.* cat. 233. Voy. Chandler, *Inscr. antiq.* p. 36.

538 BAS-RELIEF d'un bon style, où l'on voit Mercure coiffé de son pétase, et qui s'entretient avec une femme; peut-être est-ce Mercure Psychagogue qui conduisait les âmes dans les Champs-Elysées.

Haut. 0,487 m. — 1 p. 6 p.

539 INSCRIPTION dont il ne reste qu'un fragment de dix-neuf lignes en mauvais état, et qui paraît avoir contenu un décret. *Col. Ch.* cat. 120.

H. 0,270 m. — 0 p. 10 p.; larg. 0,189 m. 7 po.

540 INSCRIPTION incomplète qui contenait un décret par lequel sous la protection de la mère des dieux on décernait une couronne d'or de mille drachmes à *Lysiclès*, fils d'*Erénippus*, archonte, et à un de ses collègues, en reconnaissance de leur bonne administration et de leur justice. Il paraît que cette inscription était double, et que chaque partie contenait le nom d'un des deux archontes. On trouve quelquefois sur les monumens de ces inscriptions doubles. Celles d'*Aurélius Anatellon*, nos 124 et 130, et celle de *Fabius*; qu'on trouvera plus bas, en sont des exemples. *Col. Ch.* cat. 221.

H. 0,270 m. — 0 p. 10 p.; larg. 0,148 m. — 5 p. 6 l.

541 INSCRIPTION SÉPULCRALE consacrée par *Sergius Clemens* à son fils *A. Sergius Clemens*. Au-dessus on a placé le cippe funéraire de *Cassia Lochias*, élevé par *Poblicius Severus*.

Inscr. h. 0,518 m. — 1 p 7 p. 2 l.; larg. 0,440 m. — 1 p. 4 p. 3 l.
Cippe, h. 0,527 m. — 1 p. 7 p. 6 l.; larg. 0,379 m. — 1 p. 2 p.

542 CIPPE SÉPULCRAL dont le bas-relief représente un homme et une femme dans le costume grec qui se donnent

la main. Nous avons dit que c'était une des cérémonies du mariage. Ce bas-relief est d'un beau style. *Col. Ch.* cat. 147.

H. 0,975 m. — 3 p.; larg. 0,325 m. — 1 p.

543 INSCRIPTION dans laquelle l'aréopage, le sénat des cinq-cents et le peuple très-auguste des Athéniens louent la bonne administration de *Quintus Epictète*. Au-dessus de cette inscription est la formule usitée, *à la bonne fortune*. Ce marbre faisait partie d'une auge sur laquelle était l'inscription n° 580, avec laquelle elle n'a aucun rapport. *Col. Ch.* cat. 233.

H. 0,500 m. — 1 p. 6 p. 6 l.; larg. 0,704 m. — 2 p. 2 p.

544 INSCRIPTION mutilée, et dont une partie est très-fruste. Il paraît qu'il est question d'un décret rendu par un sénat, et de quelque traité avec les habitans des bords du Scamandre, au sujet d'un sacrifice dont les dépenses doivent être réglées par les trésoriers (trapezites). On y parle aussi de prytanes et de stratèges. *Col. Choiseul.*

H. 0,426 m. — 1 p. 3 p. 9 l.; larg. 0,310 m. — 11 p. 6 l.

545 INSCRIPTION en neuf lignes incomplètes, où il est question du *Céryx* ou hérault sacré de quelque divinité. *Col. Ch.* cat. 224.

H. 0,256 m. — 9 po. 6 l.; larg. 0,202 m. — 7 po. 6 l.

546 INSCRIPTION très-fruste qui paraît avoir contenu quelque décret de la ville d'Ilion, sur l'emplacement de laquelle ce marbre a été trouvé par M. Dubois. Il y est question de sommes en oboles et en drachmes, et de bled. C'était peut-être une convention pour la vente du bled. *Col. Ch.* cat. 187.

H. 0,234 m. — 8 po. 6 l.; larg. 0,268 m. — 9 p. 11 l.

547 BAS-RELIEF SÉPULCRAL *en marbre grec*. Une femme est assise sur le bord du lit où son mari est

couché; des deux côtés du lit on voit deux petites figures qu'on trouve souvent dans cette espèce de bas-reliefs. On lit au-dessous le nom de *Demétria*, fille d'*Aristodême*. *Col. Ch.* cat. 149.

H. 0,731 m. — 2 p. 3 p.; larg. 0,460 m. — 1 p. 5 p.

548 BAS-RELIEF SÉPULCRAL représentant un homme, une femme et leur fille couchés sur un lit, auprès duquel est une table avec une coupe et une grappe de raisin. *Col. Ch.* cat. 168.

H. 0,386 m. — 1 p 2 p. 3 l.; larg. 0,297 m. — 11 po.

549 URNE CINÉRAIRE *de marbre pentélique* en forme de petit temple ou de monument, ornée de guirlandes de laurier, soutenues par deux génies qui semblent garder la porte du monument consacré à *Valeria Thetis*. *Muratori*, 1414, n° 3.

H. 0,550 m. — 1 p. 8 p. 4 l.; larg. 0,518 m. — 1 p. 7 p. 2 l.

550 AUTEL SÉPULCRAL d'*Egnatia Soteris* et de son mari *C. Murdius Hermès*.

H. 0,823 m. — 2 p. 6 p. 5 l.; larg. 0,509 m. — 1 p. 6 p. 10 l.

551 BAS-RELIEF SÉPULCRAL. On aperçoit dans le haut les restes de deux figures qui paraissent avoir été celles d'un homme et d'un lion. Au-dessous on lit : *Bouleidus*, fils de *Métrodore*, commandant de la cavalerie; ce qui servait de date à ce monument. Le bas-relief représente une prêtresse la tête couverte de son *pallium*, et s'approchant d'un chêne où sont suspendus ou des cymbales ou peut-être les bassins fatidiques de Dodone; ce qui pourrait le faire croire, c'est qu'il est question de la Lybie dans l'inscription, et que c'est de ce pays qu'Hérodote fait venir les prêtresses de Dodone. Celle-ci est suivie d'un jeune homme qui tient deux flûtes. Une autre femme, portant un vase sur la tête, s'avance vers un autel où l'on va sacrifier un bélier, que conduit un enfant.

Ce sacrifice devait être en mémoire de *Marcus Stlaccius*, qui avait fait la guerre en Lybie sous *Théognète*, général de la cavalerie d'un empereur dont, à la réserve de *Caïus*, le nom est effacé. Ce monument a été élevé à *Marcus* par son camarade *Soterides Gallus*, d'après les ordres d'une déesse. Ce qu'on voit dans cette inscription pourrait faire croire que Soterides avait été fait prisonnier en Lybie, et qu'il fut délivré et ramené sur un vaisseau à quatre rangs de rames, par Marcus, à qui il témoigne ici sa reconnaissance. *Col. Ch.* cat. 160.

H. 0,595 m. — 1 p. 10 p.; larg. 0,480 m. — 1 p. 5 p. 9 l.

552 BAS-RELIEF SÉPULCRAL. Cette jolie composition, d'une mauvaise exécution, offre un homme couché sur un lit, et qui, tenant d'une main, une boîte, pose de l'autre une couronne sur la tête d'une femme voilée assise au pied du lit; derrière elle une jeune fille ouvre une cassette à parfums; de l'autre côté un *pocillator* ou échanson paraît mêler du vin et de l'eau dans un grand cratère, et il tient à la main droite un sympule pour y puiser.

Ces vases sont placés sur un buffet ou plutôt sur un fourneau; les anciens aimaient les boissons chaudes. La disposition de ces vases et ce fourneau, se retrouvent dans les peintures antiques et dans les maisons de Pompéi. Le vase à large ouverture et à anses qui se rabattaient sur les bords, est proprement le *prefericulum* qui servait à mettre l'eau, quoique l'on donne ce nom à des vases à long col. On voit souvent dans les peintures antiques ces vases entre les mains de prêtresses, qui y plongent une branche de laurier ou d'autres arbres, ce qui peut faire croire qu'ils étaient en usage pour l'eau lustrale. Au-dessous du bas-relief on lit le nom de *Numenius*, en l'honneur de qui a été élevé le monument. *Col. Choiseul*, cat. 157.

H. 0,561 m. — 1 p. 8 p. 9 l.; larg. 0,433 m. — 1 p. 4 p.

553 INSCRIPTION incomplète qui paraît avoir été celle d'un monument élevé à *Astyclea*, fille d'*Aglaophanes*, et femme de ...., en mémoire de sa bonne conduite. *Col. Choiseul.*

H. 0,467 m. — 1 p. 5 p. 3 l.; larg. *idem.*

554 BAS-RELIEF sépulcral de *marbre pentélique*, d'un très-beau style, et dans lequel on voit deux vieillards, *Diognete* et *Diodelus* de *Rhamnus*, vêtus du pallium, sans autre habit, à la manière des philosophes. Ils se donnent la main sans doute pour laisser un souvenir de l'amitié qui les avait unis. L'un d'eux a la tête ceinte d'une bandelette. *Col. Ch.* cat. 129. Trouvé par M. Fauvel.

H. 2,975 m. — 3 p.; larg. 0,487 m. — 1 p. 6 p.

555 BAS-RELIEF SÉPULCRAL. L'inscription nous apprend que ceci est le monument que d'après les intentions du testament de *C. Macenius Vibius*, sa femme *Ulpia Valentina* lui fit élever par son frère *Macenius Crispus*, qui était *Evocatus*, ou volontaire dans les troupes d'un empereur qui n'est pas nommé. Sous Gallien les *evocati* formaient une partie de la garde de l'empereur : c'étaient des soldats qui servaient après avoir fini leur temps.

Macenius Vibius, soldat prétorien, avait servi vingt-deux ans dans deux légions; la seconde avait été renouvelée (Gemina); elle était en garnison à Tralles en Cilicie, province romaine de l'Asie Mineure. *Voy. Muratori*, p. 2034, n° 2. Il paraît qu'il y a une faute dans cette inscription, et qu'on doit lire *primipili* au lieu de *primitivi*. *Macenius* était centurion du *primile* ou de la première cohorte prétorienne. Ce bas-relief est curieux en ce qu'il nous offre le costume d'un centurion. La tunique très-courte, recouverte d'une espèce de *penula* ou d'*armilausa*, ouverte par-devant et relevée sur les côtés, telle que nous l'avons vue à Diane dans le bas-relief n° 293. Il est chaussé de la *caliga;* on lui voit suspendue au bras droit la *machæra* ou poignard; il tient une pique très-pesante; la courroie qui l'entoure servait à la retenir, et se nommait *amentum* et *ansa*. Ce Centurion a dans la main gauche une épée et le sarment de vigne, qui était une des marques de sa dignité, et dont il châtiait les soldats en faute. A l'exception du casque qui lui manque, mais qui existait peut-être lorsque le marbre était entier, on trouve ici tout le costume des centurions.

H. 0,897 m. — 2 p. 9 p. 2 l.; larg. 0,518 m. 1 p. 7 p. 2 l.

556 PIERRE SÉPULCRALE ornée d'un fronton, et où on lit l'inscription de *Donata*, fille de *Julius d'Aëlops*.

H. 0,622 m. — 1 p. 11 p.; larg. 0,406 m. 1 p. 3 p.

557 BAS-RELIEF SÉPULCRAL qui offre un repas funèbre comme nous en avons déjà vus. De toute l'inscription, il ne reste de lisible que le nom d'*Athénodore*. *Col. Ch.* cat. 163.

H. 0,451 m. — 1 p. 8 p.; larg. 0,392 m. — 1 p. 2 p. 6 l.

558 INSCRIPTION. Ces trois colonnes de noms offrent ceux des vainqueurs aux différens exercices du stade, dans plusieurs fêtes, entre autres les Philadelphies, les Athénées.

On voit que chaque exercice fut répété plusieurs fois, que le prix était quelquefois partagé entre deux concurrens; que le même athlète en a remporté plusieurs, et dans des exercices différens. Ceux qu'on nomme sont la lutte, le pancrace, le ceste, le javelot, la course du stade, la longue course ou *dolique*, la double course ou *diaule*. Les noms romains mêlés aux noms grecs montrent que cette inscription date de l'époque de la domination romaine en Grèce; et d'ailleurs les Philadelphies ne furent établies à Sardes et à Nicée que du temps de Caracalla; et ne l'ayant été que pour célébrer la concorde qui régnait entre lui et son frère Geta, elles furent supprimées après qu'il l'eut tué. On voit par l'inscription du n° 646, qui était au revers de celle-ci, et qui offre plusieurs des mêmes noms, que ces jeux eurent lieu à Athènes. *Col. Ch.* cat. 218.

H. 0,359 m. — 1 p. 1 p.; larg. 0,527 m. 1 p. 7 p. 6 l. dans ses plus grandes dimensions.

559 HERCULE JEUNE, *statue; marbre pentélique.*

Haut. 2,329 m. — 7 p. 2 p.

Le demi-dieu thébain porte une couronne de peuplier. La moitié supérieure de cette statue est seule antique, et exécutée d'une grande manière; le reste est lourd. *Vil. Borg.*

Le bas-relief qu'on voit au-dessus de la statue représente un poëte en compagnie de trois Muses. *Vil. Borg.*

H. 1,204 m. — 3 p. 8 p. 6 l.; larg. 1,153 m. — 3 p. 6 p. 7 l.

560 HERCULE, *dit* XÉNOPHON, *hermès; m. pentélique.*

Haut. 0,548 m. — 1 p. 8 p. 3 l.

Le fils d'Alcmène est couronné d'olivier comme vainqueur aux jeux olympiques : les larges bandelettes qui entourent la couronne, et dont les lemnisques descendent sur les épaules, étaient un ornement propre de ces vainqueurs. Malgré le grand caractère de beau idéal qui distingue cette tête, Winckelmann avait cru y voir un portrait de Xénophon. (*Monumenti inediti*, n° 171.) *Vil. Alb. Mus. Bou.* vol. 3. *Mon. du Mus.* t. 2, p. 33.

561 INSCRIPTIONS sur des fragmens de colonnes, et qui
562 ne contiennent que des noms de magistrats d'Athènes
563 en exercice pendant le premier semestre.

Les *prytanes* formaient le sénat, et chacun leur tour présidaient un jour les assemblées du peuple; les *grammateis*, secrétaires du sénat; les *stratèges*, généraux; les *hypostratèges*, ou généraux en second; les *gymnasiarques* qui présidaient aux gymnases; le *tamias* ou trésorier; les *trapezeites* ou payeurs; les *astynomes* qui surveillaient les histrions et les chanteurs, cinq à la ville et cinq au Pirée; les *agônothètes*, juges des jeux publics; les *practores*, chargés de la levée des impôts; les *agoranomes* inspecteurs des marchés, cinq au Pirée, cinq à la ville, chargés de percevoir les droits; les *logistes* ou réviseurs des comptes. *Col. Choiseul.*

Le n° 561 a 30 lignes.
Le n° 562 a 21 lignes.
Le n° 563 a 19 lignes.

564 ANTINOUS, *statue.*

Haut. 1,191 m. — 3 p. 8 p.

La tête est rapportée, et il n'y a d'antique que le torse.

565 INSCRIPTION en douze vers hexamètres et pentamètres. Une prêtresse ou hiérophantide, fille d'un *Démétrius* et mère d'un *Marcien*, et qui tait son nom, que sa charge ne lui permettait pas de faire connaître, se glorifie d'avoir initié aux mystères l'empereur Adrien, protecteur d'Athènes, la ville de Cécrops, et elle met cet honneur au-dessus de celui qu'elle eut eu en initiant Castor et Pollux, Esculape et Hercule. *Col. Choiseul*, cat. 198, publiée par M. de Villoison, *Mémoires de l'Acad. des Inscr.* v. 47, p. 230. M. Visconti, *Museo Pio Clem.* v. 4, p. 43.

H. 0,704 m. — 2 p. 2 p.; larg. 0,690 m. — 2 p. 1 p. 6 l.

566 INSCRIPTION en faveur de......... fils de *Charinus*, à qui le sénat et le peuple d'Athènes accordent une couronne, et l'honneur d'être proclamé archonte couronné dans le théâtre aux fêtes de Bacchus et de Neptune. Ils lui accordent en outre d'autres priviléges, d'avoir une place distinguée dans les fêtes et les jeux; ils l'admettent dans une de leurs tribus, et le déclarent, ainsi que ses descendans, proxène des habitans de l'île de Tenos à Athènes. Les proxènes étaient chargés de recevoir les étrangers, et de veiller à leurs intérêts. *Col. Ch.* cat. 186; trouvée à Athènes par M. Fauvel.

H. 0,352 m. — 1 p. 1 p.; larg. 0,433 m. — 1 p. 4 p. dans ses plus grandes dimensions.

567 INSCRIPTION à la louange de la bonne administration et de la probité de *Niketès*, fils de *Dorimachus*. *Col. Ch.*

H. 0,162 m. — 6 po.; larg. 0,487 m. — 1 p. 6 p.

568 INSCRIPTION *en marbre pentélique* qui offre sur quatre colonnes une liste des éphèbes ou jeunes gens d'Athènes sous l'archonte *Mucius Cassianus Apollonius* et le stratège ou préteur *Cl. Eucaerus. C. Julius*

Cassius était archonte-roi, et *Gorgias* hérault. *Memmius*, archonte, était épibôme ou chargé de l'autel; c'était un des trois ministres qui, sous l'hiérophante, présidaient aux mystères et aux fêtes d'Eleusis. *C. Julius Cassianus de Steiria* avait la charge de cosmètes, et veillait, avec le paidotribe *Abascantus de Cephisia*, aux exercices des jeunes gens. Celui-ci, de la famille des *Eumolpides*, consacrée à Cérès, était en charge depuis vingt-trois ans. On trouve dans les inscriptions d'Oxford (éd. de Chandler, in-8°, 1791, p 82), le même *Abascantus*, fils d'*Eumolpus de Cephisia*, paidotribe depuis vingt-trois ans, et le cosmète *Cassius Apollonius de Steiria*; mais comme on a rempli une lacune dans le nom de *Cassius*, il se pourrait que c'eût été *Cassianus* comme dans notre inscription. Cette inscription est de la même année que celle du Musée, et on y voit qu'il y est question des fêtes d'Eleusis. L'inscription 54, p. 75 de la même collection, nomme aussi comme archonte *C. Jul. Cassius de Steiria*. Notre marbre cite en outre les sophronistes chargés de l'éducation des éphèbes, un prêtre, des sous-sophronistes. On n'y trouve point les gymnasiarques qui, dans l'inscription de Chandler, sont nommés pour chaque mois. Les tribus de notre inscription, sont l'Oeneïde, la Léontide, l'Hippothoontide et les Dêmes ou bourgs de Thoricus, de Steiria, d'Acharné, de Phlyus, de Marathon, d'Euonymia, de Scambonidæ, de Sphette, de Pallène et d'Hermus. La colonne ou la stèle sur laquelle cette inscription avait été gravée, avait été élevée par *Asclépiades, Diodote* et *Cl. Olcus*. Publiée par Chandler, *Inscrip.* p. 64, n° 58. *Col. Ch.* cat. n° 208.

H. 0,500 m. — 1 p. 6 p. 6 l; larg. 0,635 m. — 1 p. 11 p. 6 l.

569 INSCRIPTION mutilée; on y voit seulement que celui dont il y est question avait construit un tombeau pour

lui et pour Eutychia, et il paraît qu'il menaçait d'une amende celui qui le violerait. *Col. Ch.* cat. 232.

H. 0,650 m. — 2 pi.; larg. 0,866 m. — 2 p. 8 p.

570 INSCRIPTION en dialecte dorien en l'honneur de *Tiberius Claudius Medon*, fils d'*Agaophanes*, de la tribu Quirina. *Col. Ch.*

H. 0,162 m. — 6 po.; larg. 0,975 m. — 3 pi.

571 SERPENT au-dessous duquel on lit *Asclépiades*, fils d'*Asclépiodore*, à *Jupiter Meilichius* ou favorable.

Ce dieu, adoré sous ce nom à Athènes et dans plusieurs villes de la Grèce, était représenté à Sicyone par une pyramide. Il avait à Argos une statue de la main de Polyclète. Il est probable que l'*Asclépiade* qui avait consacré ce petit monument était un médecin qui prétendait être de la famille des *Asclepiades*, descendans d'Esculape (*Asclepios* en grec) à qui le serpent était consacré, et qu'on adorait à Rome sous la figure d'un gros serpent venu d'Epidaure. *Col. Ch.*

H. 0,325 m. — 1 pi.; larg. 0,162 m. — 6 po.

572 INSCRIPTION du monument élevé par l'affranchi *C. Postumius Onesimus* pour sa femme *Postumia Cinomas* et pour lui. *Muratori*, p. 1596, nº 7.

H. 0,256 m. — 9 po. 6 l.; larg. 0,419 m. — 1 p. 3 p. 6 l.

573 INSCRIPTION consacrée par l'affranchi *Nicodemus* au proconsul *L. Julius Rufinus*, de la tribu Quirina. *Gruter*, p. 424, nº 6.

H. 0,543 m. — 1 p. 8 p. 2 l.; larg. 0,419 m. — 1 p. 3 p. 6 l.

574 INSCRIPTION fruste où il est question de l'archonte *Paglès*, fils de *Paglès*; il paraît qu'on y parlait d'un vainqueur périodonique pour la seconde fois, ou qui avait remporté deux fois le prix aux quatre grands jeux de la Grèce; il s'agit aussi d'une assemblée sacrée qui était présidée par *Ménécrate*. *Col. Ch.* cat. 215.

H. 0,487 m. — 1 p 6 p.; larg. 0,148 m. — 5 po. 6 l.

575 INSCRIPTION très-fruste qui paraît avoir rapport à *Alexandria Troas*, et où l'on découvre seulement qu'il y est question d'*Hermias*, prêtre de tous les dieux, et qu'il s'agit de dispositions et de dépenses faites pour une pompe ou procession sacrée qui avait lieu tous les ans. Il semble aussi qu'on y parle de l'ordre qu'on doit maintenir dans ces fêtes. On y voit cités la pompe des fêtes Iliaques ou d'Ilium, un Phylarque, qui était à la tête d'une tribu; des Trapezites et des Logistes que nous avons déjà vus. 32 lignes; trouvée à Alexandria Troas. *Col. Ch.* cat. 214.

H. 0,893 m. — 2 p. 9 p.; larg. 0,920 m. — 2 p. 10 p.

576 INSCRIPTION dans laquelle les..... témoignent leur reconnaissance à leur bienfaiteur *Phanocrite*, proxène des Pariens. Le secrétaire du sénat est chargé de faire graver son nom sur une colonne de marbre qui doit être placée dans la citadelle, et il paraît qu'on lui accordait d'autres récompenses. *Col. Ch.* cat. 185. 21 lignes.

Haut. 0,325 m. — 1 pi.; larg. *idem*.

577 INSCRIPTION mutilée dans le dialecte dorien, et en l'honneur d'un *Diodore*. *Col. Ch.*

H. 0,256 m. — 9 po. 6 l.; larg. 0,460 m. — 1 p. 5 p.

578 INSCRIPTION en six vers hexamètres, consacrée par ...*llus* et *Zoé* à leur père *Mélanippe*, joueur de flûte, qui avait remporté douze fois le prix, et qui mourut dans le treizième concours. *Col. Ch.* cat. 210.

H. 0,473 m. — 1 p. 5 p. 6 l.; larg. 0,446 m. — 1 p. 4 p. 6 l.

579 CIPPE SÉPULCRAL élevé par *Volusia Salvia* à son père *L. Volusius Primanus*, écrivain du questeur, et licteur de la troisième décurie. *Reinesius*, synt. cl. XI, n° 18.

H. 0,749 m. — 2 p. 3 p. 8 l.; larg. 0,568 m. — 1 p. 9 p.

580 URNE CINÉRAIRE destinée par *Furia Secunda* à renfermer ses cendres, celles de son mari *Hyginus* et de sa fille *Hygia*. Les ornemens de ce monument sont

d'un bon travail ; le génie et les dauphins rappellent les voyages des âmes vers les Iles Fortunées.

H. 0,807 m. — 2 p. 5 p. 10 l. ; larg. 0,469 m. — 1 p. 5 p. 4 l.

581 INSCRIPTION grecque du bas-empire qui était sur le même marbre que celle du n° 578. Il y est question d'une vigne plantée autour d'un cimetière, et achetée à *Manuel Ducas* par l'hégoumène ou abbé *Agathon*, et tous les frères de son couvent. *Col. Ch.* cat. 210.

H. 0,711 m. — 2 p. 2 p. 3 l. ; larg. 0,478 m. — 1 p. 5 p. 8 l.

582 INSCRIPTION très-fruste qui paraît avoir contenu un décret des habitans d'Ilium. On y lit les noms des *Rhodiens*, des *Déliens*, d'*Alexandria Troas*; il y est aussi question de prytanes et de prytanée, et d'un monument ou d'une statue en marbre blanc qui devait être placée dans le temple d'une déesse; trouvée dans le cimetière du village de Halileli. *Col. Ch.* cat. 188. 341.

H. 0,602 m. — 1 p. 10 p. 3 l. ; larg. 0,243 m. — 9 p.

583 INSCRIPTION du monument que *L. Olius Octavianus* s'était élevé de son vivant. *Col. Ch.* cat. 230.

H. 0,189 m. — 7 po. ; larg. 0,852 m. — 2 p. 7 p. 6 l.

584 INSCRIPTION en très-mauvais état où l'on voit que la corporation des musiciens et des acteurs des villes de l'Hellespont, qu'on nommait en général artistes de Bacchus, pour témoigner leur reconnaissance à Craton leur chef, qui avait exercé avec justice et générosité les charges de *chorège* et d'*agonothète*, lui décernent plusieurs honneurs et de grands priviléges. On lui élevera sur une colonne de marbre une statue qui le représentera, et il sera couronné chaque année dans le théâtre. Il paraît qu'on doit envoyer des députés dans les îles de Délos et de Téos, pour les engager à concourir aux honneurs accordés à Craton, fils de Zotichus, et pour perpétuer la mémoire de ses vertus et de ses bienfaits envers le corps des musiciens, de sa piété envers Bacchus, les Muses de l'Hélicon, Apollon Pythien et les autres Dieux, et

de son respect pour le roi Fumène et sa famille. Il est question dans cette inscription des jeux pythiens et des Sotéries célébrées sans doute pour la santé du roi Eumène; des fêtes des Muses à Thespies, où il y avait des concours de musique et des jeux, et d'autres fêtes qui avaient lieu à Thèbes et à Téos, probablement en honneur de Bacchus. Il se peut que cette inscription soit du temps d'Eumène, deuxième roi de Pergame, qui prit à cœur les affaires de la Grèce, et qui avait plusieurs enfans et plusieurs frères, ce dont parle l'inscription : il régna depuis l'an 198 av. J. C., jusqu'à l'an 158. *Col. Ch.* cat. 182. 40 lig.

Haut. 0,717 m. — 2 p. 2 p. 6 l.; larg. *idem*.

585 INSCRIPTION consacrée à la mémoire éternelle de *Julia Eclecté* par son mari *Diodore* et son fils *Antigenidas*. Elle est sous la protection des dieux infernaux. *Gruter*, p. 1142, nº 6.

H. 0,428 m. — 1 p. 3 p. 10 l.; larg. *idem*.

586 INSCRIPTION consacrée par *Anthus Agrippianus*, esclave de Tibère, à sa femme *Claudia Theophila*. *Fabretti*, cl. 1, nº 265.

H. 0,469 m. — 1 p. 5 p. 4 l.; larg. 0,428 m. — 1 p. 3 p. 10 l.

587 PIERRE SÉPULCRALE ornée d'un fronton, et INSCRIPTION de *Thaïs* et d'*Euporus* de Milet, enfans d'*Elpis*. *Col. Ch.* cat. 141.

Haut. 0,229 m. — 8 p. 6 l.; larg. *idem*.

588 INSCRIPTION incomplète consacrée par le peuple en l'honneur de *Caïus Germanicus César*, fils de *Caïus César Auguste*. *Col. Ch.*

H. 0386 m. — 1 p. 2 p. 3 l.; larg. 0,611 m. — 1 p. 10 p. 7 l.

589 INSCRIPTION qui n'offre qu'une liste de plusieurs hommes des bourgs athéniens d'Acharné, d'Anagyrus, d'Anaphlystus, d'Araphen, d'Athmonon, de Berenicidæ, de Besa, d'Eupyridæ, de Marathon, de Mélite,

de Myrrhina, de Phylê, de Semachydæ et de Tricorythus; trouvée à Marathon par M. Fauvel. *Col. Ch.* cat. 202.

H. 0,270 m. — 10 po.; larg. 0,297 m. — 11 p.

590 BAS-RELIEF SÉPULCRAL d'un bon style, qui représentait dans une niche, et couverte de son voile, *Sinopis*, fille de *Dionysius*, et femme de *Diophantus*. *Col. Ch.* cat. 151.

H. 0,516 m. — 1 p. 7 p.; larg. 0,297 m. — 11 po.

591 PIERRE SÉPULCRALE où l'on voit sculptée une hache enfoncée dans un billot. Cet instrument servait à faire les tombeaux, et il est nommé ministre de Pluton dans une des inscriptions triopéennes, nº 211.

Ceci rappelle que chez les premiers Romains la loi des douze-tables défendait d'employer d'autre instrument que la hache pour construire les tombeaux, et l'on ne devait pas y travailler plus de trois jours. La hache ou l'*ascia*, espèce de *hoyau*, est très-fréquente sur les tombeaux chrétiens des premiers temps. La partie supérieure de cette pierre était autrefois ornée d'un bas-relief; l'inscription est entièrement fruste; on y lit des fragmens des noms Aureli...., ...simos. *Col. Ch.* cat. 173.

H. 0,622 m. — 1 p. 11 p.; larg. 0,325 m. — 1 pi.

592 THUCYDIDE, *hermès; marbre pentélique.*

Haut. 0,500 m. — 1 p. 6 p. 6 l.

Une certaine ressemblance de la tête de cet hermès avec le portrait bien assuré de Thucydide, publié dans l'*Iconographie grecque*, pl. 27, et cet air pensif qui le caractérise, font regarder cette tête comme un autre portrait de cet historien célèbre.

593 SABINE, *statue; marbre de Luni.*

Haut. 2,013 m. — 6 p. 2 p. 4 l.

L'épouse de l'Empereur Hadrien est représentée sous les emblêmes de la Concorde; la corne d'abondance qu'elle tient dans la main gauche, est, sur les médailles romaines, l'attribut distinctif de cette déesse. La beauté de la pose, celle du jet et du travail de la tunique et de la palla, la parfaite conservation de la tête, rangent ce monument parmi les plus beaux ouvrages de sculpture qui représentent des Impératrices romaines.

La tête est antique, mais rapportée. Cette statue était du genre de celles dont on pouvait changer les têtes qui étaient faites séparément, et qu'on y encastrait; il y a sans doute beaucoup de ces têtes de marbre qui ont appartenu à des statues de bronze. *Mon. Gab.* n° 34.

594 MILTIADE, *hermès; marbre pentélique.*

Haut. 0,568 m. — 1 p. 9 p.

Ce portrait est celui de Miltiade, ainsi qu'on l'a prouvé dans l'*Iconographie grecque*, pl. 13. Il faut remarquer le taureau furieux de Marathon, sculpté sur la partie du casque qui descend sur le cou : cet emblême fait allusion au lieu où ce capitaine athénien remporta sur les Perses une victoire à jamais mémorable. *Vil. Alb. Mon. du Mus.* t. 2, p. 80.

595 PÊCHEUR AFRICAIN, *statue; marbre noir antique.*

Haut. de la figure 1,184 m. — 3 p. 7 p. 9 l.

Des comédies grecques, que Plaute a imitées dans son *Rudens*, introduisaient parmi les personnages un vieux pêcheur de la Cyrénaïque.

La comparaison de cette figure avec une statue du Musée *Pio Clementino* (t. 3, pl. 32), dans laquelle on ne peut s'empêcher de reconnaître un pêcheur africain, ôte toute espèce de doute sur le véritable sujet de cette sculpture. Mais le statuaire romain, qui l'a restaurée dans le seizième siècle, frappé par la maigreur de la figure, a cru qu'on y avait représenté Sénèque, et a conduit son travail suivant cette supposition. Des savans célèbres, trompés par l'addition de la cuve, emblême du bain où le précepteur de Néron expira, ont publié cette figure comme un portrait de Sénèque. Les yeux sont en émail, la ceinture en albâtre fleuri, et la cuve en marbre africain ; les bras, les cuisses et la ceinture sont modernes. Le travail de cette statue est très-soigné et même savant, mais il est sec et d'une triste vérité, que les sculpteurs ne doivent pas prendre pour modèle. *Vil. Borg.* st. 3, nº 10. *Mus. Bou.* v. 3.

596 COLONNE de porphyre rouge antique, surmontée d'un fragment de statue de Minerve dans l'ancien style grec, tel que celui des statues d'Egine ; on y retrouve tous les caractères de ce style dont nous avons déjà parlé. Cette belle Colonne vient de la Collection de M. le comte de Choiseul.

Haut. 3,087 m. — 9 p. 6 p.

597 MARBRE DE CHOISEUL. Ce beau monument très-précieux pour la palæographie grecque et par ses détails sur les finances des Athéniens, fut découvert à Athènes en 1788. M. le comte de Choiseul en fit l'acquisition, et on lui a donné son nom comme on avait donné ceux du comte d'Arundel et du marquis de Nointel à la chronique de Paros et à l'inscription sous le nº 222. Celle-ci a été le sujet de plusieurs recherches savantes, et ce sont celles de l'abbé Barthélemi dont nous donnerons l'extrait; *Mémoires de l'Acad. des Inscript.* t. 48, p. 337-408. Il est fâcheux qu'en s'occupant de cette inscription, il ne se soit pas aperçu qu'il y en avait une autre encore plus considérable sur le côté du marbre opposé à celui qui l'occupait. La partie supérieure d'une des faces du monument, qui devait être placé dans quelque lieu public, de manière à être lu des deux côtés, offre un bas-relief en mauvais état, mais d'un beau style, et d'autant plus précieux, qu'il est d'une époque certaine et des beaux temps de l'art. Il représente une femme vêtue d'une longue tunique et armée d'une lance; et un homme qui s'appuie sur un

bâton auprès d'un arbre dont les branches sont en partie coupées. Rien ne caractérise assez ce sujet pour pouvoir le déterminer.

L'inscription contient un compte rendu des sommes tirées du trésor de l'extraordinaire, et employées à Athènes sous l'archontat de Glaucippe, pendant les prytanies de l'année athénienne commune ou de douze mois, comprise entre le 14 juillet, 410 av. J. C., et le 2 juillet 409. C'était la troisième année de la quatre-vingt-douzième olympiade, la vingt-deuxième de la guerre du Péloponnèse, vingt ans après la mort de Périclès. Il n'y avait à cette époque que dix tribus à Athènes, et par conséquent dix prytanies. *Voyez l'article sur les tribus d'Athènes*. Dans les années communes six des prytanies présidaient le sénat pendant trente-cinq jours chacune, et quatre pendant trente-six. Dans l'année embolimique, où l'on ajoutait un treizième mois, chaque prytanie gouvernait pendant trente-huit ou trente-neuf jours.

Dans cette inscription, ainsi que dans celle des marbres de Nointel, il n'y a pas de voyelles longues ni de lettres doubles. Voy. le n° 222. Ces lettres ne furent en usage dans les monumens publics que sous l'archontat d'Euclide, 403-402 av. J. C. Il paraît cependant qu'on s'en servait déjà et dès le temps d'Euripide, vers 440 av. J. C., dans l'écriture courante et dans les inscriptions des particuliers. Le marbre de Nointel étant de quarante-sept ans plus ancien que celui de Choiseul, la forme de l'R à petite queue, de l'S et du Φ, est aussi plus ancienne que celle des mêmes lettres dans cette inscription-ci, dont les autres lettres telles que le Λ pour le Γ, Σ pour Δ, sont comme dans le premier des marbres de Nointel.

Les *Hellénotames* dont il est question dans l'inscription, étaient chargés du trésor extraordinaire que les Athéniens prélevaient sur plusieurs parties de la Grèce.

Les *Tamiae* ou trésoriers de la déesse (Minerve) au nombre de dix, percevaient les dixmes consacrées à Minerve, et conservées dans l'opisthodome, édifice derrière le temple de la déesse à la citadelle.

Les *Athlothètes* présidaient aux jeux des Panathénées et à d'autres fêtes.

Les *Hieropoies*, dix officiers qui veillaient aux sacrifices.

Les *Parèdres*, six autres magistrats chargés sous les Hellénotames de la répartition des dépenses, entre autres de la *diobélie* ou de la distribution de deux oboles à chaque citoyen pauvre, pour pouvoir assister aux spectacles; la diobélie était prise sur l'argent théorique ou destiné aux cérémonies et aux fêtes.

Synarchontes, on nomme ainsi les collègues dans les différentes magistratures.

Le *greffier* du sénat inscrivait les décrets et y mettait son nom.

Le *greffier* de la ville, petite place peu importante.

Nous allons donner quelques détails sur les prytanies et sur leurs dépenses. Elles sont exprimées par des lettres numériques, en talens, drachmes, oboles et fractions d'oboles. La talent attique à cette époque est estimé par M. l'abbé Barthélemi à 5,400 liv. la drachme, six millième partie du talent, à dix-huit sols, et l'obole, sixième partie de la drachme, à trois sols. Les sommes ont été réduites en livres. Nous indiquerons les principales fêtes qui avaient lieu dans chaque mois, et qui ont dû occasionner le plus ou moins de dépenses des prytanies. Dans plusieurs endroits il est dit que les chevaux ont été nourris, ce qui indique probablement des courses du stade. On trouve dans le dictionnaire d'antiquité de l'Encyclopédie de M. Mougès, ou dans les dictionnaires de mythologie de M. Noël ou de M. Millin, les détails de ces différentes fêtes.

TRIBU AÉANTIDE préside du 1er hécatombaeon au 6 metageitnion, ou du 14 juillet, 410 av. J. C., au 17 août inclusivement. — Somme dépensée, 19,113 l. 6 s. Les chevaux nourris. Entre autres fêtes; les Hécatombées; fêtes de Thésée; Métageitnies.

AEGÉIDE. Du 7 métageitnion au 11 boédromion; du 8 août au 17 septembre. — Fêtes d'Apollon pour les victoires de Marathon et de Platée; grandes Panathénées. — Somme dépensée, 32,502 l. 12 s. en deux paiemens délivrés au athlothètes et aux hiéropoies.

OENÉIDE. Du 12 boédromion au 17 pyanepsion; du 22 septembre au 26 août. — Fêtes d'Eleusis, Boédromies, Oschophories, Thesmophories. Chevaux nourris. Diobélie; secours à Pylos. — Somme dépensée, 74,538 l. en quatre paiemens, dont 42,138 l. pour les fêtes.

Acamantide. Du 18 pyanepsion au 22 maemactérion ; du 27 octobre au 30 novembre. — Fêtes, Apaturies. — Somme dépensée, 60,619 l. 10 s.

Cécropide. Du 23 maemactérion au 28 posidéon ; du 1er décembre au 4 janvier 409. — Fêtes de Bacchus ou Dionysies des champs ou du Pirée ; Neptunales. — Somme dépensée, 23,580 l.

Léontide. Les deux derniers jours de posidéon, tout gamélion, trois jours d'anthestérion ; du 5 janvier au 8 février. — Fêtes d'Apollon ; Hydrophories, qui rappelaient un déluge. — Somme dépensée, 347,502 l. 3 s. en six paiemens, dont 35,456 l. pour les fêtes.

Antiochide. Du 4 anthestérion au 10 élaphébolion ; du 9 février au 15 mars. — Fêtes, Anthestéries, Lénées, petits mystères d'Eleusis, Diasies en honneur de Jupiter Meilichius. Chevaux nourris — Somme dépensée, 47,459 l. 8 s. en quatre paiemens.

Hippothoontide. Du 11 élaphébolion au 16 munychion, du 16 mars au 20 avril. — Fêtes, Dionysies de la ville, Pandies, Munychies. — Somme dépensée, 45,254 l. 2 s. en trois paiemens.

Erechthéide. Du 17 munychion au 23 thargélion ; du 21 avril au 26 mai. — Fêtes, Diasies equestres, Adonies, Thargélies, Bendidies en honneur de Diane. — Somme dépensée, 245,455 l. 4 s. en 8 paiemens, dont en fêtes ordinaires 38,548 l., le reste probablement pour l'armement de trente galères, et pour les fêtes au sujet de la victoire navale, remportée près de Cysique sur les Lacédémoniens, par Théramène, Thrasybule et Alcibiade.

Pandionide. Du 24 thargélion au 29 scirrophorion ; du 27 mai au 1er juillet. — Fêtes, Plyntéries, Buphonies, petites Panathénées, Arrhéphories, Diipolies. — Somme dépensée, 73,971 l. en quatre paiemens.

Total des dépenses connues 969,995 l. 3 s., que l'on peut porter à 1,000,000, à cause de sommes effacées et de quelques lacunes. On ne doit regarder ces dépenses que comme une partie de celles des Athéniens dans cette année, et ce n'est qu'un compte particulier qui a rapport aux sommes tirées du trésor de l'extraordinaire confié aux hellénotames.

Magistratures citées dans l'inscription.

Archonte, lig. 1-10, ici comme officier commandant une expédition. — *Athlothètes*, l. 5. — *Grammateus*, l. 2. — *Hellénota-*

mes, plusieurs fois dans chaque prytanie, vingt-cinq fois. — *Hiéropoies*, l. 6. — *Parèdre*, l. 20. — *Stratège*, l. 17-35. — *Tamias* ou trésorier de Minerve, l. 2. — *Triérarque*, l. 36. — Noms propres. *Anaitius*, l. 20. — *Aristocrate*, l. 35. — *Aristophane*, l. 36. — *Callias*, l. 26. — *Callimaque*, l. 4. — *Callistrate*, l. 2. — *Cléogene*, l. 1, — *Dexicrate*, l. 35. — *Dionysius*, l. 15, 22, 29 et 32. — *Diyllos*, l. 7. — *Euclide*, l. 17. — *Eupolis*, l. 25. — *Glaucippe*, l. 1. — *Hermon*, l. 10. — *Niceratus*, l. 36. — *Pasiphon*, l. 35. — *Periclès*, fils du grand Periclès, l. 8, 11, 13 et 18. — *Phalanthus*, l. 23. — *Philon*, l. 6. — *Polyaratus*, l. 21. — *Praxitèle*, l. 4. — *Proxène*, l. 17-24. — *Spoudidés*, l. 19. — *Thrason*, l. 16-23.

Fêtes. — *Grandes Panathénées*, l. 6. — Une *Hécatombe*, l. 7.

Bourgs et autres lieux. — *Aegilia*, l. 35. — *Alopecè*, l. 24. — *Ana*..... ou *Anagyrus*, ou *Anaphlystus*, ou *Anacaea*, l. 36. — *Aphidna*, l. 17, 24, 25, 28 et 31. — *Boutadae*, l. 16, 23, 30 et 33. — *Cholargos*, l. 8, 11, 18 et 21. — *Cydantidae*, l. 36. — *Cydathénée*, l. 6, 15, 22, 29 et 32. — *Erétrie*, l. 17. — *Euonymos*, l. 26-36. — *Hagnonte*, l. 4. — *Halae*, l. 1. — *Hercheia*, l. 7. — *Icaria*, l. 4. — *Marathon*, l. 2. — *Phlyonte*, l. 19-35. — *Phrearii*, l. 35. — *Samos*, l. 20-35. — *Sphette* l. 20.

Année athénienne commune ou sans mois intercalaire, troisième de la quatre-vingt-douzième olympiade, comprenant depuis le 14 juillet, 410 av. J. C., jusqu'au 2 juillet 409, vingt-deuxième année de la guerre du Péloponnèse.

	Année Julienne.	Mois Athéniens.	Jours.	Prytanies.	Durée.		
Année 410 av. J. C.	14 Juillet.	Hécatombaeon.	29	1	35 j.		du 1 Hé.
	12 Août.	Métageitnion.	30	2	35	du 7 mé.	au 6 Mé.
	11 Septem.	Boedromion.	29	3	35	au 11 Bo.	du 12 Bo.
	10 Octobre.	Pyanepsion.	30	4	35	du 18 Py	au 17 Py.
	9 Novemb.	Mæmacterion.	29	5	35	au 22 Mæ.	du 23 Mæ.
	8 Décemb.	Posidéon,	30	6	35	du 29 Po.	au 28 Po.
Année 409 av. J. C.	7 Janvier	Gamelion.	30				
	6 Février.	Anthestérion.	29	7	36	au 3 An.	du 4 An.
	6 Mars.	Elaphebolion.	30	8	36	du 11 El.	au 10 El.
	5 Avril.	Munychion.	29	9	36	au 16 Mu.	du 17 Mu.
	4 Mai.	Thargélion.	30	10	36	du 24 Th.	au 23 Th.
	3 Juin.	Scirrophorion.	29			au 29 Sc.	

Des deux inscriptions qui sont derrière celle dont nous venons de nous occuper, celle du haut est en très-mauvais état : on parvient cependant à la déchiffrer en grande partie. On voit que c'est aussi un compte rendu, et qu'il y est souvent question des logistes et des hellénotames qui, ainsi que dans l'inscription inférieure, sont toujours joints aux parèdres. La troisième inscription est séparée de la seconde par une large bande vide. C'est le détail des dépenses faites par la tribu Erechthéide pendant sa prytanie qui fut la seconde de l'année, depuis le 8 métageitnion jusqu'au 4 boédromion, dernière date de l'inscription qui est brisée dans la ligne au-dessous, et qui n'est pas terminée. On voit qu'elle n'a pas rapport à la première inscription où la tribu Erechthéide eut la prytanie du 17 munychion au 23 thargélion : elle doit être d'une autre année. Il est à remarquer qu'on n'y trouve aucune voyelle longue, pas même l'H employé comme aspiration dans la première; il n'est ci que comme lettre numérique; cette inscription doit être plus ancienne; dans la seconde au contraire, l'H est comme voyelle longue dans plusieurs mots; ce qui pourrait la faire regarder comme moins ancienne de quelques années. M. l'abbé Barthélemi pensait que c'était aux quatre dernières prytanies qu'était réservé le privilége de présider pendant trente-six jours dans les années communes. Dans l'avant-dernière ligne de la troisième inscription il est question du trente-sixième jour de la prytanie de la tribu Erechthéide qui fut la seconde de l'année, ainsi, ou le droit des trente-six jours n'appartenait pas aux dernières prytanies, ou l'année de cette inscription-ci était embolimique ou à mois intercalaire, où les prytanies étaient en exercice pendant plus de trente-six jours. Toutes les dépenses énoncées dans cette prytanie roulent sur la diobélie, et l'on voit qu'outre les spectacles et les fêtes particuliers à chaque dême de cette tribu, il y en eut à Athènes où elle assista, l. 3, 7 et 19. Quelques sommes furent tirées du trésor particulier de Minerve, l. 2. La plupart des nombres sont en trop mauvais état pour pouvoir en déduire la somme totale. Elles sont en général très-faibles, à l'exception de la diobélie, l. 7, qui est de deux talens, 947 dragmes, ou 11,652 l. 6 s. Il y eut peut-être alors des fêtes extraordinaires. Il manque quatre noms propres, l. 1, 3, 7 et 21, effacés, et qu'on ne peut comme les autres retrouver par analogie. Ceux qui restent ou qu'on peut suppléer, sont ceux de *Lysitheus*, l. 5, 11, 14, 16, 18, 20 et 23, et de *Thrasybule*, l. 9-13, et les noms des bourgs de *Phylé*, l. 3-7, de *Probalinthus*, l. 22, de *Thymaetadae*, l. 5, 11, 14, 16, 18, 20 et 23, et de *Thoricus*, l. 9-13.

Ces bourgs d'où étaient les hellénotames et les parèdres de l'inscription, ne sont pas de la tribu Erechthéide; et aucun de ces bourgs et des hellénotames ne se trouve dans la première inscription. L'intérêt des deux dernières qui n'ont pas encore été publiées, fera pardonner cette longue digression.

598 BAS-RELIEF d'un monument consacré à la mémoire d'*Eunous* et d'*Hermeros*, enfans d'*Eunoea* et d'*Hermeros*, fils de *Dioscoride*. On y voit près d'un arbre, entouré d'un serpent, deux cavaliers suivis de leurs chiens; l'inscription a été publiée par M. d'Ansse de Villoison, *Mém. de l'acad. des inscr.* t. 47, p. 302, envoyée de Thessalonique par M. Cousinéri, consul de France. *Col. Ch.* cat. 154.

H. 0,650 m. — 2 pi.; larg. 0,514 m. — 1 p. 7 p.

599 INSCRIPTION d'un autel consacré aux Dioscures Castor et Pollux, nommés dieux sauveurs et Anaces, trouvée à Athènes, où ces divinités avaient un temple. Ce monument fait partie des dessins de Fourmont, conservés au cabinet des manuscrits de la bibliothèque royale, carton E, n° 557. *Col. Ch.* cat. 70.

H. 0,317 m. — 11 po. 9 l.; larg. 0,365 m. — 1 p. 1 p. 6 l.

600 BAS-RELIEF en mauvais état où l'on aperçoit deux petites figures, dont une paraît tenir un miroir. Il ornait le monument de Siché et de Naïs.

H. 0,243 m. — 8 po.; larg. 0,189 m. — 7 po.

601 PIERRE SÉPULCRALE. Bustes d'un homme et d'une femme voilée; monument consacré à la mémoire de *Sinopé* par son mari *Midias*. *Col. Ch.* cat. 170.

H. 0,433 m. — 1 p. 4 p.; larg. *idem.*

602 PIERRE SÉPULCRALE. Repas funèbre semblable à ceux des monumens de cette espèce. Celui-ci était consacré à *Sosthènes* et à *Menippus*, fils d'*Asclépiodote*. *Col. Ch.* cat. 144.

H. 0,406 m. — 1 p. 3 p.; larg. 0,514 m. — 1 p. 7 p.

603 INSCRIPTION consacrée par *Théomneste de Xipeté*, élu par le peuple stratège de la Paralie, quartier sur le bord de la mer, sous l'archonte *Ménécrate*; trouvée au cap Sunium par M. Fauvel. *Col. Ch.* cat. 191.

H. 0,108 m. — 4 po.; larg. 0,839 m. — 2 p. 7 p.

604 INSCRIPTION ATHÉNIENNE. Parmi les noms de plusieurs agonothètes, on trouve celui de *Philoppapus*, descendant des rois de la Commagène, et dont le monument sépulcral existe encore à Athènes. On y lit aussi les noms des prytanes de la tribu Erechthéïde qui vinrent probablement à des jeux. Les dêmes qui fournirent ces prytanes sont ceux de Cephisia, de Lampra, d'Euônymos, d'Anagyrus. Trois dèmes cités dans l'inscription, Colône, Phlyus et Prospalta, ne sont pas de la tribu Erechthéïde. A la suite des prytanes on nomme deux stratèges, dont un chargé de fournir ce qui était nécessaire aux jeux gymniques; un autre qui avait soin du chœur.

H. 0,947 m. — 2 p. 11 p.; larg. 0,263 m. — 9 po. 9 l.

605 BAS-RELIEF SÉPULCRAL. Une femme voilée et qui paraît dans la tristesse, est assise auprès du lit sur lequel un jeune homme couché tient une coupe à la main; des deux côtés deux petites figures semblent être Diane et Harpocrate. Ce monument fut élevé à *Ménophile*, fils de *Courès*, et qui portait aussi le nom de *Sélaion*, par *Synété*, qu'il avait élevée. *Col. Ch.* cat. 145.

H. 0,650 m. — 2 pi.; larg. 0,419 m. — 1 p. 3 p. 6 l.

606 BAS-RELIEF d'un joli caractère qui ornait probablement un tombeau, et qui offre un génie monté sur un griffon marin.

H. 0,162 m. — 6 po.; larg. 0,446 m. — 1 p. 4 p. 6 l.

607 INSCRIPTION mutilée, et qui paraît avoir contenu

une transaction entre les habitans d'Ilium et ceux de Scamandria. *Col. Ch.*

H. 0,229 m. — 8 po. 6 l.; larg. 0,270 m. — 10 po.

608 AGAMEMNON, *bas-relief.* Ce bas-relief, de très-ancien style grec, nommé improprement étrusque, est très-curieux; il offre Agamemnon, dont le nom est en écriture rétrogade ΝΩΝΜΕΜΑΓΑ; *Talthybius* son hérault et *Epeus* qui fabriqua le cheval de Troie. Le costume de ces héros, leur pose, sont tels qu'on les voit sur des vases peints ou des pierres gravées du plus ancien style. Ils ont les cheveux longs et ondulés dans le genre de ceux des personnages des bas-reliefs choragiques; mais la manière dont ils sont traités, leur simplicité annoncent une époque plus reculée. Leurs vêtemens, serrés à la taille et tenant du goût égyptien, sont d'étoffes à petits plis ou rayées. *Talthybius,* comme hérault, tient à la main un caducée. Les caractères et la disposition de l'écriture indiquent une haute antiquité, quoiqu'on y voie l'Ω qui ne fut adopté par les Athéniens que sous l'archontat d'Euclide en 403 et 402 avant J. C.; mais qui était en usage avant cette époque dans d'autres parties de la Grèce. L'ornement qui termine le bas-relief par le bas est très-beau; ce marbre faisait probablement partie d'une frise, et il en formait un coin. Découvert il y a près de trente ans dans l'île de Samothrace, ce bas-relief, de la collection de M. de Choiseul, était resté sous des débris à Galata; il a été retrouvé et rapporté en France en 1816 par M. Dubois. *Col. Ch.* cat. 108.

H. 0,460 m. — 1 p. 5 p.; larg. 0,433 m. — 1 p. 4 p.

609 AUTEL consacré à *Jupiter gardien* (Custos) et au Génie des trésors par *C. Julius,* affranchi d'un empereur, et qui sans doute avait trouvé quelque somme considérable.

H. 0,778 m. — 2 p. 4 p. 9 l.; larg. 0,518 m. — 1 p. 7 p. 2 l.

610 URNE CINÉRAIRE en forme de monument, et ornée de palmiers et de trophées.

H. 0,451 m. — 1 p. 4 p. 8 l.; larg. 0,379 m. — 1 p. 2 p.

611 PÊCHEUR, *statue; marbre grechetto.*

Haut. 0,816 m. — 2 p. 6 p. 2 l.

Cette petite statue est une répétition antique du pêcheur qui existe au Vatican, et qu'on a cité au numéro précédent. Elle a été restaurée sur ce modèle. *Mon. du Mus.* t. 4, p. 35.

612 GRAND VASE ébauché dont les anses n'ont pas été terminées. *Col. Ch.*

H. 0,778 m. — 2 p. 4 p. 9 l.; larg. 0,338 m. — 1 p. 0 p. 6 l.

613 PIERRE SÉPULCRALE sur laquelle on voit Bacchus, sa chlamyde rejetée en arrière et tenant à la main une grappe de raisin que mange une panthère : on y lit le nom d'*Evariste*, fils d'*Aphrodisius*. *Col. Ch.* cat. 137.

H. 0,568 m. — 1 p. 9 p.; larg. 0,372 m. — 1 p. 1 p. 10 l.

614 INSCRIPTION dont une partie est renfermée dans deux couronnes. Le peuple, les jeunes gens, honorent *Aristoxène*, fils de *Demophon*. *Col. Ch.* cat. 216.

H. 0,839 m. — 2 p. 7 p.; larg. 0,487 m. — 1 p. 6 p.

615 INSCRIPTION du monument consacré à *Decimia Eutaxia*, par son mari *P. Ælius Aurelius Hermeros.*

H. 0,446 m. — 1 p. 4 p. 6 l.; larg. 0,270 m. — 10 po.

616 INSCRIPTION en très-mauvais état, et où l'on distingue encore les noms d'*Etéobutades*, famille athénienne consacrée à Minerve, et ceux de *Diogène* et *Deubulide*, fils de *Dropidas*. Il y est question d'une alliance ou d'une campagne de cinq ans. *Col. Ch.*

H. 0,325 m. 1 p.; larg. 0,554 m. — 1 p. 8 p. 6 l.

617 INSCRIPTION de *Délos* en très-mauvais état. Elle fut trouvée dans cette île, d'où, selon Spon, *Miscel.*

pag. 243, elle fut portée à Chio, et de là à Constantinople à l'ambassade de France. Ce voyageur l'a copiée lorsqu'elle était en meilleur état qu'à présent; cependant il y avait déjà bien des lacunes. Elle contient un décret qui fut rédigé le 8 du mois élaphébolion, sous l'archonte *Phaedrius*, dans une assemblée tenue dans le temple d'Apollon; ce fut *Dionysius*, fils de *Dionysius*, archithyasite ou chef des thyases ou chœurs de Bacchus, qui porta la parole. Cette inscription est en honneur du prêtre *Patron*, fils de *Dorothée*, à qui en récompense de ses services envers leur société, les marchands et les marins tyriens établis à Délos accordent une couronne d'or qu'il recevra chaque année aux fêtes de Neptune. Son portrait sera placé dans le temple d'Hercule tyrien, que les Athéniens avaient permis d'élever à Délos, à la demande de Patron, qui avait été à Athènes, à ses frais, solliciter cette faveur. Le décret gravé sur du marbre sera déposé dans le même temple, et le trésorier et l'archithyasite sont chargés des dépenses qu'exigeront les récompenses accordées à Patron. Spon pensait qu'il s'agissait dans cette inscription d'une ville d'Athènes fondée par les Athéniens dans l'île de Délos, sous le règne d'Adrien; mais M. Visconti croyait avec plus de raison et d'après plusieurs passages de l'inscription, qu'il est question d'Athènes, de l'Attique, et que ce monument datait d'un siècle environ avant l'ère chrétienne. *Ancienne Col.*

Haut. 1,029 m. — 3 p. 2 p.; larg. 0,570 m. — 1 p. 1 p.

618 PIERRE SÉPULCRALE ornée d'une moulure, et qui porte l'inscription de *Sosias d'Anaphlystus* et de *Nicopatra*, fille de *Méneclidès*. *Col. Ch.* cat. 142.

H. 0,839 m. — 2 p. 7 p.; larg. 0,297 m. — 11 po.

619 INSCRIPTION d'*Aurelia Cœcina*, en mémoire de son mari *Eutychianus*. *Col. Ch.*

H. 0,415 m. — 1 p. 3 p. 4 l.; larg. 0,297 m. — 11 po.

620 PIERRE SÉPULCRALE dont le bas-relief offre un soldat armé de pied en cap. Sa visière est rabattue; il porte une cotte de mailles; ses bras, ses cuisses et ses jambes sont garnis de bandes de métal; ce soldat se nommait *Myron*. Les deux palmes peuvent indiquer qu'il s'était distingué. *Col. Ch.* cat. 174.

H 0,650 m. — 2 p.; larg. 0,325 m. — 1 p.

621 ACHILLE, *hermès; marbre pentélique.*

Haut. 0,586 m. — 1 p. 9 p. 8 l.

La statue d'Achille indiquée sous le nº 144, et qu'on a attribuée à ce héros sur des conjectures probables, le fait reconnaître dans cet hermès. Son casque est orné de griffons, et sur la partie du devant, la *stephané*, il y a deux loups; Lycophron appelle Achille le loup fauve. *Versailles. Mon. du Mus.* t. 2, p. 59.

622 LIVIE, *statue; marbre de Luni.*

Haut. 2,053 m. — 6 p. 3 p. 10 l.

L'épouse d'Auguste est représentée sous les attributs d'une déesse. Les épis de blé, la corne d'abondance, la tête coiffée de sa palla en guise de voile, caractérisent Cérès; mais la ressemblance de ses traits avec ceux de Tibère, et la comparaison d'autres monumens certains, font reconnaître Livie dans cette belle statue, dont les draperies peuvent être proposées comme un bon modèle. *Vil. Borg. Mus. Bou.* vol. 2.

623 ZÉNON LE STOICIEN, *hermès; marbre pentélique.*

Haut. 0,595 m. — 1 p. 10 p.

Cet hermès est un portrait de Zénon de Chypre, fondateur de la secte des philosophes stoïciens.

On en voit un semblable au Vatican; il a la tête un peu penchée vers l'épaule droite, défaut que Diogène de Laërte fait remarquer en parlant de Zénon. Voyez l'*Iconographie grecque*, pl 25. *Vil. Borg.* st. 1, nº 33.

624 INSCRIPTION qui ne contient que des noms des magistrats qui ont été en charge pendant les six premiers mois de l'archontat d'Antigonus. On y voit un secrétaire du sénat, trois prytanes, six stratèges et un hypostratège. *Col. Ch.* cat. 196. 9 lig.

625 INSCRIPTION en très-mauvais état, et qui, de même que la précédente, ne présente que des noms de magistrats; mais on y trouve de plus que dans l'autre un gymnasiarque, des agoranomes, des practores. Ce fragment de colonne a été trouvé au Pirée par M. Fauvel. *Col. Ch.* 11 lig.

626 INSCRIPTION gravée sur une colonne qui appartenait à un portique rebâti aux frais d'*Aagathopus*, de *Poliuque* et d'*Aristodème*, qui fournirent les bois pour le plafond et le toit, et qui donnèrent à la ville ce qui restait de l'ancienne charpente, pour réparer d'autres monumens. Cette inscription commence par des vœux pour le salut et le long règne de Trajan, et pour la concorde du sénat et du peuple romain. Ce fragment de colonne a été trouvé par M. Fauvel dans l'île de Santorin, l'ancienne Théra, avec la statue de femme décrite sous le n° 522. *Col. Ch.* cat. 197. 19 lig.

627 APOLLON PYTHIEN, *statue.*

Haut. 1,164 m. — 3 p. 7 p.

Le dieu s'appuie sur sa lyre, et le serpent lui donne le caractère d'Apollon Pythien. *Col. Borg.*

628 INSCRIPTION fruste de *Delphes.* On y trouve souvent nommés les amphyctions et les hiéromnamons, chargés de ce qui avait rapport aux temples et aux fêtes, et qui exerçaient en outre une sorte de magistrature. Il y est aussi question des temples d'Apollon Pythien et de Diane (*Artémis* en grec), de dépenses pour certains lieux qui y ont rapport, et d'amendes. A la fin

de l'inscription on nomme deux des mois des Delphiens; *Bucatius* et *Bysius*. C'était pendant celui-ci, selon Plutarque, qu'Apollon rendait ses oracles; et ce dieu était né le 7 de ce mois, qui était au printemps. *Col. Ch.*

H. 0,568 m. — 1 p. 9 p.; larg. 0,352 m. — 1 p, 1 p.

629 INSCRIPTION en honneur d'*Adrien*, *César*, *Auguste Olympien*, sauveur et fondateur. *Col. Ch.* cat. 200.

H. 0,487 m. — 1 p. 6 p.; larg. 0,406 m. — 1 p. 3 p.

630 INSCRIPTION mutilée qui contenait un décret du peuple d'*Alexandria Troas*, en honneur d'*Apelles*, fils d'*Hermias* d'*Ilium*. *Col. Ch.* cat. 217.

Haut. 0,406 m. — 1 p. 3 p.

631 INSCRIPTION consacrée par le sénat et le peuple de Théra, en honneur de *Fl. Clitosthènes Julianus*, ami d'Auguste, et Asiarque, de race Ephésienne, et bienfaiteur de sa patrie. L'Asiarque nommé par toutes les villes de l'Asie Mineure, était chargé de faire célébrer à ses frais les fêtes et les jeux, en honneur des Dieux et des Empereurs, et il veillait à l'entretien de leurs temples; trouvée à Santorin par M. Fauvel. *Col. Ch.* cat. 217.

H. ,975 m. — 3 p.; larg. 0,527 m. 1 p. 7 p. 6 l.

632 INSCRIPTION dans laquelle, d'après l'ordre d'une déesse, *Aristippe*, magistrat de quelque peuple de l'Asie Mineure, établit les époques de différentes fêtes qui sont, le lever de la déesse, les hydroposies, la procession du prytanée, les jachères, le coucher de la déesse, la convocation générale. Les noms des mois, *Dius*, *Julius*, *Apollonius*, *Hephaistius*, *Posidaeus*, ne se trouvent réunis dans aucun des calendriers que nous connaissons, et l'avant-dernier n'y est d'aucune manière. Voyez dans les *Mémoires de l'Acad. des Inscrip.* t. 47, p. 66, le calendrier de seize peuples de

l'Asie Mineure; le *menologium* de Fabricius, et les *fasti attici* de Corsini. *Col. Ch.* cat. 204.

H. 0,256 m. — 9 p. 6 p.; larg. 0,758 m. — 2 p. 4 p.

633 INSCRIPTION de l'autel élevé par *Lucius Valerius Telesphorus*, à *Hercule Iao*. Le nom d'*Iao* tient à la décadence du paganisme, et on le trouve donné à Jupiter dans les inscriptions des gnostiques.

H. 0,487 m. — 1 p. 6 p.; larg. 0,281 m. — 10 p. 5 l.

634 INSCRIPTION consacrée à *Atria Phyllis*, par son mari *Flavius Tychas*, et par sa fille *Flavia Successa*.

H. 0,460 m. — 1 p. 5 p.; larg. 0,281 m. — 10 p. 5 l.

635 INSCRIPTION de *Fabius* qui était *Dadouque*, ou porte flambeau, l'un des prêtres de Cérès à Eleusis, en honneur de Dêmêter (Cérès) et de *Koré*, ou la fille (par excellence), nom que les Grecs donnaient à Proserpine; derrière cette inscription en était une autre absolument pareille. Voyez les nos 87 et 540; trouvée à Eleusis par M. Fauvel. *Col. Ch.* cat. 211.

H. 0,506 m. — 1 p. 3 p.; larg. 0,229 m. — 8 po. 6 l.

636 INSCRIPTION en très-mauvais état, où l'on ne distingue que les noms *Hérault*, *Zosime*, *Fl. Bacchius*, *Hermcias* du bourg d'*Azenia*, *Athénodore*, *Aphrodisius*. *Col. Ch.*

H. 0,359 m. — 1 p. 1 p. 3 l.; larg. 0,565 m. — 1 p. 1 p. 6 l.

637 BAS-RELIEF qui offre le buste de Cérès vu de face, ayant une couronne en forme de tour et de longues tresses de cheveux; elle tient d'une main un petit vase, et de l'autre une boule. Dans le haut on lit le nom *Andirénê*, et dans le bas *Glycinna*, fils de *Ménophon*, adresse sa prière à la chaste Déesse. *Col. Ch.* cat. 143.

H. 0,325 m. — 1 p.; larg. 0,216 m. — 8 po.

638 INSCRIPTION mutilée qui contient un compte rendu au sujet des dépenses faites pour le temple d'Hercule et

pour plusieurs fêtes qui paraissent avoir été communes aux Athéniens et aux habitans du dême de *Plothacia*. Les fêtes dont les noms sont conservés sont, les Aphrodisies en honneur de Vénus, les Apollonies, les Pandies consacrées à Jupiter. Il paraît qu'il y est question de marchés pour différentes fournitures, entre autres pour le vin, et d'intérêts de sommes avancées de part et d'autre. *Col. Ch.* cat. 213.

H. 0,920 m. — 2 p. 10 p.; larg. 0,297 m. — 11 po.

639 PIERRE SÉPULCRALE ornée de deux rosaces, et ayant pour inscription *Anthesterius*, fils de *Damon* de *Phégée*. *Col. Ch.* cat. 130.

Haut. 0,406 m. — 1 p. 3 p.; larg. *idem*.

640 URNE CINÉRAIRE consacrée à *Bellicius Prépon*, par son père. Les ornemens, les têtes d'Ammon, sont d'un bon travail. On voit dans le fronton orné d'enroulemens et de feuillages, des oiseaux qui donnent à manger à leurs petits dans un nid.

H. 0,866 m. — 2 p. 8 p.; larg. 0,451 m. — 1 p. 4 p. 8 l.

641 INSCRIPTION CHRÉTIENNE autour d'une croix, et dans laquelle la Vierge Euphémie, servante du Christ, invoque la protection de Dieu pour elle, pour ses frères et pour son cousin, serviteurs de Dieu. L'inscription est divisée par la croix en deux colonnes, dont ne font pas partie les lettres écrites sur le montant perpendiculaire, et qui doivent être lues de suite du haut en bas, en passant les deux mots qui sont sur le croisillon. *Col. Ch.* cat. 178.

H. 0,677 m. — 2 p. 1 p.; larg. 0,325 m. — 1 p.

642 CIPPE SÉPULCRAL élevé par *Apusulena Ruffilla*, à *Calidius Felix*, son mari, et à *C. Apusulenus Plebeius*, son fils. Gruter rapporte cette inscription p. 766, nº 6, mais inexactement.

H. 0,708 m. — 2 p. 2 p. 2 l.; larg. 0,559 m. — 1 p. 8 p. 8 l.

643 BAS-RELIEF SÉPULCRAL qui offre un repas funèbre composé de cinq personnes, et qui ornait le tombeau de *Dionysius* et de *Cléandre*, fils de *Menis*. *Col. Ch.* cat. 146.

H. 0,514 m. — 1 p. 7 p.; larg. 0,460 m. — 1 p. 5 p.

644 INSCRIPTION dans laquelle, sous l'archontat de *Lycomède*, les éphèbes demandent à l'aréopage par la voie de leur cosmète *P. Ælius Theophilus*, fils de *Paradoxus* de *Sunium*, qu'on leur donne pour *Paidotribe* à vie *Abascantus*, fils d'*Eumolpus*, du dême de *Cephisia*; il est question de cet Abascantus dans l'inscription nº 568, où sont aussi cités des cosmètes et des paidotribes; trouvée près d'Athènes par M. Fauvel. *Col. Ch.* cat. 203.

H. 0,325 m. — 1 p.; larg. 0,866 m. — 2 p. 8 p.

645 BUSTE en bas-relief de *Marc-Aurèle Dionysius*, fils de *Dionysius*, fils d'*Epagathus*, fils d'*Artemidore*, fils de *Méliton*. Envoyé de Smyrne par M. Jassaud. *Col. Ch.* cat. 159.

H. 0,568 m. — 1 p. 9 p.; larg. 0,379 m. — 1 p. 2 p.

646 PIERRE SÉPULCRALE ornée d'un fronton et inscription à la mémoire de *Lycinus* de *Sycione*. *Col. Ch.* cat. 138.

H. 0,920 m. — 2 p. 10 p.; larg. 0,622 m. — 1 p. 11 p.

647 INSCRIPTION consacrée par la tendresse d'*Apelles* et de *Metrothémis*, fils de *Cléanactides*, à la mémoire de leur nourrice *Mélitée*, fille de *Lysanias*. Cette inscription était sur le même marbre que celle du nº 632. *Col. Ch.* supplément du catalogue.

H. 0,263 m. — 9 p. 9 l.; larg. 0,677 m. — 2 p. 1 p.

648 INSCRIPTION qui n'offre qu'une liste de noms grecs avec les prénoms latins *Aurelius* et *Aimilius*; trouvée à Athènes par M. Fauvel. *Col. Ch.* cat. 219.

H. 0,379 m. — 1 p. 2 p.; larg. 0,216 m. — 8 po.

649 INSCRIPTION SÉPULCRALE consacrée à *Maria Ampliata*, par son mari *C. Marius Epaphrodite.*

H. 0,399 m. — 1 p. 2 p. 9 l.; larg. 0,329 m. — 1 p. 0 p. 2 l.

650 INSCRIPTION SÉPULCRALE de *Julia Fortunata*, consacrée par son mari *Litos*. Dans le haut on voit un lapin qui mange les raisins d'un panier renversé.

H. 0,606 m. — 1 p. 10 p. 5 l.; larg. 0,379 m. — 1 p. 0 p. 2 l.

Voyez le nº 635.

651 FRAGMENT d'inscription qui paraît avoir contenu une invocation à *Hygie*, déesse de la santé. *Col. Ch.*

H. 0,243 m. — 9 po.; larg. 0,135 m. — 5 po.

652 BAS-RELIEF SÉPULCRAL qui offre un homme et un enfant, avec le nom de *Callistrate*, fils de *Demetrius*. *Col. Ch.* cat 140.

H. 0,451 m. — 1 p. 8 p.; larg. 0,406 m. — 1 p. 3 p.

653 INSCRIPTION dans laquelle, avec l'aveu de l'aréopage *Aurelius Epaphrodite* et *Aurelia Magna*, du bourg de *Pitthos*, honorent leur fille *Aurelia Magna*, vestale dès l'âge le plus tendre. Cette inscription qu'a fait connaître le premier M. Richard Worsley, a été publiée par M. de Villoison. *Mém. de l'Acad. des Inscr.* t. 47, p. 332, et par M. Visconti, *Mon. Gab.* p. 138. *Col. Ch.* cat. 207.

H. 1,164 m. — 3 p. 7 p.; larg. 0,297 m. — 11 po.

654 INSCRIPTION mutilée, dans laquelle les Grecs, qui de la Thessalie étaient venus s'établir sur les bords du Méandre, témoignent leur reconnaissance aux Ioniens, aux Eoliens et aux Doriens, par l'organe de *Leucippe*. Cette inscription paraît être du règne d'Antonin Pie, fils adoptif d'Adrien. *Col. Ch.* cat. 206.

H. 0,460 m. — 1 p. 5 p.; larg. 0,541 m. — 1 p. 8 p.

655 PITTACUS, *hermès; marbre pentélique.*

Haut. 0,531 m. — 1 p. 11 p. 4 l.

Une médaille unique, qui existe au cabinet de la

bibliothèque du Roi, fait reconnaître dans cet hermès un des sept sages de la Grèce, Pittacus de Mytilène. Voyez l'*Iconographie grecque*, pl. 11.

656 BACCHUS DANS L'IVRESSE, *statue; marbre pentélique.*

Haut. 2,383 m. — 7 p. 4 p.

Couronné de grappes de raisins et du *credemnon* ou diadème bachique, le dieu des vendanges, sans autre vêtement qu'une *nébride* en désordre attachée sur la poitrine et rejetée autour du bras gauche, s'appuie mollement sur un tronc d'arbre; ses regards incertains et sa pose annoncent l'ivresse. *Salle des antiq. du Louvre. Mus. Fr.* vol. 3; M. Granger, dess.; M. Richomme, grav. *Mon. du Mus.* t. 1, p. 80. *Mus. Bou.* v. 1.

Au-dessus on voit un bas-relief sur lequel on a sculpté Apollon en compagnie de trois Muses.

H. 1,173 m. — 3 p. 7 p. 4 l.; larg. 1,372 m. — 4 p. 2 p. 8 l.

657 ÉPICURE, *hermès, marbre pentélique.*

Haut. 0,629 m. — 1 p. 11 p. 3 l.

Ce portrait du philosophe de Gargette ressemble parfaitement à ceux qui ont été décrits sous les nos 139 et 316; mais il est d'un travail plus soigné. *Vi. Borg.* st. 1, no 32. *Mus. Bou.* vol. 3.

658 PIERRE SÉPULCRALE d'*Eugnomonius*, qui était *Protector*, et l'un des plus valeureux soldats du corps des Martésiens, qui défendaient les bords du Rhin du côté de Mayence. Les *protectores* étaient des espèces de gardes du corps établis par Gordien le jeune. Une croix qui est au bas de cette inscription montre qu'*Eugnomonius* était chrétien, et la date de sa mort y est marquée par la onzième *indiction*, cycle chronologique de quinze ans révolus, de l'établissement duquel on ne connaît pas bien l'époque. Si on suivait l'opinion de

ceux qui placent la première indiction en 312 de J. C., le monument d'*Eugnomonius* aurait été fait entre l'an 477 et l'an 492, et le caractère des lettres s'accorderait assez avec cette époque. *Col. Ch.* cat. 175.

H. 0,731 m. — 2 p. 3 p.; larg. 0,541 m. — 1 p. 8 p.

659 INSCRIPTION qui contient une liste faite sous un magistrat, fils d'*Hilarus* de *Pallène*, et qui offre les noms de plusieurs personnes des tribus *Erechthéide*, *Aégéide*, *Acamantide*, *Adrianide*, *Antiochide*. Cette inscription était au revers de celle dont il est question au nº 558; on y trouve plusieurs des noms de celle-ci, et elle doit aussi avoir rapport aux jeux et aux vainqueurs dont il y est fait mention. *Col. Ch.* cat. 218.

Haut. 0,297 m. — 11 po.; larg. 0,297 m. — 11 po.

660 FRAGMENT de fronton sur lequel est inscrit le nom de *Marathon*, où ce marbre a été trouvé. *Col. Ch.* cat. 231.

H. 0,622 m. — 1 p. 11 p.; larg. 0,352 m. — 1 p. 1 p.

661 INSCRIPTION dans laquelle les habitans d'Ilium et les villes de la commune d'Asie qui participent aux mêmes fêtes et aux mêmes assemblées, témoignent leur reconnaissance à un empereur qu'ils appellent fils de Dieu, Dieu Auguste. *Hipparque*, fils d'*Hegesidême* d'Ilium, lui élève une statue à ses propres frais, pour marquer sa reconnaissance à cet auguste bienfaiteur, son sauveur; trouvée dans le cimetière du village d'Halileli, près de l'ancien Ilium; publiée par M. Lechevalier. Voy. de la Troade, vol. 3, p. 305. *Col. Ch.* cat. 192.

H. 0,731 m. — 2 p. 3 p.; larg. 0,785 m. — 2 p. 5 p.

662 INSCRIPTION. Le peuple honore *Lysiclès*, fils de *Callisthène*, homme probe, bienfaiteur et sauveur du peuple. *Col. Ch.* cat. 190.

H. 0,189 m. — 7 p.; larg. 0,758 m. — 2 p. 4 p.

663 INSCRIPTION du monument élevé par *Cornelia* pour elle, pour son maître *Cornelius Solon*, et pour ceux qu'elle choisira.

H. 0,631 m. — 1 p. 11 p. 4 l.; larg. 0,650 m. — 2 p.

664 INSCRIPTION qui offrait les noms des trois premiers archontes; celui de l'archonte éponyme n'existe plus. *Oenophilus*, fils d'*Amphius* d'*Aphidna*, était archonte-roi. *Philotas*, fils de *Sophocle* de *Sunium*, était archonte-polémarque. Les noms qui suivent sont ceux des six archontes *thesmotètes* et du hérault du sénat. Ils avaient été tirés des dêmes de *Philaidae*, de *Phlya*, de *Perithoidae*, d'*Aixône*, de *Phalère*, d'*Anaphlystus* et de *Scambonidae*; publiée par Chandler, *Inscript.* p. 59. *Col. Ch.* cat 194.

Haut. 0,554 m. — 1 p. 8 p. 6 l.; larg. *idem*.

665 INSCRIPTION mutilée par laquelle le prêtre *Démon*, fils de *Demomelus*, de l'un des deux bourgs de *Paeania*, consacre sa personne, sa maison et son jardin à Esculape. *Col. Ch.* cat. 212.

H. 0,352 m. — 1 p. 1 p.; larg. 0,568 m. — 1 p. 9 p.

666 FRAGMENT DE BAS-RELIEF du moyen âge, qui offre un animal fantastique à quatre pieds et ailé, une espèce d'hippogryphe qui paraît imité des ouvrages persans. Ce bas-relief, d'un travail barbare, était au revers de l'inscription précédente.

H. 0,386 m. — 1 p. 2 p. 3 l.; larg. 0,608 m. — 1 p. 10 p. 6 l.

667 URNE CINÉRAIRE consacrée à *Sallia Daphné*, par *Claudius Eros*, en forme de petit temple et ornée de masques, de dauphins, d'un oiseau et d'un panier renversé. Le bas-relief représente *Vesta* assise, tenant d'une main un flambeau et de l'autre le brasier où l'on conservait le feu sacré.

H. 0,595 m. — 1 p. 10 p.; larg. 0,359 m. — 1 p. 1 p. 3 l.

668 AUTEL consacré à *Mercure Epulon*, qui présidait aux festins et inspirait la gaieté; le sympule et la double flûte qu'on voit sur les côtés conviennent au dieu des festins; les deux flûtes sont réunies par le haut, et on aperçoit en partie une des anches qui leur servaient d'embouchure.

H. 0,776 m. — 2 p. 4 p. 8 l.; larg. 0,541 m. — 1 p. 8 p.

669 BAS-RELIEF SÉPULCRAL *de marbre pentélique* et d'un joli caractère, qui représente une femme assise donnant la main à son mari. On lit dans le haut *Odê*, fille d'*Apolexis*; trouvée à Athènes par M. Fauvel. *Col. Ch.* cat. 127.

H. 0,758 m. — 2 p. 4 p.; larg. 0,433 m. — 1 p. 4 p.

670 INSCRIPTION en vers hexamètres en honneur d'*Anubis*, de son père *Osiris*, dont la couronne est d'or, et adoré sous les noms de *Jupiter* et d'*Ammon* et en honneur de *Sérapis*, fils d'*Isis* aux mille noms, que le ciel a enfantée, et qu'a nourrie *l'Erèbe*; déesse très-ancienne, lumière des mortels et reine de la terre et de la mer. Ce monument, qui malheureusement est incomplet, est très-curieux, en ce qu'il fait connaître les rapports de quelques divinités égyptiennes avec celles des Grecs; on l'a trouvé près de Cysique, sur l'emplacement de l'ancienne Cius. Il a été publié par *Pococke* très-inexactement, par Muratori, *Inscrip. antiq.* t. 1, p. 75; trois fois par M. Jacobi, *Analecta*, t. 12, p. 298; t. 13, p. 798, et dans l'*Appendix de l'Anthologia palatina*, nº 281, t. 2, p. 846. *Col. Ch.* cat. 189.

H. 0,352 m. — 1 p. 1 p.; larg. 0,568 m. — 1 p. 9 p.

671 PIERRE SÉPULCRALE dont le bas-relief d'un dessin barbare offre, entre deux pilastres, une figure d'homme vêtu d'une tunique courte; il paraît tenir d'une main

un disque, de l'autre quelque instrument qu'on ne peut distinguer. L'inscription en vers élégiaques nous apprend que ce personnage se nommait *Aphrodisius*, qu'il était d'*Alexandrie* et *Coryphée* dans les chœurs, qu'il fut tué à cause de sa femme d'un coup de disque lancé par Jupiter. Ce beau jeune homme fut enlevé à l'âge de vingt ans, et les Parques l'envoyèrent au sombre séjour pour en faire l'ornement. *Col. Ch.* cat. 177.

Haut. 1,487 m. — 1 p. 6 p.; larg. *idem*.

672 INSCRIPTION grecque du moyen âge, et où il est question de la prière du prêtre d'Anatolius. *Col Ch.* cat. 236.

H. 0,297 m — 11 po.; larg. 1,760 m. — 5 p. 5 p.

673 GÉNIE AILÉ vêtu d'une tunique, et monté sur un chameau. On peut remarquer le collier et la clochette au col de l'animal qui, quoique d'un travail grossier, n'est pas mal dans l'ensemble. Le bât mérite aussi d'être observé. On voit dans la collection des bronzes d'Herculanum, t. 1, p. 120, un chameau qui est harnaché à-peu-près comme celui-ci; mais il ne porte que des paniers. Ce génie pourrait représenter celui de l'Arabie ou de quelque pays de l'orient, caractérisé par le chameau, qui y est d'une grande utilité. Le sujet de ce bas-relief, trouvé à Alexandria Troas, est unique; il a été gravé dans le *Voyage de la Troade* de M. Lechevalier, pl. 11. *Col. Ch.* cat. 106.

H. 0,812 m. — 2 p. 6 p.; larg. 0,839 m. — 2 p. 7 p.

674 INSCRIPTION SÉPULCRALE de *Cornelius Hilarus*, affranchi de *Sisenna*, de *Théaugenis* et du licteur *C. Papirius Hermo*. Le Θ y est employé pour *thé*, et *Θaugenis* pour *Théógnis*.

H. 0,975 m. — 3 pi.; larg. 0,866 m. — 2 p. 8 p.

675 BAS-RELIEF SÉPULCRAL *en marbre de Paros;* il représente un repas funèbre. Un homme sur un lit tient d'une main un fruit, et de l'autre un vase. La femme assise auprès de lui est enveloppée de sa palla, de même que celle dont on voit le buste au-dessus du bas-relief, et qui porte des boucles d'oreilles semblables à celles que l'on trouve quelquefois à Pompéi, et qui sont faites d'une feuille d'or extrêmement légère, bombée et toute unie. Ce monument a été consacré à *Télesphore* par sa femme nommée ou *Chrestê* ou qui était *très-bonne. Col. Ch.* cat. 152.

H. 0,650 m. — 2 pi.; larg. 0,446 m. — 1 p. 4 p. 6 l.

676 INSCRIPTION d'un statue élevée à *Bacchus* par *Cartinicus*, et faite par *Simus*, fils de *Thémistocrate* de Salamine. Cette inscription est très-curieuse, en ce qu'elle nous a conservé le nom d'un artiste que l'on ne trouve ni dans Pline ni dans Pausanias. *Col. Ch.* cat. 226.

H. 0,297 m. — 11 po.; larg. 0,500 m. — 1 p. 6 p. 6 l.

677 BAS-RELIEF SÉPULCRAL offrant un repas funèbre composé de sept personnes. On y lit les noms *Antonia Philoumena. Col. Ch.* cat. 161.

H. 0,514 m. — 1 p. 7 p.; larg. 0,460 m. — 1 p. 5 p.

678 ALCÉE, *hermès; marbre pentélique.*

Haut. 0,612 m. — 1 p. 11 p.

Ce poëte de Mytilène était le rival de Pittacus dans les troubles de sa patrie. La tête de cet hermès a beaucoup de ressemblance avec le portrait d'Alcée, gravé sur la même médaille dont on a fait mention au n° 655. *Vil. Borg.* st. 1, n° 34.

La porte qui s'ouvre au-dessous de la tribune des cariatides est ornée de huit bas-reliefs de bronze, exécutés au commencement du seizième siècle, par *André*

Riccio de Padoue, célèbre architecte et sculpteur en bronze, pour l'ornement du tombeau de Jérôme de la Torre et de son fils Antoine, médecins de Véronne. Ce mausolée, placé dans l'église de *S. Fermo*, et dont les huit bas-reliefs ont rapport à la vie, à la maladie et à la mort de Jérôme de la Torre, fut élevé par trois autres fils de Jérôme, hommes de lettres et médecins d'une grande réputation. C'est ce que vient de prouver M. le chevalier *Cicognara* dans son ouvrage italien, (*Storia della Scultura dal suo risorgimento in Italia*, etc. Tome 2, liv. 4, ch. 6), où trois de ces bas-reliefs ont été gravés aux planches 36 et 37.

André Riccio a représenté dans ces bas-reliefs les vicissitudes de la vie humaine, en entremêlant les idées et les allégories chrétiennes et payennes. Voyez l'article de M. Quatremère de Quincy, dans le journal des savans, décembre 1817, p. 225.

Aux deux côtés de la porte, deux coupes de bronze sont posées sur des tronçons de colonnes de granit rose; l'une, autour de laquelle on a ciselé les travaux d'Hercule, est un ouvrage du quinzième siècle; l'autre, ornée d'arabesques, appartient au siècle suivant.

679 LOUVE DE MARS, *statue; rouge antique.*

H. 0,581 m. — 1 p. 9 p. 6 l.; larg. 0,967 m. — 2 p. 11 p. 9 l.

La Louve qui nourrit les fondateurs de Rome est de rouge antique de la plus belle qualité; les enfans sont de marbre statuaire. Ce morceau est un ouvrage du seizième siècle. *Vil. Borg.* st. 7, n° 2.

680 DÉMÉTRIUS POLIORCÈTE, *buste; m. de Paros.*

Haut. 0,581 m. — 1 p. 9 p. 6 l.

M. Visconti a cru reconnaître dans cette tête, d'un grand caractère, un portrait de Démétrius Poliorcète; jusqu'alors il avait passé pour un Othon, avec lequel il a de grands rapports. On distingue sur la chevelure la trace du diadême qu'on y avait rapporté en bronze. Il est aisé de voir que le marbre avait été teint en rouge, et la couleur avait pénétré à une assez grande profondeur. Ce monument, venu de la Grèce, appartenait à M. Pajou, statuaire.

681 VÉNUS ACCROUPIE, UN ARC A LA MAIN, *statue; marbre de Paros.*

H. 0,886 m. — 2 p. 8 p. 7 l.; debout 1,381 m. — 4 p. 3 p.

La ressemblance de cette jolie figure avec celles qui représentent Diane au bain, telle que la surprit Actéon, et telle que l'offrent les bas-reliefs d'un sarcophage de cette collection, n° 315, a suggéré à l'artiste qui a restauré cette statue, l'idée de lui donner le caractère de Diane, en plaçant un arc dans la main gauche. Il est cependant plus probable que cette figure représente Vénus sortant du bain, telle que nous la verrons sous le n° 698. L'arc de Cupidon peut bien convenir à sa mère. Un reste de tenon qu'on voit à la cuisse gauche doit faire soupçonner que la position de la main droite et de l'arc n'était pas celle qu'on lui a donnée en la restaurant; la tête est moderne. *Musée du Vatican. Mus Roy.* M. Laugier, dess. et grav. *Mon. du Mus.* t. 1; p. 58.

682 TIBÈRE, *buste; marbre de Luni.*

Haut. 0,570 m. — 1 p. 9 p. 1 l.

Cette tête de Tibère, plus forte que nature, a été trouvée dans les ruines de Gabies. L'Empereur porte la couronne civique de feuilles de chêne. *Mon. Gab.* n° 39.

683 STÈLE SÉPULCRALE d'*Eurhythmus* et d'*Héliconias.*

H. 0,708 m. — 2 p. 2 p. 2 l.; larg. 0,487 m. — 1 p 6 p.

Le bas-relief représente un magistrat athénien qui couronne l'hermès d'*Eurhythmus*, à qui le sénat et le peuple avaient décerné une couronne d'or.

684 ALEXANDRE-LE-GRAND, *statue; m. de Paros.*

Haut. 2,491 m. — 7 p. 8 p.

La tête de cette figure héroïque est ornée d'un casque, et nous offre le portrait d'Alexandre-le-Grand.

Le conquérant paraît lever ses regards vers le ciel, tel qu'il avait été représenté en bronze par Lysippe; la tête antique, mais rapportée, est de marbre pentélique. *Vil. Alb. Mus. Bou.* v. 3. *Mon. du Mus.* t. 3, p. 4.

Le bas-relief encastré dans le mur au-dessus de la statue, représente Achille qui s'arme. C'est le plus remarquable des quatre grands bas-reliefs de cette salle. *Vil. Borg.*

H. 1,173 m. — 3 p. 7 p. 4 l.; larg. 1,372 m. — 4 p. 2 p. 8 l.

685 FEMME INCONNUE, *buste; marbre de Paros.*

Haut. 0,406 m. — 1 p. 3 p.

Ce portrait d'une jeune personne, trouvé dans les ruines de Gabies, avec l'inscription de *Plutia Vera*, est peut-être le sien; la coîffure, formée de tresses et de boucles en spirale, est remarquable par la tresse qui revient sur le devant de la tête. Voy. le nº 78 et *Mon. Gab.* nº. 33. *Mus. Bou.* vol. 3.

686 NYMPHE, *dite* VÉNUS A LA COQUILLE, *statue; marbre pentélique.*

Haut. 0,608 m. — 1 p. 10 p. 6 l.

La conformité de la pose et de l'attitude de cette figure avec celle de la célèbre joueuse d'osselets, ne permet guère de lui attribuer une autre action : cependant l'air idéal de la tête et les testacées dont est jonché le sol, semblent lui donner un caractère mythologique. Ces accessoires ont fourni à l'artiste moderne qui a restauré le bras droit l'idée de mettre dans la main une coquille au lieu des osselets. *Vil. Borg. Mus. Bou.* vol. 3.

687 PLAUTILLA, *buste; marbre de Paros.*

Haut. 0,440 m. — 1 p. 4 p. 3 l.

Les fouilles de Gabies ont rendu au jour ce portrait de l'impératrice Plautilla, fille de Plautien, préfet du prétoire, et femme d'Antonin Caracalla. *Monumenti Gabini*, nº 22.

688 STÈLE SÉPULCRALE présentant les figures et les noms de *Pompeïus Evhodus*, et d'*Isidora*, fille d'un *Praxitèle*.

H. 0,927 m. — 2 p. 10 p. 3 l.; larg. 0,559 m. — 1 p. 8 p. 8 l.

689 LIVIE EN MUSE, *statue; marbre de Luni.*

Haut. 1,999 m. — 6 p. 1 p. 10 l.

Livie, dont la tête est connue par plusieurs monumens, a dans cette statue les symboles de la muse Euterpe. Le jet de la draperie est très-heureux, et on le voit répété sur plusieurs belles figures antiques. *Mus. Roy.* Châtillon, dess.; Laugier, grav. *Mus. Bou.* v. 1.

Les têtes antiques des statues nos 593, 622 et 689 sont rapportées; mais avec tant de convenance que l'œil du connaisseur s'y trompe.

690 DÉMOSTHÈNE, *hermès; marbre de Paros.*

Haut. 0,449 m. — 1 p. 4 p. 7 l.

On reconnaît dans cette tête le portrait du prince des orateurs grecs, tel que nous l'offrent la statue no 92 et le buste no 201.

691 TÊTE INCONNUE, *hermès; marbre pentélique.*

Haut. 0,480 m. — 1 p. 5 p. 9 l.

La bandelette roulée qui ceint la tête de ce personnage, et qu'on voit aux têtes d'Esculape, pourrait faire croire que c'est le portrait de quelque médecin célèbre.

Le dessus de la porte qui s'ouvre sur la cour, est orné d'un bas-relief en bronze, coulé dans le seizième siècle sur le bas-relief antique, décrit au no 20.

692 PLOTINE, *statue; marbre de Paros.*

Haut. 1,972 m. — 6 p. 0 p. 10 l.

La tête de l'Impératrice est copiée d'après celle du Vatican. L'arrangement des draperies est un des plus beaux que nous offrent les statues portraits. *Monum. Gabini*, no 15. *Mus. Bou.* vol. 3.

693 CORBULON, *buste; marbre grechetto.*

Haut. 0,379 m. — 1 p. 2 p.

Cette belle tête de Domitius Corbulon, général romain sous Claude et sous Néron, célèbre par ses exploits et par son caractère, a été découverte à Gabies dans une chapelle consacrée aux ancêtres de sa fille, l'impératrice Domitia. Le travail de cette tête a quelque chose de celui du buste d'Agrippa, n° 196, et le marbre en est pareil. Ils ont été trouvés au même endroit, et on pourrait les croire de la même main. Voyez plus haut le n° 250, et *Mon. Gab.* n° 6. *Mus. Bou.* vol. 3.

694 ENFANT A L'OIE, *groupe; marbre pentélique.*

Haut. 0,927 m. — 2 p. 10 p. 3 l.

On doit reconnaître dans ce jeune enfant, qui est dans l'action d'étrangler une oie, la copie antique d'un groupe semblable dont Pline a fait mention, et que Boëthus, statuaire carthaginois, avait exécuté en bronze.

Il existe plusieurs répétitions de ce joli groupe; celle-ci, destinée autrefois à l'ornement d'une fontaine, a été trouvée à une lieue et demie de Rome, dans l'endroit appelé *Roma Vecchia*, emplacement de l'ancien *Pagus Lemonius*. *Mon. du Mus.* t. 4, p. 36. *Mus. Bou.* vol. 3.

695 STÈLE SÉPULCRALE *de marbre pentélique*, dont l'inscription grecque porte les noms de *Philocharès*, fils de *Philonide*, du bourg de Cephisia, et de *Timagora*, fille d'*Ephaistodore*. Ornée d'un bas-relief où l'on voit un homme suivi de son cheval, et donnant la main à une femme, elle est surmontée d'un beau fleuron.

H. 0,816 m. — 2 p. 6 p. 2 l.; larg. 0,419 m. — 1 p. 3 p. 6 l.

696 CORBULON, *buste; marbre de Luni.*

Trouvé à Gabies. Il paraît que cette tête avait fait partie d'une statue. Voyez le n° 693 et les *Monumens de Gabies*, n° 8.

697 MARC-AURÈLE, *statue; marbre pentélique.*

Haut. 2,545 m. — 7 p. 10 p.

L'Empereur représenté à la manière des dieux et des héros, n'a d'autre habillement qu'un petit manteau ployé sur l'épaule gauche. Il soulève le bras droit comme pour s'appuyer sur une haste. La tête est copiée d'après l'antique; les bras et les jambes sont aussi modernes. *Ancienne Collection de la Couronne. Mus. Bou.* v. 1.

Le bas-relief encastré dans le mur représente une cérémonie religieuse célébrée par des personnages romains. La Ville même personnifiée accompagne ses magistrats. *Vil. Borg.*

H. 1,173 m. — 3 p. 7 p. 4 l.; larg. 1,146 m. — 3 p. 6 p. 4 l.

698 VÉNUS ACCROUPIE, *statue; marbre de Paros.*

H. 0,640 m. — 1 p. 11 p. 8 l.; debout 1,002 m. — 3 p. 1 p.

Polycharme, sculpteur grec, est connu pour avoir fait une Vénus au bain. On la voyait à Rome du temps de Pline. La conformité du sujet traité dans cette jolie figure pourrait faire conjecturer que c'est une répétition antique de cet original. Il ne restait que la tête et le torse de cette statue, qui a été très-bien restaurée; les oreilles sont percées pour recevoir des boucles d'oreilles. *Ancienne Salle des Antiques du Louvre. Mon. du Mus.* t. 1, p. 59. *Mus. Bou.* vol. 3.

699 MARC-AURÈLE JEUNE, *buste; marbre de Paros.*

Haut. 0,460 m. — 1 p. 5 p.

Ce buste, trouvé à Gabies, est un portrait de ce prince dans son jeune âge, lorsqu'il fut adopté par Antonin Pie. *Monum. Gabini,* nº 17.

700 ANNIUS VERUS, *buste; marbre pentélique.*

Haut. 0,440 m. — 1 p. 4 p. 3 l.

Ce jeune César, fils de Marc-Aurèle et de Faustine, mourut avant d'avoir atteint l'âge viril. On le reconnaît dans ce joli portrait par la comparaison des médailles, sur lesquelles on voit son effigie au revers de celle de son frère Commode.

701 STÊLE SÉPULCRALE *de marbre pentélique* marquée d'une inscription qui porte le nom de *Démétrius* de *Sphette*, bourgade de l'Attique.

Le bas-relief d'un très-bon style offre une femme enveloppée dans son pallium. Auprès d'elle est une petite figure vêtue d'une tunique courte comme les Amazones, et qui tient à la main quelque chose qu'on ne peut distinguer.

H. 0,975 m. — 3 p.; larg. 0,518 m. — 1 p. 7 p. 2 l.

702 ATHLÈTE VAINQUEUR AU PUGILAT, *statue.*

Haut. 1,746 m. — 5 p. 4 p. 6 l.

Quoique les cestes, ainsi que les bras de ce jeune athlète soient dus au sculpteur moderne qui a restauré la statue, cette restitution ne manque pas d'autorité. La figure fut trouvée dans les ruines du *Forum Archemorium*, où est bâti à présent le palais *Gentili* à Rome, avec le fragment d'une autre figure parfaitement semblable dont les bras armés de cestes étaient conservés. Ils sont très-curieux par leur agencement. *Vil. Borg.*

703 JUPITER, *fragment; marbre de Carrare.*

Haut. 1,442 m. — 4 p. 5 p. 3 l. jusqu'au bas du torse.

Ce torse colossal, qui ornait les jardins de Médicis à Rome, fut apporté en France par le cardinal de Granvelle, à qui le donna Marguerite d'Autriche, et qui l'avait placé à Besançon; cette ville en fit présent à Louis-le-Grand. On remarque dans les parties antiques et dans la tête de ce torse un grand caractère et une exécution très-soignée. Les cheveux n'ont pas l'agencement qu'on donne ordinairement à ceux de Jupiter. On pourrait croire que ce fragment est une imitation du

Jupiter Olympien de Phidias. Montfaucon l'a fait graver dans le premier volume des *Supplémens* à l'A. E., où, avec peu de critique, il attribue cet ouvrage à Myron, qui ne travaillait qu'en bronze, et dans un style beaucoup plus ancien que celui-ci. Ce Jupiter vient des jardins de Versailles. *Mon. du Mus.* t. 1, p. 3. *Mus. Bou.* v. 3.

Les bas-reliefs encastrés dans les murs des deux entre-colonnemens, faisaient partie de la même composition. La comparaison avec d'autres monumens prouve que le sujet de ces bas-reliefs était la réunion des héros reçus par Œnée à Calydon, pour aller à la chasse du terrible sanglier.

H. 0,708 m. — 2 p. 2 p. 2 l.; larg. 0,927 m. — 2 p. 10 p. 3 l.

704 DISCOBOLE, *statue; marbre pentélique.*

Haut. 1,674 m. — 5 p. 1 p. 10 l.

Nu et debout, ce jeune athlète tient dans sa main gauche le disque, et paraît mesurer de l'œil l'espace qu'il va lui faire parcourir. On croit que cette figure a été imitée par un ancien statuaire, d'après le Discobole célèbre de Naucydès. Cette statue, trouvée sur la voie Appienne, à l'endroit nommé *Colombaro*, était au Vatican; la tête antique est rapportée. *Mon. du Mus.* t. 4, p. 25. *Mus. Français*, t. 1; M. Granger, dess.; M. Perée, grav. *Mus. Bou.* vol. 1.

705 VASE DE MARATHON, *marbre pentélique.*

Haut. 0,677 m. — 2 p. 1 p.

Ce vase d'une belle forme, et orné de bas-reliefs d'un très-bon style, a été trouvé, ainsi que les deux autres, dans des fouilles faites à Marathon par M. Fauvel. On y voit comme sur beaucoup de bas-reliefs des tombeaux, une femme donnant la main à l'un des deux hommes entre lesquels elle est assise, ce qui peut indiquer un mariage, et celui qui en est témoin. Au-dessus des personnages on lit les noms de *Sostratides*, de *Callynois* et de *Sostratos*. *Collection Choiseul*. cat. 117.

706 VASE DE MARATHON, *marbre pentélique*.

Haut. 0,798 m. — 2 p. 5 p. 6 l.

Ce vase offre le même sujet que le précédent, mais on y voit de plus un homme et un cheval et un reste de figure de femme derrière celle qui est assise. La sculpture simple de ce bas-relief est d'un très-beau style; on y lit les noms d'*Antiphon* et *d'Antias*. *Col. Ch.* cat. 122.

707 URNE CINÉRAIRE de l'affranchie *Lucretia Fausta*, de *Phoenix verna* (ou né dans la maison de son maître) et de *Plocé* sa sœur. Les feuillages dont cette urne est ornée sont travaillés avec soin.

H. 0,338 m. — 1 p. 0 p. 6 l.; larg. 0,329 m. — 1 p. 0 p. 2 l.

708 VASE DE MARATHON, *marbre pentélique*.

Haut. 0,720 m. — 2 p. 2 p. 7 l.

Le sujet de ce vase est le même, et traité de la même manière que celui du premier; on y lit les mêmes noms.

709 SILÈNE portant dans ses bras Bacchus enfant, dit LE FAUNE A L'ENFANT, *groupe*.

Haut. 1,895 m. — 5 p. 10 p.

Ce chef-d'œuvre, un des plus parfaits dans son genre qui nous restent de l'antiquité, a été trouvé pendant le seizième siècle dans l'emplacement des fameux jardins de Salluste, plantés par l'historien de ce nom entre le Quirinal et la colline des Jardins, et par la suite devenus un des séjours des Césars. Plusieurs copies antiques de ce groupe font foi de la célébrité qu'il avait chez les anciens. La tête du Silène est remplie de finesse et d'une expression douce et aimable; les formes sont d'une grande élégance, et les jambes sont citées comme les plus beaux modèles; une partie des bras est restaurée. *Mus. Royal*; M. Granger; dess.; M. Chatillon, grav.

Mus. Bou. v. 3. Le tambour du piédestal est du plus beau porphyre rouge.

710 JASON, dit le CINCINNATUS, *statue; m. pentélique.*

H. 1,543 m. — 4 p. 9 p.; de proportion 1,841 m. — 5 p. 8 p.

Le nom de *Cincinnatus*, donné long-temps à cette statue, ne convenait pas à la jeunesse du héros représenté : on s'accorde à présent, d'après Winckelmann, à y reconnaître *Jason*. Ce héros, qui, pour calmer les soupçons de Pélias, son oncle, roi d'Iolcos en Thessalie, s'était adonné à la vie agricole, labourait son champ lorsqu'un messager du roi vint l'inviter à un sacrifice solennel. Jason vient de quitter le travail des champs indiqué par le soc de charrue qu'on voit à ses pieds. Il est dans l'action de nouer sa chaussure sur son pied droit. On voit qu'il s'entretient avec le messager; sa surprise est peinte sur sa physionomie; il paraît distrait. On devinerait presque que l'autre pied demeurera nu, et que le héros va offrir aux regards de Pélias cet homme *à une seule sandale* désigné par l'oracle comme devant être son meurtrier. Ainsi cette figure, quoique seule, présente l'intérêt d'un groupe.

Le statuaire, qui a suivi dans cet ouvrage le récit de Phérécyde, s'est servi de la pose noble et simple de la figure pour développer la beauté des épaules et du dos. Le style tient quelque chose de celui du héros combattant, et ce ne serait pas une conjecture dénuée de probabilité que de le croire de la même main, ou de la même école.

Cette statue a décoré long-temps les appartemens de Versailles; et, plus anciennement, elle se voyait à Rome, à la *villa Montalto* ou *Negroni*. Il en existe des répétitions antiques toutes ou plus petites ou moins conservées. Le bras gauche, la main et une partie de la jambe droites ainsi que le soc de la charrue sont modernes. Mais les pieds, une partie de la chaussure et tout ce qui tient à la plinthe et au rocher sont antiques ; cette plinthe antique ayant été scellée dans une autre plinthe moderne, a donné sujet à quelques équivoques. Il est assez singulier que ce qui reste du derrière de la chaussure antique sur la plinthe, ne ressemble pas à cette même partie dans la sandale chaussée. La tête antique est rapportée, et un peu petite pour le corps ; elle est en marbre grechetto.

Cette statue a été gravée dans plusieurs recueils d'antiquités. *Mus. Fr.;* M. Duchemin, dess.; M. Schultz, grav. *Mon. du Mus.* t. 2, p. 51.

711 VASE dit le VASE BORGHÈSE ; *marbre pentélique.*

Haut. 1,717 m. — 5 p. 3 p. 5 l.

Grand Vase ou Cratère dont les bords sont ornés d'une couronne de lierre, et dont le corps est entouré d'un bas-relief de onze figures d'un beau style et d'un bon dessin. Le sujet est une bacchanale où l'on remarque la figure noble du dieu des vendanges, qui, calme au milieu des ces plaisirs bruyans, écoute une bacchante qui joue de la lyre ; l'abandon de Silène dans l'ivresse, et l'intérêt que paraît prendre à ce vieillard le faune qui le soutient, sont très-bien rendus. Ce groupe est d'une grande beauté. Les bacchantes et les faunes dans différentes attitudes pleines d'élégance, ont beaucoup de mouvement et de gaieté. Un faune semble se plaindre des rigueurs d'une bacchante, tandis que ses compagnons paraissent l'exciter par le bruit des flûtes et du tympanum ; les crotales dont joue une des ménades sont très-bien conservées. Des mascarons siléniques sont sculptés à l'endroit où devraient être les anses.

Ce vase, qui servait autrefois à l'ornement des jardins de Salluste, fut trouvé avec le groupe du Silène à l'enfant. Il est gravé dans l'*Admiranda* et dans plusieurs autres ouvrages. *Mus. Bou.* v. 1. Le tambour du piédestal est en superbe porphyre.

712 PERSONNAGE ROMAIN EN MERCURE, dit le GERMANICUS, *statue; m. de Paros.*

Haut. 1,796 m. — 5 p. 6 p. 4 l.

Jusqu'ici cette belle statue a passé pour être le portrait de Germanicus. La disposition des cheveux indique à la vérité qu'elle représente un personnage romain; mais ce ne peut être une image de ce prince, auquel elle ne convient ni pour l'âge, ni pour les traits, que les médailles et les autres monumens nous offrent très-différens. Un examen plus attentif de cette figure eût fait reconnaître l'analogie qui la rapproche de quelques statues de Mercure; et si l'on eût observé le geste symbolique du bras droit, la chlamyde jetée sur le bras gauche, la tortue enfin consacrée à ce dieu comme inventeur de la lyre, on eût conjecturé, avec plus de vraisemblance, que, sous les formes et avec les attributs du dieu de l'éloquence, l'ingénieux artiste a présenté les traits d'un personnage romain.

Une inscription grecque, gravée sur l'écaille de la tortue, nous apprend que ce chef-d'œuvre, aussi recommandable par le choix et la vérité des formes que par une parfaite conservation, est de Cléomène, fils de Cléomène, Athénien, qu'on peut placer vers le commencement du dernier siècle avant l'ère chrétienne; et cette statue pourrait représenter, ainsi que le pensait M. Visconti, quelque grand personnage romain qui eut mérité la reconnaissance des Grecs, tels que *Flaminius, Paul Emile, Glabrion ou Metellus.*

A la disposition de la draperie sur le bras gauche, on voit qu'elle vient de glisser de l'épaule qu'elle recouvrait, et qu'elle serait sur le point de tomber, si elle n'avait pas été retenue par le caducée qui devait être dans la main gauche. Les anciens ont quelquefois cherché à rendre de ces effets momentanés qui ne sont pas assez déterminés pour être du domaine de la sculpture. La draperie qui couvre le sein de la statue de la Providence, n° 323, offre aussi un exemple d'un ajustement de ce genre.

Cette statue est tirée de la galerie de Versailles, où elle avait été placée sous Louis XIV; auparavant elle se voyait à Rome, dans la *villa Montalto* ou *Negroni*, jadis les jardins de Sixte-Quint; les pieds et le bras droit de cette statue sont regardés comme les plus beaux modèles de ces parties. On l'a gravée dans les *Statues* de P. A. *Maffei;* dans le *Mus. Fr.* v. 4; M. Roger, dess.; M. Fr. Massard, grav. *Mon. du Mus.* t. 4, p. 21. *Mus. Bou.* vol. 1.

713 COUPES D'ALBATRE FLEURI.

Haut. des coupes 0,518 m. — 1 p. 7 p. 2. l.

Avec le pied 1,300 m.—4 p.; larg. 2,020 m.—6 p. 2 p. 7 l.

Ces morceaux précieux furent découverts dans le siècle dernier au pied du mont Aventin et sur l'ancien port du Tibre, dans le jardin de *Cesarini*. Le fond de la coupe est décoré, dans l'une, d'un masque de triton, dans l'autre, d'un masque de Méduse. Ces coupes, tirées de la *villa Albani*, et achetées par ordre du Roi, sont supportées par des pieds antiques cannelés de granit gris de la Thébaïde.

SUPPLÉMENT.

Inscriptions et Bas-reliefs qui n'ont pas pu trouver place dans le Musée Royal, et qui sont destinés à en orner ou la cour ou le jardin.

---

714 AUTEL SÉPULCRAL orné d'une guirlande de fruits, et élevé par *Julia Olympia*, à la mémoire d'*Acmnestus*, serviteur d'un empereur.

H. 0,500 m. — 1 p. 6 p. 6 l.; larg. 0,460 m. — 1 p. 5 p.

715 AUTEL CYLINDRIQUE *en marbre blanc*, orné de guirlandes soutenues par un bucrane, une tête de bélier entourée de bandelettes et par deux casques. Cette variété, des supports des guirlandes, n'est pas ordinaire dans cette espèce de monumens.

H. 0,487 m. — 1 p. 6 p.; larg. 0,426 m. — 1 p. 3 p. 9 l.

716 AUTEL CYLINDRIQUE *en marbre de Paros*, orné de guirlandes et de bucranes, placé probablement sur le tombeau de la *Bonne Charition*. *Col. Ch.* cat. 72.

H. 0,595 m. — 1 p. 10 p.; larg. 0,514 m. — 1 p. 7 p.

717 AUTEL CYLINDRIQUE *en marbre blanc*, orné de guirlandes et de bucranes qui ne sont pas terminés. L'inscription offre une invocation à Bacchus, de la part des habitans de Théra, aujourd'hui Santorin, et en faveur du roi d'Égypte, Ptolémée VI, Philomêtor, de la reine Cléopâtre et de leurs enfans. On donne au roi et à la reine le titre de Dieux qui aiment leur mère; ce que signifie Philomêtor. Le règne de ce Ptolémée est de l'an 181-146 av. J. C. *Col. Ch.* cat. 71.

H. 0,677 m. — 2 p. 1 p.; larg. 0,568 m. — 1 p. 9 p.

718 GRAND AUTEL carré en pierre, consacré à Jupiter sous le règne de Tibère, par la corporation des *Nautae Parisiaci*, ou des commerçans de Paris, qui faisaient leur commerce par eau. Trois des côtés de cet autel offrent des figures d'un travail barbare et armées de boucliers et de lances, et qui semblent marcher en procession pour quelque cérémonie; le cercle que porte l'un des personnages pourrait être une couronne dont on va faire l'offrande à une divinité. On lit les noms de *Senani* et d'*Euriscs*, dont l'explication est très-incertaine, mais qui peuvent avoir rapport ou à quelque divinité gauloise, ou aux personnes qui ont consacré ces monumens. L'inscription est écrite avec

l'ancienne orthographe du style lapidaire; *Jovi optumo maxsumo*, et *posierunt* pour *posuerunt*. Ce monument curieux et ceux qui suivent furent trouvés en 1710, à quinze pieds de profondeur, dans l'intérieur de Notre-Dame; ils ont été publiés par MM. Baudelot et de Mautour, ainsi que par d'autres; et il en est question dans les *Mémoires de l'Académie des Inscriptions*, vol. 3, pag. 223; vol. 5, pag. 9; ils étaient autrefois dans la *Salle des Antiques du Louvre*, et depuis aux *Petits-Augustins*.

719 AUTEL carré en pierre, qui offre sur ses quatre faces les figures de divinités romaines et gauloises; ce qui prouve, comme on le remarque dans les *Mémoires de l'Académie des Inscriptions*, t. 24, p. 37, qu'à cette époque les Gaulois avaient déjà admis le culte des divinités romaines. Jupiter tient son sceptre; Vulcain *Volcanus*, coiffé de son bonnet, paraît tenir à la main des tenailles et un marteau. *Esus*, qu'on croit généralement le Mars des Gaulois, à qui ils sacrifiaient des chevaux et des victimes humaines, armé d'une hache, coupe les branches d'un arbre; il est probable qu'il est représenté cueillant le gui sacré du chêne. Sur le quatrième côté on voit un taureau auprès d'un arbre, sur lequel sont des oiseaux qui ressemblent à des cicognes. Le taureau était en grand honneur chez les Gaulois, qui en portaient la figure dans leurs enseignes. On lit au-dessus les noms de *Tarvos* et de *Trigaranus*, qui peuvent être des divinités que l'on ne connaît pas; mais quelques auteurs croient qu'en Celte le taureau se nommait *Taru*, et la cicogne *Garan*.

720 FRAGMENT d'autel carré en pierre, chargé de sculptures grossières semblables à celles que l'on vient de voir. D'un côté, au-dessous du nom de Castor, est

la figure de ce demi-dieu armé, et posant la main sur la tête d'un cheval. Le bas-relief qui suit offre un sujet pareil, et avait sans doute pour inscription le nom de *Pollux*; celui de *Cernunnos* désigne une divinité gauloise mâle, avec des cornes qui ressemblent à des bois de cerf, et auxquelles sont suspendus des couronnes ou des anneaux; si, comme il le paraît, les idées mythologiques des Gaulois se sont mêlées avec celles des Grecs et des Romains, cette figure pourrait avoir rapport à Pan, à Jupiter Ammon, ou même à Bacchus, qu'on représentait quelquefois avec des cornes et une longue barbe. Sur le quatrième côté un homme combat un serpent et le frappe d'un coup de massue. Le nom est presque détruit, et on n'y lit plus que *Sevi-ri...os*; c'est peut-être Hercule qui combat l'hydre; et les dernières lettres de l'inscription, où l'on croit retrouver *os*, pourraient être la fin d'*Ogmios*, nom que les Gaulois donnaient à leur Hercule. Voyez les dissertations de Baudelot et de Mautour, que nous avons citées, et qui, parmi des hypothèses très-hasardées, renferment des détails assez curieux.

721 TAUREAU S'ABATTANT, *bas-relief en pierre.*

Le travail de ce bas-relief ressemble à celui des autels qu'on vient de voir, et peut le faire placer vers la même époque. Cet animal représenterait ou le signe du zodiaque, ou il aurait fait partie d'un monument de quelque divinité à laquelle le taureau était consacré, ainsi qu'on le voit sur un des autels gaulois. Ce bas-relief avait été placé dans un des murs de l'église de Saint-Marcel fondé en 811, et d'après une opinion rapportée par M. le Noir, p. 62 de sa description des *Monumens Français des Petits-Augustins*, ce monument aurait pu être employé par la confrairie des bouchers de Paris, à conserver le souvenir d'un fait attribué à Saint-Marcel, qui, dit-on, arrêta un taureau échappé et furieux.

722 LION QUI DÉVORE UN TAUREAU, *bas-relief; marbre pentélique.*

Quoique le travail en soit sec et maigre, cependant il n'est pas sans finesse, et certaines parties sont assez bien étudiées.

H. 0,920 m. — 2 p. 10 p.; larg. 1,123 m. — 3 p. 5 p. 3 l.

723 SARCOPHAGE *en marbre blanc* et à cannelures; il est orné, ainsi que d'autres que nous avons vus, d'un médaillon où l'on voit un buste de femme qui tient un rouleau, peut-être était-ce quelque femme célèbre par ses écrits; les deux cornes d'abondance placées au-dessous, sont fréquentes dans les monumens funèbres. A l'une des extrémités du sarcophage un lion dévore un taureau, à l'autre il déchire un cheval.

724 SACRIFICE ROMAIN, *bas-relief; marbre de Paros.*

Neuf personnages vêtus à la romaine sont sur le point d'immoler deux taureaux auprès d'un temple. Les victimaires sont dans le costume que nous leur avons vu dans d'autres cérémonies pareilles. Leur *limus* est garnie de franges, et leur ceinture a plusieurs tours, le *licium* est parfaitement conservé. Un jeune *camille* ou ministre des autels, porte l'*acerra*, boîte aux parfums. Les prêtres ont des couronnes sur la tête, l'un tient une torche.

Haut. 2,166 m. — 6 p. 8 p.

725 TRIOMPHE DE BACCHUS, *bas-relief.*

Le dieu conquérant de l'Inde monté sur un char traîné par des panthères, et accompagné de bacchantes, mène à sa suite des prisonniers les mains liées derrière le dos, et portés par un éléphant qui est d'une petitesse remarquable par rapport aux autres figures. Au coin du bas-relief est une figure de la Victoire, de l'autre côté l'on voit Mars et Minerve et des accessoires bachiques, tels que la ciste mystique. *Vil. Borg.*

H. 0,893 m. — 2 p. 9 p.; larg. 1,625 m. — 5 pi.

726 MITHRAS IMMOLANT UN TAUREAU, *bas-relief.*

Ce bas-relief offre les accessoires que l'on trouve dans les autres sujets de ce genre, le serpent, le chien. D'un côté l'on voit le génie du jour dans le costume phrygien, et tenant sa torche élevée; au-dessus de lui sont le buste du Soleil et la corneille, oiseau consacré à Apollon. De l'autre côté le génie de la nuit, au-dessus duquel est le buste de Diane, abaisse sa torche. *Vil. Borg.*

H. 0,677 m. — 2 p. 1 p.; larg. 0,975 m. — 3 p.

727 BAS-RELIEF composé de six figures, et qui paraît offrir quelque trait de l'histoire de Phèdre. Le siége, dont les bras sont formés par deux sphinx de chaque côté, est d'une forme remarquable. *Vil. Borg.*

Haut. 0,758 m. — 2 p. 4 p.; larg. *idem.*

728 BAS-RELIEF *en marbre de Paros,* composé de vingt-quatre figures très-mutilées, et d'un mauvais dessin qui offre un combat d'Amazones contre des Grecs, et où l'on peut reconnaître Achille, vainqueur de l'Amazone Pentésilée. Ce bas-relief ornait un sarcophage; Winckelm. *Mon. ined.* pl. 139, en a publié un où le groupe de l'Amazone et du héros est le même que celui du nôtre, mais le reste de la composition est différent.

729 AUTEL CYLINDRIQUE *de marbre de Paros,* orné d'un aigle qui tient une couronne entre ses serres: l'aspergillum, la patère, le préféricule et le foudre,

sont fréquens sur ce genre de monumens; l'ornement du bas est d'un bon style.

H. 0,650 m. — 2 p.; larg. 0,325 m. — 1 p.

730 FRAGMENT de statue d'Isis à tête de lion et en granit noir; elle est surmontée du disque et du serpent qu'on lui voit souvent.

731 APOLLON VAINQUEUR DE MARSYAS, *bas-relief de sarcophage en marbre de Paros.*

Le Dieu de la musique en présence des Dieux et des Muses, malgré le jugement de Midas, vient de remporter le prix du chant sur l'infortuné Marsyas qu'il est prêt à sacrifier à sa vengeance. On reconnaît Cybèle à son lion, Diane à sa torche et Minerve par la chouette. Cette déesse paraît hâter le supplice de Marsyas; des Scythes l'apprêtent; l'un aiguise déjà le fer pour écorcher l'imprudent satyre. On peut Reconnaître à sa pose le même sujet dans la statue long-temps connue sous le nom de l'*Arotino* ou du rémouleur. Deux autres Scythes préparent le lieu du supplice et l'arbre où doit être attaché Marsyas. Ces Scythes ont sur la bouche une large bande qui part du bonnet et cache le bas de la figure. On ne voit pas quel peut en être l'usage, à moins que ce ne fût pour empêcher ces esclaves de parler et de troubler l'assemblée des Dieux : ce qui pourrait le faire croire, c'est que dans un autre bas-relief, où est traité le même sujet, Apollon tient un des Scythes avec une corde passée à son col, comme pour le forcer à exécuter ses ordres. Dans les autres bas-reliefs on ne voit pas cette bande sur la bouche des Scythes. Auprès d'Apollon est son griffon et le trépied fatidique, dont il ne reste que la *cortina* ou le bassin. *Vil. Borg.* Voy. dans Winckelm.

Mon. ined. pl. 42, une composition à-peu-près semblable à celle-ci.

H. 0,717 m. — 2 p. 2 p. 6 l.; larg. 2,166 — m. 6 p. 8 p.

732 CHUTE DE PHAÉTON, *bas-relief*.

L'imprudent Phaéton demande au Soleil, son père, la permission de mener son char; il est renversé, le char brisé, les chevaux se dispersent; Castor et Pollux à cheval, indiquent que le Soleil était alors dans le signe des gémeaux, les vents soufflent et épouvantent les chevaux; ces deux figures en très-mauvais état sont plus reconnaissables dans un autre bas-relief à-peu-près pareil. Dans le bas de la composition, l'Eridan, sous la figure d'un vieillard, reçoit Phaéton au milieu de ses ondes. Derrière lui est Amphitrite qui tient un dauphin, et à laquelle un génie présente quelque chose qu'on ne peut distinguer; auprès d'elle sont Jupiter ou Pluton et Junon, divinités cosmiques ou qui entraient dans le système du monde, et présidaient à l'air et au feu. La Terre est couchée et tient entre ses bras trois enfans qui représentent les trois saisons, suivant l'ancienne division de l'année; d'autres personnages peuvent indiquer les hommes témoins et consternés de cette catastrophe. Sur la gauche de la composition Cycnus, ami de Phaéton, déplore sa mort, et tient un cygne qui rappelle qu'il fut métamorphosé en cet oiseau. Derrière Cycnus est son fils Cupavus. Les sœurs de Phaéton sont changées en peupliers, malgré les prières de leur mère Clymène, dont la vanité causa la mort de son fils. *Vil. Borg.* Voy. dans Winckelm. *Mon. ined.* p. 43, le même sujet traité un peu différemment.

H. 1,137 m. — 3 p. 6 p.; larg. 2,329 m. — 7 p. 2 p.

733 FRAGMENT de bas-relief où l'on voit devant un temple un vieillard tenant à la main un rouleau et entre deux femmes, dont l'une est montée sur une

proue de navire; ce pourrait être Homère entre l'Iliade et l'Odyssée, dont le vaisseau indiquerait les voyages. Le travail de ce bas-relief tient aux bas temps de l'art.

H. 0,893 m. — 2 p. 9 p.; larg. 1,056 m. — 3 p. 3 p.

734 UN VIEILLARD ET UNE FEMME *auprès de la porte d'un temple.*

Ce morceau et le précédent faisaient partie du même monument.

735 BAS-RELIEF représentant deux personnes dans une *rheda* ou char à quatre roues. L'homme qui les suit porte sur le dos une valise d'une forme assez singulière, et dont les détails sont bien conservés.

736 FRAGMENT de bas-relief représentant des jeux. Un des athlètes a été vaincu dans l'exercice du ceste; l'un des préposés du gymnase le relève pour recommencer le combat; le vainqueur paraît fier de sa victoire; un autre met sur sa tête la couronne qu'il a reçue, tandis que celui qui a perdu la victoire en paraît affligé.

Haut. 0,325 m. — 1 p.

FIN DE LA DESCRIPTION DES ANTIQUES.

RÉCAPITULATION DES OBJETS D'ART

Contenus dans la Notice des Antiques du Musée Royal.

STATUES...	STATUES...	Dieux et personnages mythologiques	62
		Déesses et personnages mythologiques	67
		Héros, Généraux	14
		Empereurs, Rois	27
		Impératrices, Reines	9
		Philosophes, Hommes illustres	4
		Hommes inconnus	8
		Femmes inconnues, Prêtresses	12
		Enfans	3
		Animaux	5
	GROUPES...	Groupes	21
	FRAGMENS DE STATUES...	Fragmens de statues	3
BUSTES, TÊTES, HERMÈS, etc.	DEMI-FIGURES	Dieux	1
		Empereurs	1
		Héros	1
	BUSTES COLOSSAUX..	Dieux	2
		Déesses	2
		Empereurs	4
		Héros	1
	TÊTES COLOSSALES..	Dieux et personnages mythologiques	2
		Empereurs	4
	BUSTES DE BRONZE..	Dieux et personnages mythologiques	1
		Empereurs	3
		Inconnus	1
	TÊTES DE BRONZE..	Dieux	1
		Empereurs	2

BUSTES, TÊTES, HERMÈS, etc.	BUSTES ET TÊTES de marbre.	Dieux et personnages mythologiqnes.	67
		Déesses et personnages mythologiques.	14
		Empereurs et Rois.	47
		Impératrices et Princesses.	1
		Philosophes, Hommes illustres. Héros.	6
		Héroïnes.	3
		Hommes inconnus	17
		Femmes inconnues.	8
	HERMÈS...	Dieux et personnages mythologiques.	10
		Empereurs et Rois.	1
		Philosophes, Hommes illustres.	14
		Héros.	1
		Inconnus.	2
BAS-RELIEFS.		Avec sujets.	6
		D'ornemens	16
INSCRIPTIONS.		Inscriptions grecques.	110
		Inscriptions latines.	90
		Hiéroglyphiques	6
OBJETS DIVERS.		Colonnes porphyre, 17. Granit rose, 20. Gris, 12. Brèche universelle, 4. Vert antique, 10. Vert d'Egypte, 10. Marbre, Brèches, Albâtre oriental, 18.	91
		Sarcophages	13
		Urnes cinéraires.	25
		Autels, Cippes et Stèles sépulcraux.	61
		Candélabres	6
		Vases.	11
		Coupes et Cuves.	6
		Sièges.	3
		Trépieds.	4
		Sphinx.	6
		Cynocéphales.	[illegible]
		Rhytons.	[illegible]
		Putéal.	[illegible]
		Bouclier votif de [illegible]	[illegible]
		Planisphère [illegible]	[illegible]
		Jam[illegible] de [illegible] de [illegible]	[illegible]

ABRÉVIATIONS PRINCIPALES

DES INSCRIPTIONS LATINES.

A.

A. ÆDILIS. Aulus, annus.

A. A. A. F. F. Auro, argento, ære flando feriundo.

A. A. S. E. V. Alter ambove si eis videbitur.

AB. AUG. M. P. XXXXI. Ab Augustâ millia passuum quadraginta unum.

ABN. Abnepos.

AB. U. C. Ab urbe conditâ.

A. CAMP. M. P. XI. A Camboduno millia passuum undecim.

A. COMP. XIIII. A Compluto quatuor decim.

A. C. P. VI. A Capite, *vel* ad caput pedes sex.

A. D. Ante diem.

ADJECT. H. S. IX ∞. Adjectis sestertiis novem mille.

ADN. Adnepos.

ADQ. Adquiescit *vel* adquisita *pro* acquisita.

ÆD. II. — II. VIR. II. Ædilis iterum, duum-vir iterum.

ÆD. II. VIR. QUINQ. Ædilis duum-vir quinquennalis.

ÆD. Q. II. VIR. Ædilis quinquennalis duum-vir.

ÆL. Ælius, Ælia.

ÆM. *vel* AIM. Æmilius, Æmilia, tribu.

A. F. Auli filius.

A. K. Ante kalendas.

A. G. Animo grato. Aulus gellius.

AG. Ager, *vel* Agrippa.

ALA. I. Ala prima.

A MILL. XXXV. A milliari triginta quinque, *vel* ad milliaria triginta quinque.

A. M. XX. Ad milliare vigesimum.

AM. *vel* AMS. Amicus.

AN. A. V. C. Anno ab urbe conditâ.

AN. ANI. Aniensi, tribu.

AN. C. H. S. Anno centum hic situs est.

AN. DCLX. Anno sextencesimo sexagesimo.

AN. II. S. Annos duos semis.

AN. IVL. Annos quadraginta sex.

AN. N. Annos natus.

ANN. Anni, annis *vel* annos.

ANN. LIII. H. S. Annorum quinquagenta trium hic situs est.

ANN. NAT. LXVI. Annos natus sexaginta sex.

ANN. PL. M. X. Annos, *vel* annis plus minus decem.

AN. Θ. XVI. Anno defunctus decimo sexto.

AN. V. XX. Annos vixit viginti.

AN. P. M. Annorum plus minus.

A. XII. Annis duodecim.

AN. P. M. L. Annorum plus minus quinquaginta.

A. XX. H. EST. Annorum viginti hic est.

AN. P. R. C. Anno post Romam conditam.

AN. V. P. M. II. Annis vixit plus minus duobus.

AN. XXV. STIP. VIII. Annorum viginti quinque, stipendii, *vel* stipendiorum octo.

ANIEN. Aniensi tribu.

ANN. SEN. Annæus Seneca.

A. P. M. Amico posuit monumentum.

AP. Appia, Appius.

AP. Apud.

A. P. V. C. Annorum post urbem conditam.

APVD. L. V. CONV. Apud lapidem quinque convenerunt.

A. RET. P. III. S. Ante retro pedes tres semis.

AR. P. Aram posuit.

ARG. P. X. Argenti pondo decem.

ARN. Arniensi tribu.

ARR. Arrius.

A. V. B. A viro bono.
A. V. C. Ab urbo conditâ.

B.

B. Balbus, Bulbius, Brutus, Belenus, Burrus.
B. Beneficiario, beneficium, bonus, bona, bonæ, bonum, bonorum, bene, bonis, etc.
B. Balnea, bustum, beatus.
B. *Pro* V, berna *pro* verna, bixit *pro* vixit, bibo *pro* vivo, bictor *pro* victor, bidua *pro* vidua.
B. A. Bixit *pro* vixit annis, bona actione, bonam actionem, bonus ager, bonus amabilis, bona aurea, bonum aureum, bonis auguriis, bonis auspiciis.
B. B. Bona bona (*de grands biens*), benè benè (*très-bien.*)
B. DD. Bonis deabus.
B. F. Bona fide, bona femina, bona fortuna, benè factum.
B. F. *Renversés en cette manière*, ꓭ· Ⅎ· bona femina, bona filia.
B. H. Bona hereditaria, bonorum hæreditas.
B. I. I. Boni judicis judicium.
B. L. Bona lex.
B. M. F. Bene merenti fecit.
B. M. F. C. S. P. Bene merenti faciundum curavit sua pecunia.
B. M. P. Bene merito posuit.
B. M. P. C. Bene merito ponendum curavit.
B. M. S. C. Bene merito sepulcrum condidit.
BN. EM. Bonorum emptores.
BN. H. I. Bona hic invenies.
B. RP. N. Bono reipublicæ natus.
BIGENTI. Vigenti.
BIXIT. BIXSIT. BISSIT. Vixit.
BIX. ANN. XXCI. M. IV. D. VII. Vixit annis octoginta unum, menses quatuor, dies septem.
BX. ANVS. VII. ME. VI. DI. XVII. Vixit annos septem, menses sex, dies septem decim.

C.

C. Cæsar, Caïa, Caïus, censor, civis, centuria, civitas, colonia, consul, condemno, conjux, clarissimus, curavit, etc.
CÆSS. Duo Cæsares.
CÆSSS. Tres Cæsares.
C. C. Carissimæ conjugi, calumniæ causa, consilium cepit.
C. C. F. Caius Caii filius.
C. B. M. F. Conjugi bene merenti fecit.
C. B. Commune bonum.
C. D. Commitialibus diebus.
C. H. Custos hortorum, *vel* hæredum.
C. I. C. Caïus, Julius Cæsar.
CC. VV. Clarissimi viri.
CIↃ. Mille.
CIↃ. IↃC. Mille sex centum.
CIↃ. CIↃ. CIↃ. CVI. Tria millia centum sex.
CIↃ. CIↃ. CIↃ. IↃV. Tria millia quingenti quinque.
CIↃ. CIↃ. CIↃ. DCCCLXXX. Tria millia octocentum octoginta.
CCIↃↃ. Decem millia.
CCIↃↃ. ∞ Undecim millia.
CCIↃↃ. ∞ IↃC. Undecim millia sex centum.
CCIↃↃ. ∞ ∞ ∞ CC. Tredecim millia ducentum.
CCIↃↃ. ∞ ∞ ∞ CCXXIII. Tredecim millia ducentum vigenti tres.
CCIↃↃ. IↃↃ. IↃC. Quindecim millia sex centum.
CCIↃↃ. IↃↃ. ∞ DCCCLXVII. Sexdecim millia octo centum sexaginta septem.
CCIↃↃ. IↃↃ. DCCCCL. Quindecim millia novem centum quinquaginta.
CCIↃↃ. IↃↃ. ∞ CCC. Sexdecim millia tercentum.
CCIↃↃ. CCIↃↃ. Viginti millia.
CCIↃↃ. CCIↃↃ. ∞ ∞ ∞ DCC. Viginti tria millia septem centum.
CCIↃↃ. CCIↃↃ. ∞ IↃↃ. Viginti quator millia (*consultez ici Sertorius Ursatus, de Notis Romanorum.*)

CCIƆƆ. CCIƆƆ. ∞ ∞ ∞ ∞ CDXXCIX. Viginti quatuor millia quatuor centum octoginta novem.

CCIƆƆ. CCIƆƆ. CCIƆƆ. Triginta millia.

CCIƆƆ. CCIƆƆ. CCIƆƆ. IƆLX. Triginta millia quingenti sexaginta.

CCIƆƆ. IƆƆƆ. Quadraginta millia (*Consultez*, etc.)

CCIƆƆ. CCIƆƆ. CCIƆƆ. CCIƆƆ. Quadraginta millia.

CCIƆƆ. IƆƆƆ. ∞ . C. ∞ XII. Quadraginta unum mille novem centum duodecim (*Consultez*, etc.)

CCIƆƆ. CCCIƆƆƆ. Nonaginta millia.

CCCIƆƆƆ. Centum millia.

CCC. M. N. Tercentum millia nummum.

CCCCIƆƆƆƆ. Decies centena millia.

CAM. Camilla tribu.

C. C. C. Calumniæ cavendæ causa

C. C. C. AUG. LUGD. Colonia copia Clodia Augusta Lugdunensis.

C. C. D. Curatum consulto decuriorum.

C. I. O. N. B. M. F. Civium illius omnium nomine bene merenti fecit.

C. K. L. C. S. L. F. C. Carissimæ conjugi loco concesso sibi libenter fieri curavit.

CEN. Censor, centuria, centurio.

CERTA. QUINQ. ROM. CO. Certamen quinquennale Romæ conditum.

CLA. CLAUD. Claudia tribu.

CL. Claudius.

CL. MIS. PR. Classis misenensis prætoria.

CL. V. Clarissimus vir.

CLU. Cluentia *vel* cluvia *vel* clustumina tribu *pro* crustumina.

C. M. F. Curavit monumentum fieri.

CH. COH. Cohors.

C. M. *vel* CA. M. Causa mortis.

CN. F. Cnei filius.

C. O. Civitas omnis.

COH. I. *vel* II. Cohors prima *vel* secunda, *et ainsi des autres.*

COH. I. PR. G. vel GEM. Cohors prima prætoriana gemina.

COL. Collina tribu.

CON. V. PRO. Conjugi viro probo.

COR. Cornelius, Cornelia.

COR. Cornelia tribu.

C. S. F. Communi sumptu fecit

C. S. H. Communi sumptu heredum.

C. S. H. S. S. S. V. T. L. Communi sepulchro hic siti sunt sit vobis terra levis.

COS. ITER. ET TERT. DESIG. Consul iterùm et tertiùm designatus.

COS. TER. *vel* QUAR. Consul tertium *vel* quartum, *et ainsi des autres.*

COSS. Consules.

COST. CUM. LOC. H. S. ∞ D. Custodiam cum loco sestertiis mille quingentis.

C. R. Civis romanus.

CS. IP. Cæsar imperator.

C. V. Centum viri.

C. ∞ IX. Nongenti novem.

CUNC. Conjux.

CUR. COL. Curator kalendarii.

CUR. PP. Curator pecuniæ publicæ.

D.

D. Quingenti.

D. Decius, decimus, decuria, decurio, dedicavit, dedit, devotus, dies, divus, Deus, dii, Dominus, domus, donum, datum, decretum, etc.

D. A. Divus augustus.

D. B. I. Diis benè juvantibus.

D. B. S. De bonis suis.

DET. Detractum.

DDVIT. Dedicavit.

D. D. Donum dedit, datis datlo, Deus dedit, dat, dedicat.

D. D. D. Dono dederunt, vel datum decreto decurionum.

D. D. D. D. Dignum Deo donum dedicavit.

DDPP. Depositi.

D. N. Dominus noster.

D. D. N. N. Domini nostri.
D. D. Q. O. H. L. S. E. V. Diis deabusque omnibus hunc lucum sacrum esse voluit.
DIG. M. Dignus memoriâ.
D. M. S. Diis manibus sacrum.
D. O. M. Deo optimo maximo.
D. O. Æ. Deo optimo æterno.
D. PP. Deo perpetuo.
DR. Drusus.
DR. P. Dare promittit.
D. RM. De romanis.
D. RP. De republica.
D. S. P. F. C. De sua pecuniâ faciundum curavit.
DT. Duntaxat.
DVL. *vel* DOL. Dulcissimus.
DEC. *XIII. AVG. XII. POP. XI. Decurionibus denariis tredecim, agustalibus duodecim, populo undecim.
D. IIII. ID. Die quartâ idus.
DMIↃↃↃ. Quingenta et quinquaginta millia.
D. VIIII. Diebus novem.
D. V. ID. Die quinta idus.
D. M. A. Dolus malus abest.
D. S. I. P. C. De sua impensa ponendum curavit.
D. S. P. V. L. S. L. M. De sua pecunia votum jure solvit lubens merito.

E.

E. Ejus, ergo, esse, est, erexit, exactum, etc.
E. C. F. Ejus causa fecit.
E. D. Ejus domus.
ED. Edictum.
E. E. Ex edicto.
EE. N. P. Esse non potest.
EG. Egit, egregius.
EG. S. B. M. F. Erga se bene meritæ fecit.
E. H. Ejus hæres.
EID. Idus.
EIM. Ejusmodi.
E. L. Ea lege.
E. M. Elexit vel erexit monumentum.
EQ. M. Equitum magister.
EQ. O Equester ordo.
ESQ. Esquilina tribu.
EVOK. AUG. N. Evocatus Augusti nostri.
EX. A. D. K. Ex antè diem kalendas.
EX. A. D. V. K. DEC. AD. PRID. K. IAN. Ex antè diem quinto, Kalendas decembris ad pridie, Kalendas januarias.
EX. H-S. X. P. F. I. Ex sestertiis decem parvis fieri jussit.
EX. H-S. CIↃN. Ex sestertiis mille nummûm.
EX. H-S. ∞ ∞ ∞ ∞ Ex sestertiis quatuor millia.
EX. H-S. N. CC. L. ∞ D. XL. Ex sestertiis nummorum ducentis quinquaginta millibus, quingintis quadraginta.
EX. H-S. DC ∞ D. XX. Ex sestertiis sexcentis millibus quingentis vigenti.
EX. KAL. IAN. AD. KAL. IAN. Ex Kalendis januarii ad Kalendas januarii.
EX. TT. SS. HH. Ex testamentis supra scriptorum heredum.

F.

F. Fabius, fecit, factum, faciendum, familia, famula, fastus, februarius, feliciter, Felix, fides, fieri, fit, femina, filia, filius, frater, finis, flamen, forum, fluvius, faustum, fuit, figura, frons, etc.
FAB. Fabia tribu.
FAL. Falerina tribu.
F. A. Filio amantissimo *vel* filiæ amantissimæ.
F. AN. X. F. C. Filio *vel* filiæ annorum decem faciundum curavit.
F. C. Fieri vel faciendum curavit, fidei commissum.
F. D. Flamen dialis, filius dedit, factum dedicavit.
F. D. Fide jussor, fundum.
F. D. S. S. C. Faciendum de suo sibi curavit.
FEA. Femina.
FE. C. Fermè centum.

FF. Fabrè factum, filius familias, fratris filius.

F. F. F. Ferro, flamma, fame; fortior, fortuna, fato.

FF. Fecerunt.

FL. F. Flavii filius.

F. FQ. Filiis filiabusque.

FIX. ANN. XXXIX. M. I. D. VI. HOR. SCIT. NEM. Vixit annos triginta novem, mensem unum, dies sex, horas scit nemo.

FO. FR. Forum.

F. R. Forum romanum.

G.

G. Gellius, Gaïus *pro* Caïus, genius, gens, gaudium, gesta, gratia, gratis, etc.

GAB. Gabinius.

GAL. Gallus, galerius.

GAL. Galeria tribu.

G. C. Genio civitatis.

GEN. P. R. Genio populi romani.

GL. Gloria.

GL. S. Gallus Sempronius.

GN. Gneus *pro* Cneus, genius, gens.

GNT. Gentes.

GRA. Gracchus.

GRC Græcus.

H.

H. Hic, habet, hastatus, hæres, homo, hora, hostis, herus.

H. A. Hoc anno.

HA. Hadrianus.

HC. Hunc, huic, hic.

H. B. M. F. Hæres bene merenti fecit.

HER. Haeres, hereditatis, herenius.

HER. vel HERC. S. Herculi sacrum.

H. M. E. H-S. CCIƆƆ. CCIƆƆ. IƆƆ. M. N. Hoc monumentum erexit sestertiis viginti quinque mille nummûm.

H. M. AD. H. N. T. Hoc monumentum ad hæredes non transit.

H. M. D. M. A. Huic monumento dolus malus abesto.

H. M. M. H. M. N. S. F. Humanitatis mala metuens hoc monumentum nomine suo fecit.

HOR. Horatia tribu.

H. S. F. L. S. P. D. D. D. Hoc sibi fecit, locus sepulturæ permissus decreto decurionum.

H. O. Hostis occisus.

HOSS. Hostes.

H. S. Hic situs *vel* sita, sepultus *vel* sepulta.

H-S. N. IIII. Sestertiis nummûm quatuor.

H-S. CCCC. Sestertiis quatuor centum.

H-S. ∞ N. Sestertiis mille nummûm.

H-S. ∞ CCIƆƆ. N. Sestertiis novem mille nummûm.

HS. X. M. N. Sestertiûm decem millia nummûm.

H-S. CCIƆƆ. CCIƆƆ. Sestertiis viginti mille.

H-S. XXM. N. Sestertiis viginti mille nummûm.

H. SS. Hic supra scriptis.

I.

I. Junius, Julius, Jupiter, ibi, ideæ, idest, immortalis, imperator, inferi, inter, invenit, invictus, ipse, iterùm, judex, jussit, jus, etc.

IA. Intra.

I. AG. In agro.

I. AGL. In angulo.

IAD. Jamdudùm.

IAN. Janus.

IA. RI. Jam respondi.

I. C. Juris consultus, Julius Cæsar, judex cognitionum.

IC. Hic.

I. D. Inferis diis, Jovi dedicatum, Isidi deæ, jussu deæ.

ID. Idus.

I. D. M. Jovi, Deo magno.

I. F. vel I. FO. In foro.

IF. Interfuit. IFT. Interfuerunt.

I. FNT. In fronte.

IG. Igitur.

I. H. Jacet hic.

II. Secundò. MIL. II. Miles iteratus, *soldat qui avait doublé son temps de service.*

I. I. In jure.
IIII. VIR. Q. Q. I. D. Quatuor viri quinquennales juri dicundo.
IM. Imago, immortalis, imperator.
I. M. CT. In medio civitatis.
IMM. Immolavit, immortalis, immunis.
IM. S. Impensis suis.
IN. Inimicus, inscripsit, interea,
IN. A. P. XX. IN. FR. P. XV. In agro pedes viginti, in fronte pedes quindecim.
IN. *vel* INL. V. I. S. Inlustris vir infrà scriptus.
I. O. M. H. AUG. Jovi optimo Maximo honori Augusti.
IN. H. D. D. In honorem Deorum *vel* domus divinæ.
I. O. M. Jovi optimo Maximo.
I. R. Jovi regi, Junovi reginæ, jure rogavit.
I. S. vel I. SN. In senatu.
I. V. Justus vir.
IVD. Judicium.
IVV. Juventus, juvenalis.
IↃↃ. Quinque millia.
IↃↃ ∞ Sex millia.
IↃↃ. ∞ ∞ Septem millia.
IↃↃↃ. Quinquaginta millia.
IↃↃↃ. CCIↃↃ. Sexaginta millia.
IↃↃↃ. CCIↃↃ. CCIↃↃ. ∞ IↃↃ. Septuaginta quatuor millia.
IↃↃↃ. CCIↃↃ. CCIↃↃ. CCIↃↃ. Octoginta millia.
IↃↃↃ. CCIↃↃ. CCIↃↃ. CCIↃↃ. IↃↃ. ∞ ∞ Octoginta septem millia.
II. V. Duum-vir, *vel* duum-viri.
III. V. vel III. VIR. Trium-vir, *vel* trium-viri.
IIII. VIR. Quatuor-vir, *vel* quatuor-viri, *vel* quatuor-viratus.
IIIIII. V. *vel* VIR. Sextum-vir, *vel* sex-vir, *vel* se-vir.
IIX. Octo.
IIXX. Duo de viginti, octodecim.
IDNE. *vel* IND. aut. INDICT. Indictio, *vel* indictione.

K.

K. Cæso, Caïus, Caïo, Cælius, Carolus, calumnia, candidatus, caput, carissimus, clarissimus, castra, cohors, Carthago, etc.
K. KAL. KL. KLD. KLEND. Kalendæ *vel* Kalendis; *et ainsi des autres lorsque cette abréviation est suivie du nom du mois.*
KARC. Carcer.
KK. Carissimi.
KM. Carissimus.
K. S. Carus suis.
KR. Chorus.
KR. AM. N. Carus amicus noster.

L.

L. Lucius, Lucia, Lælius, Lollius, Lares, latinus, latum, legavit, lex, legis, libens, lubens, liber, libera, libertus, liberta, libra, locavit, locus, lector, longum, ludus, lustrum, sestertius, etc.
L. A. Lex alia.
LA. C. Latini coloni.
L. A. D. Locus alteri datus.
L. AG. Lex agraria.
L. AN. Lucius annius, *vel* quinquaginta annis.
L. AP. Ludi Apollinares.
LAT. P. VIII. E. S. Latum pedes octo et semis.
LONG. P. VII. L. P. III. Longum pedes septem, latum pedes tres.
L. ADQ. Locus adquisitus.
LB. Libertus, liberti.
L. D. D. D. Locus datus decreto decurionum.
LECTIST. Lectisternium.
LEG. I. Legio prima.
L. E. D. Lege ejus damnatus.
LEG. PROV. Legatus provinciæ.
LEM. Lemonia tribu.
KIB. Liber, libertus.
LIC. Licinius.
LICT. Lictor.
LL. Libentissimè, liberi, libertas.
L. L. Sestertius magnus.
L. M. Libens merito.
LUD. SÆC. Ludi sæculares.
LUPERC. Lupercalia.
LU. P. F. Ludos publicos fecit.

M.

M. Marcus, Marca, Martius, Mutius, maceria, magister, magistratus, magnus, manes, mancipium, marmoreus, marti, mater, maximus, memor, memoria, mensis, meus, miles, militavit, militia, mille, missus, monumentum, mortuus, mulier, municipium, municeps, mærens, merenti, meritus, merita, etc.
MAG. EQ. Magister equitum.
MAR. VLT. Mars ultor.
MAX. POT. Maximus pontifex.
MC. Mille centum.
MD. Mandatum.
MD. Mille quingenti.
M. D. M. I. Magnæ deorum matri ideæ.
MED. Medicus, medius.
MER. Mercurius, mercator.
MERK. Mercuriala, mercatus.
MES. VII. DIEB. XI. Mensibus septem, diebus undecim.
M. F. Matri fecit.
M. I. Maximo jovi, matri ideæ *vel* Isidi, militiæ jus, monumentum jussit.
MIL. COH. Miles cohortis.
MIL. CL. PR. MIS. II. Miles classis prætoriæ misenensis iteratus, *vel* secundæ.
MIN. *vel* MINER. Minerva.
M. MON. MNT. MONET. Moneta.
M. *vel* MS. Mensis *vel* menses.
MM. Viginti millia.
MNF. Manifestus.
MNM. Manumissus.
M. P. II. Millia, passuum duo, *et ainsi des autres*.
MV. MN. MVN. MVNIC. Municipium, vel municeps.

N.

N. Neptunus, Numerius, Numeria, Nonius, Nero, nam, non, natus, natio, nefastus, nepos, neptis, niger, nomen, nonæ, noster, numerarius, numerator, numerus, nummus, numisma, numen, etc.
NAV. Navis.
N. B. Numeravit bibus *pro* vivus.
NB. *vel* NBL. Nobilis.
N. C. Nero, Cæsar, *vel* Nero Claudius.
NEG. *vel* NEGOT. Nogociator.
NEP. S. Neptuno sacrum.
N. F. N. Nobili familia natus.
N. IIII. Numero quatuor.
N. L. non liquet, non licet, non longè, nominis latini.
N. M. Nonius Macrinus, non malum, non minus.
N. M. N. S. Novum monumentum nomine suo.
N. M. Q. E. D. Numini majestati que ejus devotus.
NN. Nostri. NNR. *vel* NR. Nostrorum.
NO. Nobis.
NOB. Nobilis.
NOBB. Nobiles.
NOBR. November.
NON. AP. Nonis aprilis.
NQ. Namque, nusquam, nunquam.
N. V. N. D. N. P. O. Neque vendetur, neque donabitur, neque pignori obligabitur.
NVP. Nuptiæ.

O.

O. Officium, optimus, olla, omnis, optio, ordo, ossa, ostendit, etc.
OB. Obiit.
OB. C. S. Ob cives Servatos.
OCR. Ocriculana tribu.
OCT. Octavianus, october.
O. E. B. Q. C. Ossa ejus benè quiescant condita.
O. H. F. Omnibus honoribus functus.
ONA. Omnia.
OO. Omnes omnino. O. O. Optimus ordo.
OP. Oppidum, opiter, oportet, optimus, opus.
OR. Ornamentum.
O. V. F. *vel* Orat ut faciat *vel* faveat.
OPTIM. Optimæ

P.

P. Publius, passus; patria, pecunia, pedes, perpetuus, pius, plebs, populus, pontifex, posuit, potestas, præses, prætor, pridie, pro, post, provincia, puer, publicus, publicè, primus, etc.
PA. Pater, patricius.
PAE. ET. ARR. COS. Pæto et Arrio consulibus.
P. P. P. Pro pietate posuit.
P. P. P. D. Propria pecunia ponendum decrevit.
PAL. Palatina tribu.
P. A. F. A. Postulo an fias auctor.
P. A. P. B. M. Patri, avo, patrono, benè merenti.
PAP. PAPIR. Papia *vel* Papiria tribu.
P. S. P. Q. P. Pro se proque patria.
P. V. V. L. S. Prout voverat, volum libens solvit.
PAR. Parcus, parilia, parthicus.
PAT. PAT. Pater patriæ.
PBLC. Publicus.
PC. Procurator.
P. C. Post consulatum, patres conscripti, patronus coloniæ, ponendum curavit, præfectus corporis, pactum conventum.
PED. CXVS. Pedes centum quindecim semis.
PEG. Peregrinus.
P. F. Publii filius.
P. II. L. Pondo duarum semis librarum.
P. II. S. :: Pondo duo semis, et triente.
P. KAL. Pridiè Kalendas.
POB. Poblilia tribu.
POL. Pollia tribu.
POM. Pompeïus.
POM. POMP. POMPT. Pomptina tribu.
PP. Papiria tribu.
P. P. P. C. Propria pecunia ponendum curavit.
P. R. C. A. DCCCXLIIII. Post Romam conditam annis octogintis quadraginta quatuor.
PRAEF. FAB. Præfectus fabrorum.
PRO. Proconsul. P. PR. Pro-prætor. P. PRR. Proprætores.
PR. N. Pro nepos. AP. N. AP. PRO. N. Appii nepos Appii pronepos.
P. R. V. X. Populi romani vota decennalia.
PS. Passus, plebiscitum.
PUB. Publicia tribu.
PUB. Publicus.
PUD. Pudicus, pudica, pudor.
PUP. Pupinia tribu.
PUR. Purpureus.

Q.

Q. Quinquennalis, quartus, quintus, quando, quantum, que, qui, quæ, quod, quintus, quintius, quintilianus, quætor, quadratum, quæsitus, etc.
Q. V. A. XX. M. XI. Qui vixit annos viginti menses undecim.
Q. D. F. R. F. P. D. E. R. I. T. C. Quid de ea re fieri placeret de ea re ita toti censuerunt
Q. B. AN. XXX. Qui bixit, *id est* vixit annos triginta.
QM. Quomodo, quem, quoniam.
QQ. Quinquennalis. QQ. V. Quoquo versum.
Q. R. Quæstor reipublicæ.
Q. V. A. III. M. II. Qui *vel* quæ vixit annos tres, menses duo.
QUI et QUIR. Quirinus Quirina tribu.

R.

R. Roma, romanus, rex, reges, Regulus, rationalis, Ravennæ, recta, recto, requietorium, retro, rostra, rudera, etc.
RC. Rescriptum.
R. C. Romana civitas.
REF. C. Reficiendum curavit.
REG. Regio.
R. P. RESP. Respublica.
RET. P. XX. Retro pedes viginti.
REC. Requiescit.
RMS. Romanus.
ROB. Robigalia, robigo.

R. V. F. Rogat ut faciat *vel* faveat.
ROM. Romilia tribu.
RS. Responsum.
RVF. Rufus.

S.

S. Sacrum, sacellum, scriptus, semis, senatus, sepultus, sepulcrum, sanctus, servus, serva, Servius, sequitur, sibi, situs, solvit, sub, stipendium.
SAB. Sabina tribu.
SAC. Sacerdos, sacrificium.
SÆ. vel. SÆC. Sæculum, sæculares.
SAL. Salus.
S. C. Senatus-consultum.
SCA. SCAPT. Scaptia tribu.
SCI. Scipio.
SCYT. Scythicus.
SCRIB. LIBR. Q. III. DEC. Scriba librarius quæstorius tertiæ decuriæ.
S. D. Sacrum diis.
S. EQ. Q. O. ET. P. R. Senatus equesterque ordo et populus romanus.
SEMP. Sempronius.
S. F. Sacris faciundis.
SER. Servus.
SERG. Sergia tribu.
SERV. Servia tribu.
SING. Singuli.
SL. SVL. SYL. Sylla.
S. L. Sacer ludus, sine linguâ.
S. M. Sacrum manibus, sine manibus, sine malo.
S. M. D. Sacrum matri deûm.
SN. Senatus, sententia, sine.
SP. F. Spurii filius.
S. P. Sine pecuniâ. Sua pecuniâ.
S. P. Q. R. Senatus populusque romanus.
S. P. D. Salutem plurimam dicit.
S. P. D. D. Sua pecuniâ dat dedicat.
S. Q. D. L. E. N. C. Si quis domi lenocinium exerceat non conducito.
SS. Supra scriptus.
S. T. A. Sine *vel* sub tutoris auctoritate.
SLT. Scilicet.
S. E. T. L. Sit et terra levis.
SIC. V. SIC. X. Sicut quinquennalia sic decennalia.
SSTVP. XVIIII. Stipendiis novem decim.
ST. XXXV. Stipendiis triginta quinque.
STE. STEL. Stellatina tribu.
SUB et SUC. Suburana *vel* Sucusana tribu.

T.

T. Titus, Tullius, tantum, terra, tibi, ter, testamentum, titulus, terminus, triarius, tribunus, turma, tutor, tutela, etc.
TAB. Tabula. TABVL. Tabularius.
TAR. Tarquinius.
TB. D. F. Tibi dulcissimo filio.
TB. PL. Tribunus plebis.
TB. TI. TIB. Tiberius.
T. F. Titus Flavius, Titi filius.
TER. Terentina tribu.
THR. Thrax.
TI. CL. AUG. L. Tiberii Claudii, Augusti libertus.
T. L. Titus Livius, Titi libertus.
TIT. Titulus.
T. M. Terminus, thermæ.
TR. PO. Tribunitia potestas.
TRAJ. Trajanus.
TUL. Tullus vel Tullius.
TR. V. Trium-vir.
TRO. Tromentina tribu.
TT. QTS. Titus quintus.
Θ *vel* TH. AN. Mortuus anno.
XIII Defunctus viginti tribus.
Θ ⋈.

V.

V. Quinque, quintò, quintum.
V. Vitellius, Volera, Volero, Volusus, Vopiscus, vale, valeo; Vesta, vestalis, vestis, vester, veteranus, vir, virgo, vivus, vixit, votum, vovit, urbs, usus, uxor, victus, victor, etc.
V. A, Veterano assignatum.
V. A. I. D. XI. Vixit annum unum, dies undecim.

V. A. L. Vixit annos quinquaginta, *et ainsi des autres.*
V. A. LI. M. A. XXX. Vixit annos 51 militavit annos 30.
VBA. Viri boni arbitratu.
V. C. Vale conjux, vivens curavit, vir consularis, vir clarissimus, quintum consul.
V. D. L. Videlicet.
V. E. Vir egregius, visum est, verum etiam.
VEL. Velina tribu.
VET. Veturia tribu.
VESP. Vespasianus.
VI. V. Sextum-vir. VII. V. Septem-vir. VIII. VIR. Octum-vir.
VIX. A. FF. C. Vixit annos fermè centum.

⋈
VIX. AN. ⋈. Vixit annos triginta.
⋈

VIX. ANN. VI. M. VII. D. XX. Vixit annos sex, menses septem, dies viginti.
ULPS. Ulpianus, Ulpius.
V. M. Vir magnificus, vivens mandavit, volens merito.
V. N. Quinto nonas.
V. MUN. Vias munivit.
VOL. Volcani, Voltinia, Volusus.
VOL. Voltinia tribu.
VOL. SOL. Votum solvit.
VONE. Bonæ.
VOT. Votina *pro* Voltinia tribu.
VOT. V. Votis quinquennalibus.
VOT. V. MULT. X. Votis quinquennalibus, multis decennalibus.
VOT. X. Vota decennalia.
VOT. XX. vel XXX. vel XXXX. Vota vicennalia, aut tricennalia, aut quadragenalia.
V. R. Urbs Roma, votum reddidit.
VV. CC. Viri clarissimi.
UX. Uxor.

X.

X. V. Denarii quinque.
⋈. Mille.
X. AN. Annalibus decennalibus.
X. K. OCT. Decimo Kalendas octobris.
⋈. IↃC. Mille sexcentum.
X. M. Decem millia. X. P. Decem pondo.
X. V. Decem-vir. XV. VIR. S. F. Quindecim-vir sacris faciundis.
⋈⋈. Duo millia, *et ainsi des autres.*
XXIIX. Duo de triginta, 28.

⋈IIII
⋈ . Triginta quatuor millia.
⋈

XXC. Octoginta.

NOMS DES FAMILLES CONSULAIRES ROMAINES

DONT ON A DES MÉDAILLES.

Aburia.
Accoleia.
Acilia.
Æbutia.
Ælia.
Æmilia.
Afrania.
Alitia.
Alliena.
Annia.
Antestia.
Antonia.
Appuleia.
Apronia.
Aquillia.
Arria.
Asinia.
Atia.
Atilia.
Attia.
Aufidia.
Aurelia.
Axsia.
Bæbia.
Bellia.
Betiliena.
Cæcilia.
Cæcina.
Cælia.
Cæsennia.
Cæsia.
Calidia.
Calpurnia.
Caninnia.
Carisia.
Cassia.
Cestia.
Cipia.
Claudia.
Clovia.
Clovlia.
Cocceia.
Coelia.
Cominia.
Considia.
Coponia.
Cordia.
Cornelia.

Cornuficia.
Cosconia.
Cossutia.
Crepereia.
Crepusia.
Critonia.
Cupiennia.
Curiatia.
Curtia.
Didia.
Domitia.
Durmia.
Egnatia.
Egnatuleia.
Eppia.
Epria.
Fabia.
Fabricia.
Fabrinia.
Fadia.
Fannia.
Farsuleia.
Flaminia.
Flavia.
Fonteia.
Fufia.
Fulvia.
Fundania.
Furia.
Gallia.
Gellia.
Gessia.
Grania.
Herennia.
Hirtia.
Horatia.
Hosidia.
Hostilia.
Itia.
Julia.
Junia.
Juventia.
Laetilia.
Licinia.
Livia.
Livineia.
Lollia.
Lucilia.
Lucretia.
Luria.
Lutatia.
Mæcia.
Mæcilia.
Maenia.
Maiania.
Mamilia.
Manlia.
Marcia.
Maria.
Memmia.
Mescinia.
Mettia.
Minatia.
Mindia.
Mineia.
Minutia.
Mitreia.
Mucia.
Munatia.
Mussidia.
Naevia.
Nasidia.
Neratia.
Neria.
Nonia.
Norbana.
Novia.
Numitoria.
Numonia.
Octavia.
Ogulnia.
Opeimia.
Oppia.
Papia.
Papiria.
Pedania.
Petillia.
Petronia.
Pinaria.
Plaetoria.
Plancia.
Plautia.
Plotia.
Poblicia.
Pompeia.
Pomponia.
Porcia.
Postumia.
Procilia.
Proculeia.
Pupia.
Quinctia.
Quinctilia.
Rabiria.
Renia.
Roscia.
Rubellia.
Rubria.
Rustia.
Rusticelia.
Rutilia.
Salvia.
Salustia.
Sanquinia.
Satriena.
Saufeia.
Scribonia.
Sempronia.
Sentia.
Sepullia.
Sergia.
Servilia.
Sestia.
Sextilia.
Sicinia.
Silia.
Sosia.
Spurilia.
Statia.
Statilia.
Suillia.
Sulpicia.
Tadia.
Tarquitia.
Terentia.
Thoria.
Titia.
Titinia.
Tituria.
Trebania.
Tullia.
Valeria.
Vargunteia.
Ventidia.
Vergilia.
Verria.
Vettia.
Veturia.
Vibia.
Vinicia.
Vipsania.
Vitellia.
Ummidia.
Voconia.
Volteia.
Volumnia.

Quelques antiquaires ajoutent les familles suivantes.

Allia.
Albia.
Allinia.
Anicia.
Annia.
Antistia.
Arruntia.
Atteia.
Autronia.
Cædicia.
Calvisia.
Canidia.
Carvilia.
Cicereia.
Duilia.
Flaminia.
Furnia.
Gabinia.
Ginutia.
Helvia.
Herminia.
Hortensia.
Lælia.
Lætoria.
Manilia.
Mummia.
Nautia.
Passiena.
Pedia.
Perperna.
Plautia.
Pontinia.
Popillia.
Poppea.
Rupilia.
Scribonia.
Sextia.
Taria.
Trebonia.
Valgia.
Vatinia.
Villia.
Virginia.
Visellia.
Volcatia.

Il paraît que les premiers Romains n'avaient souvent qu'un nom. *Romulus-Remus*, et jamais plus de deux; *Tullus Hostilius*, *Numa Pompilius*, *Servius Tullus*, etc. Dans la suite on en porta trois et jusqu'à quatre; *prænomen*, *nomen*, *cognomen* et *agnomen*.

Prænomen était le premier nom, il précédait celui de la famille, et servait à en distinguer les individus; il n'y avait que les citoyens romains qui portassent un prénom; le fils aîné recevait celui de son père, ordinairement le neuvième jour après sa naissance : les esclaves n'avaient pas la permission d'en prendre un. Dans les premiers temps ils portaient en général le prénom de leurs maîtres; on les nommait *Marcipores*, *Lucipores*, pour *Marci pueri*, *Lucii pueri*, de la *famille* de Marcus, de Lucius. Dans la suite on leur donna les noms de leur patrie ou de leurs emplois, *Davus*, *Syrus*, *Geta*, *Scriba*, *Faber*, etc. On ne trouve que vingt-huit prénoms chez les Romains : ceux qu'on peut y ajouter étaient peu usités. On ne l'indique ordinairement que par la première lettre; *L. Lucius*, *M. Marcus*, quelquefois par deux, *Sp. Spurius*, *Ti. Tiberius*, rarement par trois, *Ser. Servius*, *Sex. Sextus*.

Nomen était le nom de famille, *Fabius*. *Cornelius*.

Cognomen distinguait par quelque particularité les branches d'une même famille, *P. Cornelius Scipio*. *C. Cornelius Dolabella*. *P. Cornelius Cethegus*, trois branches de la famille Cornelia.

Agnomen était un surnom qu'on devait à quelque action d'éclat, à une qualité personnelle ou à quelque habitude de la vie; souvent ce n'était qu'un sobriquet. *P. Cornelius Scipio Africanus*. *Quintus Fabius Maximus Cunctator*. *P. Cornelius Scipio Nasica*. Il y a même quelquefois un second *agnomen* dû ordinairement à une adoption, *P. Cornelius Scipio Africanus Æmilianus* ou *Minor*. Lorsqu'il n'y avait qu'une fille dans une famille, elle en prenait le nom; *Julia*, fille de *Jules César*. *Tullia*, fille de *M. Tullius Cicéron*; l'aînée de deux sœurs était surnommée *Major*; la cadette, *Minor*; *Cornelia Major*, *Cornelia Minor*. S'il y avait plusieurs filles, elles étaient surnommées d'après leur âge, *prima*, *secunda*, *tertia* et *tertulla*; *quintilla* par diminutif et par tendresse; mais sous les Empereurs, chacune des sœurs avait quelquefois un nom particulier, telles que *Julie Liville*, *Julie Drusille* et *Agrippine*, filles de *Germanicus*.

PRÉNOMS DES ROMAINS,

d'après Sigonius *et* Fabretti.

Agrippa.
Appius.
Aulus.
Cæso ou Kæso.
Caïus.
Cneus.
Decimus.
Faustus.
Hostus.
Lucius.
Mamercus.

Manius.
Marcus.
Numerius.
Opiter.
Postumus.
Proculus.
Publius.
Quintus.
Servius.
Sextus.
Spurius.

Tiberius.
Titus.
Tullus.
Vibus.
Volerus.
Vopiscus, auxquels on pourrait ajouter Magnus, Taurus, Paullus, Tertius, Septimus.

SURNOMS

DES FAMILLES ROMAINES.

	Familles.
Achaicus . .	Nummia.
Acidinus. . .	Manlia.
Acisculus. . .	Valeria.
Æmilianus . .	Cornelia.
Africanus. . .	Cornelia.
Agrippa. . . .	Luria, Vipsania.
Ahala.	Servilia.
Ahenobardus.	Domitia.
Aiserninus. .	Claudia.
Albinus. . . .	Junia, Postumia.
Ambustus. . .	Fabia.
Antiaticus. . .	Mæmia.
Asiagenes. . .	Cornelia.
Asina.	Cornelia.
Asper.	Trebonia.
Asprenas. . .	Nonia.
Atratinus. . .	Sempronia.
Atticus. . . .	Manlia.
Augurinus. . .	Minucia.
Bala.	Ælia.
Balbus. . . .	Acilia, Atia, Antonia, Cornelia, Nævia, Thoria.
Balearicus. . .	Cæcilia.
Barbatus. . .	Antonia.
Barbula. . . .	Æmilia
Bassus. . . .	Betiliena, Ventidia.
Bestia	Calpurnia.
Bibulus. . . .	Calpurnia.
Blæsus. . . .	Sempronia.
Blandus. . . .	Rubellia.
Blasio.	Cornelia, Helvia.
Brocchus. . .	Furia.
Brutus. . . .	Junia.
Buca.	Æmilia.
Bulbus. . . .	Atilia.
Bursio	Julia.
Buteo	Fabia.
Cæpio	Servilia.
Cæsar.	Julia.
Cæsonius. . .	Calpurnia.
Calatinus. . .	Atilia.
Caldus. . . .	Cælia.
Calenus. . . .	Fufia.
Callaicus. . .	Junia.
Calvinus . . .	Domitia, Sestia.
Calvus. . . .	Cæcilia, Cornelia.
Camillus. . .	Furia.
Capella. . . .	Nævia.
Capito. . . .	Atteia, Fonteia, Maria, Oppia.
Capitolinus. .	Petilia.
Caprarius. . .	Cæcilia.
Carbo.	Papiria.
Carinas. . . .	Albia.
Casca.	Servilia.
Cato.	Porcia.
Catulus. . . .	Lutatia, Valeria.
Catus.	Ælia.
Caudinus. . .	Cornelia.
Celer.	Cæcilia, Cassia.
Centho. . . .	Claudia.
Celsus	Papia.
Censorinus . .	Marcia.
Centumalus. .	Fulvia.
Cerco	Lutatia.
Cestianus. . .	Plætoria.
Cethegus. . .	Cornelia.
Cicero. . . .	Tullia.
Cilo.	Flaminia.
Cina.	Cornelia.
Classicus. . .	Lollia.
Claudianus. .	Livia.
Clodianus. . .	Cornelia.
Cocles. . . .	Horatia.
Cordus. . . .	Mucia.
Cornutus. . .	Cæcilia.
Corvinus. . .	Valeria.
Costa.	Pedania.
Cotta.	Aurelia.
Crassipes. . .	Furia.
Crassus. . . .	Cæciliana, Canidia, Claudia, Licinia.
Creticus. . . .	Cæcilia.
Crispinus. . .	Quinctia.
Culeo.	Terentia.
Curio.	Scribonia.
Decula. . . .	Tullia.
Delmaticus . .	Cæcilia.
Dolabella. . .	Cornelia.

	Familles.
Dossenus. . .	Rubria.
Drusus. . . .	Claudia, Livia.
Eburnus . . .	Fabia.
Fabatus. . . .	Roscia.
Falto.	Valeria.
Figulus. . . .	Marcia.
Fimbria. . . .	Flavia.
Flaccus. . . .	Fulvia, Norbana, Pomponia, Valeria.
Flaminius. . .	Quinctia.
Florus. . . .	Aquilia.
Frugi.	Calpurnia.
Galba.	Sulpicia.
Gallus. . . .	Anicia, Asinia, Caninia, Sulpicia.
Geminus. . .	Aburia, Servilia.
Geta.	Hosidia, Licinia.
Glabrio. . . .	Acilia.
Glycia. . . .	Claudia.
Habitus. . . .	Vibia.
Hemicyclus. . .	Flavia.
Hispalus . . .	Cornelia.
Hispaniensis. .	Fabia.
Hypsæus. . .	Plautia.
Isauricus. . .	Servilia.
Index.	Vettia.
Junianus. . .	Licinia.
Laber.	Fabia.
Labienus. . .	Atia.
Læca.	Porcia.
Lænas. . . .	Popilia.
Lævinus. . .	Valeria.
Lamia. . . .	Ælia.
Lariscolus. . .	Accoleia.
Lentulus. . .	Cornelia.
Lepidus. . . .	Æmilia.
Libo.	Julia, Livia, Marcia, Scribonia.
Licinus. . . .	Fabia, Porcia.
Limitanus. . .	Mamilia.
Livianus. . .	Æmilia, Terentia.
Longinus. . .	Cassia.
Longus. . . .	Manlia, Mussidia, Sempronia.
Lucullus. . .	Licinia, Terentia.
Lupercus. . .	Gallia.
Lupus. . . .	Rutilia.
Luscus. . . .	Anicia.
Macedonicus .	Cæcilia.
Macer	Licinia, Sepullia.

	Familles.
Magnus. . . .	Cornelia, Pompeia, Postumia.
Malleolus. . .	Poblicia.
Malluginensis.	Cornelia.
Mamilianus. .	Livia.
Mancinus. . .	Hostilia.
Marcellus. . .	Claudia.
Maridianus. .	Cossutia.
Matho. . . .	Pomponia, Papiria.
Maximus. . .	Carvilia, Egnatia, Fabia, Manlia, Sulpicia, Valeria.
Megellus. . .	Postumia.
Merula. . . .	Cornelia.
Messala. . . .	Valeria.
Metellus . . .	Cæcilia.
Molo.	Pomponia.
Mucianus. . .	Licinia.
Murcus. . . .	Statia.
Murena. . . .	Licinia, Terentia.
Mytilus. . . .	Papia.
Nasica. . . .	Cornelia.
Naso.	Axia.
Natta.	Pinaria.
Nero.	Claudia.
Nerva	Cocceia, Licinia.
Nerulinus. . .	Suillia.
Niger.	Cæcilia, Valeria.
Nobilior . . .	Fulvia.
Nonanius. . .	Considia.
Mumidicus. .	Cæcilia.
Orestes. . . .	Aufidia, Aurelia.
Otho.	Salvia.
Pætinus. . . .	Fulvia.
Pætus. . . .	Ælia, Antonia, Considia, Fulvia.
Palikanus. . .	Lollia.
Pansa.	Vibia.
Pappus. . . .	Æmilia.
Paterculus. . .	Sulpicia.
Paternus . . .	Fabricia.
Paululus. . .	Postumia.
Paullus. . . .	Æmilia.
Pera.	Junia.
Peregrinus. . .	Arria.
Philippus. . .	Marcia.
Philo.	Veturia.
Philus	Furia.
Pictor	Fabia.
Pictas.	Antonia.

	Familles.
Piso.	Calpurnia.
Pitio.	Sempronia.
Pius.	Cæcilia, Pompeia.
Plancianus. .	Lætoria.
Plancus. . . .	Munatia, Plautia.
Pollio	Asinia, Bæbia.
Potitus. . . .	Valeria.
Priscus. . . .	Mussidia.
Pulcher. . . .	Claudia.
Pulex.	Servilia.
Publicola. . .	Gellia.
Purpureo. . .	Furia.
Quinctilianus.	Nonia.
Quirinus. . .	Sulpicia.
Rebilus. . . .	Caninia.
Regillus . . .	Æmilia.
Reginus . . .	Antistia.
Regulus . . .	Atila, Livineia.
Restio. . . .	Antia.
Rocus	Crepereia.
Rufus	Aurelia, Cordia, Egnatia, Lucilia, Mescinia, Minutia, Plautia, Pompeia, Pomponia, Salvia, Sulpicia, Taria, Titia, Valgia, Varia.
Rullus. . . .	Servilia.
Rusticus . . .	Aufidia.
Rutilus. . . .	Verginia.
Sabinus. . . .	Calvisia, Minatia, Poppæa, Tituria.
Sabula. . . .	Cossutia.
Sacerdos . . .	Licinia.
Sævinus. . . .	Flavia.
Salinator. . .	Livia.
Sapiens. . . .	Lælia.
Saserna. . . .	Hostilia.
Saturninus. . .	Sentia, Valgia, Volusia.
Scarpus. . . .	Pinaria.
Scaurus. . . .	Æmilia, Aurelia.
Scævula. . . .	Mucia.
Scipio	Cornelia.
Secundus. . .	Arria.

	Familles.
Seianus. . . .	Ælia.
Seranus. . . .	Atilia.
Serapio. . . .	Cornelia.
Serratus . . .	Manlia.
Servilianus. .	Fabia.
Silanus. . . .	Cæcilia, Junia.
Silianus. . . .	Licinia.
Silvanus . . .	Plautia.
Silus.	Sergia.
Sisenna. . . .	Cornelia.
Sophus. . . .	Sempronia.
Spinther . . .	Cornelia.
Spurinus. . .	Petilia.
Stolo.	Licinia.
Strabo	Pompeia, Volteia.
Suffenas. . . .	Nonia.
Sulpicianus. .	Quinctia.
Sulla.	Cornelia.
Sura.	Cornelia.
Surdinus . . .	Nævia.
Tampilus. . .	Bæbia.
Tappulus. . .	Villia.
Taurus. . . .	Statilia.
Thermus . . .	Minucia.
Torquatus. . .	Manlia.
Trigeminus. .	Curiatia.
Trio.	Lucretia.
Trogus. . . .	Maria.
Tubero. . . .	Ælia.
Tuditanus. . .	Sempronia.
Tullus	Macilia, Volcatia.
Turdus. . . .	Papiria.
Turpilianus. .	Petronia.
Turrinus. . .	Mamilia.
Vaala.	Numonia.
Valerianus. . .	Quinctia.
Varro.	Terentia, Visellia.
Varus	Licinia, Quinctilia, Vibia.
Vatia.	Servilia.
Verrucosus. .	Babia.
Vespillo. . . .	Lucretia.
Vetus.	Antistia.
Vitulus. . . .	Vocania.
Vulso.	Manlia.

TRIBUS.

TRIBUS ATHÉNIENNES.— Comme il est beaucoup plus question dans les inscriptions grecques des tribus et des villes de l'Attique que de celles des autres parties de la Grèce, nous nous bornerons à donner un aperçu et un état des 174 bourgs ou *dêmes* de l'Attique, qui ont été traités fort au long par Meursius, Potter, Spon, etc. A l'époque de Cécrops (l'an 1570 av. J. C.), que l'on regarde comme le fondateur d'Athènes, quoiqu'il y eut eu quelques rois avant lui, l'Attique avait 20,000 habitans. Du temps de Périclès (de 469 à 429 av. J. C.), après les guerres des Perses, la population avait diminué. Sous Démétrius de Phalère (280 av. J. C.), elle était de 21,000 citoyens athéniens, 10,000 étrangers domiciliés ou *metœques*, et 400,000 esclaves. Cécrops divisa toute l'Attique en quatre tribus ou *phylae*, et chaque *phylê* en trois *phratries*, celles-ci en trente familles ou *triacades*, dont les membres adoraient les mêmes divinités, et prenaient part aux mêmes fêtes. Ce roi donna son nom à la première tribu, à la seconde celui d'Autochthon, ancien roi de la contrée; ce nom flattait aussi la vanité des Athéniens, qui se disaient autochthones ou indigènes, nés du sol même de l'Attique. Le nom d'*Actê* de la troisième tribu venait ou du roi Acteus à qui succéda Cécrops, ou de la *contrée sur le bord de la mer* (Actê), où elle était établie. Celui de *Paralia* était dû à une position semblable ou à l'ancien héros *Paralus*. Sous le règne de Cranaüs (1520), les tribus prirent les noms de *Cranaïs*, d'*Athis*, l'une de ses filles, de *Mesogaia* ou dans le milieu des terres; et de *Diacris*, dans un pays de rochers, ce qu'indiquent leurs noms. Du temps d'Érichthonius (1498), les tribus athéniennes reçurent des noms de Jupiter (Zeus ou Zdeus), de Minerve (Athênê), de Neptune (Poseidôn), de Vulcain (Ephaïstos), ceux de *Dias*, d'*Athénaïas*, de *Posidonias*, d'*Ephaïstias*. Elles changèrent encore de dénomination sous Erechthée (1431-1387), et furent appelées *Geléontes*, *Oplitae*, *Aigicorées*, *Argades*, que leur donnèrent les fils d'Ion, petit-fils d'Erechthée, et chef des Ioniens de l'Attique; quoique selon d'autres, divisées en gens de guerres, en ouvriers, en laboureurs et en bergers de chèvres, ou, possesseurs de troupeaux, elles prirent des noms de ces professions, ceux d'*Oplitae*, d'*Ergatae*, de *Georgoi* et d'*Aegicores*. Il paraît que Dracon et Solon n'augmentèrent pas le nombre des tribus; mais l'an 509 av. J. C., sous Clisthènes, cent soixante-quinzième archonte, elles furent portées à dix, et on leur donna les noms de héros athéniens qui pour cette raison reçurent le titre d'*Eponymes*; il y eut les tribus *Cécropide*, *Pandionide*, *Erechthéïde*, *Egeïde*, qui avaient pour Eponymes quatre rois d'Athènes. Les six autres tribus, l'*Acamantide*, l'*Antiochide*, l'*Oenéide*, la *Léontide*, l'*Hippohoontide* et l'*Aeantide*, rappelaient Acamas fils de Thésée, Antiochus fils d'Hercule et de Mida, Oenée fils de Pandion, Leos, héros dont les filles s'étaient dévouées à la mort pour le salut d'Athènes, Hippothoon fils de Neptune et d'Alopê, et Ajax fils de Télamon, qui étant de Salamine et allié d'Athènes au siége de Troie, fut regardé comme Athénien. On ajouta depuis à ces dix tribus, l'*Attalide* et la *Ptolémaïde*, en reconnaissance des services d'Attale, roi de Pergame, et de Ptolémée Philadelphe, roi d'Egypte; elles remplacèrent les tribus *Antigonide* et *Démétriade*, qu'on avait créées en honneur d'Antigone et de Démétrius, rois de Macédoine, qui avaient rendu aux Athéniens leur liberté. Les bienfaits de l'empereur Adrien envers Athènes, méritèrent qu'on fit porter son nom à une treizième tribu.

Les petites villes et les bourgs qui composaient les tribus, se nommaient *dêmes*. Chaque tribu fournissait cinquante députés tirés au sort, et qui devaient avoir au moins vingt ans, et ils formaient à Athènes le sénat des cinq cents, lorsqu'il n'y avait que dix tribus, et des six cents, quand il y en eut douze; c'était de ce sénat qu'on tirait les cinquante prytanes, et le sort décidait à laquelle des tribus échoirait la première prytanie de l'année; elles se renouvellaient tous les mois, et lors des dix tribus tous les trente-cinq jours. Les prytanes étaient chargés d'une grande partie de l'administration, et nourris aux frais de l'état dans le *prytanée*. Dix de ces prytanes, tirés aussi au sort, étaient les présidens ou les *proèdres* de la prytanie;

l'*épistate* était le proèdre en exercice, et changeait tous les jours; comme il avait un très-grand pouvoir, on ne pouvait être qu'une fois épistate dans une prytanie. C'était lui qui avait la clef de la citadelle, la garde du sceau de l'état et du trésor. Les archontes et les membres de l'aréopage pouvaient être pris parmi ceux du sénat; mais ce n'était pas de règle, et le nombre des aréopagites n'était pas fixé.

TRIBU ACAMANTIDE.—AGNOUS—CÉPHALÊ, petit bourg, temple de Castor et Pollux. CÉRAMIQUE hors la ville, faubourg d'Athènes ainsi nommé à cause de ses fabriques de vases de terre et de tuiles. On y voyait les tombeaux des grands hommes, et l'on y célébrait des courses aux flambeaux dans les fêtes de Minerve, de Vulcain et de Prométhée. CHOLARGOS—CICYNNA, célèbre par une fête d'Apollon. CURTIADAE—EIRESIDAE—HEPHAISTIA, temple de Vulcain et d'Hercule. HERMUS, entre Athènes et Eleusis. ILEA—POROS—PROSPALTA, petit bourg, temple de Cérès et de Proserpine; les habitans en étaient très-satyriques. SPHETTUS, ceux-ci avaient la même réputation. THORICUS, entre Sunium et Potamos.

TRIBU ADRIANIDE — ELÉOUSA, île du golfe d'Egine. PHIGAIA.

TRIBU AEANTIDE. — LITACIDAE—MARATHON, petit bourg célèbre par la victoire de Miltiade. OENOÉ, sur les frontières de la Béotie. PHALÈRE, bourg et port d'Athènes; temples de Cérès, de Jupiter, de Minerve Scirade, des fils de Thésée, d'Androgée, autels des dieux inconnus, patrie de Démétrius de Phalère. PSAPHIDAE, près de là était l'oracle d'Amphiaraüs. RHAMNUS, petit bourg, temple de Némésis, célèbre par la statue de cette déesse, chef-d'œuvre d'Agoracrite. TRICORYTHUS, près de Marathon, et l'une des quatre anciennes villes de l'Attique.

TRIBU ANTIOCHIDE. — AEGILEA, entre Phalère et Sunium. ALOPEKÊ, près du Cynosarge, patrie de Socrate. AMPHITROPÊ, près de Cephisia. ANAPHLYSTUS, sur la mer, près du cap Colias, temples de Vénus Coliade, de Pan, de Cérès et des déesses Génétyllides, qui présidaient à la naissance. On y faisait des vases de terre célèbres. ATÊNÊ—BESA—CRIOA—LECCUM—LEUCOPYRA—MELAENAE—PALLENÊ—PÊLÊKES—PENTELÊ, montagne à l'est et à deux lieues d'Athènes, et d'où l'on tirait le beau marbre pentélique. PERRHIDAE, avait été de la tribu Aeantide. PHYRN...., nom mutilé, et qui n'est connu que par une inscription dans Spon. SEMACHIDAE, on y choisissait les prêtres de Bacchus. THORAE, entre Phalère et Sunium.

TRIBU ATTALIDE. — APOLLONIA—SUNIUM, bourg et cap, aujourd'hui cap Colonne, ainsi nommé des restes du temple de Minerve ; on y donnait des naumachies dans les Panathénées.

TRIBU CÉCROPIDE. — AEXONÊ, entre Phalère et Sunium. ALAE AEXONIDES—ATHMONON, petit bourg ; Vénus Uranie et Diane Amarysia y avaient des temples. DAEDALIDAE Dédale s'y était réfugié. EPIEICIDAE—MELÉTÊ, quartier d'Athènes, temples de Diane Aristobule, des fils de Thésée, du héros Eurysacés ; Thémistocle et Phocion y habitaient. PITHOS, ainsi nommée des tonneaux qu'on y faisait. SYPALETTUS—TRINÉMÉIS, où le Cephise prenait sa source. XYPÊTÉ, nommée d'abord Troie à cause de Teucer, Troyen qui s'y était retiré.

TRIBU ÉGÉIDE. — ALAE-ARAFÉNIDES, près de Brauron et de Marathon, temple de Diane Taurique. ARAPHÈN—BATÊ—CHOLLIDAE—COLLYTUS, quartier d'Athènes, Platon et Timon y étaient nés. CYDANTIDAE—DIOMÆA ; Diomus, ami d'Hercule, y avait un temple et des fêtes, ainsi que Jupiter. ERCHEIA, patrie de Xénophon. ERECHTHEIA, patrie d'Isocrate. ERICEIA. GARGETTE, patrie d'Épicure, tombeau d'Eurysthée. IONIDAE—PLOTHEIA—TITHRAS, ainsi nommée d'un fils de Pandion. Les habitans en étaient très-méchans et les figues très-bonnes.

TRIBU ERECTHÉIDE. — AGRAULE, c'est le nom d'une fille de Cécrops. ANAGYRUS, petit bourg entre Phalère et Sunium ; temple de Cybèle. CEPHISIA, patrie de Ménandre, maison de plaisance d'Hérodes Atticus. CEDAE—EVÔNYMOS, nom d'un fils de Cephisus. LAMPRA supérieure, petit bourg. LAMPRA inférieure, petit bourg entre Sunium et Phalère. PAMBOTADAE—PERGASI—PHÊGOUS—SYBRIDAE—THEMACOS.

TRIBU HIPPOTHOONTIDE. — ACHERDOUS—AMAXANTEA—ANACAEA, près du Pyrée, son nom rappelle Castor et Pollux, surnommés les dieux Anaces. AZEMIA—CERRIADAE—COELÊ, où était le tombeau de Thucydide. CORYDALLUS, vis-à-vis de Salamine. DÉCELÉE, célèbre dans la guerre du Péloponnèse. ELAEUS, ainsi nommé d'un bois d'oliviers. ELEUSIS, patrie d'Eschyle; célèbre par son temple et les mystères de Cérès, aujourd'hui Lefsina. EROIADAE—OENOÉ, près de Marathon et l'une des quatre plus anciennes villes de l'Attique. OION DECELEICUM, près de Décélée. PIRÉE, petite ville et port d'Athènes. SPHENDATÊ—THYMETADAE.

TRIBU LÉONTIDE. — AETHALIDAE—APHIDNA, Castor et Pollux, y trouvèrent Hélène qu'avait enlevée Thésée; ce bourg fut d'abord de l'Egéide, ensuite de l'Adrianide. CROPIA—DEIRADES—EUPYRIDAE—ECALÊ—HALIMUS, près de Phalère, sur la mer. HYBADAE—KETTOI, patrie du poète comique Eubulus. LEUCONIUM, patrie du mathématicien Méton. OEUM-CERAMICUM, quartier près du Céramique de la ville. PAEONIDAE—PHREARII, patrie de Thémistocle. POTAMOS, sur la mer, près de Sunium, patrie de Diogène Laërce, aujourd'hui port de Rafty. SCAMBONIDAE, patrie d'Alcibiade.

TRIBU OENÉIDE. — ACHARNA, on n'y vendait que du charbon, petit bourg. BUTADAE, ainsi nommée du héros Butés, dont les descendans nommés Éteobutades étaient prêtres de Minerve. EPICEPHESIA—HIPPOTAMADAE ou HIPPODAMEIADAE—LACIADAE, patrie de Miltiade et de Cimon. LOUSIA, ainsi nommée de Lusia, fille d'Hyacinthe. OÊ—PERITHOIDAE, portait le nom de Pirithoüs. PHILAIDAE, patrie de Pisistrate. PHYLÊ, petit bourg d'où Thrasybule partit pour chasser les trente tyrans. PTELEA—THRIA, entre Athènes et Eleusis. TYRMIDAE.

TRIBU PANDIONIDE — ANGÉLÊ—CYDATHENAEUM, patrie de l'orateur Andocides. CYTHÉRON, patrie du poète Philoxène. MYRRHINUS, ainsi nommée de ses bois de myrte, près de Marathon; temple de Diane Colaenide. OA, qui fut ensuite de la tribu Adrianide. PAEANIA inférieure. PAEANIA supérieure, patrie de Démosthène. PHIGAIA—PRASIAE, sur le bord de la mer, du côté de l'île d'Eubée, temple d'Apollon, tombeau d'Erésychthon. PROBALINTHUS, sur le bord de la mer, du côté de Marathon et l'une des quatre plus anciennes villes de l'Attique.

TRIBU PTOLÉMAIDE. — BÉRÉNICIDAE, du nom de Bérénice, femme de Ptolémée Philadelphe. CONTHYLÈ—PHLYA, patrie d'un Euripide, peut-être le poète tragique; temples de Bacchus, des Euménides, d'Apollon, de Diane. THYRGONIDAE, qui d'abord avait fait partie de la tribu Aeantide.

Dêmes dont les Tribus sont incertaines.

ACTÉ CALÊ ou le beau rivage. ANCHESMUS, roche où il y avait un temple de Jupiter. AMPHIALÊ, cap. ARGILIA, Spon croit qu'elle était près du Stade. ACHRADOUS—BELBINA, petite île. BRAURON, petit bourg près Marathon. On y célébrait des bacchanales et les Brauronies en honneur de Diane. BRILESSUS, montagne. CHITON, où l'on célébrait des fêtes de Diane Chitonie. COLONAE, à quinze cents pas d'Athènes; célèbre par le séjour d'Œdipe, et les temples des Furies, de Vénus, de Neptune et de Prométhée. COLONOS-AGORAIOS, ou colline du marché à Athènes. COTHOCIDAE, patrie d'Eschines. CYNOSARGE, où on exposait les enfans; temple d'Hercule, gymnase célèbre; école des philosophes cyniques. DRYMUS, sur les frontières de la Béotie. EDAPTEON—ENNA—EUCONTHEUS—ECHELIDAE, près du Pirée. HARMA, sur les frontières de la Béotie. HYDROUSA, près d'Athènes. HYMETTE, montagne célèbre par son miel et son marbre. HYSIAE, près de la Béotie. ICARIA, où fut inventée la comédie et ainsi nommée d'Icarius, père d'Erigone. LARISSA—LAURIUM, près de Sunium, mines d'argent. LENAEUM, quartier d'Athènes, temple de Bacchus. LIMNAE, pres d'Athènes, temple et fête de Bacchus. LYCABETTUS, montagne où il y avait beaucoup de loups. MILETUM—MUNYCHIE, bourg et un des ports d'Athènes. OROPE, près de la Béotie. PANAETUS, forteresse près de la Béotie. PARNÉTHÈ, montagne considérable, probablement habitée. Pnyx, lieu d'assemblée près du Musée. Patrocle (île de) ainsi nommée d'un commandant de galères égyptiennes du temps d'Antigone, fils de Démétrius. Pharmacuses, petites îles près de Salamine, dans la plus grande temple de Circé. Phormisia—Phrittoi—Psyttalie, île déserte près de Salamine. Sciron, entre Athènes et Eleusis. Sporgilos—Thebae, autre que celle de Béotie. Thrion—Zoster, cap ou Latone était accouchée d'Apollon et de Diane, et avait délié sa ceinture (zôster.)

TRIBUS ROMAINES.

Dans les premiers temps de Rome, ou du moins sous Romulus, les Romains étaient partagés en trois tribus, et chaque tribu en dix curies. Chaque curie fournit mille hommes d'infanterie et trois cents hommes de cavalerie; ce qui forma alors une légion dont la force varia depuis; et chacun de ces *mille* hommes était un *miles* ou soldat. 1° La tribu des *Ramnes* ou *Ramnenses*, sur le Palatin, ne fut composée que de Romains; Tullus Hostilius y joignit des Albains; 2° celle de *Tatienses* ou *Titienses*, sur le Capitolin, ainsi nommée de Tatius, roi des Sabins, qui entrèrent dans cette tribu; 3° celle des *Luceres*, dont le nom venait d'un Lucumon, ou roi des Etrusques, ou peut-être du bois sacré (*Lucus*), dont Romulus avait fait un asile; elle était formée d'étrangers. Chaque tribu eut d'abord son tribun et son augure. En conservant les mêmes noms, Tarquin l'ancien fit six tribus; on disait la première et la deuxième des Ramnes et ainsi des autres. Servius Tullus, l'un des plus grands rois des Romains, divisa Rome en quatre quartiers ou tribus; la *Suburbana*, sur le Mont Cœlius et dans la vallée voisine; l'*Esquilina*, sur le Mont des Esquilies; la *Palatina*, sur les Monts Palatin, Capitolin et au *Forum*; et la *Collina*, sur les Monts Quirinal et Viminale; on nommait ces tribus *Urbanae* ou de la ville. Celles de la campagne, divisées en quinze ou dix-sept tribus, s'appelaient *Rusticae*; elles prirent les noms ou de familles distinguées ou des lieux qu'elles occupaient, et elles finirent par être plus estimées que celles de la ville, où Q. Fabius avait fait entrer en 450 de Rome (304 av. J. C.) tout le bas peuple et ceux qni ne possédaient rien et n'avaient pas même de métier, en 584 de R. (170 av. J. C.) on y mit tous les affranchis. Il y avait des tribus plus distinguées que d'autres, et les censeurs faisaient passer d'une tribu supérieure dans une inférieure, ceux qui par leur conduite avaient mérité cette punition : on pouvait être de deux tribus, de l'une par sa naissance, de l'autre par adoption ; mais on ne donnait sa voix que dans une des deux. Les tribus de la campagne furent portées à trente-cinq, et quoique dans la suite on ait voulu en augmenter le nombre, on revint à cette division. Servius Tullius divisa en outre le peuple romain en six classes, composées chacune d'un certain nombre de centuries. PREMIÈRE CLASSE, qui comprenait les plus riches citoyens; elle avait quatre-vingts centuries, quarante d'hommes au-dessus de quarante-cinq ans, et quarante de jeunes gens ou d'hommes au-dessous de quarante-cinq ans; il y avait en outre dix-huit centuries de cavaliers : on exigeait pour cette classe 100,000 as de bien. 2e CLASSE, vingt centuries, dix d'hommes âgés, dix de jeunes gens, deux centuries d'ouvriers; fortune, 75,000 as. 3e CLASSE, vingt centuries; fortune, 50,000 as. 4e CLASSE, vingt centuries et deux de trompettes; fortune, 25,000 as. 5e CLASSE, trente centuries; fortune, 4,000 as. 6e CLASSE, elle était la plus nombreuse, et composée de bas peuple et de gens sans métier; elle ne formait qu'une centurie. La première Classe comprenait à elle seule plus de centuries que toutes les autres classes. Les *comices* ou assemblées du peuple, étaient convoqués selon l'importance et la nature des affaires, par tribus, par curies ou par centuries. Dans les comices par centuries, les premières classes avaient la prépondérance. Si les suffrages de la première étaient divisés, on passait à la seconde et ainsi de suite : il est rare qu'on arrivât jusqu'aux dernières. La classe la plus riche supportait presque toutes les charges de l'état, en paix et en guerre, mais elle jouissait de grands avantages . on nommait *Classici* ceux qui la composaient, d'où vient le nom d'auteurs *Classiques*, qu'on donne aux écrivains les plus importans.

Noms des Tribus romaines.

Allia, nom d'une famille plébéienne.
Aemilia Rustica, ou de la campagne, famille patricienne.
Aniensis, sur le fleuve Anio.
Arniensis ou Arnensis Rustica, sur l'Arno.
Claudia Rustica, ainsi nommée de la famille sabine Claudia ou Clausa.
Collina, sur les collines du Quirinal et du Viminale.
Cornelia Rustica, famille Cornelia.
Crustumina, de Crustuminum, ville sabine.
Esquilina, sur la colline des Esquilies.
Fabia Rustica, famille Fabia.
Falerina, de Falère, ville de Campanie.
Galleria Rustica.
Horatia Rustica, famille des Horaces.
Lemonia Rustica, du bourg Lemonius, sur la voie Latine.
Maetia Rustica, du fort de Metium.
Maenenia Rustica, famille Maenénia, éteinte, ainsi que celle des Horaces, vers l'an 400 de Rome.
Minutia, famille Minutia.
Ocriculana.
Palatina Urbana, sur le Palatin, le Capitolin et au Forum.
Papia, famille Papia.
Papiria Rustica, en honneur de Papirius.
Pollia Rustica.
Pomptina Rustica, dans les marais Pontins.
Popilia Rustica, chez les Volsques.
Pupinia Rustica.
Quirina Rustica, de la ville de Cures, chez les Sabins.
Romilia Rustica, ancien territoire de Rome.
Sabatina Rustica, en Toscane, sur le lac Sabate.
Scaptia Rustica, de la ville de Scaptia.
Sergia Rustica, famille Sergia.
Stellatina Rustica, où vinrent s'établir des Toscans du territoire de Stellate.
Suburana, première tribu Urbaine ou de la ville, sur le Cœlius et aux environs.
Terrentina Rustica, au champ de Mars.
Tromentina Rustica, de Tromentum, en Toscane.
Vejentina, chez les Véiens, en Toscane.
Velina Rustica, près du lac Velinus, chez les Sabins.
Veturia Rustica, famille Veturia.
Ufentina Rustica, du fleuve Aufens, près de Terracine.
Voltinia Rustica.

Tribus incertaines, ou qui, ajoutées aux trente-cinq, n'ont pas existé long-temps.

Aelia, *Camilla*, *Cestia*, *Cluentia*, *Cluvia*, *Durmia*, *Flavia*, *Julia*, *Minucia*, *Papia*, *Pinaria*, *Sappinia*, *Ulpia*.

Les tribus *Cluentia*, *Cluvia* et *Papia*, ne furent établies qu'après la guerre sociale.

CHIFFRES OU LETTRES NUMÉRALES DES GRECS ET DES ROMAINS.

Il est à croire que la science des nombres, étant une des plus nécessaires, est aussi une des plus anciennes; l'antiquité payenne en attribuait l'invention à Minerve, à Mercure, à la déesse Numéria, à Thaut, le Mercure égyptien, aux Phéniciens. Les Hébreux la donnaient à Abraham. Quant à la manière d'exprimer les nombres par des signes écrits, on en faisait honneur à Minerve, à Palamede, à Pythagore, à Nicomaque; mais il est probable qu'on ne connaissait ni l'inventeur ni l'époque de cette découverte, et elle dut même précéder l'écriture. Les Hébreux, les Orientaux en général et les Grecs, donnèrent une valeur à chacune des lettres de leur alphabet, qui devenaient des chiffres. Par cette manière de compter, on exprimait un nombre avec une moins grande quantité de signes que ne le faisaient les Romains; mais elle devait être sujette à erreur, parce que un accent omis ou mal placé changeait la valeur de la lettre. Les Grecs ont d'ailleurs deux manières d'employer leurs lettres numérales. Dans la première, qui est la plus simple, on se sert des vingt-quatre lettres de l'alphabet; les dix premières (en y comprenant l'*st* appelée *épisémon-Fau*, qui comptait pour 6), avec l'accent au-dessus à droite, et en suivant leur ordre alphabétique, sont pour les unités : celles qui suivent servent aux dixaines et aux centaines. Les mille, etc., sont marqués par les mêmes lettres dont l'accent est en dessous à droite (voyez la table). La seconde manière, plus compliquée que celle-ci, n'employait que quelques capitales; on faisait un chiffre de la première lettre du mot qui exprimait le nombre. Par exemple l'I initiale de *ia* pour *mia, un* signifiait un; deux I valaient 2, etc., Π initiale de *penté, cinq* marquait ce nombre de même que Δ, première lettre de *deka, dix*; H première d'*Hecaton, cent*; X de *Xilia* ou *Chilia, mille*, exprimaient 10-100-1,000. En mettant ces lettres ou à côté les unes des autres ou les unes dans les autres, on exprimoit les multiples de ces

NOTES NUMÉRIQUES
des Grecs et des Romains.

Ch. Arabes.	Chiffres Grecs.		Chiffres Romains.
1	α'	I	I
2	β'	II	II
3	γ'	III	III
4	δ'	IIII	IV *On trouve* IIII
5	ε'	Π·Γ	V · IIIII. *Le V renversé ou Λ valoit 5 chez les Etrusques*
6	ς'. Ϛ	ΠΙ	VI *On trouve aussi le ς ou Episemon Koppa des Grecs.*
7	ζ'	ΠΙΙ	VII
8	η'	ΠΙΙΙ	VIII · IIX
9	ϑ'	ΠΙΙΙΙ	IX · VIIII
10	ι'	Δ	X · X.
11	ια'	ΔΙ	XI.
15	ιε'	ΔΠ	XV.
19	ιϑ'	ΔΠΙΙΙΙ	XIX · IXX.
20	κ'	ΔΔ	XX · ⁜
24	κδ'	ΔΔΙΙΙΙ	XXIV
30	λ'	ΔΔΔ	XXX · ⁜
38	λη'	ΔΔΔΠΙΙΙ	XXXVIII
40	μ'	ΔΔΔΔ	XL
46	μς'	ΔΔΔΔΠΙ	XLVI · IVL · IL *Vaut 49*
50	ν'	ᐃ·Ⓟ	L *Les Grecs se sont aussi servis de L pour 50*
60	ξ'	ᐃΔ·ᐃΔ	LX *ou Six* X.
70	ο'	ᐃΔΔ	LXX
80	π'	ᐃΔΔΔ	LXXX · XXC
90	ϙ'. Ϙ	ᐃΔΔΔΔ.	XC · LXXXX · IXI
99	ϙϑ' Ϙϑ	ᐃΔΔΔΔΠΙΙΙΙ.	XCIX · LXXXXIX · IC
100	ρ'	Η·Ͱ·F·E	C
			✱ *Denier.* ∓ *Onces* SS · IIS · HS *Sesterces.*

Ch. Arabes.	Chiffres Grecs.		Chiffres Romains.
150	ρν́	Η𐅄	CL
200	σ́	ΗΗ	CC
300	τ́	ΗΗΗ	CCC
400	ύ	ΗΗΗΗ	CCCC
500	φ́	𐅅	IↃ·D·Ð
600	χ́	𐅅Η	DC· IↃC
700	ψ́	𐅅ΗΗ	DCC·IↃCC
800	ώ	𐅅ΗΗΗ	DCCC IↃCCC
900	πι·ϡ	𐅅ΗΗΗΗ	CM
1000	α͵	Χ	ↀ·M·CIↃ·Ī·∞·✕·M
			∞·ᛉ·T et ⊥ dans les Documents Espagnols
1819	͵αωιθ	Χ𐅅ΗΗΗΔ𐅃ΙΙΙΙ	M ou CIↃ ou ∞DCCCXIX
			ou ✕IↃCCCXIX·ĪIↃCCCIXX
2000	͵β	ΧΧ	MM·CIↃ CIↃ·∞∞
3000	͵γ	ΧΧΧ	MMM·∞∞∞ &c
4000	͵δ	ΧΧΧΧ	MMMM·ou les autres signes de 1000 répétés 4 fois
5000	͵ε	𐅆	IↃↃ V̄·Ð·ᛉ
6000	͵ϛ	𐅆Χ	IↃↃM
7000	͵ζ	𐅆ΧΧ	IↃↃMM
8000	͵η	𐅆ΧΧΧ	IↃↃMMM
9000	͵θ	𐅆ΧΧΧΧ	IↃↃMMMM·∼·Ψ
10000	ι·α̈	Μ·Μ̈	CCIↃↃ·CXↃ·Ӿ·ↃMC
			X̄·ℬ·ᛉ·Φ·Ψ
20000	κ·β̈	ΜΜ	X̄X̄
40000	μ·δ̈	ΜΜΜΜ	X̄L
50000	ν·ε̈	𐅇	IↃↃↃ·L̄
60000	ξ·ϛ̈	𐅇Μ	L̄X
70000	ο·ζ̈	𐅇ΜΜ	L̄XX̄
80000	π·η̈	𐅇ΜΜΜ	L̄XXX
90000	ϟ·θ̈	𐅇ΜΜΜΜ	X̄C
100000	ρ·ΐ	𐅈	CCCIↃↃↃ·Φ·ᛉ·⌓
1000000	ρ̈	Η·Χ	CCCCIↃↃↃↃ

Τ un Talent 𐅃 5 Talents Δ 10 Talents 𐅄 50 Talents ⊢ Drachme | Obole Ϛ Fractions d'Obole

différens nombres. Cette manière de compter était fort longue et embarrassante (voyez la table). Les Etrusques suivaient la même méthode que les Grecs, excepté qu'ils écrivaient les chiffres de droite à gauche.

Il est à croire que les Romains reçurent des Grecs leurs chiffres, dont les changemens suivirent ceux qu'éprouva leur écriture; mais il ne paraît pas que les lettres numérales se soient introduites de très-bonne heure chez eux : ils commencèrent probablement à compter avec de petits cailloux (*calculi*) d'où est venu le mot de calcul. Dans les premiers temps de la république, l'écriture ne fit que des progrès très-lents, et elle fut long-temps à se répandre; l'on marquait alors les années par des cloux que le grand prêtre de Jupiter plantait dans le temple de Minerve. Lorsque l'usage de l'écriture devint plus général, on ne se servit pour compter que de l'I, du V, de l'L, du C, du D et de l'M. En multipliant le nombre de quelques-unes de ces lettres, on comptait jusqu'à cent mille. Un trait au-dessus de ces caractères rendait mille fois plus grand le nombre qu'ils auraient exprimé sans cette addition. Une ou plusieurs lettres de plus petite valeur que celles qu'elles précédaient, diminuaient celle-ci d'un nombre égal à celui que les autres exprimaient; IX ou X (10) moins I; XL ou L (50) moins X. On trouve aussi, mais rarement, XXCV pour 85, ou CV moins XX (voyez la table des abréviations). Les Romains avaient encore différens autres caractères numériques que l'on trouvera dans les planches ci-jointes. Leurs chiffres ont aussi subi plusieurs variations; on a divisé en deux le D, ou 500, pour faire IϽ, qui a la même valeur. L'M capitale ou l'onciale ꟽ, qui signifie mille, a été changée en CIϽ. en ∞. L'X renversée ou ⋈, vaut aussi 1,000. Un signe ressemblant à un 7 dans les inscriptions latines, indique une cohorte. Une espèce de 6, de même qu'un cœur ou une feuille, ne servent qu'à séparer les mots.

Les chiffres romains ont été en usage en France jusqu'au quinzième siècle, époque à laquelle on commença à les mêler avec les chiffres arabes : on ne les a aussi abandonnés que très-tard en Allemagne.

ANNÉE DES ÉGYPTIENS, DES ATHÉNIENS ET DES ROMAINS.

Il paraît que les premiers peuples, qui se formèrent en états après le déluge, ne donnèrent à leurs années que trois cent soixante jours. Les Égyptiens s'aperçurent bientôt que cette année était plus courte que la révolution du Soleil; ils la prolongèrent de cinq jours qu'on mit à la suite des douze mois, sans faire partie d'aucun. Ceux des Grecs qui les adoptèrent, les appelèrent *épagomenes* ou *ajoutés*. En Egypte chacun de ces jours reçut le nom d'une des divinités; *Osiris*, *Arouerís*, *Typhon*, *Isis*, *Nephthé* ou *Apophras*, sœur d'*Isis*. Les Egyptiens virent que leur année était encore trop courte, et qu'il aurait fallu y ajouter un jour tous les quatre ans, pour la faire concourir avec le mouvement du Soleil; mais par principe de religion, ils ne voulurent pas intercaler ce sixième épagomene, afin que le commencement de leur année étant vague, chaque jour fût successivemet sanctifié par les fêtes, ce qui arrivait dans le cours du *cycle*, ou de la période *caniculaire* de mille quatre cent soixante ans. On croit cependant que les Egyptiens avaient aussi une année civile, dont le commencement était fixe, et qui, dans les temps reculés, était marqué par le lever héliaque de la canicule, le 20 juillet. Ce ne fut que du temps d'Auguste qu'ils adoptèrent l'anné Julienne, et ils la firent commencer au mois d'août. Douze Dieux présidaient au douze mois. On divisa aussi l'année en trente-six portions de dix jours chacune, et on mit chacune de ces divisions sous la protection d'une divinité inférieure. Ces espèces de génie se nommaient *Décans inspecteurs*; ils avaient tous leurs noms et leurs fonctions particulières, et les astrologues leur attribuaient les influences les plus étendues sur les maladies et la santé. On croit que les Egyptiens avaient partagé leur année en trente-six parties, d'après la division de leur pays en trente-six *nômes* ou gouvernemens. Les jours heureux ou malheureux faisaient partie de la religion des Egyptiens; ils les observaient avec beaucoup d'exactitude, et c'est d'eux que vint la superstition des jours qu'on appelait *Egyptiens* ou malheureux, et que les conciles eurent beaucoup de peine à abolir. On en trouve encore d'indiqués dans des calendriers du neuvième siècle.

MOIS ÉGYPTIENS.

	MOMS ÉGYPTIENS.	MOIS ROMAINS.	EXPLICATION DES MOMS ÉGYPTIENS.
1	THOTH.	29 Août.	*Signes ; signal* de l'ouverture de l'année ; les vendanges. *Dieu protecteur*, PHTA.
2	PAOPHI.	28 Sept.	Mois du serpent, emblème de l'équinoxe ; temps de la pêche. *D. pr.* TYPHON.
3	ATHYR.	28 Octob.	Mois d'*Athyr* ou *Vénus*, déesse de la fécondité ; fin de l'inondation du Nil. *Dieu protecteur*, HORUS.
4	CHOIAC.	27 Nov.	Mois de la verdure. *Dieu protecteur*, PAN.
5	TYBI.	27 Déc.	*Tyb* ou *Bon*. Le soleil mûrit les graines ; renouvellement des Magistrats. *Dieu protecteur*, AGATHODÉMON.
	MECHYR.	26 Janv.	Mois de Vénus Céleste, la Mylitta des Assyriens ; la mer devient navigable. *D. pr.* NEPHTIS.
7	PHAMÉNOTH.	28 Févr.	La lune du printemps, annonce de la moisson. *Dieu protecteur*, AMMON.
8	PHARMUTHI.	26 Mars.	Temps de la moisson. On bat le bled.
9	PACHON.	25 Avril.	Mois de *Chon* ou *Hercule ;* le soleil est dans toute sa force. *D. pr.* HORUS ou HARPOCRATE.
10	PAYNI.	25 Mai.	On le rend par *sauveur ;* récolte des fruits. *Dieu protecteur*, MERCURE.
11	EPIPHI.	24 Juin.	Mois du fils d'Apis ; les raisins grossissent. *Dieu protecteur*, OSIRIS.
12	MÉSORI.	24 Juillet	Ce nom paraît le même que celui de l'Égypte en hébreu, et chez les Arabes, pays de *Mesr*, *Mésour* ou *Mesraïm*. *D. pr.* ISIS.

ANNÉE ATHÉNIENNE.

L'ancienne année athénienne commençait au solstice d'hiver, et était de trois cent soixante jours ; afin qu'elle se rapportât au cours du soleil, on inventa plusieurs intercalations. Dans la *diétéride* ou petit cycle, on intercalait un mois tous les deux ans. Après cette période il y en eut une autre où l'intercalation n'avait lieu que tous les quatre ans ; mais ces deux cycles étant très-défectueux, le premier faisant l'année solaire trop courte, et le second trop longue, on eut recours à une période de huit années lunaires, nommée *Octaétéride*, formée de sept années communes, de trois cent cinquante-quatre jours et d'une année qui avait quatre-vingt-dix jours de plus ou quinze mois. Selon quelques auteurs, ces trois mois étaient intercalés la deuxième, la quatrième et la sixième année, et il n'y avait point d'intercalation la huitième : on appelait ces années *embolimiques*. Ce cycle était bien loin d'être juste, et il y avait deux jours de trop ; on le conserva cependant jusqu'à ce que Méton d'Athènes, l'an 433 av. J. C., inventa et publia son *Ennéadécaétéride* ou cycle *lunisolaire* de dix-neuf ans, ou plutôt de six mille neuf cent quarante jours qu'on croit avoir été connu avant lui de quelques peuples du nord de l'Europe. Ce cycle fut nommé *nombre d'or*, soit à cause de son excellence, soit parce qu'on le fit graver en lettres d'or pour l'exposer dans la place publique d'Athènes. Les dix-neuf années qui composaient ce cycle correspondaient, à peu de chose près, à autant d'années solaires, par le moyen de sept mois intercalés dans les deuxième, cinquième, huitième, onzième, treizième, seizième et dix-neuvième années. On fixa alors le commencement de l'année civile au solstice d'été, et elle concourut avec l'année olympique ou celle de la célébration des jeux, qui revenaient à chaque olympiade, tous les quatre ans. Un siècle environ après Méton, l'astronome Callippe s'aperçut que ce cycle de dix-neuf ans anticipait de plusieurs heures sur l'année solaire, et il en proposa un de vingt-sept mille sept cent cinquante-neuf jours ou soixante-seize ans, qui commença à être en usage 330 ans av. J. C., et qui ne contenait qu'environ six heures de plus que la révolution de la lune en un pareil nombre de jours, et quatorze heures dix-huit minutes de plus, qu'autant de jours solaires.

Outre l'année solaire, les Athéniens en avaient une lunaire de trois cent cinquante-quatre jours, dont ils se servaient pour la durée des magistratures, et à laquelle ils ajoutaient tous les trois ans un mois, le deuxième *posidéon*. Les mois étaient partagés en trois parties de dix jours chacune, qu'on appelait *mois commençant, milieu du mois, mois finissant*; les jours s'y comptaient de un à dix, excepté dans le mois finissant où on commençait par le nombre le plus élevé et l'on finissait par un, comme nous le verrons pratiqué chez les Romains. Le dernier jour s'appelait *la vieille et la jeune* (lune) parce que le matin appartenait à la lune expirante, et le soir à la lune renouvelée; cela peut aussi s'expliquer par le *vieux et le nouveau* (jour) ce mot étant féminin en grec.

TABLE DES MOIS ATHÉNIENS.

Le commencement des mois athéniens et leur correspondance avec les nôtres ayant varié, on ne peut pas les indiquer d'une manière positive, qui, bonne pour une année, ne le serait pas pour une autre.

Dans la première année de la 81e olympiade, le 1er d'hécatombæon tombait au 2 août. Dans la première année de la 92e olympiade, le 1er hécatombæon fut au 6 juillet. Nous nous contenterons de marquer les saisons auxquelles les mois appartenaient, et l'on peut voir, pag. 237, la correspondance des mois de l'année $\frac{410}{409}$ av. J. C. avec les nôtres.

Saisons.	Place.	NOMS.	EXPLICATION DES NOMS.	Jours.	MOIS GREC AVEC LA MANIÈRE de compter les jours.
Mois d'été.	1	Hécatombæon.	Hécatombes pour le renouvellement de l'année.	1	Néoménie ou nouvelle lune.
				2	Second jour.
	2	Métageitnion.	Métageitnies, fêtes du *voisinage*, où les voisins et les amis se réunissaient en société.	3	3e (Du mois commençant.)
				4	4e
				5	5e
				6	6e
	3	Boédromion.	Mois du *secours*, à cause de la victoire de Thésée sur les Amazones.	7	7e
				8	8e
				9	9e
Mois d'automne.	4	Pyanepsion.	Mois des *fèves*; le 7 de ce mois on mangeait des fèves dans les fêtes nommées *Pyanepsies*.	10	10e
				11	Premier.
				12	2e (Du milieu du mois.)
				13	3e
	5	Maimactérion.	Le *Propice*, surnom de Jupiter, auquel ce mois était consacré.	14	4e
				15	5e
				16	6e
	6	Posidéon.	Neptune était nommé *Poseidon* par les Grecs.	17	7e
				18	8e
		2 Posidéon.	Mois intercalaire tous les trois ans.	19	9e
				20	Vingtième ou eicade.
Mois d'hiver.	7	Gamélion.	Mois des *nôces*, consacré à Junon *Gamelia*.	21	10e (Du mois finissant.)
				22	9e
	8	Anthestérion.	Mois des *fleurs*. On a beaucoup disputé sur la place de ce mois et de Pyanepsion.	23	8e
				24	7e
				25	6e
	9	Elaphébolion.	Mois de *Diane*, ou de la déesse qui perce les cerfs.	26	5e
				27	4e
Mois de printemps.	10	Munychion.	Mois de *Diane Munychie*.	28	3e
	11	Thargélion.	Soit des prémices offerts à Apollon et à Diane dans des pots nommés *thargeles*, soit de deux mots qui indiquaient que le soleil échauffe alors la terre.	29	2e
				30	Vieille et nouvelle lune.
					Quelquefois cependant au 21 on recommençait à compter 1, 2, etc., et le dernier jour se nommait aussi *triacade*, le trentième.
	12	Skirrophorion.	Mois où l'on portait en cérémonie un dais ou parasol, *skirron*.		

ANNÉE ROMAINE.

L'année des Romains a subi beaucoup de variations; d'après les différens auteurs de l'antiquité, il paraît qu'avant Romulus les Latins commencèrent leur année d'abord à l'équinoxe d'automne, ensuite au solstice d'été, et le premier Roi de Rome la fixa à l'équinoxe du printemps. On n'est pas d'accord sur le nombre de mois dont l'année de Romulus était composée : les uns la font de trois cent quatre jours ou dix mois; d'autres, tel que Plutarque, lui donnent trois cent soixante jours; mais il ajoute que du temps de leur premier Roi, les Romains avaient des mois inégaux depuis vingt jours et au-dessous, jusqu'à trente-cinq, sans ordre ni raison, se contentant seulement qu'ils fissent ensemble trois cent soixante jours. Les anciens Arabes, au rapport de Chardin, avaient une pareille division.

Numa fit des changemens considérables à l'année de Romulus, en fixa le commencement après le solstice d'hiver, au mois de janvier : il ne lui donna que trois cent cinquante-quatre jours ou trois cent cinquante-cinq selon quelques auteurs. Les mois étaient de vingt-neuf jours, excepté *mars, mai, juin* et *octobre,* qui en avaient trente-un, et février vingt-huit. Afin que cette année s'accordât avec l'année solaire, Numa intercala tous les deux ans un mois de vingt-deux jours nommé *merkedonius;* et, comme il s'aperçut que cette intercalation ajoutée à l'année de trois cent cinquante-cinq jours, la rendait trop forte d'un jour par an, il ordonna la suppression de vingt-quatre jours à chaque vingt-quatrième année. L'intercalation avait lieu entre le 23 et le 24 février, qui, avant Numa, était le dernier mois de l'année; ce dont il voulut peut-être perpétuer la mémoire en y plaçant l'intercalation qui, chez presque tous les peuples, avait lieu à la fin de l'année.

Pendant la république, on oublia l'ordre établi par Numa; les pontifes à qui on avait laissé le soin des fastes, mirent un grand désordre dans le calendrier; ils intercalèrent plus ou moins souvent, suivant qu'ils voulaient alonger ou diminuer la durée des magistratures; ou, poussés par des motifs d'intérêts, ils cherchaient par là à plaire ou à nuire aux fermiers des revenus de la république, en rendant plus longues ou plus courtes les années de leurs baux. Enfin Jules César pour remédier à ces désordres, ayant fait venir d'*Alexandrie* l'astronome *Sozigènes*, réforma l'année et lui donna trois cent soixante-cinq jours six heures. A cause de ces six heures, il établit qu'on ajouterait tous les quatre ans un jour à l'année après le 23 février, ou le lendemain du sixième jour avant les calendes de mars; mais ce mois par des idées de religion ne devant être que de vingt-huit jours, on appela celui qu'on ajoutait *bis-sextus, second sixième,* d'où vint à cette année le nom de *Bissextile.* Pour ne pas changer l'ordre des fêtes, Jules César n'ajouta les jours qu'à la fin de chaque mois. Cette réformation eut lieu l'an 709 de Rome, 45 av. J. C., l'an 4669 de la période julienne ou de Jules Scaliger.

Les Romains comptaient les jours des mois par *calendes, nones* et *ides.* Les *calendes* ou le premier jour de chaque mois, étaient consacrées à Junon; leur nom vient de l'ancien mot latin *calo*, je convoque, parce que ce jour était destiné aux assemblées du peuple et aux sacrifices. Des *calendes* aux *nones* il y avait quatre jours dans les mois de *janvier, février, avril, juin, août, septembre, novembre* et *décembre,* et six dans les autres mois. On comptait ces jours par leur éloignement des nones; le 2 janvier était le 4 des nones, le 3 octobre le 5 des nones; ce nom signifiait neuvième parce qu'il y avait toujours neuf jours des nones inclusivement, aux ides inclusivement : celles-ci étaient le 13 des mois ou les nones étaient le 5, et le 15 de ceux où elles étaient le 7. Les *ides* consacrées à Jupiter tombaient au jour de la pleine lune; on croit qu'anciennement ce mot qui venait du grec signifiait *face, visage,* et marquait qu'on voyait alors la *lune dans son plein.* Quant aux autres jours du mois, ils se comptaient par leur éloignement des *calendes* du mois suivant, de la même manière que les jours avant les nones, en observant si le mois avait trente ou trente-un jour. Par exemple, le 14 janvier ou le lendemain des ides, était le 19 des calendes de février; le 14 février était le 16 des calendes de mars; le 16 de mars, lendemain des ides, était le 17 des calendes d'avril; le 14 novembre était le 18 des calendes de décembre; le 24 décembre le 9 des calendes de janvier. Cette manière de compter venait de ce que les jours se rapportaient à la *nouvelle lune* (des calendes aux nones), au *deuxième quartier* (des nones aux ides), et les ides à la *pleine lune*. On appelait le jour avant les calendes, les nones, les ides, la *veille*, et l'on disait *pridie calendas*, *nonas* et *idus* (sous-entendant *ante*). Les Romains divisaient aussi les jours du mois en *octaves*, et les marquaient par les huit premières lettres de l'alphabet; le neuvième jour, ou celui qui recommençait la *huitaine*, était un jour de marché, et se nommait *nundines*, neuvième jour.

Les Romains, de même que les Grecs, mettaient la nuit avant le jour; la nuit se partageait en quatre veilles, *vigiliœ*, dont chacune se sous-divisait en trois heures : celles de la nuit n'étaient égales à celles du jour qu'à l'équinoxe, et variaient suivant les saisons. Ce ne fut que sous les Empereurs qu'on les fixa, et que le jour et la nuit furent divisés également. On appelait les divisions de la nuit, *vesper*, le soir; *crepusculum*, le crépuscule; *concubium*, l'heure de se coucher; *intempestas* ou *conticinium*, l'heure indue ou du silence; *media nox*, minuit; *gallicinium*, le chant du coq; et *diluculum*, la fin des ténèbres. Dans la loi des douze tables et jusqu'à la première guerre punique, on ne compta dans le jour que le lever et le coucher du soleil, on y ajouta le *midi*, proclamé par un *accensus*, huissier des consuls. Dans la suite, les jours les plus longs eurent douze heures et les plus courts dix. Les principales divisions du jour étaient *Lucifer*, le crépulcule; *Mane*, la pointe du jour; *Ortus*, le lever du soleil; *Meridies*, le midi; *Occasus*, le coucher.

Les Romains croyaient à des jours heureux et malheureux, et les observaient avec une exactitude superstitieuse. Le lendemain des calendes, des nones et des ides, étaient des jours malheureux; le 15 des calendes d'août, 18 juillet, jour de la funeste journée d'Allia, était le jour le plus malheureux; pendant ces jours les Romains ne se mariaient pas, n'entraient pas en campagne et ne livraient point de batailles :

il est bon au reste d'observer qu'ils n'avaient égard à ces jours malheureux que lorsqu'ils voulaient porter la guerre chez leurs ennemis, et non quand il s'agissait de repousser leurs attaques.

MOIS ROMAINS.

MOIS.	JOURS.	NONES.	IDES.	DIEUX PRO-TECTEURS.	SIGNES du ZODIAQUE.	EXPLICATION des NOMS.
		le	le			
Janv. *Januarius.*	31	5	13	JUNON.	Le Capricorne. *Capricornus.*	Vient de *Janus* auquel il était consacré, et que quelques auteurs croient être le Soleil : ce serait ici le Soleil renouvelé, ou qui ouvre l'année.
Févr. *Februarius.*	28	5	13	NEPTUNE.	Le Verseau. *Aquarius.*	De *Februare*, expier, purifier, parce qu'il était consacré aux purifications et aux sacrifices pour les morts. Mois malheureux.
Mars. *Mars.*	31	7	15	MINERVE.	Les Poissons. *Pisces.*	Avait reçu son nom de Mars, père de Romulus.
Avril. *Aprilis.*	30	5	15	VÉNUS.	Le Bélier. *Aries.*	Le mois qui *ouvre;* la terre alors ouvre son sein; consacré à Vénus, déesse de la fécondité. Néron avait voulu donner son nom au mois d'avril; ce changement n'eut pas de succès.
Mai. *Maïus.*	31	7	15	APOLLON.	Le Taureau. *Taurus.*	Ainsi nommé selon quelques-uns, de *Maïa*, mère de Mercure; selon d'autres, de *Majores*, les anciens, les vieillards, parce qu'il était le dernier mois lorsque l'année commençait en juin. Il n'était pas bon de se marier dans ce mois là; Néron l'avait appelé *Claude.*

MOIS.	JOURS.	NONES.	IDES.	DIEUX PRO-TECTEURS.	SIGNES du ZODIAQUE.	EXPLICATION des NOMS.
		le	le			
Juin. *Junius.*	30	5	13	MERCURE.	Les Gémeaux. *Gemini.*	Il reçut son nom ou de la *Jeunesse* à laquelle il était consacré, ou parce que, lorsqu'il était le premier mois, il rajeunissait l'année en la renouvelant. On croit aussi que Junius Brutus lui donna son nom après avoir chassé les Rois. On donna à ce mois, ainsi qu'à sept., le nom de *Germanicus*, ce qui ne subsista pas long-temps.
Juillet. *Julius.*	31	7	15	JUPITER.	Le Cancer. *Cancer.*	Lorsque l'année commençait au mois de mars, ce mois se nommait *Quintilis*, étant le cinquième. On lui donna le nom de *Jules César* à la réforme du calendrier.
Août. *Augustus.*	31	5	13	CÉRÈS.	Le Lion.	Dans l'ancienne année ce mois se nommait *Sextilis*. On lui donna depuis le nom d'*Auguste*, à cause des triomphes de cet Empereur.
Sept. *September.*	31	5	13	VULCAIN.	La Vierge. *Virgo.*	Ce mois reçut son nom de sa place dans l'ancienne année, et il le conserva quoiqu'il ne fût plus le septième mois dans la nouvelle. Le Sénat par flatterie avait ordonné qu'il se nommât *Tibère* et ensuite *Germanicus*; mais cette innovation ne réussit pas. *Commode* avait aussi distribué ses

MOIS.	JOURS.	NONES.	IDES.	DIEUX PRO-TECTEURS.	SIGNES du ZODIAQUE.	EXPLICATION des NOMS.
		le	le			noms aux cinq derniers mois de l'année, mais ce prince était trop abhorré pour qu'on voulût conserver sa mémoire, en laissant son nom aux mois. On donna aussi au mois de Septembre le nom de l'empereur *Antonin-le-Pieux*, qui ne voulut pas le permettre. Il reçut aussi celui de l'empereur *Tacite*.
Obtob. *October*	31	7	15	MARS.	La Balance. *Libra.*	Etant le huitième dans l'ancienne année, on lui donna le nom de sa place, et il le conserva quand il en changea. Le Sénat voulut le nommer *Livie*, Tibère s'y opposa. On changea ensuite ce nom pour celui de *Domitien*, qu'il ne conserva pas, et Antonin-le-Pieux se refusa à ce qu'on l'appelât du nom de sa femme *Faustine.*
Nov. *November.*	30	5	13	DIANE.	Le Scorpion. *Scorpius.*	Neuvième mois de l'ancienne année.
Déc. *December.*	31	5	13	VESTA.	Le Sagittaire. *Arcitenens.*	Dixième mois de l'ancienne année.

Nous ajouterons à ce que nous avons dit sur les *nundines*, que jusqu'à la loi *hortensia* (vers l'an 70 av. J. C.) ce jour était *néfaste*, c'est-à-dire, que le préteur n'y rendait pas la justice : c'était aussi dans ces jours de nundines que les candidats aux magistratures faisaient des démarches auprès du peuple.

TABLEAU DES MOIS ROMAINS.

Jours du Mois.	JANVIER, AOUT, DÉCEMBRE.	AVRIL, JUIN, SEPT. NOV.	MARS, MAI, JUILLET, OCTOB.	FÉVRIER.
1	CALENDIS. Jan. aug. dec.	CALENDIS. Apr. jun. sept. nov.	CALENDIS. Martii, maii. julii. oct.	CALENDIS. Febr.
2	Quarto nonas.	.	Sexto nonas.	Quarto nonas.
3	Tertio.	.	Quinto.	
4	Pridie.	.	Quarto.	Pridie.
5	NONIS. Jan. aug. dec.	NONIS.	Tertio.	NONIS.
6	Octavo idus.	.	Pridie.	Octavo idus feb.
7	Septimo *id.*	.	NONIS. Martii, maii. jul. oct.	.
8	Sexto *id.*	.	Octavo idus.	.
9	Quinto *id.*	.	Septimo.	.
10	Quarto *id.*	.	Sexto.	.
11	Tertio *id.*	.	Quinto.	.
12	Pridie *idus.*	.	Quarto.	Pridie idus.
13	IDIBUS. Jan. aug. dec.	IDIBUS.	Tertio.	IDIBUS.
14	Decimo nono calendas, febr. sept. Jan.	Decimo octavo calendas, maii. julii. oct. dec.	Pridie.	Decimo sexto calendas. Martii, ainsi de suite.
15	Decimo octavo, etc.	Decimoseptimo, ainsi de suite.	IDIBUS, etc.	.
16	Decimoseptimo.	.	Decimo septimo calendas. Apr. jun. aug. nov., ainsi de suite.	.
17	Decimo sexto.	.		.
18	Decimo quinto.	.		.
19	Decimo quarto.	.		.
20	Decimo tertio.	.	.	.
21	Duodecimo.	.	.	.
22	Undecimo.	.	.	.
23	Decimo.	.	.	.
24	Nono.	.	.	Sexto calendas. Martii.
25	Octavo.	.	.	
26	Septimo.	.	.	*Tous les 4 ans.*
27	Sexto.	.	.	
28	Quinto.	.	.	Quinto. — Bissexto.
29	Quarto.	.	.	Quarto. — Quinto. Tertio. — Quarto.
30	Tertio.	Pridie calendas. Maii. julii. oct. dec.		Pridie. — Tertio. Pridie.
31	Pridie calendas. Feb. sept. jan.		Pridie calendas. Apr. jun. aug. nov.	.

TABLE chronologique des Empereurs romains, de leurs familles, et d'autres personnages illustres, depuis Pompée jusqu'au cinquième siècle.

Cneius Pompeius Magnus, N. 106 avant J. C., triumvir, deux triomphes; soumet la Sicile, l'Afrique, la Judée; vainqueur de Mithridate, des pirates; défait à Pharsale; M. en Egypte, 48 av. J. C., à 59 ans. *

Antistia, 1re fem. de Pompée, répudiée; — Emilie, petite-fille de Sylla, 2e fem.; — Murcie, 3e fem., 3 enfans, rép.; — Julie, fille de Jules César, 4e fem.; — Cornélie, veuve de Crassus, 5e fem.

Juba, roi de Mauritanie, ami de Pompée contre César, battu à Thapse, se tue 46 av. J. C. *

C. JULIUS CAESAR, N. le 4 juillet, 101 av. J. C., fils de L. Julius César et d'Aurelia; vaste génie, habile général, grand écrivain, soumet la Gaule, l'Espagne, l'Angleterre, l'Egypte, l'Afrique, défait Pompée; quatre triomphes, l'an 47; dictateur perpétuel, réforme du calendrier, 45; Rome embellie, Corinthe et Carthage relevées, grandes largesses; tué 15 mars, 45, à 58 ans; grand et d'une belle figure, eut quatre femmes. AP. *

Cossutia, 1re fem. de César, rép.; — Cornélie, fille de Cinna, mère de Julie; — Pompeia, fille de Rufus, 3e fem., rép.; — Calpurnie, qui rendit les derniers honneurs à César.

Sex. Pompeius, 2e fils du Grand Pompée et de Julie, N. 66 av. J. C., fait la guerre à César, défait à Munda, 46; s'accorde avec Octave, conserve la Sicile, la Corse, la Sardaigne; reprend les armes, sa flotte défaite par Agrippa; tué en Phrygie, par ordre de Marc-Antoine, l'an 36 av. J. C. *

Nota. Abréviations. — Acad. académicien, affr. affranchi, astr. astronome, ép. épouse, épi. épicurien, fab. fabuliste, géo. géographe, gram. grammairien, hist. historien, jur. jurisconsulte, lit. littérateur, M. mort, méd. médecin, myt. mythologue, N. né, nat. naturaliste, or. orateur, phil. philosophe, po. poète, pyth. pythagoricien, rép. répudiée, rhé. rhéteur, sto. stoïcien.

L'Étoile marque que l'on a des médailles de ce Personnage,
Et AP. qu'il a reçu les honneurs de l'apothéose.

Marcus Junius Brutus, N. 86 av. J. C., du parti de Pompée; après la bataille de Pharsale, devient ami de César et son assassin; défait avec Cassius à Philippes, se tue 43 av. J. C.; il avait été gouverneur de la Gaule Cisalpine et préteur de Rome.

Porcie, fille de Caton d'Utique, vertueuse, pleine de courage, femme de Brutus, après sa mort se tue, 43 av. J. C.

Caius Cassius, amiral de Pompée, s'attache ensuite à César, qui le fait préteur de Rome et qu'il tue; défait à Philippes par Marc-Antoine, se fait tuer 43 av. J. C. *

Junie, sœur de Brutus, femme de Cassius.

Mar. Lepidus, préteur de Rome, 54, proconsul d'Espagne, grand prêtre, deux triomphes, triumvir avec M. Antoine et Octave, 44 av. J. C.; garde l'Espagne et une partie des Gaules, chassé du triumvirat, se soumet à Octave, meurt méprisé, 14 av. J. C. Il eut un fils tué sous Auguste pour une conspiration. *

M. Antoine, N. 84 av. J. C., augure; grandes qualités, grands vices, habile général, veut venger César et le remplacer; triumvir, fait tuer Cicéron, passe en Orient, se déclare contre Octave, suit et épouse Cléopâtre qui le perd; battu à Actium par Octave, 2 sept., 31 av. J. C., se tue; il eut quatre femmes. *

Antonia, 1re fem. de M. Ant., débauchée, répudiée; — Fulvie, 2e fem., mère d'Antoine le jeune et de J. Antoine; — Octavie, sœur d'Octave, 3e fem., mère des deux Antonia et de Marcellus fiancé à Julie, fille d'Auguste; * — Cléopatre, 4e fem., mère d'Alexandre, de Ptolémée et de Cléopâtre la jeune, femme de Juba le jeune. *

M. Antoine le fils, tué par ordre d'Octave, 30 av. J. C., en Egypte, aux pieds de la statue de César. *

Cléopatre, N. 70 av. J. C., de Ptolémée Auletes, roi d'Egypte; en est la dernière reine; jolie, bien faite, spirituelle, courageuse, débauchée, faste prodigieux; maîtresse de César, en a Césarion, 48; séduit Antoine, l'épouse, en a trois enfans, le fait fuir à Actium; échoue près d'Octave, se tue 30 av. J. C. (*Voy. Antoine.*)

Juba le jeune, roi de Mauritanie, mené en triomphe

par César; savant distingué, écrit sur la peinture; aimé d'Auguste, épouse Cléopâtre la jeune, surnommée Séléné ou Lune. *

PTOLÉMÉE, fils de Juba II; allié des Romains en Afrique, honoré par Tibère, tué par ordre de Caligula.*

C. ANTONIUS, 64, frère de M. Antoine, consul avec Cicéron, combat Catilina; proc. en Macédoine, méprisé; du parti de César, des triumvirs; battu par Brutus, tué 43 av. J. C. *

L. ANTONIUS, frère de M. Antoine, déclaré l'an 45 protecteur des trente tribus, consul, 41; se défend dans Pérouse contre Octave et Agrippa, pris; se réconcilie, gouverneur de l'Espagne. *

L. ANTONIUS, oncle de M. Antoine, qui le livre à la vengeance d'Octave.

CÉSARION, fils de César et de Cléopâtre, N. 48 av. J. C., tué par ordre d'Octave, 30 av. J. C.

POLÉMON, fils de Zénon, ami d'Antoine, qui le fait roi de Pont et d'Arménie; fidèle à son parti; devient ami d'Octave. *

Ecrivains illustres depuis l'an 106 av. J. C.

Scymnus de Chio, po. et géo.; *Qu. Mut. Scévola*, or. rom.; *Antiochus d'Ascalon*, phil. acad., maître de Cicéron; *Roscius*, cél. acteur; *Terentius Varron*, N. 106 av. J. C., M. 37, phil. gram. hist.; *Hortensius*, or. rom., émule de Cicéron, M. 50 av. J. C.; *Alfenus Varus*, jur. rom.; *Molo de Rhodes*, or., maître de Cicéron, M. 30; *Aurel. Cotta*, phil. acad., et *Titus Pomponius Atticus*, phil. épi., amis de Cicéron; *Caton d'Utique* ou le Jeune, phil. sto.; *Catulle*, po., N. 86, M. 49; *Lucrèce*, po. phil épi., N. 95, M. 51; *M. Tul. Cicéron*, or. phil., N. 106, M. 33; *Salluste*, hist., M. 35; *Serv. Sulpicius*, jur.; *Alexandre Corneille Polyhistor*, hist.

CAIUS OCTAVIUS AUGUSTUS, fils d'Octavius et d'Attia, N. 22 septembre, 64 av. J. C., adopté par J. César; préteur, gouverneur de Rome, treize fois consul, triumvir; venge César son oncle; cruel, proscriptions; vainqueur de Brutus à Philippes, de M. Antoine à Actium; le monde en paix, ferme le temple de Janus; devenu empereur, règne avec douceur, sagesse

J. C. et clémence; Rome agrandie, embellie, les grands y contribuent; Mécène son ministre, descendant des rois d'Etrurie le seconde; colonies, en Italie, en Espagne, dans les Gaules; Auguste va en Orient, alliance avec les rois dés Indes; adopte Tibère, se l'associe l'an 12 de J. C., meurt à Nole, 19 août, 14 de J. C., à 75 ans, 10, M. 26 j. peut-être empoisonné par Livie, sa femme. AP. *

Servilia, 1re fem. d'Aug., répudiée; — Clodia, 2e fem. d'Aug., répudiée; — Scribonia, 3e fem., mère de Julie, seul enfant d'Auguste; — Livie Drusille, ou Livie Auguste, ou Julie Auguste, N. 59 av. J. C., de la famille Claudia; épouse de Tib. Claude Néron, qui la cède à Auguste, étant déjà mère de Tibère et enceinte de Néron Drusus; belle, grand génie, cruelle et fourbe, fait mourir les héritiers d'Auguste, Marcellus son neveu, Agrippa le jeune, Germanicus, pour faire régner son fils Tibère, M. 29 de J. C. AP. *

Ecrivains : *Virgile* de Mantoue, N. 70 av. J. C., M. 19 de J. C.; *Tibulle*, po. el.; *Diodore* de Sicile, hist. grec; *Nicolas* de Damas, hist. grec; *Trogue Pompée*, hist. lat.; *Cornelius Nepos*, hist. lat.; *Asinius Pollio*, po. hist. or.; *Properce*, po. el.; *Manilius*, po. et nat.; *C. Trebatius Testa*, jur. po.; *Horace*, N. 63 av. J. C., M. 8 de J. C.; *Denys d'Halicarnasse*, hist. gr.; *Cor. Gallus*, po.; *Ovide*, po., N. 43 av. J. C., M. 17 de J. C.; *Gratius*, po.; *Hygin*, astr. myt.; *Tite-Live*, hist., N. 59 av. J. C., M. 17 de J. C.; *Labeo*, jur.; *Verrius Flaccus*, gram.; *Strabon* d'Amasée, géo. gr.; *Denys Périégète*, géo. g.; *Phèdre*, affr. d'Aug. Fab.

M. Vipsanius Agrippa, N. 64 av. J. C., ami d'Aug.; grand général, soumet les Cantabres, les Juifs, les Pannoniens; vainq. à Philippes, à Actium; épouse Julie; trois fois consul, gouverneur de Rome, élève des monumens, le Panthéon; désigné par Aug. pour lui succéder, M. 13 av. J. C., inhumé dans le mausolée d'Auguste. *

Caecilia Attica, 1re fem. d'Agrippa, mère d'Agrippine, 1re fem. de Tibère; — Marcella, 2e fem., nièce d'Aug., répudiée par son ordre; — Julie, fille d'Aug., 3e fem., N. 41 av. J. C.; grande beauté, esprit, instruction, mœurs infâmes, ép. 1° Marcellus; 2° Agrippa, en a 5 enfans; 3° Tibère; exilée pour ses débauches, M. de misère 14 de J. C. *

JULIE, fille de Julie et d'Agrippa, fem. de Lucius Paulus; débauchée, exilée, m. à 22 ans.

CAÏUS CÉSAR, 1er fils d'Agrippa et de Julie, N. 21 av. J. C., adopté par Auguste, épouse Liville, fille de Drusus et d'Antonia; consul à 21 ans, succès contre les Parthes; empoisonné par Livie, 3 de J. C. *

LUCIUS CÉSAR, 2e fils d'Agrippa et de Julie, N. 18 av. J. C., adopté par Auguste; prince de la jeunesse; meurt à Marseille en allant commander en Espagne; Livie soupçonnée, 1 de J. C. *

AGRIPPA le jeune, 3e fils d'Agrippa et de Julie, N. 41 av. J. C., adopté par Auguste; caractère très-dur; disgracié, exilé à Sorrente, tué par ordre de Livie, 14 de J. C. *

14 TIBÈRE, N. 16 nov. 42 av. J. C. de Tib. Claude Néron et de Livie, ép. Julie; esprit, talens, bon soldat, 2 fois consul; triomphe en Orient et dans les Gaules, passe 8 ans à Rhodes loin des désordres de Julie; adopté et associé à l'empire par Auguste, 12 de J. C.; dix 1res années de règne heureuses, devient sanguinaire, fait tuer Germanicus, Agrippine et leur fils Drusus et Néron; Séjan, affreux ministre, ruine l'empire; Tibère se retire à Caprée, y vit dans la débauche pendant 12 ans; étouffé par Macron, 37 de J. C. *

VIPSANIE AGRIPPINE. (Voy. Cæcilia Attica), 1re fem. de Tibère, mère de Drusus; 2e fem. (voy. Julie, fille d'Auguste.)

DRUSUS, fils de Tibère et de Vipsanie Agrippine, N. 14 av. J. C., épouse Liville; succès en Pannonie; consul, gouverne Rome avec sagesse dans un voyage de Tibère; assassiné par Eudémus par ordre de Liville et de Séjan, qu'elle aimait, 21 de J. C. *

LIVILLE (voy. C. César), fem. de Drusus, le tue; condamnée à mourir de faim; mère de Tibère Drusus, associé à l'empire par Tibère, tué par Caligula; de Julie, femme de Néron, fils de Germanicus.

DRUSUS, frère de Tibère, N. 38 av. J. C., épouse Antonia; beau caractère, grandes qualités, habile général; succès en Germanie, dans la Rhétie (le Tyrol), projette de rétablir la république ; m. 11 juill., 9 de J. C., très-regretté, surnommé Germanicus ; statues, arcs de triomphe en son honneur. *

Antonia, fille de M. Antoine et d'Octavie, N. 38 av. J. C., fem. de Drusus, mère de Germanicus, de Liville et de Claude, modèle de toutes les vertus ; forcée à se tuer par Caligula, son petit-fils, qui d'abord l'avait comblée d'honneurs. *

Germanicus César, N. 16 av. J. C. (voy. Drusus et Antonia), adopté par Tibère, épouse Agrippine ; consul à 25 ans, grand général, amour des Romains ; triomphe des Germains et d'Arminius, rapporte les enseignes rom. enlevées à Varus ; envoyé en Orient, empoisonné par Pison à Antioche par ordre de Tibère ; Rome en deuil à la mort de ce héros, 18 de J. C. *

Agrippine la mère, fille d'Agrippa et de Julie, née 15 av. J. C., fem. de Germanicus ; belle et vertueuse, surnommée la mère des camps, rapporte à Rome les cendres de son mari ; exilée par Tibère, meurt de faim 33 de J. C. ; mère de Néron et de Drusus Césars, de Caligula, d'Agrippine la jeune, de Julie Drusille et de Julie Liville. *

Néron César (voy. Agrippine), N. 6 de J. C., d'un caractère accompli, ép. Julie, petite fille de Tibère (voy. Drusus et Liville) ; exilé par ce monstre et par Livie dans les îles Ponza, meurt de faim 31 de J. C. *

Drusus César, frère du précédent, N. 7 de J. C., caractère fier et dur ; Tibère le fait mourir de faim 32 de J. C. *

Æmilia Lépida, fem. de Drusus, pas d'enfans.

37 CAIUS CÉSAR AUGUSTE, surnommé Caligula Germanicus, N. 31 août, 12 de J. C., reste seul des enfans de Germanicus, déploie de grands talens ; commencemens de son règne heureux ; devient un tyran cruel, détruit une partie de sa famille ; horribles massacres ; incestueux et d'une folle prodigalité, se fait adorer ; tué par Cheræas 24 janv. 41 ; il eut cinq femmes. *

Claudia, fille de Silanus, 1re femme de Caligula, morte en couche ; — Ennia Naevia, répudiée par Macron, 2e fem. ; — Livia Orestilla, enlevée à Calpurnius Pison, 3e fem., répudiée ; — Lollia Paulina, enlevée à Memmius Regulus, 4e fem., répudiée, tuée par ordre d'Agrippine ; — Milonie Césonie, 5e fem., abandonne son mari pour épouser Caligula, prend part à ses débauches pour lui plaire ; est tuée après sa mort. *

Julie Drusille (voy. Agrippine la mère), N. l'an 15 à Trèves, mariée par Tibère à L. Cassius Longinus, petit-fils de Cassius, enlevée par Caligula, son frère, vit avec lui ; meurt l'an 38, AP. *

Julie Liville ou Julia Minor (voy. Agrippine la mère), N. l'an 17 à Lesbos, mariée au sénateur Mar. Vinucius ; débauchée, se livre à Caligula, à M. Lepidus, à Sénèque ; envoyée en exil par Caligula, revient après sa mort ; exilée et tuée par ordre de Messaline l'an 41. *

41 CLAUDE Ier (Tib. Claud. Caesar Aug. Germ.) né 1er août, 10 av. J. C., à Lyon, de Drusus et d'Antonia ; forcé de monter sur le trône, donne à chaque soldat prétorien 15 grands sesterces, 2700 l. ; commence à régner avec justice, protège les lettres ; quelques talens sans goût, s'abandonne à ses affranchis Narcisse et Pallas, devient cruel, avide, débauché, bizarre ; fonde le port d'Ostie, creuse un émissaire au lac Fucin ; construit des aqueducs ; soumet l'an 42 les îles britanniques, triomphe ; jeux séculaires l'an 800 de Rome ; empoisonné avec des champignons, 13 oct., l'an 54 ; il eut 5 femmes. *

Æmilia Lepida, 1re fem. de Claude, répudiée ; — Plautia Urgulanilla, 2e fem., mère de Drusus et de Claudia, répudiée ; — Ælia Petina, 3e fem., mère de Claudia Antonia, répudiée.

Claudia Antonia, fille de Claude et d'Ælia Petina, épouse Cn. Pompeius Magnus, tué par ordre de Claude l'an 47 ; Sylla Faustus, victime l'an 62, de Néron qu'elle refuse d'épouser ; il la fait tuer l'an 65. *

Valeria Messalina, 4e fem., fille de Val. Messala Barbatus et de Domitia Lepida (fille de Domitius Lepidus et d'Antonia, fille de M. Antoine et d'Octavie, sœur d'Auguste) mère d'Octavie et de Britannicus ; monstre d'impudicité et de cruauté, fait tuer Julie Liville, Julie, fille de Drusus le jeune, Silanus, Vinucius, Popée la mère ; épouse publiquement Claudius Silius ; tuée par ordre de Narcisse l'an 48. *

Claudius Britannicus, fils de Claude et de Messaline, N. l'an 41, devait succéder à son père; exclu du trône par Agrippine, empoisonné par Néron l'an 56, dernier de la famille Claudia. *

Julie Agrippine la jeune, N. l'an 14 à Cologne (voy. Germanicus) 5e femme de Claude, mariée 27 à Domitius Ænobardus, mère de Néron 37; exilée par Caligula 39; rappelée par Claude; ép. Crispus Passienus, le tue; ép. l'an 49 Claude, son oncle, premier mariage de ce genre à Rome; belle, ambitieuse et cruelle, fait régner Néron au lieu de Britannicus; empoisonne Claude l'an 54; veut dominer Néron; mise à mort à Bayes par ses ordres, et d'après les conseils de Sénèque et de Burrhus, l'an 59. *

54 Néron (Tib. Claudius) (voy. Agrippine la jeune), né l'an 37, 25 déc., à Antium, adopté par Claude l'an 50; né avec de grandes qualités, élevé par Sénèque et par Burrhus, fait espérer un règne heureux; se corrompt, fait mourir Britannicus 55, Agrippine 59, Domitia, Burrhus, Octavie 62, Poppée, Corbulon, Lucain, Pétrone, etc., brûle dix quartiers de Rome 64, en accuse les chrétiens et les persécute; fait des dépenses prodigieuses pour son palais, nommé la *maison dorée;* dispute le prix aux musiciens, aux acteurs et aux cochers du cirque; déclaré ennemi de la patrie, se tue l'an 68, 9 juin; il eut trois femmes. *

Octavie (voy. Claude), N. l'an 40; fiancée à l'âge de deux ans à Jul. Silanus, mariage rompu par Agrippine; belle et vertueuse, 1re fem. de Néron l'an 53, en est délaissée; faussement accusée, exilée, tuée par ses ordres l'an 62. *

Popée Sabine, fille de Popée; idolâtre de sa beauté, épouse Crispus Rufinus Othon, qu'on éloigne; 2e femme ou maîtresse de Néron, après avoir fait exiler et tuer Octavie; dépense des trésors; raille Néron sur ses prétentions à bien mener un char; il la tue d'un coup de pied l'an 65, AP. *; elle avait eu de Néron Claudia l'an 63, morte à quatre mois.

Statilie Messaline, 3e fem. de Néron, qui fait tuer son 4e mari, Atticus Vestinus, se distingue par son goût pour les sciences et pour l'éloquence, eut épousé Othon s'il eût voulu survivre à sa défaite. *

Lucius Clodius Macer, pro-préteur de l'Afrique,

la soulève contre Néron l'an 68, s'empare de l'autorité, s'y fait détester, est tué par ordre de Galba. *

Principaux écrivains depuis Auguste. *Valère Maxime*, lit.; *Velleius Paterculus*, hist. sous Tibère; *Isidore de Charax*, géog. gr.; *Celse*, phil. et méd.; *Philon* d'Alexandrie, phil.; *Pomponius Méla*, géog.; *Columelle* de Cadix sous Claude, écrit sur l'agriculture; *Appien*, hist.; *Sénèque*, po. et phil., précepteur de Néron; *Annæus Cornutus*, phil. et gram. sous Néron; *Lucain* de Cordoue, po.; *Pétrone* de Marseille, lit. en prose et en vers; *Perse* de Volterre, po. sat. sous Néron; *Epictète*, phil. gr.; *Dioscoride*, méd. sous Néron.

68 GALBA (SERV. SULPICIUS), né le 24 déc., l'an 6 av. J. C., consul et général, se distingue en Germanie et en Espagne; nommé Empereur à 72 ans, revient d'Espagne, mécontente le sénat et les prétoriens par son avarice et sa sévérité; abandonne les affaires à ses affranchis; assassiné par les prétoriens et par Othon, autrefois son favori, l'an 69, le 16 janvier. *

LÉPIDA, femme de Galba, meurt long-temps avant lui; deux enfans morts jeunes.

69 OTHON (MARCUS SALVIUS), né l'an 32 de J. C., favori de Néron, débauché, né avec des talens, épouse Popée, que Néron lui enlève; renverse Galba, dispute le trône à Vitellius, perd la bataille de Bédriac, se tue pour éviter une nouvelle effusion du sang de son parti, l'an 69, 15 avril. *

LUCIUS VITELLIUS, fils d'un chevalier romain, père de l'Empereur de ce nom, acquit par ses basses flatteries des richesses et la faveur de Tibère, de Caligula, qu'il adora le premier, de Claude et de Néron, et des affranchis Pallas et Narcisse; deux fois consul; le sénat lui éleva une statue. *

SEXTILIA, femme de Lucius Vitellius.

69 AULUS VITELLIUS, né le 24 sept., l'an 15 de J. C., objet et compagnon des débauches de Tibère, de Caligula, de Claude et de Néron, obtient toutes les dignités; nommé Empereur à Cologne; son armée défait celle d'Othon; il se livre à la crapule, aux excès de la table et à la cruauté, empoisonne sa nièce; arrêté par Primus, général de Vespasien, déclaré Empereur en Orient; il

est tué après un long supplice par le peuple, 20 déc., an 69. *

Petronia, 1re femme, mariée en secondes nôces à Vitellius*; — Galeria Fundana, 2e femme, remplie de vertus, recueille dans le Tibre les restes de son mari; en a deux enfans, un fils tué sous Vespasien, une fille mariée à Valerius Asiaticus.

69 VESPASIEN (Flavius), né le 17 nov., l'an 9 de J. C., à Riéti, de Titus Flavius Sabinus et de Vespasia Polla, se distingue en Angleterre dans l'expédition de Claude; triomphe des Juifs sous Néron; déclaré Empereur à Alexandrie le 1er juil. 69, rétablit les finances, la discipline, les beaux-arts et le commerce, rappelle le règne d'Auguste; embellit Rome, relève le Capitole, brûlé sous Vitellius, construit le Colisée, le temple de la Paix; celui de Janus, fermé pour la 6e fois; refuse le titre de père de la patrie; on lui reprochait son amour pour l'argent; meurt debout, et s'occupant des affaires de l'état, 24 juin 79, AP. *

Domitille (Flavia) fut d'abord esclave, mariée à Vespasien l'an 40, meurt avant qu'il fût Empereur, en avait eu Titus, Domitien et Domitille, AP. *

Vespasien le jeune, peut-être fils de Vespasien et de sa maîtresse Cénis. *

79 TITUS (Flav. Sabinus Vespasianus), né le 30 déc., l'an 40, élevé à la cour de Néron; grandes qualités, esprit, douceur, mémoire prodigieuse, courage à toute épreuve, soumet la Judée, détruit Jérusalem 70, triomphe; se livre à la débauche, à l'avarice, fait craindre de revoir les jours de Néron; nommé Empereur, se corrige, se fait chérir par sa justice, ses largesses, ses spectacles; Agricola, beau-père de Tacite, soumet la Grande-Bretagne; éruption du Vésuve, qui détruit Herculanum, Pompéï, et mort de Pline le naturaliste, 79, 1er nov.; grand incendie et peste à Rome, 80; Titus en répare les ravages à ses frais; surnommé les délices du genre-humain, empoisonné par Domitien le 13 sept. 81, eut deux femmes, AP. *

Arricidia Tutella, 1re fem. de Titus; — Marcia Furnilla, 2e femme, mère de Julie; — Julie, d'une grande beauté, refuse d'épouser Domitien, se marie à

Sabinus, son cousin germain, devient maîtresse de Domitien, qui fait tuer son mari; se livre à la débauche, meurt en voulant détruire l'enfant dont elle était enceinte, l'an 90, AP. *

81 DOMITIEN, né le 24 oct., l'an 51, nommé César ou héritier présomptif le jour de la mort de Vitellius, fait espérer un règne heureux; d'un caractère sombre et mélancolique, se livre à tous les crimes de la débauche et de la cruauté, sacrifie ses proches et les gens riches, prend plaisir aux supplices; le monde en paix, le temple de Janus est fermé pour la 7e fois; les chrétiens persécutés pour la deuxième; exil de S. Jean à Patmos; Domitien, assassiné le 18 sept., 96, par Domitia, sa femme, et Etienne, son intendant; on abat et l'on détruit ses statues *.

Domitia Longina, fille de Corbulon (voyez les nos 250 et 693), d'une beauté et d'un esprit remarquables, épouse le sénateur L. Ælius Lamia, est enlevée par Domitien; déclarée Auguste; s'abandonne à la débauche la plus effrénée, répudiée pour faire place à Julie; reprise après sa mort; mise à la tête des proscrits par Domitien, le tue; eut de lui un fils, mort à l'âge de 9 ans et AP. meurt sous Trajan. *

96 NERVA (Mar. Cocceius), né le 17 mars l'an 32, à Narni, nommé Empereur par le sénat et les prétoriens; bon prince, clément, généreux, rétablit les lois, diminue les impôts, protége les lettres, adopte Trajan, meurt le 27 janv. 98, AP. *

Principaux écrivains depuis l'an 63 : *Silius Italicus*, po., consul l'an 67. *Valerius Flaccus*, po. *Pline* l'ancien, nat., M. l'an 79, âgé de 56 ans. *Asconius Pedianus*, lit. et crit. *Plinius Valerianus*, méd. *Juvenal* (Decim. Junius) po. sat. sous Domitien. *Martial* (M. Valer.) po. épig. sat. *Apollonius* de Thyane, phil. *Stace* (P. Papinius) de Naples sous Domitien, po. *Frontin* (Sex. Jul.) lit. sous Vesp. Domit. Nerva et Trajan. *Quintilien* (M. Fabius) rhét. sous Domit. *Dion Chrysostôme* de Pruse, or. *Tacite* (Cornel) hist. sous Vesp. Nerva, Trajan.

98 TRAJAN (Mar. Ulpius Crinitus Nerva) né à Italica, 18 sept. 52, de Trajan général et consul; adopté à

Cologne par Nerva; souverain accompli dans la paix et dans la guerre, amour des Romains, déclaré père de la patrie l'an 99; construit beaucoup de monumens, de ponts, de routes; toujours à la tête de ses troupes, porte ses armes contre les Daces, 102, 105, 107, les Parthes, 112, en Orient jusqu'aux Indes; colonne Trajane, monument de ses triomphes, élevée l'an 114; laisse persécuter les chrétiens; ses mœurs suspectes; meurt à son retour des Indes à Sélinunte en Cilicie, après avoir adopté Hadrien, 10 août 117. AP. *

Plotine, femme de Trajan; belle, d'un esprit élevé, modèle de toutes les vertus, déclarée auguste l'an 99, gouverne avec talent l'empire pendant les expéditions de Trajan, le suit en Orient, rapporta ses cendres, M. l'an 119. AP. *

Marciane, sœur de Trajan, femme accomplie, auguste l'an 66, unie de la plus tendre amitié avec Plotine, M. l'an 113; mère de Matidie. AP. *

Matidie, fille de Marciane et nièce de Trajan, eut toutes les vertus de sa mère; auguste vers l'an 113; mère de Julie Sabine et de Matidie la jeune; meurt sous Hadrien. AP. *

117 P. AELIUS HADRIEN (Nerva Trajanus). N. à Rome, 26 janv. 76; doué de grandes qualités mêlées de grands vices; adopté par Trajan son parent; épouse Sabine l'an 100, la maltraite après la mort de Plotine; protége les arts et les belles-lettres en persécutant souvent les artistes et les savans par jalousie; fait pendant treize ans et avec fruit de grands voyages, en Egypte 132, et en Orient; maintient les conquêtes de Trajan, détruit les Juifs révoltés, 134, rebatit Jérusalem sous le nom d'Aelia Capitolina; souvent cruel et dissimulé; mœurs corrompues, met Antinoüs son favori au rang des Dieux *; adopte Antonin, fait mourir Sabine, quelques jours après meurt à Bayes, 10 juillet 138; ses cendres renfermées dans son mausolée, *Mole d'Adrien*, aujourd'hui Château Saint-Ange. AP. *

Sabine (Julie), fille de Matidie et fem. d'Hadrien; belle, d'un esprit distingué et vertueuse; nommée auguste et nouvelle Cérès; délaissée pour Antinoüs, empoisonnée 138. AP. *

L. Aelius César, fils d'Annius Verus et de Rupille Faustine, et frère d'Annius Verus et de Faustine la mère, épouse Domitia Lucilla (Voy. Verus), beau, spirituel, instruit et débauché, adopté par Hadrien, 135, gouverne la Pannonie avec sagesse et courage, M. 31 déc. 137. *

Domitia Lucilla, fille de Nigrinus, femme d'Aelius, mère de Lucius Verus et de Fadia ou Fabia.

138 TIT. AEL. HADRI. ANTONIN-LE-PIEUX ou le Philosophe, N. à Lavinium, 19 sept., 86, fils d'Aurelius Fulvus et d'Arria Fadilla, et descendant de M. Antoine; adopté par Hadrien, 25 février 138; adopte M. Aurèle; prince parfait, surnommé le *père des vertus*, juste, affable, libéral; fait la guerre avec succès pour défendre ses frontières; pris pour arbitre par les rois et les peuples les plus éloignés; jeux séculaires l'an 900 de R., 147 de J. C.; arrête les persécutions contre les chrétiens, 152; on commence sous son règne à ne plus brûler les morts, M. 7 mars, 161; chaque famille devait avoir sa statue dans sa maison. AP. *

Faustine la mère (Galeria) N. l'an 104 d'Annius Verus et de Rupille Faustine; femme d'Antonin avant qu'il fût empereur; en a Marc-Aur. Fulvus, M. Annius Galerus Antonin, morts jeunes, Fadille et Faustine; d'une beauté et d'un esprit distingués; mœurs infâmes, tolérées par Antonin, M. 141. AP. *

Galère Antonin (Mar. Annius) fils d'Antonin et de Faustine, M. jeune. *

Principaux écrivains depuis l'an 100 : *Pline le jeune*, lit. sous Trajan, idem. *Plutarque* de Chéronée, hist. phi. lit. idem. *L. Annius Florus*, hist. id. *C. Suétone*, hist. id. *Priscus* et *Celsus*, jur. id. *Arrien*, phil. et hist. sous Adrien. *Favorinus*, phil. id. *Aristides*, or. gr. id. *Philon* de Biblos, hist. gr. id. *Appius*, hist. gr. sous Antonin Pie. *Aulugelle*, lit. id. *S. Justin*, phil. et mart. id. *Maxime* de Tyr, phil. plat. id. *Cl. Ptolémée*, géog. gr. id. *Artémidore*, lit. id. *Fronto*, or. romain, maître de M. Aurèle et de L. Vérus.

161 MARC-AURÈLE Antonin, N. à Rome, 26 avril, 121, d'Annius Verus jeune (Voy. L. Aelius) et de

Domitia Carvilla; adopté par Antonin, 25 févr., 138, ép. Faustine, 140; le plus vertueux des emper. romains; s'associe Verus; chrétiens persécutés, 163; triomphe sur les Parthes, les Arméniens, les Germains, les Bretons, 165; peste rapportée d'Orient en Italie; invasion des Marcomans soutenue et repoussée; Verus meurt, 169; expédition de Marc-Aurèle en Germanie, en Asie, contre Avidius Cassius, triomphe; M. à Sirmich, 17 mars 180; il eut de Faustine jeune, Commode, Lucille, quatre fils morts jeunes et trois filles. AP. *

FAUSTINE la jeune (Annia) épouse M. Aurèle, 140; sans beauté, séduisante par son esprit; la plus dissolue des impératrices romaines; marie sa fille Lucille à Verus, se livre à lui, l'empoisonne; M. en Asie, 175. AP. * nommée *Nouvelle Cérès* (voy. le nº 211.)

ANNIUS VERUS, César, fils de Marc-Aurèle et de Faustine, M. jeune, 170. *

171 VERUS (LUCIUS AURELIUS) N. 15 décembre, 130, de L. Aelius et de Domitia Lucilla, adopté par Antonin, 137; collègue de M. Aurèle, 161; quelques bonnes qualités; très-beau, mœurs affreuses et crapuleuses; part, 162, pour la guerre de Syrie, la néglige, se livre à Antioche à la débauche, épouse Lucille à Ephèse; triomphe avec M. Aurèle, 166; rapporte la peste, vit avec Fabia, sa sœur, et Faustine; part pour la guerre des Marcomans, 169; meurt cette année à Attinum, empoisonné. AP. *

LUCILLE, N. 146 (Voy. Marc-Aurèle) belle et vertueuse d'abord, épouse Verus, 162; délaissée, se livre à la débauche; après la mort de Verus, épouse Claudius Pompeianus; vit avec Commode; abandonnée, conspire contre lui; exilée à Caprée, mise à mort, 184; eut de Claudius, Laetus Pompeianus et Lucille. *

180 COMMODE (L. AEL. ou M. AUREL. COM. ANTONINUS) N. à Rome, 31 août, 161 (Voy. Marc-Aurèle) César, 166; Auguste, 177; épouse Crispine, 178; après trois ans d'un règne sage, développe son caractère atroce, fait périr Lucille, Crispine, une partie de sa famille; se fait adorer comme Jupiter, Hercule, en prend les attributs; se livre à la crapule, le palais et les temples deviennent des lieux de débauche; combat 735 fois comme gladiateur; peste, famine, incendies;

échappe à des conspirateurs; empoisonné par sa maîtresse Murcia, 31 déc., 192; dernier des familles Aelia et Aurelia; ses statues détruites par Sept. Sévère. AP. *

Crispine (Bruttia Cris. Aug.) fille du sénateur Bruttius Praesens, d'une grande beauté; ambitieuse, épouse Commode; nouvelle Messaline, exilée, tuée, 183. *

192 PERTINAX (Pub. Helvius) N. 1er août, 126, d'une naissance obscure; s'élève par ses talens, sénateur, préteur, consul sous M. Aurèle; succès dans la Grande-Bretagne sous Commode; forcé d'accepter l'empire, fait espérer le plus beau règne, réforme les abus, la discipline, mécontente par-là les Prétoriens, tué 28 mars, 193, AP. *

Titiane (Flav. Tit. Aug.) fille du sénateur Flav. Sulpicianus; fem. de Pertinax; en a Helvius Pertinax, tué, 215, sous Caracalla, vit dans la débauche. *

193 *Quatre prétendans à l'empire :* 1er M. Didius Severus Julianus, N. à Milan, de Petronius Didius et d'Aemilia Clara, 29 janvier, 133; aimé de M. Aurèle, malgré ses défauts; exilé par Commode, rappelé, en faveur; le trône marchandé entre lui et Sulpicien, beau-père de Pertinax, auprès des Prétoriens; Julien plus riche l'emporte, altère le titre de la monnaie d'argent; tué le 2 juin par ordre du Sénat. *

Manlia Scantilla Aug., femme de Didius Julien, en a Didia Clara; meurt dans l'obscurité. *

Didia Clara Aug., fille de Didius Julien, femme du sénateur Com. Repentinus; même fin que sa mère. *

193 2e Prét. C. PESCENNIUS NIGER (Justus Aug.) fils d'Annius Fuscus et de Lampridia, sert avec distinction; gouverneur en Syrie; nommé empereur par le Sénat, reste à Antioche; marche contre les généraux de Septime-Sévère; perd les batailles de Cyzique, de Nicée, d'Issus; tué, 195. *

Pescennia Plautiana, femme de Niger, exilée; mise à mort avec ses enfans par Septime-Sévère.

193 3e Prét. ALBIN (Decimus Claudius Septimius) né à Adrumeta, de Ceionius Postumius et d'Aurel. Messalina; grand capitaine sous Marc-Aurèle et Commode; gouverneur de la Grande-Bretagne; déclaré César par Septime-Sévère, qui l'attaque dans les

Gaules après la chute de ses rivaux; battu à Trévoux, se retire à Lyon, elle est brûlée; il se tue 19 février, 197; sa femme, son fils et sa fille mis à mort. *

193 Luc. Septi. SÉVÈRE (Pertinax Aug.) N. à Leptis en Afrique, 11 avril, 145, de M. Septimius, Géta et de Fulvia Pia; nommé Empereur en Illyrie, défait ses rivaux; grandes qualités, plus grands vices, très-cruel et avare; détruit les familles de Pescen. Niger et d'Albin; habile général, triomphe en personne en Orient, 198; persécute cruellement les chrétiens, 202; soumet la Grande-Bretagne, 208; y élève, 210, une grande muraille de huit milles de long entre l'Angleterre et l'Ecosse; Caracalla son fils veut le tuer; Sévère meurt de chagrin ou de poison à Yorck, 4 février, 211; AP. * Martia, première femme.

Julia Domna (Pia Felix, aug.) née à Emèse, de Julius Bassienus et de Julia Scemias, épouse Sévère vers 173, en a deux fils et deux filles; beauté, esprit, instruction, talens et ambition remarquables, vit dans le désordre, aide son mari de ses conseils, conspire contre lui; paraît changer de conduite; après la mort de Caracalla se retire à Antioche, s'y laisse mourir de faim de crainte de Macrin, 217. AP. *

Ecrivains depuis l'an 150. *L. Apulée* de Madaure, phil. lit. sous Marc-Aurèle. *Galien*, méd. id. *Lucien*, lit. gr. id. *Théophile* d'Antioche, lit. chrét. id. *Numénius* d'Apamée, phi. id. *Pausanias* de Césarée, lit. gr. et voyageur, id. *Harpocration*, rhét. gr. id. *Polyen*, lit. gr. id. *Celse*, phil. épic. et lit. id. *Athénagaras*, prêtre et phil. chrét. *Jul. Pollux*, lit. gr. sous Commode. *Diogène* de Laërte, phil. épic. lit. id. *Sext. Empiricus*, phil. et méd. id. *Athénée* de Naucratis, lit. gr. idem.

211 M. AUREL. SEV. ANTONIN., surnommé Caracalla, né à Lyon, 4 av. 188 (voy. Septime-Sévère) montre d'abord des inclinations douces; César 197, développe bientôt un caractère affreux, ép. Plautille, 203; règne avec Géta son frère, le fait tuer, ainsi que Plautille et Papinien, son gouverneur; guerre en Germanie, 214; passe en Orient, pille; massacre 20,000 personnes à Alexandrie; guerre horrible contre les Parthes; tué 8 av., 217, près d'Edesse, par ordre de Macrin. AP. *

D'après une médaille et une inscription, on croit qu'il eut un fils nommé Hadrien.

FULVIE PLAUTILLE (Justa Ful. Plaut. Aug.) fille de Fulv. Plautianus, ministre de Sept.-Sévère; femme de Caracalla; belle, d'un caractère impérieux, exilée par Sévère à Lipari, 204; tuée avec son père et sa fille par ordre de Caracalla, 211.*

PUB. ou LU. SEPTIMIUS GETA PIUS AUG., frère de Caracalla, né à Milan, 27 mai, 189; caractère doux et généreux; débauché; ennemi de son frère dès son enfance; César, 199; Auguste, 209; aimé des troupes, règne avec son frère; leur haine se déclare; tué par Caracalla dans les bras de leur mère, fév. 212. AP.*

217 MACRIN (MAR. OPELIUS SEVERUS MA. AUG.) né en Afrique, 164; d'abord avocat, vient à Rome; accueilli par Sept.-Sévère et Plautien; préfet du prétoire sous Caracalla, se défait de lui; nommé Empereur, règne avec justice, protége les lois, les belles-lettres; fait la guerre aux Parthes; battu, paix honteuse, indispose par sa sévérité; vaincu par les généraux d'Elagabale reconnu Empereur; poursuivi, tué juin, 218.*

NONIA CELSA, fille de Diadumenus, fem. de Macrin, mère de Diadumenien; belle et de mauvaises mœurs.

DIADUMÉNIEN (Mar. Opel. Antoni. Diad. Cæsar) né 19 sept., 208; mauvais caractère, César, 217; deux fois consul; déclaré auguste 218; tué un mois après.*

218 ÉLAGABALE (M. AUR. ANTON. ELA. AUG.) surnommé Var. Bassienus Avitus, né à Rome, 204, de Varius Marcellus et de Soemias, nièce de Julia Domna; prêtre du soleil à Emèse; monstre de cruauté, d'impudicité et de profusions; sacrifices humains à son dieu Syrien Elagabale; veut nommer César un esclave son favori; adopte et déclare César Alexandre Sévère; projette de s'en défaire; est tué avec Soemias dans des latrines, 11 mars, 222.* Cinq fem. dont deux inconnues.

JULIA CORN. PAULA AUG., 1re fem. d'Elagabale, fille de Jul. Paulus, préfet du prétoire; belle et vertueuse; fêtes d'une magnificence prodigieuse à son mariage; premiers combats de tigres et d'éléphans; répudiée.*

JULIA AQUILIA SEVERA AUG., fille de Quint. Aquilius Severus, deux fois consul; vestale, enlevée et épousée par Elagabale; répudiée, reprise; lui survit.*

ANNIA FAUSTINA AUG., fille de Claud. Sévère et de Vibia Aurelia, fille de M. Aurèle et de Faustine; d'une grande beauté et de bonnes mœurs; épouse le sénateur Pomponius Bassus; Elagabale le fait tuer; il épouse Annia, la répudie pour se marier à deux autres femmes, et reprend ensuite Aquilia.*

JULIA MAESA AUG., née à Emèse de Julius Bassienus, prêtre du soleil, et de Julia Soemias, sœur de Julia Domna; épouse Jul. Avitus; mère de Soemias et de Mammée; esprit très-vaste, grand courage, se retire à Emèse; fait proclamer Elagabale Empereur; combat à la tête de ses troupes contre Macrin, va à Rome; admise dans le Sénat malgré les lois, donne d'inutiles conseils à Elagabale; meurt regrettée, 223.

JUL. SOEMIAS ou SEMIAMIRA AUG. (voy. Maesa) ép. Varius Avitus; en a Elagabale, se retire à Emèse, 217; le fait nommer Empereur; déclarée auguste, 219; admise dans le sénat; vaine, ambitieuse, d'un grand courage, cruelle et débauchée; crée un sénat de femmes pour décider leur toilette et tout ce qui les regardait; abhorrée, veut soutenir les droits d'Elagabale; est tuée avec lui, 222. AP. *

JUL. MAMMÉE AUG. (voy. Maesa) épouse Genesius Marcianus; en a Théoclie et Alexandre Sévère, en fait un prince parfait; auguste, 222; gouverne sous son fils avec talent et courage; mais ambitieuse, fière et avare, commet des injustices par amour de l'argent; tuée 235. AP.*

222 ALEXANDRE SÉVÈRE (M. AUR. SEV. AL. AUG.) né à Arco en Phénicie, 1er oct., 208 (voy. Mammée) esprit, talens, courage, mœurs régulières, bonté parfaite, prince accompli; triomphe en Orient contre Artaxercès, roi des Perses, et en Germanie; Maximin et une troupe de factieux le tuent avec sa mère, 19 mars, 235; très-regrettés; fêtes en leur honneur. AP. * Alexandre épouse d'abord une fille de son cousin Varius Marcianus, déclarée Auguste et mal vue de Mammée.

SULPICIA MEMMIA AUG., 2e fem. d'Alex.; très-fière, souffrait impatiemment son affabilité; morte jeune.

GNEIA SEIA HERENNIA ou SALLUSTIA BARBIA ORBIANA AUG., 3e femme d'Alexandre, n'est connue que par les médailles. *

ANTONIN et LUC. JUL. AUR. SULPICIUS URANIUS ANTONINUS, tyrans ou reconnus Empereurs pendant quelque temps par les troupes d'Orient sous le règne d'Alex. Sévère ; médaille unique d'Uranius. *

235 MAXIMIN Ier (C. JUL. VERUS MAX. AUG.) né en Thrace, 173, du goth Micea et d'Ababa; d'une taille gigantesque et d'une grande férocité ; talens militaires ; sénateur et gouverneur sous Septime-Sévère ; fait tuer Alexandre ; proclamé Empereur, ravage la Germanie, persécute les chrétiens, dépouille ses sujets ; déclaré ennemi de la patrie ; tué avec Maximin son fils, mars, 238.*

PAULINE (Diva. Paul) femme de Maximin ; son nom n'est connu que par les médailles ; belle et d'un caractère très-doux. AP. *

MAXIME (C. Jul. Verus Max. Caesar) né 216, fils de Maximin ; d'une beauté parfaite, instruit ; se livre aux plaisirs ; César, 235 ; se rend odieux par son arrogance ; tué 238. *

237 GORDIEN d'Afrique le père (M. ANTONIUS GORD. AFR. AUG.) né à Rome, 157, de Metius Marcellus et d'Ulpia Gordiana, de la famille de Trajan ; doux, juste, magnifique, de bonnes mœurs ; aimant et cultivant l'éloquence et la poésie ; sénateur, deux fois consul ; proconsul d'Afrique, 230 ; proclamé Empereur mai, 237 ; s'associe son fils ; ils marchent contre Capellien, général de Maximin ; battus 25 juin ; le fils tué ; Gordien s'étrangle ; règne quarante jours. AP. *

FABIA ORESTILLA, petite nièce de l'emper. Antonin Pie, femme de Gordien, mère de Gordien le jeune et de Metia Faustina.

GORDIEN d'Afrique le fils (M. Ant. Gord. Afr. Aug.) né 191 ; habile jurisconsulte, bon écrivain, vaillant capitaine ; préteur de Rome et consul sous Alex. Sévère ; trop adonné aux plaisirs, a des enfans de 22 maîtresses ; lieutenant de son père ; tué 25 juin 237. AP. *

237 BALBIN (DECIMUS CAELIUS BAL. AUG.) deux fois consul, gouverneur de l'Asie et de l'Afrique ; juste, bon, et cultivant les lettres avec succès ; élu par le sénat Empereur avec Pupien contre Maximin ; déclare César Gordien le jeune ; calme une sédition affreuse des prétoriens ; règne avec sagesse ; tué par les prétoriens, 15 juil. 238. *

237 PUPIEN (M. Claud. Pup. Maximus Aug.) né 164 de Maxime, artisan; devient par ses talens sénateur; préteur deux fois; consul, gouverneur de la Gaule, de la Bythinie; succès contre les Sarmates et les Germains; préfet de Rome, Empereur, 237; juste, modéré, vertueux; maintient la discipline; marche contre Maximin, revient à Rome; tué avec Balbin. *

Quintia Crispilla, femme de Pupien.

238 GORDIEN 3e ou PIE (M. Ant. Gord. Pius Aug.) né 20 janv. 235, du consul Junius Balbus et de Metia Faustina (voy. Gordien 1er) César 9 av. 237; proclamé Empereur par les prétoriens 15 juil. 238; jeune prince parfait, amour des Romains; embellit Rome, épouse 242 Tranquilline, fille du sage ministre Misithée; les Francs, nommés pour la première fois dans l'histoire, défaits par Aurélien; Gordien part pour faire la guerre à Sapor, roi de Perse, succès; perd Misithée, le remplace par Philippe, qui se fait associer à l'empire, et fait tuer le vertueux Gordien à Zaïte sur l'Euphrate, mars 244. AP. *

Tranquilline (Furia ou Sabina Tranq. Aug.) (voy. Gordien Pie) d'une beauté, d'une douceur et d'une vertu parfaites; adorée des Romains; monumens en son honneur; Misisthée son père, l'un des plus grands hommes de Rome, nommé le père des princes et le tuteur de la république. AP. *

244 PHILIPPE le père (Mar. Julius Phil. Aug.) né 204 d'un chef de voleurs arabes; bon guerrier, épouse Otacilia Severa, 237; ils se font chrétiens; il fait tuer Gordien Pie; paix honteuse avec Sapor; repoussé de la communion des fidèles par S. Babylas, évêque d'Antioche, 13 av. 244; fait pénitence; 1er Empereur chrétien; règne avec sagesse; succès contre les Goths; magnifiques jeux séculaires, l'an 1000 de Rome, ce sont les derniers; deux Empereurs élus en Orient; Philippe envoie contre eux Trajan Dece, que l'armée nomme Empereur; Philippe battu et tué près de Vérone, oct. 249. AP., quoique chrétien. *

Otacilia Severa (Marcia Ot. Sev. Aug.), fille de Severius, gouverneur de la Pannonie; belle, vertueuse, mais ambitieuse, trempe dans le meurtre de Gordien; soumise à la pénitence, élève son fils dans le christianisme; il est tué entre ses bras par les prétoriens, 249; elle finit sa vie dans la retraite.

PHILIPPE le fils (M. Jul. Phil. Aug.) né 237; annonce de grandes dispositions; d'un caractère sérieux; César et Auguste le 10 mars 244, deux fois Consul; tué oct. 249. AP. *

MARIN (P. Carvilius Mar. Aug.) bon capitaine; élu Empereur par ses troupes en Mésie; se conduit mal; est tué. AP. par les Thraces. *

PACATIEN (Ti. Cl. Mar. Pacat. Aug.) nommé Empereur dans le midi des Gaules, n'est connu que par les médailles.* JOTAPIEN avait été proclamé Empereur en Syrie, * et PRISQUE, frère de Philippe le père, en Macédoine.

249 TRAJAN DECE (CN. MESSIUS QUINTUS TRAJ. DEC. Aug.) né en Pannonie, 201; habile homme d'état, grand capitaine; forcé d'accepter l'empire, règne avec éclat; ses fils Herennius et Hostilien nommés Césars; commencement de la peste, qui dura 12 ans; invasion des Goths en Mésie; Herennius les bat, est vaincu; Trajan Dece les repousse; trahi à la bataille de Britte par Trébonianus; défait, se précipite dans un marais, nov. 251. AP. * 7e persécution générale contre les chrétiens.

Principaux écrivains depuis 200 : *Oppien*, po. gr. et nat. sous Sévère; *Philostrate* de Lemnos, lit. gr. sous Caracalla; *Q. Serenus Samonicus*, po. et méd.; *Papinien*, jur. id.; *Saint-Clément* d'Alexandrie, lit. et phil. id.; *Tertullien*, lit. chrét. id.; *Jul. Solin*, gram. sous Alexandre Sévère; *Plotin*, phil. plat. id.; *Ulpien*, jur. id.; *Elien* de Préneste, lit. gr. id.; *Jul. Africain*, phil. et lit. chrét. id.; *Dion Cassius* de Nicée, hist. gr. id.; *Hérodien*, hist. gr. id.; *Julius Paulus*, jur. id.; *Sextus Pomponius*, jur. id.; *Hermogénien*, jur. id.; *Saint-Cyprien*, évêque de Carthage; *Minucius Felix*, lit chrét. lat.; *Origène*, lit. chrét. gr. *Censorin*, gram.; *Ammonius*, phil. maître de Longin; *Justin*, lit. et hist. de la même époque, sous les successeurs d'Alexandre Sévère jusqu'à Trajan Dece.

HERENNIA CUPIENNIA ETRUSCILLA Aug.; née peut-être 205, femme de Trajan Dece; Auguste 249; après la mort de Dece, elle vit dans l'obscurité.

QUINT. HEREN. ETRUSCUS MESSIUS DECIUS Aug., 1er fils de Trajan Dece; César 249; gagne 250 la bataille de Nicopolis contre Caniva, roi des Goths; est surpris et battu à Berrée; nommé Auguste, Empereur et Consul par Trajan; tué à la bataille de Britte, 251. AP. *

C. VALENS HOSTILIANUS MESSIUS QUINTUS Aug.; 2e fils de Dece, César 249; survit à son père; adopté par Trébonianus Gallus; nommé Auguste, Empereur et Consul; meurt de la peste ou de poison, 252 *

ETRUSCUS MESSIUS TRAJAN DECE le jeune, 3e fils, tué à la bataille de Britte.

M. AUFIDIUS PERPENNA LICINIANUS Aug.; fut, à ce qu'on croit, un instant Empereur dans les Gaules sous Dece ou sous Gallus. * ?

251 TRÉBONIEN (C. VIB. TREB. GALLUS) Aug.; né en Afrique 206; trahit Trajan Dece; nommé Empereur; paix honteuse avec les Goths; s'abandonne aux plaisirs; invasion des Goths, des Perses; peste cruelle, famine; chrétiens persécutés; Gallus marche contre Emilien, nommé Empereur en Mésie; est battu, mis en fuite; tué à Luni, mai 253. *

C. VIBIUS VOLUSIEN, Auguste; fils de Gallus, et peut-être d'Hostilia Severa; César 251; Empereur juil. 251; prodigue ses soins aux pestiférés, vit dans la mollesse; marche avec son père; est tué à Luni 253. *

253 AEMILIEN (C. ou M. JUL. AEMILIUS) Auguste; né en Afrique 207; bon soldat, consul, gouverneur de Mésie; chasse les Goths; nommé Empereur, avril 253; bat Gallus, marche contre Valérien; est tué par ses soldats à Spolette, août 253. *

253 VALÉRIEN (PUB. LICINIUS) Aug.; né 190; nommé Censeur par le sénat; il n'y en avait pas eu depuis Claude; Empereur en août 253; très-bon prince, mais faible; plusieurs généraux se déclarent Augustes dans les provinces; chrétiens persécutés; Valérien marche contre Sapor, roi des Perses 258; est battu, pris 260; affreuse captivité; meurt 267; on l'écorche après sa mort, et l'on suspend sa peau empaillée dans un temple.*

MARINIANE, 2e fem. de Valérien, mère de Valérien le jeune; très-belle et d'une grande vertu; prise avec son mari, indignement traitée; meurt avant lui. AP.*

PUB. LICINIUS VALÉRIEN le jeune, César 255; nommé

Auguste et Empereur sous Gallien; prince accompli; tué avec Gallien. *

GNEIA CORNELIA SUPERA, qu'on croit femme de Valérien le jeune. *

260 GALLIEN (PUB. LICIN. EGNATIUS) Aug.; 1er fils de Valérien et d'une femme inconnue, né 233; associé à l'empire 254; règne avec talent et douceur; seul Empereur lors de la captivité de Valérien, ne cherche pas à l'y soustraire; prend pour maîtresse Pipa, fille d'Attale, Roi des Marcomans; se livre à la débauche, aux profusions, à la cruauté; l'empire envahi; il s'élève plus de 30 tyrans; Odénat, prince de Palmyre, repousse les Perses 262; nommé Empereur par Gallien, qui bat Postume dans les Gaules, les Goths en Illyrie, Auréole en Italie; il est tué par ses troupes à Milan, 20 mars 268. AP. *

JULIA CORNELIA SALONINA CHRYSOGONE, femme de Gallien, Auguste 254; belle, vertueuse, bienfaisante, d'une instruction et d'un courage distingués, animait Gallien et ses troupes dans les combats; est tuée avec lui. *

PUB. LICIN. CORNELIUS SALONIN. VALERIEN, Aug.; né 250 de Gallien et de Salonine, César 255; élevé dans les Gaules par Sylvain; Consul 258; reçoit les titres d'Auguste, d'Empereur; confié à Postume, qui se déclare Empereur, et tue à Cologne Sylvain et Salonin, âgé de dix ans, 260. AP. *

QUINT. JUL. GALLIEN César; 2e fils de Gallien; César mars 261; tué à Milan avec son père. *?

PUB. CORNEL. SALONIN GALLIEN, César; il n'est pas certain que Gallien ait eu un 3e fils de ce nom. *?

LICINIA GALLIENA, Auguste; suivant les uns, fille de Gallien; suivant d'autres, sa cousine; femme de grand courage, qui tua l'usurpateur Cornel. Celsus. *?

TYRANS sous Valérien et sous Gallien.

SULPICIUS ANTONINUS, Auguste; tyran à Emèse 253; probablement fils de Sulp. Uranius Antoninus; tué par ses soldats. *

CYRIADES (Pius Felix) Auguste; devient général de Sapor, bat les Romains, se déclare Auguste 257; ravage l'Orient; tué 258. *?

D. Laelius Ingenuus (Pius Felix) Auguste; général habile sous Valérien; se révolte contre Gallien; se fait Emper. en Mésie 260; battu à Murse par Gallien; tué.*?

Macrien (Mar. Fulvius) Auguste; ami de Valérien; l'excite contre les chrétiens, le trahit; élu Empereur mars 261; nomme Baliste son général, bat les Perses, marche contre Auréole, autre tyran; son armée se rend; il se fait tuer 8 mars 262.*

Macrien le jeune (T. Fulv. Junius) Auguste; fils de Macrien, bon soldat, tribun sous Valérien; associé à l'empire par son père; tué avec lui.*

Quietus (Fulv.) Auguste; 2e fils de Macrien, tribun sous Valérien; grands talens, associé à l'empire après la mort de Macrien; défend Emèse avec Baliste contre Odénat, en est trahi; tué juil. 262.*

Pison (L. Calpurnius) Auguste; d'une grande famille romaine, suit Valérien en Orient; s'attache à Macrien, veut se défaire de Valens, échoue, se déclare Empereur; Valens le fait tuer, mai 261; très-regretté; statue en son honneur. *?

Valens (P. Valer.) Auguste; d'une naissance et d'une valeur distinguées; fidèle d'abord à Gallien contre Macrien; se fait Empereur avril 261; tué en juin. *?

Baliste (Serv. Anicius) Auguste; habile général, grand homme d'état; après la prise de Valérien, rallie l'armée; uni avec Odénat, bat les Perses, fait élire Macrien (voy. Quietus) se fait Empereur 262; tué par un soldat d'Odénat 264. *?

Régillien (Q. Nonius) Auguste; dace d'origine, de la famille du Roi Décébale; élu Empereur par les troupes de Mésie après la mort d'Ingénuus 261; bat les Sarmates; vaincu par Gallien; tué août 263. *?

Alexandre Emilien (Tib. Cestius) Auguste; persécute les chrétiens en Egypte par ordre de Valérien 257; se déclare Empereur à Alexandrie 262; a des succès; battu par Théodote, général de Gallien, sept. 263; pris, étranglé. *

Trébellien (P. Annius) Auguste; pirate, nommé Empereur en Isaurie et en Cilicie 264; battu et tué par Causisolée, frère de Théodote 265. AP. et *?

CELSUS (Tit. Cornel.) Auguste; d'abord tribun; proclamé Empereur à Carthage par Vib. Passienus, proconsul d'Afrique, et Fab. Pomponius, général; tué sept jours après par Galiene, cousine de Gallien; son corps livré aux chiens. *?

P. SEMPRONIUS SATURNIN, Auguste; grand général sous Valérien, homme accompli; élu Emper. en Orient 263, maintient la discipline; tué par ses troupes 267. *?

ODÉNAT (Aug.) roi de Palmyre 260; grand général; défait Sapor, combat Quiétus et Baliste, rivaux de Gallien, qui le nomme César et Empereur 264; tué à Emèse par des conspirateurs 267. *?

HÉRODIEN (Aug.) fils d'Odénat et d'une femme inconnue, règne avec son père 263; trop adonné aux plaisirs, reçut le titre d'Empereur 264; tué avec Odénat par son cousin Mæonius, à l'instigation de Zénobie. *?

ZÉNOBIE (Septimia) Auguste; issue des rois d'Illyrie et d'Egypte, femme d'Odénat, règne après lui; beauté, génie, courage distingués, mœurs irréprochables; instruite par Longin, savait toutes les langues, commandait ses troupes; battit les Romains, soumit l'Egypte; attaquée, battue, poursuivie par Aurélien 262; prise, menée en triomphe à Rome, mourut à Tivoli. *

HÉRENNIEN (Aug.) 1er fils d'Odénat et de Zénobie, élevé par Longin, Auguste 264; sa fin incertaine. *?

TIMOLAÜS (Aug.) 2e fils d'Odénat et de Zénobie, Aug. 264, d'une grande instruction; fin incertaine. *?

VABALATHE (Héroias) 3e fils d'Odénat et de Zénobie, Auguste 264, César et Empereur 267; règne en Orient six ans; pris et mené à Rome par Aurélien, qui le traite avec distinction. *

MAEONIUS (Aug.) cousin d'Odénat; de mœurs corrompues; le fait tuer, veut régner; tué 267. *?

POSTUME (M. Cassius Latienus) Auguste; d'une naissance obscure; très-grands talens, bon général, gouverne les Gaules sous Gallien avec sagesse; se fait Emper. 261; se défait de Salonin, dont il s'était chargé, soutient l'empire en Occident; nommé le restaurateur des Gaules et l'Hercule gaulois; résiste à Gallien, s'associe Victorin; marche contre Lélien; est tué 267 par ses soldats, qu'il veut empêcher de piller Cologne. AP.*

JULIA DONATA, Auguste; présumée fem. de Postume, et peut-être fille de Jul. Donatus, préfet de Rome. * ?

POSTUME le jeune (C. Jun. Cass.) Auguste; fils de Postume, d'une grande éloquence, tribun sous Valérien, associé à son père; tué avec lui 267. * ?

LAELIEN (Ulpius Cornel.) Auguste; bon soldat; se fait Empereur à Mayence 266; combat Postume, est tué 267. *

LOLLIEN (Sp. Servil.) Auguste; fait révolter les troupes contre Postume; est fait Empereur, repousse des Gaules les Barbares; tué par ses soldats 267. * ?

VICTORINE (Aurelia Pia Felix Aug.) peut-être sœur de Postume, femme et princesse accomplie, grand général, bat ceux de Gallien; après la mort des deux Victorins, fait élire Marius et Tétricus; meurt 268. *

VICTORIN le père (M. Piauvonius) Auguste; fils de Victorine; qualités et talens les plus distingués, associé à Postume 264; règne dans les Gaules, en Espagne, en Grande-Bretagne après Lollien; viole la femme d'Atticius, qui le tue à Cologne 268. AP. *

VICTORIN le jeune (L. Aur. Piauv.) Auguste, fils de Victorin, lui succède; est tué peu de temps après. *

MARIUS (M. Aurel.) Auguste; armurier d'une force prodigieuse, devient général, se fait proclamer Empereur 268; tué trois jours après par un de ses anciens camarades avec une épée qu'il avait forgée. *

AURÉOLE (Manius Acilius) Aug.; de Dacie, d'abord berger, bon général sous Valérien et Gallien contre les Macriens et Postume; se déclare Empereur 267; battu par Gallien, se retire à Milan; défait par Claude; tué av. 268; le bourg de *Pontirolo*, près de Milan, rappelle son nom. *

268 CLAUDE II (M. AUR.) Auguste; né 10 mai 214 en Illyrie; grand général, élu Empereur 268; prince parfait, adoré des Romains; défait Auréole, les Allemands, les Goths en Mésie; surnommé le gothique; meurt de la peste à Sirmich, mai 270; le sénat lui élève une statue d'or de dix pieds de haut. AP. *

QUINTILLUS (M. Aur. Claud.) Auguste; frère de Claude, qui lui préfère pour successeur Aurélien; abandonné par ses troupes après un règne de vingt jours, il se tue. AP. *

CENSORIN (Ap. Claud.) Auguste; deux fois Consul; proclamé malgré lui Empereur à Bologne par ses soldats, et tué par eux sept jours après 270. * ?

270 AURÉLIEN (L. DOMITIUS) Auguste; né 12 sept. 212 en Dacie; esprit, valeur, talens, sévère jusqu'à la cruauté; se distingue dans les Gaules sous Gordien Pie 241, contre les Sarmates; Empereur 270; embellit Rome; élève le temple du Soleil, dont sa mère était prêtresse; défait les Goths, les Allemands; détruit Palmyre, soumet l'Egypte, Tétricus; triomphe superbe à Rome 273; marche contre les Perses; tué près de Bysance par ses généraux trompés par son secrétaire Mnestée, janvier 275. AP. *

SÉVÉRINE (Ulpia Pia Felix Aug.) fille d'Ulpius Crinitus, de la famille de Trajan et habile général de Valérien; femme d'Aurélien; vertueuse, aimée des troupes pour son courage et sa libéralité. *

M. FIRMIUS, Auguste; syrien, d'une taille et d'une force gigantesques; s'enrichit par le commerce; soutient la cause de Zénobie; se fait proclamer Empereur en Egypte 273; pris et mis à mort par Aurélien 273.

TÉTRICUS (P. Pivesuvius) Auguste; gouverne la Gaule avec talens; proclamé Empereur par Victorine mars 268 à Bordeaux; prend Autun 270; craignant ses soldats, il renonce à l'empire, rappelle Aurélien, lui remet son armée, le suit à Rome, devient son ami et gouverneur de la Lucanie. AP. *

TÉTRICUS le jeune (C. Pivesuvius) Auguste; fils de Tétricus, qui se l'associe et qu'il suivit à Rome, où il fut Sénateur très-estimé. *

A. SEPTIMIUS (Pius Felix Aug.) tyran pendant quelques jours 272, fut tué par ses soldats. * ?

272 TACITE (M. CLAUD.) Auguste; né 200; descendant de l'historien Tacite; d'une richesse immense, d'une grande simplicité; Empereur par le sénat 25 sept. 275, après un interrègne de huit mois; fait des lois utiles, punit les assassins d'Aurélien, repousse de l'Asie mineure les Scythes; meurt à son retour en Europe, mars 276. *

276 FLORIEN (M. ANNIUS) Auguste; frère de Tacite, le suit en Orient, lui succède, marche contre Probus, nommé Empereur par l'armée d'Orient, est battu; se tue à Tarse juil. 276. *

276 PROBUS (M. AUREL.) Auguste; né à Syrmich, 19 août 232; se distingue contre les Sarmates, les Goths, les Perses et en Egypte; élu Empereur, avril 276; montre les plus belles qualités et un grand génie; prince parfait; triomphe partout des Barbares et de ses rivaux; introduit la vigne dans les Gaules; occupe les troupes à de grands travaux; veut en diminuer le nombre; est tué par elles, août 272, à Syrmich. *

SEX. JULES SATURNIN, Auguste; bon général d'Aurélien, dans les Gaules et l'Égypte; forcé par les soldats d'accepter l'empire, 280; on le revêt de la robe de pourpre d'une statue de Vénus; battu par les troupes de Probus; tué à Apamée, 280. * ?

PROCULUS (T. Aelius) Auguste; né près de Gènes, Gaulois d'origine, d'un grand courage; se fait proclamer Empereur à Cologne, 280; bat les Germains et les Sarmates; battu, poursuivi, pris par Probus, mis à mort à Cologne. * ?

VITURGIE, fem. de Proculus, d'un grand caractère, subit le même sort que lui.

Q. BONOSIUS, Auguste; né en Espagne, se distingue sous Aurélien; chargé de la garde du Rhin, laisse brûler les bateaux par les Germains; se déclare Empereur, 280; s'unit à Proculus contre Probus; battu à Cologne, pendu, 281. * ?

HUNILE, princesse gothe, fem. de Bonosius qui buvait beaucoup sans s'enivrer, et Probus la lui avait fait épouser afin que dans les orgies des Goths, il put découvrir leurs projets.

282 CARUS (M. AUREL.) Auguste; né à Narbonne, 230; Consul, Préfet du Prétoire sous Probus; grands talens; Empereur, août 282; venge la mort de Probus; il envoie son fils Carinus dans les Gaules; bat les Sarmates; Varanane II, roi des Perses, 283; prend Séleucie, Ctésiphon; tué par la foudre près de cette ville, 20 décembre 283. AP. *

MAGNA URBICA, Auguste; née probablement 232, fem. de Carus, n'est connue que par les médailles. *

283 CARINUS (M. AUREL.) Auguste; 1er fils de Carus, né 249; César, août 282; Auguste, 283; se fait détester dans les Gaules par ses vices et sa cruauté; bon guerrier; bat les barbares; vient à Rome, célèbre des jeux; défait l'usurpateur Julien près de Vérone, et Dioclétien en Mésie; viole la femme d'un tribun qui le tue, 285; il avait eu 9 femmes. *

ARRIA NIGRINA, Auguste; on la croit femme de Carinus. * ?

NIGRINIEN, présumé fils de Carinus et d'Arria Nigrina. AP. *

284 NUMÉRIEN (M. AUREL.) Aug.; 2e fils de Carus; déclaré Empereur en Perse 284; prince excellent; éloquent et bon poète; assassiné près d'Héraclée, en revenant de Perse, par son beau-père Arrius Aper, 10 sept. 284, très-regretté. AP. *

ATRIA; on croit que c'était le nom de la femme de Numérien.

JULIEN (M. Aurel.) Auguste; se déclare Empereur, octob. 284; combat avec succès contre Carinus; battu et tué près de Vérone 285. *

284 DIOCLÉTIEN (C. VALER.) Auguste; né à Docléa en Dalmatie 245; habile général; élu Empereur à Chalcédoine, 17 sept. 284; fait mourir Aper; grandes qualités et grands vices, cruel et fourbe; s'associe Maximien Hercule, avril 286; bat les Perses, les Allemands jusqu'au Danube; passe en Egypte, en Syrie; nomme Césars, Constance Chlore et Galère Maximien 292, qui règnent avec lui; triomphe à Rome, 17 nov. 303; persécute les chrétiens, abdique à Nicomédie, 1er mai 305; se retire à Salone en Dalmatie; meurt mai 313. AP. *

Principaux écrivains depuis l'an 250 : *Longin* d'Athènes, phil. plat. lit. ministre d'Odénat et de Zénobie; *Porphyre* de Tyr, phil. plat. sous Aurélien; *Némésien* de Carthage, po. lat. sous Dioclétien; *Jean Stobée*, lit. gr. id.; *Spartien*, lit. hist. id.; *Jul. Calpurnius*, po. bucol. id.; *Arnobe* d'Afrique, grammairien, rhét. id.

PRISCA, fem. de Dioclétien, qui en eut Gal. Valeria Prisca. Voy. Galère Maximien.

286 MAXIMIEN HERCULE (M. AUREL. VALER.) Auguste; né à Syrmich, 21 juillet 250; sert avec éclat sous Aurélien et Probus; suit la fortune de Dioclétien; nommé César, 1er avril 286, à Nicomédie et associé à l'empire; avare, violent et cruel; adopte Constance Chlore 272; bat et disperse les Maures d'Afrique 296; abdique à Milan 305; nomme Sévère à sa place; reprend l'empire 306; marie sa fille Fauste à Constantin, abdique 307; veut redevenir Empereur à Arles; pris, s'étrangle, avril 310. *

GALERIA VALERIA EUTROPIA, syrienne, déjà mère de Théodora, épouse Maximien, en a Maxence et Fausta. AP.

305 CONSTANCE CHLORE Ier (FLAV. VALÈR.) César et Auguste; né 31 mars 250, d'Eutrope et de Claudia, nièce de Claude II; se distingue sous Aurélien, Probus et Carus, contre les Sarmates et les Germains; César, 1er mars 292; ensuite adopté par Maximien; excellent prince et de grands talens; soumet la Grande-Bretagne, repousse les Germains de la Gaule; bat les Helvétiens; règne 1er mai 305, avec GALÈRE MAXIMIEN, SÉVÈRE et MAXIMIN GAZA; bat les Pictes d'Ecosse; M. à Yorck, 25 juillet 306. AP. *

HÉLÈNE Ire (Flav. Jul.) Aug.; née en Bithynie 248; 1re fem. de Constance, rép. 292; reparaît 306, à la cour de son fils Constantin, qui la traite avec honneur et lui accorde toute sa confiance; nommée Auguste; se fait chrétienne 311; exerce toutes sortes de bonnes œuvres; découvre à Jérusalem le Saint-Sépulcre; meurt à Rome 327; Cannonisée. *

THÉODORA (Flav. Maximiana) Auguste; fille d'Eutropia et 2e femme de Constance 292; bonnes mœurs; enfans, Delmatius, Jules Constance, Constantin Hannibalien, Constantia, Anastasie, Eutropie. *

305 GALÈRE MAXIMIEN (GAL. VALER. MAXIM.) César et Auguste; fils d'un paysan dace et de Romula; se distingue sous Aurélien et Probus; nommé César 1er mars 292, par Dioclétien, qui l'adopte et le marie à Valérie, sa fille; mœurs pures, mais ignorant et cruel; persécute les chrétiens 303; fait abdiquer Dioclét. et Maxim. 305 (voy Constance); fonde la colonie

Valéria en Illyrie; bat Narsés, roi des Perses; déclare Constantin César et Sévère Auguste 306; M. mai 311, mangé des vers. AP. *

Candidien, fils naturel de Galère; poursuivi, tué par ordre de Licinius.

Galer. Valérie (voy. Prisca) femme de Gal. Maximien, avril 292; belle, vertueuse et bienfaisante; n'a pas d'enfans; adopte Candidien, fils naturel de son mari; veuve, se retire à la cour de Maximin Daza; refuse de l'épouser; est exilée en Syrie; après sa mort, persécutée, tuée 315 par Licinius, qui devait le trône à Galère. *

Achillée (L. Epidius) Auguste; général; se fait proclamer Empereur en Egypte, sous Dioclétien 292, qui le bat, le prend dans Alexandrie après huit mois de siége, et le livre aux lions 298. * ?

Amand (Cn. Salvius) Auguste; chef de brigands des Gaules, nommés *bagaudes;* se déclare Empereur avec Elien 285; battu, pris par Maximien à l'endroit nommé aujourd'hui Saint-Maur-les-Fossés, près Paris; tué juillet 287. *

Aelien (A. Pomponius) Auguste; uni à Amand, périt comme lui. * ?

Carausius, Auguste; né en Flandre; bon général dans les Gaules sous Maximien; chargé de défendre les côtes de Bretagne; se déclare Empereur 287; passe en Angleterre, s'y maintient contre Maximien qui le reconnaît 289; tué par son lieutenant Allectus 294. *

Oriuna, femme de Carausius; pas d'enfans; elle n'est connue que par les médailles et est douteuse. * ?

Allectus, Auguste; tue Carausius 294; règne à sa place; battu et tué par Asclépiodore, général de Constance Chlore 297. *

L. Domitius Domitien, général de Dioclétien; se déclare Empereur à Alexandrie vers 290; fin ignorée. *

306 SÉVÈRE II (Flav. Valer. Sev.) César et Auguste; né en Illyrie, nommé César 1er mai 305, par Maximien Hercule, a l'Italie, l'Afrique; Auguste et Empereur par Galère Maximien 306; marche contre Maxence février 307; trahi par Anulin; battu, assiégé dans Ravenne; se rend à Maximien qui le fait mourir, avril 307. *

305 MAXIMIN II Daza (C. Galer. Valer.) César et Auguste; né en Illyrie, neveu de Galère Maximien; nommé César par Dioclétien, 1er mai 305; gouverne la Syrie et une partie de l'Orient; débauché, ivrogne, cruel et avare; se déclare le seul Emp. 308; persécute les chrétiens avec fureur; s'allie à Maxence contre Licinius; battu 13 avril 313, en Thrace; poursuivi, s'empoisonne à Tarse, août 313; sa femme et ses enfans mis à mort.*

Maxence (M. Aurel. Valer.) Auguste; né 282, de Maximien Hercule et d'Eutropie; Dioclétien veut le nommer César, Galère s'y oppose; le sénat le proclame Empereur, 28 octobre 306; monstre de cruauté et d'impudicité; il pille l'Italie; force Maximien Hercule à remonter sur le trône pour l'y maintenir; s'allie à Constantin; attaqué par Sévère et ensuite par Galère, l'emporte; chasse Maximien son père de Rome; bat l'usurpateur Alexandre en Egypte, la ravage; brûle Carthage 311; se déclare contre Constance; est battu près de Rome; se noie dans le Tibre, 28 octob. 312.*

Romulus (M. Aurel.) César et Auguste; né 306 de Maxence et de la fille de Galère Maxime, M. 309. AP.*

Alexandre, paysan pannonien, devient gouverneur de l'Afrique, se déclare Empereur 308; pris et tué par les généraux de Maxence 311.*

LICINIUS (Flav. Valer Licinianus) Cés. Aug.; né 263 d'une famille obscure de la Dace, se distingue contre les Perses; nommé César et Auguste à Carnunte par Galère, 11 nov. 307; règne en Pannonie et en Rhétie; avide, mœurs infâmes; persécute cruellement les chrétiens; épouse 313 la sœur de Constantin; bat avr. 313 Maximin Daza et règne seul avec Constantin; fait mourir Valeria et Prisca; fait la guerre à Constantin; battu à Cibales 8 oct. 314; fait la paix; déclare César Licinius le jeune; reprend les armes; défait à Andrinople 3 juil. 323; à Chalcédoine 18 sept.; se rend; exilé à Thessalonique; étranglé 324 *

Constantia (Flav. Jul.) Aug.; sœur de Constantin, épouse Licinius malgré elle, mars 313; mère de Licinius le jeune; belle, courageuse et vertueuse; vécut à la cour de Constantin, quoiqu'il eût fait périr son fils; elle était arienne, M. 330. * ?

Licinius le jeune (Flav. Valer. Licinian.) César; né juil. 315; César 1er mars 317, prince de grande espérance, victime de la politique de Constantin 326. *

L. Valerius Valens, Auguste; aimé de Licinius, qui le nomme César nov. 314; forcé par Constantin, il lui ôte ce titre, et dans la suite le tue. * ?

M. Martinien, Auguste; général de Licinius, qui se l'associe après la bataille d'Andrinople, juil. 323; tué après celle de Chalcédoine. *

306 CONSTANTIN Ier (Flav. Valer. Cons. Maximus) Auguste; né à Naïsse en Dardanie, 22 fév. 274 (voyez Hélène) élevé par Dioclétien, déploie de grands talens; guerrier et politique, habile, généreux, ambitieux et cruel; succède en Angleterre à Constance, 21 juillet 306; épouse Fausta, fait mourir son beau-père, qui avait conspiré contre lui; protége la religion chrétienne, défait Maxime oct. 312, Licinius 323; le fait mourir, règne seul, s'établit 323 à Bysance, nommée depuis Constantinople (1); reçoit le baptême, meurt très-regretté 22 mai 327. AP. à Rome. *

Minervina, 1re femme de Constantin, en a Crispus.

Crispus (Flav. Jul.) César; né 300, nommé César 1er mars 317; prince très-vertueux et de talent, se distingue dans la guerre des Gaules; détruit à Gallipoli la flotte de Licinius. Il repousse l'amour de Fauste, qui l'accuse d'avoir attenté à son honneur; il est mis à mort juil. 326. *

Hélène II, femme de Crispe, et dont on ignore l'origine et la vie. *

Fauste (Flav. Maxima) Auguste; fille de Maximien Hercule, 2e femme de Constantin 307; découvre les complots de Maximien; chrétienne 311; d'abord vertueuse, devient débauchée, accuse faussement Crispe, qui est mis à mort; Constantin découvre ses crimes, la fait étouffer. * Fils de Fauste, Constantin le jeune, Constant, Constance; filles, Constantine (voyez Hannibalien et Gallus), Hélène (voy. Julien II.)

(1) Constantinople sera indiquée par CP.

Jules Constance, frère de Constantin; de sa 1re fem. Galla, eut Constantin Gallus 325, et de Basiline, 2e fem., l'empereur Julien; aimait le faste oriental; tué avec son frère et ses neveux 338.

Galla, 1re femme de J. Constance, en a Constantin Gallus.

Basiline, 2e femme de J. Constance, en a l'empereur Julien.

Constantin Hannibalien, frère de Constantin, eut le même sort que J. Constance 338.

Delmatius (Flav. Jul.) César; né à Toulouse de Delmatius (voy. Théodora) élevé par Exupere; talens et beau caractère; reprend Chypre sur Colocère; consul 333, César 24 sept. 335; tué 337 par les soldats, qui ne veulent reconnaître pour Empereurs que les fils de Constantin. *

Hannibalien (Flav. Claud.) Roi; né à Toulouse, frère de Delmatius; épouse 335 Constantine, et est nommé Roi de Pont; tué comme son frère 338.

Trois Empereurs. CONSTANTIN le jeune, CONSTANCE II et CONSTANT.

337 CONSTANTIN II, ou le jeune (Flav. Claud.) César et Auguste; né à Arles 1er mars 316, fils aîné de Constantin; César 1er mars 317; se distingue contre les Goths; bat Alaric 20 nov. 332; Empereur 9 sept. 337; a l'Espagne, les Gaules, l'Angleterre; mécontent du partage après la mort de Delmatius et d'Hannibalien, fait la guerre à Constant en Italie; défait; tué près d'Aquilée dans le Frioul, mars 340.

Constant (Flav. Jul.) César et Auguste; 3e fils de Constantin, né 320; César 25 déc. 330; Empereur 337; a l'Italie, l'Illyrie, l'Afrique et tout l'Occident 340; protége les chrétiens; bon guerrier, mais cruel, débauché, détesté; repousse les Francs des Gaules, pacifie l'Angleterre; Marcellin et Chreste conspirent contre lui à Autun en faveur de Magnence; il est poursuivi par Gaison; tué dans les Pyrénées 27 fév. 350. *

Olympiade, fille d'Ablave, préfet du prétoire, femme de Constant, remariée à Arsace, Roi d'Arménie.

Saturnin, Auguste; tyran, à ce qu'il paraît, sous

Constant; mais on ne connaît ni son époque ni le pays où il s'était fait proclamer.

337 CONSTANCE II (Flav. Jul. Valer. Constantius) César et Auguste; né à Syrmich 7 ou 13 août 317; 2e fils de Constantin; César 8 nov. 323; Emper. 337; a l'Orient en partage; soupçonneux, ambitieux, cruel; est accusé de la mort de Delmatius, etc.; fait la guerre à Sapor II avec des succès et des revers; nomme Gallus César; combat et défait le tyran Magnence à Murse sur le Danube 351, dans les Gaules 353; punit de mort Gallus 355; nomme César Julien 6 nov. 355; entre en triomphe à Rome 28 av. 357; part pour la Perse, revient contre Julien, déclaré Empereur; le reconnaît; se fait baptiser; meurt 3 nov. 361. *

Fauste. Quelques antiquaires croient que c'est le nom de la fille de Jules Constance, 1re femme de Constance II. *

Flav. Eusébie, Aug., 2e femme de Constance II 353; très-belle, instruite et vertueuse; jalouse cependant de la fécondité d'Hélène, qu'elle fit, dit-on, avorter; vient à Rome 356; meurt 359 très-regrettée. * ?

Népotien (Flav. Popilius, Nep. Constantinus) Aug.; fils du sénateur Népotien et d'Eutropie (voy. Théodora) consul 336; imite Magnence, se déclare Empereur 3 juin 350; repousse Anicet, préfet du prétoire; battu par Marcellin; tué 3 juil. 350. *

Vétranion, Auguste; bon général de Constant; proclamé Empereur à Syrmich 1er mars 350; traite avec Magnence, rompt avec lui; s'abouche avec Constance à Naïsse, se soumet à lui 25 déc. 350; M. à Pruse 356.

Flav. Magnence, Auguste; germain, capitaine des gardes de Constant; d'accord avec Marcellin et Chreste, le fait tuer, après s'être déclaré Empereur à Autun 18 janv. 350; savant, éloquent, dur et cruel, adonné à la magie; nomme Césars ses frères Decentius et Desidérius; marche contre Constance; battu à Murse 28 sept. 351, en Italie, dans les Gaules; se tue 10 août 353. *

Justine, dernière femme de Magnence, remariée à Valentinien (voy. plus bas.)

Décence (Magnus) César et Auguste; 2e frère de

Magnence, fait par lui César mars 351; battu par les Francs dans les Gaules; Auguste 352; craignant Constance, il s'étrangle à Sens 18 août 353. *

Désidérius, César; frère puîné de Magnence, fait par lui César 351; s'attache à sa fortune; après sa dernière défaite Magnence désespéré tue sa mère, blesse Désidérius qui lui échappe, et Constance le laisse vivre. * ?

Gallus (Flav. Clad. Constantius) César; né 325 de J. Constance et de Galla; échappe au massacre de sa famille; nommé César 15 mars 351; épouse sa cousine germ. Constantine; gouverne l'Orient avec une tyrannie affreuse; accusé près de Constance; rappelé, jugé, mis à mort 354. *

Constantine (Flav. Jul.) Auguste; fille aînée de Constantin, mariée à Hannibalien 335; à Gallus 351; le suit en Syrie; monstre d'avarice et de cruauté, meurt sept. 354, en allant rendre compte de sa conduite à Constance. * ?

Sylvain (Flav.) Auguste; fils d'un Franc nommé Bonite; comte sous Licinius; général de la cavalerie sous Constantin; suit à regret le parti de Magnence, l'abandonne; s'attache à Constance; défend les Gaules; faussement accusé, se fait proclamer Empereur à Cologne, juillet 355; tué par ses soldats gagnés par Urficien, général de Constance, août 355. * ?

Principaux écrivains depuis l'an 300 : *Lactance*, lit. chrét. sous Constantin; *Jamblique*, phil. id.; *Jul. Capitolin*, hist. id.; *Ael. Lampride*, hist. id.; *Vopiscus*, hist. id.; *Eusèbe*, évêque de Césarée et lit. id.; *St.-Jul. Firmicus Maternus*, évêque de Milan 333; *Servius*, gram. id.; *Flav. Eutrope*, lit. sous Julien l'Apostat.

361 JULIEN II (Flav. Claud.) César et Auguste, né à Constantinople, 6 novembre 331 (voy. J. Constance) César 6 novembre 353; épouse Hélène, fille de Constantin; règne sur la Gaule, l'Espagne, l'Angleterre; repousse les Germains des Gaules; s'établit à Lutèce ou Paris 358; proclamé Empereur par ses troupes, mars 360; reconnu Auguste 3 novembre 361; entre à Constantinople 11 décembre 361; soumet la Perse; bat Sapor; est tué dans le combat, 27 juin 362; grand capi-

taine, excellent prince, mais qui ayant vers 351 abandonné la religion chrétienne, dans laquelle il avait été élevé, fut surnommé l'apostat. AP. *

HÉLÈNE (Flav. Jul.) Auguste (voy. Constantin Ier) femme de Julien 26 novembre 355; nommée Auguste mars 360; meurt en couche la même année, pas d'enfans; on croit qu'Eusébie la fit avorter plusieurs fois. *

363 FLAV. JOVIEN, né en Pannonie 331, du comte Varronien; se distingue dans la guerre de Perse; élu Empereur 27 juin 363; chrétien, il engage l'armée à le devenir; entouré par les Perses, il fait avec eux un traité de 30 ans peu honorable; meurt subitement en Bithynie, 17 février 364. *

CARITON, fille du général Lucillien, femme de Jovien, en a Varronien; M. 363

VARRONIEN, fils de Jovien; on lui creva un œil pour qu'il ne pût pas succéder à son père.

OCCIDENT.

364 FLAV. VALENTINIEN Ier, Aug.; né en Pannonie 321, de Gratien, comte de l'Afrique; élu Emp. à Nicée, 26 fév. 364; s'associe son frère Valens 28 mars; garde l'empire d'Occident; bon prince, mais très-sévère et avare, d'une grande instruction; s'abandonne à ses ministres; donne un code de lois; nomme Emp. Gratien son fils à Amiens, 24 août 367; fait fleurir la religion chrétienne; rétablit la paix en Afrique; repousse les Allemands; ravage leurs terres; se rompt un vaisseau dans un accès de colère contre les ambassadeurs des Quades, peuple de Germanie, 17 novembre 375. *

ORIENT.

VALENS (FLAV. MAXIMUS) Aug.; frère de Valentinien Ier, associé à l'empire à CP. 28 mars 364; dans le partage de l'empire à Naïsse juillet 364, a l'Orient; grandes qualités mêlées de timidité, de cruauté et de superstition; bat, prend et fait mourir l'usurpateur Procope en Phrygie mai 266; bat les Goths, les Perses; fait noyer quatre-vingts évêques catholiques en une seule fois 270; marche contre les Goths qui ravageaient la Thrace où il les avait laissés s'établir; est défait à Andrinople; poursuivi, brûlé dans une maison 10 août 378. * 364

ALBIA DOMINICA, Aug.; fille du Patrice Pétrone,

OCCIDENT.

VALERIA SEVERA, Aug.; femme de Valentinien, en a Gratien 359; esprit et talens; commet de grandes injustices par amour de l'argent ; repudiée 368, exilée, rappelée par Gratien. * ?

FLAV. JUSTINE, femme de Magnence, veuve 353 ; épouse Valentinien 368 ; régente dans la minorité de Valentinien 383 ; devenue arienne, persécute les chrétiens, St.-Ambroise; fuit de Milan devant Maxime 387 ; M. à Thessalonique 338 ; enfans, Valentinien II, Justa, Galla et Grata.

375 FLAV. GRATIEN, Aug. ; né 18 avril ou 23 mai 359, a Syrmich (voy. Sévéra) nommé Auguste à Amiens 24 août 367 ; Emp. d'Occident 17 nov. 375; élevé par Ausone; prince accompli dans la paix et dans la guerre; défait les Allemands près de Colmar 378; s'associe Théodose à Syrmich 19 janv. 379; détruit le paganisme à Rome 382; marche vers Paris contre le tyran Maxime; est abandonné de ses troupes; se retire à Lyon; tué par un officier de Maxime 25 août 383. *

FLAV. JUL. CONSTANCE, Aug., née 362, de Constance II et de Faustine,

ORIENT.

femme de Valens, le rend arien, persécute la religion catholique; défend CP. contre les Goths; enfans, Valentinien Galate, né 18 janv. 366, M. 371; Carause et Anastasie. * ?

PROCOPE, Aug. ; né en Cilicie 334 ; tribun sous Constance, comte sous Julien, commande en Mésopotamie 363; mécontent de Valens, se déclare Emp. 28 sept. 365; a des succès; révolte par ses excès; battu à Nacolie en Phrygie, par Valens; livré, mis à mort 27 mai 366. *

FLAV. THÉODOSE Ier, Aug., né en Espagne 346 de Théodose, habile général, décapité à Carthage 376, et de Thermantia ; vaste génie, très - grand capitaine; se distingue contre les Goths, les Sarmates; fait comte de la Mésie 347; nommé Emp. d'Orient par Valens 19 janv. 379 ; force Sapor III, roi des Perses, à faire la paix ; nomme Aug. son fils Arcadius janv. 383; passe en Italie au secours de Valentinien 383; défait Maxime 388 ; retourne en Orient, livre au pillage Thessalonique révoltée et se soumet à une pénitence publique de huit mois que lui impose S. Ambroise; revient en Italie, 379

OCCIDENT.

1re femme de Gratien 374; plusieurs enfans morts jeunes; M. 383. *?

383 FLAV. VALENTINIEN II le jeune, Aug.; né 371 (voy. Faustine) nommé Aug. en Pannonie 22 nov. 375; Emp. d'Occ. 383; chassé par Maxime 387; se retire à Thessalonique; Justine et Théodose soutiennent ses interêts pendant sa minorité, et défont Maxime juillet 388; Valentinien revient à Rome 13 juin 389; règne avec sagesse; il veut réprimer l'arrogance du général Arbogaste, qui l'étrangle à Vienne en Dauphiné 15 mai 392. *

MAGNUS MAXIME, Aug.; né en Espagne, devient général sous Théodose; se fait proclamer Emp. 383 en Angleterre; marche dans les Gaules contre Gratien, débauche son armée, le fait tuer; se fait reconnaître par Théodose, s'établit à Trèves; chasse de Milan Justine et Valentinien II; attaqué par Théodose, battu sur la Save et la Drave, pris à Aquilée, mis à mort malgré Théodose 28 juil. 388. *

FLAV. VICTOR, Aug.; fils de Maxime, nommé Aug. par son père 383; pris,

ORIENT.

bat près d'Aquilée le tyran Eugène 6 sept. 394, M. à Milan 17 janv. 395, très-regretté. * Il eut un un frère nommé HONORIUS.

AELIA FLACCILLE, Aug.; née en Espagne, 1re femme de Théodose, modèle de toutes les vertus, mère d'Arcadius, d'Honorius et de Pulchérie, morte 385; M. 14 sept. 388 en Thrace; cannonisée. *

GALLA, fille de Valentinien Ier et de Justine, 2e fem. de Théodose, mère de Gratien, mort jeune, et de Placidie, femme de Constance III.

FLAV. ARCADIUS, 395
Aug.; né en Espagne 377 (voy. Flaccille) élevé par S. Arsène; Aug. 16 janv. 383; Emp. d'Or. 17 janv. 395; prince sans moyens, laisse gouverner sa femme Eudoxie, et ses ministres Rufin et Stilicon qui se disputent l'autorité; Rufin tué; Eutrope, ministre tyrannique, mis à mort par les Goths; Gaïnas, général, se révolte, ravage l'Orient; est battu par Fravita, autre général d'Arcadius, et est tué sur le Danube par Ulde, roi des Goths; Arcadius M. 1er mai 408. *

AEL. EUDOXIE, Aug.; fille du comte Bauton, français, consul en 385; fem.

OCCIDENT.

mis à mort par Arbogaste sept. 388. *

Eugène, Aug.; maire du palais de Valentinien II; proclamé Emp. mai 392, à Vienne en Dauphiné, par Arbogaste, qui conserve l'autorité; s'allie avec les Allemands et les Français; attaqué par Théodose, le bat 5 sept. 394; défait le 6 près d'Aquilée, pris, mis à mort; Arbogaste se tue. *

398 HONORIUS, Aug.; né 9 sept. 384 (voy. Flaccille) Aug. 9 janv. ou 20 nov. 393, Emp. d'Occ. 17 janv. 395, sous la tutelle de Stilicon; prince faible et sans moyens; Stilicon défait Alaric, roi des Goths, à Pollentia 29 mars 403, Radagaise 405; il trahit; attire les Barbares dans les Gaules, démembre l'empire; arrêté avec Eucher, son fils, mis à mort; Alaric prend Rome deux fois, la pille, la brûle 24 août 409, ruine l'Italie, meurt à Cosenza 410 : vers cette époque, Pharamond, roi des Francs, fait une irruption dans la Gaule; Honorius nomme Aug. 28 fév. 421 le général Constance; M. à Ravenne, alors capitale de l'empire 15 août 423. *

Flav. Marie, Auguste; fille de Stilicon et de Sérène, fille d'Honorius,

ORIENT.

d'Arcadius 27 avant 395; Aug. 9 janv. 400; s'empare de l'esprit d'Arcadius, et gouverne avec injustice, orgueil et avidité; exile S. Jean Chrysostôme; M. en couche 6 oct. 404*; enfans, Flacille, Pulchérie (voy. Théodose II et Eudoxie) Arcadie M. 404; Théodose II; Marine M. 449.

Principaux écrivains depuis l'an 350 : *Libanius*, rhé. or., maître de S. Basile et de S. Jean Chrysostôme; *Thémistius*, phi. sous Julien; *Oribase*, méd. de cet Emp.; *Apollinaire*, év. de Laodicée, po. gr. sous Valentinien Ier; le Pape *Damase*, M. 384; *S. Basile*, év. de Césarée 369, M. 379; *S. Grégoire* de Nazianze, père de l'Eglise et po. gr. sous Théodose Ier; *S. Epiphane*, év. de Salamine, 366, M. 403; *S. Ambroise*, év. de Milan, 375, M. 397; *S. Jean Chrysostôme*, év. de CP. 398, M. 407; *S. Jérôme*, N. 340, M. 418; *Nonnus*, po. grec; *Horus Apollo*, gram. égyptien; *Thémistius*, or. et phil. gr.; *Théon*, phil. et math. père de la savante Hypatie.

408 THÉODOSE II le jeune, Aug.; né 11 avril 401 (voy. Eudoxie 1re) Emp. d'Or. 1er mai 408, sous la tutelle

OCCIDENT.

frère de Théodose; mariée à Honorius 398; M. 404 très-jeune et sans enfans.*?

Aem. Materna Thermantia, fille de Stilicon, femme d'Honorius 408, rép. après la mort de Stilicon; M. 415; son tombeau et celui de sa sœur, découverts 1544 au Vatican avec une grande quantité d'ornemens impériaux en or.

421 CONSTANCE III, Aug.; né en Illyrie; habile général sous Théodose et Honorius; défait à Arles le tyran Constantin 411; Ataulfe, successeur d'Alaric et épouse sa femme Placidie 1er janv. 417; associé à l'empire par Honorius 3 fév. 421; meurt à Ravenne 2 sept. *

Galla Placidie (voy. Galla) ôtage d'Alaric 409; épouse Ataulfe à Narbonne janv. 414; il est tué à Barcelonne août 415; mariée à Constance 1er janv. 417; en a Honoria et Valentinien III; nommée Aug. 8 fév. 421, se retire à CP. 423, revient à Rome; régente pendant la minorité de son fils, fait mourir à Aquilée le tyran Jean 425; le comte Boniface, soupçonné, livre l'Afrique à Genséric, roi des Vandales 427; Placidie règne avec

ORIENT.

de la vertueuse Pulchérie, sa sœur, et du préfet Anthémius; prince sans talens; épouse Athénaïs 421; ses généraux battent les Perses; paix de 80 ans; nomme Valentinien III Emp. d'Occ. traite avec Attila à prix d'or; donne un code de lois 438; veut faire tuer Attila, échoue, l'appaise; M. 28 juil. 450 d'une chute de cheval. *

Ael. Eudoxie II, Aug.; fille du sophiste Léonce d'Athènes 393; nommée d'abord Athénaïs; belle et d'un grand génie, aimée de Pulchérie, qui la marie à Théodose 7 juin 421; se fait aimer par sa bienfaisance, écrit avec talent en prose et en vers, va à Jérusalem, à Antioche 439; son amitié pour Paulin excite la jalousie de Théodose, qui le fait tuer et la répudie; M. 20 oct. 460. * Enfans, Licinie Eudoxie, Flaccille M. 431, Arcadius M. jeune.

MARCIEN, Aug.; né 391 en Thrace, secrétaire d'Ardabure; pris par Genséric 431; Pulchérie l'épouse, le proclame Emp. d'Or. 24 août 450; prince accompli; refuse de payer le tribut à Attila; détruit le paganisme; M. très-regretté; à CP. janv. 457; 450

OCCIDENT.

Valentinien; M. 27 nov. 450. *

Flav. Claud. Constantin III, Aug.; proclamé Emp. en Angleterre, s'avance dans les Gaules et en Espagne; force Honorius à le reconnaître; abandonné, attaqué par son général Géronce, assiégé dans Arles par Constance, pris, mis à mort avec son fils Julien par Honorius sept. 411. *

Constant, Aug.; fils de Constantin III; reçoit les ordres sacrés, y renonce 408; fait César, ensuite Aug. après avoir pris et livré à son père Didyme et Verinien, cousins d'Honorius; Géronce proclame Maxime Emp., poursuit Constant et le met à mort à Vienne en Dauphiné 411; ce général se tua la même année. *

Jovin, Aug.; gaulois puissant, se déclare Emp. août 411 à Mayence; s'allie à Ataulfe, le mécontente en s'associant Sébastien; est assiégé dans Valence, s'échappe, est pris, mis à mort à Narbonne par Dardanus, préfet d'Honorius 413. *

Sébastien, Aug.; frère de Jovin, qui se l'associe 412, assiégé dans Narbonne par Ataulfe, pris, mis à mort 413. *

Priscus Attale, Aug.; d'Ionie, préfet de Rome

ORIENT.

cannonisé. * Il eut d'un premier mariage une fille nommée Flavie Eufémie (voyez l'an 467.)

Pulchérie, née à CP. 19 janv. ou 24 août 399 (voy. Eudoxie 1re) associée à l'emp. 14 juil. 414, règne avec talens; beauté, génie, instruction, bonté dignes de tous les éloges; éloignée du gouvernement par des intrigues 447, rappelée 449, donne sa main et la couronne à Marcien 450; M. vierge 18 juil. 453. *

Principaux écrivains depuis l'an 400 : *Synesius*, év. de Ptolémaïde, po. gr. sous Théodose et plus tard; *S. Cyrille*, év. d'Alexandrie, M. 444; *Théodoret*, év. de Cyr, M. 457.

LÉON Ier, Aug.; né en Thrace, proclamé Emp. d'Or. par Ardabure et Aspar 7 fév. 457; bonnes qualités, mais avare et souvent cruel; bat Genséric en Illyrie 460; incendie de huit quartiers de CP. 465; sa flotte détruite par Genséric et la trahison du général Basilisque; Ardabure et Aspar conspirent, et sont tués 471; Léon le jeune, associé à l'empire; M. janv. 474. * 457

Ael. Vérine, Aug.; sœur de Basilisque, femme de Léon; en a Ariadne,

OCCIDENT.

sous Honorius 409, nommé Emp. par Alaric 409, qui le dépose janv. 410, le mène à sa suite, vêtu tantôt en Emp., tantôt en esclave; appuyé des Goths, il se déclare encore Emp. dans les Gaules; pris par Constance 416; Honorius lui fait couper la main droite, l'exile à Lipari, et en orne son triomphe 417. *

Jean, Aug.; secrétaire d'Honorius, se déclare Emp. août 423, avec l'appui de Castin et d'Aëtius; Ardabure et Aspar son fils, généraux de Théodose et Placidie, marchent contre lui; il est pris par trahison dans Ravenne, livré à Placidie, insulté, mis à mort à Aquilée juil. 425. *

Principaux écrivains depuis l'an 350 : *Donat*, gram. maître de S. Jérôme sous Julien; *Pomponius Festus*, gram. id.; *Ammien Marcellin*, historien sous les enfans de Constantin et sous Théodose; *Flav. Végèce*, écrit sur l'art militaire id.; *Aurélius Victor*, hist. lat.; *Ausone*, gram. rhét. po., M. 392; *Quinte-Curce*, hist. latin probablement sous Théodose; *Aurel. Prudence*, po. chrét., N. 348; *Jul. Obsequens*, lit. lat.

ORIENT.

mariée à Zénon et Léontia (voy. 467); fait nommer Empereur février 474 Zénon, le chasse pour couronner Patrice, qu'elle aimait; elle échoue, on élit Basilisque; Patrice tué; elle remet Zénon sur le trône 477; veut faire tuer le favori Illus; est enfermée; sort de prison 483; cabale pour élever Léonce à l'empire; exilée; M. 484. *

474 FLAV. LÉON II le jeune, Aug.; né 459 d'Ariadne (voy. Vérine) César 473; Emp. d'Or. janv. 474; à la prière de Vérine s'associe son père Zénon fév. 474; M. nov. 474. *

474 ZÉNON, Aug.; né en Isaurie mars 426; épouse 468, Ariadne, fille de Léon Ier; associé par son fils Léon II à l'empire février 474; d'un caractère affreux; règne avec la plus cruelle tyrannie; on conspire contre lui; Basilisque élu Emp.; Zénon rétabli août 477; son empire désolé par les Goths; Illus, son favori, fait nommer Léonce Emp.; l'un et l'autre sont tués; grandes exécutions à CP.; M. 9 avril 491. *

Arcadie, 1re femme de Zénon, mère de Zénon, débauché et mort jeune.

	OCCIDENT.	ORIENT.	
	sous Honorius; *Macrobe*, phil. et lit. lat. id.	ARIADNE, fille de Léon Ier et de Vérine, 2e femme de Zénon, mère de Leon le jeune; on dit que pour faire régner Anastase son amant, elle contribua à la mort de son mari. *	
423	VALENTINIEN III (FLAV. PLACIDIUS) Aug.; né à Ravenne 3 juil. 419 (voy. Placidie) César 424, Emp. d'Occ. 23 oct. 425; épouse Eudoxie à CP. 437; prince faible et vicieux, dernier de la famille de Théodose; l'empire dévasté par les barbares; Valentinien revient en Italie 438; Clodion, roi des Francs, s'établit dans le nord de la France; Valentinien s'allie avec Théodoric et Mérovée contre son beau-frère Attila, roi des Huns, qui est battu par ces princes et Aëtius près de Châlons-sur-Marne 452, et va ravager l'Italie, d'où l'éloigne le pape S. Léon à force d'argent; l'ingrat Valentinien tue Aëtius, viole la femme de Maxime, qui le fait tuer 16 mars 455.*	Ecrivains depuis l'an 450: *Quintus Calaber*, po. gr. sous Léon II; *Zozime*, hist. gr.; *Musaeus*, po. gr.; *Proclus* de Lycie, phil.; *Simplicius* de Phrygie, phil. périp. comment. d'Aristote.	
		BASILISQUE, Aug.; père de Vérine; Consul, Patrice sous Léon Ier; trahit; la flotte de 1200 voiles, qu'il commandait en Afrique, détruite par Genséric 468; exilé à Héraclée pendant 7 ans; revient à CP., renverse Zénon; est élu Emp. 475 (voy. Vérine); règne avec tyrannie; incendie à CP. bibliothèque de 120,000 volumes brûlée; Patrice, amant de Vérine, mis à mort; elle veut le venger; rappelle Zénon; il est pris, relâché; arrive à CP., prend et fait mourir Basilisque et sa famille août 477. *	479
	LICINIE EUDOXIE III, Aug.; née à CP. 422 (voy. Ael. Eudoxie II) femme de Valentinien III 29 oct. 437; beauté, esprit, mérite distingués; veuve 455; elle attire Genséric à Rome pour se venger de Maxime, qui, épris d'elle, l'avait forcée à l'épouser après avoir tué son mari; Rome pillée; Eudoxie, menée à Carthage, revient à Rome	ZENONIDE, femme de Basilisque; très-belle, se livre au désordre, vit avec son neveu Hermate; subit le même sort que son mari.*	
		Ne donnant la suite des	

OCCIDENT.

sous Léon. * Enfans, Eudoxie et Placidie.

ORIENT.

Empereurs que jusqu'à la fin de l'Empire d'Occident en 476, je terminerai ici celle des Empereurs d'Orient.

HONORIA (Justa Grata) Aug.; née à Ravenne 417; sœur de Valentinien III; renvoyée de Rome pour ses amours avec son intendant Eugène; va à CP. 434; revient à Rome 450; veut épouser Attila; on la marie à un sénateur; Attila la réclame, fait la guerre à Valentinien, et n'obtient pas Honoria. *

ATTILA, roi des Huns, fils de Mundzicus, règne 334 avec son frère Bléda; ils font la guerre à l'empire; il tue Bléda 334; grand génie, habile capitaine; bon pour ses sujets, cruel envers ses ennemis; nommé *Fléau de Dieu;* devait épouser Honoria; veut conquérir la terre; ravage les Gaules 451; battu par Aëtius 452, désole l'Italie, cède aux prières et à l'argent de S. Léon; M. 453. *

455 PETRONIUS MAXIME, Aug.; né 395; préfet de Rome, deux fois consul, très-aimé; fait tuer 16 mars 455 Valentinien III, qui avait violé sa femme; déclaré Emp. d'Occ. 17 mars 455; nomme César Pallade son fils; épouse malgré elle Eudoxie; fuit de Rome devant Genséric; tué 13 juin 455. *

Principaux écrivains depuis l'an 400 : *Q. Aurel. Symmaque*, lit. sous Valentinien II; *Claudien*, po. lat. sous Honorius; *Avienus*, po. lat.; *S. Paulin*, év. de Nola, po. latin; *Claud. Rutil. Numatien* de Toulouse, po. lat. et gr.; *Martianus Capella* de Madaure, lit. po.; *Sedulius* d'Irlande, po. lat.; *S. Augustin*, év. d'Hippone, N. 355, M. 430; le Pape *S. Léon-le-Grand*, M. 461.

455 AVITE (MAR. MAECILIUS) Aug.; né en Auvergne; général mars 455; grands talens, mauvaises mœurs; appuyé de Théodoric est nommé Emp. d'Occ. à Toulouse 10 juil. 455; va à Rome, y est reconnu, ainsi que par Marcien; ses généraux Théodoric et Ricimer battent Genséric sur terre et sur mer; Ricimer se révolte, le force à abdiquer le 6 ou 16 oct. 456;

OCCIDENT.

devient évêque de Plaisance; sa fille Papianille mariée à S. Sidoine. *

457 JUL. MAJORIEN, Aug.; bon général sous Aëtius et ami de Ricimer; élu Emp. d'Occ. juil. 457; grandes et excellentes qualités, très-aimé; Ricimer défait Genséric 458; Majorien bat Théodoric, qui devient allié des Romains; fait la paix avec Genséric et les barbares; Ricimer conspire, le dépose à Tortone 2 août; Majorien se tue le 7 août 461. *

461 SÉVÈRE III (LIBIUS), Aug.; Ricimer le fait élire Emp. d'Occ. à Ravenne 19 nov. 461, et règne sous son nom; Genséric, roi des Visigoths, les Allemands, les Saxons désolent et démembrent l'empire; Gilles défait les Visigoths près d'Orléans 463; M à Rome 15 août 465. *

467 PROCOP. ANTHEMIUS, descendant de Procope (voy. Valens) et fils de Patrice et d'une fille d'Anthémius, préfet de l'Or., épouse Flavia Eufemia, fille de Marcien; habile général; bat les Goths et les Huns; nommé Emp. d'Occ. par Léon et le sénat, 12 avril 467, après un interrègne de 17 mois; il maria sa fille à Ricimer, qui bientôt après se révolte, assiége Rome, la prend, la pille, tue Anthémius 11 juillet 472; * son fils Maxime épousa Léontia, fille de Léon Ier.

FLAVIA EUFEMIA, fille de Marcien (voy. 450) fem. d'Anthémius, mère de Marcien, de Romulus, de Procope et de la femme de Ricimer. *

472 ANICIUS OLYBRIUS, Aug.; épouse 462, Placidie, fille de Valentinien III; consul 464; bon général; envoyé contre Ricimer qui le proclame Emp. d'Occ. avril 472, et meurt peu après août 472; Olybrius M. 23 octobre 472; sa fille Julienne épousa sous Anastase le Patrice Aréobinde.*

473 GLYCÉRIUS, Aug.; excité par Gondibal, neveu de Ricimer, se fait proclamer Emp. à Ravenne 5 mars 473; traite avec Vidimer, roi des Ostrogoths; Léon, Emp. d'Or., fait nommer Emp. Jul. Nepos à Ravenne février 474; Glycérius assiégé, surpris dans Rome 24 juin; forcé d'abdiquer; fait évêque de Salone. *

OCCIDENT.

474 NEPOS (Flavius Julius) Aug.; né dans les Gaules, de Népotien et d'une sœur de Marcellin, qui sous Sévère III s'était fait roi de la Dalmatie; épouse la nièce de Vérine 493; nommé Aug. par Léon Ier à Ravenne fév. 474; fait abdiquer Glycérius; cède l'Auvergne à Euric, roi des Visigoths, pour avoir la paix 475; chassé de Ravenne par le Patrice Oreste, se réfugie à Salone, conserve une ombre d'empire; tué à l'instigation de Glycérius 9 mai 480. *

475 ROMULUS ou MOMULUS AUGUSTE ou AUGUSTULE, fils du Patrice Oreste et de la fille du comte Romule; proclamé Emp. à Ravenne 31 octobre 475, par Oreste; Odoacre, général goth ou hérule au service romain, se révolte, chasse Oreste, le fait tuer; se fait roi d'Italie 30 août 476; prend Ravenne; relègue Romulus à Naples où il passe le reste de sa vie.

Ecrivains depuis l'an 450 : *Idace*, év. espagnol 467, chronol.; *Sidoine Apollinaire*, év. de Clermont en Auvergne 480, lit. po. lat.; le Pape *Gélase* 492.

Fin de l'Empire Romain en Occident dans la 1230e année depuis la fondation de Rome, et la 507e depuis la bataille d'Actium.

TABLEAU chronologique des artistes de l'antiquité, et des progrès de l'art depuis son origine jusqu'au septième siècle de notre ère.

L'architecture doit être plus ancienne que la sculpture et que la peinture. Il faut avoir une maison, un temple, avant de songer à les orner. Si l'on en croit les auteurs de l'antiquité sur la tour de Babel, et les superbes édifices de Ninive, de Babylone et d'Egypte, dont les moins anciens dataient de 18 siècles avant J. C., l'architecture s'était élevée à un haut point avant qu'il fût question de statues et de tableaux; c'est vers ce temps qu'Eusèbe place les Telchines, habitans des îles de Crète et de Rhodes, inventeurs de plusieurs arts et fondateurs d'un grand nombre de villes. Les Cyclopes remontent peut-être à une époque plus reculée; ils fondèrent une grande quantité de villes, comme le prouvent les dissertations de M. Petit-Radel. Il est probable que la sculpture ou l'art d'imiter en relief la nature précéda la peinture; il est plus naturel de chercher à imiter des corps, des objets palpables, en donnant à une matière quelconque des formes que l'œil et la main peuvent suivre, que de représenter sur une surface plane ces mêmes objets, et d'en rendre le relief par le concours des lignes, de la couleur, de la lumière et de l'ombre. Les premières statues ou idoles ne furent que des espèces de fétiches, de poteaux de bois, de pierres carrées, sur lesquelles on ajusta ensuite la représentation informe d'une tête humaine. Plus tard on figura grossièrement les bras attachés au corps et les jambes réunies; l'Egypte en resta pour ainsi dire à ces premiers pas de l'enfance de l'art; son écriture hiéroglyphique, en attachant des idées à des formes consacrées, s'opposa aux progrès des arts d'imitation; si on y parvint à donner quelque mouvement aux figures, ce fut plutôt pour ajouter des significations à l'écriture sacrée que pour perfectionner les arts du dessin, et l'on en retrouve les premiers élémens dans les formes carrées, sèches, anguleuses des figures d'ancien style purement égyptien. Il paraît qu'il faut séparer les connaissances des Hébreux de celles des autres peuples; ils en avaient de grandes en sculpture et dans la fonte des métaux, avant qu'elles fussent connues chez les autres nations. Au surplus, il ne nous reste rien qui puisse nous donner une idée du degré de perfection où ils étaient parvenus dans les arts; il en et de même des Phéniciens, des Assyriens, dont les royaumes étaient vant C. arrivés au faite de la grandeur lorsque la Grèce n'existait pas encore. Ils ont passé sans laisser de traces de leurs arts qui puissent nous faire connaître le degré où ils avaient été portés, et nous ne nous occuperons que de ceux des Grecs et des Romains.

586 DANAUS passait pour avoir fondé le temple d'Apollon Lycien à Argos, et y avoir consacré une statue en bois; on y plaça depuis cette époque plusieurs statues très-anciennes; Jupiter et Junon; Vénus consacrée par Hypermnestre; un Mercure attribué à Epéus.

529 BÉSÉLÉEL, OOLIAB, sc. hébreux, font les ornemens du tabernacle; il est probable que leurs ouvrages tenaient beaucoup des hiéroglyphes égyptiens.

420 DORUS bâtit à Argos un temple à Junon; quelque temps après une colonie athénienne, conduite par Ion, passe en Asie, fonde l'Ionie et bâtit un temple à Apollon Panionien. Ces deux temples peuvent avoir été les premiers modèles des deux ordres dorique et ionique. Les colonnes du premier n'eurent d'abord que quatre et cinq diamètres de hauteur, ensuite six et enfin huit mais très-tard; l'ionique, qui en avait neuf, fut probablement beaucoup plus écrasé dans les premiers temps.

380 DÉDALE, fils d'Eupalamus, fils d'Erechtée, roi d'Athènes, invente la scie, les voiles; auteur du labyrinthe et des statues de bois, nommées depuis *Xoana*; il paraît qu'elles se nommèrent d'abord *Dédales*, et qu'on donna ce nom à plusieurs ouvriers qui travaillèrent dans ce genre, et qu'on les a tous confondus en un seul. (Voyez M. Quatremère de Quincy, Jup. Oly. p. 169 et suiv). Il y avait encore en Grèce, du temps de Pausanias, des xoana d'une haute antiquité, et très-vénérées; plusieurs passaient pour être tombées du ciel.

Prétendus élèves de Dédale. CALUS ou TALUS, ou ATTALUS, ar.; ERYSICHTON, ar. du temple de Délos. Leurs époques sont très-incertaines; on aura pendant long-temps donné le titre d'élèves de Dédale à ceux qui faisaient des sta-

---

Abréviations, ar. architecte, ar. ing. architecte ingénieur, ar. m. architecte mécanicien, cis. ciseleur, fo. fondeur, gr. graveur, gr. f. graveur sur pierres fines, pe. peintre, pe. m. peintre monochrome, pe. p. peintre polychrôme, pl. plasticien, sc. sculpteur, st. statuaire, st. to. statuaire toreuticien.

Avant J. C. tues de bois. Si ces artistes eussent existé avant Homère, il est probable qu'il en eût parlé. (Voy. l'an 1130.)

Suivant Clément d'Alexandrie, Bryaxis, sc., fit la statue d'Osiris du temps de Sésostris (1356-1312.)

1330 Il y avait à Rome, dans le forum boarium, *Campo Vaccino*, une statue d'Hercule, qu'on disait avoir été consacrée par Evandre.

1270 Eréus, ar. ingenieur, fait le cheval de Troie (1). On montrait un Mercure de lui dans le temple d'Apollon Lycien à Argos. Tychius, habile ouvrier en armes dont parle Homère, ainsi que d'Icmalius; il est probable que ces artistes ou ces ouvriers ont existé beaucoup plus tard et du temps d'Homère, qui a voulu les honorer en plaçant leurs noms dans ses poëmes. On citait de cette époque le Jupiter Patroüs en bois et à trois yeux qui était sur l'autel de Priam, et qui de là passa à Argos. Il est question de statues dans Homère, et même de statues animées; il ne parle pas de peinture, à moins que l'on ne regarde comme une espece de tableaux la variété de métaux de différentes couleurs dont il compose les sujets ciselés sur le bouclier d'Achille, et qui produisaient divers effets qui imitaient la nature. On travaillait alors en or, en argent, en différens métaux, en électrum, et pas encore en marbre. Alexanor, fils de Machaon, st.; temple et statue d'Esculape à Titane : on ignorait de quelle matière était la statue.

1172 Agamède et Trophonius frères, ar. béotiens; temple de Tégée, Héraeum d'Olympie ou temple de Junon.

1130 On pourrait placer vers cette époque Smilis d'Égine, qu'on suppose fondateur de l'école de Sicyone, et élève de Dédale, ce que plusieurs faits démontrent impossible. On lui attribuait aussi, à tort, la Junon de Samos, et si ce statuaire était le même qu'Emilus d'Égine, qui fit les heures en ivoire de l'héraeum d'Olympie, il devrait être placé après Rhaecus et Théodore (voy. 540).

1010 Hyram de Tyr, ar. du temple de Salomon.

(1) Nous suivons la chronologie de M. Larcher, qui est à-peu-près la même que celle de Fréret, et qui a été adoptée par MM. de Sainte-Croix, l'abbé Barthélemy, Visconti et Quatremère de Quincy, dans son *Jupiter Olympien*, où l'époque d'un grand nombre d'artistes est parfaitement établie. Cette chronologie place la prise de Troie à l'an 1270 avant J. C.

Avant J. C.

1003 Selon Pausanias, on construisit à Olympie le trésor des Mégariens après une victoire sur les Corinthiens, sous l'archonte perpétuel Phorbas (1003-966.)

947 On pourrait placer dans cette époque Tychius et Icmalius, cités par Homère. Ce grand poète N. 947, par ses vastes conceptions, dut contribuer à enflammer le génie des artistes, pour qui ses poëmes furent une mine féconde d'idées sublimes, et c'est en suivant ses traces que leur imagination créa des dieux. Hésiode vivait à la même époque.

900 CLÉANTHE de Corinthe, 1er pe. monochrome ou à une seule couleur. D'après Pline, on peut croire que ces premiers peintres n'indiquaient encore les ombres que par quelques hachures et avec une seule couleur, ordinairement rouge; c'était ou de la brique, des débris de pots pilés, du minium, ensuite de la sanguine et de la terre de Sinope. On écrivait les noms des personnages. La peinture dut procéder ainsi; on remplit d'abord le trait avec une couleur mise à plat, ce fut une espèce de silhouette; des peintures noires de vases très-anciens et des premiers temps de la fabrique de Nole, nous en donnent une idée; il n'y a pas à l'intérieur des figures de traits qui dessinent les formes. Ce sont les premiers MONOCHROMES, car on ne peut pas entendre par ce mot une peinture d'une seule couleur, mais dégradée et à l'effet, comme nos camayeux, qui annoncent un œil exercé à saisir les nuances, et qui, bien que d'une seule couleur, en présentent cependant plusieurs par la dégradation des teintes. On indiqua ensuite les formes par des hachures et par quelques lignes sur la teinte plate. Les vases grecs peints offrent aussi cette seconde époque des monochromes. Les plus beaux, qui ne sont pas aussi anciens, n'ont ni ombres ni lumières, et dans ceux même qui réunissent plusieurs couleurs, elles ne sont pas rompues; le blanc n'y est pas employé comme lumière. On put, sans doute, dès les premiers essais de la peinture, tenter de représenter les objets avec les couleurs qui leur sont propres; mais ce fut encore avec des teintes plates; quelques peintures de héros de très-anciens tombeaux de Pestum sont de ce genre. Les ombres et les lumières placées crument vinrent ensuite. Plus tard on observa les passages (*Transitus de Pline*), de la lumière à l'ombre ou les

Avant J. C. demi-teintes, et ce furent les *commissuræ* des Latins; l'*harmogé* des Grecs qui unissent l'ombre à la lumière. Il paraît que le *tonos* des Grecs et le *splendor* des Latins, expriment les reflets, et ce fut le dernier point où l'on arriva dans la représentation de figures isolées.

Saurias de Samos, Craton de Sicyone, Philoclès d'Egypte, régardés comme les inventeurs du dessin; Dibutade de Sicyone invente la plastique, ou l'art de modeler en terre; Ardicès de Corinthe, pl.; Téléphane de Sicyone, pl. Lors de la prise de Corinthe par Mummius, on y montrait un médaillon en terre cuite qu'on prétendait être de Dibutade. Il inventa les *antéfixes*, nommés d'abord *protypes*, ornemens en terre cuite qu'on plaçait au bord des tuiles à l'extrémité inférieure des toits. On en trouve souvent dans les ruines, surtout à Pompéi. On lui dut aussi les *ectypes* ou bas-reliefs repoussés dans des moules. Je ferai observer que la plupart des moules de petits bas-reliefs ou de petites figures de ronde bosse trouvés à Pompéi, sont en argile très-fine cuite, et l'on y voit encore l'impression des doigts qui ont foulé la terre sur l'objet moulé. (1)

(1) Toutes ces époques, jusqu'à la première olympiade de Corœbus, sont très-incertaines, et il est impossible de lier d'une manière positive les arts des temps héroïques avec ceux des olympiades. Il est plus que probable qu'après le siége de Troie et le retour des Héraclides (1190), la Grèce étant agitée par des troubles, il y eut de longues lacunes dans les sciences et dans les arts, comme on l'a vu dans l'Europe moderne à des époques qui ont suivi celle d'une civilisation beaucoup plus élevée que ne pouvait l'être celle de la Grèce dans ces temps reculés. Si nous n'avons que des données très-vagues sur les arts des siècles de barbarie de notre moyen âge, quoique la série des historiens n'ait pas été interrompue, que doit-il en être de la Grèce, dont Homère et Hésiode sont les seuls poètes anciens qui aient résisté, et même mutilés, à la faulx du temps qui n'a épargné que quelques fragmens des historiens antérieurs à Hérodote? Ce n'est qu'à l'époque des olympiades de Corœbus que les notions historiques deviennent plus certaines sans l'être encore entièrement à beaucoup près. La célébration régulière des jeux olympiques et des autres fêtes contribua beaucoup aux progrès des arts, en liant davantage entr'eux les différens peuples de la Grèce, surtout lorsqu'on décerna des statues aux vainqueurs. En consultant sans cesse la nature sous les plus belles formes dans les palestres et dans les jeux, les artistes durent faire de rapides pas dans tous les arts du dessin, et le grand nombre de statues dont on embellissait les temples et les stades leur procurant beaucoup d'ouvrages, leur fit acquérir de la pratique. Il est bon de faire observer

Avant J. C.

895 PHIDON d'Argos fait battre la première monnaie d'argent dans l'île d'Egine. HERMOGÈNE d'Alabanda invente les temples pseudopériptères, ou qui paraissent avoir de doubles portiques formés par un double rang de colonnes.

884 Première olympiade d'IPHITUS d'Elée, qui, aidé par LYCURGUE de Sparte et CLÉOSTHÈNES de Pise, avait rétabli les jeux olympiques 27e olympiade avant celle de Corœbus. Pendant ces solennités les hostilités étaient suspendues, et on éleva dans la suite, à Olympie, une statue d'Iphitus, couronné par la figure allégorique de la trêve (*Ecécheiria*).

850 CHARMIDAS, pe. m.; DINIAS, pe. m.; HYGIÉMON, pe. m.; EUMARE, pe. m. On commence à distinguer le sexe dans la peinture.

830 Selon Pline, Circummon, eunuque du roi Nectabis,

---

que Pausanias, et surtout Pline, en mettant sous une seule olympiade plusieurs artistes, ne donnent pas leur époque d'une manière fort exacte. On trouve par des rapprochemens chronologiques que les uns commençaient lorsque les autres étaient à la fin de leur carrière, et que les élèves sont confondus avec leurs maîtres. Ainsi, à moins que l'on n'ait des raisons qui s'y opposent, on peut admettre 25 ou 30 ans pour la vie laborieuse d'un artiste, et en le plaçant d'après l'époque de ses ouvrages connus, deux ou trois olympiades avant ou après celle que Pline assigne au temps où il a fleuri, on n'en est pas moins d'accord avec cet écrivain. Dans la succession des artistes d'une même école, on peut mettre 15 à 20 ans d'intervalle entre les époques où ont fleuri le maître et l'élève; et lorsque la succession est du père au fils, cet intervalle pourrait être encore augmenté. Parmi les artistes de l'antiquité, ceux dont le classement chronologique offre le plus de difficultés, sont Smilis et les prétendus élèves de Dédale; Dipoene et Scyllis, Callon d'Egine, Canachus, Agéladas, Pythagore de Rhegium, les Polyclète, Myron. Lorsque l'année n'est pas indiquée par les auteurs ou par les faits d'une manière positive, et qu'elle peut être une des quatre qui composaient une olympiade, celle que je donne sans autre chiffre, est la première de l'olympiade; s'il y a d'autres chiffres, ils indiquent l'année de cette période de quatre ans. On peut consulter sur les artistes, outre PLINE l'ancien et PAUSANIAS, principales sources. JUNIUS de *Pictura Veterum*, MILIZIA sur les architectes, *l'Abecedario Pittorico* d'ORLANDI; WINCKELMANN, *Hist. de l'art* et *Mon. inediti;* M. VISCONTI, *Mus. P. Clement.;* SANDRART, *Carlo dati*, et GUGLIELMO della valle, *Vitte dei Pittori antichi*, *etc.;* M. QUATREMÈRE DE QUINCY, *Jupiter Olympien*, *etc.*, *et des dissertations;* un Essai chronologique de M. EMERIC-DAVID, dans le *Magasin Encyclop.* tom. 4, août 1807.

Avant J. C.	Olympiades.	Ans de Rome.	
			répara le grand labyrinthe d'Egypte cinq cents ans avant Alexandre-le-Grand.
			CIMON de Cléone, pe. m., élève d'Eumare, suivit ses principes. Pline dit qu'il fut le premier qui peignit des figures vues de côté, ce que cet auteur appelle *catagraphe*; il peignit aussi des têtes dans toutes les positions, fit sentir les articulations, les veines, et rendit les plis des draperies.
800			On pourrait placer vers cette époque la fondation du grand temple de Pestum et celle du temple dorique de Pompéi, bâtis par les Doriens, probablement dans leur troisième migration.
776	1		Première OLYMPIADE DE COROEBUS, vainqueur dans la course du stade aux jeux olympiques. Commencement des temps historiques en Grèce.
764	4		LUDIUS d'Etolie, pe. travaille en Italie, et orne de peintures le temple d'Ardée. Une partie de ces peintures bien conservées, malgré les injures de l'air, existaient encore du temps de Pline, de même que celles de Lavinium et de Cære, de la même époque. On ne connaît pas les noms des premiers artistes étrusques, beaucoup plus anciens, et qui devaient probablement leurs connaissances dans les arts et dans la mythologie aux premières colonies grecques. Les peintures roides, sèches et anguleuses de quelques vases peints du plus ancien style grec, pourraient remonter à cette époque-ci.
757	5.4		ARCHIAS de Corinthe, fonde Syracuse.
754	6.2	1	Fondation de Rome selon Varron.
			BULARQUE, premier pe. polychrome ou à plusieurs couleurs; on ne s'en servit longtemps que de quatre. Pline dit que les Grecs n'ont parlé de leurs peintres qu'à une époque plus rapprochée que celles qu'ils nous ont conservées des autres artistes, et qu'il n'en est question qu'à l'olympiade 90 ou 420 av. J. C.; il prouve cependant qu'il y eut, avant cette

Avant J. C.	Olympiades.	Ans de Rome.	
			époque, même des peintres polychromes, puisque Bularque peignit le combat des Magnêtes et que son tableau fut acheté très-cher par Candaule, dernier roi de Lydie, de la race des Héraclides, qui, selon quelques auteurs, fut tué par Gygès l'année de la mort de Romulus 715 av. J.C.; EUPALINUS, ar.
732	21	22	GITIADAS, ar. sc. lacédémonien du temps des guerres de Messénie, fait les ornemens en bronze du temple de Minerve Chalciœcos à Sparte. On pourrait placer vers cette époque la statue de la déesse Anaïtis massive en or, ou faite avec un moule sans noyau et qui exista en Arménie jusqu'au temps de Marc-Antoine, Pline, 33. ONASSIMEDES, st., fit à Thèbes une statue massive en airain; ALCON en fit une en fer; ils peuvent être de cette époque.
715.	16. 2	39	NUMA défendit dans ses lois de représenter les dieux sous des formes humaines. Ce fut un obstacle aux progrès de la sculpture à Rome. Il établit un collége ou confrairie des *figulini*, modeleurs ou ouvriers en argile. Il y avait à Rome, du temps de Pline, un Janus à double visage, qui passait pour avoir été consacré par Numa, et qui, par la position de ses doigts, indiquait le nombre 355, celui des jours de l'ancienne année romaine (1).
688	23	66	SYADRA et CHARTA de Lacédémone, st.
680	25	74	EUCHYR et EUGRAMMUS, élèves de Siadra. Selon quelques auteurs, ils passaient pour inventeurs de la PLASTIQUE ou l'art de modeler en terre qui doit être beaucoup plus ancien.
660	29	84	Statue de CYPSELUS en or battu et repoussé au marteau. Ce genre d'ouvrage se nommait SPHURÉLATON; coffre de Cypselus, célèbre dans l'histoire des arts.
654	31.2.	100	CLÉOPHANTES, pe.; il vint en Italie avec Démarate, père de Tarquin l'ancien. LÉAR-

(1) *Hommes célèbres du 8e siècle avant J. C.* — *Sardanapale*, roi d'Assyrie 765; M. 747. *Cinaethon* de Sparte, po. 760. *Eumelus*, po. 758. *Romulus*, fondateur et 1er roi de Rome 754; M. 716. *Isaïe*, proph. hébreu 720. *Archiloque*, po. 718. *Numa Pompilius*, 2e roi de Rome 715; M. 672. *Candaule*, roi de Lydie; M. 715. *Gygès*, roi de Lydie 715.

Avant J. C.	Olympiades.	Ans de Rome.	
			QUE de Rhégium, élève d'Euchyr, travaillait en sphurélaton.
647	33	107	MYRON, tyran de Sicyone, fait construire à Olympie le trésor des Sicyoniens.
612	42	132	CHERSIPHRON ou CTÉSIPHON, ar. du temple d'Ephèse. RHAECUS et THÉODORE de Samos travaillent aux fondations; inventeurs du tour et des moules d'argile à noyau, disposés de manière à ne donner à la fonte que peu d'épaisseur. On commence à sculpter le marbre. Le berger PIXODORE en découvre près d'Ephèse une carrière qui sert à construire le temple. ARISTOCLÈS, st., auteur d'une amazone combattant Hercule. Un DÉDALE fait faire à l'art de grands progrès; ce Dédale est douteux (1).
600	45	154	MÉTAGÈNE, fils de Chersiphron, travaille au temple d'Ephèse; il écrit sur l'ordre ionique. BIZÈS, ar., couvre des temples avec du marbre taillé en forme de tuiles. On lui éleva à Naxos, sa patrie, des statues, pour avoir découvert les carrières de marbre du Mont Pentelès. MALAS de Chio, sc.
			Epoque de Pittacus à Mitylène.
590	47.2	163	DÉMÉTRIUS et POINIUS, ar. du temple d'Ephèse. GLAUCUS de Chio invente la damasquinure. TURIANUS de Frégelles, ar. étrusque, embellit Rome sous Tarquin l'ancien, et commence le temple de Jupiter Capitolin. Il plaça

(1) *Hommes célèbres du 7e siècle avant J. C.* — *Therpandre*, mus. 690. *Créon*, 1er arch. annuel à Athènes 684. *Aristomène*, gén. messénien 683. *Tyrtée* d'Ath., po. el. et général 675. *Tulius Hostilius*, 3e roi de Rome 672; M. 640. *Zaleucus*, législ. des Locriens 664. *Cypselus*, tyran de Corinthe 663, né 700; M. 633. *Alcman* de Sparte, po. el. 660. *Pittacus* de Lesbos, un des sept sages, né 652; M. 570. *Ezéchiel*, proph. hébreu 650. *Pisandre*, po. 648. *Ancus Martius*, 4e roi de Rome 640; M. 615. *Thalès*, phi., un des sept sages, né 639; M. 543. *Solon*, un des sept sages, législ. d'Ath., né 638; M. 559. *Battus*, fondateur de Cyrène 631. *Arion* de Méthymne, po. 630. *Périandre*, tyran de Corinthe 633, un des sept sages; M. 563. *Jérémie, Baruch, Sophonie, Habacuc*, proph. héb. 630. *Dracon*, po. législ. d'Ath. 624. *Lucumon* ou *Tarquin* l'ancien, 5e roi de Rome 615; M. 578. *Alcée*, po. ly. 612. *Stésichore*, po. ly., né 632; M. 556. *Esope* de Phrygie, po. fab. 620; M. 560. *Sapho* de Lesbos, po. ly., née 612. *Xénophanes* de Colophon, phi. 619; M. 520. *Anaximandre* de Milet, phi. po., né 610; M. 546. *Pythagore* de Samos, phil., né 608; meurt 510.

Avant J. C.	Olympiades.	Ans de Rome.	
			sur le sommet un quadrige, et fit la statue du dieu en argile, qu'on frottait de minium. Les Romains imitent le style étrusque, qui n'est que l'ancien style grec. On fait remonter à cette époque la construction du grand égout de Rome, nommé la *cloaca massima*, qui est peut-être encore plus ancien. On élève une statue la tête couverte d'un voile à l'augure Attius Navius.
			MICCIADE de Chio, sc., fils de Malas; il se servait de marbre de Paros, ainsi que Malas et Anthermus. PTERA, ar.
580	50	174	Epoque de Pythagore, de Solon. DIPOENUS et SCYLLIS de Crète, premiers sc. en marbre, qui passent pour être de l'école de Dédale, ou statuaires de l'ancien style; le premier travaillait aussi en or et en ivoire; ils avaient fait des chevaux en ébène dont les sabots étaient d'ivoire. Temple des Dioscures à Argos; on y voyait les plus anciennes statues en or et en ivoire. Cette partie de la sculpture, qui employait les différens métaux et les unissait au bois et à l'ivoire, est proprement la TOREUTIQUE. C'est de cette manière que furent exécutées les plus grandes et les plus belles statues de la Grèce. AEROPUS ou EUROPUS, roi de Macédoine, 598-555, s'amusait à faire des lampes et de petites tables
576	51	178	On ne détachait pas encore les membres du corps (voy. 560). Premières statues en honneur des vainqueurs olympiques. On nommait *iconiques* celles des athlètes qui avaient remporté trois victoires; ces statues étaient de leur taille.
572	54. 4	182	ANTHERMUS, sc., fils de Micciade, travaillait en marbre.
565	53. 4	189	PHILÉSIUS et THEOPROPUS, st. fo., firent pour les Corcyréens deux vaches en bronze consacrées à Delphes. Pausanias n'en donne pas l'époque, mais rien ne s'oppose à ce qu'on admette que ce fut en reconnaissance de ce que trois cents jeunes Corcyréens des-

Avant J. C.	Olympiades.	Ans de Rome.	
			tinés par Périandre à être faits eunuques, avaient été délivrés par les Samiens 565; à cette époque Théodore et Rhaecus avaient déjà perfectionné les procédés de la fonte.
560	57.3	194	On élève à ARRACHION, pancratiaste, une statue de marbre à Phigalie, dans le style égyptien, les bras le long du corps.
			ANTISTATE, ar.; CALLESCHROS, ar.; ANTIMACHIDE, ar.; PORINUS, ar., élèvent le temple de Jupiter Olympien à Athènes sous Pisistrate; il ne fut terminé que sous Adrien. Ce fut sous Servius Tullius 578-534 qu'on marqua la première monnaie de bronze à Rome, en y mettant la figure d'un bœuf ou d'un mouton, *pecus*, bétail, d'où vint à la monnaie le nom de *pecunia*.
			THÉOCLÈS, sc.; TECTÉE et ANGÉLION, sc., élèves de Dipoenus et de Scyllis. Le premier fit à Olympie le trésor des Epidamniens, et les statues d'Atlas et des Hespérides en bois.
			DONTAS de Lacédémone et PÉRILLE d'Agrigente, fo., coulent le taureau d'airain de Phalaris; MNÉSARQUE, gr. fo.; SPINTHARE de Corinthe, ar.; MEMNON, ar.; il construisit le palais de Cyrus à Ecbatane.
			DORYCLIDAS et MÉDON son frère, st., élèves de Dipoenus et de Scyllis, travaillent pour l'Héraeum d'Olympie; il y avait vingt statues d'or et d'ivoire d'ancien style. Si EMILUS est un autre statuaire que Smilis, car Pausanias donne celui-ci comme très-ancien, il pourrait être de cette époque-ci. Pausanias parle des *Heures* en ivoire qu'il avait représentées assises sur des trônes. Ces statues étaient placées à côté de celle de Thémis par Doryclidas.
			BATYCLÈS, st., élève de Tectée, fit le trône d'Apollon à Amyclée, dont Crésus fournit l'or.
540	60	204	On n'élevait encore à Rome que des colonnes pour récompenser les belles actions. Tite-Live et Pline croient cependant que quelques statues de Rome, entr'autres celle d'Attius Navius, remontaient à Tarquin l'ancien.

Avant J. C.	Olympiades.	Ans de Rome.	
			BUPALUS et ANTHERMUS, st., de l'école de Dipoenus, et fils d'Anthermus. POLYCLÈTE, st.; il paraît, malgré la confusion des statuaires de ce nom dans Pline et dans Pausanias, qu'on peut placer à cette époque un ancien Polyclète, maître de Canachus.
			CALLON d'Egine, st., travaillait dans l'ancien style; quoique contemporain de Canachus, il paraît un peu plus ancien.
532	62	222	Epoque de POLYCRATE à Samos; il avait un célèbre anneau gravé par Rhaecus; Polycrate mourut l'an 522. En supposant qu'il eût alors 70 ans, et que Rhaecus fût mort au même âge, et qu'il eût environ 30 ans lorsqu'il travailla aux fondations du temple d'Ephèse, il aurait vécu encore pendant 27 ans de la vie de Polycrate, et eût pu travailler pour lui. Au reste, il n'est pas dit que ce prince lui eût fait graver cette pierre; il put l'avoir quelques années après la mort de Rhaecus; l'époque de cet artiste est importante dans la chronologie des arts. CHRYSOTHÉMIS et EUTÉLIDAS d'Argos, st., firent la statue de Démarate vainq., 65e olymp.
			PRAXIDAMAS d'Egine, cestiaire, consacre à Olympie sa statue en bois de cyprès, et RHEXIBIUS d'Opunte une en bois de figuier.
525	63.3	229	CANACHUS, st., élève de Polyclète; son style était dur et tenait de l'ancienne école; sa Diane Loutrophore de Sicyone en or et en ivoire célèbre. ARISTOCLÈS son frère, st., chef de l'école de Sicyone. AGÉLADAS ou ELADAS, st., son char de Cléosthènes vainqueur dans la 66e olymp. célèbre; il fit aussi la statue de Timasithée, mort dans la 68e olymp. Il était probablement au commencement de sa carrière lorsqu'il travailla avec Callon d'Egine et Canachus, et à la fin quand il fut maître de Phidias, de Myron et de Polyclète.
516	66	238	SOIDAS, st.; MENOECHME de Naupacte, st., écrivit sur son art; la Diane Laphria de ces statuaires célèbre. ANDRONICUS de Cyrrhestes,

Avant J. C.	Olympiades.	Ans de Rome.	
			ar.; on lui attribue la tour des vents à Athènes; il se pourrait cependant qu'il fût postérieur à cette époque; PYTHODORE, st.; LAPHAÈS, st; PATROCLE de Crotone, st.; ANTÉNOR, st.; d'après Pausanias, il paraît qu'il fit les statues d'Harmodius et d'Aristogiton morts 514; il en parle comme d'ouvrages anciens. ENDOEUS, st.; Pausanias le dit élève de Dédale et son compagnon d'infortune. S'il en était ainsi, la statue de Minerve d'Endoeus que Callias consacra dans la citadelle d'Athènes après l'expulsion des Pisistratides, n'eût été révérée qu'à cause de son antiquité; mais on avait du même statuaire une Minerve Alea en bois et une à Erythres en *ivoire*; ce qui fait croire qu'Endoeus n'était pas de l'époque que lui assigne Pausanias.
507	68	246	On conservait à Rome, du temps de Pline, une statue équestre de femme qui passait pour être celle de Clélie, et remonter à cette époque, ainsi que celle d'Horatius Coclès. PORSENNA fit construire à Clusium un labyrinthe orné de pyramides très-élevées, pour lui servir de sépulture.
			Selon Pline, Callias d'Athènes trouva le minium l'an 249 de Rome.
499	70	254	L'orateur Gorgias consacra à Delphes vers cette époque sa statue en or massif; Pline. POTHAEUS, st.; ANTIPHILE, st.; MÉGACLÈS, firent à Olympie le trésor des Carthaginois; l'on voyait dans celui-ci les présens de Gélon mort 478. On pourrait aussi placer vers cette époque PYRRHUS et ses fils LACRATÈS et HERMON, ar. st., qui firent à Olympie le trésor de Selinunte détruite 409.
			CLÉOETAS, st., fils d'Aristoclès, fit la barrière des chars aux jeux olympiques, et une statue d'athlète en airain dont les ongles étaient d'argent. SYNOON, st., élève d'Aristoclès (1).

(1) *Hommes célèbres du 6e siècle avant J. C.* — *Epiménide* de Crète, phi. po. 596. *Crésus*, roi de Lydie, né 595; M. 559. *Anacharsis*, phi.

Avant J. C.	Olympiades.	Ans de Rome.	
494	71.2	259	Ap. Claudius consacre le premier des boucliers ornés des portraits de sa famille. On représentait le personnage sur le bouclier qui lui avait servi.
491	72	262	DIORÉS, pe.; ARIMNA, pe.; MICON d'Athènes, fils de Phanocus et père d'Onatas, pe. et st., peut être placé à cette époque quoiqu'il ait été, plus tard, émule et collaborateur de Polygnote; il fit le tableau de la bataille de Marathon 490, et la statue de Callias vainq. 74ᵉ et 77ᵉ olymp. Il y eut à la même époque un autre MICON de Syracuse, fils de Nicomaque, et qui travailla pour Hiéron. HÉGÉSIAS ou HÉGIAS, st. de l'ancien style, travaillait en or et en ivoire; GLAUCIAS d'Egine fit le char de Gélon 73ᵉ olymp., et la statue de Théogène de Thasos, vainqueur olymp. 75. TÉLÉPHANES, st., était comparé à Polyclète et à Myron; STOMIUS, st.; SOMIS, st.; DAMÉAS de Crotone. Il fit la statue de Milon de Crotone.
484	74	270	SIMON d'Egine, st.; PHAEAX d'Agrigente,

scythe 592. *Myson*, un des sept sages 592. *Théognis*, po., né 583; M. 495. *Susarion* et *Dolon*. 1ᵉʳˢ po. com. grecs, 580. *Aristée*, po. hist. 580. *Servius Tullius*, 6ᵉ roi de Rome 578; M. 554. *Bias* de Prienne, phil., un des sept sages 572. *Amasis*, roi d'Egypte 570; M. 526. *Pisistrate*, tyran d'Ath. 56 ; M. 528. *Cyrus*, né 575, roi des Mèdes 559; M. 530. *Anacreon*, po. ly., né 559. *Simonides*, po., né 558; M. 468. *Chilon* de Sparte, un des sept sages 550. *Hipponax*, po. 540. *Daniel*, proph. hébreu 550. *Onomacrite*. po. 550. *Phocylides*, po. 550. *Darius*, fils d'Hystaspe, né 550, roi de Perse 521: M. 485. *Hécatée* de Milet, hist., né 549. *Anaximène*, phi. 545. *Phérécyde* de Sciros, phil. 544. *Léonidas*, roi de Sparte, né 539; M. 480 aux Thermopyles. *Thémistocle*. gén. ath., né 556, exilé 477; M. 471. *Thespis*, po. trag. ath. 536. *Tarquin-le-Superbe*. 7ᵉ et dernier roi de Rome 534-509. *Cambyses* ou *Assuérus*, roi de Perse 530. M. 522. *Eschyle* po. trag. ath., né 525.; M. 467 ou 456. *Polycrate*, tyran de Samos 532; M. 522. *Hypparque*, tyran d'Ath. 522; M. 514. *Hippias*. tyran d'Ath. 522; M. 490. *Scylax*, géogr. 520. *Pindare*, po. ly.. né 517; M. 445. *Démocrite* d'Abdère, phil., né 513; M. 404. *Phrynichus*, po. trag. 512; M, 467. *Chaerille*, po. trag. gr. 510. *P. Papyrius*, jur. rom. 510. *Pratinas*, po. tra. ath. 510. *L. Jun. Brutus* et *L. Tarq. Collatin*, 1ᵉʳˢ consuls rom. 509. *Lasus*, po. dithyr. 506. *Panyasis*. po., oncle d'Hérodote. né 508; M. 458. *Clélie*, rom. célèbre par son courage 507. *Héraclide* d'Ephèse, hist 504. *Parménide* d'Elée, phi. 504 *T. Lartius Flavius*, 1ᵉʳ dictateur rom. 501.

Avant J. C.	Olympiades.	Ans de Rome.	
			ar.; Glaucus, st.; Dionysius d'Argos, st.; Aristomède, st.; Ascarus, st.; Agénor, st.; Mandas de Paros, st. Vers cette époque, suivant Pline, la première statue d'airain fut faite à Rome du produit des biens confisqués à Sp. Cassius. Hippias, st., maître de Phidias.
480	75	274	Beaucoup de temples et de monumens détruits par les Perses; on ne les relève pas, pour se rappeler d'en tirer vengeance. Onatas, st. et pe., fils de Micon, et l'un des plus habiles statuaires de l'antiquité; Calamis, st., travaillent au char de Hiéron le jeune; l'Adorant en bronze qui est à Berlin, paraît être fait d'après une statue célèbre de Calamis : il y avait de lui à Sicyone un Esculape d'or et d'ivoire. Calynthus, st., collaborateur d'Onatas. Anaxagore d'Egine, st., fit une statue de Jupiter après la bataille de Platée 479. Aristoclès, st., fils de Cléoetas; Amyclaeus et Diyllus, st., firent la statue du Devin Tellias, chef des Phocidiens contre les Thessaliens, peu avant l'irruption des Perses. On avait aussi d'eux le combat d'Apollon et d'Hercule, pour le trépied de Delphes; un bas-relief d'ancien style du Musée, nº 168, offre le même sujet. Aristomédon d'Argos et Chionis, st., firent aussi des statues de Tellias. Socrate de Thèbes, st., fit une statue de Cybèle consacrée par Pindare, M. 445. Ptolichus, fils et élève de Synoon, fit la statue de Théognète vainq. oly., qu'on peut placer vers la 78e oly. Serambus, st. Pythagore de Rhégium, st., fut le premier, selon Pline, qui rendit les veines, les muscles et les cheveux avec soin : il fit la statue d'Astylus, vainq. dans la 75e olymp., celle d'Euthymus, vainq. dans la 77e, et d'autres de la même époque; mais il pouvait encore travailler dans la 87e oly., où le place Pline. Pausanias le croyait plus ancien en le disant élève de Cléarque, élève d'Euchyr, qui

Avant J. C.	Olympiades.	Ans de Rome.	
			l'était de Syadra, ce qu'il est impossible d'accorder avec l'époque de ces artistes très-anciens. Dans un autre endroit Pausanias dit que Pantias, petit neveu du même Pythagore, était le septième dans la succession des élèves d'Aristoclès, ce qui est plus probable que la série des statuaires de Syadra à Pythagore. Le passage de Pline sur les statuaires qui ont porté ce nom, est très-obscur. Il en admet un de Léontium (*Leontinus*) et il lui attribue des ouvrages que Pausanias, qui les avait vus sur les lieux, dit être de Pythagore de Rhegium. S'il y en a eu un de Leontium, il doit être de la même époque que celui de Rhegium, et la belle statue de l'athlète *Leontiscus*, que fit ce dernier, peut avoir été cause de quelque confusion de noms. Il y eut aussi un Pythagore de Samos, pe. et st. dont on ne connaît pas l'époque, mais qui paraît moins ancien que celui de Rhegium, et qui est peut-être le même que le Pythagore de Paros de Pausanias.
459	80	294	Timagoras de Chalcis, pe.; Libon d'Elide, ar.; Sophroniscus, sc., père de Socrate. Ce philosophe fut aussi sc.; on avait de lui les trois grâces vêtues; il mourut l'an 399, âgé de 70 ans. Sostrate, st., neveu de Pythagore de Rhegium. Praxias, st., élève de Calamis, commença les bas-reliefs d'un des frontons du temple de Delphes. Polyclète de Sicyone, st., élève d'Agéladas et le plus célèbre des statuaires de ce nom; il florissait du temps d'Hipponicus, fils de Callias, et était émule de Myron et de Phidias. Ses Canéphores, ou jeunes filles portant les corbeilles sacrées; son Doryphore, jeune guerrier armé d'une lance; son Guerrier blessé à la jambe; sa Junon d'Argos en or et en ivoire, étaient célèbres. Son Amazone remporta le prix sur celles de Phidias, de Ctésilas, de Cydon et de Phragmon, et fut placée dans le temple d'Ephèse. Sa statue, nommée le *Canon*, ou la

Avant J. C.	Olympiade	Ans de Rome.	
			règle, en servait aux artistes pour la beauté des proportions : on lui reprochait de ne pas donner assez de dignité à ses dieux. Il était aussi architecte et fit un très-beau théâtre à Epidaure ; un grand nombre de statuaires célèbres sortirent de son école.
450	82. 2	303	Callon d'Elis, st. Les Romains prennent 450 Volsinium, ville des Volsques, en grande partie pour en enlever deux mille statues. Myron d'Eleuthère, st. fo. Pline reprochait à ce grand statuaire de ne pas bien rendre les passions, et de traiter les cheveux avec la même sécheresse que les statuaires de l'ancien style : il excellait dans les statues d'athlètes. Sa vache de bronze célèbre ; elle existait encore au 6e siècle de notre ère ; il n'employait que le bronze de Délos, et Polyclète celui d'Egine ; ces bronzes passaient avant celui de Corinthe. Le Myron de l'anthologie grecque qui fit la statue du Coureur d'Alexandre-le-Grand, ne doit pas être confondu avec celui-ci. Critias, st. ; il paraît qu'il fit la statue de Pindare. Callitelès, st., fils et élève d'Onatas. Naucydès d'Argos, st., fils de Mothon, excellait dans les statues d'athlètes.
			SIÈCLE DE PÉRICLÈS. Style sublime, les contours simples, un peu carrés, plein de grandeur et d'une grâce sévère. Le philosophe Démocrite qui florissait à cette époque, trouva, selon Sénèque, le moyen d'amollir l'ivoire.
443	84	310	Phidias d'Athènes, fils de Charmidas et élève d'Agéladas, embellit Athènes et la Grèce de colosses d'or et d'ivoire, et d'une foule de statues ; il forma une nombreuse école. Sa vie, comme artiste, peut s'étendre de la 74e olympiade à la 88e. Sa Minerve du Parthénon fut terminée l'an 2 de la 85e olympiade ; le Jupiter Olympien dans les premières années de la 87e. On cite parmi ses plus célèbres élèves, à peu d'années de différence, ou comme contemporains, Alcamène d'Athènes, st. On avait de lui, dans cette ville, un Bac-

Avant J. C.	Olympiades.	Ans de Rome.	
			chus d'or et d'ivoire, une Vénus *aux jardins* très-célèbre, un Esculape, etc. Selon M. Visconti, l'Achille du Musée, n° 144, peut être la copie de l'Achille en bronze de ce statuaire; AGORACRITE, st.; sa Némésis de Rhamnus célèbre; MYS, gr. Il travailla aux ciselures du Jupiter Olympien; PANAENUS, pe., frère de Phidias, peint le bouclier de la Minerve d'Elis, faite par COLOTÈS. On avait aussi de lui un tableau de la bataille de Marathon, où il avait représenté au naturel Miltiade, Cynégire, Callimaque, Datis et Artapherne. Ce fut du temps de Panaenus qu'on établit un concours de peinture à Corinthe et à Delphes. Il disputa le premier le prix à Timagoras de Chalcis, et fut vaincu par lui au concours des jeux pythiques. AGLAOPHON, pe.; MIRMÉCIDE, gr.; COROEBUS, ar.; HIPPODAMAS, ar.; ICTINUS et CARPION, ar. du Parthénon, ainsi que XÉNOCLÈS. DIORÈS, pe.; MICON, pe.; TIMARETE sa fille, pe.
			Les premières statues romaines à l'honneur des grands hommes ne devaient, selon les lois, avoir que trois palmes de hauteur. Celles qu'on éleva à plusieurs ambassadeurs romains tués l'an 438 par les Fidénates, n'avaient que cette grandeur. Plin. 33.
437	85. 3	316	MÉTAGÈNE, ar.; CALLICRATE, ar.; MNÉSICLÈS commence les propylées de la citadelle, et les finit en l'an 432; DIONYSODORE, st.; MOSCHUS, st.; LADAMAS, st.; CRITIAS-NÉSIOTES, st.; ce st. est différent de l'autre Critias; MÉTICUS, ar.; EUPOLEMUS, ar.; SCYMNUS de Chio, st.; il y avait de lui à Sicyone un Esculape d'or et d'ivoire; EUCADMUS, st.; COLOTÈS, st., élève de Phidias, travailla au Jupiter Olympien; Esculape d'or et d'ivoire à Cyllène en Elide; CALLIMAQUE, ar. de Corinthe, invente le chapiteau corinthien et perfectionne l'art de percer les pierres, car le trépan devait être déjà inventé; ARGELIUS, ar., écrit sur le chapiteau corinthien; TARCHE-

Avant J. C.	Olympiades.	Ans de Rome.	
			sius, ar. ; Apelle, st., fit la statue de Cynisca, fille d'Archidamus, roi de Sparte (469-426) la première femme qui remporta le prix de la course des chars aux jeux olympiques. Pantias, st., fils de Sostrate, et le 7e dans la succession des statuaires de l'école d'Aristoclès ; il fit la statue de l'athlète Aristée, fils de Chimon, dont Naucydès avait fait la statue ; Polyclète d'Argos, st., élève de Naucydès. Ce sont sans doute les ouvrages de ce Polyclète qui, dans Pausanias, sont toujours près de ceux de Naucydès.
436	86	318	D'après l'ordre de l'oracle de Delphes, on élève une statue à Oebotas, vainqueur dans la 6e olympiade. Polygnote de Thasos, pe., fils d'Aglaophon, peignit le premier les femmes avec des robes transparentes et des coîffures de différentes couleurs ; il donna de la grâce aux figures ; il y avait de lui de célèbres peintures dans le temple de Delphes, entr'autres le sac de Troie, et il peignit sans se faire payer le Pœcile d'Athènes ; il ne se servait que de quatre couleurs. Pline met plusieurs tableaux de cette époque peints ainsi au-dessus de ceux de son temps, où l'on employait un grand nombre de couleurs. Evenor d'Ephèse, pe., père de Parrhasius ; Phragmon, st. ; Gorgias, st. ; Olympus, st., fit la statue du Pancratiaste Xénophon, vainqueur après la 86e olympiade ; Perellius, st. fo. ; Mentor, cis. ; Acragas, cis. ; Cydon, st. Ctésilas, st., célèbre par son amazône blessée ; Boéthus, st., son *enfant à l'oie* en bronze célèbre ; celui du Musée royal, nº 694, peut en être une copie. Paeonius de Menda travaille au temple d'Olympie en même-temps qu'Alcamène. Il fit aussi une victoire consacrée par les Messéniens après la prise de Sphactérie 425 ; Daphnis, ar., travaille au temple d'Ephèse, qui occupa plusieurs générations d'architectes ; Alexis de Sicyone, st. ; Asopodore d'Argos, st. ; Ar-

Avant J. C.	Olympiades.	Ans de Rome.	
			GIUS, st.; ARISTIDE, st.; PHRYNON, st.; ATHÉNODORE, st.; DINON, st.; LYCIUS, fils de Myron, élèves de Polyclète de Sicyone. Il paraît que c'est le Myron de Lycie de Pline. APOLLODORE d'Athènes, pe.; son Ajax foudroyé célèbre. Il fut le premier qui peignit au pinceau, et sans doute sur des panneaux de bois, des tableaux remarquables; les ouvrages des autres peintres étaient sur mur, et peints avec des procédés différens de ceux du pinceau. Pline 33; STRATONICUS, st.; LESBODOCUS, st.; PYTHODICUS, st.; NESÉAS de Thasos, pe.; AGATHARQUE, pe., travaille pour Alcibiade; il perfectionne les décorations théâtrales. Vitruve dit que ce peintre reçut pour les décorations les instructions d'Eschyle. Il est probable que ce ne furent que celles qu'il put retirer de ses tragédies, car Eschyle mourut 13 ans au moins avant la naissance d'Alcibiade, dont Agatharque voulut séduire la maîtresse; CEPHISSODORE, st.; NICODAMUS de Ménale, st., statue d'Androsthènes, vainq. olymp. 90 et 92. DÉMOPHILE d'Hymère et GORGASUS, pe., introduisent en Italie le goût de la peinture et de l'architecture grecques; ils travaillent au temple de Cérès à Rome; avant eux, tous les édifices étaient de l'ordre toscan ou étrusque; ANDROSTHÈNES, st., élève d'Eucadmus, termina les statues du faite du temple de Delphes, commencées par Praxias; PTOLICHUS de Corcyre, st., élève de Critias; THÉOCOSME, st., élève de Phidias; Jupiter Olympien de Mégare, colosse en or et en ivoire; il n'y eut que la tête de terminée, le reste fut fait en terre cuite et en gypse; il fit aussi la statue d'Hermon, commandt de la flotte de Lysandre.
424	89	330	PÉRICLÈTE, st., frère de Naucydès, élève de Polyclète d'Argos.
412	92	342	ANTIPHANE, st., élève de Périclète, après le combat entre les Thyréates et les Lacédémoniens; il fit un cheval de bronze pour ceux-ci.

Avant J. C.	Olympiades.	Ans de Rome.	
			PHRYLLUS, pe.; PAUSON, pe.; DENYS de Colophon, pe.; NICANOR de Paros, pe. enc.; ARCÉSILAUS, pe. enc.; LYSIPPE d'Egine, pe. enc.; ARISTOPHON, pe, fils d'Aglaophon; ALCIMAQUE, pe.; BRIÉTÈS de Sicyone, pe. enc.; PARRHASIUS d'Ephèse, pe., émule de Zeuxis, donna beaucoup d'élégance à ses figures, s'attacha à la justesse et à la pureté des contours, et à rendre avec soin les détails et les finesses du visage. Il était très-vain de son talent et avait laissé beaucoup de dessins dont les artistes profitaient. Son tableau du Peuple d'Athènes très-célèbre. LYSON, st., paraît être de l'école de Phidias. Il fit pour le Sénat des Cinq Cents une statue du peuple d'Athènes, peut-être pour lutter avec le tableau de Parrhasius; ALYPUS de Sicyone, st., il fit plusieurs statues des Spartiates, qui, sous Lysandre, remportèrent la victoire d'Aegos Potamos 405; ARISTANDRE de Paros, sc., fit un trépied consacré pour cette victoire; ATHÉNODORE et DAMÉAS de Clitore, st., de l'école de Polyclète de Sicyone, travaillèrent aussi pour cette victoire, ainsi que TISANDRE, st.; AMPHION de Cnosse, élève de Ptolichus, doit être ainsi placé, quoiqu'il ait fait la statue de Battus, fondateur de Cyrène 631. (1)

(1) *Hommes célèbres du 5e siècle avant J. C.* — *Anaxagoras*, phil., né 500; M. 428. *Cléobule* de Linde, un des sept sages; M. 500. *Sophocle*, po. tra. et gén. athé., né 498; M. 406. *Hellanicus* de Mytilène, hist., né 496. *Premiers Tribuns du peuple* à Rome 494. *Anaxilas*, tyran de Zancle, depuis Messine 494; M. 476. *Miltiades*, gén. ath., vainq. à Marathon 490; M. 489. *Mardonius*, gén. persan 490. *Coriolan*, gén. romain 488. *Chionides*, po. com. 488. *Xerxès*, roi de Perse 485; M. 464. *Euripide*, po. tra., né 485; couronné 442; M. 407. *Hérodote* d'Halicarnasse, hist., né 484, vivait encore en 408. *Aristide-le-Juste*, gén. athénien, exilé 482; M. 473. *Pausanias*, roi de Sparte, vainq. à Platée 479. *Léotychides*, roi de Sparte, vainq. à Mycale 479. *Gélon*, roi de Syracuse; M. 478. *Smicythus* 476. *Epicharme*, po. com. athénien 473. *Hiéron*, roi de Syracuse 474; M. 467. *Thucydide*, hist., né 471; M. 391. *Cimon*, fils de Miltiades, gén. ath. 470. *Fabius Pictor*, hist. lat. pe. 469. *Socrate*, phil., né 469; M. 399. *Denys* le jeune, tyran de Syracuse 467. *Artaxercès*, roi de Perse 464. *Zénon* d'Elée, phil. 464. *Leucippe* d'Elée, phil. 464. *Bacchylides*, po. ly. gr. 461. *Cratès*, po. com. ath. 461. *Hippocrate* de Cos,

Avant J. C.	Olympiades.	Ans de Rome.	
400	95	354	Zeuxis d'Héraclée, pe., élève de Démophile ou de Niséas, acquit de grandes richesses par son talent; il peignait avec soin et lentement, et excellait à donner aux figures leur caractère; son Archigalle, son Hoplite, sa Pénélope, son Ménélas, son Cupidon couronné de roses, sa famille de Centaures étaient très-célèbres, ainsi qu'Alcmène et Amphitrion. Le tableau d'Herculanum, représentant le même sujet, quoique d'une composition moins étendue, est peut-être d'après Zeuxis. Les Crotoniates consacrèrent dans le temple de Junon Lavinienne, à Crotone, une très-belle Hélène que leur peignit Zeuxis, en étudiant et combinant les attraits de cinq femmes d'une beauté remarquable; cet artiste ayant fait voir ce tableau pour de l'argent, on donna à son Hélène le surnom de *Courtisanne;* il paraît qu'il y en eut des copies à Athènes et à Rome. Cependant il devint si fier de son talent, que trouvant qu'on ne pouvait pas payer ses tableaux ce qu'ils valaient, il finit par les donner : il y avait à Rome, du temps de Pline, beaucoup d'ouvrages de ce maître. On reprochait aux têtes et aux articulations de Zeuxis d'être trop fortes. Il pei-

méd., né 460; M. 375. *Lysias*, or. ath., né 459; M. 379. *L. Quintius Cincinnatus*, gén. rom. dict. 458. *Périclès* 455; M. 428. *Cratinus* et *Platon*, po. com. 455. *Archélaüs*, phil., maître de Socrate 4[illegible]5. *Ion*, po. tra. 452. Les 1ers *Décemvirs* romains rédigent les lois des 12 tables d'après celles de Solon 451. *Aspasie*, fem. phil., amie de Périclès 450. *Clinias*, père d'Alcibiade; M. 447. *Xénophon*, gén. ath., hist., né 44[illegible]; retraite des dix mille 401; M. 356. *Premiers Tribuns militaires* à Rome à la place des consuls 444. *Antisthènes*, phil., né 444. *Protagoras*, phil. athée; chassé d'Athènes 443. *Empédocles*, phil. 442. *Isocrate*, or. ath., né 436; M. 338. *Aristippe* de Cyrène, phil., né 434. *Méton* d'Athènes, astr. 433. *Eupolis*, po. com. ath. 430. *Antiphon*, or. ath. 430. *Platon*, phil., né 430; M. 347. *Aristophane*, po. com. 427. *Darius Nothus*, roi de Perse 422; M. 404. *Brasidas*, gén. lacédém., tué 422. *Alcibiade*, gén. ath. 419; M. 403. *Diagoras*, phil. athée; chassé d'Athènes 414. *Diogène* de Sinope, phil. cyn., né 413; M. 323. *Conon*, gén. ath. 407. *Denys* l'ancien, tyran de Syrac. 403; M. 367. *Lysandre*, gén. spartiate 405; M. 394. *Lycurgue*, or. ath., né 408; M. 328. *Cebès*, *Simon*, *Phédon*, *Eschines*, *Criton*, philosophes de l'école de Socrate 400.

25

Avant J. C.	Olympiades.	Ans de Rome.	
			gnait aussi de petits sujets très-libres et s'occupa de plastique. Ce que Pline, au sujet de Zeuxis, appelle des monochromes rehaussés de blanc, devaient être dans le genre des cartons et des dessins de nos grands maîtres. TIMANTHE de Cithnus, pe., émule de Parrhasius, le vainquit dans un concours à Samos par son tableau d'Ajax et d'Ulysse se disputant les armes d'Achille; celui du sacrifice d'Iphigénie était très-célèbre; ce peintre était ingénieux et profond, et ses ouvrages donnaient beaucoup à penser; on dit qu'ayant épuisé toutes les diverses expressions et les degrés d'affliction pour rendre celle des différens personnages, ce peintre désespérant de pouvoir exprimer comme il le sentait celle d'Agamemnon, le représenta se couvrant le visage avec son manteau; Homère et Euripide avaient eu aussi à-peu-près la même idée. Ce tableau remporta le prix sur celui de COLOTÈS de Téos. D'après ce que dit Cicéron, il paraît que le dessin de Timanthe tenait un peu de la sécheresse de l'ancienne école, mais qu'il entendait bien les raccourcis. ANDROCIDE de Cithnus, pe.; peignait bien les poissons. EUXÉNIDAS de Sicyone, maître d'Aristide; PATROCLE de Crotone, st.; POLYEIDUS, pe.; PANTIAS de Chio, st., le septième dans la succession des élèves d'Aristoclès, frère de Canachus.
395	96.4	361	SCOPAS, st.; suivant Pausanias, travailla au temple de Minerve-Alea à Tégée, brûlé par un incendie cette année-ci; mais on ne dit pas à quelle époque commencèrent les travaux; et quant à ce qu'on trouve dans Pline au sujet d'une colonne du temple d'Ephèse, ornée de bas-reliefs par Scopas, il paraît que c'est une faute du texte, et qu'au lieu de *una a scopa*, il faut lire *uno e scapo*, et que le fût des colonnes était d'une seule pièce. On peut voir sur le temple d'Ephèse et sur les artistes de cette ville, une notice que j'ai mise à la suite du Voyage dans le Levant, par M. le c^te^ de Forbin.

Avant J. C. | Olympiades. | Ans de Rome.

SAMOLAS d'Arcadie, st.; ASTÉRION, st., paraît avoir travaillé avant la bataille de Leuctres (371).

Suivant Pline, Camille triomphe vers cette époque, la figure et le corps frottés de minium; les triomphateurs conservèrent cet usage. Du temps de cet écrivain les censeurs étaient encore chargés de faire peindre de cette couleur la statue de Jupiter. On éleva depuis aux Rostres une statue à Camille, quoiqu'on lui reprochât d'avoir à sa maison des portes ornées en airain. PISON de Calaurie, st., élève d'Amphion, fit la statue d'Abas; devin de Lysandre.

380 | 100 | 374 DÉDALE de Sicyone, fils de Patrocle, st.; il fit vers la 91e olympiade un trophée que les Eléens consacrèrent dans l'Altis après une victoire remportée sur les Lacédémoniens; il exécuta la statue d'Aristodême vainq. dans la 98e olymp. ARISTIDE, pe.; PAUSANIAS d'Apollonie, st.; il paraît que Pausanias l'associe à Dédale de Sicyone; on peut croire que les statues des guerriers spartiates consacrées à Delphes, après les succès de Lysandre, furent exécutées par des statuaires qui ont vécu à la même époque, et qui se partagèrent ces travaux. DÉMOCRITE, st., élève de Pison, et le cinquième dans la succession des élèves de Critias. CANTHARE, st.; CLÉON de Sicyone, st., élève d'Antiphane, fit vers la 99e olymp. deux statues de Jupiter en bronze et la statue de Dinolochus vainq. dans la 102e olymp.

EUPOMPE de Sicyone, pe., il conseillait sans cesse de ne pas s'attacher à une manière et de ne consulter que la nature; son Athlète vainqueur était très-célèbre. Eupompe fut maître de Pamphile; avant lui on divisait les écoles de peinture en *helladique* ou *attique* et en *asiatique*; il forma deux divisions de celle-ci, et l'on eut les écoles d'Athènes, de Sicyone et d'Ionie; ce fut celle de Sicyone qui pendant quelque temps brilla avec le plus d'éclat, mais elle ne se soutint pas aussi long-temps que celle d'Athènes.

Avant J. C.	Olympiades.	Ans de Rome.	ARTISTES dont on ne connaît pas les écoles.	ATHÈNES. EGINE, SALAMINE, MÉGARE, THÈBES.
360	105	394	Siècle d'ALEX.-LE-GRAND; le style eut peut-être moins de grandeur que celui de Phidias, mais il était plein d'élégance et de grâce. CHEIRISOPHUS, st., fit pour le temple de Tégée un Apollon en bronze doré; il est probable qu'il s'agit du nouveau temple.	PAMPHILE de Macédoine, pe.; il fait porter une loi qui ne permet qu'aux personnes libres d'exercer la peinture; ARITODÈME, st., élève de Dédale de Sicyone, excellait à représenter les Athlètes; EUCLIDES d'Athènes, st.; il fit des statues pour la ville de Bura, détruite par un tremblement de terre 373; ensuite rétablie; ces statues étaient en marbre pentélique, ce qui prouve qu'elles n'étaient pas d'une haute antiquité, et que cet Euclides était un autre que le père de Smilis.
356	106.1	398	Incendie du temple d'Ephèse par Erostrate, le jour de la naissance d'Alexandre-le-Grand.	CIDIAS de Cithnos, pe., ses Argonautes furent achetés par Hortensius 154,000 sesterces (38,500 l.); ECHION, pe.; THÉRIMAQUE, pe.
352	107	402	Quelques années après l'incendie de leur temple, les Ephésiens le rebâtirent avec plus de magificence: ils voulurent contribuer seuls aux frais de cette grande entreprise et ils refusèrent les offres d'Alexandre-le-Grand. Ce fut Cheiromocrate ou Dinocrate qui fut chargé des travaux du nouveau temple.	TIMARCHIDES, st. DENYS et PÉRICLÈS son fils, sc.; ARISTOGITON, sc.; SCOPAS, st.; la famille de Niobé peut être d'après lui. BRIAXIS, sc.; TIMOTHÉE, st.; PYTHIS, ar. sc., LEOCHARÈS, sc., HIPPATODORE, st.; PHYTUS, ar., SATYRUS, ar., travaillent au Mausolée. Ce monument, orné de belles sculptures, était en partie en briques. Pythis le surmonta d'une pyramide terminée par un quadrige. Léocharès fit les statues en or et en ivoire de la famille de Philippe, père d'Alexandre, placées dans le Philippaeum d'Olympie. CEPHISSODORE, st. dont la sœur épousa Phocion; fit une très-belle Minerve à Athènes, et la statue de la Paix portant Plutus sur son sein.

SICYONE, ARGOS, CORINTHE.

Pausias de Sicyone, fils de Briétès, pe.; il restaura à Thespies des peintures de Polygnote; il travaillait très-vite et aimait les petits tableaux; il fut amant de la célèbre Glycère, et excellait dans les figures de femmes. Euphranor, pe. et sc.; il donna beaucoup de dignité à ses héros; les têtes et les articulations trop fortes; il écrivit sur la composition et les couleurs. Aristodème, pe., maître de Nicomaque. Glaucion, pe.; Aristolaüs, pe., fils et élève de Pausias. Parmi ses ouvrages on citait un tableau représentant le Peuple d'Athènes et celui qui offrait un sacrifice de bœufs: sujets sur lesquels plusieurs peintres s'exercèrent.

Méchopane, pe., élève de Pausias; il travaillait avec soin; sa couleur était dure et jaune; son Socrate et son Fainéant célèbres. Calliclès, pe. Nicias, pe., peignait bien les figures de femmes et donnait beaucoup de relief à ses ouvrages; d'un coloris austère de même qu'Athénion; mort jeune et comparé aux grands maîtres. Antidote, Carménides et Athénion, pe., élèves d'Euphranor; Nicomaque pe., fils et élève d'Aristodème, peignait avec une grande célérité; il ne se servait, ainsi qu'Apelle et Nicomaque, que de quatre couleurs; le blanc de Mélos, le jaune ou *sil* de l'Attique, le rouge de Sinope et le noir: il est étonnant que le bleu ne fût pas au nombre de ces couleurs. Asclépiodore, pe., entendait mieux qu'Apelle la dégradation perspective des figures; il écrivit sur cet art. Théomneste, pe.; Mélanthe, pe., élève de Pamphile; il écrivit sur la peinture. Aristide, frère et élève de Nicomaque.

IONIE,

Asie Mineure,

Iles voisines.

Protogène de Rhodes travailla jusqu'à cinquante ans aux peintures des navires; Apelle le mit en réputation; il trouvait cependant qu'il manquait de grâce. Il est question, dans Pline, d'une espèce de lutte dans laquelle Appelle l'emporta sur Protogène par la légèreté et la finesse de son dessin; car il paraît que ce que dit Pline de lignes tracées successivement par ces grands maîtres et qui se coupaient, doit s'entendre de figures dessinées au trait, l'une sur l'autre, avec des couleurs différentes et avec une sûreté et une liberté de main qui annonçaient à chacun de ces peintres qui ne s'étaient jamais vus et qui désiraient se connaître, qu'il avait affaire à un grand maître. Le tableau du chasseur Ialysus, par Protogène, était très-célèbre; il y travailla pendant sept ans ne vivant que de lupins pour conserver son esprit plus libre et sa main plus sûre. Selon Pline il y donna quatre couches de couleurs, afin que dans le cas où une de ces couches serait

Avant J. C.	Olympiades.	Ans de Rome.	ARTISTES dont on ne connaît pas les écoles.	ATHÈNES, EGINE, SALAMINE, MÉGARE, THÈBES.
336	111	418	DINOCRATE, ar. de Naucrate; nommé aussi Cheiromocrate, Chirocrate, Dinocharès, Dioclès et Stasicrate, bâtit ou rétablit Alexandrie; il mourut très-âgé; car selon Pline, il voulut faire à Alexandrie le tombeau d'Arsinoé revêtu en aimant et la statue en fer devait y rester suspendue; Arsinoé vivait encore en 281. CTÉSIDÊME, pe., maître d'Antiphile.	PRAXITÈLE d'Athènes, st., paraît avoir travaillé depuis cette époque jusque vers l'an 286; on s'occupa alors plus de la sculpture en marbre que de la toreutique. Praxitèle donnait beaucoup d'élégance à ses figures; ses statues les plus célèbres étaient la Vénus de Cnide, d'après sa maîtresse, la belle Phryné; elle est connue par les médailles, une Vénus du Vatican en est une copie, ainsi que la statue de Vénus sur la terrasse du midi aux Tuilerie; la Vénus de Paros drapée, un Faune, le Cupidon de Thespies drapé, celui de Paros nu, dont le fragment connu sous le nom de l'Amour grec, paraît une copie (voy. n°s 399, 417), l'Apollon Sauroctone (voy. n° 19).
331	112.2	423	Époque des plus belles médailles grecques. ANTIPHILE de Naucrate, pe. de g.; il inventa les *grylli*, espèce de caricature ou réunion de différens animaux qui composaient une figure; il y en avait à Rome du temps de Pline; les pierres gravées en offrent. Les Athéniens élèvent en 318 trois cent soixante statues à Démétrius de Phalère, et les renversent peu après.	APELLE de Cos, pe., élève de Pamphile; il avait seul le droit de faire les portraits d'Alexandre; sa grâce était inimitable; il ne passait pas un jour sans dessiner; aimant les grands talens, il les faisait valoir; beaucoup de ses tableaux à Rome du temps de Pline; les plus célèbres étaient Vénus Anadiomène, Diane et ses Nymphes, et le roi Antigone à cheval. Il écrivit sur la peinture et défendait de pousser trop loin le fini; il ne se servait que de quatre couleurs. Il paraît qu'il avait inventé un vernis qui ajoutait de l'harmonie à ses tableaux. CTÉSILOQUE, pe.; AMPHION, pe.; il l'emportait sur Apelle pour la disposition de ses sujets. EUBIUS et XÉNOCRITE, st.; ARISTIDE de Thèbes, pe.; ce peintre, contemporain d'Apelle, rendait bien les passions; dur de cou-

SICYONE, ARGOS, CORINTHE.	IONIE, ASIE MINEURE, ILES VOISINES.	ROME.
OMPHALION, pe., élève de Nicias; ARISTOCLÈS, pe., fils de Nicomaque; PHILOXÈNE d'Erétrie, élève de Nicomaque. Il trouva des procédés pour peindre avec plus de facilité et de célérité; il peignit l'histoire et le genre. LÉONIDES, pe.; CORYBAS, pe., MYCON, élèves d'Antidote; derniers bons peintres de l'école de Sicyone.	détruite, celle de dessous pût la remplacer. On ne conçoit pas ce que pouvait être cette manière de peindre, qui, à présent, ne serait pas praticable. Cicéron regarde comme les meilleurs peintres Aétion, Nicomaque, Apelle et Protogène.	337. On élève à Lu. Fur. Camille et à C. Maenus, après leurs victoires sur les Latins, les deux premières statues équestres romaines: on construit une colonne Rostrale. On appelait ainsi les colonnes ornées de *rostres* ou becs des proues de navires pris sur les ennemis.
LYSIPPE de Sicyone, st. fo., avait le privilége de faire les statues d'Alexandre. Pline dit qu'il fit plus de 1500 statues. Quoique son Jupiter de Tarente eut 40 coudées de haut, on le faisait tourner avec la main, et il était si bien ajusté, qu'aucune tempête ne pouvait l'abattre. Lysippe donna beaucoup de noblesse, d'élégance, et les plus belles proportions à ses figures; il perfectionna la manière de rendre les cheveux, et travaillait surtout en bronze; il fit dans la 102e oly. la statue de Pyrrhus vainq. oly.	SOSTRATE de Chio, st.; AGASIAS d'Ephèse, st.; auteur du Héros combattant du Musée, n° 262, pourrait être de cette époque; le Jason, 710, paraît être de la même école. Le style de ces belles statues n'a rien d'idéal; mais elles se distinguent par la beauté de leur dessin, la science de l'anatomie, et par la fermeté de leur exécution. Il paraît que l'école d'Ephèse tint un rang très-distingué parmi celles de l'Ionie, et qu'Appelle et Parrhasius qui passèrent une partie de leur vie dans cette ville, et l'illustrèrent par	En 302 on élève à Quintus Marcius Tremulus, après sa victoire sur les Herniques, une statue équestre vêtue de la toge et placée devant le temple de Castor. Cette statue était remarquable en ce que la toge n'était pas un costume dont on se servit pour monter à cheval, et qu'on portait alors le paludamentum. La manière dont Pline fait observer ici, ainsi que dans d'autres occasions, des particularités qui ont rapport au costume, prouve combien les anciens tenaient dans leurs statues à l'exactitude et à

Avant J. C.	Olympiades.	Ans de Rome.	ATHÈNES, EGINE, SALAMINE, MÉGARE, THÈBES.
			leur. Il y avait plusieurs célèbres tableaux de lui à Rome du temps de Pline. Le roi Attale en acheta un cent talens. La peinture à l'encaustique passait pour être de l'invention d'Aristide ; et comme elle servait aussi à préserver les statues, elle fut perfectionnée par Praxitèle. Cependant, Polygnote, Nicanor, Arcésilas, Lysippe d'Egine et Pamphile, peignaient aussi à l'encaustique, genre de peinture où l'on se servait d'une espèce de cire, et où les couleurs s'appliquaient et prenaient de la fixité par le moyen du feu (*). On a déjà tenté plusieurs fois de nos jours de retrouver les procédés de l'encaustique, et M. Castellan paraît avoir fait d'heureux essais. NICOPHANES, pe. plein de grâce; NICOMAQUE, pe.; AÉTION, pe., fit un tableau des nôces d'Alexandre et de Roxane.
324	114	430	HIÉRONYME, ar., fit le char funèbre d'Alexandre-le-Grand, ouvrage d'une grande magnificence; AGATHOCLES, tyran de Syracuse 317, avait été potier.
304	119	450	DAETONDAS de Sicyone, st.; PYRGOTÈLE, gr. fo., gravait les portraits d'Alexandre; EUPHRONIDE, ar.; PHILON, ar. PRAXITÈLE, st., et CÉPHISSODOTE, st., fils et élèves de Praxitèle; XENOPHON, st.; fit avec Céphissodote le temple de Jupiter à Argos, et avec CALLISTONICUS de Thèbes la statue de la Fortune. THÉRON, st.; ARISTANDRE, ar.; fit à Mégalopolis un temple que Céphis et Xénophon ornèrent de statues.

(*) Les peintures de Pompeï, d'Herculanum et de Stabies regardées souvent, à tort, comme des fresques, sont à l'encaustique. Dans la fresque les couleurs appliquées sur l'enduit du mur encore *frais* (ce qu'indique son nom italien *a l'infresco*) le pénètrent. Le fond de l'encaustique est bien une espèce de fresque, et la couleur s'est incorporée avec l'enduit; mais cet enduit est d'une nature différente de celui de la fresque; il tient un peu du stuc, et l'on voit qu'on l'a repoussé pour le rendre plus uni. C'est sur ce fond sec que l'on peignait les sujets, dont la couleur ne le pénétrait pas; on le retrouve en certains endroits ou lorsque les peintures s'écaillent. Cette manière de peindre qui employait des corps gras ou onctueux, et qui par sa touche tient beaucoup de la gouache, de l'aquarelle et de la détrempe, pouvait réunir leurs avantages à ceux de l'huile, et se prêtait mieux que la fresque à des ouvrages délicats.

SICYONE, Argos, Corinthe.	IONIE, Asie Mineure, Iles voisines.	ROME.
et il a vécu jusqu'à la 114e. Métellus transporta à Rome une grande quantité de statues de ce maître. Lysistrate, frère de Lysippe, st. fo.; inventa les portraits en cire moulés sur nature. Ce nouveau procédé dut être avantageux à l'art de modeler et à l'étude du corps humain.	leurs ouvrages, y formèrent de nombreux élèves. Il y eut aussi beaucoup de statuaires parmi lesquels on remarque Thrason et Ménéstrate cités avec éloge, et qu'on peut mettre à cette époque.	la convenance du costume, et que s'ils s'en écartaient, ce n'était que pour de bonnes raisons, ainsi qu'on peut le voir dans Pline au sujet de la statue de Tremulus.
Euthycrate, fils de Lysippe, st.; il était plus sévère qu'élégant. Charès de Linde, st. fo., auteur du Colosse de Rhodes. Sthénis d'Olinthe, st.; Tisicrate, st.; on confondait ses ouvrages avec ceux de Lysippe. Zeuxis, st.; Iade, st.; Ion, st.; Silanion, st., auteur d'une statue de Jocaste morte, faite d'un mélange de cuivre et d'argent. Eutychide, st.; Lahippe, st.; Timarque, st. Céphissodote, st; Pyromaque, Xénocrate, statuaires de l'école de Lysippe; Arcésilas, pe., fils de Tisicrate.	Héraclides, fils d'un Agasias d'Ephèse et auteur du Mars du Musée, n° 411, peut-être le fils de l'Agasias du Héros; Harmatius, st., collaborateur d'Héraclides; Calyphon de Samos, pe.; Pausanias dit qu'il fit pour le temple d'Ephèse le tableau de la Discorde d'après le coffre de Cypsélus : il ne peut être question que du nouveau temple, les peintures de l'ancien ayant été détruites lorsqu'il fut incendié par Erostrate.	Fabius Pictor, peint à Rome le temple de la déesse *Salus*. Ces peintures existaient encore du temps de Claude. Les fresques du quinzième siècle que l'on voit en Italie, plusieurs tableaux en détrempe plus anciens, entre autres ceux de Cimabué, de Giotto, et celui du Musée royal par Fra Angelico, permettent de croire que les peintures de Fabius Pictor s'étaient conservées jusqu'à cette époque : il paraît qu'il y eut successivement plusieurs peintres dans cette famille, *Quintius*, *Caïus* et *Numerius*.

Avant J. C. (1)	Olympiades.	Ans de Rome.	ARTISTES dont on ne connaît pas les écoles.	ATHÈNES, EGINE, SALAMINE, MÉGARE, THÈBES.
300	120	454	Suivant Pline, l'art ou du moins la statuaire en bronze décline en Grèce et ne se relève que vers la 155e olympiade; les arts fleurissent en Égypte sous les premiers successeurs d'Alexandre. Le vaisseau de Ptolémée Philadelphe, orné de statues d'ivoire, était un prodige pour le travail et la magnificence.	CLÉSIAS, st.; PIREICUS, pe. de g.; SÉRAPION, pe. de g.; CALLICLÈS, pe. de g.; CALACÈS, pe. de g.; on nommait RHYPAROGRAPHES les peintres de petits sujets. On en trouve beaucoup parmi les peintures de Pompeï et d'Herculanum; il y a même des caricatures très-spirituelles.
284	124	470	L'on commence à faire plus de portraits que de statues idéales. SATYRION, gr. fo. NICOMÈDE Ier, roi de Bithynie (279-251) consacra sa statue en ivoire à Olympie.	ISIGONE, st.; STRATONIQUE, st.; ANTIGONE, st.; Sosus de Pergame, pe. en mosaïque; ce fut lui qui inventa les pavés peints et ornés de dessins variés. Les colombes du Capitole ont beaucoup de rapport avec celles de Sosus décrites par Pline. POLYEUCTE, st.; il fit la statue de Démosthènes en bronze; il paraît que celles qui existent en marbre en sont des copies.

(1) *Hommes célèbres du 4e siècle avant J. C.* — *Agésilas*, roi de Sparte 399; M. 362. *Zénocrates*, phi., né 396; M. 314. *Sophocle*, po. tra., petit-fils du gr. Sophocle 396. *Euclides* de Mégare, phi. gram. 396. *Isée* de Chalcis, or., maître de Démosthènes, 390. *Archytas* de Tarente, phi. pyth. math. 390. *Démosthènes*, or. ath., né 385; M. 322. *Aristote* de Stagire, phi., né 324, élève Alexandre-le-Grand; M. 322. *Carnéade*, or. phil. plat., né 382; M. 297. *Chabrias*, gén. athénien, vainq. à Naxos 376; M. 358. *Timothée*, gén. athénien, vainq. à Leucade 376. *Pyrrhon* d'Elide, phil. scept. 376. *Eubulus*, po. com. ath. 375. *Pélopidas*, général thébain 379; M. 364. *Théopompe*, or. hist. 377. *Théophraste*, phi. nat., né 371; M. 286. *Epaminondas*, gén. thébain, vainq. à Leuctres 371; à Mantinée 362, et tué. *Eudoxe* de Cnide, géom. 368. *Charès*, général athénien 367. *Héraclides* de Pont, phil. plat. 363. *Démarque* de Corinthe,

SICYONE, Argos, Corinthe.	IONIE, Asie Mineure, Iles voisines.	ROME.
	Duris de Samos écrit sur la toreutique.	Jusqu'à cette époque, les statues romaines avaient la barbe et les cheveux longs. 293, Carvilius consacre au Capitole une statue colossale d'Apollon en bronze, faite des dépouilles et des armes des Samnites; avec le déchet du métal il fit sa propre statue, qu'il plaça aux pieds de celle de Jupiter. Cette statue d'Apollon était si grande, qu'on la voyait du mont Albain, où était placée celle de Jupiter Latiale. Plin. 34.
Damophon de Messène, st.; il restaura le Jupiter Olympien de Phidias, dont les joints s'étaient relachés.	Sostrate de Cnide, ar.; il construit le phare d'Alexandrie et les jardins suspendus de Cnide.	269. Premières monnaies d'argent frappées à Rome. 263, M. Val. Max. Messala, expose au Capitole, dans la curie d'Hostilius, le tableau de sa victoire sur Hiéron et les Carthaginois. 260, on élève une colonne rostrale à Rome, dans le Forum, en mémoire de la première victoire navale des Romains, remportée par Duillius sur les Carthaginois.

or., né 361, M. 291. *Philippe*, roi de Macédoine 360; vainq. à Chéronnée 338; M. 336. *Alexandre-le-Grand*, né 356, roi de Macédoine 338; détruit Thèbes 335; vainq. sur le Granique 334; à Issus 333; à Arbelles 331; de Porus 327; M. 324. *Mausole*, roi de Carie; M. 353. *Artémise*, femme de Mausole 353. *Speusippe*, phil. plat. 347; M. 339. *Ménandre*, po. com., né 342; M. 290. *Epicure*, phil., né 341; M. 270. *Eschines*, or. athénien 340. *Pythéas* de Marseille, géog. 340. *Ctésias*, hist. id. *Callippe*, astr. id. *Hérophile*, méd. id. *Anaxarque*, phil. id.; M. 322. *Timoléon*, gén. thébain 345; M. 337. *Antipater* de Cyrène, phi. 340. *Darius Codoman*, dernier roi de Perse 336; tué 330. *Callistrate*, astr. 328. *Callisthènes*, ph. hist.; M. 327. *Ephestion*, gén. d'Alex.; M. 325. *Ptolémée Lagus*, gén. d'Alex. et roi d'Egypte 323; M. 283. *Simmias* de Rhodes, po. 320. *Aristobule*, *Clitarque*, hist. d'Alex. 320. *Hypérides*, or. ath. 320. *Phocion*, gén. ath.; M. 317. *Agathocle*, tyran de Syrac. 317. *Cassandre*, fils d'Antipater gén. d'Alex. et roi de Macéd. 317; M. 298. *Polémon*, phi. plat. 313. *Séleucus Nicanor*, gén. d'Alex. et roi de Syrie 312; M. 280. *Evhémère*, phil. 310. *Démétrius* de Phalère, archonte en 309. *Arcésilas*, phi. plat. 306. *Mégasthènes*, hist. 304. *Antigone*, gén. d'Alexandre; M. 301. *Conon* de Samos, astr. hist. 300.

Avant J. C.	Olympiades.	Ans de Rome.	ARTISTES dont on ne connaît pas les écoles.	ATHÈNES, EGINE, SALAMINE, MÉGARE, THÈBES.
252	132	502	Les arts fleurissent pendant quelque temps en Sicile, à Pergame et en Asie sous les successeurs d'Alexandre.	NÉALCÈS, pe.; il obtient d'Aratus de Sicyone de ne pas brûler un tableau de Mélanthe, et y substitue une palme au portrait d'Aristrate, tyran de Sicyone.
243	134.2	511	Ligue des Achéens favorable aux arts.	
220	141	534	CTÉSIBIUS d'Alexandrie invente les orgues hydrauliques.	ERIGONE, pe., élève de Néalcès, dont il avait été broyeur de couleurs. PASIAS, pe., élève d'Erigone et frère de Pasias d'Egine, st.
210 (1)	142.3	544	PHOENIX d'Alexandrie, ar. ing.	
200	145	554		ANTHÉE, st.; CALLISTRATE, st.; ATHÉNÉE, st.; CALLIXÈNE, st.; GLYCON, st., peut être l'auteur de l'Hercule Farnèse. PYTHOCLÈS, pe.; TIMOCLÈS, pe. On pourrait placer à cette époque XÉNOPHILE et STRATON, qui firent le trône d'Esculape et d'Hygie à Argos, et THRASIMÈDE, qui fit celui d'Esculape à Epidaure.

(1) *Hommes célèbres du 3e siècle avant J. C.* — *Erasistrate*, médecin d'Antiochus 294. *Démétrius Poliorcète*, fils d'Antigone, roi de Macédoine id. *Lysimaque*, général d'Alexandre et roi de Macédoine 287. *Denys* d'Alexandrie, astr. 285. *Ptolémée Philadelphe*, roi d'Egypte 285; M. 247. *Chrysippe* de Soles, phil., né 281; M. 208. *Pyrrhus*, roi d'Epire 280; M. 272. *Aratus* de Soles, po. astr. 280. *Manéthon*, hist. égypt. id. *Straton*, phil. périp. id. *Fabricius*, gén. romain id. *Brennus*, gén. gaulois 278. *Zoïle*, rhét. 270. *Hiéron*, roi de Syrac. 269; M. 225. *Aristarque* de Samos, astr. 264. *Zénon*, phil. sto.; M. 264. *Duillius*, gén. romain 260. *Naevius*, po. hist. lat, né 260; M. 204. *Cléanthe*, phil. 260. *Théocrite* de Syracuse, po. buc. 255. *Lycophron*, po. gr. id. *Antigonus Caristius*, lit. id. *Eratosthènes*, lit. astr. id. *Régulus*, gén. rom. id. *Aratus*, stratége des Achéens 250. *Ptolémée Evergètes*, roi d'Egypte 247; M. 221. *Callimaque*, po. gr. 245. *Attale*, 1er roi de Pergame 242; M. 198. *Ennius*,

SICYONE, ARGOS, CORINTHE,	IONIE, ASIE MINEURE, ILES VOISINES.	ROME.
ARCHIAS de Corinthe, ar. ing.		
	Ptolémée Philopator envoie cent architectes et sculpteurs à Rhodes, en partie détruite par un affreux tremblement de terre.	212. Après la prise de Syracuse Cl. Marcellus envoie à Rome le premier statuaire grec qui y ait paru. Le goût des arts entre à Rome avec les dépouilles de la Grèce. On couvre avec des tuiles de bronze le temple de *Vesta*.

po. hist. lat., né 241; M. 169. *Livius Andronicus*, po. com. lat. 240. *Apollonius* de Perges, géom. 240. *Amilcar*, gén. cartha., père d'Annibal 237; M. 228. *Agis III*, fils d'Eudamidas II, roi de Sparte; mis à mort 235; fin de la 2e maison des rois de Sparte. *Antiochus-le-Grand*, roi de Syrie 224; M. 187. *Cléomènes*, fils de Léonidas, roi de Sparte; M. 221; fin de la 1re maison. *Paul Émile*, gén. rom., né 226; M. 158. *Duris* de Samos, hist 220. *Fabius Cunctator,* général rom. 217. *Annibal*, gén. carthag., vainq. à Cannes 216; M. 183. *Plaute*, po. com. lat.; M. 216. *Carnéade* de Cyrène, phil. plat., né 214; M. 129. *Archimède* de Syrac., math. 212. *Marcellus*, gén. romain, prend Syracuse 212; meurt 208. *Apollonius* de Rhodes, po. 210. *Philopoemen*, né 253, général thébain 208, M. 183. *Massinissa*, roi de Numidie 203. *Sophonisbe*, femme de Massinissa; M. 203. *Aristophane* de Byzance, gram. 200. *Pub. Scipion l'Africain*, gén. romain, vainq. à Zama 202; M. 186. *Syphax*, roi de Numidie; M. 201. *Polybe* de Mégalopolis, hist. 150; né 200.

Avant J. C.	Olympiades.	Ans de Rome.	
200	145	554	Pacuvius, poète et peintre; après lui les personnes d'une condition honnête ne se livraient plus à la peinture. Le Sex. Pacuvius Taurus, qui, selon Pline, éleva aux Rostres une statue à une sibylle, est peut-être celui-ci.
196	146	558	Les Romains ayant rendu la liberté à la Grèce, les arts refleurissent pendant quelque temps; les médaillons de bronze grecs sont inférieurs aux médaillons romains.
			Il n'y a plus d'écoles distinctes en Grèce.
190	147.3	564	M. Acilius Glabrio, consacre la première statue dorée qu'on ait vue en Italie; la plupart des statues de Rome étaient encore de bois ou d'argile.
			Stadiaeus, st., maître de Polyclès.
188	148	566	Lu. Scipion consacre dans le Capitole le tableau de la victoire de Magnésie. Pline dit qu'il y avait à Rome trois statues d'Annibal.
176	151	578	Vers cette époque Cn. Manlius, dans son triomphe, fait le premier connaître aux Romains les trépieds et d'autres meubles d'airain travaillés avec art.
			Antiochus Epiphane, protége les arts en Syrie et cherche à les relever en Grèce; il fait continuer le temple de Jupiter Olympien à Athènes par Cossutius, architecte romain; il fait faire une grande quantité de statues d'or et d'ivoire, et veut placer le Jupiter Olympien dans le temple de Jérusalem : on fait à Antioche un Jupiter colossal à l'imitation de celui de Phidias. Vers cette époque le censeur Q. Fulvius Flaccus fait enlever la couverture de marbre du temple de Junon Lucine, près de Crotone, pour couvrir celui de la Fortune virile qu'il faisait élever.
			Pline cite de cette époque qu'aux jeux pour le triomphe de Claudius Pulcher, des corbeaux vinrent pour se percher sur un toit représenté en peinture.
170	152.3	584	Grand nombre de temples et de statues détruits pendant la guerre entre les Macédoniens

Avant J. C.	Olympiades.	Ans de Rome.	
			et les Etoliens. Les arts fleurissent en Sicile. HÉRACLIDES de Macédoine, pe.; MÉTRODORE, pe. et phil., amené à Rome par Paul Emile; il écrivit sur l'architecture. Vers cette époque, après une victoire navale sur Persée, Cn. Octavius fit construire au cirque de Flaminius un portique double dont les colonnes avaient des chapiteaux d'airain.
164	154	590	Après la mort d'Antiochus Epiphane, les arts déclinent en Syrie; ils se soutiennent dans les royaumes de Bithynie et de Pergame. Antiochus Philopator fait fondre l'or du Jupiter d'Antioche, et le remplace par du bronze doré. La statuaire en bronze se ranime en Grèce; mais avec moins de succès que du temps de Lysippe. Pline ne cite plus d'artistes grecs très-célèbres. La Grèce agitée perd sa puissance politique. POLYCLÈS, st., élève de Stadiaeus. Winckelmann pense que l'Hermaphrodite Borghèse pourrait lui être attribuée, et qu'APOLLONIUS, fils de Nestor, auteur du torse du Belvédère, peut être aussi placé à cette époque. On pourrait mettre à cette époque le CLÉOMÈNE, fils d'Apollodore, et auteur de la Vénus de Médicis; ses Thespiades étaient célèbres; elles faisaient partie de la collection d'Asinius Pollion (40 av. J. C.) où l'on voyait aussi des groupes de centaures portant des nymphes, ouvrages célèbres d'ARCHÉSITAS, st. qu'on pourrait placer à cette époque: plusieurs peintures antiques offrent des sujets de ce genre de composition.
146	158.3	608	On peut croire que ce fut vers ce temps que les fils de Polyclès firent la Minerve Cranea, près d'Elatée, en or et en ivoire. LU. MUMMIUS ACHAICUS orne son triomphe des dépouilles de Corinthe, et donne aux Romains le goût des tableaux et des bronzes. Le Bacchus d'Aristide qu'Attale avait acheté 600,000 sesterces, et que reprit Mummius, fut le premier tableau étranger apporté à Rome;

Avant J. C.	Olympiades.	Ans de Rome.	
			on le mit dans le temple de Cérès (Plin. 35). Les Romains emportent de Corinthe, de Sicyone, d'Ambracie, tous les chefs-d'œuvre qui embellissaient ces villes. Après la prise de Corinthe les artistes grecs découragés ne cherchent plus à se distinguer. Metellus Macedonicus fait élever à Rome le premier temple en marbre, et dont les portiques devinrent ceux d'Octavie.
			CLÉOMÈNE, fils de Cléomène et dont nous avons au Musée une statue connue sous le nom de l'Orateur ou de Germanicus, peut être de cette époque ou de quelques années plus tard.
145	158. 4	609	LUC. HOSTILIUS MANCINUS, expose au Forum le plan et le siége de Carthage où il était entré le premier ; il en explique les détails, ce qui le fait nommer consul aux comices suivans. Ce fut alors que parurent au Capitole les premiers plafonds dorés.
144	159	610	Sous PTOLÉMÉE PHYSCON les artistes persécutés en Egypte se réfugient en Grèce. Vers cette époque le poète L. Accius de très-petite taille, se fait élever une très-grande statue dans le temple des Camènes ou des Muses.
126	163. 3	628	ALEXANDRE ZABINA, usurpateur du trône de Syrie, enlève la victoire d'or que tenait à la main le Jupiter d'Antioche. TIMOCLÈS, st. CONQUÊTE de la Grèce par les Romains, qui emmenèrent les artistes grecs; Pline n'en cite plus. C'est peut-être vers ce temps que les édiles Murena et Varron emportèrent de Sparte une peinture enlevée d'une muraille et encadrée dans un châssis de bois, pour orner le lieu des comices (Plin. 35). On fit en l'honneur de Cornélie, mère des Gracques, une statue assise et remarquable, selon Pline, en ce que ses chaussures étaient sans courroies. On la plaça depuis dans le Portique d'Octavie.
103	169. 2	651	C. MUCIUS CORDUS, bâtit le temple de l'Honneur et de la Vertu ; médailles en l'honneur de cet architecte. Vers cette époque Scaurus fit construire en marbre un théâtre im-

Avant J. C.	Olympiades.	Ans de Rome.	
			mense qui ne devait durer qu'un mois, orné de 3,000 statues et d'une grande quantité de colonnes en verre ; il contenait 80,000 personnes. Scaurus eut à Rome la première *dactyliothéque* ou collection de pierres gravées (1).
88	173. 1	666	NICOMÈDE de Thessalie, ar. ing. de Mithridate; LALA de Cysique, femme pe. dans la jeunesse de Varron; elle peignait sur ivoire, sans doute en miniature; elle ne faisait que des portraits de femmes et très-vite ; elle fit le sien au miroir : ses tableaux se vendaient plus cher que ceux de très-bons peintres d'alors, tels que SOPYLON et DIONYSIUS, pe. gr. établis à Rome ; celui-ci était surnommé *Anthropographe*, parce qu'il ne peignait que la figure.
86	173. 3	668	SYLLA dépouille Athènes de ses statues, ruine les monumens et les temples de Delphes, d'Epidaure, d'Elis. Ce fut sous Sylla, selon Pline, que l'on introduisit à Rome les pavés en mosaïque de marbre et d'émaux, nommés *lithrostrote*. La Grèce n'a presque plus d'artistes; le luxe des Romains ranime cependant les arts dans leur ancienne patrie. La guerre de Mithridate les fait retomber; les artistes se réfugient à Rome. Sous Ptolémée Lathyre, l'Egypte voit détruire une grande partie de ses monumens et de ses arts. C. STALLIUS et MARCUS, ar. romains, reconstruisent l'Odéon de Periclès, détruit pendant le siége de Sylla. Vers l'an 80 on élève dans les carrefours de Rome

(1) *Hommes célèbres du second siècle avant J. C.* — *Eumènes II*, roi de Pergame 198; M. 158. *Térence*, po. com. lat., né 192; M. 145. *Bion* de Smyrne, po. ly. 180. *Moschus* de Syracuse, po. ly. 170. *Lucilius*, po. sat. lat., né vers 166; M. 120. *Aristarque*, gram. 160. *Pacuvius*, po. tr. lat. 150. *Scipion* 2d Africain, détruit Carthage 146; Numance 133. *Hipparque* de Nicée, astr. 140. *Apollodore* d'Athènes, lit. chron. 140. *Nicandre*, po. méd. 140. *Antipater* de Sidon, phil. po. 140. *Panaetius* de Rhodes, phi 130. *Mithridate*, roi de Pont et écrivain 123; M. 84. *Polybe*, hist.; M. 124. *Tib.* et *C. Gracchus*, trib. du peuple; tués 121. *Jugurtha*, roi de Numidie, 111. *Caïus Marius*, gén. rom., vainq. des Cimbres 102. *Catullus*, gén. rom., vainq. des Cimbres 101. *Furius Bibaculus*, po. lat. 100.

26

Avant J. C.	Olympiades.	Ans de Rome.	
			des statues à Marcus Gratidianus, en reconnaissance de ce qu'il avait trouvé le moyen de distinguer la fausse monnaie. Catullus, consul l'an 78, fit dorer le premier les tuiles en bronze du Capitole. M. Lepidus, consul 78, fut le premier Romain qui fit faire en marbre étranger les seuils des portes de sa maison.
75	176.2	679	VERRÈS forme une galerie superbe de statues et de tableaux qu'il avait pris en Sicile; PASITELÈS, st., dont le nom a souvent été confondu avec celui de Praxitèle, s'établit à Rome; il travaillait en or et en ivoire; il perfectionna les modèles en argile, et fit le Jupiter en ivoire pour le temple de Metellus. cet artiste écrivit sur les plus beaux monumens de son temps; on le surnommait *Autodidactos* ou qui s'est instruit lui-même, parce qu'il n'avait pas eu de maître; ce fut lui qui fit les premiers miroirs en argent. Ter. Varron fit une iconographie de 700 hommes illustres, et d'après ce que dit Pline, *que ce fut une invention que les dieux auraient enviée;* il est probable que Varron avait trouvé un procédé de multiplier facilement ces portraits. Vers le même temps Pomponius Atticus fait un ouvrage sur les portraits des grands hommes.
67	178.2	687	ARCÉSILAS, pe. et plast. Les artistes estimaient plus ses terres cuites et ses ébauches, que les ouvrages terminés d'autres maîtres; il travailla beaucoup pour Lucullus. STRONGYLION, sc. grec à Rome; son amazone *Eucnemos* ou aux belles jambes, et ses trois Muses, étaient célèbres; il rendait aussi très-bien les chevaux et les bœufs. OLYMPIOSTHÈNES, st., paraît du même temps; ses Muses de l'Hélicon étaient très-belles. TIMOMAQUE, pe., son Iphigénie, son Oreste et sa Gorgone célèbres; ses tableaux d'Ajax et de Médée vendus 80 talens (432,000 f.) POSIS, sc., imitait très-bien les fruits en argile colorée. On a trouvé plusieurs fruits de ce genre à Pompeï, et des moules pour les faire de cette manière ou en

Avant J. C.	Olympiades.	Ans de Rome.	
			cire ou en pâte; GNAIUS, st. AULANIUS EVANDRE, st. Vers cette époque Lucullus emporta d'Apollonie une statue d'Apollon de 30 coudées de haut.
61	174.4	693	POMPÉE fait exposer dans son triomphe son portrait fait en perles, sans doute comme une espèce de mosaïque. Ce triomphe donne aux Romains le goût des perles, des pierres précieuses et des vases *murrhins* qui paraissent avoir été en sardoine; on consacre au Capitole la collection des pierres gravées de Mithridate.
48	183	706	ARELIUS, pe.; on lui reprochait de peindre les déesses sous la figure de ses maîtresses, au lieu de leur donner une beauté idéale; SOLON, grf. SAURON et BATRACHUS, ar. de Sparte; firent les temples et le portique d'Octavie, et n'ayant pas obtenu d'y inscrire leurs noms, ils firent entrer dans la composition des ornemens des lézards et des grenouilles, dont les noms grecs *Sauros* et *Batrachos* rappelaient les leurs, *Pline*, 36. LUDIUS, pe. d'ornemens; il peignait avec esprit le paysage et les animaux, et toutes sortes de petits sujets sur les murs des maisons de campagne; plusieurs des peintures de Pompeï et d'Herculanum très-spirituelles, pourraient être de lui ou dans son genre.
			DEXIPHANE de Chypre rétablit le phare d'Alexandrie; COLOTÈS de Paros, élève de Pasitèles, fit une table d'or et d'ivoire pour les jeux olympiques.
			On cite, du temps du triumvir Lépidus, un énorme serpent peint sur des peaux, et dont on entoura un bois pour effrayer les oiseaux.
			JUBA le jeune, roi de Mauritanie, écrivit sur la peinture et sur les peintres.

Vers cette époque César consacre dans le portique de Vénus Génitrix six collections de pierres gravées et des tableaux représentant Médée et Ajax, *Pline*, 35. Sous cet Empereur le Jupiter Olympien est endommagé par la foudre; ses cinq triomphes amènent à Rome une foule d'objets d'art et de choses précieuses; on porte dans les *apparatus* ou pompes triomphales, des images d'argent, d'écaille, d'ivoire, représentant des villes conquises. M. Curion fait construire deux grands théâtres de bois adossés l'un à l'autre, et disposés de manière que par le moyen de gonds et de machines, on pouvait les faire tourner et les réunir en amphithéâtre, ou en faire deux théâtres séparés, même pendant le spectacle, *Pline*, 36. Mamurra, chef des ouvriers en fer (*praefectus fabrorum*) de l'armée de César en Gaule, fut le premier qui revêtit les murs de sa maison de marbres, et l'orna de colonnes de marbre de Caryste et de Luni.

SIÈCLE D'AUGUSTE.

AUGUSTE encourage les arts, et embellit Rome et d'autres villes de monumens, de statues; il forme plusieurs Musées ou collections de chefs-d'œuvre de l'art, d'histoire naturelle, d'armes et de choses précieuses : tous les gens riches de Rome s'empressèrent d'imiter son exemple. Pline, 35, dit que cet Empereur plaça dans la partie la plus remarquable de son Forum, deux tableaux qui représentaient, l'un la guerre, l'autre le triomphe; il mit aussi dans le temple de César des tableaux où l'on voyait Castor et Pollux et la Victoire; dans la curie ou palais qu'il consacra dans les comices, un tableau de Nicias représentant Némée une palme à la main et assise sur un lion. Ce tableau paraît avoir été à l'encaustique, mais d'une manière particulière. On admirait dans le même endroit un tableau où Philocharès avait peint un vieillard nommé Glaucion et son fils Aristippe, que la ressemblance de leurs traits, malgré la différence d'âge, faisait reconnaître pour le père et le fils. AUGUSTE fit placer dans le temple d'Olympie son buste en ambre jaune : on en fit aussi en pierre obsidienne, verre volcanique, et il consacra quatre éléphans de cette matière dans le temple de la Concorde. Marcellus, fils d'Octavie, consacra dans le temple d'Apollon Palatin, une collection de pierres gravées. VITRUVE, ar. dont nous avons les écrits. VITRUVE CERDO de Véronne; il y a de lui dans cette ville un bel arc de triomphe; DIOSCORIDE, grf.; AGATHOPUS, grf.; EPITYNCHANUS, grf.; POSIDONIUS, sc. cis. d'Ephèse; ses athlètes et ses chasseurs célèbres, ainsi que ses ouvrages en argent. LAEDUS, sc. cis.; ZOPIRUS, sc. cis.; C. POSTHUMIUS, ar. PYTHIAS, sc. cis., faisait des ciselures d'une grande délicatesse. LU. COCCEIUS, ar., passe pour avoir percé le Mont Pausilippe; il est probable qu'il ne fit qu'élargir et exhausser ce chemin souterrain, qui, ainsi que d'autres des environs de Naples, existait de temps immémorial. Malgré les travaux de Cocceius, ce chemin de la grotte était encore très-escarpé, bas et étroit du temps de Sénèque. Il paraît positif que le monument placé au-dessus de l'entrée de la grotte, est le tombeau de Virgile. Le goût des ornemens que nous nommons arabesques fait tort à l'architecture et à la peinture; Vitruve s'en plaint. On pourrait placer vers cette époque-ci et même plus tard, jusqu'à l'an 79 de J. C., le peintre Alexandre, dont le nom se trouve sur un tableau en camaïeu de Pompéï, qu'on ne peut pas considérer comme un de ces anciens monochromes qui remontaient à l'origine de la peinture. Les peintures antiques de cette ville, ainsi que celles d'Herculanum et de Stabies, conservées au nombre de plus de 1500 dans les Musées de Portici et de Naples, ne peuvent guère remonter au-delà du commencement de notre ère. Le genre de leurs ornemens ressemble à ceux dont parle Vitruve. Toutes ces peintures ont dû être faites à peu d'années de distance les unes des autres, et peut-être dans un espace de 50 à 60 ans; elles sont l'ouvrage d'un petit nombre de peintres dont on reconnaît la main, le faire; peintes sur mur, elles ont suivi le sort des maisons, que l'on ne peut pas supposer avoir existé deux ou trois cents ans sans être restaurées, n'étant pas construites avec la solidité des palais et des églises d'Italie, où se conservent des fresques depuis plusieurs siècles. On ne doit pas juger de l'état de la peinture chez les anciens, par les peintures antiques qui nous restent; elles sont sur mur; et l'on voit par Pline que les plus beaux tableaux ne se faisaient pas ainsi, et qu'on pouvait les transporter d'un lieu à un autre. Herculanum, Pompeï et Stabies n'étaient que des villes très-secondaires, et leurs peintres devaient être d'un ordre inférieur à ceux de Rome et des autres grandes villes. Beaucoup de ces peintures paraissent faites d'après de meilleurs originaux. Celles de Stabies sont peut-être les plus gracieuses et les plus fines, et ne sont dues qu'à un très-petit nombre de peintres; je ne crois pas qu'il y en ait plus de douze ou quinze qui aient travaillé aux 1475 peintures antiques du Musée de Portici, dont j'ai fait l'examen scrupuleux et le catalogue.

Pline, 35-9, parle d'un discours d'Agrippa, qui avait pour objet de faire vendre à l'encan tous les tableaux et les statues enlevés aux pays conquis; il trouve que ce parti eût été préférable à ce qu'il appelle l'*exil* auquel on les condamnait, en les renfermant dans les *villas;* ceux qui les auraient achetés eussent cependant été les maîtres d'en faire l'ornement de leurs maisons de campagne. Quoique Agrippa ne fût peut-être pas grand amateur des arts, il paya 13,000 sesterces 2,600 l. aux Cyzicéniens deux tableaux, *Ajax* et *Vénus;* il décora aussi ses thermes de petits tableaux qu'il fit enchâsser dans du marbre, et qui avaient été enlevés lors de la restauration de ces thermes, *Pline,* 35-9. Il fit élever le Panthéon et d'autres monumens auxquels il employa Diogène; les Caryatides de ce sculpteur étaient d'une grande beauté; l'on n'est pas d'accord sur la place qu'elles pouvaient occuper dans le Panthéon. Agrippa construisit en un an plusieurs grands aquéducs ornés de 300 statues de bronze et de marbre, et de 400 colonnes. Le groupe connu sous le nom de *Taureau Farnèse,* ouvrage d'Apollonius et de Tauriscus de Rhodes, et dont il ne reste que très-peu de parties antiques, est peut-être de cette époque ou du temps des premiers Empereurs; cependant Winckelmann le croit beaucoup plus ancien et de l'école de Lysippe.

Sans fixer d'époque positive, M. Visconti après avoir discuté avec sa critique et sa sagacité ordinaires tout ce qu'on a pu croire au sujet du Laocoon, pense que ce chef-d'œuvre peut avoir été exécuté sous les premiers Empereurs; ce n'est pas le sentiment de Winckelmann, qui le croit du siècle de Lysippe. C'est l'ouvrage d'Agésandre et de ses fils Athénodore et Polydore de Rhodes. Pline qui parle avec admiration de ce beau groupe, le dit d'un seul bloc; mais il est à croire qu'il n'aura pas aperçu les joints des différens morceaux qui le composent, et il y en a six, comme l'a observé M. Petit-Radel. *Voy. Mon. du Musée,* t. 2, p. 131. Winckelmann croit des premiers règnes des Empereurs le bas-relief de l'expiation d'Hercule de la *villa Albani,* par Apollonius de Priène. Suivant Pline, Craterus et Pythodore, Polydecte et Hermolaüs, un autre Pythodore et Artémon, et Aphrodisius de Tralles, statuaires, ornèrent de leurs ouvrages les palais des Empereurs : il ne donne pas l'époque de ces artistes.

Après J. C.

14 Tibère loin de protéger les arts avilit la sculpture en faisant élever des statues aux délateurs, par ce que dit Pline, 35-11; on voit que dès l'époque de Tibère il regardait la peinture comme en décadence.

Après J. C.

37 CALIGULA persécute les arts, détruit ou gâte beaucoup de statues; il envoie Memmius Regulus les enlever de la Grèce et fait mettre son portrait à la place des têtes des dieux et des grands hommes; cependant les têtes de cet Empereur ayant été en grande partie détruites après sa mort, sont très-rares. Le Jupiter Olympien de Phidias existait encore à cette époque; Caligula voulut le faire transporter à Rome et n'y put réussir.

41 CLAUDE protége les arts, mais sans goût; il fait remplacer dans des tableaux d'Apelle la tête d'Alexandre-le-Grand par celle d'Auguste; le groupe faussement nommé *Arria* et *Poetus*, qu'on a cru de son temps, est sans doute un ouvrage grec plus ancien, comme le prouve Winckelmann. Claude fait faire le port d'Ostie, des aquéducs et le bel émissaire du lac Fucin, aujourd'hui de Celano dans l'Abruzze, auquel 30,000 ouvriers travaillèrent pendant onze ans. C'est un des plus beaux monumens des Romains; les eaux du lac en obstruent à présent une grande partie, et menacent de couvrir toute la vallée. Du temps de Claude on ornait les murs des appartemens avec des espèces de mosaïques en marbre; on les peignait pour imiter les plus rares. Ce fut sous son règne que Vitrasius Pollion fit venir à Rome les premières statues de porphyre. DÉMÉTRIUS d'Ephèse, cis. en argent.

SAINT-LUC l'évangéliste qui vivait à cette époque, était peintre, et on montre en Italie, entre autres à Bologne, plusieurs Madones qu'on lui attribue.

54 NÉRON fait des collections sans choix; il encombre de tableaux et de statues sa maison dorée, et envoie en Grèce Acratus et Secundus Carinas en enlever les statues. On en emporte cinq cents en bronze du temple de Delphes. Winckelmann pense que l'Apollon du Belvédère et le Héros combattant trouvés à Antium, ville qu'affectionnait Néron, pouvaient faire partie de ces statues. On dore l'Alexandre en bronze de Lysippe. Néron se fait peindre par ZÉNODORE, sur toile, haut de 120 pieds; premier exemple connu de la peinture sur toile; on ne peignait autrefois que sur le bois, les métaux et les murs. Cette peinture colossale avait été placée dans les jardins de Maïa et y fut brûlée par la foudre. Il paraît que Zéno-

Après J. C. dore était aussi sculpteur; car Pline à l'article de ces artistes dit qu'il fit en Auvergne un Mercure colossal. D'après cet auteur, à cette époque on ne connaissait plus le bon alliage de l'airain. Il y eut presque une révolte à Rome sous Néron, parce qu'il avait enlevé des thermes d'Agrippa le célèbre *Apoxioumène* ou l'Athlète se frottant, statue de Lysippe, pour la placer dans son palais. Ménodore, st., fit aux Thespiens un Amour d'après celui de Praxitèle, que Néron leur avait enlevé et qui périt dans un incendie. Un affranchi de ce prince ayant donné à Antium un spectacle de gladiateurs, il fit entourer les portiques de peintures qui représentaient tous les gladiateurs et les gens employés aux jeux. *Pline*, 35-33.

On fait à cette époque beaucoup de statues de marbre de différentes couleurs. On imitait par des incrustations les marbres rares, et la richesse de la matière dans les statues étant préférée au travail et à la ressemblance, on altère les portraits et les statues de famille, *Pline*, 35. Néron, jaloux des athlètes couronnés, fait briser leurs statues; il mit un des tableaux de Dorothée dans le temple de César, à la place de la Vénus Anadyomène d'Apelle, qui avait souffert, et que personne ne put restaurer. Celer, ar.; Sévère, ar. Amulius, pe. d. g., travailla beaucoup pour la maison dorée.

68 Galba, Othon, Vitellius, règnent trop peu de temps pour s'occuper des arts. Othon donne ordre d'employer 90 millions de sesterces 18,000,000 à finir la maison dorée de Néron : les têtes de ces trois Empereurs sont très-rares; celles de Vitellius, en marbre, passent pour être du seizième siècle.

69 Vespasien protége les arts; il fait construire le temple de la Paix, le Colisée, et les orne de statues et de tableaux, ainsi que les jardins de Salluste. Pline dit qu'à cette époque la peinture était moins en honneur, et qu'on préférait les marbres. Vespasien fait placer dans le temple d'Auguste le groupe du Nil en basalte. Corn. Pinus, Accius Priscus, pe., firent les peintures du temple de l'Honneur et de la Vertu; ils avaient aussi travaillé pour la maison dorée. Turpilius, chev. rom., pe. du temps de Pline, peignait de la main gauche. Ate-

Après J. C. RIUS LABEO, proconsul de la Narbonnoise, peignait de petits tableaux et l'on trouvait que c'était peu convenable à ses fonctions.

79 TITUS encourage les arts, et fait élever à Britannicus une statue équestre en ivoire. EVODUS, grf.; on a de lui à la Bibliothèque royale une belle tête de Julie, fille de Titus, sur une aigue marine.

81 Sous DOMITIEN les arts sont en honneur; il bâtit le temple de Pallas orné de colonnes de marbre pentélique faites à Athènes, mais dont on goûta peu les proportions à Rome. RABIRIUS, ar., dirige les ouvrages, entre autres, le pont du Vulturne et la voie Domitienne. Les trophées de Marius paraissent de cette époque.

96 Après la mort de Domitien le sénat fait briser ses statues; il ne nous en est parvenu que très-peu, et elles sont mutilées.

On a quelques statues et des têtes du temps de NERVA. FRONTIN écrit sur l'architecture, et en particulier sur les aquéducs.

98 TRAJAN ranime les arts en Grèce et en Italie. On élève des statues aux grands hommes. ZÉNON, fils d'Attis d'Aphrodisium; on a de lui une statue de sénateur à la *villa Altieri* à Rome. ZÉNON, st. de Staphies en Asie. APOLLODORE, ar., construit la colonne Trajane, des temples, des aquéducs et un superbe pont sur le Danube. Pline le jeune protége les arts et fait bâtir de beaux édifices par l'architecte MUSTIUS. C. Jul. LACERUS, ar., construisit à Alcantara, en Espagne, un beau pont et un joli temple. Vers cette époque on mit souvent des noms romains sur des statues grecques plus anciennes.

117 HADRIEN fit fleurir les arts en Grèce et en Italie. Il s'établit une nouvelle école où l'on prend l'antique pour modèle. Cet Empereur fait élever de somptueux monumens, entre autres, l'amphithéâtre de Capoue; à Rome son magnifique mausolée, sur les restes duquel est bâti le château de S. Ange. On continua et l'on acheva le temple de Jupiter Olympien à Athènes, commencé sous Pisistrate; il fut enrichi d'un colosse de Jupiter en or et en ivoire, et d'une immensité de statues, et l'on y en plaça une colossale d'Hadrien. Plusieurs des grands monumens de

Après J. C. Pouzzoles paraissent de cette époque. Hadrien forme la *villa Adriana*, où il fait imiter les plus beaux monumens d'Egypte, et qu'il orne d'une grande quantité de statues; aussi cette Villa est-elle devenue une mine féconde de chefs-d'œuvre. Les statues égyptiennes dans le style d'imitation, datent de cette époque. *Voy. p. 154.* Hadrien peignait et sculptait, et devint jaloux des artistes; il fit même mourir l'architecte Apollodore, qui avait blâmé l'architecture d'un temple bâti d'après ses plans. Il fonda plusieurs villes, répara Athènes, et donna le nom d'Aelia Capitolina à Jérusalem qu'il rétablit en partie; il fit élever un mur de 80 milles de longueur dans le nord de l'Angleterre; enfin, son nom était sur tant de monumens, qu'on l'appelait *Herba parietaria*, la pariétaire. DETRIANUS, ar., exécuta la plupart des ouvrages faits sous Hadrien; entre autres, son mausolée et le pont Aelius. ANTONIN, ar.; HIPPIAS, ar. ARISTÉE et PAPIAS, st., dont on a deux centaures domptés par des Amours. Les belles statues d'Antinoüs sont des chefs-d'œuvre de cette époque dignes des plus beaux temps de l'art.

138 Les arts se soutiennent sous ANTONIN PIE. On fait cependant plus de portraits et de bustes que de statues. On élève la colonne Antonine. DIOGNÈTE, pe. et phil. NICON, ar., père de Gallien le médecin, qui écrivit aussi sur l'architecture. Le Jupiter Olympien de Phidias existait encore à cette époque, et l'on pratiquait encore la statuaire en or et en ivoire.

160 MARC-AURÈLE et LUCIUS VÉRUS protégent les arts; les artistes deviennent cependant plus rares; les médailles de cette époque sont très-belles. HÉRODES ATTICUS emploie ses richesses à embellir Athènes de monumens superbes; il orne le temple de Corinthe d'un quadrige de Neptune et d'Amphitrite, groupe colossal d'or et d'ivoire. ANDRON, st., fit, selon Tatien, une statue d'Harmonie.

180 Sous COMMODE l'art tend à sa ruine. Les écoles établies par Hadrien sont négligées.

193 Les arts déclinent de plus en plus. Les bas-reliefs de l'arc de SEPTIME-SÉVÈRE en sont la preuve; il fait construire plusieurs édifices, entre autres, son Septizonium, tour à sept étages. Les médailles ne sont plus aussi belles; le dessin devient moins pur : on travaillait encore en or et

Après J. C. en ivoire. Le bûcher de Septime-Sévère était orné de statues d'ivoire.

211 CARACALLA, GÉTA, MACRIN, HÉLAGABALE, ne songent pas aux arts. Il y a cependant de beaux bustes de cette époque; EUMELUS, pe.; ARISTODÈME, pe.

222 ALEXANDRE-SÉVÈRE fait d'inutiles efforts pour relever les arts. Il établit des écoles d'architecture; le bon goût dans cet art décline tous les jours. La statue de S. Hippolyte est de cette époque; c'est la plus ancienne statue de saint. Les médailles deviennent d'un travail petit et maigre. On fait encore quelques bons bustes.

237 Une assez belle statue de PUPIEN montre qu'il y avait encore quelques bons artistes.

238 MAXALAS, grf. sous GORDIEN PIE.

253 L'art décline encore sous GALLIEN; on voit dans les médailles la barbarie du goût qui s'empare du dessin. Les Goths dévastent la Grèce. Gallien fait élever un arc de triomphe massif et lourd.

274 Il y avait encore d'assez bons architectes. AURÉLIEN fait élever à Palmyre le temple du soleil et plusieurs autres édifices superbes; on a cependant de la peine à croire que les beaux monumens de Palmyre et de Balbeck soient de cette époque.

284 DIOCLÉTIEN fait construire des édifices immenses; on y prodigue les ornemens, et il y en avait tant à l'amphithéâtre qu'il fit bâtir, qu'il s'en détacha assez pour blesser beaucoup de personnes. CASTORIUS, CLAUDIUS, NICOSTRATE, SYMPHORIEN et SIMPLICIEN, sc. romains, refusèrent de faire des idoles et furent matyrisés. *Orlandi Abecedario*, etc.

306 Les sciences revivent sous CONSTANTIN. Les arts sont morts. Les artistes de ces temps gâtent des chefs-d'œuvre antiques, et substituent des têtes modernes aux anciennes. MÉTRODORE, ar., va en Perse et dans l'Inde, et y bâtit plusieurs édifices. Le Virgile du Vatican est peut-être de cette époque.

CONSTANTIN fait élever une statue d'argent doré à son fils Crispe, qu'il avait fait mettre à mort sur une fausse accusation.

337 CONSTANCE II fait transporter à Rome un obélisque d'Héliopolis que Constantin avait laissé à Alexandrie.

363 ALIPIUS, ar. du temps de Julien. La statue de cet

Après J. C. Empereur, *Musée royal*, nº 522, donne une idée des meilleurs statuaires de ce temps. Les médailles deviennent de plus en plus mauvaises. Il paraît que le Jupiter Olympien de Phidias et la Minerve du Parthénon existaient encore vers cette époque.

385 Le temple de Jupiter Olympien était détruit du temps de S. Jérôme; le même sort arrive à d'autres temples et aux statues des dieux à CP. et en Grèce. On protége encore les statues à Rome. Cyriades, arch. du temps de Théodose Ier.

395 Honorius donne une loi pour abolir les sacrifices et conserver les temples. On éleva dans le Forum de Trajan des statues au poète Claudien et à Stilicon. Lucillus, pe. du temps de Symmaque.

Sennamar, ar. arabe, vivait au 5e siècle sous le 10me roi des Arabes Aloccavar, pour qui il travailla.

Vers cette époque Eudoxie, femme d'Arcadius, se fait élever une statue d'argent sur une colonne de porphyre placée à l'entrée du sénat à Constantinople. Maltius, pe. rom. du temps de Macrobe.

408 Théodose le jeune aimait les arts, et avait du talent pour la peinture et la sculpture. On lui consacra vers cette époque une statue d'or qu'on plaça dans le sénat à Constantinople. On élève à Antioche des statues à Eudoxie sa femme.

415 Vers cette époque Entinopus, ar. de Candie, fuyant d'Italie devant les Visigoths, se retira dans les lagunes de la mer Adriatique, et y jeta les premiers fondemens de Venise.

474 Zénon l'Isaurien fit élever à CP. une statue équestre à Théodoric. Aloisius, ar. de Théodoric.

La statue de bronze de S. Pierre au Vatican date, dit-on, de cette époque.

Vers cette époque on élève dans le forum de Trajan une statue à Sidoine Apollinaire.

479 Plusieurs chefs-d'œuvre de sculpture antique sont détruits dans l'incendie du palais Lausus à Constantinople sous Basilisque.

On trouve sous Anastase (491-518) un peintre nommé

Après J. C. SYROPERSA, dont les peintures paraissent avoir été trop libres.

547 Les Romains, assiégés par les Goths dans le mausolée d'Hadrien, lancent des statues sur les assiégeans. JUSTINIEN 527-565, fit faire beaucoup de monumens et de statues, et plaça la sienne sur une colonne ornée de bas-reliefs de bronze; il érige deux colonnes à l'honneur de Constantin et d'Arcadius. ANTHÉMIUS, ar. mé., bâtit Sainte-Sophie à Constantinople, dont Paul le Silenciaire a laissé une belle description en vers.

661 CONSTANT, empereur d'Orient, vient à Rome, n'y passe que 13 jours, la dépouille de presque tous ses bronzes, qu'il emporte à Syracuse, d'où ils furent depuis enlevés par les Sarrasins. Quelques chefs-d'œuvre se conservèrent à CP.; mais lors de la prise de cette ville par Baudouin, ils furent détruits; on fait de la monnaie avec les statues de bronze, et entr'autres avec la Junon de Samos, chef-d'œuvre de LYSIPPE; un Hercule colossal en bronze; une belle statue d'Hélène et une grande quantité d'autres chefs-d'œuvre dont on peut voir le détail dans Nicétas Choniate.

NOMS DES SCULPTEURS ET DES PEINTRES

Inscrits sur des monumens antiques.

AGASIAS, auteur du Héros Combattant ou Gladiateur Borghèse du Musée royal.

AGÉSANDRE, ATHÉNODORE, POLYDORE, de Rhodes, sculpteurs de Laocoon; d'après une inscription sur une base antique citée par Winckelmann, Athénodore était fils d'Agésandre et probablement frère de Polydore.

ALCAMÈNE, affranchi de Lollius, sculpteur d'un bas-relief de la villa Albani. Winckelm. *Mon. ined.* pl. 186.

ALEXANDRE d'Athènes, auteur d'une peinture d'Herculanum. Voy. *Pitture d'Ercolano,* t. 1, pl. 1.

ALSIMUS, peintre d'un très-beau vase étrusque du Vatican. Winckelm. *Mon. ined.* pl. 143.

Ammonias, voy. *Phidias.*

Antiochus d'Athènes, gravé sur la base d'une Minerve de la villa Ludovisi.

Apollonius d'Athènes, fils de Nestor, auteur du célèbre torse d'Hercule en repos, connu sous le nom du torse du Belvédère ou de Michel-Ange. Winckelm. *Hist. de l'art.*

Apollonius d'Athènes, fils d'Archias, sculpteur d'une tête de bronze d'Auguste, trouvée à Herculanum.

Apollonius et Tauriscus, auteurs du taureau Farnèse.

Apollonius de Priène, sculpteur de l'apothéose d'Homère.

Aristéas et Papias d'Aphrodisium, sculpteurs des Centaures de marbre noir du Capitole, trouvés à la villa Adrienne en 1746, et dont celui du Musée, nº 134, paraît être une répétition.

Assalectus, auteur d'un Esculape du palais Verospi selon Winckelmann, *Hist. de l'art.*

Athénodore, collaborateur d'Agésandre et de Polydore dans le Laocoon; on a trouvé son nom sur la base d'une autre statue; Winckelm. *Mon. ined.* t. 1, p. 79.

Atticianus d'Aphrodisium, auteur d'une statue de Muse de la Galerie de Florence. *Gor. Mus. Flor.* t. 3, pl. 22 et 82.

Callimaque, sculpteur d'un bas-relief au Capitole.

Cléomène, fils d'Apollodore Athénien; inscription gravée sur la base moderne de la Vénus de Médicis, mais qui paraît avoir été copiée d'après une ancienne inscription.

Cléomène, fils de Cléomène; son nom est gravé sur la tortue de la statue du Musée, nº 712, connue sous le nom de Germanicus.

Criton et Nicolas d'Athènes, sculpteurs des Caryatides trouvées en 1766 dans la vigne Strozzi, sur la voie Appienne. Winckelm. *Hist. de l'art.*

Dioscouride ou Dioscoride de Samos, dont le nom s'est trouvé sur une mosaïque de Pompeï. Winckelm. *Hist. de l'art.*

Eraton, gravé sur un vase de la villa Albani. Winckelm. *Pier. de Stosch.* p. 167.

Eubulus, fils de Praxitèle, sur une tête de la villa Negroni. Winckelm. *Hist. de l'art.*

Eutychès de Bithynie, sculpteur d'un monument sépulcral consacré au Capitole, *id. ibid.*

Glycon d'Athènes, sculpteur de l'Hercule Farnèse et d'un autre Hercule de la collection *Guarnacci; Bracci.*

Harmatius, collaborateur d'Héraclides.

Héraclides d'Ephèse, fils d'Agasias et Harmatius, sculpteurs du Mars du Musée, n° 411.

Léocharès d'Athènes, sur la base d'un Ganymède à la villa Médicis. Winckelm. *Mon. ined.* t. 1, p. 74. Spon. Miscel.

Lysanias, fils d'Antiochus, sur la base d'une statue de Bacchus que Winckelmann croyait être à Scio.

Lysippe, autre que le célèbre Lysippe de Sicyone, sur un Hercule du palais Pitti à Florence.

Ménélas, sculpteur du groupe de la villa Ludovisi, connu sous le nom de Papirius avec sa mère.

Ménophante, sculpteur d'une copie antique de la Vénus d'Alexandria Troas. Voy. n° 190.

Myron, sur un buste du palais Corsini; ce Myron doit être très-postérieur au statuaire de ce nom, contemporain de Polyclète et de Phidias.

Papias et Aristéas. Voy. plus haut.

Phidias et Ammonias, sculpteurs d'un singe de basalte du Capitole; il ne faut pas confondre ce Phidias avec l'auteur du Jupiter Olympien et de la Minerve d'Athènes; le nom de Phidias et de Praxitèle sont aussi gravés sur les belles statues colossales de Monte Cavallo, ce qui peut indiquer qu'on voulait les faire passer pour des copies d'après ces grands maîtres. Winckelm. *Mon. ined.* t. 1, p. 97.

Polydore; voy. *Agésandre.*

Praxitèle. Ce nom était gravé sur la plinthe de la Vénus Drapée du Musée, n° 185, sans doute pour marquer que c'était une copie de la Vénus que ce grand sculpteur fit pour les Pariens. On sait d'ailleurs par les auteurs anciens, que l'on mettait souvent sur les statues les noms de Phidias, de Praxitèle, de Myron, pour en augmenter le prix.

Simus, fils de Thémistocrate de Salamine : son nom n'est connu que par une inscription du Musée, n° 676.

Sosibius, gravé sur un beau vase du Musée, n° 332.

Tauriscus. Voy. *Apollonius.*

Zénon, fils d'Attis d'Aphrodisium, sculpteur d'un sénateur de la villa Ludovisi. Winckelm. *Mon. ined.* t. 1, p. 97.

Zénon de Saphies, sculpteur; cette ville d'Asie n'est connue que par l'inscription d'un hermès de la villa Negroni, rapportée par Winckelmann. *Mon. ined.* t. 1, p. 98.

NOMS DES GRAVEURS SUR PIERRES FINES,

Tels qu'on les trouve sur ces pierres, et indication des principales (*).

ADMON. . . . . ΑΔΜωΝ. On a de lui Hercule buveur. *Stos.* 1; *Bracci*, pl. 1; *Lippert* I, 603. Tête d'Hercule citée par M. Visconti. Trois derniers siècles avant J. C.

AELIUS. . . . . ΑΕΛΙΟϹ. Tête de Tibère. *Brac.* pl. 2.

AEPOLIANUS . . ÆPOLIANI. Tête de Marc-Aurèle. *Stos.* 2; *Brac.* pl. 3.

AETION. . . . . ΑЄΤΙωΝΟϹ. Tête de Priam. *Stos.* 4; *Brac.* pl. 4. ?

AGATHEMERUS. ΑΓΑΘΗΜΕΡΟϹ. Tête de Socrate. *Bracci*, pl. 6. ?

AGATHOPUS. . . ΑΓΑΘΟΠΟΥϹ ЄΠΟΙЄΙ. Tête de vieillard romain. *Stos.* 5; *Brac.* pl. 7. Siècle d'Auguste.

ALLION. . . . . ΑΛΛΙΩΝΟϹ et ΑΛΛΙΟΝ. Tête d'Apollon. *Bra.* pl. 10; taureau, *id.* pl. 11; Vénus marine, *id.* pl. 12; une Muse ou peut-être Sparta, fondatrice de Sparte, *id.* 13; elle est dans la collection Strozzi à Rome. ?

ALPHEUS et ARETHON. ΑΛ+ΗΟϹ ϹΥΝ ΑΡЄΘωΝΙ. Germanicus et Agrippine. *Brac.* pl. 14; Caligula jeune, *id.* pl. 15; d'Alpheus seul, un roi barbare dans un bige, entre deux victoires, dont une le couronne, *id.* pl. 16.

AMMONIUS. . . ΑΜΜωΝΙΟΥ. Un faune. *Raspe*, pl. 39, n° 4510. Bas-Empire.

AMPHOTERUS. . ΑΜΦΟ. Tête de jeune homme ceinte d'une bandelette. *Brac.* pl. 17. Bas-Empire.

(*) On peut consulter sur les graveurs en pierres fines et sur les pierres, les ouvrages de Mariette, de Natter, de Stosch, de Winckelmann sur les pierres de Stosch, de Bracci, de Lippert, de Raspe; Catalogue de Tassie; l'Introduction à l'étude des pierres gravées par Millin. L'art de graver les pierres dures est proprement la *glyptique*, du mot grec *glyphein*, graver. De tout temps on a voulu relever le mérite des pierres, en y mettant les noms de graveurs célèbres : il est à croire qu'il y en a beaucoup de faux, et que d'autres ont été mis sur des copies faites d'après de bons maîtres.

ANTÉROS. . . . ANTЄΡΩΤΟϹ et ANT. Hercule portant un bœuf. *Stos.* 10; *Brac.* pl. 19. Tête d'Antinoüs; *Brac.* pl. 20. On ne voit que les trois premières lettres du nom du graveur, ainsi il n'est pas certain que ce soit Anteros.

ANTIOCHUS. . . ANTIOXOY. Minerve armée. *Winckelmann, pierres de Stosch.* p. 61; *Brac.* pl. 21. Tête de femme du temps d'Hadrien. *Brac.* pl. 22. On lit Antiochis, ANTIOXIϹ, sur la pierre : ainsi ce doit être plutôt le nom de la femme à qui elle a appartenu, que celui du graveur. Les Grecs mettaient ordinairement le nom du graveur; les Romains celui du propriétaire : plusieurs noms romains sont écrits en lettres grecques : les noms sont en général au génitif, comme on le voit aussi sur les monumens sépulcraux ; les mots *monument de, ouvrage de*, etc. , étaient sous-entendus. Le mot ΕΠΟΙΕΙ, ou simplement ΕΠ, *epoiei, ep,* qui suivent quelquefois le nom du graveur au nominatif, signifient *faciebat, faisait*, comme pour indiquer qu'il ne regardait pas son ouvrage comme terminé, et qu'il ne renonçait pas à le revoir. Il était très-rare que les artistes grecs missent ΕΠΟΙΗΣΕ, *epoihésé* (*fecit, il a fait*), sur leurs ouvrages; ce qui eut eu l'air d'annoncer qu'ils les croyaient achevés.

APOLLODOTUS.. ΑΠΟΛΛΟΔΟΤΟΥ ΛΙΘΟ. Minerve. *Brac.* pl. 23; Othryade mourant; *id.* pl. 24. Le mot ΛΙΘΟ, *litho*, est le commencement de celui de ΛΙΘΟΓΛΥΦΟΣ ou ΛΙΘΟΓΛΥΠΤΗΣ, *lithoglyphos, lithoglyptés*, graveur sur pierres fines. ?

APOLLONIDES.. ΑΠΟΛΛΩΝΙΔΟΥ, l'un des quatre grands graveurs cités par Pline. Fragment d'un bœuf couché. *Stos.* 11; *Brac.* pl. 25; *Lippert.* II, 1032. Siècle d'Alexandre.

APOLLONIUS... ΑΠΟΛΛΩΝΙΟΥ. Diane. *Stos.* 12; *Brac.* pl. 26.

APELLE. . . . . ΑΠΕΛΛΟΥ, que Bracci, suivant M. Visconti, lit à tort ΑΠCΑΛΟΥ. Masque scénique, *Brac*. pl. 27. ?

AQUILAS. . . . ΑΚΥΙΛΑC. Vénus au bain. *Raspe*, n° 6225; graveur romain. ?

ASPASIUS. . . . ΑCΠΑCΙΟΥ. Tête de Minerve. *Stos*. 13; de Jupiter. *Brac*. pl. 28. ?

ATHÉNION. . . ΑΘΗΝΙΩΝ. Jupiter foudroyant les Titans; camée. *Brac*. pl. 30. ?

AULUS. . . . . ΑΥΛΟΥ. Cavalier grec. *Stos*. pl. 5; *Brac*. pl. 38. Quadrige. *Stos*. 16; *Brac*. pl. 87. Tête de Diane. *Stos*. 17; *Brac*. pl. 41; d'Esculape. *Stos*. 18; *Brac*. pl. 34, elle est dans la collection Strozzi; tête de Ptolémée Philopator. *Sto*. 19; ou d'Abdolonyme. *Brac*. pl. 40; à la bibliothèque royale. Vénus et l'Amour. *Brac*. pl. 31. L'Amour lié à un trophée. *Brac*. pl. 32. L'Amour enchaîné bêchant la terre, *id*. pl. 33. Le devant d'un cheval, *id*. pl. 39. Tête de Faune, *id*. pl. 36; d'Hercule jeune, *id*. pl. 35. Tête inconnue; *id*. 42. Tête de Laocoon, bibl. roy. Raspe et Bracci croient qu'il y a eu plusieurs graveurs du nom d'Aulus, et M. Visconti pense que son nom a été mis sur des copies d'après lui. Siècle d'Auguste.

AULUS ALEXA. ΑΥΛΟC ΑΛΕΞΑ ΕΠ. Aulus Alexa, fils ou frère de Quintus Alexa. Pâte de verre, dans la collection Barberini.

AXEOCHUS.. . . ΑΞΕΟΧΟΣ ΕΠ. Faune jouant de la lyre. *Brac*. pl. 43; *Stos*. 20. ?

CAECAS. . . . . CΑΕΚΑΣ. Gladiateur rudiaire. *Brac*. pl. 44. ?

CAIUS. . . . . . ΚΑΙΟC ΕΠΟΙΕΙ. Tête de chien. *Brac*. pl. 45. Il paraît que ce nom est faux et que cette belle pierre est un ouvrage de Natter.

CARPUS. . . . . ΚΑΡΠΟΥ. Bacchus et Ariadne sur une lionne. *Stos*. 22; *Brac*. pl. 46. Hercule et Iole, *Raspe*, n° 6019. ?

CHAERÉMON. . . ΧΑΙΡΗΜΟΝ. Tête de Faune. *Winckelmann*, 238. ? Bas-Empire.

CLÉON . . . . . ΚΛΕΩΝΟC. Apollon Cytharède. *Brac*. pl. 47.

CNEIUS. . . . . ΓΝΑΙΟϹ. Jeune athlète se frottant d'huile. *Brac.* pl. 51. Un autre tenant un strigile; *id.* pl. 52. Diomède maître du Palladium; *id.* pl. 50. Hercule jeune; *id.* 49; *Stos.* 23; collection Strozzi. Tête inconnue de femme. *Brac.* pl. 53; de Thésée; *id.* pl. 48. Siècle d'Auguste.

COEMUS ou QUINTUS. ΚΟΙΜΟΥ ou ΚΟΙΝΤΟΥ, selon M. Visconti. Adonis nud. *Stos.* pl. 24; *Brac.* pl. 54. Faune célébrant les bacchanales. *Stos.* pl. 23; *Brac.* pl. 55. Siècle d'Auguste.

CRONIUS. . . . ΚΡΟΝΙΟϹ ЄΠ. Terpsichore. *Brac.* pl. 56. Un des quatre graveurs cités par Pline, et probablement de l'époque de Pyrgotèle.

DIOCLÉE. . . . ΔΙΟΚΛΕΟΥϹ. Tête de Faune. *Brac.* t. 2, p. 285. ?

DIOSCOURIDES.. ΔΙΟΣΚΟΥΡΙΔΗΣ · ΔΙΟϹΚΟΥΡΙΔΟΥ · ΔΙΟϹ. Deux têtes d'Auguste. *Stos.* pl. 25-26; *Brac.* pl. 57-58. Tête inconnue, crue Mécène ou Cicéron. *Stos.* 26; *Brac.* pl. 59; Bibl. roy. Mercure voyageur. *Stos.* 28; *Brac.* pl. 65. Mercure Criophore, ou tenant une tête de bélier. *Brac.* pl. 64. Io, superbe pierre; *id.* pl. 63. Diomède; *id.* pl. 61. *Stos.* 29. Tête de Jupiter Serapis; *id.* pl. 62. Hercule et Cerbère; *id.* pl. 66. Un des Géants; *id.* pl. 67. Un Hermaphrodite et des Amours, *id.* pl. 68. Démosthènes; *id.* pl. 69; collection Ludovisi à Rome. Persée. *Stos.* 30; *Brac.* pl. 60. Dioscourides est un des quatre grands graveurs cités par Pline. D'après l'inscription d'une pierre gravée, M. Visconti a prouvé que cet habile graveur était d'Ægée en Æolide; *voy. plus bas* Eutichès.

DIPHILUS. . . . DIPHILI. Nom grec écrit en latin. Un vase et deux masques. *Raspe*, pl. 40, nº 5513. ?

DOMES. . . . . ΔΟΜΕΤΙϹ. Jupiter assis. *Brac.* t. 2, p. 284.

EPITYNCHANUS. ЄΠΙΤΥΓΧΑ. Tête de Sex. Pompée. *Stos.* pl. 42; ou Marcellus, selon *Brac.* pl. 70; collection Strozzi. Un Bellérophon, qui a appartenu à M. le chevalier Azara, et où on lit EΠΙ, est d'Epitynchanus, selon M. Visconti. Ce graveur et Agathopus étaient probablement des affranchis de Livie.

Evodus. . . . . ЄΥΟΔΟϹ ЄΠΟΙЄΙ. Julie, fille de Titus. *Brac.* pl. 73. Bibl. roy.

Euplus. . . . . ЄΥΠΛΟΥ. Amour sur un dauphin. *Brac.* pl. 72. ?

Euthus. . . . . ЄΥΘΟΥ. Silène et un amour. *Brac.* pl. 71 ?

Eutychès, fils ou élève de Dioscourides d'Aegée. ЄΥΤΥΧΗϹ ΔΙΟϹΚΟΥΡΙΔΟΥ ΑΙΓЄΑΙωϹ ЄΠ. Une Minerve. *Brac.* pl. 74.

Félix, élève ou affranchi de Calpurnius Severus. ΚΑΛΠΟΥΡΝΙΟΥ ϹЄΟΥΗΡΟΥ ΦΗΛΙΞ ЄΠΟΙЄΙ. Diomède enlevant le Palladium. *Stos.* 36; *Brac.* pl. 75. ?

Gauranus, fils d'Anicétus. ΓΑΥΡΑΝΟΥ ΑΝΙΚЄΤΟΥ. Combat d'un chien contre un sanglier. *Stos.* pl. 3; *Brac.* pl. 18. Epoque de Septime-Sévère.

Glycon. . . . . ΓΛΥΚΩΝ. Vénus sur un taureau marin, entourée d'Amours. Bibl. roy.

Héius ou Eeus. ΗΕΙΟΥ. Diane chasseresse, d'ancien style. *Stos.* pl. 36; *Brac.* pl. 76; *Lippert.* I, 212. Avant Alexandre le Grand.

Hellen. . . . . ЄΛΛΗΝ. Antinoüs et Harpocrate. *Stos.* 37; *Brac.* pl. 77. ?

Hyllus. . . . . ΥΛΛΟΥ. Hercule jeune. *Brac.* pl. 78. Taureau Dionysiaque, *Mariette*, pl. 42; *Bra.* pl. 80. Bibl. roy. Tête de femme. *Stos.* 39; *Brac.* pl. 79; de vieillard; *Stos.* 38; *Brac.* pl. 81. ?

Lucius. . . . . ΛΕΥΚΙΟΥ. Victoire dans un bige. *Bra.* pl. 82. ?

Midius. . . . . ΜΙΔΙΟΥ. Griffon mordu par un serpent. Bibl. roy.

Mith. . . . . . ΜΙΘ., commencement d'un nom. Tête de cheval. *Brac.* pl. 85. ?

Mycon. . . . . ΜΥΚΩΝΟϹ. Tête de vieillard. *Brac.* pl. 83. ?

Myrton. . . . ΜΥΡΤΟΝ. Une Léda. *Stos.* pl. 43. ; *Brac.* pl. 84. ?

Neisus. . . . . ΝЄΙϹΟΥ. Jupiter. *Brac.* t. 2, p. 284.

Nicandre. . . . ΝΙΚΑΝΔΡΟΥ. Julie, fille de Titus. *Brac.* pl. 86.

NICÉPHORE. . .	ΝΙΚΗΦΟΡΟϹ. Un Mercure. Collection du Landgraff de Hesse-Cassel. Bas-Empire.
NICOMAQUE. . .	ΝΙϹΟΜΑϹ. Un Faune assis. *Stos.* pl. 44; *Brac.* pl. 87.
ONÉSAS.	ΟΝΗϹΑϹ ЄΠΟΙЄΙ. Une Muse. *Stos.* pl. 40; *Brac.* pl. 88. Tête d'Hercule. *Stos.* 46; *Brac.* pl. 89. ?
PAMPHILE . . .	ΠΑΜΦΙΛΟΥ. ? Achille Cytharède. *Mariette*, pl. 92; *Brac.* pl. 90. Bibl. roy. ?
PANAEUS. . . .	ΠΑΝΑΙΟΥ ΑΦΡΟΔΙΤΗ. Vénus et Pan. Bibl. roy.
PIGMON.	ΠΕΙΓΜΩ. Mus. de Florence, cité par M. Mongès.
PERGAMUS. . .	ΠΕΡΓΑΜΟΥ. Une Bacchante. *Stos.* 49; *Bra.* pl. 92. ?
PHARNACES. . .	ΦΑΡΝΑΚΗϹ ЄΠ. Un cheval marin. *Brac.* pl. 93. ?
PHILÉMON. . . .	ΦΙΛΗΜΟΝΟϹ et ΦΙΛΗΜΩΝ ЄΠΟΙ. Thésée vainqueur du Minotaure. *Stos.* 51; *Brac.* pl. 94. Tête de Faune. *Brac.* pl. 95. ?
PHOCAS.	ΦΟΚΑϹ. Pancratiaste. *Raspe.* 8001. Bas-Empire.
PHRYGILLUS. . .	ΦΡΥΓΙΛΛΟϹ. Amour sortant d'un œuf. *Rasp.* pl. 10, 411, n° 6601; *Winckelm.* p. 137. Avant Alexandre le Grand.
PLOTARCHUS. . .	ΠΛΩΤΑΡΧΟϹ. Amour sur un lion et jouant de la lyre. *Stos.* 54; *Brac.* pl. 97. ?
POLYCLETUS. . .	ΠΟΛΥΚΛЄΙΤΟΥ. Diomède enlevant le Palladium. *Stos.* 54; *Brac.* pl. 96. Après Alexandre.
PYRGOTÈLES. . .	ΠΥΡΓΟΤЄΛΗϹ ЄΠΟΙЄΙ. Tête d'Alexandre, dont il était le graveur. *Stos.* 55; *Brac.* pl. 98; de Phocion. *Stos.* 56; *Brac.* pl. 99. Les noms et les têtes sont suspectes : le nom de Phocion est peut-être celui du graveur, et on aura ajouté depuis celui de Pyrgotèle, l'un des quatre graveurs sur pierres fines cités par Pline.
QUINTILLUS. . .	KVINTIΛ. Neptune. *Brac.* pl. 100. ?
QUINTUS ALEXA.	INTOϹ ΑΛЄΞΑ ЄΠΟΙЄΙ. Peut-être fils d'Aulus Alexa. Deux jambes, reste d'une figure. *Brac.* pl. 8. Siècle d'Auguste.

RHÉGION. . . . ΡΗΓΙΟΝ. Cité par M. Mongès.

RUFUS . . . . ΡΟΥΦΟΥ · ΡΟΥΦΟϹ ЄΠΟΙЄΙ. Ptolémée VIII. *Rasp.* 9823. L'Aurore dans un quadrige. *Pierres grav. d'Orléans*, t. 1, p. 195. ?

SCYLAX. . . . . ϹΚΥΛΑΚΟϹ. Tête d'aigle. *Stos.* 59. Hercule Musagète. *Brac.* pl. 102. Tête de satyre. *id.* pl. 101, coll. Strozzi. Tête d'aigle. *id.* 103. ?

SÉLEUCUS. . . . ϹЄΛЄΥΚ. Tête de Silène. *Stos.* 84; *Brac.* pl. 104.

SOLON. . . . . . ϹΟΛΩΝ ЄΠΟΙЄΙ et ϹΟΛωΝΟϹ. Tête de Mécène ou de Cicéron, *Stos.* 62; *Brac.* pl. 105. Cupidon. *Brac.* pl. 106. Tête de Méduse. *Stos.* 63; *Brac.* pl. 107; coll. Strozzi. Diomède. *Brac.* pl. 108. Siècle d'Auguste.

SOSTHÈNES ou SOSOCLÈS. ϹωϹΟϹΝ, qu'on doit lire ϹωϹΘЄΝ, et que Bracci lit ϹωϹΟΚΛΗϹ. Méduse. *Stos.* 69, *Brac.* pl. 109. ? Coll. Strozzi.

SOSTRATE. . . . ϹΩϹΤΡΑΤΟΥ. Victoire dans un bige. *Rasp.* n° 7774. Fragment d'un Cupidon domptant deux lionnes attelées à un char. *Stos.* 82. *Brac.* pl. 110. ?

SOTRATUS. . . . ϹωΤΡΑΤΟΥ. Méléagre et Atalante. *Brac.* pl. 111. ?

TEUCER. . . . . ΤЄΥΚΡΟΥ. Hercule et Iole. *Stos.* 68; *Brac.* pl. 112. Un Faune; Achille; *id.* t. 2, p. 284. Avant le siècle d'Auguste.

THAMYRUS. . . ΘΑΜΥΡΟΥ. Sphynx qui se gratte. *Stos.* 11; *Brac.* pl. 113. ?

TRYFON. . . . . ΤΡΥΦΩΝ ЄΠΟΙЄΙ. Les noces de l'Amour et de Psyché, camée du duc de Malborough. *Stos.* 94; *Brac.* pl. 114. Sous les successeurs d'Alexandre.

On trouve encore dans *Bracci*, pag. 283-285, les noms de plusieurs graveurs, mais dont la plupart sont faux ou suspects, tels que : Abascantius, Achiophilus, Agathe, Almetus, Amaranthus, Appius Alcé, Apscopé, Athanasius, Chrysès, Cinna, Claudius (N.), Claudius (T.), Dalion, Deutonus, Eilus, Evelpistus, Faustus, Heros, Hilarus, Horus, Hythilus, Laudicius, Maxalas, Milesius, Morsius, Nicas, Oeconomicus, Philesimus, Philippus, Philocalus, Philodespota, Polycrate, Priscus, Pylades, Servilius (M.), Silbanus, Stephanus, Tarsus.

TABLE ALPHABÉTIQUE

DES ARTISTES DE L'ANTIQUITÉ.

	Siècles.
Accius Priscus, pe. *Pli.*	I *
Acestor de Cnosse, st. *Pau.*	?
Acragas, gr. cis. *Pli.*	V
Adamas, sc. *Brac.*	?
Admon, grf.	?
Aegineta, pla. *Pli.*	III
Aelius, grf.	I *
Aepolien, grf.	II *
Aeschine, st. *Dio. La.*	?
Aetion, pe. *Luci.*	IV
Aetion, st. *Théoc.*	?
Aetion, grf.	?
Agamède, ar. *Hom. Pau.*	XII
Agaptus, ar. *Pau.*	?
Agasias, fils de Dosithée, st.	IV
Agasias, fils de Ménophile, st. *Grut.*	?
Agatharque, pe. *Vitr. Plut.*	V
Agathemère, grf.	?
Agathopus, grf.	I *
Agéladas, st. *Pli. Pau.*	VI
Agénor, st.	V
Agésandre, st. *Pli.*	I *
Agésistrate, mec. *Vitr.*	?
Aglaophon, pe. *Pli. Pau.*	V
Agoracrite, st. *Pli. Pau.*	V
Alcamène, st. *Pli. Pau.*	V
Alcamène, sc.	?
Alcimaque, pe. *Pli.*	IV
Alcimédon, cis. *Virg.*	?
Alcisthène, fem. pe. *Pli.*	?
Alcon, st. *Pli.*	VIII
Alcon, cis. *Ovide.*	?
Alévas, st. *Pli.*	?
Alexandre, pe.	I
Alexandre, ar. *Brac.*	?
Alexanor, ar. st. *Pau.*	XIII
Alexis, st. *Pli.*	V
Alipius, ar.	IV *
Allion, grf.	?
Aloïsius, ar. *Cass.*	V *
Alpheus et *Arethon*, grf.	?
Alsimus, pe.	?
Alypus, st. *Pau.*	V
Amianthus, ar. *Brac.*	?
Amiantus, cis. *Grut.*	I

Nota. Les chiffres romains suivis d'une étoile marquent les siècles après J. C.; les autres ceux avant l'ère chrétienne. Le ? indique que l'époque de cet artiste n'est pas connue, ou qu'elle est incertaine. Les noms des artistes en lettres italiques sont ceux qu'on trouve gravés sur des monumens, soit statues ou pierres gravées, et que donnent les deux tables alphabétiques précédentes. — Abréviations. *Ach. Tat.* Achilles Tatius; *Act. Ap.* Actes des Apôtres; *Ael.* Aelien; *Anth. gr.* Anthologie grecque; *Arist.* Aristænète; *Ath.* Athénée; *Brac.* Bracci; *Cass.* Cassiodore; *Cedr.* Cedrénus; *Cicé.* Cicéron; *Clém. Al.* Clément d'Alexandrie; *Corn. Nep.* Cornélius Népos; *Dio. La.* Diogène Laërce; *Dio. Sic.* Diodore de Sicile; *Et. de Byz.* Etienne de Byzance; *Etim. Mag.* Etimologicus Magnus; *Eunap.* Eunapius; *Eust.* Eustathe; *Grut.* Inscriptions de Gruter; *Harpo.* Harpocration; *Hérod.* Hérodote; *Hist. Aug.* Historiæ Augustæ; *Jul. Cap.* Jules Capitolin; *Jun.* Junius; *Juv.* Juvénal; *Luci.* Lucien; *Macr.* Macrobe; *Mart.* Martial: *Orl.* Orlandi; *Pau.* Pausanias; *Philos.* Philostrate; *Phot.* Photius; *Pli.* Pline; *Plut.* Plutarque; *Poly.* Polyen, *Quint.* Quintilien; *Stra.* Strabon; *Sym.* Symmaque; *Tat.* Tatien; *Théoc.* Théocrite; *Théoph.* Théophraste; *Tzetz.* Tzetzès; *Varr.* Varron; *Virg.* Virgile; *Vitr.* Vitruve; *Val.-Max.* Valère-Maxime; *Winckelm.* Winckelmann; *Xénoph.* Xénophon.

Ammonias et *Phidias*, st. . . ?
Ammonius, cis. *Grut.* . . . I
Amphion, pe. pl. IV
Amphion de Cnosse, st. *Pau.* V
Amphistrate, sc. *Pli.* . . . IV
Amphoterus, grf. . . . . . ?
Amulius, pe. de g. *Pli.* . . I *
Amyclaeus, st. *Pau.* V
Anaxagore, st. *Pau.* V
Anaxandra, fille de Néalcès, pe. *Clém. Al.* III
Anaxandre, pe. *Pli.* . . . . ?
Andreas, st. *Pau.* . . . . . ?
Androbius, pe. *Pli* . . . . ?
Androbule, st. *Pli.* . . . . ?
Androcyde, pe. pl. *Plut.* . . IV
Andron, st. *Tat.* . . . . . II *
Andronicus, ar. *Vitr.* . . . VI
Androsthènes, st. *Pau.* . . . V
Angélion, st. *Pau.* VI
Anriantus, cis. *Brac.* . . . . ?
Antenor, st. *Pau.* VI
Anteros, grf. . . . . II *
Anthée, st. *Pli.* II
Anthémius, ar. me. *Tzetz.* . VI *
Anthermus ou Archennus ou Athénis, gr. fo. *Pli.* . . . VI
Anthermus, fils d'Anth., sc. *Pli.* VI
Antidote, pe. *Pli.* IV
Antigone, pe. pla. *Pli.* . . . III
Antigone, cis. *Grut.* . . . . I *
Antimachide, ar. *Vitr.* . . . VI
Antimaque, st. *Pli.* . . . . ?
Antiochus, st. . . . . . . ?
Antiochus, grf. . . . . . . II *
Antipater, cis. *Pli.* . . . . ?
Antiphane, st. *Pau.* IV
Antiphile, ar. *Pau.* V
Antiphile, pe. d. g. *Pli.* . . IV
Antistate, ar. *Vitr.* VI
Antius, ar. *Brac.* . . . . . ?
Antonin, ar. . . . . II *
Antorides, pe. *Pli.* IV
Apaturius, pe. *Vitr.* . . . . ?
Apellas, st. *Pli. Pau.* . . . V
Apelles, pe. *Pli. Pau.* . . . IV
Apelle, grf. . . . . ?
Aphrodisius, sc. *Pli.* I
Apollodore, pe. *Pli.* V
Apollodore, sc. pla. *Pli.* . . IV
Apollodore, ar. *Hist. Aug.* . I *
Apollodote, grf. . . . . . . ?
Apollonide, cis. grf. *Pli.* . . III
Apollonius de Rhodes, st. *Pli.* I *
Apollonius, grf. . . . . . . ?
Apollonius d'Ath., sc. *Winck.* ?
Apollonius, fils d'Archias, st. *Brac.* . . . . ?
Apollonius de Perge, mé. *Vitr.* ?
Apollonius de Priène, sc. . . ?
Apuleïus, ar. *Grut.* . . . . ?
Aquilas, grf. . . . . ?
Arcésilas, pe. *Pli.* IV
Arcésilaüs, pe. *Pli. Pau.* . . V
Arcésilaüs, pla. *Pli.* I
Archennus ou Anthermus, gr. fo. *Pli.* VI
Archésitas, sc. *Pli.* . . . . . ?
Archias, ar. *Ath.* III
Archiphron ou Chersiphron.
Ardicès, sc. *Pli.* IX
Arégon, pe. *Strab.* . . . . ?
Arélius, pe *Pli.* I
Aréthon, grf. . . . . I *
Argélius, ar. *Vitr.* V
Argius, st. *Pli.* V
Argus, sc. *Clém. Al.* . . . ?
Arimna, pe. *Varr.* V
Aristandre de Paros, pe. scénique: *Pau.* V
Aristandre, ar. *Pau.* IV
Aristarète, fille de Néarque, fem. pe. *Pli.* . . . . . .
Aristéas et *Papias*, st. . . . . II *
Aristide, st. *Pli.* V
Aristide, pe. *Pli.* IV
Aristide de Thèbes, pe. *Pli.* . IV
Aristide, frère de Nicomaque, pe. *Pli.* IV
Aristide d'Argos. mé. *Pau.* . ?
Aristippe ou Ariston, pe. *Pli.* IV
Aristobule. pe. *Pli.* . . . . ?
Aristoclès, fils de Cléoetas, st. *Pau.* V
Aristoclès de Sidonie, st. *Pau.* VII
Aristoclès, pe. *Pli.* IV
Aristoclès, frère de Canachus, st. *Pau.* VI
Aristoclides, pe. *Pli.* . . . . ?
Aristodème, père de Nicias, pe. *Pli.* IV
Aristodème d'Argos, st. *Pau.* IV
Aristodème, pl. *Pli.* III

Aristodème, pe. . . . . III *
Aristodote, st. *Tat.* . . . . . ?
Aristogiton, st. *Pau.* IV
Aristolaüs, pe. *Pli.* IV
Aristomaque, st. *Anth. gr.* . . ?
Aristomède, st. *Pau.* V
Aristomédon d'Argos, st. *Pau.* V
Aristomènes, pe. *Vitr.* . . . ?
Ariston ou Aristippe, pe. *Pli.* IV
Ariston de Sparte, st. *Pli. Pau.* . . . . ?
Ariston de Mitylène, cis. *Pli.* ?
Aristonidas, père de Mnasitime, pe. *Pli.* . . . . . . ?
Aristonidas, st. *Pli.* . . . . ?
Aristonus, st. *Pau.* . . . . ?
Aristophon, pe. *Pli.* IV
Ariéma, ar. *Brac.* . . . . . ?
Artémidore, sc. *Pli.* . . . . ?
Artémidore, pe. *Mart.* . . . I *
Artémon, pe. *Pli.* III
Artémon et Pythodore, st. *Pli.* I *
Aruntius Paterculus, st. *Plut.* ?
Ascarus, st. *Pau.* V
Asclépiodore, pe. *Pli.* . . . IV
Asclépiodore, st. *Pli.* . . . ?
Asopodore, st. *Pli.* V
Aspasius, grf. . . . . ?
Assalectus, sc. *Winckel.* . . ?
Astérion, st *Pau.* IV
Atérius Labéon, pe. *Pli.* . . I *
Athénée, st. *Pli.* II
Athénion, pe. *Pli.* IV
Athénion, grf. . . . . . . ?
Athénis ou Anthermus, st. *fo.* VI
Athénodore de Clitore, st. *Pli. Pau.* V
Athénodore, st. *Pli.* . . . . I *
Attalus ou Talus, neveu de l'ancien Dédale, st. . . .
Attalus, st. *Pau.* . . . . . II *
Atticianus, sc. *Brac.* . . . ?
Aulanius Evander, st. *Pli.* . I
Aulus, grf. . . . . I *
Aulus Alexa, grf. I
Autobulus, pe. *Pli.* . . . . ?
Axéochus, grf. . . . . . . ?
Bathyclès, st. *Pau.* VI
Batrachus, sc. ar. *Pli.* . . . I
Batton, st. *Pli.* . . . . . . ?
Bédas, st. *Pli.* IV
Bédas de Byzance, st. *Vitr.* . ?
Béséléel, sc. hébreu. XVI
Bion de Milet, sc. *Dio. La.* . ?
Bion de Chio, sc. *Dio. La.* . ?
Boéthus, sc. cis. *Pli. Pau.* . V
Boiscus, sc. *Tat.* . . . . . ?
Brietès, pe. *Pli.* V
Brotéas, fils de Tantale, sc. *Pau.* . . . .
Bryaxis, st. *Pli. Pau.* . . . IV
Bryaxis, st. *Clém. Al.* . . . ?
Bularque, pe. *Pli.* VIII
Bupalus, st. *Pli. Pau.* . . . VI
Byzas, sc. ar. . . . . ?
Byzès, ar. *Pau.* VI
Caecas, grf. . . . . ?
Caïus, grf. . . . .
Calacès ou Caladès, pe. d. g. *Pli.* III
Calamis, st. cis. *Pli. Pau.* . V
Calleschros, ar. *Pli.* VI
Calliadès, st. *Pli.* . . . . . ?
Calliadès, pe. *Luci.* . . . . ?
Callias, st. *Pli.* . . . . . . ?
Callias, ar. méc. *Vitr.* . . . III
Calliclès, sc. *Pli. Pau.* . . V
Calliclès, pe. *Pli.* IV
Callicrate, sc. *Pli.* V
Callicrate, ar. *Plut.* V
Callicrate, pe. *Jun.* . . . . ?
Callimaque *Cacizotechnos*, ar. st. pe. *Pli. Plut. Vitr.* . V
Callimaque, sc. . . . . . . ?
Callistonicus, st. *Pau.* . . . IV
Callistrate, st. *Pli.* II
Callistrate, cis. *Pli.* V
Callitélès, st. *Pau.* V
Callixène, st. *Pli.* II
Callon d'Egine, st. *Pli. Pau.* VI
Callon d'Elis, st. *Pau.* . . . V
Calus ou Talus, ar. *Pau.* . . XIV
Calus, ar. *Clém. Al.* . . . . ?
Calynthus, st. *Pau.* V
Calyphon, pe. *Pau.* IV
Calypso, fem. pe. *Pli.* . . . ?
Canachus, st. *Pli. Pau.* . . VI
Canthare, st. *Pli. Pau.* . . . IV
Carbilius, pe. *Brac.* I
Carménidès, pe. *Pli.* IV
Carpion, ar. *Vitr.* V
Carpus, grf. . . . . ?
Carystius de Pergame, pe. . ?
Castorius, st. *Ovi.* . . . . . III *

Céler, ar.. . . . . I*
Cenchramis, st. *Pli.* . . . . ?
Céphissodore, pe. *Pli..* . . V
Céphissodore, sc. *Pli..* . . IV
Céphissodote, st. *Pli. Pau..* IV
Céphissodote, st. *Pli.* . . . IV
Chaeraeas, st. *Pli..* IV
Chaeraeas, mé. *Vitr* . . . IV
Chaeremon, grf. . . . . . ?
Chaeréphanes, pe. *Plut.* . . ?
Chalcosthènes, pla. *Pli.* . . ?
Charès de Linde, st. fo. . . IV
Charmidas, pem. *Pli.* . . . IX
Charta, st. *Pau.* VII
Cheirisophus, st. *Pau.* . . . IV
Chersiphron ou Ctésiphon, ar. *Pli..* VII
Chimarus, sc. *Brac.* . . . . I*
Chionis, st. *Pau.* V
Choerilus, st. *Pau.* . . . . ?
Chrysosthémis d'Argos, st. *Pau.* VI
Cidias de Cithnos, pe. *Pli.* . V
Cimon de Cléone, pem. *Pli.* IX
Cimon, st. *Acl.* . . . . . . ?
Cissonius, ar. *Grut.* . . . . ?
Claudius, st. *Orl.* . . . . . III*
Cléanthe de Corinthe, pem. *Pli.* IX
Cléarque de Rhegium, pla. *Pau..* VII
Cléocharès ou Léocharès, st.
Cléoetas, fils d'Aristoclès, st. *Pau.* V
Cléomène, sc. *Pli..* II
Cléomène, fils de Cléomène.
Cléon, st. *Pli. Pau.* IV
Cléon, grf. . . . . ?
Cléon, pe. *Pli.* . . . . . . ?
Cléophantes, pe. *Pli.* . . . VII
Clésias ou Ctésias, st. *Pli.* . ?
Clésides ou Ctésides, pe. *Pli.* III
Cliadès ou Diadès.. . . . .
Clisthènes, ar. *Dio. La.* . . ?
Cnéius, grf. I
Cocceius (Lu) ar. *Pli. Brac.* I*
Coemus, grf. I
Coenus, pe. *Pli.* . . . . . ?
Colotès, sc. *Pli.* V
Colotès de Téos, pe. *Quint.* . IV
Colotès, st. ar. *Pli.* I
Constantius, ar. *Brac.* . . . ?
Coponius, sc. *Pli..* . . . . ?
Cornélius, ar. *Brac.* . . . . ?
Corn. Dassus, sc. *Brac.* . . ?
Corn. Pinus, pe. *Pli.* . . . I*
Coroebus, ar. *Plut.* V
Corybas, pe. *Pli.* IV
Cossutius, ar. *Vitr.* II
Cratérus ou Cratinus, pe. *Pli.* ?
Cratérus, et Pythodore, st. *Pli.* . . . . I*
Cratinus ou Cratérus, pe. *Pli.* ?
Cratinus, st. *Pau.* . . . . . ?
Craton, pe. *Jun.* IX
Critias, st. *Pli. Pau..* . . . V
Critias Nésiotès, st. *Pli.* . . V
Criton, st. *Pli.* I
Criton et *Nicolas*, st. . . . ?
Cronius, grf. *Pli.* III
Ctésias, st. *Pli.* III
Ctésibius, ing. *Pli. Vitr.* . . III
Ctésiclès, st. *Ath.* . . . . . ?
Ctésidème, pe. *Pli.* IV
Ctésilas, st. *Pli..* V
Ctésilaüs ou Désilaüs, st. *Pli.* V ?
Ctésiloque, pe. *Pli.* IV
Ctésiphon ou Chersiphon, ar. *Pli.* VII
Cydias de Cithnos, pe. *Pli..* IV
Cydon, st. *Pli.* V
Cyrus, ar. *Cicé.* . . . . . I*
Dactylidès, st. *Pli.* . . . . ?
Daemon, st. *Pli.* . . . . . ?
Daetondas, st. *Pau.* IV
Daïphron, st. *Pli.* . . . . . ?
Daïppus, st. *Pli. Pau.* . . . IV
Daméas de Crotone, st. *Pau.* V
Damias de Clitore, st. *Pli. Pau.* IV
Damophon, st. *Pau.* III
Daphnis, ar. *Vitr..* V
Décius, st. *Pli.* . . . . . . ?
Dédale, sc. *Pau.* VII
Dédale, sc. *Pli. Pau.* . . . XIV
Dédale de Sicyone, st. *Pli. Pau.* IV
Déliadès, st. *Pli..* . . . . . ?
Démétrius, ar. *Vitr.* VI
Démétrius d'Ephèse, cis. *Act. Ap.* . . . . I*
Démétrius, pe. *Vitr.* . . . . ?
Démétrius d'Alopécé, st. *Pli.* V
Démocratès, ar. *Brac.* . . . IV

Démocrite, st. *Pli. Pau.* . . . IV
Démophile, pla. pe. *Pli.* . . . V
Démophile d'Himère, pe. *Pli.* V
Démophile, ar. *Vitr.* . . . ?
Dercylidès, st. *Pli.* . . . . ?
Désilaüs ou Ctésilaüs, st. *Pli.* V ?
Détrianus ou Démétrianus, ar. *Hist. Aug.* II
Dexiphane, ar. *Tretz.* . . . I
Diadès ou Cliadès, mé. *Vitr.* IV
Dibutade, pla. *Pli.* IX
Dinias, pem. *Pli.* IX
Dinocrate, ou Dinocharès, ou Dioclès, ar. *Pli.* IV
Dinomèdes, st. *Pli.* IV
Dinomènes, st. *Pli.* IV
Dinon, st. *Pli.* V
Dioclée, grf. . . . . ?
Dioclès ou Dinocrate, ar. . .
Dioclidès, me. *Ath.* III
Diodore, cis. *Ant. gr.* . . . ?
Diodore, pe. *Anth. gr.* . . . ?
Diodote, st. *Stra.* V
Diodote, sc. *Winckel.* . . . . ?
Diogène, pe. *Pli.* III
Diogène, sc. *Pli.* . . . . . I *
Diognète, pe. *Jul. Cap.* . . II *
Diognète, ar. *Vitr.* . . . . ?
Diomèdes, cis. *Grut.* . . . . ?
Dion, ar. *Brac.* . . . . ?
Dionysiclès, st. *Pau.* . . . . ?
Dionysiodore, sc. *Brac.* . . ?
Dionysius d'Argos, st. *Pli. Pau.* V
Dionysius, st. *Pli.* IV
Dionysius de Colophon, pe. *Ael. Plut.* V
Dionysius, pe. *Pli.* . . . . I *
Dionysodore, st. *Pli.* . . . V
Dionysodore, pe. *Pli.* . . . ?
Diorès, pe. *Pli.* V
Dioscouride, grf. *Pli.* . . . I *
Discoride de Samos. . . . . ?
Dipoenus, st. *Pli. Pau.* . . . VI
Diphilus, grf. . . . . ?
Diphilus, ar. *Brac.* . . . . ?
Diyllus, st. *Pau.* V
Dontas, sc. fo. *Pau.* VI
Dordonos, mosa. *Winckel.* . ?
Dorothée, pe. *Pli.* . . . . . I *
Doryclidas, st. *Pau.* VI
Echion, pe. *Pli.* IV
Eladas, ou Géladas, ou Agéladas. . . . .
Emilus ou Smilis, st. *Pau.* . . XII et. VII
Endoeus, st. *Pau.* VI
Entinopus, ar. . . . . V *
Entochus, sc. *Pli.* . . . . . ?
Epéus, sc. ar. ing. *Pau.* . . . XII
Epigone, st. *Pli.* . . . . . . ?
Epimaque, ar. méc. *Vitr.* . . III
Epintynchanus, grf. . . . I
Eraton, sc. . . . . ?
Erigone, pe. *Pli.* III
Erysichton, ar. XIV
Ephore, pe. *Suid.* IV
Eubius, st. *Pau.* IV
Eubolis, st. *Pli.* . . . . . . ?
Eubulides, st. *Pau.* . . . . . ?
Eubulus, st. *M. Pi. Clem.* . IV
Eucadmus, st. *Pau.* V
Eucheir, fils d'Eubulidès, sc. *Pli. Pau.* . . . . ?
Eucheir de Corinthe, pe. pla. *Pli.* VII
Euclides d'Athènes, st. *Pau.* IV
Euclides d'Egine, père de Smilis, st. *Pau.* . . . . . .
Euclides, pe. *Pli.* . . . . . ?
Eudorus, st. *Pli.* . . . . . ?
Eugrammus, st. *Pli.* VII
Eumare, pem. *Pli.* IX
Eumélus, pe. *Philost.* . . . III
Eunicus, st. cis. *Pli.* . . . . ?
Eupalinus, ar. *Hérod.* . . . VIII
Euphorion, cis. st. *Pli.* . . . ?
Euphore, pe. *Pli.* . . . . . . ?
Euphranor, pe. st. *Pli.* . . . IV
Euphronides, st. *Pli.* IV
Euplus, grf. . . . . ?
Eupolémus, ar. *Pau.* V
Eupompe, pe. *Pli.* IV
Euripide le poète fut d'abord peintre. . . . .
Eurycion, cis. *Virg.* . . . . ?
Euryclès, ar. *Pau.* . . . . . ?
Eutélidas, st. *Pau.* VI
Euthus, grf. . . . . ?
Euthycrates, st *Pli.* IV
Eutychès de Bithynie, sc. . ?
Eutychès, grf. . . . . I *
Eutychidès, st. *Pli. Pau.* . . IV
Eutychidès, pe. *Pli.* . . . . . ?

Eutychidès de Milet, sc. *Grut.* . . . . ?
Eutychus, pe. *Anth. gr.* . . . ?
Euxénidas, pe. *Pli.* IV
Evanthès, pe. *Ach. Tat.* . . ?
Evénor, pe. *Pli.* V
Evodus, grf. . . . . I *
Fabius Maximus Pictor. (Q.) pe. *Pli.* IV
Il paraît qu'il y eut dans cette famille plusieurs peintres de suite, *Quinctus*, *Caïus* et *Numerius Fabius*. Voy. *Bracci*.
Félix, grf. . . . . ?
Frontin, ar. . . . . I *
Fructus, ar. *Brac.* . . . . . ?
Fussitius, ar. *Vitr.* . . . . . ?
Fulvius, pe. *Hor. Pli.* . . .
Galaton, ar. *Ael.* . . . . . ?
Gauranus, grf. . . . . . . II *
Gitiadas, ar. sc. *Pau.* . . . VIII
Glaucias, st. *Pau.* V
Glaucidès, st. *Pli.* . . . . . ?
Glaucion, pe. *Pli.* IV
Glaucus d'Argos, st. *Pau.* . V
Glaucus de Chio ou de Samos, cis. *Pau.* . . . . ?
Glaucus de Lemnos, cis. *Et. de Byz.* . . . . ?
Glycon, grf. . . . . . . ?
Gnaius ou Cneus, st. . . . I
Gomphus, st. *Tat.* . . . . ?
Gorgasus, pla. pe. *Pli.* . . . V
Gorgias, st. *Pli.* V
Gryllion, sc. *Dio. La.* . . . IV
Habron, pe. *Pli.* . . . . . ?
Harmatius, sc. IV
Hécatée, cis. sc. *Pli.* . . . ?
Hécatodore et Sostrate, st. *Polybe.* . . . . ?
Hégésias ou Hégias, st. *Pli. Pau.* V
Hégias ou Hégésias. . . . .
Héius, grf. . . . .
Hélène, fem. pe. *Phot.* . . . ?
Héliodore, sc. *Pli.* . . . . ?
Héracla, pe. *Brac.* . . . . ?
Hellas, sc. *Vitr.* . . . . . ?
Hellen, grf. . . . . ?
Héphestion, fils d'un Myron, sc. *Brac.* . . . . ?
Héraclides, st. *Dio. La.* . . IV
Héraclides, pe. *Pli.* II
Héraclides, fils d'Agasias, st. III
Hermoclès, pla. *Luci.* . . . ?
Hermocréon, ar. *Strab.* . . . ?
Hermodore de Salamine, ar. *Corn. Nep.* . . . . ?
Hermogène, ar. *Vitr.* IX
Hermogène de Cythère, st. *Pau.* . . . . ?
Hermogène, pe. *Brac.* . . . II *
Hermolaüs, sc. *Pli.* I
Hermon, fils de Pyrrhus, ar. sc. *Pau.* V
Hermon, sc. *Etim. Mag.* . . ?
Hérodote, st. *Tat.* . . . . . ?
Hicanus, st. *Pli.* . . . . . ?
Hiéron, pla. en cire. *Cicé.* . ?
Hiéronyne, ar. *Diod. Sic.* . IV
Hilarius, pe. *Eunap.* IV
Hippéus, cis. *Ath.* . . . . . ?
Hippasis, cis. en fer. *Jun.* . ?
Hippias, pe. *Pli.* . . . . . ?
Hippias, maître de Phidias, st. *Pau.* V
Hippias, ar. . . . . II *
Hippodamas, ar. *Harpo.* . . V
Hygiémon, pem. *Pli.* IX
Hyllus, grf. . . . . ?
Hypatodore, st. *Pli.* IV
Hypsicrate ou Xénocrate, pe. *Pli.* . . . . ?
Hyram, ar. XI
Iade, st. *Pli.* IV
Ismalius. *Homère.* . . . . .
Ictinus, ar. *Vitr. Pau.* . . . V
Idaeus, pe. *Xénoph.* V
Idectée ou Tectée. . . . . .
Ion, st. *Pli.* IV
Iphicrate, st. *Pli.* VI
Iphion, pe. *Anth. gr.* . . . ?
Iphis, pe. *Pli.* . . . . . . ?
Irène, fille de Cratinus, pe. *Pli.* . . . . ?
Isidore, st. *Pli.* . . . . . . ?
Isigone, st. *Pli.* III
Isménias, pe. *Plut.* . . . . ?
Julius Lacérus (C.), ar. *Grut. Brac.* . . . . I *
Julius, ar. *Grut.* . . . . . . ?
Labéon (Atérius). . . . . . I *
Lachès ou Charès. . . . . .

Lacon, st. *Pli.* V
Lacratès, ar. sc. *Pau.* . . . V
Ladamas, st. *Pli.* V
Laedus, sc. cis. *Pli.* . . . . I *
Laeius, sc. *Tzetz.* . . . . . ?
Lahippe, st. *Pli.* IV
Lala de Cysique, fem. pe. *Pli.* I
Laphaès, st. *Pau.* VI
Léarque, st. *Pau.* VII
Léocharès, st. *Pli. Pau.* . . IV
Léocras, st. *Pli.* V
Léon, pe. *Pli.* III
Léon, pla. *Pli.* . . . . . . ?
Léonidès, pe. *Et. de Byz.* . . IV
Léontion, pe. *Pli.* IV
Léontiscus, pe. *Pli.* III
Léophon, st. *Pli.* . . . . . ?
Lesboclès, st. *Pli.* . . . . . ?
Lesbodocus, st. *Pli.* V
Lesbothémis, st. *Ath.* . . . ?
Leucon, st. *Anth. gr.* . . . ?
Libon, ar. *Pau.* V
Linax, sc. *Brac.* . . . . . ?
Lochaeus, st *Pau.* . . . . . ?
Locrus, st. *Pau.* V
Lophon, st. *Pli.* . . . . . ?
Luc (St.) l'évangél. pe. . . . I *
Lucillus, pe. *Sym.* . . . . . IV *
Lucius, grf. . . . . ?
Ludius d'Étolie, pe. *Pli.* . . VIII
Ludius, pe. d'orn. *Pli.* . . . I
Lycaon, cis. *Virg.* . . . . . ?
Lyciscus, st. *Pli.* . . . . . ?
Lycius, fils de Myron, st. *Pli.* V
Lydus, fon. *Pli.* . . . . . . ?
Lysanias, sc. . . . . ?
Lysias, sc. *Pli.* I
Lysippe d'Egine, pe. enc. *Pli.* V
Lysippe, st. *Jun.* IV
Lysistrate, sc. *Pli.* IV
Lyson, st. *Pli. Pau.* IV
Lysus, st. *Pau.* . . . . . . ?
Machatas, sc. *Brac.* . . . . ?
Malas, sc. *Pli.* VI
Mallius ou Lucius Manilius, pe. *Macr.* . . . . ?
Mamurius Veturius, cis. *Serv.* VIII
Il fit sous Numa les *anciles* ou boucliers sacrés. D'après Pub. Victor, il paraît qu'on lui consacra une statue de plomb dans la 6e région de Rome.
Mandas, st. V
Mandroclès, ar. *Hérod.* . . . V
Marcus, ar. I
Maron, père de Virgile, potier. . . . .
Maxalas, grf. . . . . III *
Méchopane, pe. *Pli.* IV
Médon, st. *Pau.* VI
Mégaclès, ar. *Pau.* V
Mélampus, ar. *Vitr.* . . . . ?
Mélanthus, pe. *Pli.* IV
Memnon, ar. *Hygin.* VI
Memnon, st. *Dio. Sic.* . . . ?
Ménaechme, st. *Pli. Pau.* . . VI
Ménécrate, sc. *Pli.* . . . . ?
Ménédème, pe. *Dio. La.* . . ?
Ménélas, st. *Pli.* . . . . . I *
Ménesthée, ar. *Vitr.* . . . . ?
Ménéstrate, pe. *Anth. gr.* . . ?
Ménéstrate, sc *Pli.* . . . . ?
Ménippe (deux), sc. *Dio. La.* ?
Ménippe, st. *Dio. La.* . . . ?
Ménippe, six peintres de ce nom selon *Dio. La.* . . . ?
Ménodore, st. *Pli. Pau.* . . I *
Ménodote, sc. *Winckel.* . . ?
Ménogènes, st. *Pli.* . . . . ?
Ménophante, st. . . . . . ?
Mentor, cis. *Pli.* V
Mestrias, pe. *Grut.* . . . . ?
Métagène, ar *Pli.* VI
Métiens, ar *Jun.* V
Métrodore, pe. *Pli.* II
Métrodore, ar. . . . . . . IV *
Miociade, sc. *Pli.* VI
Miccion, pe. *Luci.* IV
Micon, pe. st. *Pli. Pau.* . . V
Micon, st. *Pau.* V
Micon, père de Timarète, pe. *Pli.* V
Midius, grf. . . . . ?
Mith, grf. . . . . ?
Mnasitime, pe. *Pli.* . . . . ?
Mnésarque, gr. fo. *Dio. La.* . VI
Mnésiclès, ar. V
Mnesthée, pe. *Pli.* . . . . . ?
Moschion, sc. *Brac.* . . . . ?
Moschus, st. *Pli.* V

Mustius, ar. *Pline le jeune.*	I *
Musus, st. *Pau.*	?
Mutius (C. Cordus), ar. *Vitr.*	?
Myagrus, st. *Vitr.*	?
Mycon, grf.	?
Mydon, pe. *Pli.*	IV
Myiagrus, st. *Pli.*	?
Myrmécide, gr. *Pli.*	V
Myron, st. *Pli. Pau. Jun.*	V
Myron, st.	?
Myron, pe. *Brac.*	I
Myrton, grf.	?
Mys, cis. *Pli.*	V
Naucerus, st. *Pli.*	?
Naucydès, st. *Pli. Pau.*	V
Néalcès, pe. *Pli.*	III
Néarque, pe. *Pli.*	?
Néisus, grf.	?
Néoclès, pe. *Pli.*	?
Néron, grf. *Jun.*	?
Néséas, pe. *Pli.*	V
Nessus, pe. *Pli.*	?
Nestoclès ou peut-être Critias Nésiotès, st. *Pli.*	V
Nexaris, ar. *Vitr.*	?
Nicaeus, pe. *Pli.*	?
Nicandre, grf.	I *
Nicanor, pe. enc. *Pli.*	V
Nicéarque, pe. *Pli.*	III
Nicéphore, grf.	?
Nicératus, st. *Pli.*	I *
Nicéros, pe. *Pli.*	IV
Nicias, pe. *Pli. Pau.*	IV
Nicodamus, pla. *Pau.*	V
Nicolaüs, st. *Pli.*	I *
Nicomaque, pe. *Pli.*	IV
Nicomaque, grf.	?
Nicomède, ar. ing.	I
Nicon, pe. *Ael.*	V
Nicon, ar. *Suid.*	II *
Niconidas, ar. *Plut.*	I
Nicophane, pe. *Pli.*	IV
Nicosthènes, pe. *Pli.*	IV
Nicostrate, pe. *Ael.*	IV
Nicostrate, st. *Orl.*	III *
Nilus, ar. *Brac.*	?
Numisius, ar. *Brac.*	?
Oenias, pe. *Pli.*	?
Olympias, fem. pe. *Pli.*	?
Olympiosthènes, st. *Pau.*	I
Olympus, st. *Pau.*	V
Omphalion, pe. *Pau.*	V
Onaethus, st. *Pau.*	?
Onassimèdes, st. *Pau.*	VIII
Onatas, st. pe. *Pau.*	V
Onésas, grf.	?
Ooliab, sc. hébreu.	XVI
Ophélion, sc.	?
Ophélion, pe. *Anth. gr.*	?
Pacuvius, pe. *Pli.*	II
Paeonius ou Poinius d'Ephèse, ar. *Vitr.*	VI
Paeonius de Mende, st. *Pau.*	V
Pamphile, pe. *Pli.*	IV
Pamphile, sc. *Pli.*	IV
Pamphile, grf.	?
Panaenus, pe. *Pli. Pau.*	V
Pantias de Chio, st. *Pau.*	V
Pantius, st. *Théoph.*	?
Papias, st.	II *
Parrhasius, pe. *Pli. Pau.*	V
Parthénius, cis. *Juv.*	?
Pasias, pe. *Pli.*	III
Pasias, st. *Pli.*	III
Pasitèles ou Praxitèle, pla. *Pli. Pau.*	I
Patrocle, st. *Pli.*	V
Patrocle de Crotone, st. *Pau.*	VI
Pausanias, st. *Pau.*	IV
Pausanias, pe. *Athé.*	?
Pausias, pe. *Pli. Pau.*	IV
Pauson, pe. *Plut.*	V
Pédius (Quintus), pe. *Pli.*	I
Peisias, st. *Pau.*	?
Perdix, neveu de Dédale et le même que Talus.	
Pérellius, st. fo. *Pli.*	V
Pergamus, grf.	?
Périclète, st. *Pau.*	V
Périclymène, st. *Pli.*	?
Pérille, sc. fo. *Pli. Luci.*	VI
Persée, pe. *Pli.*	IV
Phaeax, ar. *Dio. Sic.*	V
Phalérion, pe. *Pli.*	?
Pharax, sc. *Vitr.*	?
Pharnacès, grf.	?
Phasis, pe. *Anth. gr.*	?
Phidias, st. *Pli. Pau. Jun. M. Quatremère de Quincy, Jup. Olymp.*	V
Phidias et *Ammonias*, sc.	
Philémon, grf.	?
Philarcurus, pe. *Brac.*	?
Philéos, ar. *Vitr.*	?

Philésius, st. *Pau.* VI
Philippe, ar. *Brac.* . . . . ?
Philiscus, pe. de g. *Pli.* . . ?
Philiscus, sc. *Pli.* . . . . . ?
Philocharès, pe. *Pli.* . . . . ?
Philoclès, pe. *Pli.* IX
Philomusus, pe. scén. *Brac.* ?
Philon, ar. *Vitr. Pli.* IV
Philon, st. *Pli. Tat.* IV
Philopinax, paraît le surnom d'un peintre, qui, de même que Pygmalion, devint épris de son ouvrage. *Arist.* . . ?
Philotimus, st. *Pau.* V
Philoxène, pe. *Pli.* IV
Phocas, grf. . . . . ?
Phœnix, ar. ing. III
Phœnix, st. *Pli.* IV
Phradmon ou Phragmon, st. *Pli. Pau.* V
Prygillus, grf. . . . . . . ?
Phryllus, pe. *Pli* V
Phrynon, st. *Pli.* V
Phylon, ar. IV
Phyromaque ou Phylomaque, st. *Anth. gr.* . . . . . . ?
Phytus, ar. *Pli.* IV
Pigmon, grf. . . . . ?
Pireicus, pe. d. g. *Pli.* . . . III
Pisicrate, st. *Pli.* . . . . . ?
Pison de Calaurie, st. *Pau.* . IV
Piston, st. *Pli.* IV
Pitoclès, pe. II
Placidianus, pe. *Hor. Pli.* .
Plautius, cis. *Winckel.* . . . ?
Plocamus, sc. *Brac.* . . . . ?
Plotarque, grf. . . . . . . ?
Plysthénète, frère de Phidias, pe. *Plut.* . . . .
Poinius ou Paeonius, ar. . .
Polémon, pe. *Pli.* IV
Polichus ou Ptolichus. . . .
Polis, st. *Pli.* . . . . ?
Pollis; ar. *Vitr.* . . . . . . ?
Polycharme, sc. *Pli.* . . . . ?
Polyeidus, pe. *Dio. Sic.* . . V
Polyclès, st. *Pli. Pau.* . . . II
Polyclès, pe. *Pli.* . . . . . ?
Polyclète, st. *Pli. Pau.* . . VI
Polyclète d'Argos, st. *Pli. Pau.* V
Polyclète de Sicyone, st. *Pli. Pau.* V
Polyclète, grf. . . . . . . ?
Polycrates, st. *Pli.* . . . . .
Polycrates, st. *Pli.* . . . . . ?
Polycrithe, ar. *Plut.* . . . . ?
Polydecte, sc. *Pli.* I
Polydore, st. *Pli.* . . . . . I*
Polydore, st. *Pli.* . . . . . ?
Polyeucte, st. *Plut.* IV
Polygnote de Thalos, pe. st. cis. *Pli. Pau. Jun.* V
Polystrate, st. *Tat.* VI
Pompeïus, ar. *Brac.* I
Porinus, ar. *Vitr.* VI
Posidonius, sc. cis. *Pli.* . . I*
Posis, sc. *Pli.* I
Postimus, ar. *Brac.* . . . . ?
Posthumius (C.), ar. . . . I*
Pothaeus, ar. *Pau.* V
Praxias, st. *Pau.* V
Praxitèle, st. *Pli. Pau.* . . . IV
Praxitèle ou Pasitèle. . . . .
Prodorus, st. *Pli.* . . . . . ?
Protogène, pe. *Pli. Pau.* . . IV
Ptéra, ar. *Pau.* VI
Ptiphsamus, ar. *Brac.* . . . ?
Ptolichus d'Egine, st. *Pau.* . V
Ptolichus de Corcyre, st. *Pau.* V
Publius, pe. *Mart.* . . . . . I*
Pygmalion, st. *Ovide.* . . . ?
Pyrgotèle, grf. *Pli.* IV
Pyrilampes, st. *Pau.* . . . . ?
Pyromaque, st. *Pli.* IV
Pyrrhon le phil., d'abord pe. *Dio. La.* IV
Pyrrhus, ar. *Pau.* V
Pyrrhus, st. *Pli.* . . . . . . ?
Pythagore de Regium, st. *Pli. Pau.* V
Pythagore de Léontium, st. *Pli.* V
Pythagore de Samos, pe. st. *Pli. Dio. La.* . . . . . . ?
Pythagore de Samos, pe. *Pau.* ?
Pythéas de Bura, pe. *Et. de Byz.* . . . . ?
Pythéus, ar. *Vitr.* . . . . . ?
Pythias, st. gr. *Pli.* . . . . I*
Pythias, st. *Pli.* II
Pythis, ar. sc. *Pli.* IV
Pythius, ar. *Vitr.* . . . . . ?

Pythoclès, st. *Pli*. II
Pytocrite, st. *Pli*. II
Pythodicus, st. *Pli*. V
Pythodore, st. VI
Pythodore et Artémon, st. *Pli*. . . . . I*
Pythodore et Craterus, st. *Pli*. . . . . I*
Quintillus, grf. . . . . . ?
Quintus Alexa, grf. I
Rabirius, ar. *Mart*. . . . . I*
Ratuba, pe. *Hor. Pli*. . . .
Rhaecus, sc. fo. *Pli. Pau*. . VII
Rhégion, grf. . . . .
Rholus de Lemnos, ar. *Pli*. . ?
Rufus, pe. *Anth. gr*. . . . . ?
Rufus, grf. . . . . ?
Salpion, sc. *Grut*. . . . . . ?
Samolas, st. *Pau*. V
Sarnacus, ar. *Vitr*. . . . . ?
Saturéius, sc. *Anth. gr*. . . ?
Satyrion, gr. fo. III
Satyrus, ar. *Pli. Vitr*. . . . IV
Saurias, pe. IX
Sauros, ar. *Pli*. I
Scopas, st. *Pli. Pau*. IV
Scopas ou Scopinas, ar. me. *Vitr*. . . . . ?
Scylax, grf. . . . . ?
Scyllis, st. *Pli. Pau*. . . . VI
Scymnus, st. *Pli*. V
Seleucus, grf.. . . . . . . ?
Sennamar, ar. . . . . V*
Sérambus, st. *Pau*. V
Sérapion, pe. d. g. *Pli*. . . . III
Sérapion, sc. *Brac*. . . . . ?
Sévère, ar. . . . . I*
Silanion, ar. *Vitr*. . . . . . ?
Silanion, st. *Pli. Pau*. . . . IV
Silénus, ar. *Vitr*. . . . . . ?
Sillax, pe. *Ath*. . . . . . . ?
Siminus, st. *Pli*. . . . . . ?
Simon d'Egine, st. *Pau*. . . V
Simonides, pe. *Pli*. V
Simplicius, st. *Orl*. . . . . III*
Simus, pe. *Pli*. . . . . . . ?
Simus de Salamine, sc. *Mus*. n° 676. . . . . ?
Smilis, sc. *Pau*. XII
Socrate, pe. sc. *Pli*. . . . . ?
Socrate de Thèbes, st. *Pau*. . V
Socrate le phil. st. *Pau*. . . V
Soidas, st. *Pau*. VI
Solon, cis. grf. I
Solon, sc. *Winckel*. . . . ?
Somis, st. *Pau*. V
Sophroniscus, père de Socrate, st. *Val. Max*. V
Sopolis, pe. *Pl*. . . . . . . I*
Sopylon, pe. I
Sosibius, sc. . . . . ?
Sosthénes, grf. . . . . . . ?
Sostrate de Cnide, ar. *Pli*. . III
Sostrate de Chio et Hécatodore, st. *Pli. Pau*. V
Sostrate, grf. . . . . ?
Susus, pe. en mosaïque. . . ?
Sotrate, grf. III
Spinthare, ar. *Pau*. VI
Soter, pe. *Brac*. . . . . . . ?
Spurius Carvilius, st. *Pli*. . ?
Stadiaeus, st. *Pau*. II
Stadius, pla. pe. *Pli*. IV
Stallius (C.), ar. I
Stasicrate ou Dinocrate. . .
Stephanus, sc. *Pli*. I
Sthénis, st. *Pli. Pau*. . . . IV
Sthénnis, sc. *Brac*. . . . . ?
Stipax, st. *Pli*. V
Stomius, st. *Pau*. V
Straton, sc. *Pau*. II
Stratonicus, st. cis. *Pli*. . . III
Stratonicus, pe. *Pli*. III
Strongylion, st. *Pli. Pau*. . . I
Svadra, st. *Pau*. VII
Symphorien, st. *Orl*. . . . III*
Synoon, st. *Pau*. V
Syropersa, pe. *Cédrénus*. . . V*
Talus ou Attalus, neveu de Dédale l'ancien. *Dio. Sic*.
Tarchesius, ar. *Vitr*. V
Tauriscus, pe. *Pli*. . . . . ?
Tauriscus de Tralles, st. *Pli*. I*
Tauriscus de Cyzique, cis. *Pli*. . . . . ?
Tectée ou Idectée, st. *Pau*. . VI
Téleclès, père de Théodore, st. *Pau*. VII
Téléphane, pe. *Pli*. IX
Téléphane, st. *Pli*. V
Télésarchides, st. *Eust*. . . ?
Télésius, st. *Clém. Al*. . . . ?
Téléchares ou Léochares. . .
Teucer, grf. . . . .

Teucer, grf. cis. *Pli.*	I*
Thalès, pe. *Dio. La.*	?
Thamyrus, grf.	?
Théoclès, st. *Pau.*	VI
Théocosme, st. *Pau.*	V
Théocydes, ar. *Vitr.*	?
Théodore de Samos, sc. fo. gr. *Pli. Pau.*	VII
Théodore de Phocée, ar. *Vitr.*	?
Théodore, pe. *Pli.*	IV
Théodore de Samos, pe. pl.	IV
Théodore de Milet, st.	?
Théodore de Thèbes, st. *Dio. La.*	?
Théodore de Lemnos, ar. *Pli.*	?
Théodore d'Athènes, pe. *Dio. La.*	?
Théodore d'Ephèse, pe. *Dio. La.*	?
Théomneste, pe. *Pli.*	IV
Théomneste, st. *Pli. Pau.*	?
Théon de Samos, pe. *Pli.*	IV
Théopropus, st. *Pau.*	VI
Thérapis, scythe, st. ou pe. *Luci.*	?
Thériclès, pot. *Jun.*	V
Thérimaque, pe. *Pli.*	IV
Théron, st. *Pau.*	V
Thrason, st. *Pli.*	?
Thrasymède, sc. *Pau.*	II
Thylacus, st. *Pau.*	?
Thymilus, st. *Pau.*	?
Tichius, ar. *Brac.*	I*
Timacnète, pe. *Pau.*	?
Timagoras de Chalcis, pe. *Pli.*	V
Timanthe de Cythnos, pe. *Pli.*	V
Timarchides, st. *Pli.*	IV
Timarète, fem. pe. *Pli.*	V
Timarque, st. *Pli.*	IV
Timoclès, st. *Pli.*	II
Timomaque, pe. *Pli.*	I
Timon, st. *Pli.*	?
Timothée, st. *Pli.*	IV
Tisagoras, st. en fer. *Pau.*	?
Tisandre, st. *Pau.*	V
Tisias, st. *Pli.*	?
Tisicrate, st. *Pli.*	IV
Tisius, sc. *Brac.*	?
Tlépolème, pe. *Cicé.*	I
Trophonius, ar. *Pau.*	XII
Tryphon, grf.	
Turanius, pl. ar. *Pli.*	VI
Turpilius, pe. *Pli.*	I*
Tychius, *Homère.*	
Tymaenetus, pe. *Pau.*	?
Valerius d'Ostie, ar. *Pli.*	I
Varrius, ar. *Brac.*	?
Vitalis, ar. *Brac.*	?
Vitellianus, ar. *Brac.*	?
Vitruve, ar.	I*
Vitruve Cerdo, ar. *Grut.*	I*
Volacinus, ar. *Brac.*	?
Vosporus, ar. *Brac.*	?
Xénoclès, ar. *Plut.*	V
Xénocrate, st. *Pli.*	IV
Xénocrate ou Hypsicrate, pe. *Pli.*	?
Xénocrite, sc. *Pli. Pau.*	IV
Xénon de Sicione, pe. *Pli.*	?
Xénophile, sc. *Pau.*	II
Xénophon d'Athènes, st. *Pau.*	IV
Xénophon de Paros, st. *Dio. La.*	?
Zenas, sc. *Brac.*	?
Zénodore, st. *Pli.*	I*
Zénon, st. *Pli.*	I*
Zénon de Staphies, st.	I*
Zénon, pe. *Brac.*	?
Zeuxis, pe. *Pli. Pau.*	IV
Zeuxis, st. *Pli.*	IV
Zoïlus de Lemnos, ar. *Pli.*	?
Zopirus, sc. gr. *Pli.*	I*

La feuille précédente était imprimée lorsque l'on s'est aperçu qu'on avait omis les articles suivans.

Page 404, après la *ligne* 9. — Ophélion, fils d'Aristonidas, sculpteur de la statue de Sex. Pompée (m. 36 av. J. C.), que l'on voit au Musée royal, n° 150, vivait à cette époque. Il n'en est pas question dans les auteurs.

Page 415, après Myron. — Ophélion, fils d'Aristonidas, ΩΦΕΛΙΩΝ ΑΡΙΣΤΟΝΙΔΑ, auteur de la statue de Sextus Pompée, du Musée royal, n° 150.

TABLE DES INSCRIPTIONS GRECQUES.

AAGATHOPUS, 626. — Abascantus de Cephisia, 568; 644. — Acamantide, 222, 597, 659. — Acharné, 568, 589. — Adonies, 597. — Adriamide, 659. — Adrien; 565. — Adrien César Auguste Olympien, 629. — Aeantide, 597. — Aegéide, 597. 659. — Aegilia, 597. — Aelius (P.) Théophilus, 644. — Agamemnon, 608. — Agaophanes, 553, 570. — Agathon, 581. — Agonothète, 561, 584, 604. — Agoranomes, 561, 562, 563, 625. — Aimilius, 648. — Aixonê, 664. — Alexandria Troas, 575. 582, 630. — Alexandrie, 671. — Alopécè, 597. — Ammon, 670. — Amphius, 664. — Amphictyons, 628. — Anacara, 597. — Anaces, 599. — Anagyrus, 589, 597, 604. — Anaitius, 597. — Anaphlystus, 589, 597, 618, 664. — Anatolius, 672. — Andirène, 637. — Anthestéries, 597. — Anthesterion, 597. — Anthesterius, 639. — Antias, 706. — Antigénidas, 585. — Antigonus, 624. — Antiochide, 597, 659. — Antiphon, 706. — Antonia Philouména, 677. — Anubis, 670. — Apaturies, 597. — Apelles, 670, 647. — Aphidna, 597, 664. — Aphrodisies, 638. — Aphrodisius, 613, 636, 671. — Apolexis, 669. — Apollon (fêtes d') 597. — Pythien, 584. — Apollonies, 638. — Apollonius, 632. — Araphen, 589. — Archityasite, 617. — Archonte 540, 568, 574, 597, 603, 617, 644, 664, 566. — Eponyme, 537, 664. — Polémarque, 664. — Roi, 537, 568, 664. — Aristippe, 63.. — Aristocrate, 597. — Aristodème, 547, 626. — Aristophane, 597. — Aristoxène, 614. — Arrhéphories, 597. — Artémidore, 645. — Artémis ou Diane, 625. — Asclépiades, 568, 571. — Asclépiodore, 571. — Asclépiodote, 602. — Asiarque, 631. — Astyeléa, 553. — Astynomes, 561. — Athènes, 617. — Athénées, 558. — Athénodore, 557, 636. — Athlothètes, 597. — Athmonon, 589. — Aurelia Caecina, 619. — Aurelia Magna, 653. — Aurelius, 648. — Aurelius Epaphrodite 653. — Azenia, 636.

BACCHIUS, (Fl.), 636. — Bacchus, 676, 717 (artistes de) nom donné aux musiciens et act[rs]; 584 i fêtes de 597. Bereniciдæ, 589. — Besa, id. — Boédromies, 597. — Boedromion, id. — Boitenus (P.) 8. — Bouleidus, 551. Boutadæ, 597. — Bucatius, 628.

CAÏUS César Auguste, 588. — Caïus Germanicus César, id. — Caïus Julius Cassianus, 558. — Callias, 597. — Callimaque, id. — Callisthène, 662. — Callistrate, 597, 652. — Callynoïs, 705. — Carminicus, 676. — Castor et Pollux, 565, 599. — Cécropide, 597. — Céphisia, 604. 644, 695. — Céryx ou hérault, 545, 636. — Ceste, 558. — Charinus (fils de) 566. — Charition, 716. — Cholargos, 597. — Chorège, 584. — Claudia Theophila, 586. — Cléanactidès, 647. — Cléandre, 643. — Cléogène, 597. — Cléomène, 712. — Cléopâtre, 717. — Clinopêgos, fabricant de lits, 8. — Clitosthènes (Fl.) Julianus, 631. — Colonê, 604. — Commune d'Asie, 650. — Convocation générale, 632. — Cornélia, 665. — Cornélius Solon, id. — Coryphée, 671. — Cosmètes, 568, 644 — Coucher de la déessee 632. — Courès, 605. — Couronne d'or, 617. — Courses, double ou diaule, 558.; du stade, id.; longue, id. — Craton, 584. — Crestê, nom propre, ou très-bonne, 675. — Cydathénée, 597. — Cydantidæ, id.

DADOUQUE, 635. — Damon, 639. Décret, 539, 540; de la ville d'Ilion, 546; et traité, 544. — Déliens, 582. — Délos, 5'4. — Delphes, 628. — Dèmes, 568, 604, 638, 644, 664. — Demèter ou Cérès, 635. — Démétrias, 547. — Démétrius, 652, de Sphette, 701; fille d'un, 565. — Démomelus, 665.—Démon, id. —Démophon, 614.—Devin, 222.— Dexicrate, 597. — Dexippe (Pub. Herennius) 537. — Diasies, 597; équestres, id. — Diaule ou double course, 558. — Dieux infernaux, 585.—Diipolies, 597. — Diobélie, id.—Diodelus de Rhamnus, 554.— Diodore, 577, 585.—Diodote, 568. —Diogène, 616. — Diognète, 554. Dionysies de la ville, 597; des champs ou du Pyrée, id. — Dionysius, 590, 597, 617, 643. — Diophantus, 590. — Dioscoride, 598. —Dioscures, 599. — Dius, 632.— Diyllos, 597. — Dolique ou longue course, 558.— Donata, 556.— Doriens, 654. — Dorimachus, 567.— Dorothée, 617.—Drachme, 597.— Dropidas, 616.

Écriture hiéroglyphique, 359.— EI pour I long, 222.—Elaphébolion, 597, 617. — Eleusis (fêtes d') 597. —Elpis, 587.—Embolimique (année) 597.—Empereur, fils de dieu, dieu auguste, 661. — Eoliens, 654. —Epagathus, 645.—Epeus, 608.— Ephaistodore, 695.—Ephèbes, 568, 644.—Epibôme, 568.— Eponyme, 537.—Erèbe (l') 670.—Erechthéide, 597, 604, 659.—Erenippus, 540.— Erétrie, 597. — Esculape, 565. — Etéobutades, 616.— Eubulide, id. —Eucaerus (Cl.) 568. — Euclide, 597. — Eugnomonius, 658. — Eumène (le Roi) 584.—Eumolpides, 568.— Eumolpus, 644. — Eunoea, 598. — Eunoüs, id. — Euonymia, 568.— Euonymos, 597, 604. — Euphémie, 641.—Eupolis, 597.—Euporus de Milet, 587.—Eupyridæ, 589. —Eurythmus, 683.—Eutychia, 569. —Eutychianus, 619.—Evariste, 613.

Fabius, 635.—Fabricant de lits, 8. —Finances des Athéniens, 597.

Gamélion, 597.—Glaucippe, id. —Glycinna, 637.—Gorgias, 568.— Grammateus ou secrétaire du sénat, 561, 576, 597; de la ville, 597. — Gymnasiarques, 561, 625.

H employé comme aspiration, 597. — Hache, ministre de Pluton, 211. Hagnonte, 597.—Halæ, id. — Hécatombæon, id. — Hécatombe, id. —Hécatombées, id.—Hégésidême, 661.— Hégoumène, 581.— Héliconias, 683.— Hellénotames, 597.— Hellespont, 584.—Héphaistius, 632. — Hérault ou céryx, 568; du sénat, 664; sacré, 545. — Hercheia, 597. —Hercule, 565.—Herméias, 636.— Herméros, 598. — Hermias, 575; d'Ilium, 630. — Hermon, 597. — Hermus, 568.—Hiéroglyphes, 328, 350, 360, 361, 365, 367, 369.— Hiéromnamons, 628.— Hiérophantide, 565.— Hiéropoies, 597.— Hilarus, 659. — Hipparque, 661. — Hippothoontide, 222, 568, 597. — Hydrophories, 597.— Hydroposies, 632.— Hygie, 651.— Hypostratège, 661, 624.

Iliaques, 575. — Icaria, 597.— Ilium, 582, 607, 630, 660. — Indiction, 658. — Inscription athénienne 604; de Nointel, 222; de Choiseul, 597; chrétienne, 641; de Délos, 617; triopéenne, 211; double, 540. — Ioniens, 654. — Isidora, 688. — Isis myrionyme ou aux mille noms, 670.

Jachères, 632.—Jeux pythiens, 584.— Joueur de flûte, 578.— Julia Eclectê, 585; Julia Fortunata, 650. — Julius Aëlops, 556; Julius (C.) Cassianus de Steira, 568; Julius (C.) Cassius, id.; Julius, 632. — Jupiter, 670. — Jupiter Meilichius ou favorable, 571.

Korê ou Proserpine, 635.

L pour Λ, 597; Λ pour Γ, 222, 597. — Lampra, 604. — Lénées, 597. — Léontide, 222, 568, 597. — Lettres réunies, 536. — Leucippe, 654. — Lever de la déesse, 632.—Litos, 650. — Logistes, 561, 575, 597.—Lutte, 558.—Lycinus, 646.—Lycomède, 644.—Lysanias, 467.— Lysiclès, 540, 662. — Lysithéus, 597.

Maemactérion, 597. — Manuel

Ducas, 581.—Marathon, 568, 589, 597, 660.—Marc-Aurèle Dionysius, 645. — Marcellus de Sydê, 211. — Marchés pour fourniture de vin, 638. — Marcien, 565. — Marcus Stlaccius, 551. — Maria ampliata, 649. — Marius (C.) Epaphrodite, id.— Martésiens, 658.— Méandre, 654.— Mélanippe, 588. — Mélite, 589.—Mélitée, 647.—Méliton, 645. —Memmius, 568. — Ménéclides, 618.— Ménécrate, 535, 574, 603. — Ménestrate, 535. — Ménippus, 602.— Ménis, 643. — Ménophile, nommé aussi Selaïon, 605.—Ménophon, 638. — Métageitnies, fêtes, 597. — Métageitnon, id. — Métrodore, 551. — Métrothémis, 647.— Midias, 601.— Mi'et, 587.— Moschus, 36.—Mucius Cassianus Apollonius, 568.— Munychies, 597.— Munychion, id.—Muses d'Hélicon, 584.— Musiciens (corporation des) id.—Myron, 620.—Myrrhina, 589. —Mystères d'Eleusis, 597.

Neptunales, fêtes, id. — Nicératus, id. — Nicopatra, 618. — Nikétès, 567.— Nouvelle Cérès (Faustine la jeune) 211.—Numénius, 552.

O pour OY, 222.— Oboles, 597. —Odê, 669.— Oenéïde, 222, 568, 597. — Oenophilus, 664. — Oleus (Cl.) 568.— Olius (L.) Octavianus, 583.—Opisthodôme, 597.—Oschophories, id. — Osiris, 670. — OY pour Ω souscrit, 222.

Paeania, 665.— Paglès, 574. — Paidotribe, 568, 644. — Pallène, 568, 659. — Panathénées, 537, — grandes et petites, 597.— Pancrace, 558. — Pandies, 597, 638. — Pandionide, 597.—Panégyries, 537.— Paradoxies, 644.— Paralie, 603.— Parèdres, 597. — Parques, 671. — Pasiphon, 597. — Patron, 617. — Périclès, 597.— Péridonique, 574. —Périthoidæ, 664; ΦS pour Ψ, 222. — Phaedrius, 617. — Phalanthus, 597.— Phalère, 664. — Phanocrite, 576.—Phégée, 639.—Philadelphies, 558. — Philaidæ, 664.—Philarque, 222, 575. — Philocarès, 695. — Philon, 597. — Philonide, 695. — Philopappus, 604. — Philotas, 664. —Phlya, id.— Phlyus ou Phlyonte, 568, 597, 604. — Photius, 537. — Phréarii, 597.—Phrourarque, 222.— Phylê, 589, 597.—Pithos, 653.— Plothaeia, 638.— Plynthéries, 597. — Poliuque, 626. — Polyarathus, 597.—Pompeius Evhodus, 688. — Porte-flambeau, 635. — Posidæus, 632.—Posidéon, 597. — Postumia Cinomas, 572. — Postumius (C.) Onésimus, 572. — Practores, 561, 625.— Praxitèle, 597, 688. — Préteur, 568. — Prix aux exercices du stade, 558.— Probalinthus, 597.— Procession du Prytanée, 632. — Prospalta, 604. — Protector, 658. —Proxène, 566, 576; nom propre, 597.— Prytanée, 582.— Prytanes, 544, 561, 582, 604, 624.— Prytanies, 597. — Ptolémée Philométor, 717.—Pyanepsion, 597.

Quintus Epictète, 543. — Quirina, 570.

Rapports des divinités égyptiennes aux grecques, 670.—Rhamnus, 554. — Rhodiens, 582.

Salamine, 676.— Samos, 597.— Scamandria, 607.—Scamandre, 544. —Scambonidæ, 568, 664.—Sciirophorion, 597.— Secrétaire du sénat ou Grammatéus, 576, 624. — Selaïon, nommé aussi Ménophile, 605. —Semachidæ, 589.—Sénat des 750 à Athènes, 537. — Sérapis, 670. — Sicyone, 646.—Simus, st., 676.— Sinopê, 601.— Sinopis, 596.— Sophocle, 664.—Sophronistes, 568.— Sosias, 618.—Sosibius, 332.—Sosthenès, 602. — Sostratides, 705.— Sostratos, id. — Sotérides Gallus, 551. — Sotéries, 584. — Sous-Sophronistes, 568.—Sphette, 568, 597, 701. — Spoudidès, 597. — Steiria, 568. — Stratèges, 222, 544, 561, 568, 597, 603; 604, 624.—Sunium, 644, 664. Sydê, 211.— Synarchontes, 597.— Synété, 605.

Talens, monnaie, 597. — Tabthybius, 608. — Tamias, tamiæ ou trésoriers, 561, 597. — Télesphore, 675. — Téos, 584. — Thaïs, 587. — Thargélies, fêtes, 597. — Thargélion, id. — Thèbes (fêtes de), 584. — Thémistocrate, 676. — Théomneste de Xipetè, 603. — Théra, 626, 717. — Thésée (fêtes de), 597. — Thesmophories, id. — Thesmothètes, 664. — Thespies (fêtes des Muses à), 584. — Thessalie, 654. — Thoricus, 568, 597. — Thrason, 597. — Thrasybule, id. — Thymætadæ, id. — Tibérius Claudius Médon, 570. — Timagora, 695. — Trapézeites, payeurs, 544, 561, 575, 617. — Tricorythus, 589. — Triérarque, 597. — Tyriens (marchands et marins), 617.

Vainqueurs aux exercices du stade, 558. — Vestale, 653.

XS pour Ξ, 222. — Xypeté, 603.

Zoé, 578. — Zosime, 636.

TABLE POUR LES INSCRIPTIONS LATINES.

Accensus Velatus, 78. — Ad. fectu pour adfectu, 250. — Adjutor ou adjoint, 137. — Aelius Abascantus, 84. — Aelius Pastor, 150. — Aemnestus, 714. — Amemptus, 325. — Ammius Anicius Paulinus, 285. — Aniensis (tribu), 509. — Anthus Agrippianus, 586. — Antonia Aretè, 502. — Antonius Antéros, 320. — Antonius (M.) Florus, 502. — Antonius (M.) Tyrannus, id. — Aphrodité (Vénus), 78. — Apusulena Ruffilla, 642. — Apusulenus (C.) Plebeïus, id. — Astecius, 478. — Astragalus, 3. — Atria Phyllis, 634. — Attia Quintilla, 296. — Attius Venustus et Abudius Seleucus, 109. — Aurelius Anatellon, 124, 130. — Aurelius Venustus, 414.

B mis pour V, 78. — Bæbius Felix, 137. — Bellicius Prepon, 640.

Caïus Julius Cornelius Fortunatus, 487. — Caïus Sextius, 105. — Calaïs, 141. — Calidius Felix, 642. — Calpurnia Grapté, 15. — Caninius, 107. — Cassia Lochias, 541. — Cassia Melitene, 320. — Castor, 720. — Cerialis (Titus Flavius), 24. — Cernunnos, 720. — Chresimus, 503. — Claudia Fabulla, 58. — Claudia Hédoné, 77. — Claudius Alysus, 226. — Claudius Argyrus, 497. — Claudius Eros, 667. — Claudius Héraclas, 489. — Claudius Honoratus, 73. — Clodius, 328. — Commerçans de Paris par eau, 718. — Condicio mis pour conditio, id. — Contubernalis, 502. — Coriarii, 285. — Cornelia Eutychia, 257. — Cornelia Tychê, 7. — Cornelius Hilarus, 674. — Coruncanius Oricula (C.), 35.

D pour T, 78. — Décurions, id. — Decima Eutaxia, 615. — Diadumenus, 324. — Diane, 353. — Dispensator, 141. — Domitia, 250. — Egnatia Soteris, 550. — Epaphrodite, 478. Epulons, 668. — Les sept, 105. — Eroïs (Julia), 226. — Esus ou Mars Gaulois, 719. — Etiam pour etiam, 250. — Euuiges, 718. — Evocati, 555. — Ex-emplum pour exemplum.

Febrar pour februar, 250. — Flavia Sabina, 60. — Flavia Successa, 634. — Flavius Docimus, 473. — Flavius Saturninus, 509. — Flavius Tychas, 634. — Fonteïus Eutychianus, 61. — Forces (les) *vires*, 356. — Fortuna, 519. — Fundanius Velinus, 339. — Furia Secunda, 580.

Génie des trésors, 609.

Hercule Iao, 633. — Hermeros (P. Aelius Aurelius), 615. — Herodes Atticus, 211. — Hostilia Atthis, 226. — Hygia, 580. — Hyginus, id.

Iao, 633. — Incompara vili *pour* incomparabili, 422. — Inscription latine fausse, 440. — Iteratus, 519.

Jovi Bainarcodi, 53. — Julia Isias, 509. — Julia Olympia, 714. — Julia secunda, 507. — Julius (C.), 180. — Julius Cornelius Fortunatus, 487. —

Julius Hermès, 114. — Julius (L.) Rufinus, 573. — Julius secundus, 507. — Jupiter, 718, 719; Custos ou gardien, 609.

Licinia Hygia, 621. — Licteur, 674.— Lorania Cypare, 137.— Lucius Valerius Telesphorus, 633. — Lucius Vestiarius Trophimus, 127. — Lucretia Fausta, 707. — Lusinia Primigenia, 471.

Macenius Crispus, 555.—Macenius Vibius, id.—Marcellus de Sidè, 211.— Maria Rufina, 107. — Mars gaulois *ou* Esus, 719. — Maxsumo *pour* Maximo, 718.—Mercure Epulon, 668.— Mindia Regina, 46.— Mindius Evhodianus, id.—Murdius Hermès, 550.

N mis pour X, 78.—Nais, 600. —Nautæ Parisiaci, 718.— Nerianus (Sex.), 479.— Nicodemus, 573.— Nonius Asprenas, 105. — Nutricii *mis pour* nutrici, 502.

Ogmios, 720. — Ouvriers des légions, 35.

Papirius Hermo, 674.—Phœbus, 509.— Phœnix, 707. — Picatia Sabina, 226. — Ploce, 707. — Plotia Victoria, 100.— Plotius Maximus, 519. — Plutia Vera, 78. — Plutius (A.) Epaphroditus, id. — Publicius Severus, 541.— Pollia (tribu), 35. —Pontilius Cerialis, 413.— Posierunt *pour* posuerunt, 718. — Pothinus (la femme et les enfans d'Aulus Fabius), 44. — Precilia Aphrodite, 248. — Primipili *à lire au lieu de* primitivi, 555. — Publico.la *pour* Publicola, 250. — Puteolanus, 60.

Quiam pridem *pour* qui jam pridem, 250.—Quirina (tribu), 573.

Rapace (légion), 35.— Regilla, 211.

Sallia Daphné, 667. — Sempronius Vitalis, 118.—Senani, 718. — Sergius Clemens, 541.—Sergius (L.) Paullus, 78.—Servilia Sympherusa, 422.— Sévirs, 78.— Siche, 600.— Sisenna, 674. — Speratus, 104. — Sulpicius Bassus, 105. — S.vir *pour* Sevir, 250.

T pour D, 250.—Tarvos, 719.— Tata, 509. — Temple de Vénus, 78. —Θ employé pour The, —Θaugenis pour Theaugenis ou Théognis, 674. —Terti pour Tertii, 114. —Tiberius Claudius Dius, 495. — Tiberius Claudius Felix, 112. —Trai *lu pour* Tyrannus, 502.— Trausius Luchrio; 280.—Trigaranus, 719.—Triopium, 211. — Turpilius Bioticus, 98. — Tyché, 519.

Ulpia Valentina. 555. — Ulpius Erasinus, 240. — Ungonius Diadumenus, 142.

Valeria Thetis, 549. — Vallius Alypus, 237.—Venuleius (L.) Apronianus, 78.— Vera (surnom de Vénus), id.—Verna, 707.—Volcanus, 719.— Volusia, 150.— Volusia Salvia, 579. — Volusius (L.) Primanus, id.

XS pour X, 718.

TABLE DES COSTUMES, ARMURES, ATTRIBUTS, etc

Acerra, 176, 124.—Agraffes détachées, 46. — Agréuon, 298. — Ailes; aux épaules, 437; sur la tête, 270; sur le front, 303.— Albogalerus, 252.— Aluta, 37; laxior, 7.— Amentum, 555.— Amiculum, 212. — Ampyx, 437. — Anaboladion, [illegible].—Anaxirides, 7, 446.—Anche des flûtes, 669.—Anclabris, 325.— Ancre, 75. — Angusticlave, 46. — Ansa, 555. — Ansæ, 26. — Anses; des boucliers, 239; des Hermès, 139; des trépieds, 168.— Apex, 252.— Arc, 507. — Armiclausa ou Armilausa, 26, 555. — Armillæ, 180.—Ascia, hache, 591.— Aspergillum, 408, 719. — Aspis, 239.

Baltei, plis, 29, 61, 111.--Bandeau,

129; de Bacchus indien, 517; d'Esculape, 233; des héros et des athlètes, 51; royal, 31, 288. — Bandelette, 11, 308, 340, 408, 447, 455, 528, 531; autour de la tête, 554; de laine crue, 325, 523; des cuirasses, 26; des vainqueurs, 560; des victimes, 228; serrant la chevelure, 282; roulée, 191. — Bandes sur la bouche de Scythes, 731. — Barbe, 164, 468; courte, 289; du 2e siècle, 101; du 3e siècle, 397; longue et frisée, 517; longue de Mercure, 378; pointue de Julien, 52?. — Barbitos, 4. — Bardocucullus, 370, 475. — Bât d'un chameau, 675. — Bâton entouré d'un serpent, 475. — Baudrier attaché au parazonium, 270; retenant le carquois de Diane, 419. — Bipenne, 488. — Birrus, 6. — Bonnet de Vulcain, 381 — phrygien, 26 bis, 191. — Bordure, instita, 183. — Bornes, 449; du cirque, 225. — Boucles d'oreilles, 46, 675. — Boucliers, 239, 521; de Minerve, 458; sculpté en arabesques, 274. — Bourse, attribut de Mercure, 263, 285. — Bouton, 46. — Braccæ, 7. — Bracchio exserto, 18, 258. — Bracelets aux bras et aux poignets, 300, 342. — Bracile, 46. — Branches d'arbres, 437; de lierre, 413; de pin, 433; de frêne, 318; de pommier, id. — Bras; droit hors la tunique, 18. droit plié, caractère de Némésis, 318; garnis de peau de mouton avec la laine, 455; sur la tête, attitude du repos, 148, 188. — Brassarts, 620. — Bretelles des cuirasses; 330. — Buccin, 75. — Bucranes, 374, 408; ornés de bandelettes, 252. — Buffet, 552. — Bulla, 536. — Byssus, 6.

CADRAN solaire, 103. — Caducée, 285, 488; du hérault Talthybius, 608. — Calamistrum, 52. — Calasiris, 352, 357. — Calassis. 552. — Calathiscus, 16. — Calbei, 180. — Calceus, 100, 107, 211; mulleus, 100. — Caliga, 37, 555. — Calyptra, 212. — Campagus, 26. — Campestre, 26, 439. — Candidats, 111. — Candys, 76, 446. — Canthare, 285. — Carquois, 393, 507; de Cupidon, 525. — Casques, 411, 715; d'Achille, 144; de Mars, 474; de Milo, 310; de Minerve, 162; de Rome, 170, 444; des médailles de la grande Grèce, 310; orné d'une couronne de fleurs semblable à celles du myrte, 398; orné de têtes de béliers, 430; sans cimier, 310; sans ornemens, id.; orné de griffons, 621. — Cassette à parfums, 552. — Castagnettes, 383. — Castula, 46. — Cécryphale, 307, 478. — Ceintures, 46, 77, 168, 348, 482, 486; déliée, signe de deuil, 418; de Néréide, 443; de tunique, 439; de Vénus, 420; large, 307; très-large de Melpomène, 307; en albâtre fleuri, 195. — Ceste de Vénus, 46. — Cestes, 218, 455, 702. — Cetra, 239. — Chapeau, 258. — Charnières; des cuirasses, 29; des garde-joues des casques, 349. — Chausses très-courtes, 478. — Chaussure sénatoriale, 442. — Cheirides, 218. — Cheiridoton, 26 bis, 46. — Chelæ, 214. — Chelys, 4, 421. — Chevelure, 132, 148, 154, 155, 172, 191, 286; de Bacchus, 227; indien, 88, 517; des faunes, 146; des statues, colorée en rouge, 82; de Vénus, 427; disposée en diadême, 334; dorée des statues, 82; éparse, caractère des bacchantes, 183; longue d'Achille, 144; longue d'une centauresse, 421; nouée par derrière, 458; redressée, caractère de la force, 308 — relevée sur le devant, 378. — Chitôn, 46. — Chitonisque, id. — Chlaine, 99, 212. — Chlamydion, 212. — Chlamyde, 6, 12, 16, 19, 99, 212, 290, 342, 406, 419, 477, 504; autour du bras, 356; de chasse, 246; rejetée sur le dos et rattachée à la ceinture, 348; disposition particulière de la, 712. — Chlamydula, 212. — Chnoue, 372. — Cibises, 315. — Cidaris, 26 bis, 252. — Cigogne, symbole de piété, 137. — Cincticulum, 46, 284. —

Cinctum, 46. — Cingulum, 29, 134. — Ciste, 4, 75. — Cithara, 4. — Clavi, 46. — Clibanus, 475. — Cloche (plis fouillés en), 111. — Clochette d'un chameau, 673. — Clypeus, 239, 475. — Cnémides, 9, 139. — Coactilia, feutre, 26. — Coccus, 6, 111. — Coiffures, 255, 397, 527; antique d'Apollon, 153; de Diane, 246; d'Esculape, 15; des sphinx égyptiens, 375; distribuée en boucles parallèles, 344; du 1er siècle, 248; du 2e siècle, 501; du 3e siècle, 4; égyptienne, 361; élevées, 378; en gradus, 130; de tresses et de boucles en spirale, 685. — Colliers; de bacchante, 307; de perles, 192; d'un chameau, 673. — Colobium, 7, 46. — Columbaria, 473. — Corbeille, 315. — Cornes d'abondance, 249, 318, 406, 437, 445, 622; attribut de la concorde, 593. — Cornes dorées, 228. — Cornes remplies de raisins, 74. — Cortina, 18, 409. — Corymbes, 136, 148, 178, 428. — Costumes; de la déesse de la chasse, 256; de Daces, 349; des philosophes, 534; d'un centurion, 555. — Cothurnes, 124, 158, 213; de chasse, 270, 293; très-élevés, 307. — Cotte de mailles, 620. — Coturnium, 252. — Coudée, 318. — Coulisses de la tunique, 522; — des vêtemens, 46. — Coupe, 441. — Couronnes, 221, 265, 485; civique, 14, 278; civique de feuilles de chêne, 682; de branches de corail, 404; de bronze, 28; de chêne, 278; de laurier, 307, 455; de lierre, 49, 75, 87, 285, 421, 428, 4[illegible]8, 525, 711; de palmier, 525; de pampres, 74, 152; de peuplier, 559; de pin, 4, 396, 421, 4[illegible]7, 45[illegible]; d'épis de blé, 9, 285, 301; de raisins et d'olivier, 40; d'olivier, 452, 478, 514, 560; de sept rayons du soleil, 406; du Nil, 547; étoilée, 321; ornée de pierreries, 334; ornée de victoires et de cerfs, 318; radiée, 334; signe de la victoire, 391; sur une tunique, 467; de grappes de raisin, 656; en forme de tour, 637; sur la tête de prêtres, 724. — Coussin à franges, 16. — Couteau de sacrifice, 252, 325. — Couture qui unit les deux parties de la tunique, 310. — Craspedon, 46. — Cratère, 552. — Credemnon, 154, 189, 656. — Crepida, 46, 178. — Crins relevés sur le front des chevaux, 437. — Crobylus, 270, 300, 307, 318. — Crocote, 46. — Croissant, 215. — Crotales, 383, 711. — Crapezia, 382. — Cuculli, 272. — Cuirasses, 26, 33, 37, 42, 109, 275, 329, 474; en étoffe, 272. — Cuissarts, 620. — Culter excoriatorius, 252. — Cyclade ou Cyclas, 20, 46, 82, 212. — Cyclos, 46. — Cymbales, 4, 18, 19, 30, 421, 472, 493, 523, 551. — Cyrbasie, 252.

DALMATIQUE, 46. — Dauphins, 449; demi-cachés dans la barbe du Nil, 547; du cirque, 225. — Demi-lunes, ornemens de chevaux, 437. — Diadème, 31, 129, 148, 178; de la providence, 323 — orné de pierres précieuses, 23; bachique, 656. — Diaule, 4. — Diphtera, 475. — Diplax, 162, 212. — Diploïde, 212. — Disque, 455, 671, 704; emblème de la lune, 153; pour recevoir le sang des victimes, 252; d'Isis, 730. — Dolabra, 252. — Dorsalis, 228. — Draperies, 491; amples, 440; belles, 255, 306, 622, 692; très-belles, 442, 475; d'un grand caractère, 498; jolies, 481; minces, 359; transparentes, 283; à franges nouée sur la poitrine, 436; de pourpre, 345; justes au corps, 359; rayées dans certaines parties, id.; indiquant l'intérieur d'un édifice, d'un palais, 16, 388, 392; à petits plis, 359; sur le bras gauche, 712.

EANOS, 212. — Echarpe de la victoire, 300. — Egide, 310, 386, 448, 458; très-grande, garnie d'écailles, 398. — Endromide, 293. — Epaulettes des cuirasses, 109. — Epée, 555. — Ephestride, 212. — Epicarpe, 180,

379.—Epis de blé, 347, 622.—Epispliycion, 144.— Epomide, 283.—Esophorium, 46.—Etoffes; à fleurs, des personnes de mauvaise vie, 394; à larges bandes en long, 342; à petits plis en travers, id.; de byssus, 46; de couleurs changeantes, id.; de soie, id.; rayées, 371; rayées de plusieurs couleurs, 354; à petits plis et rayées, 608.—Etui des couteaux de sacrifices, 252.—Exomide, 475.

Fanon des bonnets, 26 bis.—Fasciæ mamillares, 46.—Fente du casque des Grecs, 310.—Feutre, 26.—Fibule, 6, 72, 212.—Fimbria ou franges, 6.—Flabellum, 424, 523.—Flamen dialis, 252.—Flammeum, 212.—Flèche, 521.—Fleurs, emblême des grâces, 470; de lotus, 347.—Flûtes, 146, 421, 472, 551, 711; d'Esculape, 389; double, 421, 493, 668; les deux, 307; recourbées, 472; tirées de paniers, 437; traversières, 290.—Foudre, 729.—Fourneau, 552.—Fourreau d'épée, 29.—Franges, 436; des bretelles des cuirasses, 330.—Frein, 318.—Froncé, 82; du peplum, 310.

Gabienne (se ceindre à la), 111.—Galerus, 52.—Gallica, 46.—Gausapè, 6, 77, 462.—Généiastères, 256, 310, 411.—Gibecière, 437; offrande à Pan, 315.—Gland, 100; de métal, 61.—Globe, 323, 361, 406, 433; céleste, 156.—Gnomon, 478.—Gossipium, 6.—Grecques, 46.—Guirlandes, 25, 226, 320, 374, 409, 425, 487, 489, 492, 495, 509, 715; de laurier, 749; des victimes, 228; tressées, 521; de fruits, 714.—Guitare, 179.—Guttus, 176, 252.

Hache, 252.—Harpè, 30, 156.—Herculien, nœud, 46.—Holoserica, id.—Holovera, id.—Houe, 258.—Houpe, 111; du bas de la tunique, 310.—Hypocamisium, 46.—Hypocaustum, 475.

Infula, 15, 478.—Imagines clypeatæ, 274.—Imantes ou courroies, 218.—Instita, bordure, 183.—Instrument d'agriculture, 293.—Interula; 46.—Intusium, id.

Jougs, 4; des chevaux, 437.

Labarum, 29.—Lacerne, 6, 99, 111.—Lacet, 111, 113.—Lagobolon, 437, 477.—Laticlave, 46, 99, 111.—Laurier d'Apollon, 307, 401.—Lemnisques, 28, 560.—Licium, 439, 724.—Lierre, 148.—Ligula, 89.—Limbus, 46, 406.—Limus, 46, 439, 724.—Lituus, 182.—Læna, 99, 106, 164, 421, 492.—Lænas, 99.—Lorum, 26, 99, 106.—Lotus, 3, 126.—Lunule, 211.—Lyre, 4, 91, 155, 307, 314, 401, 421, 454, 472, 627, 711.

Machaera, 555.—Magade, 4.—Malleus, 252, 479.—Manches; des tuniques, 46; courtes par-dessus les manches longues, 307; longues, 492.—Mandye, 462.—Manteaux, 92, 178, 181, 300, 370, 510; grand, 507; relevé de Vénus, 46; très-court en feutre, 488; petit, 697; de Vulcain, 719.—Mantelet servant de voile, 352.—Mascarons siléniques, 711.—Massue, 432; d'Hercule, 505; de Melpomène, 307; en forme de pédum, 168.—Méandres, 46.—Méiliques, cestes, 218.—Mélanchlæne, 99.—Mensa tripus, table à trois pieds, 45.—Metopòn, visière, 310.—Miroir, attribut de Vénus, 282.—Modius, 15, 351.—Murex, 6, 111.—Mykès, bout du fourreau de l'épée, 29.—Myrmekes, cestes, 218.

Nageoires aux mâchoires; 303. Nébride, 4, 18, 53, 148, 421, 476, 656.—Nebula linea, 46.—Nœud herculien, 46; du manteau égyptien à franges, 352.

Occabus, 30.—Ocreæ, 29.—Ocillère, 111.—Olive, id.—Onchos, 378, 520.—Oreilles percées, 46.—Ornement ovale sur la tête, 527.—Orthostade, 46, 290, 307.—Othonia, 6.—Outre, 451, 476; caractère d'un génie de Bacchus, 302.—Ouvertures des tuniques, 46.

PALESTRE, 455.—Palla, 20, 117, 183, 293, 407, 492, 593.— Gausapê, 124; portée par les joueurs de lyre et les acteurs tragiques, 118; repliée en forme d'étole, 501; en guise de voile, 622.— Pallium, 16, 20, 61, 73, 77, 89, 103, 118, 235, 440, 551, 554; d'une étoffe légère, 290. — Palme, 467, 620; signe de la victoire, 391. — Palmette, 473, 489, 495.—Paludamentum, 6, 26, 33, 97, 143, 267, 275, 294, 329, 423; sur l'épaule gauche, 465. — Panaches en crin, 310; en plumes, id.— Panier renversé, 478, 667.— Paramerium, 79.—Parasol, 523.— Parazonium, 29, 50, 70, 270, 445, 465, 474.— Pardalis, 4, 421, 477, 531.— Parma, 239.— Parties colorées des statues, 310.—Patère, 91, 105, 325, 408; pour recevoir le sang des victimes, 252, 729.— Pavots de Cérès, 215.— Peaux de brebis, 340; du lion de Némée ou d'Hercule, 505, 432; de lion de Melpomène, 307; de panthères sur des chevaux, 16; des victimes, 252.—Pectis, 4.— Pédum, 4, 30, 293, 303, 315, 387, 531; pastoral, 307.— Peltes, 239. — Pénula, 46, 462, 555—Gausapê, 462.—Peplus, 158, 389, 420, 440; de Minerve, 72; ouvert par-devant, 293; très-ample, à plis droits, serrés et symétriques, 398. — Périscelide, 144. — Perizôma, 478. — Peronê, 212.—Perones, 16, 258, 437, 453. — Perruque, 52, 115, 484; très-lourde, 500. — Pétase, 16, 212, 258, 538.—Phæcasia, 212.—Phailonê ou phainolê, 462. — Phainolê ou Phailoné, id.— Phainomérides, 523.—Pharos, 212.—Pileus, id.— Pilidion, 418.—Pilos, 212.—Pique très-pesante, 555.— Pixis, coffre, 190.—Plectrum, 4.—Plis fouillés en cloche, 111.--Plumatæ, cuirasses, 26. Plumes; courtes du cimier du casque, 349; sur la tête des muses, 64. —Pomme, attribut de Vénus, 282. —Pommes de pin, 249.—Porpax, 239. — Porpê, 212. — Poudre d'or sur les cheveux, 52.—Pourpre, 6; de Tarente, de Tyr ou de Sarra, dibaphe, 111. — Préféricule, 105, 252, 325, 408, 552, 729.—Presses pour les vêtemens, 46.— Prétexte; portée par divers magistrats et par les jeunes filles, 111. — Pudicité (costume de la) 407, 518.

RADIUS, 307.—Rame, 75.—Redimiculum, 46. — Rheda, char à quatre roues, 735.--Rhyton, 39, 303. —Rica, 212.—Ricinium, 20, 82, 212.—Robe; à fleurs, des statues des dieux, 354; de couleurs changeantes, id.; longue, 281, 300; longue d'Apollon, 378; olympique, 455; longue de Diane, 438.— Rouleau, 307, 38., 433.

SAGULUM, 6; virgatum, 111. — Sagum, 6, 99, 111.—Salpinx, 182. Samphera, 446.—Sandales, 46, 89; de Diane, 178; de Jason, 710. — Scabillium, 383. — Sceptre de Saturne, 156; de Vénus, 437; d'or de Tirésias, 298. —Scipion (le, 111. —Scorpion, coiffure, 455.— Scorteæ, 412. — Scrinia ou Scrinium, cassette, 107, 475. — Scutum, 239. — Sescespite, 252, 408. — Sein découvert, caractère de Vénus, 46. —Sellette de sculpteur, 322. — Séméion des vêtemens, 46.—Semelles, 310.— Serpe de Vertumne, 453. — Sicyonia, 46.—Sinus, 111.—Siparium, 452. — Sistre, 3, 371, 372. —Sisyra, 340. — Soc de charrue, 445. — Soccus, 46. — Solea, 46, 310.—Solvizona, 46.—Spathalium, 180.—Spellia, 180.— Sphæra, 73. —Sphetæ, 218. — Spinther, 155, 180, 282, 379, 470. — Stephanê, 411, 621.— Stlengis, 323,— Stola, 46, 183, 202, 407.— Stolides, 183. — Streptoi, 180.—Strophium, 46. — Subarmale, 26. — Subcoactum, id. — Subligaculum, 7, 478.— Subucula, 46. — Suffibulum, 212. — Subsericum, 46.— Sudarium, 340. — Supparum, 53.— Suppedaneum, 156.— Sympule, 252, 552, 668.—

Syndonê, 46.—Synthèse, id.—Syringe, 4, 30, 421, 531.—Syrma, 46.

Tablettes, 163.—Taeda, 172.—Taille très-fine des statues égyptiennes de l'ancien style, 376.—Tambour de basque, 372.—Tau ou croix ansée, 153.—Tebennos, 111.—Télamons, 29, 239.—Temenis, 111.—Tenailles de Vulcain, 719.—Tenon très-délicat, 418; travaillé d'une manière particulière, 428.—Tessères, 46.—Tête recouverte de la palla, costume de la pudicité, 393, 407.—Têtes de pavots, 249.—Theristron, 212.—Thyreos, 239.—Thyrse, 283, 531,—Tibiæ, 307.—Tibuni, 372.—Toge, toga, 6, 41, 46, 61, 99, 100, 106, 107, 111, 118, 442, 519; arcta, candida, coccinea, conchyliata, 111; vitrea, 46, 111; parsemée d'étoiles d'or; picta, pexa, pulla, pura, rasa, 111; en voile, 9; ses proportions, la manière de la porter, 111; tête couverte de la toge, dans les sacrifices à Saturne, id.; triomphale, id.—Torches, 325; attributs des furies, 388; de Diane, de l'Amour, 437; de Junon, symbole du mariage, id.; élevées, 506; renversées, 384, 422, 455, 506; longue, attribut d'Hécate, 300; des sacrificateurs, 724.—Trabée, 6.—Tribonium, 61, 89.—Trophées foulés aux pieds, 435.—Trous pour fixer la doublure ou le bonnet de feutre du casque, 310.—Tuba, 182.—Tuniques, 16, 18, 53, 100, 103, 111, 118, 155, 158, 162, 199, 212, 235, 258, 307, 310, 321, 498, 593; à manches courtes, 7, 349, 452; à manches larges, 398; à manches longues, 26 bis, 348, 349, 452; amples, sans manches ni ceinture, 84; au-dessus du genou, 246; courte, 315, 406, 671; courte et blanche, 446; très-courte, 458, 555; de cuir, 26; de peau avec la laine, 340; dorienne, 46, 192; grande, relevée par une ceinture, 440, ionienne, 46, 82; longue d'étoffe très-fine, 522; noire des Athéniens, 212; ornée d'une palme et d'une couronne, 467; ouverte par le bas, 20; petite, 295; rattachée par des boutons et descendant jusque sur les pieds, 398; relevée jusqu'aux genoux, 281; rouge des Spartiates, 212; royale, 46, 307, 478; sans manches, 389; spartiate, 178, 523; tunica recta, 46; transparente, id.—Tympana, id.—Tympanum, 4, 303, 523, 711.

Umbo, 41, 50, 111.—Uncinatus, 100.

Valise, 735.—Vase des libations, 252.—Ventus textilis, étoffe transparente, 46.—Verges; des gymnastes, 4; des paidotribes, 455.—Vêtemens; de peau de chèvre, 398; serrés à la taille, 608.—Virga, pourpre chez les Gaulois, 111.—Viriæ, 180.—Viriolæ, id.—Visière, 310; rabattue, 620.—Voile, 202, 590; détaché de la robe, 357; de Diane, 437.—Volume; tenu par Polymnie, 311; par Uranie, 321.

Xystis, 213.

Yeux; en argent, 514, 517; en émail, 597; en pierres précieuses, 126.

Zôma, 7, 29.—Zôna, 46.—Zoster, ceinture, 301.

TABLE POUR LA NOTICE SUR LES MARBRES, etc. (1)

ACYTHOS, *m. a.* p. xj. — Africain, *m. a.* p. xiv; fleuri, p. xiv. — Aimant, p. vij. — Airain, p. vij. — Alabanda, *m. a.* p. xj; *por.* p. xviij. — Alabastrite, p. xj. — Albano, *m. a.* p. xiij. — Albâtre, p. ix; ville des, p. xj; oriental, *a.* p. xviij; *or.* blanc transparent, *a.* p. xviij; *or.* brun, *a.* p. xviij; *or.* fleuri, *a.* p. xviij; *or.* laiteux, *a.* p. xviij. — Alep, *br. a.* p. xvj; *br. mo.* p. xix. — Alet, *br. mo.* p. xix. — Ambre jaune, p. viij. — Anciles ou boucliers sacrés, p. vij. — Amphialè, p. x. — Anne (Sainte) *m. mo.* p. xix. — Antinoopolis, p. xj. — Antiques, *m.* p. xiv; grand, *br. a.* p. xviij; petit, *br. a.* p. xvij. — Arabie, p. xiij. — Argées, p. vj. — Argent, p. vj. — Argile, p. v. — Arlechino, *br. a.* p. xvij. — Atrax, *m. a.* p. xij. — Auguste (m. d') *a.* p. xij. — Aurichalcum ou Orichalcum, p. vij.

BARZALTES, p. xiij. — Basalte, p. xiij, xviij; gris noir *a.* p. xviij; noir fleuri *a.* p. xvij; très-noir *a.* p. xviij; occidental *a.* p. xviij; pouilleux *a.* p. xviij; vert *a.* p. xviij. — Basanites, p. xj. — Baume (Sainte) *m. mo.* p. xx. — Bergame, *m. mo.* p. xv, xx. — Blanc, *m. a.* p. x. — Bleu *a.* p. xiv; petit, p. xiv; turquin *a.* p. xiv; turquin *mo.* p. xix. — Boucliers sacrés, p. vij. — Brèche, p. ix; d'Afrique *a.* p. xvj; d'Alep *a.* p. xvj; id. *mo.* p. xix; d'Alet *mo.* p. xix; d'Egypte *a.* p. xvij; dorée *a.* p. xvj; jaune *a.* p. xvj; rose *a.* p. xvij; siliceuse *a.* p. xvij; universelle *a.* p. xvij; violette *a.* p. xvij. — Brocatelle, p. ix; d'Espagne *mo.* p. xix; dorée *a.* p. xiv. — Bronze, p. vij. — Buis, p. vj; et ifs taillés, p. vj; en tablettes pour le dessin, p. vj. — Campan, *m. mo.* p. xix; Isabelle; rouge; vert, ibid. — Canelle, *m. a.* p. xiv. — Carie, *m. a.* p. xij. — Carrare *a.* p. xiv, xv; *mo.* p. xx. — Carrousel (colonnes de l'arc du) p. xx. — Caryste, *m. a.* p. xij, xv. — Castracane, *br. a.* p. xvij. — Cèdre, p. vj. — Celtique, *m. a.* p. xij. — Cerae, bustes en cire, p. viij. — Cervelas, *m. a.* p. xv. — Chêne. p. vj. — Chios, *m. a.* p. xij. — Cipolazzo, *m. a.* p. xv. — Cipolin, *m. a.* p. x, xv. — Cipolinaccio, *m. mo.* p. xiv. — Cire, p. viij. — Citre, p. vj. — Colosses d'osier des Germains, p. vj; des Romains, p. vj. — Conchyte, *m. a.* p. x. — Contrepasse (marbre scié en) p. x. — Coquillier (marbre) p. ix. — Coralitique, *m. a.* p. x, xv. — Corinthe (airain de) p. vij; marbre *a.* de, p. xj. — Cotognino, *alb. a.* p. xviij. — Cotonello, *m. a.* p. xv. — Crassus orne de marbres sa maison, p. x. — Cuivre, p. vij. — Cynopolis, p. vj. — Cybèle (mont) *m. a.* p. xiij. — Cyprès, p. vj. — Cyzique, *m. a.* p. xiij.

DÉDALE, p. viij. — Délos (airain de) p. vij. — Delphes (temple de) p. xj. — Diane d'Ephèse, p. vj. — Dinan, *m. mo.* p. xix. — Dipoene et Scyllis, p. vj. — Decimium, *m. a.* p. xj. — Drap mortuaire, *lum. a.* p. xvij. — Ebène, p. vj. — Egine, *m. a.* p. xiij. — Egypte (brèche d') *a.* p. xvij. — Elbe (granits de l'île d') p. xviij. — Electrum, p. vij, viij. — Eléphantine (*oph. a.* d') p. xiij. — Emeraudes ou smaragdes, p. xij. — Ephèse, *m. a.* p. x. — Erable, p. vj. — Esculape de Sparte, p. vj. — Etain, p. vij. — Farine, p. viij. — Favorite,

(1) — *Alb.* albâtre; *br.* brèche; *gr.* granit; *lum.* lumachelle; *m. a.* marbre antique; *m. mo.* marbre moderne; *oph.* ophite; *or.* oriental; *por.* porphyre.

Palais près de Naples, riche en marbres *a.* p. xiv. — Fer, p vij. — Figuier, p. vj.—Flandre (marbre de) p. xix. — Fleur de pêcher, *br. a.* p. xvj.—Fleuri, *m. a.* p. xv.—Florence, riche en marbres *a.* p. xiv. —Fruticolosa (pietra) *br. a.* p. xvij.

Gabies, *m. a.* p. xiij.—Glaces ou miroirs, p. xj. — Grand antique, *br.* p. xiij, xvij. — Granit, p. ix; oriental antique gris, noir et blanc; rose, rouge, vert, p. xviij; des Vosges, *mo.* p. xix; vert des Vosges, p. xx. — Granitelle *a.* p. xviij Grec (marbre) ant. ou grechetto, p. xv. — Griotte, *m. mo.* p. xx; d'Italie, ibid.—Gris ant. *m.* p. xv.

Héraclée, *m. a.* p. xiij.—Herculanum, riche en marbres, p. xiv.— Hercule en poix, p. viij. — Hérodote, p xj.—Hêtre, p. vj. — Hippopotame (dent d') p. viij. — Hymette, *m. a.* p. x, xv.

If, p. vj.—Incrustations, p. xj.— Ivoire, p. viij.

Jassos, *m. a.* p. xij. — Jaune, *m. a.* p. xj; annellé; bréché; de carnation; et noir; paille; rayé; veiné de rouge, p. xv.—Jérusalem, *m. a.* p. xj.—Junon de Samos, p. xj.

Lacédémone, *m. a.* p. xij.—Laconie, p. xvij. — Laine, p. viij. — Languedoc (marbre de) p. xx.—Latomies, p. xiij.—Leptopsephos, *por. a.* p. xiij, xviij. — Lesbos, *m. a.* p. x, xv. — Leucostictos, *por. a.* p. xiij.—Liban, *m. a.* p. xj.—Liége, p. vj.—Livius (airain de) p. vij.— Lotus, p. vj.—Lucullus, *m. a.* p. xj, xv—Lumachelle, p. ix; brune *a.*; jaune *a.* p. xvij.—Luni, *m. a.* p. x, xv. — Lydie, *m. a.* p. xj, xij. — Lygdinos, *m. a.* p. x. — Lychnite, *m. a.* p. x.

Macédoine, *m. a.* p. xj, xv.— Madréporique (marbre) p. ix.—Malplaquet, *m. mo.* p. xix.—Mamurra, p. xij.—Mammurius, p. vij.—Marbre dans le sens des auteurs anciens, p. viij, ix; de diverses couleurs, p. xij; sans indications de couleurs, p. xiij.— Marc (Saint) de Venise, riche en marbres antiques, p. xiv. —Marius (airain de) p. vij.— Marmara (mer de) p. xij. — Marpesse (pierre de) p. x.—Mausolé, p. xiij. Maximin (Saint) *m. mo.* p. xx. — Mégare, *m. a.* p. x.— Mélos, *m. a.* p. xj.—Memphis (pierre de) p. xiij; (brèche de) *m. mo.* p. xix. —Milet, *m. a.* p. xiij.—Molosses, *m. a.* p. xiij. — Monochrome (statuaire) p. v.— Murailles translucides, p. xj.—Mygdonie, *m. a.* p. xj.—Mylassa, *m. a.* p x. — Myrrhe, p. viij. — Myrte, p. vj.

Naples, riche en marbres antiques, p. xiv.—Neuropastes, p. viij. —Nil (statues du) p. xiij. — Noir (marbre) antique, p. vj, xj, xv; noir *mo.* p. xx. — Numidie, *m. a.* p. xj, xv.

Obrizum, p. vij.— Obsidienne *a.* p. xij.—Ocha (mont) *m. a.* p. xij. — Œil de paon, *br. a.* p. xvij. — Œil de perdrix, *br. a.* p. xvij. — Olivier, p. vj.—Olympie (temple d') p. xj.—Onychite ou Onyx, p. x, xj. — Ophite, p. xiij, xix; oriental, p. vij. — Orichalcum ou Aurichalcum, p. vij.—Os, p. viij.—Oscilles, p. viij.—Osier, p. vj.

Pagliocco, *m. a.* p. xv.— Palladium, p. viij. — Palmier, p. vj.— Paragone, p. xv. — Paros, *m. a.* p. x, xiv, xv.—Passe (marbre scié en) p. x.—Pavonazzo, *m. a.* p. xvj. —Pêcher, p. vj.—Pecorello, *m. a.* p. xvj. — Pentélique, *m. a.* p. x, xvj.— Persechino, *br. a.* p. xvj.— Perruchina (pietra) *alb. or.* p. xviij. —Pesanteur spécifique des pierres, p. xx.—Peuplier, p. vj. — Phellius, *m. a.* p. xj.—Phengite, *m. a* p. xj, xvj.—Phrygie, *m. a.* p. xj.—Pierre de touche, p. xj.—Pietra Santa, *m. a.* p. xvj.—Pin, p. vj.—Pise, riche en marbres antiques, p. xiv.—Plâtre, p. viij.—Plomb, p. vij.—Poirier sauvage, p. vj.—Poissons fossiles, p. xiij.—Poix, p. viij.—Polvaccio, carrière à Carrare, p. xv.—Polychrome (statuaire) p. v.—Polylithes (statues) p. v.—Polzeverra, *br. a.* p. xvij; de Gènes, *br. mo.* p. xx. — Pompée (colonne de) p. xviij. — Pompéi, riche en marbres, p. xiv.—Poros, *m. a.* p. xj.—Porphyre, p. ix, xiij, xviij; brèche *a.* p. xix; brun *a.* p. xviij; noir *a.* p. xix; rouge *a.* p. xviij; vert *a.* p. xviij, xix; vert fleuri, p. xix. — Porte Sainte, p. xvj; fleuri, p. xvj. —Portor ou Portovenere *a.* p. xvj; moderne, p. xx. — Portraits des ancêtres, p. viij.—Poudingues, p. ix. — Prasinum, *m. a.* p. xij, xvj.— Prato, *m. mo.* p. xv.— Proconèse, *m. a.* p. xij.—Psaron, *gr. a.* p. xiij, xviij. — Psaronion, *oph. a.* p. xiij. Purichiello, *m. a.* p. xvj. — Pyrénées, riches en beaux marbres, p. xx. — Pyrrhopoecile, *gr.* et *por. ant.* p. xiij.

Ravenne, riche en marbres antiques, p. xiv. — Rezziato, *m. a.* p. xv. — Rhodes, *m. a.* p. xiij. —Rome, très-riche en marbres antiques, p. xiv.—Rouge (marbre) *a.* p. xij, xvj; annellé, p. xvj; bréché, p. xvj.

Saligno, p. xiv. — Salluste (airain de) p. viij. — Salone, p. xiij. — Sangarius (pierre du) p. x. — Sapin, p. vj.—Saule, p. vj.—Scaurus, p. xj. — Schistos, *m. a.* p. xj. — Scyros, *m. a.* p. xiij. — Seme Santo, *br. a.* p. xvij; de Sette Basi, *br. a.* p. xvij.—Sérancolin, *m. mo.* p. xx.—Serravezza, carrière à Carrare, p. xv.— Serparello et Serpentelo, *m. a.* p. xvj. — Serpentino, *por. a.* p. xiij, xix. — Serpetielo, *m. a.* p. xvj. — Sette Basi, *m. a.* p. xvj.—Smaragdes ou Emeraudes, p. xij. — Sophie (Sainte) riche en marbres antiques, p. xij. — Spa, *m. mo.* p. xx.— Spath fluor, p. xij. — Sphurélaton, p. vij. — Statuaire (marbre) *a.* p. xvj. — Statues drapées avec des étoffes véritables, p. v. —Succin, p. viij.—Syénite, *gr. a.* p. xviij; porphyre *a.* p. xiij.—Sylla, p. viij. — Synnadique, *m. a.* p. xj. —Syracuse, *m. a.* p. xiij.

Tartarucato, *alb. a.* p. xviij. — Tartessus (airain de) p. vij. — Tauromenium, *m. a.* p. xiij.—Taygète, *m. a.* p. xij. Ténare, *m. a.* p. xij.— Teutatès, p. vj.— Téphria, *oph. a.* p. xiij.—Thasos, *m. a.* p. xj.—Thébaïde, p. xiij; porphy. (de la) p. xviij. —Thébaïque (marb.) *gr. or.* p. xviij. —Théophraste, p. xij. — Thessalonique, *m. a.* p. xij, xvij.—Tibère, *m. a.* p. xij.—Tibur ou Tivoli, *m. a.* p. xiij.—Tilleul, p. vj.—Tracagnina, *br. a.* p. xvij. — Tragurium, *m. a.* p. xiij.—Troie (cheval de) p. vj.— Tyr, *m. a.* p. xj.

Venturino, *m. a.* p. xvj.—Vénus et Mars en aimant et en fer, p. vij. —Verre coloré, p. xij.—Verts (marbres) *a.* p. xij. — Vert antique, *br.* p. xvij. — Vert d'Egypte, *m. mo.* p. xx; de mer, *m. mo.* p. xx; paille, p. xvij; poreau *a.* p. xvj; sanguin, *br. a.* p. xvij. —Vif argent, p. viij. —Vigne, p. vj.

Les tables précédentes contenant d'une manière particulière les noms des artistes et ce qui a rapport aux inscriptions, aux costumes, aux pierres et aux autres matières employées par les sculpteurs anciens, on trouvera dans celle qui suit ce qui tient aux personnages ou aux détails historiques que renferment le catalogue des statues et des monumens, les tables chronologiques et les autres notices.

TABLE DES MATIÈRES. (1)

ABLAVE, p. 350. — Abondance (l'), p. 400. — Abréviations principales des inscriptions, p. 280. — Acamantide (tribu), p. 296, 297. — Accensus, p. 312. — Accius (L.), p. 400. — Acharné (bourg), 148, p. 299. — Achéens (ligue des), pag. 396. — Acherdous (bourg), pag. 299. — Achille, *st.* 144; *br.* 177, 206. Patrocle et Automédon, 70; et Penthésilée, 728; s'armant, 684; *her.* 621; p. 381. — Achillée, p. 347. — Achradous (bourg), p. 299. — Acqua Traversa, 140, 269. — Acrochcirismos (exercice), 56. — Acté (tribu), p. 295. — Acté Calé (bourg), p. 300 — Actéon, 315. — Actéus, roi, p. 295. — Acteur comique, 452. — Actium (bataille d'), p. 318, 320. — Adonis (mort d'), 424. — Adorant de Berlin, p. 378. — Adorante, *st.* 345; en Euterpe, 299. — Adrianide (tribu), p. 297. — Adrien ou Hadrien, *st.* 276; *b.* 317; p. 328, 409, 410. — Aéantide (tribu), p. 296, 297. — Aegicores (tribu), p. 296. — Aegilia (bourg), p. 297. — Aelia Petina, p. 323. — Aelia Capitolina, Nouvelle Jérusalem, p. 410. — Aelien, pag. 347. — Aelius ou Elius Vérus, p. 329; jeune *st.* 287; *b.* 335. — Aemilia Clara, pag. 331; Lepida, p. 322, 323. — Aemilien, p. 338. — Aéropus, roi de Macédoine, pag. 373. — Aethalidae (bourg), p. 299. — Aétius, p. 359, 360, 361. — Aexonê (bourg), p. 298. — Africain (Jul.), p. 337. — Agamemnon, *br.* 177, 608. — Agasias d'Ephèse, *st.* 262, 411. — Agathocles, p. 395. — Agathodémon, p. 307. — Agésilas, p. 394. — Agis III, p. 397. — Agnomen, p. 291. — Agnous (bourg), p. 297. — Agonothètes, 4. — Agoracrite, *st.* 318. — Agraule (bourg), pag. 298. — Agricola, p. 326. — Agrippa, *b.* 196; 149; p. 321, 405; le jeune, p. 321. — Agrippine la mère, p. 322; la jeune, pag. 324. — Aigicorées (bourg), p. 295. — Aigles, 226, 266, 415, 729; de Jupiter, mois de juillet, 381; et la foudre, enseignes des légions romaines, 414; les ailes déployées, 325; tenant des animaux entre leurs serres, 303, 339. — Ajax et Cassandre, *br.* 288; foudroyé, p. 383; de Timomaque, p. 402, 403. — Alae Arafenides (bourg), p. 298. — Alae Axonides (bourg), p. id. — Alaric, p. 350, 356. — Albia Dominica, p. 353. — Albin, p. 331, *b.* 267. — Alcamène, *st.* 144. — Alcantara (temple et pont d'), p. 409. — Alcée de Mytilène, *b.* 678, p. 372. — Alcibiade, *her.* 94, p. 385. — Alcman, p. 372. — Alexandre-le-Grand, *st.* 684; *her.* 132; p. 395. — Alex. Sévère, *b.* 6, 198, 338; p. 334 et 411; Emilien, p. 340; Usurp. p. 348. — Alexandria Troas, 673; Vénus (d'), 190. — Alexandrie (phare d'), p. 403. — Alfenus Varus, p. 319. — Allectus, pag. 347. — Alopékê (bourg), p. 297. — Althée, 270. — Alytarque, dignité, 455. — Amand, p. 347. — Amarysia, surnom de Diane, p. 298. — Amasis, p. 377. — Amazones, blessée, *st.* 281, p. 382; *b.* *voy.* *Rome*, 170; *br.* (combat d'), 504, 505, 705; de Polyclète, pag. 379. — Ambre

(1) Les numéros seuls indiquent ceux du catalogue des monumens du Musée, ceux précédés de p. la page de l'ouvrage; *b.* buste, *bc.* buste colossal, *br.* bas-relief, *gr.* groupe, *her.* hermès, *st.* statue ou statuaire. *t.* tête.

jaune en buste, p. 404. — Amilcar, p. 397. — Ammien Marcellin, p. 359. — Ammon, p. 307. — Ammonius, p. 337. — Amour et Psyché, 496; et Vénus, 174, 180; *br.* 443, 437; en *hermès*, 493; et Psyché, ibid; jouant de la flûte et de la lyre, 404; retenant les chevaux de Diane, 437; de Thespies, par Praxitèle, p. 408. — Amphiaraüs (oracle d'), p. 297. — Amphialè, cap, p. 300. — Amphion, Antiope et Zethus, 212. — Amphitrite, 732. — Amphitropé (bourg), p. 297. — Amycus, 218. — Anacaea (bourg), p. 299. — Anacharsis, p. 376. — Anacréon, p. 377. — Anagyrus (bourg), p. 299. — Anaïtis, p. 371. — Anapauomenos (faune), ou en repos, *st.* 146. — Anaphlystus (bourg), pag. 297. — Anastase, p. 360, 412. — Anastasie, p. 346, 354. — Anaxagoras, p. 384. — Anaxarque, p. 395. — Anaxilas, p. 384. — Anaximandre, p. 372. — Anaximène, p. 377. — Anchesmus (bourg), p. 300. — Anchyrroé, 73. — Ancus Martius, p. 372. — Androcides, pag. 299. — Andrinople (bataille d'), p. 348, 353. — Andromaque, 418. — Angélè (bourg), p. 299. — Anicet, p. 351. — Animaux, en hiéroglyphes, 367; fantastique, 666: marins, 315. — Annia Faustina, p. 334. — Annibal, p. 397, 398. — Annius Vérus, *b.* 700, p. 330. — Annæus Cornutus, p. 325. — Anthémius, p. 357. — Anthropographe, p. 401. — Antigone, roi de Macédoine, p. 299. — Antigone, général d'Alexandre, p. 395. — Antigonide, tribu, p. 296. — Antigonus Caristius, p. 396. — Antinoopolis, 312. Antinoüs, *st.* 258, 564; en hercule, 234; *b.* 49, 126, 313; en divinité égyptienne, 312; p. 328, 410. — Antiochide (tribu), p. 296, 297. — Antiochus, fils d'Hercule, p. 296; le Grand, p. 397; d'Ascalon, p. 319; Philopator, p. 399. — Antiope, Zéthus et Amphion, *br.* 212. — Antipater de Cyrène, p. 395, de Sydon, p. 401. — Antiphon, p. 385. — Antisthènes, p. 385. — Antistia, p. 317. — Antoine (M.), p. 318; le fils, p. id.; Caïus, p. 319; Lucius, p. id. — Antonia, p. 318; la jeune, p. 322. — Antonin Pie, *bc.* 10, p. 329, 410. — Antonin, tyran, p. 335. — Anubis, 372. — Apamée, pag. 344. — Apelle, pe. 384, 443, p. 408. — Aphidna (bourg), p. 299. — Apobates, 463. — Apollodore d'Athènes, p. 401. — Apollon, *st.*; Lycien, 188, 197, 454; Pythien, 401, 627; Sauroctone, 19, p. 390; statue colossale, p. 395, 403; *b.* 133, 135; *br.* 381; et trois muses, 656; combattant Hercule, 168; portant la lyre, 172; ancien style, 378; Diane et Latone, 342; vainqueur de Marsyas, 731; vêtu de l'orthostade, 290; d'Amyclée, p. 374; du Belvédère, p. 407. — Apollonia (bourg), pag. 298. — Apollonius de Perges, p. 397; de Rhodes, p. id.; de Thyane, p. 327. — Apophras ou Nepthé, sœur d'Isis, p. 306. — Apoxioumène ou Athlète se frottant, p. 408. — Appien, p. 329. — Appion, p. 325. — Apulée, p. 322. — Aquilée (bataille d'), p. 355. — Arabesques, p. 405. — Araphen (bourg), p. 298. — Aratus de Sicyone, stratége des Achéens, p. 396; de Soles, *astr.* ibid. — Arbogaste, p. 355, 356. — Arcadie, p. 356, 359. — Arcadius, p. 355. — Arcésilas, p. 395. — Archélaus, p. 385. — Archiloque, p. 371. — Archimède, p. 397. — Archithéores, 82. — Archytas, p. 394. — Ardabure, général, p. 357, 358, 359. — Ardée, p. 370. — Arécbinde, p. 362. — Argades, tribu, pag. 295. — Argile (fruits en), pag. 402. — Argilia (bourg), p. 300. — Ariadne, *br.* 42, 377. — Ariadne imp. p. 358, 359, 360. — Arion, p. 372. — Aristarque, p. 401; de Samos, p. 396. — Aristéas, *st.* 134. — Aristée, 258; Diane et Hercule, *br.* 293; poète, p. 377. — Aristide le Juste, p. 384. — Aristide, orateur, p. 329. — Aristippe de Cyrène, p. 385. — Aristobule, p. 395. — Aristobule (Diane),

p. 298. — Aristomène, p. 372. — Aristophane, p. 385; de Byzance, p. 397. — Aristote, p. 394. — Armes baissées, signe de tristesse, 392. — Arminius, p. 322. — Arnobe, p. 345. — Arotino (rémouleur), 731. — Arouéris, p. 306. — Arrachion, p. 374. — Arria et Pœtus, p. 407. — Arricidia Tutella, p. 326. — Arrien, p. 329. — Arrius Aper, p. 345. — Arsace, p. 350. — Arsinoé, p. 390. — Artaxercès, p. 334, 384. — Artémidore, p. 329. — Artémise, p. 395. — Articulations des statues égyptiennes, 359, 361. — Artistes grecs emmenés à Rome, p. 400. — Arvales (frères), 9, 18. — Asclépiodore, p. 347. — Asconius Pédianus, p. 327. — Asiaticus (Valérius), p. 326. — Asie (arts en), p. 396. — Asinius Pollio, p. 320, 399. — Aspar, général, p. 358, 359. — Aspasie, p. 385. — Astyanax, 418. — Astylus, p. 378. — Atalante, 270. — Ataulfe, p. 357, 358. — Atênê (bourg), p. 298. — Athénagoras, p. 332. — Athénaias, tribu, p. 295. — Athénaïs, p. 357. — Athênê ou Minerve, p. 295. — Athénée, p. 332. — Athéniens vêtus de noir. 82. — Athis, tribu, p. 295. — Athlètes, *st.* se frottant d'huile, 395; vainqueur, 391, 702; *b.* 308, 447; *br.* 736. — Athmonon (bourg), p. 298. — Atlantes à genoux, 96. — Atria, p. 345. — Attale Ier. roi de Pergame, p. 396; Priscus, p. 358. — Atticius, p. 342. — Atticus (Titus Pomponius), p. 319, 402; Vestimus, p. 324. — Attila, p. 360, 361. — Attius Navius, p. 373. — Aufidius, p. 338. — Auguste, p. 319, 404; *st.* 100, 113; *b.* 278. — Aulugelle, p. 329. — Aurélien, p. 343, 411. — Aurélius Victor, p. 359. — Auréole, pag. 342. — Ausone, p. 354, 359. — Autels, à brûler des parfums ou des lauriers, 252; à six faces, 18; astrologique, 331; d'Isis, 3; des forces, 356; de Diane, 353; de Mars, 331; Olympiq. 715, 716, 717; des douze Dieux, 378, 381; Gaulois, 718, 719; orné de cornes d'abondance, 503; d'un aigle, 729; rond, 381; sépulcraux, 502, 527, 714; taurobolique, 30; triangulaires, 91, 523, 531. — Autochthon, roi, p. 395. — Automne (l') et un Génie, 273; sous l'emblême du scorpion, 76. — Autun, p. 343. — Avidius Cassius, p. 330. — Avienus, p. 361. — Aviron, symbole des rivières navigables, 249. — Avite, p. 361. — Avril (M. J. J.), grav. 37, 73, 142, 192, 306, 323, 324, 458. — Axamantea (bourg), p. 299. — Azara (M. le ch^{er}), 132. — Azenia (bourg), p. 299.

Bacchanale, *br.* 116, 711. — Bacchant, *br.* 425; cueillant des raisins, 285. — Bacchantes, *st.* 53, 244; *b.* 62; *br.* 283, 290, 307, 381, 421, 425, 472, 725; en fureur, 200; jouant des cymbales, 19; jouant de la lyre, 711; se reposant, 421. — Bacchus, *st.* 74, 152, 154, 203, 428; dans l'ivresse, 656; de Jean Goujon, p. 212; enfant. 425; en repos, 148; *gr.* et silène, 326; *b.* 227; indien, 17, 189, 517, *br.* 22; sa naissance, 259; et Ariadne, 4, 285, 377, 421; et Diane, 300; et une panthère, 22, 613; indien et génies des vendanges, 38; Pogon ou barbu, 121, 181; porté en triomphe par des génies ailés, 425; ses combats contre les Indiens, 362; son triomphe, 725; d'Aristide, p. 399; d'or et d'ivoire, p. 381. — Bacchylides, p. 384. — Bagaudes, p. 347. — Balance, mois d'octobre, 381. — Balbeck, p. 411. — Balbin, p. 335. — Baliste, p. 340. — Baquoy (M.), gra. 178. — Barbare combattant, *br.* 349. — Barbaricarii, 26. — Barbe des Romains, 164; et cheveux, p. 595. — Barthélemy (l'abbé), 597. — Baruch, p. 372. — Basiline, p. 350. — Basilisque, p. 358, 359, 360, 412. — Bas-reliefs, ancien style, 378; choragiques, 155, 186, 247; à fonds colorés, 182; moulé sur un métope du Parthénon, 115; sépulcraux, 392, 396, 404, 551; (style des), 82.

— Bassien, p. 334. — Bassins de Dodone, 551. — Batè (bourg), p. 298. — Battus, p. 372. — Baudelot (M.), 718, 720. — Bayes, p. 324, 328. — Bédriac (bataille de), p. 325. — Belbina, île, p. 300. — Béliers, *br.* conduit par un enfant, 551; mois d'avril, 381; marin, 404. — Bélisaire, 89. — Bellefonds (M.), grav. 475. — Belloni (M.), mosaïquiste, p. 147. — Belvédère (torse du), p. 399. — Bengazzi, 118. — Benvenuto Cellini, p. 212. — Berenicidae (bourg), p. 300. — Bernin (le cavalier), *st.* 262, 527. — Bésa (bourg), p. 298. — Bianchini, 271. — Bias de Prienne, p. 377. — Bibliothèque des Quatre Nations, 260. — Bion de Smyrne, p. 401. — Boëthus, *st.* 694. — Boniface (le comte), p. 357. — Bonosius (Q.), p. 344. — Bonus Eventus, *st.* 292. — Bouches de l'ancien style égyptien, 355. — Boucliers votifs, p. 377. — Bouillon (M.), *dess.* p. 5, dans la note; a dessiné, gravé et publié la plus grande partie des statues du Musée. — Bourgeois (M.), *grav.* 527. — Bourgs ou dèmes athéniens, p. 295 et suivantes. — Bras, de l'ancien style égyptien, 355; d'une belle forme, 712. — Braschi (palais), 6, 115, 198. — Brasidas, p. 385. — Brasier du feu sacré de Vesta, 667. — Brauron (bourg), p. 300. — Brauronies (fêtes), ibid. — Brebis, emblème de douceur, 257. — Brennus, p. 396. — Brilessus, montagne, p. 300. — Britannicus et Messaline, *gr.* 183, p. 323, 324; sa statue en ivoire, p. 409. — Britte (bataille de), p. 337. — Brutus, p. 318. — Bura détruite, p. 388. — Burrhus, p. 324. — Bustes en bas-reliefs, de Cérès, 637; de femme dans une coquille, 404; de femme, d'homme et d'enfant, 536; de femme, génies et guirlandes, 48; d'homme, dans une coquille portée par des tritons, 460; d'une femme en Cérès, et de sa fille en Diane, 507; d'un homme et d'une femme voilée, 601; tenant au piédouche, 166. — Butadae (bourg), p. 299. — Butès, ibid.

Caecilia Attica, p. 320. — Caere, p. 370. — Caesar (C. Julius), p. 317; ses triomphes, p. 403; *st.* 466. — Caïus César, p. 321. — Calaber (Quintus), p. 360. — Caligula, p. 322; *st.* 37, p. 407. — Callias, p. 376. — Callimaque, p. 396. — Calliope, *br.* 307. — Callippe, p. 395. — Callisthènes, ibid. — Callistrate, ibid. — Callon d'Egine, *st.* 398. — Calpurnie, p. 317. — Calpurnius (Jul.), p. 345. — Cambyses ou Assuérus, p. 377. — Camilla, tribu, p. 303. — Camille, général, p. 387, et 391. — Camilli, ministres des sacrifices, 176, 724. — Cancer, mois de juillet, 381. — Candaule, p. 371. — Candélabres, 85, 90, 91, 96, 151, 208. — Candidien, p. 345. — Canicule sous le symbole du chien, 76. — Caninius, *st.* 166. — Caniva, p. 328. — Canthares, *br.* 4, 98; d'où sortent des fruits, 396. — Capellien, p. 335. — Capitolin (Jul.), p. 352. — Capoue (amphithéâtre de), p. 409. — Caprée, p. 321, 330. — Capricorne, mois de janvier, 381. — Caracalla, *b.* 68, 160, 327, p. 332, 411. — Carausius, p. 347. — Carinus, p. 345. — Cariton, p. 353. — Carnéade, p. 394; de Cyrène, p. 397. — Cartellier, *st* p. 98. — Carthage relevée, p. 317; brûlée, p. 348. — Carus, p. 344. — Caryatides, de Diogène, pag. 406; de Jean Goujon, p. 211; faunes porteurs (en) 251. — Cassandre et Ajax, *br.* 288, roi, p. 395. — Cassius (Caïus), p. 318; Longinus (L.), p. 323. — Castellan (M.), ses essais sur l'encaustique, p. 392. — Castin, général, p. 359. — Castor et Pollux, *br.* 720, 732. — Catagraphe (figure) ou de profil, p. 370. — Caton d'Utique, p. 319. — Catulle, ibid. — Catullus, p. 401, 402. — Cayla, *graveur,* 421. — Caylus (le comte de), 80, 153. — Cébès, p. 385. — Cécropide, tribu, p. 296, 298. — Cécrops, roi, pag. 295. — Cedae (bourg), p. 298. — Ceionius Postumius, p. 331. — Celsus jur. p. 329; phil. 332; tyran, p. 341. — Censorin (Ant.), p. 337; tyran, p. 343. — Centaures et génie de Bacchus, 134; br. 4, 421, 472; arrêtant une femme, 128; et nymphe, p. 399, 410. — Centauresse (jeune), jouant avec son enfant, br. 421, 472. — Centurion du Primipile, 555. — Cephalê (bourg), p. 297. — Cephisia (bourg), p. 298. — Céramique (bourg), p. 297. — Cérémonie nuptiale, br. 204, 542; religieuse, br. 41, 697. — Cérès, st. 235, 242, 301, 440; de Jean Goujon, p. 212; voy. *Julie*, fille d'Auguste, 77; br. 331; ancien style, 378; sans symbole, 381. — Cerriadae (bourg), p. 299. — Césarion, fils de César, p. 319. — Cestia (tribu), p. 303. — Chabrias, p. 394. — Chacrille, p. 377. — Chalcédoine (bataille de), p. 348. — Châlons-sur-Marne (bataille de), p. 360. — Chameau, 673. — Chandler, 538, 568, 664. — Chapiteau corinthien, p. 381. — Char attelé de centaures, 421; funèbre d'Alexandre-le-Grand, p. 392. — Charès, général, p. 394. — Charès de Linde, st. 406. — Chasse aux Lions, 423. — Chat (le dieu), 372. — Châtillon (M.), *dess.* et *grav.* 118, 176, 246, 248, 458. — Chaussures sans courroies, p. 400. — Cheræas, p. 322. — Chevaux, de Diane, 438; marins, 303; d'ébène, p. 373. — Chèvres, br. 387, 421. — Chien, st. 216; br. attribut de la déesse de la Chasse, 300; de Diane, mois de novembre, 381; emblème de la canicule, 76. — Chiffres des Grecs et des Romains, 304. — Chilon de Sparte, p. 377. — Chimères, br. 241, 531; jouant avec une tête de chèvre, 495. — Chionides, p. 384. — Chiton (bourg), p. 300. — Chitonie, surnom de Diane, ibid. — Chloris, surnom de Flore, 238. — Choiseul-Gouffier (M. le comte de) cent cinq morceaux d'antiquité acquis de sa collection, p. 216. — Cholargos (bourg), p. 297. — Chorasiques (monumens), 155. — Chorège, magistrat, id. — Chouette, 357; symbole de la nuit, 236; de Minerve, 76; du mois de Mars, 381. — Chrésimus (buste de), 503. — Chrysippe de Soles, 89, p. 396. — Cibales (bataille de), p. 348. — Cicéron, p. 319. — Cicognara (M. le ch^er^), 678. — Cicynna (bourg), p. 297. — Cigognes, 296; et serpent, 497. — Cimon et la Victoire, 175, p. 384. — Cinaethon de Sparte, p. 371. — Cincinnatus (voy. *Jason*), 710, p. 385. — Ciniflo, 52. — Cinna, p. 317. — Ciste d'où sort un serpent, 421. — Citharèdes, 31. — Cius, 670. — Classes des citoyens à Rome, p. 302. — Classici, Ibid. — Claude Ier, 323; st. 142; b. 34; t. 405; p. 407. — Claude II, p. 342. — Claudia, p. 322; Antonia, p. 323. — Claudien, p. 361; sa statue, p. 412. — Claudius Drusus, b. 30; t. 27; br. 274; Pulcher, p. 398. — Cléanthe, p. 396. — Clélie, p. 377. — Cléobule de Linde, p. 384. — Cléomènes, p. 377. — Cléopâtre, p. 318; la jeune, p. 319. — Cléosthènes (char de), p. 375. — Climène, mère de Phaéton, 732. — Clinias, père d'Alcibiade, p. 385. — Clio, br. 307, 426. — Clisthènes, archonte, p. 296. — Clitarque, p. 395. — Cloaca Massima, p. 373. — Clodia, p. 320. — Clodion, roi des Francs, p. 360. — Clodius (cinéraire de), 328. — Clotho, tenant un flambeau, 433. — Cluentia (tribu), p. 303. — Clytemnestre, br. 388. — Coelê (bourg), p. 299. — Cognomen ou surnom, p. 291. — Colaenidae, surnom de Diane, p. 300. — Collina, tribu, p. 303. — Collytus (bourg), p. 298. — Colmar (bataille de), p. 354. — Colocasia, surnom de Minerve, 448. — Colocère, général, pag. 350. — Colombaro, 704. — Colombes, 296; symbole de la tendresse, 137; de Vénus, 378; mois d'avril, 381; du Capitole, p. 394. — Colonae (bourg), p. 300. — Colonnes, de porphyre rouge, 596; Rostrale, p. 391; Trajane, p. 409. — Colosse de Rhodes, p. 393. — Columelle, p. 325. — Colisée, p. 326, 408. — Combat d'Hercule et d'Apollon, 168, p. 378; de Cailles, 392. — Combattant blessé, *st.* 50. — Comices, p. 302. — Commode, *st.* jeune, 442; *b.* 47, 157, 291; jeune, 169, p. 330 et 410. — Conclamation, *br.* 182, 459. — Concorde (la), voy. *Sabine*, *st.* 593; (déesse de la), 218. — Conon, p. 385; de Samos, p. 395. — Conseil des Grecs, *br.* 177. — Constance Chlore Ier, p. 346; II, p. 350, 351, 411; III, p. 357; général, p. 356; Jules, p. 346, 350. — Constant, p. 358; Flav. Jul. p. 350; second, p. 413. — Constantia, p. 346, 348. — Constantin Ier, p. 349, 411; II ou le jeune, p. 350; Hannibalien, p. 346; 350; III, p. 358. — Constantine, p. 352. — Consus, surnom de Neptune, 225. — Conthylè, bourg, pag. 300. — Corbeau et Corneilles d'Apollon, 18, 726. — Corbulon, *b.* 693, 696, p. 324. — Corinthe, p. 317. — Coriolan, p. 384. — Cornelia Rustica, tribu, p. 303. — Cornélie, p. 317; sa statue, p. 400. — Cornélius Népos, p. 320. — Cornes, d'un autel, 163; de Morphée, 437. — Corybantes, 332. — Corydallus, bourg, p. 299. — Cossutia, p. 317. — Cothocidae (bourg), p. 300. — Cotta, p. 319. — Coupes, 520; d'albâtre, 713; de bronze, représentant les travaux d'Hercule, 719; ornée d'arabesques, id. — Courses aux flambeaux, p. 398. — Cousinéri, 598. — Cranaïs, tribu, p. 295. — Cranaüs, roi, ibid. — Crassus, p. 317. Cratère, 18. — Cratinus, p. 385. — Cratès, p. 384. — Créon, 478, p. 372. — Crésus, p. 376. — Créüse, 478. — Crignier (M.), *dess.* 408. — Crinitus (Ulpius), p. 343. — Crioa (bourg), p. 298. — Criobole, sacrifice, 30. — Crispine, p. 331. — Crispus, p. 349. — Criton, p. 385. — Cropia (bourg), p. 299. — Crustumina (tribu), p. 303. — Ctésias, p. 395. — Ctésilas, *sc.* 281. — Cupavus, 732. — Cupidon, *st.* 417; 525; en Hercule, 265, 279; essayant son arc, 389, 399; joueur de ballon, 529; et Vénus, *gr.* 480; *br.* 71; chez Vulcain, 239; traîné par des dromadaires, 32; par des gazelles, des sangliers, 225; de Thespies, p. 390; de Paros, ibid. — Curion, (M.), son théâtre double, p. 404. — Curtiadae (bourg), p. 297. — Cuves, 595; de porphyre, 343. — Cybèle, 731. — Cycle, p. 307. — Cyclopes forgeant les chaînes de Prométhée, 433. Cycnus, 732. — Cydantidae (bourg), p. 298. — Cydathenaeum (bourg), p. 299. — Cygnes de Vénus, 427. — Cynisca, p. 282. — Cynocéphale, 370. — Cynosarge (bourg), p. 299. — Cypsélus, p. 372. — Cyriades, pag. 339. — Cyrus, p. 377. — Cythéron (bourg), p. 299. — Cyzique (bataille de), p. 331.

Dactyliothèque ou collection de pierres gravées (1re à Rome), p. 401. — Daedalidae (bourg), p. 298. — Damase, pape, p. 356. — Damasquinure, p. 372. — Daniel, p. 377. — Danseuses (les), *br.* 20, 205. — Danube (pont du), p. 409. — Dardanus, p. 358. — Darius, fils d'Hystaspe, p. 377; Nothus, p. 385; Codoman, p. 395. — Dauphins, *gr.* 174; *br.* 460, 580, 667; de Neptune, mois de février, 381; trépied et griffons, 220. — David (M.), *dess.* 318. — Décébale, p. 340. — Décelée (bourg), p. 299. — Décemvirs romains (1ers), p. 385. — Décence (Magnus), p. 351. — Décorations théâtrales, p. 383. — Dédale et Pasiphaé, 71. — Déesses, *b.* 67; *br.* choragique, 186; sans symbole, 378; présidant à la naissance des humains, id. — Deirades (bourg), p. 299. — Delmatius, p. 346. — Démarque de Corinthe, p. 394. — Dèmes ou bourgs athéniens (voy. leurs noms p. 295 et suivantes). — Déménagement de villageois, *br.* 57. — Démétriade, tribu, pag. 296. — Démétrius Poliorcètes, roi de Macédoine, *b.* 680, p. 296, 396; de

Phalère, p. 390, 395. — Demi-dieu bachique, *b. bro.* 23. — Démocrite, p. 377, 380. — Démosthènes, *st.* 92; *b.* 201; *herm.* 690; (statue de), p. 394. — Denys l'ancien, p. 385; le jeune, pag. 384; d'Alexandrie, p. 396; d'Halicarnasse, p. 320; Périegète, ibid. — Dequevauvillers (M.), *grav.* 155. — Désidérius, p. 352. — Diacris, tribu, p. 295. — Diaduménien, p. 333. — Diagoras, p. 385. — Diane, *st.* 199, 419; à la biche, 178; chasseresse, 213; de Gabies, 246; *b.* 136; *br.* 332, 400, 605, 726, 731; Apollon et Latone, 342; Aristée et Hercule, 293; avec le carquois, 381; descendue de son char, 437; en tunique longue, anc. style, 378; et Bacchus, 300; et Endymion, 438; Lucifera, 214; portant un flambeau, 172; Taurique, 219; Laphria, p. 375; Loutrophore, ibid. — Dias, tribu, p. 295. — Dicé ou l'Hiver, 378. — Didia Clara, p. 331. — Didyme, p. 358. — Diétéride, p. 307. — Dieu égyptien, *st.* 55; demi-fig. 355. — Dioclétien, p. 345, 411. — Diodore, p. 320. — Diogène, *herm.* 530, p. 385. — Diomœa (bourg), p. 298. — Diomède, roi de Thrace, 469. — Dion Cassius, p. 337; Chrysostôme, p. 327. — Dioscoride, p. 325. — Discobole, *st.* 704. — Divinités égyptiennes à têtes d'animaux, *st.* p. 153; champêtres, 437; marines, 404; gauloises, 718; cosmiques, 732. — Doigts recourbés en arrière, 342. — Dolabella, p. 292. — Domitia, p. 324; Lepida, p. 323; Longina, p. 327; Lucilla, p. 329, 330. — Domitien, *bc,* 5, p. 327, 409; L. Domitius, général, p. 347. — Domitille, p. 426. — Domitius Ænobardus, p. 324; Lepidus, p. 323. — Donat, p. 359. — Donata, p. 342. — Donatus, ibid. — Dracon, p. 372. — Drave (bataille sur la), p. 355. — Drée (le Marquis de), 215. — Drusus, fils de Tibère, p. 321; frère de Tibère, ibid.; César, p. 322. — Drymus (bourg), p. 300. — Dubois, *dess.* 546, 608; son catalogue de la collection de M. de Choiseul très-bien fait, p. 216. Il a donné, depuis, ceux des tableaux et des antiquités de la collection de feu M. Dufourny. — Duillius, p. 396. — Duris de Samos, p. 397.

Ecalê (bourg), p. 299. — Echanson, 552. — Echelidae (bourg), p. 300. — Ecole (ancienne) attique ou éginitique, 378; de peinture en Grèce, p. 387. — Ecorcheur rustique, *gr.* 340. — Ecouen (château d'), 22, 34, 313. — Edapteon (bourg), p. 300. — Edesse, p. 332. — Egéide, tribu, p. 296, 298. — Egine (école d'), 378. — Egypte (arts en), p. 400. — Egyptiens (monumens) détruits, p. 401. — Eiresidae (bourg), p. 297. — Elaeus (bourg), p. 299. — Elagabale, *b.* 83; *t.* 456, p. 333. — Electre, 388. Eleousa (bourg), p. 297. — Eléphant, 725. — Eleusis (bourg), p. 299; (mystères d'), 245. — Elien, p. 337. — Emblêmes, bachiques, 208; de Sacerdoces, de sacrifices, 252. — Emèse, p. 340. — Emilie, p. 317. — Empedocles, p. 385. — Enagônios, surnom de Mercure, 93. — Encaustique, p. 392. — Endymion, 236, 438. — Enée, 249. — Enfans, *st.* 295, 434, 508; à l'oie, *gr.* 694, p. 382; conduisant un bélier, *br.* 551; et chien, 12; tenant des grappes de raisin, 492; jouant de la flûte, 421; monté sur une chèvre, 421. — Enna (bourg), p. 300. — Ennia Nævia, p. 322. — Ennius, p. 396. — Entrailles d'un bœuf consultées, 439. — Eories, fêtes, 244. — Epagomènes, 306. — Epaminondas, p. 394. — Epervier sacré, symbole d'Osiris ou du Soleil, 361, 368. — Epéus, 608. — Ephaïstias, tribu, p. 295. — Ephaïstos ou Vulcain, ibid. — Ephèse (temple d'), p. 272. — Ephestion, p. 395. — Epicephisia (bourg), p. 299. — Epicharme, p. 384. — Epictète, p. 325. — Epicure, *b.* 316; *herm.* 657; et Métrodore, 139, p. 395. — Epidaure (théâtre d'), p. 380. — Epieicidae (bourg), p. 298. — Epiménide, p. 376. — Epistate, p. 297. — Epitragia, surnom de Vénus, 75. — Epoux (deux) se donnant la main, 269; sur un lit de repas, 33. — Erasistrate, p. 396. — Erato et Socrate, *br.* 307. — Eratosthènes, p. 396. — Ercheia (bourg), p. 298. — Erechthée, roi, pag. 295. — Erechtheia (bourg), pag. 298. — Erechthéide, tribu, p. 296, 298. — Ergatae, tribu, pag. 296. — Ericeia (bourg), p. 298. — Erichthonius, roi, p. 295. — Eridan (l'), fleuve, 732. — Erigone, *st.* 244; *br.* 421. — Eroidae (bourg), p. 299. — Eschines, phil. p. 385. — Eschines, or. p. 395. — Eschyles, p. 377. — Esculape, *st.* 233, p. 15; et Télesphore, *gr.* 475; *bc.* 15; *br.* et Hygie, 268; et Hygie avec deux grands serpens, 254; d'or et d'ivoire, p. 381. — Esope, p. 372. Espagne (l'), 40. — Espercieux, (M.) *st.* p. 98. — Esquilina (tribu), p. 303. — Esus, dieu Gaulois, 719. — Etéobutades, p. 299. — Eton, un des chevaux d'Apollon, 406. — Eubulus, *po.* p. 299, 394. — Euclides de Mégare, p. 394. — Eucnemos (amazône), de Strongylion. p. 402. — Euconlheus (bourg), p. 300. — Eudoxe de Cnide, p. 394. — Eudoxie Iere, p. 355; IIe (Ael.), p. 357, 412; IIIe (Licinia), p. 360. — Eugène, tyran, p. 355, 356. — Eumélus, *po.* pag. 371. — Eumènes II, p. 401. — Eunomie ou le Printemps, 378. — Euplœa, surnom de Vénus, 120. — Eupolis, *po.* p. 385. — Eupyridae (bourg), p. 2 9. — Euric, roi des Visigots, p. 363. — Euripide, *po.* *st.* 65, p. 384. — Eusébie, p. 351, 352. — Euterpe, *st.* 61, 341, 389; *br.* 307. — Euthycrates, fils de Lysippe, *st.* 216. — Eutrope, p. 355; Flav. p. 352. — Eutropia, pag. 346. — Evhémère, p. 395. — Evonymos (bourg), p. 298. — Extispice, cérémonie, 439. — Exupère, p. 350. Ezéchiel, p. 372.

Fabia, p. 350; Orestilla, p. 335; Rustica, tribu, p. 303. — Fabius Cunctator, p. 397; Pictor, p. 384. — Fabricius, général, p. 396. — Fadille, p. 329. — Fainéant (le), tableau, p. 389. — Falerina, tribu, p. 303. — Faunes, *st.* 146; dansant, 383, 405; jeune, 504; porteurs, 251; *gr.* à l'enfant (voy. *Silène*); portant Bacchus, *br.* 307, 421, 472; chasseur, 477; dansant, 190, 531; et panthère, 195; jouant de la syringe, et enfant, 421; portant un enfant et un chevreau, 421; soutenant Silène, 711. — Faunisque, *st.* 504. — Fauste, p. 351; Flav. p. 349. — Faustine, *b.* la mère, 115, p. 329; *b.* la jeune, 117, p. 330. — Fauvel (M.), consul d'Athènes, 422, 522, 554, 566, 589, 603, 625, 626, 631, 635, 644, 648, 669, a trouvé une partie des monumens de la collection Choiseul. — Femmes, *st.* inconnues, 511, 518; *b.* romaine inconnue, 500; victorieuse, 467; *t.* p. 188; idéale, 394; voilée, 393; *br.* armée d'une lance et homme s'appuyant sur un bâton, 597; assise, 25; assise et un homme, 669; auprès de son mari couché, 547; couverte de son voile, 590; deux, 179; et petite figure, 701; exposée sur un lit, 459; grecque, 30; inc. 66, 685; rom. appuyée sur un cippe, 81; portant un vase sur la tête, 551; tenant des sceptres, 421; tête idéale de, 243; voilée, 492. — Figures égyptiennes, *gr.* 371; *st.* debout, 358, 372; accroupie, 374; à genoux, 360; *br.* de femme terminée en gaîne, 454; deux petites, 527, 547; dont l'une tient un miroir, 600. — Filhol (M.), *gr.* éditeur d'un joli ouvrage sur le Musée, p. 4. — Firmius, tyran, p. 343. — Flacille, p. 356; Aelia, p. 355, 357. — Flambeaux, *br.* de Vesta, 667; renversé et serpent, 63; renversés, emblême de la mort, 396. — Flaminius (cirque de), p. 399. — Flavie Eufémie, p. 358, 362. — Flore, *st.* 238. —

Florien, p. 344. — Florus, p. 329. — Fontaine de marbre, 165; en forme de trépied, 207. — Fontainebleau, 25, 30, 107, 530, p. 212. — Forbin (M. le comte de), 310, 361, 421, 501. — Fortune (statue de la), p. 392; virile (temple de la), p. 398. — Forum Archemorium, 702. — Foucou, p. 98. — François Ier, 178. — Fravita, p. 355. — Frères Arvales, 9, 18. — Frises antiques (fragmens de), 71, 82; du 15e siècle, 82. — Frontin, p. 327. — Fronto, p. 329. — Fucin (émissaire du lac), p. 407. — Fulvie, p. 318; Pie, p. 332; Plautille, p. 333. — Furies, 219, 270. — Furius Bibaculus, p. 401. — Fuscus (Annius), p. 331.

GAÏNAS, p. 355. — Gaines antiques, 516. — Gaison, général, p. 350. — Galba, *b.* 275, p. 293, 325, 408. — Galère Antonin, p. 329; Maximin, p. 340. — Galeria Fundana, p. 326. — Galien, p. 332. — Galla, p. 350. — Galla, p. 354, 355. — Galla Placidie, p. 357. — Galle, 89. — Galleria Rustica, tribu, p. 303. — Gallicinium, le chant du coq, p. 312. — Gallien (Pub. Licinius Egnatius), *b.* 294, p. 339, 411; (Quint. Jul.), p. 339. — Galliena (Licinia), p. 320. — Gallipoli (bataille de), p. 349. — Gallus, *po.* p. 320; emp. p. 352. — Ganymède (enlèvement de), 63. — Gargaphie (fontaine), 315. — Gargette (bourg), p. 298. — Gaulois (dieux), 718. — Gélase, pape, p. 363. — Géléontes, tribu, p. 295. — Gélon, p. 384. — Gémeaux, mois de juin, 381. — Génies, *st.* de Bacchus, 302, 441; du repos éternel, 22; funèbre, 384; *gr.* de Bacchus, 74; et centaure, 134; *br.* 273, 303, 409, 437, 443, 489, 549, 580; à cheval, 463; ailés, 425, 438; sur un chameau, 673; à la chasse aux lions, 225; âmes humaines, 75; bachique, 421, sur un bouc, 399, 413; brûlant des parfums, 292; de Bacchus, de Mercure et de Cérès, 26 *bis;* de la chasse, 42; de la lutte, 56; de la musique, 472, 493; de la nuit, 76, 506, 726; des courses de chars, 449, 463; des jeux du stade, 429, 455; des saisons, 425; des songes, 437; d'Hercule, 103; du jour, 76, 506, 726; du lieu, 16, 437; du soleil, 76; du sommeil, 493, et cadran solaire, 103; et griffon en arabesques, 504; et victoire, 29; faisant combattre des coqs, 392; funèbres, 422; qui volent, 509, portant les armes de Mars, 331; supportant des guirlandes, 509; supportant un médaillon, 392; sur des dauphins, 460, sur un griffon marin, 606; tenant des flambeaux renversés, emblême de la mort, 396. — Genséric, roi des Vandales, p. 357. — Gentili (palais), 702. — Géorgoi, tribu, p. 295. — Germanicus, p. 322; *st.* 141; voy. personnage romain en Mercure ou l'orateur, 712; (statue de), p. 400. — Géronce, p. 358. — Géta, *b.* 97, p. 333; (M. Septim.), p. 332. — Gibelin (M.), 98. — Gilles, p. 362. — Girardet (M.), *grav.* 299, 318, 593. — Giustiniani (palais), 113. — Gladiateur combattant (voy. Héros), *st.* 262, p. 407. — Glaucé, 478. — Glycère, p. 389. — Glycérius, p. 362. — Glycon, 432. — Gneia Seia, pag. 334; Cornelia Supera, p. 339. — Gnomon, 422. — Goudibal, p. 362. — Gordiana Ulpia, p. 335. — Gordien d'Afrique, ibid.; le fils, ibid.; III, ou Pie, *b.* 330; demi-figure, 2, p. 336, 411. — Gorgias (statue de), p. 376. — Gracchus (C. et Tib.), p. 401. — Grâces (les trois), *gr.* 470, *br.* ancien style, 378, p. 379. — Granger (M.), *dess.* 37, 73, 146, 176, 192, 270, 282, 299, 310, 323, 593, 656. — Granvelle (le cardinal de), 703. — Grata, pag. 354. — Gratidianus (statue de), p. 402. — Gratien, père de Valentinien, p. 353; Flav. p. 354. — Gratius, *po.* pag. 320. — Grenouilles en ornemens, p. 403. — Griffon, *br.* 98, 320; (deux) et un vase, 41; et génie en arabesques, 504; jouant avec une tête de chèvre,

307; marin, 492; soutenant des guirlandes, 315. — Grylli, p. 390. — Guérin, *pe.* p. 367; *grav.* 270. — Guerrier, *t.* inconnu, 431; *br.* 396; et femme, 204. — Gygès, p. 371. — Gymnaste, 4.

Habacuc, p. 372.—Hache enfoncée dans un billot, 591.—Halimus, (bourg), p. 297. — Hamadryades, 437.— Hannibalien, p. 350. — Hariette (M.), *dess.* 75. — Harma, (bourg), p. 300.—Harmatius, *sc.*, 411.— Harpies, 208.— Harpocrate, 605, p. 307.—Harpocration, p. 332. —Haruspice, 439.—Hécatée de Milet, p. 377. — Hector (rançon d'), 206; funérailles d', 418.— Hécube, 418.— Hélène (Flav. Jul. I), p. 346; II, p. 349; (F. Jul. III), p. 355.— Hellanicus de Mytilène, p. 384.— Hellotiеs, fêtes de Minerve, p. 398. — Hennequin (M.), *pe.*, p. 67. — Héphaistia (bourg), p. 297.—Héraclides, *sc.*, 411; d'Éphèse, p. 377; de Pont, p. 394. — Heraeum d'Olympie, p. 366.--Herculanum (peintures d'), 190, 218, 286, 307, 384, 404, 452, 673. — Hercule, *st.*; enfant, 319; en repos, 432; jeune, 505; et Télèphe, *gr.* 450; *herm.* 239; dit Xénophon, 560; Philopotis, 87; *herm.* demi-fig. 515, 516; *br.* combattant Apollon, 168; Diane et Aristée, 293; Gaulois, 720; expiation d', p. 406.--Herennia, p. 342; Cupiennia Etruscilla, p. 337.—Herennien (Aug.), p. 341. — Herennius, p. 337.— Hermaphrodite, *st.* 193; Borghèse, 527, p. 399.—Hermate, p. 360.--Hermogénien, p. 337. — Hermus (bourg), p. 297. — Hérode Atticus, protecteur des arts, p. 410.--Hérodien, hist. p. 337; tyran, p. 341. — Hérodote d'Halicarnasse, p. 384.—Héroïne inconnue, 131.— Hérophile, p. 395. — Héros, dit le Gladiateur combattant, *st.*, 262; *b.* grec, 54; *br.* (deux) combattant, 277; debout devant un trophée, 281; reçus par Œnée à Calydon, 703.— Hespérus, 214.—Heures, *br.*; ailée, 458; retenant les chevaux de Diane, 437.—Hiéron, p. 384, 396.—Hipparque, p. 377; de Nicée, p. 401. —Hippias, p. 377.—Hippocrate de de Cos, 524, p. 384. — Hippodameiadae (bourg), p. 299. — Hippolyte et Phèdre, *br.* 16; amazône, 469.—Hipponax, p. 377.— Hippotamadae (bourg), p. 299.—Hippothoontide, tribu, p. 296, 299. — Histoire de l'art, par Winckelmann, 262, 370. — Homère, *herm.* 528; *br.* 307, p. 367.—Homme, *br.* couché couronnant une femme, 552; et enfant, 652, et femme se donnant la main, 542; entre deux pilastres, 671; femme et cheval, 695; sur un lit de repas, 45. — Honneur et vertu; leur temple, p. 400, 408. — Honoria (Justa Grata), p. 357 et 361. — Honorius, p. 355, 356; (temples protégés par), p. 412. — Horace, p. 320.—Horatius Coclès, p. 376.—Hortensius, p. 319.—Horus ou Orus, 55, p. 307. — Horus Apollo, p. 356.— Hostilia Severa, p. 338.— Hostilianus, ibid. — Hunile, p. 344.— Hûtes coniques couvertes en roseaux, 349.—Hybadae, bourg, p. 299. — Hydre de Lerne, 499.—Hydrousa, bourg, p. 300.— Hygie, *st.* 84; *br.* 259, 268. —Hygin, p. 320.--Hymette (mont) p. 300. — Hypatie, p. 356. — Hypérides, p. 395.—Hysiae, bourg, p. 300.

Ialysus, p. 389.— Icades, fêtes, 139.—Icaria, bourg, p. 300.— Icélus, génie des songes, 438.—Iconographie de Varron, p. 402; grecque de M. Visconti, 132, 201, 524, 526, 528, 530, 534, 592, 623, 655. — Idace, p. 363. — Idas et Lyncée, 277. — Idoles assises sur un trône, 367; de Sérapis, 365.—Ilea, bourg, p. 297.—Iliade, 733.--Ilythies, 378. —Impériale, *st.* 109.— Ingenuus, p. 340. — Ingres (M.) *dess.* 53. — Inopus, 98.— Intempestas ou Conticinium, l'heure indue, p. 312. — Io (voy. Isis grecque) 215. — Ion, chef des Ioniens, p. 295, *po.* p. 385.—

Ionidae, bourg, p. 298.—Iphigénie en Tauride, *br.* 219; de Timomaque, p. 402.— Irène ou l'Automne, 378.—Isaïe, p. 371.—Isée de Chalcis, p. 394.— Isiaque (vase), 3. — Isidore de Charax, p. 325. — Isis, *st.* 352, 359, 369, 375, 376, 4?6; à tête de lionne, p. 153; *b.* 215, 344; Neïth, 357; *t.* à tête de lionne, 730; *br.* 3; (buste d') 359; et Sérapis (temple d') 361, p. 306, 307. —Isocrate, p. 385.—Issus (bat. d') p. 331. — Ivoire amolli par Démocrite, p. 380 (voy. Phidias, toreutique.

Jambes croisées des faunes, 146; croisées, symbole du sommeil et de la mort, 22; droite d'une statue antique, 333; d'une grande beauté, 709.— Jamblique, p. 352.— Janus, p. 371.—Jason, *st.* 710: *br.* 478; à Colchos, 373.—Jean, tyran, p. 357, 359; Goujon, p. 211. — Jérémie, p. 372.—Jérusalem détruite, p. 326; rétablie sous le nom d'Aelia Capitolina, p. 410.— Jeune fille, *st.* 481; *br.* 552. — Jeune homme, *br.* dans le costume de Mithras, 506; sacrifiant à Adonis, 424; tenant deux flûtes, 551.—Jeux, 736.—Jotapien, p. 337.—Joueuse de lyre, *st.* 324.— Jovien, p. 353.— Jovin, p. 358. — Juba, p. 317; le jeune, p. 318, 403. Jugurtha, p. 401.— Jules César, *st.* 465, p. 317.—Julia, p. 333; *b.* 173, p. 322.—Julia, tribu, p. 303.— Julianus, p. 331. — Julie ou Livie, p. 320. — Julie, fille d'Auguste, p. 317, 320, 322; *st.* en Cérès, 77; fille de Julie, p. 321; fille de Titus, p. 326; son portrait, p. 409; Drusille, p. 323; Liville ou mineure, ibid.; fille de Drusus le jeune, ibid.; Domna, p. 332; *st.* 118; Aquilie, p. 333; Paula, ibid.; *b.* 173; Maesa, p. 334; Mammée, *st.* 255; *b.* 125, p. 334; Sabine, p. 328: Soemias Ire, pag. 332; II, pag. 334. — Julien Ier ou Dide, p. 331; II ou l'apostat; p. 352; *st.* 522; tyran, p. 345. — Julius Paulus, p. 337. — Junie, p. 318.—Junon, *st.* p. 15; *br.* 217, 437, 732; Acræa, 261; anc. style, 378; avec son sceptre, 381; Jupiter et Thétis, 324; sur son trône, 506; Lucine (temple de), p. 398.— Jupiter, *st.* 86; *gr.* enfant (voy. Britannicus), 183; *tc.* Sérapis, 13; *br.* 232, 324, 719, 732; anc. style, 378; distingué par la foudre, 381; et le sagittaire, 331; fragment, ?03; Olympien (statues de) p. 380, 383, 403, 407, 409, 410, 412; (temple de), p. 374, 398, 409; Capitolin (temple de), p. 572; de Tarente, p. 391; d'Antioche, p. 398, 399, 400.—Justa, p. 354.—Justin, p. 357. — Justine, p. 351, 354. — Justinien, sa statue, p. 413.—Juvénal, p. 327.

Kettoi, bourg, p. 299.

Labeo, p. 320.—Labyrinthe d'Egypte, p. 370.—Lachésis tenant un globe, 433. — Laciadae, bourg, p. 299.—Lacour, père et fils, grav. 421.—Lactance, p. 352.—Laelien, p. 342.—Lafreri (Antoine), 176.— Laguiche (M.), dess. 475.—Lamia, p. 327.— Lampadodromies, 455.— Lampes, 85; de Vesta, mois de décembre, 381. — Lampra supérieure et inférieure, bourgs, pag. 298. — Lampride, p. 352.— Lampridia, p. 331. — Lange (M.), *st.* p. 1, nos 128, 522.— Lantin ou Mercure du Vatican, 297.—Laocoon, p. 406.—Lapins, 163, 303; emblème de l'Espagne, 40; mangeant des raisins, 650.—Larissa, bourg, p. 298, 300. —Lartius, p. 377.—Latmus (mont) sous la figure d'un jeune homme, 236.—Lasus, p. 377.—Latone, 342. — Laugier (M.) gr. 234. — Laurent (M. Henri) grav. éditeur du Musée royal, p. 4. — Laurium, bourg, p. 398, 400.— Lausus (palais) incendié, p. 412.—Lavinium, p. 370. —Lechevalier (M.) 661, 673.—Leccum, bourg, p. 298. — Lefsina, p. 299. — Lemonia Rustica, tribu, p. 303.— Lenaeum, bourg, p. 300.

—Lenoir (M.) 721.—Léon I, p. 358; II ou le jeune, pag. 358, 359. — Léonce d'Athènes, pag. 357. — Léonce, p. 359.—Léonidas, p. 377. — Léontia, p. 359. — Léontide, tribu, p. 296, 299. — Léos, p. 296. — Léotychides, p. 384. — Lépida, p. 325. — Lépidus, p. 318, 402. — Le Thière (M.), pe. p. 67. — Lettres numériques des Grecs et des Romains, 304.— Leucippe d'Elée, p. 384.—Leuconium, bourg, p. 299. — Leucopyra, bourg, p. 298. — Lézards et Grenouilles en ornemens, p. 403. — Libanius, p. 356. — Libation, 247. — Libo, p. 293. — Licinie, p. 357.— Licinius, p. 348; le jeune, p. 349. — Licteurs, 176; des Décuries, 579. — Lièvre, 477. —Limnæ, bourg, p. 300.— Lion, st. 533. — br. de Némée, 499; attaquant un cavalier, 423; tué, id.; dévorant un cheval, un taureau, 722; mois d'août, 381. — Lipari, p. 333. — Litacidae, bourg, p. 297. — Lithestrote, p. 401. — Livie Drusille ou Julie Auguste, p. 320; st. 622; en Muse, 689; Orestille, p. 322. — Liville, p. 321. — Livius Andronicus, p. 397.—Lollia Paulina, p. 322. —Lollien, p. 342.—Longin, p. 345. Lousia, bourg, p. 299. — Louves, gr. de Mars, 679; br. (deux), 307; de Mars, 170; de Mars ou mois d'octobre, 381; de Romulus, 116. — Louvre (anc. collection des antiques de la Couronne et du), 66, 77, 88, 94, 129, 152, 156, 162, 182, 199, 323, 344, 526, 534, 656, 698, 718. — Lucain, p. 325. — Lucerès (tribu des), p. 301. — Lucien, p. 332. — Lucienne (château de), 55 —Lucifer ou le crépuscule, p. 312. — Lucifera, surnom de Diane, 214. — Lucilius, p. 401. — Lucille et sa fille, p. 330, b. 123.— Lucillien, p. 353. — Lucius César, p. 321.— Lucius Clodius Macer, p. 324.—Lucrèce, p. 319.--Lucullus, p. 402, 403. —Lucumon ou roi étrusque, p. 301. —Lucus ou bois sacré, ibid.—Lune (la), br. 76; (buste de la), 90, 122; et Endymion, 236, 437. — Lycabettus, montagne, p. 300. — Lycophron, p. 396. — Lycurgue, p. 385. —Lyncée, 277.—Lysandre, p. 385. — Lysias, ibid. — Lysimaque, p. 396. — Lysippe, st. 216, 307, 399, 406, 684, p. 408.

Macenius Vibius (C.), br. 555. — Macrien, p. 340; le jeune, p. 334. — Macrin (buste attribué à), 337, p. 333. — Macrobe, p. 359. — Macron, p. 322. — Maenenia Rustica, p. 303.— Maenus, p. 391.— Maeonius, p. 341. — Maetia Rustica, tribu, p. 303.—Maffei (le marquis), voy. *Museum Veronense*. — Magnence, p. 351. — Magnus Maxime, p. 355. — Mains, des figures égyptiennes, 361; d'hommes, des figures égyptiennes, 361, 375.—Majorien, p. 361.—Mamurra emploie des marbres étrangers, p. 404.— Mancinus, p. 400. — Mane, la pointe du jour, p. 312.— Manéthon, p. 396.—Manilius, p. 320. — Manlia Scantilla, p. 331.— Marathon, bourg, p. 297; (tableau de la bataille de), p. 377.— Marbre teint en rouge, 680; uni aux métaux, 82; étrangers à Rome, p. 404; imitation, incrustation des, p. 408.— Marc-Aurèle, st. 26, 697; b. 147, 269; jeune, 699; t. 138, p. 329, 410. — Marcella, p. 320. — Marcellin, p. 350.— Marcellus, fils d'Octavie, pag. 318, 321, 404, Varius, p. 333. — Marche de Victimes, br. 228. — Marcia Furnilla, p. 326.—Marciane, p. 328.—Marcien, p. 357, 361. — Mardonius, p. 384. — Mariage romain, 492. — Marie, p. 356. — Marin, p. 337.— Marine, pag. 356. — Mariniane, p. 338. — Marius (Caïus), p. 401; (trophées de), p. 409; M. Aurel. p. 342.—Mars, st. 411, 474; vainqueur, 260; voy. *Achille*, 144; br. 725; anc. style, 378; et le scorpion, 331; et Vénus réunis par l'Amour, 381. — Marsyas, st. 230; br. 731. — Martia, pag. 332. — Martial, p. 327.—Martianus Capella, p. 36.

— Martinien, p. 349. — Masques, 339, 527; bachiques, 378; tragiques, 60, 307, 520; comiques, 116, 158, 303, 307, 452; d'Ammon, 303, 495; de Bacchus et d'Ariadne, 421; de faunes, 48; de faunes, de silènes, 208; de Méduse, 71, 303, 530, 713; de Neptune, 493; de silènes, 18, 325; de tritons, 42, 713; (deux grands), 307; d'un travail très-fin, 418; du soleil et de la lune, 437. — Massard (M. F.), *grav.* 75; J. B. R. *grav.* 477; Urbain, *grav.* 154; V. *grav.* 46. — Massinissa, p. 397. — Maternus (Jul. Firmicus), p. 352. — Matidie, p. 328, *b.* 129; la jeune, pag. 328. — Matrone romaine, 407. — Mausole, p. 395. — Mausolée, p. 388; d'Hadrien, p. 409. — Mautour (M. de), 718, 720. — Maxence, p. 348. — Maxime, fils de Maximien, p. 335; père de Pupien, p. 336; Valère, p. 325; de Tyr, p. 329; Petronius, p. 358, 360, 361. — Maximien Hercule, p. 346. — Maximin Ier, p. 335; II Daza, p. 348. — Mécène, p. 320. — Médée (vengeance de), 478; de Timomaque, p. 402, 403. — Mégasthènes, p. 395. — Mélaene (bourg), p. 298. — Méléagre mourant, *br.* 256, 270. — Mélétè, bourg, p. 298. — Mellan, *gr.* 148. — Melpomène, *stc* 348; *bc.* 307. — Memmius Regulus dépouille la Grèce, p. 407. — Ménandre, p. 395. — Ménophante, *sc.* 190. — Menton de l'ancien style égyptien, 355. — Mercure, *st.* 263, 297; enfant, 284; *gr.* et Vulcain, 488; *her.* 512, 513; Enagônios, 93; *br.* 332, 433, 506; anc. style, 378; avec son caducée, 381; Epulon, 667; et une femme, 538; colossal en Auvergne, p. 407. — Mère (une) et ses enfans, *br.* 521. — Mérimée (M.) *pe.* p. 98. — Mérovée, p. 360. — Mesogaia, tribu, p. 295. — Mesonyctium, cérémonie, 30. — Messala Barbatus, p. 323. — Messaline, et Britannicus, *gr.* 183, p. 323; Aurélie, p. 331. — Métellus, p. 393, 400, 402. — Metia Faustina, p. 335 et 336. — Metius Marcellus, p. 335. — Metœques, p. 295. — Méton, *math.* p. 299, 385. — Métope du Parthénon, 128. — Métrodore et Epicure, *her.* 139. — Micea, p. 335. — Miletum, bourg, p. 300. — Milon de Crotone, p. 357. — Milonie Césonie, p. 323. — Miltiades, *herm.* 594, p. 384. — Minerve, *st.* 162, 386, 418, 448, 458; au collier ou la belle, 192; d'anc. style grec, 398; dite la Pallas de Velletri, 310; fragment de statue, 596; *t.* 430; *br.* 177, 381, 433, 451, 506, 725, 731; anc. style, 378; Poliade, 175; sans égide, 437; Chalcioecos, p. 371; Alea et d'Erythres, p. 376; du Parthénon, p. 412; Cranea, p. 399. — Minervina, p. 349. — Minium (statues frottés de), p. 386. — Minucia, tribu, pag. 303. — Minucius (Felix), p. 337. — Minutia, tribu, p. 303. — Misithée, p. 336. — Mithras, *br.* 76, 122, 726. — Mithridate, p. 317, 401; ses pierres gravées, p. 403. — Modène (palais ducal de), 145, 291. — Mois athéniens, p. 257 et 309; égyptiens, p. 307; romains, p. 313. — Molinchon (M.), *dess.* 155, 168, 324. — Molo de Rhodes, p. 319. — Momulus ou Romulus Augustule, p. 363. — Monnaies, d'argent, p. 369; (1^{eres}) à Rome, p. 395; (1^{eres}) de bronze à Rome, p. 374; fausses, p. 402. — Monochrome, p. 386. — Montfaucon, 703. — Monumens du Musée, par MM. J. G. Schweighaeuser et Louis Petit-Radel, très-souvent cités, voy. p. 4. — Monumenti Gabini de M. Visconti, très-souvent cités, voy. p. 2. — Morace (M.), *grav.* 310. — Morel (M.), *grav.* 53. — Morphée, *br.* 236; en jeune homme, 438. — Mosaïques de M. Belloni, p. 147; antiques, 178, 394; pavés en, p. 401, 407. — Moschus, p. 401. — Mougeot (M.), *grav.* 168. — Moules d'argiles, p. 368 372. — Muller fils (M.), *grav.* 282. — Mummius (triomphe de), p. 399. — Munda (bataille de), p. 317. — Mundzicus, p. 361. — Municipales (statues) en toge, 111. — Munychie, bourg, p. 300. — Murcie, p. 317. — Murrhins (vases), p. 403. — Murse (bat. de), p. 340, 351. — Musaeus, p. 360. — Muses, *st.* 426, 498; *b.* 64; *br.* (trois), 559, 656; de Strongylion, p. 402; d'Olympiosthènes, ibid. — Musée du Capitole, 202, 207, 307, 359; de Naples, 310; du Vatican ou Pio Clementino de M. Visconti, 69, 85, 95, 96, 100, 111, 312, 339; 92, 113, 151, 220, 241, 245, 249, 277, 348, 378, 565; de Vérone, 44, 182, 222, 352. — Myron, 703. — Myrrhinus, bourg, p. 299. — Myson, p. 377.

Nacolie (bataille de), p. 354. — Naevius, p. 396. — Narbonne (siége de), p. 358. — Narcisse, affranchi, p. 323, 325. — Narsès, p. 347. — Naucides, *st.* 704. — Nausicaa, *st.* 73. — Nègre, *st.* 354. — Neïth, 357. — Némésien, p. 345. — Némésis, *st.* 318; de Rhamnus, p. 381. — Nephthée ou Apophras ou Nephthys, 372, p. 306, 307. — Nepos (Jul.) p. 362. — Népotien, p. 351. — Neptune, *br.* ancien style, 378; avec son trident, 381; équestre, 225; et Amphitrite, (quadrige de) en or et en ivoire, p. 410. — Néréïdes, *br.* 75, 303, 315, 384, 443, 486; et Tritons, 127, 460, 482; jouant avec des monstres marins, 404. — Néron César, p. 332. — Néron Emp. *st.* jeune, 410; en vaiqueur des jeux de la Grèce, 51, *br.* 289, 334, p. 324; dépouille la Grèce, p. 407. — Nerva, p. 327; *b.* 305. — Nicandre, p. 401. — Nicée (bataille de), p. 331. — Nicias, *pr.* 298; sa Némée, p. 404. — Nicolas de Damas, p. 320. — Nicomédie, p. 345. — Nicopolis (bataille de), p. 338. — Nigrina, p. 345. — Nigrinien, ibid. — Nigrinus, p. 329. — Nil (le) *b.* 347; en basalte, p. 408. — Niobé (famille de), p. 388. — Niobide, *st.* 441. — Nointel (le marquis de), 128; (marbres de), 222. — Nola, p. 320. — Nomes ou Gouvernemens égyptiens, p. 306. — Nomophylaces, dignité, 82. — Noms des familles consulaires romaines, p. 289; supposés, p. 409. — Nonia Celsa, p. 333. — Nonnus, p. 356. — Numa Pompilius, p. 371. — Numatien, p. 361. — Numenius, p. 322. — Numérien, p. 345. — Nymphes (les) *gr.* 165; *st.* 73; dite Vénus à la coquille, 686; endormie, 491, *voy.* *Vénus*, 194; *br.* de Jean Goujon, 212; nourrices de Jupiter, 259; soutenant des guirlandes, 315; (trois) 354.

Oa, bourg, p. 300. — Obélisque (fragmens d') 226, 361, 365, 372, 376. — Obsequens (Jul.), p. 359. — Obsidienne (statues en pierre) p. 404. — Océan (tête de l'), 214. — Ocriculana, tribu, p. 303. — Octavie, sœur d'Auguste, p. 318; (portique d'), p. 399, 400, 403; fille de Claude, p. 324. — Octavius (Cn.), p. 399. — Odénat, p. 341. — Odéon de Périclès, p. 401. — Odoacre, p. 363. — Odyssée, 733. — Oê, bourg, p. 299. — Oenée, 270, p. 296. — Oenéide, tribu, pag. 296, 299. — Oenoé, bourg, p. 297, 299. — Oeufs de bois du cirque, 449. — Oeum Ceramicum, bourg, p. 299; Decelcium, id. ibid. — Offrandes, *br.* 21. — Oiseaux, *br.* 303, 413, 487, 489, 495, 667; buvant dans de grands cratères, 325. — Oliviers du stade plantés par Hercule, 432. — Olybrius, p. 362. — Olympiade, p. 350. — Olympiques (table des jeux), p. 403. — Omphale, 193. — Ongles des statues égyptiennes, 361. — Onomacrite, p. 377. — Ophélion, *st.* 150. — Ophiophages ou Psylle, 412. — Ophiucus, ibid. — Oplitae, tribu, p. 295, 296. — Oppien, p. 337. — Orchestra, 452. — Oréade (nymphe), 438. — Oreilles de l'ancien style égyptien, 355; des athlètes, 93, des statues égyptiennes, 361. — Oreste, *br.* 219; et Pylade, 388; Patrice, p. 363. — Orgues hydrauliques, p. 396. — Oribase, p. 356. — Origène, p. 337. — Ornemens en bronze doré, 82, 126. — Orope, bourg, p. 300. — Orsay (collection d'), 31. — Orus ou Horus, son image sculptée sur des pierres blanches, 55, p. 307. — Osiris, *st.* 375; *bc.* (voy. Antinoüs), 126, p. 306. — Otacilia Severa, p. 336. — Othon, Empereur, p. 325, 408. Voy. aussi la *st.* 130 et le *b.* 680. — Outils de menuiserie, 8. — Ovide, p. 320. — Oxyderkès, surnom de Minerve, 455.

Pacatien, p. 337. — Pacuvius, p. 401. — Paeania inf^{re} et sup^{re}, bourgs, p. 300. — Paeonidae, bourg, p. 300. — Paidotribe, 455. — Paix (la) portant Plutus, p. 388; (temple de la), p. 408. — Pajou, *st.* 680. — Palatina Urbana, tribu, p. 303. Pallade, p. 361. — Pallas de Velletri, 310; (temple de), p. 409; affranchi, p. 323, 325. — Pallenè, bourg, p. 298. — Palmyre, p. 411. — Pambotadae, bourg, p. 298. — Pan, *st.* 506; *br.* 531, p. 307. — Panaetius de Rhodes, p. 401. — Panaetus, forteresse, p. 300. — Panathénées, *br.* 82. — Pancrace, 435. — Pandionide, tribu, p. 295, 299. — Pandore, *br.* 217. — Paniers ou calathus de Cérès, mois d'août, 381; renversé, 497. — Panthéon, p. 320, 406. — Panthères, 195, 477, 508, 613; belles, 509; couchées près de Canthares, 396; en animaux marins, 404. — Panyasis, p. 377. — Paon de Junon, mois de janvier, 381. — Papia, tribu, p. 303. — Papianille, p. 361. — Papias, *sc.* 134. — Papillon, emblême de la vie, 322. — Papinien, p. 337. — Papiria Rustica, tribu, p. 303. — Papirius, p. 377. — Parabates, voltigeurs sur des chevaux, 463. — Paralia, tribu, p. 295. — Paralus, héros, ibid. — Pâris, *b.* 191; *br.* (jugement de), 437, 506. — Parménide d'Elée, p. 377. — Parnethê, montagne, p. 300. — Parodies des grands sujets, 429. — Parques, *br.* 270, 433. — Parthénon (bas-relief du), 82. — Pasiphaé, 71, (voy. Dédale.) — Passienus Crispus, p. 324; Vibius, p. 341. — Paterculus (Velleius), p. 325. — Patrice, p. 360. — Patrocle (île de), p. 301. — Paul Emile, p. 397, 399; le Silenciaire, p. 413. — Paulin, p. 357. — Pauline, p. 335. — Pausanias, roi de Sparte, 384; le voyageur, p. 332, 369, 378, 387, souvent cité. — Pausilippe (le chemin de), p. 404. — Pêcheur, *st.* 595, 611, 595. — Peintures antiques, 155, 354, p. 405, (voy. Herculanum); unie à la sculpture, 82; enlevée de dessus un mur, p. 400; colossale de Néron, p. 407. — Pelékes, bourg, p. 298. — Pélopidas, p. 394. — Pentelê, bourg, p. 299. — Pergame (arts à), p. 396, 399. — Pergasi, bourg, p. 299. — Périandre, p. 372. — Périclès, p. 385. — Périthoidae, bourg, p. 299. — Pérouse, p. 319. — Perrhidae, bourg, p. 298. — Perse, p. 325. — Persée, fils de Philippe, 187, p. 399. — Personnages inconnus, *st.* romain en Mercure, dit le Cincinnatus, 712; cru Othon, 130; *gr.* romains, Vénus et Mars, 322; *b.* inconnu; 286, 101, 106, 164, 166, 382, 390, 397, 402, 457, 483, 484, 519; *br.* bachiques, 532; de grandeurs différentes, 261; (deux) sur un char, 735. — Persuasion (déesse de la) ou Pitho, 217. — Pertinax, *st.* 462, p. 331. — Pescennia Plautiana, ibid. — Pescennius (Niger), ibid. — Pestum (temple de), p. 370. — Petitot (M.) *st.* p. 98. — Petit Radel (M.) voy. *Monumens du Musée.* — Pétrone, aut. p. 324, 325; Patrice, p. 353. — Petronia, p. 326. — Petronius Didius, p. 331. — Peuple ou Dêmos d'Athènes de Parrhasius, p. 384. — Peupliers du stade plantés par Hercule, 432. — Peyron (M.) pe. p. 67. — Phaéton, sa chûte, ses sœurs changées en peupliers, 732. — Phalère, bourg, p. 297. — Pharamond, Roi des Francs, p. 356. — Phare d'Alexandrie, p. 395. — Pharmacuses (îles), p. 301. — Pharsale, p. 317, 318. — Phédon, p. 385. — Phèdre, p. 320. — Phèdre, *br.* 727; et Hippolyte, 16; le fabuliste, p. 320. — Phegous, bourg, p. 299. — Phérécyde, p. 377. — Phidias, *st.* 82, 128,

192, 318.—Phidon d'Argos, p. 369. — Phigaia, bourg, p. 297, 300. — Philaidae, bourg, p. 299.— Philê, bourg, ibid.—Philippaeum, p. 388. —Philippe, Roi de Macéd. p. 395; le père, Emp. *b.* 161; (les deux), p. 336, 337.—Philippes (bat. de) p. 318, 319. — Philoctète, 175. — Philon d'Alex. p. 325; de Biblos, p. 329. — Philopoemen, p. 397.— Philopotis, surnom d'Hercule, 285. Philostrate, p. 337. — Philoxène, p. 299. — Phlya, bourg, p. 300.— Phocion, p. 395. — Phocylides, p. 377.—Phormisia, bourg, p. 301. — Phosphorus, 214. — Phratries, p. 295. — Phrearii, bourg, p. 299. —Phrittoi, bourg, p. 301.— Phryné, p. 390.— Phrynicus, p. 377.— Phylae ou tribus, p. 295.—Phyrn, bourg, p. 298. — Pieds des statues égyptiennes, 359; d'une belle forme, 712; posé sur un marchepied, emblème de la vie sédentaire, 420. — Piédouche singulier, 166, 269, 291. —Pierre Lescot, ar. p. 211. — Pietas, déesse, p. 293. — Pilastre orné de branches d'olivier, 498.—Pinaria, tribu, p. 303.—Pincerna, échanson, 45.—Pindare, 398, p. 377; (statue de), p. 378, 380. — Pipa, p. 339. —Piranesi, 165, 208, p. 4.—Pirée, bourg, p. 299. — Piroïs, cheval du soleil, 406. — Pisandre, p. 372. — Pisistrate, p. 377.— Pison (Calpurnius), p. 322; L. Calp. tyran, p. 340. —Pithos, bourg, p. 298.—Pittacus de Mytilène, 655, p. 372. — Pixodore, ibid.—Placidie, p. 355, 357. — Plafonds dorés (1ers) à Rome, p. 400.—Plastique, p. 371. — Platon, p. 385. — Plaute, p. 397. — Plautia Urgulanilla, p. 323.—Plautien, p. 333.—Plautille, *b.* 52, 119, 687. — Pline l'ancien, p. 327; le jeune, p. 329; protecteur des arts, p. 409; Valérien, p. 327.—Plotin, p. 337. — Plotine, *st.* 692, p. 328. —Plutarque, p. 329.—Pnyx, portique d'Athènes, p. 301.—Pocillatores, échanson, 45, 137, 552. — Pococke, savant voyageur, 670. — Poecile, portique d'Athènes, p. 382. —Poète et trois Muses, 559. — Pogon ou barbu, surnom de Bacchus, 17, 121, 181. — Poissons, mois de mars, 365. — Poitrine des statues égyptiennes, 355, 359.—Polémon, roi, p. 319; phil. p. 395.—Pollentia (bat. de), p. 356.—Pollia Rustica, tribu, p. 303.—Pollux, héros, *st.* 218; auteur, p. 332.—Polybe de Mégalopolis, p. 401.—Polycharme, *sc.* 693.—Polychrome (sculpture), 102, 514. — Polyclès, *st.* 327. — Polycrate, p. 375, 377. — Polyen, p. 3?2. — Polygnote, pe. 298. — Polyhistor (Alex. Corn.), p. 319.— — Polymnie, *st.* 306; *br.* 307; et une autre figure, 311.—Polyphême, *br.* 451.—Pompe, bachique, 41; solennelle, 82.—Pompéi, 201, 207, 290, 675; gladiateur de, 340; peintures de, 285, 315, 404, 452; tombeaux de, 339; temple de, p. 370, 402, 403. — Pompeia, p. 317. — Pompeianus, p. 330. — Pompeius-le-Grand, p. 317; son triomphe, p. 403; Sextus, *st.* 150, p. 317.— Pomponius Bassus, p. 334; Fabius, p. 341; Festus, p. 359; Mela, p. 325. —Pomptina Rustica, tribu, p. 303. —Pontirolo, p. 342.—Ponza, îles, p. 322. — Pope ou victimaire, 439. —Popée la mère, p. 323; Sabine, ibid. — Popillia Rustica, tribu, p. 303. — Poros, bourg, p. 297.— Porphyre, p. 345; (1ères statues de), p. 407.— Porsenna, p. 376.— Portraits, de deux personnages égyptiens, 359; non terminé, 421; en cire, p. 393.—Pose des statues égyptiennes, 364. — Poseidon ou Neptune, p. 295.—Posidonias, tribu, ibid. — Posidonius, phi. *st.* 89.— Postume, p. 341; le jeune, p. 342. —Potamos, bourg, p. 299. — Pothinus (femme et enfans d'Aulus Fabius), 44.—Pouzzoles, 179, p. 410. — Præficæ, pleureuses publiques, 459. — Pratiae, bourg, p. 300. — Pratinas, p. 377. — Praxidamas, p. 375.—Praxitèle, *st.* 19, 59, 185, 190, 399, 417, p. 408. — Prénoms des Romains, p. 291.—Prêtres, *st.* égyptien, 361, 363; *b.* égyptien rasé, 514; *br.* haruspice, 439.—Prêtresses, *st.* d'Isis, 501; *br.* 551. — Priam, 206.—Primatice (François), pe. 178.—Primipile, 555.—Prisca, p. 345.—Priscus, jur. p. 329, frère de Philippe le Père, p. 337.—Prisonniers barbares, *st.* 7, 11, 26 *bis;* indiens, *br.* 725. — Probalinthus, bourg, p. 294.—Pro[illegible]us, p. 344.—Procession de supplians, 261. — Proclus, p. 360.—Procope, usurp. p. 353, 354; Anthémius, emper. p. 362.—Proculus, p. 344.—Proèdres, p. 296.—Prométhée, *br.* 217; formant l'homme, 322, 433.—Properce, p. 320.—Proportions des figures dans les bas-reliefs, 261, 425. — Propylées d'Athènes, p. 381. — Proserpine (enlèvement de), *br.* 566. —Prospalta, bourg, p. 297.—Protagoras, p. 385.—Protogène, pe. 146. —Providence (la), *st.* 323. — Province vaincue, *bc.* 1. — Prudence, p. 359.—Prud'hon (M.), pe. p. 67, 97.—Prytanée, p. 296.—Psaphidae, bourg, p. 297.—Psychagogue, surnom de Mercure, 538.—Psyché, *st.* 287; *gr.* et l'Amour, 496; *br.* 429; et l'Amour, 493.—Psylle ou Ophiophage, *br.* 412. — Psyttalie, île, p. 301.—Ptelea, bourg, p. 299. — Ptolémaïde, tribu, p. 296, 300. — Ptolémée Lagus, p. 395; Philadelphe, p. 396; son vaisseau, p. 394; Evergètes, p. 396; Lathyre, persécute les artistes, p. 401; Aulètes, pag. 318; fils de Juba 2e, pag. 319; géogr. 329.—Pudicité (la), *st.* 118, 124; *b.* 117; *t.* 393. — Pulchérie, p. 358. — Pupien, *st.* 445; *b.* 79; p. 336, 411. — Pupinia Rustica, tribu, p. 303.—Putéal, 290.—Pylade, 219.—Pyrrhon d'Elide, p. 394. — Pyrrhus, p. 396. — Pythagore, phil. p. 372.—Pythéas de Marseille, p. 395.—Python (le serpent), 188.

Quatremère de Quincy (M.), 82, 310, 366, 369, 678.—Quietus (Fulv.) p. 340. — Quindecimvir, dignité, 18.—Quinte-Curce. p. 359.—Quintia Orestilla, p. 336.— Quintilien, p. 327. —Quintillus, p. 342.—Quirina Rustica, tribu, p. 303.

Radagaise, p. 356. — Ramnes (tribu des) p. 301.—Ravenne, p. 347. — Récapitulation des antiquités du Musée, p. 378.—Régillien, p. 340. —Régulus, p. 396.—Rémus, 170.— Repas funèbres, *br.* 519, 521, 548, 557, 602, 605, 643, 675, 677. — Repentinus (Corn.), p. 331.—Rhamnus, bourg, p. 297. — Rhexibius, p. 375.—Rhytons, 4, 39, 325, 507. Riccio (André), ar. 678. — Richelieu (antiques du château de), 43, 51, 79, 154, 185, 209, 258, 281, 292, 297, 467, 530.—Richomme (M.) *grav.* 146, 656. — Romanelli, pe. p. 67.—Rome, *st.* 102; *bc.* 116; *b.* 170, 444; *t.* 156; brûlée, p. 356.— Romilia Rustica, tribu, p. 303. — Romula, p. 346.—Romule (le cte), p. 365.—Romulus, *b.* 170, p. 371; Augustule, p. 363; M. Aurel. p. 348. —Roscius, p. 319. — Rostrale (colonne), p. 391; de Duillius, p. 395. —Rufin, p. 355.—Rufus, p. 317.— Rupille, p. 329.—Rustiques, tribus, p. 301.

Sabatina Rustica, tribu, p. 303. — Sabazius sous l'emblême du serpent, 76.— Sabine (Julie), p. 328, *st.* 593.—Sabinus, p. 326. — Sacrifices, 400; à Ariadne, 159; emblêmes de, 91; romain, 724; rustique, 163. — Sagittaire, *br.* mois de décembre, 381.—Saint Ambroise, p. 356.—Saint Augustin, p. 361.— Saint Basile, p. 356. — Saint Clément, p. 357.—Saint Cyprien, ibid. —Saint Cyrille, p. 358.—Saint Epiphane, p. 356.—Saint Eustache (statues égyptiennes trouvées à l'église de), 365.—Saint Grégoire, p. 356. — Saint Hippolyte (statue de), p. 411. — Saint Jean Chrysostôme, p. 356. — Saint Jérôme, ibid.— Saint Justin, p. 329.—Saint Léon-le-Grand, p. 361.—Saint Marcel (église de),

721. — Saint Médard d'Eyran, 421. — Saint Paulin, p. 361. — Saint Pierre, sa statue, p. 412. — Sainte Sophie (église de), p. 415. — Saint-Victor (M. de), ses explications des statues du Musée, p. 4. — Saisons, 378. — Sallier (M.), 361. — Salluste, p. 319; (jardins de), p. 408. — Sallustia (Barbia Orbiana), p. 354. — Salone, p. 345. — Salonin, p. 339; Gallien, ibid.; Chrysogone, ibid. — Salus (temple de la déesse); ses peintures, p. 395. — Samnites (gladiateurs), 29. — Sangliers, *st.* 224. — Sapho, p. 372. — Sapor, p. 336; II, p. 351; III, p. 354. — Sappinia, tribu, p. 303. — Sarcophages, 460, 472, 493; cannelés, 480, 490, 494, 723. — Sardanapale, p. 371. — Sarment de vigne, marque de la dignité de centurion, 555. — Saturnin, p. 350. — Satyres, *br.* 421, 473; dansant et jouant de la flûte, 421; et une chèvre, 4; soutenant Bacchus enfant, 425; terrassé, 493. — Saumaise, 211. — Sauroctone, surnom d'Apollon, 19. — Savary (voyage de), 412. — Save (bat. de la), p. 355. — Scaliger, (Joseph), 211. — Scambonidae, bourg, p. 299. — Scaptia Rustica, tribu, p. 303. — Scaurus (théâtre de), p. 400, 401. — Scévola, *or.* p. 319. — Sciéries d'Arcadie, fêtes, 523. — Scipion Ier, africain, p. 397; II, africain, p. 401. — Sciron, bourg, p. 301. — Scopas, *st.* 404. — Scorpion, symbole de l'automne, 76; mois de novembre, 381. — Sculpture en bois, 155; polychrône, 102, 345, 354, 514; aux points, 94. — Scylax, p. 377. — Scylla (figures de), 207. — Scymnus de Chio, p. 319. — Scythes, 713. — Sébastien, p. 359. — Sedulius, p. 361. — Seins, de femmes des sphinx égyptiens, 375; très-saillans, 376. — Séjan, p. 321. — Séléné, p. 319. — Séleucie, p. 344. — Séleucus Nicanor, p. 395. — Semachidae, bourg, p. 298. — Sénèque, p. 324, 325, 595. — Septime Sévère Ier, *b.* 99, 108, 110, 143, 385, p. 332, 410. — Septimius, p. 343. — Septizonium de Sévère, p. 410. — Sérapis, *b.* 351; *tc.* 13; (temple de), 249, 361. — Serenus Samonicus, p. 337. — Sergia Rustica, tribu, p. 303. — Scribonia, p. 320. — Serpens, 303, 361, 497, 571; du bonnet de Vulcain, 381; de Méduse, 550; d'une furie, 388; d'Apollon Pythien, 401, 627; des coiffures égyptiennes, 215, 355; d'Esculape et d'Hygie, 84, 254, 283; d'Isis, 730; entourant un arbre, 598; mythriaque, 726; sacrés ou génies, 285; peint sur des peaux, p. 403. — Serpentaire (le), 412. — Servilia, p. 320. — Servius, p. 362; Tullius, Roi de Rome, p. 377. — Sévère II, p. 347; III, p. 362. — Sévérine, p. 343. — Severius, p. 336. — Sextilia, p. 325. — Sextus Pomponius, p. 337. — Sibylle (statue d'une), p. 398. — Sicile (arts en), p. 396, 399. — Sidoine Apollinaire, p. 363; sa statue, p. 412. — Siéges, consacré à Bacchus, 241; à Cérès, 245; de bain, 69. — Signes du zodiaque, 381; personnifiés, 331. — Silanus, p. 323, 324. — Silène, *st.* 468; avec l'outre, 476; *gr.* et Bacchus, 326; portant Bacchus, dit le faune à l'enfant, 709; *br.* 165, 307, 421, 520; couronné de lierre, 285; ivre, 711; jouant de la lyre, 421. — Silius Claudius, p. 323; Italicus, p. 327. — Simmias de Rhodes, p. 395. — Simon, p. 385. — Simonides, p. 377. — Simplicius, p. 360. — Smicythus, p. 384. — Soc de charrue, 249. — Socrate, *herm.* 526, 534, *br.* 307, p. 384. — Soemias (Jul.), p. 354. — Soldat armé de pied en cap, 620. — Soleil (le) *st.* 406; *br.* 76, 732; (bustes du), 90, 122, 726; couchant, levant, 506. — Solin (Jul.), p. 337. — Solon, p. 372. — Sommeil (le) *br.*, conduit par un Amour, 457; portant des pavots, 58. — Sophocle, p. 384; son petit-fils, p. 394. — Sophonie, p. 372. — Sophonisbe, p. 397. — Sorrente, p 321. — Sozigenes, p. 307. — Spartien, p. 345. — Speleum, antre, 76. — Speusippe, p. 395. — Sphendatê,

bourg, p. 299. — Sphettus, bourg, p. 297. — Sphinx, 303, 339, 487, 727; ailés des Grecs, 375; (deux), 104; égyptiens, 253, 330, 375.— —Sphæristes, 529. — Sphurélaton, 28, p. 371. — Spolette, p. 338. — Spon (mélanges de), 141, 211, 537, 617.—Spægilos, bourg.; p. 301. — Squelette humain, très-rare dans les bas-reliefs antiques, 25, dans un sarcophage, 421. — Stace, p. 327. — Staphylus, 421. — Statilie Messaline, p. 324.— Statuaire grec (1er) à Rome, p. 397; en bronze (déclin de la), p. 394, 399; en ivoire, p. 410. Voy. toreutique. — Statues (1res) p. 364; égyptienne, ibid.; moderne, 173; d'airain (1re) à Rome, p. 378; romaines en l'honneur des grands hommes, p. 374, 381; 1res statues équestres romaines, p. 391; dorée (1re) en Italie, p. 398; mutilées, 406, 411, 413. — Stésichore, p. 372.— Stilicon, p. 355, 356; sa statue, p. 412. — Stobée, p. 345.— Strabon, p. 320.—Straton, p. 396. Style ancien. 608; égyptien (ancien), 355, 358, 361, 372, 374. — Suburana, tribu, p. 303. — Suburbana, tribu, ibid. — Suétone, p. 329. — Suivant de Bacchus, *st.* 402, 485. —Sulpicia Memmia, p. 334.—Sulpicianus, p. 331.—Sulpicius Antoninus, p. 339; (Servius), p. 319.— Sunium, bourg, p. 298. — Suovetaurilia, sacrifice, 176. — Surnoms des familles romaines, p. 292. — Susarion, p. 377.—Sybridae, bourg, p. 299. — Sydra (golfe de), 118. — Sylla enlève les statues de la Grèce, p. 401.—Sylvain (autel consacré à), 60; (Flavius), p. 352. — Symétrie des bas-reliefs des sarcophages, 4, 404, 460.—Synésius, p. 358.—Sypalettus, bourg, p. 298.—Syphax, p. 397.—Syrie (arts en), p. 399.

Tableau (1er) étranger à Rome, p. 399.—Tables en terre cuite chargée de vases, 325; triangulaire, 160. —Tacite, hist. p. 327; (M. Claud.) Emp. 343. — Talonnières de Mercure, 378.—Talthibius, 608.—Tarquin l'ancien, p. 372; le Superbe, p. 377.— Tarse, p. 344, 348.— Tatienses (tribu des) p. 301.—Taureau, *br.* 719; de Crète, 499; de Marathon sur le casque de Miltiade, 594; emblème de la lune, 76, 90, 122; mois de mai, 381; s'abattant, 721; en animal marin, 404; Farnèse, p. 406.—Taurobole, 30.—Télamons à genoux, 96. — Telchines, p. 364. — Télèphe (voy. Hercule et Télèphe), *gr.* 450.—Télesphore et Esculape, 475, *st.* 510.—Tellias, p. 378. —Temples (1er) en marbre à Rome, p. 400; de Minerve à Tégée, p. 386; pseudopériptères, p. 369; de la Paix, p. 408; de l'Honneur et de la Vertu, ibid.; de Pallas, p. 409. —Térence, p. 401; du Vatican, 452. —Terpsichore, *br.* 307.—Terre (la) personnifiée, 259, 437, 438; et trois génies, 732. — Terrentina Rustica, tribu, p. 303.— Tertullien, p. 337. —Têtes, antique idéale, 333; d'Ammon, 226; de béliers, 303, 320, 331, 339, 487, 497, 715; de divinité barbue avec des cornes, 720; de lion, 508; de Méduse, 320, 409; d'homme dans une frise, 421.--Tétricus, p. 343; le jeune, ibid.—Texier (M.), *grav.* 151, 207, 220, 331.—Thalaméphore, *st.* 365; à genoux, 367.—Thalamos, 365.—Thalès, p. 372.— Thalie, *st.* 158, 167; *br.* 307.—Thapse, p. 317. — Théâtre double et mobile de Curion, p. 404.--Thebae, bourg, p. 301. —Themacos, bourg, p. 299.—Themistius, p. 356.—Thémistocle et la Victoire, 175, p. 377. — Théoclie, p. 334.—Théocrite, p. 396.—Théodora, p. 346. — Théodoret, p. 358. —Théodoric, p. 360, 361; sa statue équestre, p. 412. — Théodore Ier, p. 354; II le jeune, p. 356, 412. — Théodote, p. 340. — Théognis, p. 377. — Théon, p. 356. — Théophile, p. 332. — Théophraste, p. 364. — Théopompe, ibid. — Thermantia, p. 354; (Æm. Materna), p. 357.—Therpandre, p. 372. — Thespiades, p. 399. — Thespies (cupidon de) *st.* 399.—Thespis, 536. —Thessalonique (bat. de), p. 548; brûlée, p. 354.— Thétis ou Vénus, 120; *br.* 324.—Thoas, 219.—Thorae, bourg, p. 298. — Thoricus, bourg, p. 297.—Thria, bourg, p. 299. —Thrion, bourg, p. 301.—Thucydide, *herm.* 592, p. 384.—Thymetadae, bourg, p. 299. — Thyréatique, surnom de Diane, 523. — Thyrgonidae, bourg, p. 300.— Tibère, *st.* 111; *b.* 309, 329, 682, p. 321, 406.—Tibre (le) et la Louve de Mars, *gr.* 249.—Tibulle, p. 320. — Timolaüs, p. 541. — Timoléon, p. 395. — Timothée, p. 394. — Tirésias (l'ombre de) consultée par Ulysse, *br.* 298.—Tiridate, *st.* 446.— Tite-Live, p. 320.—Titiane, p. 331. —Titienses (tribu des), p. 301. — Titus, *st.* 26; *b. de bronze*, 43, p. 326, 409. — Toreutique, p. 373, 394. — Torre (Jérôme de la), 678.—Tortue de Mercure, 712; mois de juin, ibid. — Tour (l'art du), p. 372. — Tour des vents, p. 375. — Trajan, *st.* 33, 42, 95; *tc.* 14, p. 237, 409; Dèce, p. 337; Dèce le jeune, ibid.— Trajane (colonne), p. 409. —Tranquilline, p. 335; en Cérès, *st.* 202. — Travaux d'Hercule, *br.* 381, 469.—Trebatius Testa, p. 320. —Trébellien, p. 340.—Trébonien, p. 338.— Tremulus, p. 391.— Trépied, 229, 409; d'Apollon, 18, 168, 220, 381; moderne, 169; prix d'une victoire choragique, 247. Voy. Fontaine, 207.—Trésor de Sélinunte, p. 376; des Carthaginois, ibid.; des Epidamniens, p. 374; des Sycioniens, p. 372. — Trévoux (bat. de), p. 332. — Trianon (jardins de), voy. Versailles.—Tribuns du peuple (1ers) à Rome, p. 384; militaires (1ers) à Rome à la place des consuls, p. 385.— Tribus athéniennes et romaines, voy. p. 295 et suiv.— Tricorythus, bourg, p. 297. —Trigeminus, p. 294.—Trinemeis, bourg, p. 298. — Tritons, *br.* 75, 315, 384, 404, 443, 460, 482, 486.— Trogue Pompée, p. 320. — Tromentina Rustica, tribu, p. 303. —Trône, *br.* 16; de Saturne, 156; d'Amyclée, p. 374.—Troquet (M.) dess. 151, 207, 220, 331. — Truie avec ses petits, 249. — Tuiles de bronze doré, p. 402.—Tullus Hostilius, p. 372.--Typhon, 372, p. 306. — Tyrmidae, bourg, p. 299. — Tyrtée d'Athènes, p. 372.

Ufentina Rustica, tribu, p. 303. —Ulde, Roi des Goths, p. 355.— Ulpia, tribu, p. 303. — Ulpien, p. 337.— Ulysse consultant l'ombre de Tirésias, 298; chez Polyphême, 451. — Uranie, *st.* 522; ou l'Espérance, 321; *br.* 307. — Urbaines, tribus, p. 301. — Urbica Magna, p. 344. — Urfien, p. 352.—Urnes, cinéraires, 160, 226, 480, 620; circulaire en forme de corbeille, 439; de fleuve, 438; de porphyre, 80.

Vabalathe, p. 341. — Vache de bois sur des roulettes, 71. — Vaisseaux à ressorts, 82.—Valens, p. 340; L. Valerius, p. 349; Flav. Maxim. p. 353. — Valentinien Ier, ibid.; II, p. 354, 355; Galate, p. 354; III, p. 357, 360 —Valérie (Galer), p. 347; Sévère, p. 354.—Valérien, p. 338. — Valerius Flaccus, p. 327. —Valeur (la), 103, 423. — Valois (M.), *dess.* 234. —Vanderwat (M.), *dess.* 142.—Varanes, p. 344.—Varius Avitus, p. 334; Marcianus, ibid. — Varron, p. 319; (son Iconographie, p. 402. — Varronien, p. 355; fils de Jovien, ibid. — Vases, 91, 325, 402, 531; d'albâtre, 536; de Marathon, 705, 706, 708; de parfums, 420; de serpentin, 523; de Vénus, 420; dit le Vase Borghèse, 711; en forme de cratère, 378; étrusques, 532; en jaspe, 531; grand à deux anses, 285; grand cannelé, 502; grec, 532; orné de très-petits bas-reliefs, 418; peints, 315; pour le sang des victimes, 459; renversés, emblême de la vie, 596; de Sosibius, 332. — Végèce, p. 359.— Velletri,

310.—Venise fondée, p. 412.—Vénus, *st.* 171, 217, 379, 420, 427; accroupie, 681, 698; à la coquille, 686; Anadyomène, p. 390; d'Apelle, p. 402; de Médicis, p. 399; d'Arles, 282; de Troas, 217; drapée, 185; Genitrix, 46; ou Nymphe, 194; pudique (voy. Julia Mammea); sortant du bain, 153; victorieuse, 282; vulgaire, 427; *gr.* marine, 174; ou Thétis, 120; victorieuse et Cupidon, 180; *b.* 210; de Gnide, 59, p. 390; Eustephanos, 221; de Paros, p. 390; *br.* 506; sa naissance, 384, 443; anc. style, 378; et l'Amour s'opposant au départ d'Adonis, 424; portée par des tritons et des néréides, 443; son sceptre à la main, 437; aux jardins, p. 381.—Verine, p. 358. —Vérinien, ibid. —Vérone (bat. de), p. 336. —Verrès (la galerie), p. 402.—Verrius Flaccus, p. 320.—Versailles (palais et jardins de) et de Trianon, 29, 46, 73, 102, 1 8, 124, 148, 158, 178, 183, 188, 189, 190, 197, 282, 321, 334, 369, 621, 703, 710, 712.—Verseau, mois de février, 381. —Vertumne, *st.* 299, *br.* 453.—Vérus (Annius), *b.* 700, p. 329; Lucius, *bc.* 9; *b.* 145, 140; *tc.* 140, p. 330, 410. —Vespasia Polla, pag. 326. —Vespasien, *t. bro.* 28, pag. 326, pag. 408; le jeune, p. 326. —Vesta, *br.* anc. style, 378; assise, 667; sans symbole, 381. —Vestale (voy. la Pudicité), *st.* 124.—Vetranion, p. 351. Veturia Rustica, tribu, p. 303. —Vicissitudes de la vie humaine, 678. —Victimaires, *br.* 176, 724.—Victoire, *st.* 435; *b.* 467; *br.* 725; à genoux, 179; choragique, 155, 172; et génie, 26.—Victor (Flav.), p. 355. —Victorin le père, p. 342; le jeune, ibid. —Victorine, ibid. —Vidimer, roi des Ostrogoths, p. 362.—Vieillards, *br.* berger sous les ordres d'Endymion, 437; emblême d'un fleuve, 438; étendu par terre, symbole de la mort, 433; et une femme, 734; (deux) se donnant la main, 554; terrassant un satyre, 493.—Vierge, mois de septembre, 381. —Villa Adriana, 207, 312, 359, p. 410.—Villa Albani; le Musée possède 59 morceaux de la villa Albani, acquis par le Roi.—Villa Borghèse; le Musée possède 195 morceaux de la villa Borghèse. —Villa Mattei, 339. —Villa Mondragone, 126. —Villes (trois) personnifiées, 179.—Villoison (M. de), 565, 598, 653. —Vinucius (Mar.), p. 323. —Virgile, p. 320; tombeau de, p. 405.—Virtus, la valeur, 103.—Visconti (M.), voy. Monumenti Gabini et Iscrizioni triopee.—Vitellius, p. 325.—Vitellius, *b.* 72, p. 325, 408; Lucius, p. 325.—Viturgie, p. 344. —Volsinium, riche en statues, p. 380. —Voltinia Rustica, tribu, p. 303.—Volusien, p. 358.—Vopiscus, p. 352. —Vulcain, *gr.* et Mercure, 488; *br.* 217; anc. style, 378; forgeant les chaînes de Prométhée, 9, 433; reconnu à son bonnet, 381; ses forges, 239; gaulois, 719.—Vulturne (pont du), p. 409.—Winckelmann (voy. Monumenti inediti).—Worsley (M. Richard), 653.

XÉNOCRATE, p. 394.—Xénophanes de Colophon, p. 372. —Xénophon (voy. Hercule), 560, p. 385.—Xerxès, p. 384.—Xipetè, bourg, p. 298.

YEUX de l'ancien style égyptien, 355.—York, p. 332.

ZAÏTE sur l'Euphrate, p 336. —Zaleucus, p. 372. —Zénobie Septimia, p. 341. —Zénon, p. 319. —Zénon d'Elée, phil. p. 384.—Zénon le stoïcien, 625, p. 396; emper. p. 359. —Zénonide, p. 360.—Zethus (voy. Antiope), 212. —Zeuxis, pe. 320.—Zodiaque, 156. —Zoïle, p. 396. —Zoster, cap, p. 301. —Zozime, p. 360.

FIN.

www.ingramcontent.com/pod-product-compliance
Lightning Source LLC
LaVergne TN
LVHW011259110826
845149LV00001B/191

* 9 7 8 2 0 1 4 4 9 9 0 4 9 *